International Tourism

국제관광의 올바른 이해와 접근법

국제관광의 이해

한경수 • 김상무 공저

BAEKSAN Publishing Co.
백산출판사

서 문

현대는 국제관광의 시대라고들 한다. 국가 간에 관광객의 이동이 보편화, 대량화되면서 지구가 하나의 관광촌이 되고 있다는 말이다. 관광정보가 넘쳐나고 접근이 용이하게 되면서 숨어있던 관광자원이 알려지고 짧은 기간 내에 많은 관광객이 몰리게 되었다. 또한 각국은 국제관광을 정책우선순위에 놓고 다양한 관광정책을 실시하고 있다. 국제정치도 냉전이 끝나고 비교적 안정되어 관광대상 지역이 전지구적으로 넓어졌다.

2005년도 전세계 국제관광객은 약8억명, 관광지출은 약6천억 달러에 이르렀다. 이러한 대규모 이동과 이에 따른 경제효과 등을 고려할 때 국제관광의 현상을 학문적으로 연구하지 않을 수 없게 되었다. 국제관광과 관련하여 다음과 같은 과제를 생각할 수 있다.

- 이러한 대량관광의 시대를 도래하게 한 것은 무엇인가.
- 국제관광은 언제부터 시작되었고 어떻게 전개되었는가.
- 국제관광이 각국의 경제, 사회문화, 정치, 환경 등에 미치는 영향은 무엇인가.
- 국제관광을 가능하게 하는 관광교통, 관광사업 등은 어떻게 운영되고 있는가.
- 각국은 국제관광을 진흥시키기 위해 어떠한 정책을 수립, 실시하고 있는가.
- 국제관광을 지원하고 규율하는 국제기구, 국제관광법률은 어떤 것이 있나.

본서는 이러한 과제를 풀기 위해 만들어졌으며 전체를 3부로 나누어 보았다.

제1부는 서론으로 국제관광의 개념, 국제관광의 역사(서양 및 한국), 국제관광의 동향과 전망 등 4장으로 구성하였다. 여기서는 특히 우리나라 최초로 국제관광의 역사를 정리하였는데 서양의 국제관광사와 한국의 국제관광사가 그것이다.

제2부는 본론으로 국제관광의 영향을 다루었다. 즉, 국제관광의 경제적 영향, 사회문화적 영향. 정치적 영향, 환경적 영향 등이 그것이다. 영향론에서는 긍정적 영향 뿐아니라 소홀하기 쉬운 부정적 영향과 논쟁의 대상이 되는 민감한 문제도 심도있게 다루었다.

제3부는 이러한 국제관광을 실제로 움직이게 하는 시스템(제도)을 연구하였다. 즉, 민간경제로서 관광교통 및 관광사업, 이를 뒷받침하는 각국의 관광정책, 국제관광을 지원하는 국제기구, 국제관광을 지원하고 규율하는 국제관광법률 등이 그것이다.

끊임없이 변화하는 국제관광의 제 현상을 출판물로서 제때 바로 다루기란 어려울 것이다. 그러나 각 현상의 기본적인 내용을 이해한다면 변화하는 양상도 이해하기 용이할 것이다. 본서는 이러한 차원에서 관광학을 전공하는 학생들에게 국제관광에 관한 기본적인 이해를 제공하는데 그 목적이 있다.

나름대로 충실한 내용을 싣고자 하였지만 부족한 점이 많이 보인다. 앞으로도 계속 정진할 것을 다짐하며, 편집, 교정, 디자인, 인쇄 등 부분에서 출판을 위해 고생한 백산출판사 관계자 여러분께 감사드립니다.

2007년 무더운 여름 대구 계명동산에서

저자 씀

차 례

제1부 서 론

제 1 장 국제관광이란 무엇인가

제 1 절 정 의 ········· 3

1. 국제관광객(international tourist)의 정의 ········· 3

제 2 절 국제관광의 학습대상, 필요성, 방법 ········· 11

1. 학습대상 ········· 11
2. 학습 필요성 ········· 12
3. 학습방법 ········· 13

제 2 장 서양의 국제관광 역사

제 1 절 고대 유럽과 중동 ········· 22

1. 일반적 상황 ········· 23
2. 초기의 도로 ········· 24
3. 초기의 선박 ········· 26
4. 로 마 ········· 26

5. 고전시대(그리스, 라틴) ········· 29
6. 고대 7대 불가사의(不可思議 : Seven Wonders of the Ancient World) ··· 32

제 2 절 중 세 ········· 35

1. 일반적 상황 ········· 35
2. 중세의 7대 불가사의 ········· 42

제 3 절 그랜드 투어 ········· 51

1. 그랜드 투어의 사상 ········· 52
2. 일반적인 여행경로 ········· 53
3. 그랜드투어 당시의 환경 ········· 59

제 4 절 온천 및 해변휴양 시대 ········· 63

제 5 절 산업시대 ········· 69

1. 낭만주의 ········· 70
2. 교통수단 ········· 71
3. 토마스 쿡(Thomas Cook) 여행사의 출현과 발전 ········· 72

제 6 절 대중관광 시대 ········· 76

1. 교통기술의 발전 ········· 77
2. 유럽경제의 부흥 및 국민소득의 증가 ········· 84
3. 유급휴가제도의 실시 ········· 85
4. 관광산업의 고도화 및 관광진흥정책 실시 ········· 86
5. 국제정치적·문화적 교류의 증대 ········· 87

제 3 장 한국의 국제관광 역사

제 1 절 삼국시대 ········· 100

1. 불승들의 구도여행 ········· 100

2. 사행(使行) ······ 103
3. 유학(遊學) ······ 107
4. 국제무역여행 ······ 109

제 2 절 고려시대 ······ 110

1. 종교행사 ······ 110
2. 국제무역여행 ······ 114
3. 원유(遠遊)와 장유(壯遊) ······ 115

제 3 절 조선시대 ······ 117

1. 조선시대 국외 공무여행 ······ 117

제 4 절 개화기 ······ 139

1. 외국인의 조선여행 ······ 140
2. 국제 여행수단 ······ 143
3. 조선인의 국외여행 ······ 151

제 5 절 일제 강점기 ······ 152

1. 외국인의 조선관광 ······ 153
2. 내국인의 국외관광 ······ 156
3. 관광사적 특징 ······ 164

제 6 절 현 대 ······ 166

1. 외국인의 한국여행 ······ 166
2. 내국인의 국외여행 ······ 170

제 4 장 국제관광의 동향과 전망

제 1 절 국제관광의 환경 ······ 176

제 2 절 국제관광의 동향 ······ 178

1. 세계관광동향 ······ 178
2. 한국의 국제관광동향 ······ 181

제 3 절 국제관광의 전망 ······ 193

1. 국제관광의 추이 ······ 193
2. 국제관광 2020 전망 ······ 194

제 2 부 국제관광 영향론

제 5 장 국제관광의 경제적 영향

제 1 절 국제관광의 경제적 의미 ······ 199

1. 국제관광과 경제 ······ 199
2. 경제적 영향분석의 의의 ······ 200

제 2 절 경제적 영향의 긍정적 효과 ······ 203

1. 외화획득을 통한 국제관광수지(여행수지)에 기여 ······ 203
2. 국민소득의 창출 ······ 208
3. 고용창출효과 ······ 213
4. 재정수입 증대효과 ······ 216
5. 지역경제에 기여 ······ 219

제 3 절 경제적 영향의 부정적 측면 ······ 220

1. 관광수입의 누출(漏出 : leakage) ······ 221
2. 산업구조 및 지역경제의 불안정 초래 ······ 223
3. 사회간접자본에 대한 투자증가 ······ 226
4. 불완전한 계절적 고용 ······ 228
5. 지역물가 상승작용 ······ 229

제 4 절 산업연관 효과 ······ 230

1. 산업연관분석의 의의 및 관광산업에의 적용 ······ 230
2. 산업연관표의 기본구조 및 중요계수 ······ 232
3. 관광관련 산업연관분석의 실례(경주지역) ······ 236

제 6 장 국제관광의 사회·문화적 영향

제 1 절 국제관광의 사회적 영향 ······ 240

1. 사회적 접촉의 발생 ······ 241
2. 국제관광의 사회적 영향 ······ 243

제 2 절 국제관광의 문화적 영향 ······ 259

1. 문화적 영향의 분석 ······ 259
2. 부정적 영향 ······ 262
3. 긍정적 영향 ······ 264
4. 문화적 영향의 논쟁점 ······ 265
5. 사회·문화적 영향분석의 실례 ······ 269

제 7 장 정치적 영향 및 장애요인

제 1 절 국제관광과 국제정치 ······ 272

1. 일 반 론 ······ 272
2. 국제관광과 평화 ······ 280
3. 국제관광과 제3세계 ······ 282

제 2 절 국제관광의 장애요인과 개선책 ······ 288

1. 국제관광의 장애요인 ······ 289
2. 통제 완화를 위한 국제적 메커니즘 ······ 295

제 8 장 국제관광의 환경적 영향

제 1 절 관광에 대한 환경의 의미 ······ 303

제 2 절 관광과 환경의 관계 ······ 305

1. 의존 및 공생적 관계 ······ 306
2. 갈등적 관계 ······ 317

제 3 절 환경적 영향의 분석실례 ······ 331

제 3 부 국제관광 제도론

제 9 장 국제관광사업

제 1 절 호텔기업의 국제화 ······ 335

제 2 절 전세계 호텔기업의 현황 ······ 338

제 3 절 호텔기업의 외국진출 동향 ······ 342

1. 유명 호텔기업의 아시아 진출 사례 ······ 342
2. 국내호텔의 외국 진출사례 ······ 344

제 4 절 미국 호텔업 약사 ······ 346

제10장 국제관광교통

제 1 절 국제 자동차여행 ······ 359

1. 팬아메리카 고속도로(Pan American Highway) ······ 359
2. 아우토반(Autobahn) ······ 362

제 2 절 국제 기차여행 ······ 364

1. 유레일 패스(Eurail Passes) ······ 364
2. 유로스타(Eurostar) ······ 366
3. 암트랙(AMTRAK : National Railroad Passenger Corporation) ······ 367
4. 비아레일 ······ 369
5. 오리엔트 익스프레스(Orient Express) ······ 372

제 3 절 국제 선박여행 ······ 377

1. 국제 유람선여행 ······ 377
2. 만달레이 강유람선 ······ 382

제 4 절 국제항공여행 ······ 383

1. 전세계 국제항공여행 동향 ······ 383
2. 국제공항의 동향 ······ 389
3. 한국의 국제항공여행 및 공항 동향 ······ 392
4. 항공기의 제원 ······ 400
5. 항공역사 ······ 404

제11장 주요 국가의 국제관광정책

1. 프 랑 스 ······ 412
2. 스 페 인 ······ 419
3. 영 국 ······ 426
4. 태 국 ······ 432
5. 일 본 ······ 440
6. 한 국 ······ 449
7. 관광조직 ······ 464

제12장 국제관광기구 및 법률

제 1 절 국제관광기구 ······ 468

1. 국제관광기구 현황 ······ 468
2. 한국의 국제회의 참가 ······ 506

제 2 절 국제관광 관련 법률 ······ 507

1. 한국의 양자간 조약 ······ 507
2. 다자간 조약, 선언 및 장전(章典) ······ 517

PART 01

서　론

제 1 장　국제관광이란 무엇인가
제 2 장　서양의 국제관광역사
제 3 장　한국의 국제관광역사
제 4 장　국제관광의 동향과 전망

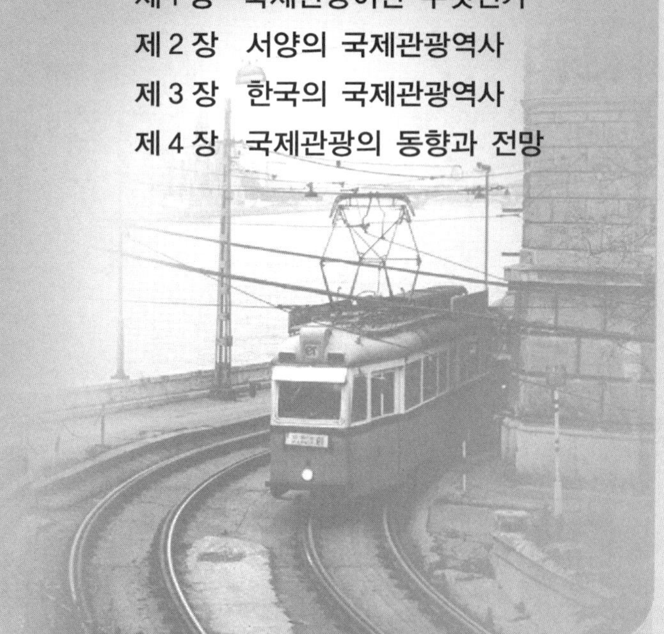

국제관광이란 현상이 보편화 · 대중화 된 것은 제2차세계대전 이후라고 판단된다. 그 이전에도 국제관광은 여러 가지 형태로 존재했으며, 여행이란 현상과 복합적으로 나타났다. 제1부에서는 국제관광이란 무엇인가라는 주제와 이것을 명백히 하기 위해 국제관광의 역사에 대해 살펴보기로 한다. 국제관광의 정의와 역사는 밀접히 연관되어 있다. 그것은 시대에 따라 관광현상은 다르게 나타나며 그 정의 또한 달라지기 때문이다. 또한 전세계적인 국제관광의 동향과 규모 등을 살펴보기로 한다.

CHAPTER 01

국제관광이란 무엇인가

제1절 정 의

국제(國際)란 말은 나라 사이의 관계나 교제를 말한다. 제(際)의 뜻 풀이는 "언덕(阝)에서 제사(祭) 지낼 때 친척들을 만난다 하여 사귄다는 뜻이 된다." 여기서는 국제관광객은 누구인지 먼저 정의하고, 국제관광이란 무엇인지 학습하기로 한다.

1. 국제관광객(international tourist)의 정의

(1) 통계적 · 기술적(記述的) 정의

최초의 공식적 정의는 1937년 「국제연맹 통계전문가위원회」(The Committee of Statistical Experts of the League of Nations)의 "외국관광객"에 대한 정의이다.

"적어도 24시간 동안 본인의 거주지가 아닌 다른 나라를 방문하는 사람"이라고 정의하여 24시간 미만 방문자를 유람객(excursionist)으로 취급하고 있다. 세부적으로는, "관광객(tourist)은 즐거움, 가사, 건강, 사업, 외교, 종교 등의 목적으로 여행하는 사람이며, 해양유람선으로 도착하는 사람은 24시간 미만 체류자일지라도 관광객의 범주에 포함시킨다. 그러나 직업을 구하기 위해 방문국에서 어떤 사업에 종사하고자 하는 사람, 거주를 목적으로 입국하는 사람, 학교기숙사 생활을 하는 학생 그리고 국경지역에서 일하는 근로자의 여행은 관광객으로 간주할 없다"고 이 기구는 밝혔다. 이 정의는 다소 미흡한 점이 있지만, 사상 최초로 관광객에 대한 공식적인 정의를 내렸다는 점에서 의의가 있다.

1963년 로마에서 개최된 "국제관광 및 여행에 관한 유엔회의"에서, 방문객(visitor)에 대해 "방문국에서 직업상 보수를 받지 않고 일상의 거주지가 아닌 타국을 방문하는 사람"으로 정의하였다.

(any person visiting a country other than that in which the person usually resides, for any reason other than following an occupation remunerated from within the country visited.)

이 정의는 유엔통계위원회를 거쳐 1968년 국제관설여행기구(IUOTO : International Union of Official Travel Organization : 현 WTO의 전신)에 의해 받아들여졌다.

1983년 세계관광기구(WTO : World Tourism Organization)는 관광객에 대해 좀더 상세한 정의를 내리고 있다. "국제방문객은 방문국에 적어도 24시간 그러나 1년이 넘지 않게 체재하고 ① 여가레크리에이션, 휴가, 건강, 연구, 종교, 스포츠, ② 사업, 가족, 선교, 회의 등의 목적으로 여행하는 자"라고 정의하고, 24시간 미만 체재자를 국제유람객(international excursionist)으로 취급하고 있다.

(a temporary visitor staying at least twenty-four hours in the country visited, the purpose of whose can be classified under one of the following : a, leisure recreation, holiday, health, study, religion, or sport : and b, business, family, mission, or meeting.)

따라서 "일상거주지 외의 다른 국가를 1년 미만 동안 방문하고 방문국으로부터 보수를 받는 직업 외의 주요 방문목적을 가진 사람"이 국제관광객이다.

WTO website 에서는 현재 다음과 같이 국제관광객을 정의하고 있다.

Definition of the World Tourism Organisation(WTO) : Tourists are people who are "travelling to and staying in places outside their usual environment for not more than one consecutive year for leisure, business and other purposes not related to the exercise of an activity remunerated from within the place visited."

In other words : A tourist is a person who goes to another place for private interest or who is sent there(for example by a company), but is not employed at this place. Business tourists may go to this place for a conference, a workshop or further education. Private tourists may go there for adventure, recreation, education, pilgrimage or other purposes.

국제여행객에서 제외되는 경우는 다음과 같다. 이는 각종 관광통계에 포함되지 않는다.

- 국경노동자(frontier worker) – 국경부근에 거주하면서 직업상 국경을 넘는 경우.
- 유목민(遊牧民 : nomad) – 목축 등을 위해 일정한 지역에 거주하지 않고 국경을 넘어 이동하면서 생활한다.
- 난민(難民 : refugee) – 정치적 이유로 불가피하게 방문한 자
- 기타 통과여객, 승무원, 외교관, 주둔 외국군, 이민자 등 – 여행이 주 목적이 아닌 경우.

① 국경노동자(frontier worker)

국경노동자는 어느 한 국가에 살면서 다른 나라에서 일하는 사람들이다. 예를 들면 아일랜드에 살면서 북아일랜드에서 직장을 가진 사람들이다. 매일 귀가하기도 하고 일주일에 한번 귀가하기도 한다. 만약 사정으로 귀가하지 못할 경우 해당지역에서 4개월간 국경노동자로 인정된다.

아일랜드에서는 The Western Health Board(http : //www.whb.ie)라는 기구를 두어 아일앤드 서부 Galway, Mayo, Roscommon 지역에 사는 국경노동자의 복지를 담당하게 하고 있다.

유럽연합(EU) 규정에 의하면 국경노동자는 거주하는 국가에서 보험에 가입했다면 그 국가에서 의료서비스를 받을 수 있다. 동시에 고용된 국가에서도 법규정에 따라 의료서비스를 받을 수 있다. 보험을 들지 않거나 기피한 경우에는 EU 규정에 의한 국제서비스를 받을 수 없다. 국경노동자의 배우자 및 직계비속도 동일한 서비스를 받을 수 있다.

유럽연합의회는(EU Council)은 1991년 국경노동자에 대한 현황을 발표하

고 각국에게 권고안을 채택한 바 있다.(관련자료 참조)

② 유목민(nomadic people)

어느 한 지역에 정착하지 않고 장소를 이동하면서 생활하는 사람들이다. 많은 문화는 전통적으로 유목민적 성격이 있지만, 산업사회에서는 유목민적 생활은 드물다.

산업사회의 유목민

1. Roma-흔히 말하는 집시이다(gypsies). 인도 라자스탄에서 출발하여 동유럽, 남유럽, 서아프리카 등 여러 지역에 분포. 현재 인구는 800~1,000만 명. 거주지역, 문화, 언어 등에 따라 5가지로 분류. 영국에서는 집시를 sinti라고 부fms다.
   - Kalderash-집시의 일부로서 주로 대장장이나 금속을 다루는 사람들을 말한다. 가장 인구가 많음. 중부 유럽과 북아메리카로 이주.
   - Gitano(AKA Cale)-스페인 포르투갈, 남부 프랑스, 북아프리카에 사는 집시. 유흥을 즐김.
   - Manush(AKA Sinti)-프랑스 Alsace 지방, 독일 등에 거주. 쇼맨, 서커스 등에 종사.
   - Romnichal Romnichels
     영국에 기원을 둔 집시. 미국 전역에 분포되어 있다. St. Louis, Wisconsin Dells, Louisiana, Florida, Pennsylvania 등. 16~20세에 결혼. 주로 사용하는 姓은 Wells, Stanley, Smith, Granite, Boswell, Cooper, Oaks and Jeffery 등이다. 아직도 일부는 트레일러를 이용한 이동생활을 선호하고 있다.
   - Erlides(Yerlii라고도 함) : 유럽 동남부 및 터키에 거주하는 집시.
2. Irish Travellers
   아일앤드 계통의 유목민. 아일랜드, 영국, 미국 등에 거주. 현재 총 23,000명이 있으며, 아일랜드에 15,000여명, 영국과 미국에 약 7,000여명이 있다.
3. 사아미(Saami)
   스웨덴, 노르웨이, 핀랜드 지방에 거주하며 약 1만명에 달한다.

그리스 아톨리아 지방의 집시

스페인집시(1917년)

③ 난민(難民 : refugee)

난민의 일반적 의미는 생활이 곤궁한 궁민, 전쟁이나 천재·지변으로 곤궁에 빠진 이재민을 말한다. 그러나 최근에는 주로 인종적, 사상적 원인과 관련된 정치적 이유에 의한 집단적 망명자를 난민이라 일컫고 있다.

20세기에 들어와 난민이 발생한 사례를 보면 러시아혁명 기간에 약 150만명의 난민이 러시아를 떠났고, 1934년 독일에 나치정권이 수립되자 반체제 인사들과 유대인을 비롯한 나치의 피해자 약 250만명의 난민이 독일을 등지고 각지로 흩어졌다. 또 제2차 세계대전 후에는 1947년 인도의 분열과 팔레스타인 분열, 1948년의 팔레스타인 전쟁, 1975년의 캄보디아와 라오스 및 베트남 등지에서 "보트 피플"로 유출된 인도차이나 난민 등이 그 대표적인 예라 할 수 있다. 그리고 1998년부터 시작된 코소보에 대한 세르비아군의 인종청소 때에는 78만에 달하는 주민이 학살을 피해 국외로 탈출하였다.

이러한 난민에 대해 국제사회에서는 여러 가지 방법으로 구출과 원조에 나서고 있다. 러시아혁명으로 인해 난민이 발생하자 국제연맹은 노르웨이의 탐험가 난센을 난민국제판무관으로 임명하여 외국에서 거주할 수 있는 신분증명서(난센여권)를 발급하였고, 1939년에는 국제연맹에 독일 난민고등판무관 사무소를 두어 난민보호에 나섰다. 또 1946년 유엔은 산하에 국제난민기구를 설치하여 제2차 세계대전 때 피해를 당한 난민, 정치적 추방자의 보호와 구제를 행하여 난민을 자유의사에 따라 원하는 나라에 정주시키는 임무를 담당하였다. 그리고 그 역할이 끝나자 1951년에 유엔 난민고등판무관사무소를 설치하여 난민보호를 위한 유엔의 보조기관으로 삼아 오늘날에 이르고 있다.

④ 보트 피플(boat people)

월남전 막바지에서 월맹군의 공세가 치열해지자 위에·다낭 등의 도시로부터 많은 난민이 탈출하였고, 사이공 함락과 함께 월남의 군인이나 월남정권의 협력자와 그 가족들이 난민으로서 미국으로 건너갔다. 베트남사회주의공화국 성립 후에도 난민의 해외유출이 계속되었는데, 이들이 보트나 어선으로 탈출하는 경우도 있어 '보트피플'이라는 이름이 생겼다.

그 후 1979년 베트남-캄보디아전쟁, 중월전쟁의 영향과 베트남의 국내사정으로 난민 수는 더욱 늘어나, 인도적 문제로서 국제적인 주목을 받게 되었으며, 인접국으로부터의 강제송환이나 상륙거부로 인한 참상이 전하여지자 '바다의 아우슈비츠'라는 말까지 등장하였다. 그러나 최근에는 베트남이 자본주의시장으로 전환함에 따라 국내사정이 좋아져 외국에 정착한 보트피플이 다시 베트남으로 되돌아가고 있다.

한국에도 부산에 베트남난민보호소가 있었으나 1993년 2월 나머지 난민들을 뉴질랜드로 보내면서 폐쇄되었다.

(2) 학문적 정의

국제관광객에 대한 학문적 정의는 다음 조건에 해당하는 여행객으로 보다 넓게 정의되고 있다.

- 국경선을 넘어 외국에 출·입국한다.
- 체류시간에 관계없이 해당 외국에서 관광관련 소비활동을 한다.
  24시간 또는 overnight를 고집하지 않는다.
- 여행목적을 광범위하게 포함시킨다.
  국경근로자, 승무원 등 명백한 비여행객 제외.
- 단, 교통편을 단순히 접속하기 위한 출입국(transit 등)은 제외한다.

관련 개념

• TWOV(transit without visa)

TWOV는 비자가 있어야만 입국할 수 있는 국가를 체류가 아닌 단순 경유할 때 무비자로 통과하는 것을 의미한다. 예를 들어 미국을 경유해 캐나다나 남미 쪽을 여행할 때 미국비자가 없다면 TWOV 비자를 받아야 한다. TWOV는 통상 출발하는 공항에서 탑승하는 항공사에 신청하며, 여권과 항공권을 제시해야 한다. 무비자입국에 엄격한 미국의 경우 비행기의 환승시간까지 미국 이민국에서 나온 가드(guard)와 함께 있어야 한다.

TWOV가 허용되려면 제3국행 유효한 여행서류와 연결편 예약이 확약된 항공권을 소지하여야 하고, 입국목적이 단순통과 및 관광이어야 한다.

• 통과비자(transit visa)

비자가 있어야만 입국할 수 있는 국가에서 환승승객의 편의를 위해 만들어놓은 비자. 일본을 경유해 제3국으로 이동하거나 제3국에서 일본을 거쳐 입국할 때 트랜짓(transit)시간이 길 경우 신청한다. 보통 도착공항에서 신청 가능하며, 여권과 항공권을 제시하면 된다.

• 도중체류(stopover)와 환승(transit)

트랜짓이 단순 '통과'라면 스톱오버는 '체류'라 할 수 있다. 경유노선일 경우 최종목적지의 중간도착지에서 일정기간 머문 후 다른 항공편으로 갈아타거나 타고 간 항공기를 그대로 이용해 최종 목적지까지 가는데 이 때 중간 기착지에서 머무는 시간이 24시간 이내일 때에는 트랜짓(transit), 24시간 이상일 경우에는 스톱오버(stopover)로 분류된다. 트랜짓이라 하더라도 연결시간이 길고 중간 경유지의 비자가 있다면 공항부근의 짧은 시내관광이 가능하다. 무비자 국가라면 물론 비자가 없이도 출입이 가능하다. 대부분의 항공사들은 직항편이 아니라는 불편함을 극복하기 위해 시내에서의 짧은 관광을 항공권에 포함시키고 있으며, 일부 항공사들은 1박의 호텔을 제공하기도 한다.

중간 경유지에 입국하는 일 없이 면세구역에만 있다가 바로 다른 접속항공기에 탑승하는 승객을 다이렉트 트랜짓 승객(direct transit passenger)으로 구별하기도 한다.

(3) 국제관광(international tourism)의 정의

국제관광이란 국제관광객의 활동(activity), 그로 인해 발생하는 국제관광의 현상(phenomenon) 그리고 국제관광을 지원하고 규율하는 제도(system)의 총체를 말한다.

국제관광 = 국제관광객의 활동 + 이로 인해 발생하는 제현상과 제도

이를 구체적으로 보면 다음과 같다.

- 관광객의 국가간 이동 및 관광지에서의 관광활동
- 그로 인해 발생하는 다양한 현상의 긍정적, 부정적 측면
  - 경제적 현상
  - 사회적 현상
  - 문화적 현상
  - 정치적 현상
  - 환경적 현상
- 국제관광을 지원 및 규율하는 제도
  - 국제관광정책
  - 국제관광사업
  - 국제관광교통
  - 국제관광기구
  - 국제관광법률

제2절 국제관광의 학습대상, 필요성, 방법

고사관수도(高士觀水圖)

• 강희안(姜希顔 : 1417~1464)의 그림
바위에 기대어 흐르는 물을 조용히 바라보며 명상에 잠긴 高士를 그린 것이다. 자연과 하나가 되는 고차원적 유람이다.

1. 학습대상

학습대상에는 국제관광객의 활동 및 그와 관련된 현상과 제도가 포함된다.

(1) 국제관광객의 활동

• 이동규모 · 분포 · 특징(전세계)
전세계 관광객의 이동규모, 여행지역의 분포, 관광소비성향 등
• 국제관광의 역사(서양, 한국)
시대에 따른 국제관광객의 활동과 현상

(2) 국제관광의 현상

각 현상에는 긍정적 측면과 부정적 측면이 공존한다.

- 경제적 현상
  국제관광객의 소비, 국민소득창출, 외화가득률, 고용효과, 재정효과 등 (국가경제의 불안정, 사회간접자본의 투자증가, 불완전한 고용 등)
- 사회적 현상
  사회적 효과와 갈등현상(전시효과, 매춘, 놀이터문화 등)
- 문화적 현상
  문화적 효과와 갈등현상(문화의 상품화, 전통예술의 변화 등)
- 정치적 현상
  정치적 효과와 갈등현상(신제국주의, 신식민주의, 신농장경제 등)
- 환경적 영향
  환경적 영향과 갈등요인(공생관계, 갈등관계 등)

(3) 국제관광의 제도

- 국제관광사업
  다국적 관광기업(호텔기업, 항공사)의 현황과 특성
- 국제관광교통
  항공기, 유람선, 기차 등 국제관광 이동수단의 내용
- 국제관광정책
  관광선진국의 국제관광정책의 내용과 특성
- 국제관광기구
  국제관광을 지원하는 국제기구의 역할
- 국제관광법률
  국제관광을 지원, 규율하는 관련 법률의 내용

2. 학습 필요성

(1) 실용적 필요성

- 국제관광의 경제적 효과 증대

국제수지균형, 외국자본유치 등

• 관광정책의 수요 증대

효율적 · 효과적 관광정책 수립의 중요성 증대

• 남북한 교류확대의 교두보 역할

긴장완화 및 통일의 촉매제

(2) 학문적 필요성

• 국제관광의 긍정적 · 부정적 영향에 대한 이론의 체계적 수립

긍정적 영향은 물론 소홀했던 부정적 영향에 대한 연구를 통해 국제관광에 대한 균형된 지식체계를 수립한다.

• 각국 국제관광정책의 장단점 연구 및 활용

주요 선진국의 국제관광정책을 분석하여 장단점을 파악하고 이를 활용하여 우리나라 국제관광정책 수립에 활용한다.

• 국제관광사업의 방향제시

국내에 한정된 관광사업의 국제화를 위해 국제관광사업의 현황을 파악하고 그 발전방향을 제시한다.

• 국제관광의 역사 정립

국제관광 역사를 통해 국제관광의 흐름을 이해하여 관련 지식을 심화하고 국제관광의 미래를 구상하게 한다.

3. 학습방법

• 통계적 · 계량적 연구

국제관광 관련 자료의 수집 및 분석

• 사회 · 문화적 연구

경제적 영향에 밀려 간과하기 쉬운 사회적 영향 및 문화적 영향에 대한 연구

• 역사적 연구

국제관광의 역사적 흐름과 특성 파악

- 정책적 연구

  각국 국제관광정책의 분석과 활용

- 법적 · 제도적 연구

  국제관광 관련 법률, 기구, 교통 등의 연구

- 환경적 접근

  국제관광의 긍정적 영향에 편향되었던 시각에서 벗어나 환경과의 관계를 고려하지 않을 수 없게 되었다.

- 정치적 접근

  국내외 정치에 민감한 국제관광을 정치적 측면에서 체계적으로 조명한다.

오늘의 교훈

『子曰(자왈) 爲善者(위선자)는 天報之以福(천보지이복)하고, 爲不善者(위불선자)는 天報之以禍(천보지이화)니라』. 공자가 말하기를, 선행을 한 사람에게는 하늘이 복을 내려 주고, 악행을 한 사람에게는 하늘이 재앙을 내려 준다.

(명심보감 계선편/繼善篇)

관련자료 1 산업사회의 새로운 형태의 유목적 생활

1. RV lifestyle

일정 지역에 거주하기보다 캠핑이나 여행을 즐기며 산다. 이들을 snowbirds라고도 한다. 자신의 RV(휴가용차량 : recreational vehicle)를 이용하여 겨울에는 남쪽 지방에서 생활하다가 봄에는 돌아온다. 이 경우 full-time RV living 이라고 한다. 호주에서는 이들을 grey nomads 라고 부른다. 겨울에는 북쪽 지방에 있다가 봄에 남쪽으로 내려온다.

2. Technomad

이 말은 Steven Roberts가 한 말인데, 여행, 탐험, 온라인 유목적 생활을 하는 동안 인터넷과 같은 통신매체와 계속 접촉을 유지하는 사람들을 일컫는다.

3. Perpetual traveler

여행하거나 지내는 그 나라의 합법적 시민이 아니라는 생각으로 살고 있는 사람을 말한다. 이들은 이러한 이유로 세금, 군복무 등과 같은 법적 의무를 피하려고 한다. 예를 들어 이들은 어느 한 나라의 시민으로 등록되어 세금이 부과되지만, 실제로 세금이 없는 곳에서 거주한다. 즉, 이들은 거의 외국에서 지내며 어느 한 나라에 세금을 낼 정도로 오래 거주하지 않는다.

관련자료 2 유럽의 국경인구 및 노동자 현황 : EU COUNCIL 유럽의회 권고안 1144(1991)

RECOMMENDATION 1144(1991)1 on the situation of frontier populations and workers

1. With the twelve European Community member states on the verge of full integration and the frontiers which formerly separated us from the countries of Central and Eastern Europe now open, a single pan-European area is a geopolitical reality in the foreseeable future.
2. Nevertheless, it must be admitted that the situation of frontier workers and other citizens living in frontier areas still raises many problems and has scarcely improved despite the work carried out within the framework of both the Council of Europe and the European Communities.
3. In some regions, frontier workers are seen merely as manpower necessary for

keeping the economy running smoothly, an attitude which makes it difficult for them to take part in the host society and impedes good community relations.

4. Learning the language and culture of the neighbouring area is an essential part of transfrontier co-operation.
5. Incompatibilities and contradictions between the different administrative systems persist and sometimes have far-reaching consequences for people living in frontier regions and crossing their national borders to work.
6. These problems relate to two specific fields : social protection and fiscal legislation, as well as to employment and working conditions, information and training.
7. The Assembly deplores the fact that, despite years of effort within the Council of Europe, no real improvement has been achieved in the situation of frontier populations and workers.
8. It regrets above all that the European Outline Convention on Transfrontier Co-operation between Territorial Communities or Authorities, adopted in Madrid in May 1980 and currently ratified by fifteen states, has no direct impact on the existing difficulties.
9. The Assembly also believes that it is urgent for the Council of Europe, bearing in mind the extension of its role on the European political scene, to seize the initiative once more in the matter of transfrontier co-operation, especially since disparities between border regions will be particularly felt along what used to be the dividing line between Western Europe on the one hand, and its Central and Eastern parts on the other.
10. It therefore requests the Committee of Ministers :
    a. to lend fresh momentum to transfrontier co-operation within the Council of Europe and to give it suitable prominence in the intergovernmental programme ;
    b. to analyse the problems which the advent of the Single Market in 1993 will pose to countries not members of the European Community, and more particularly those problems peculiar to frontier communities ;
    c. to incorporate in appropriate legal instruments the principles set out in Appendices I and II below relating to social security and fiscal measures, or to promote specific measures which would ensure that the said principles are put into practical effect in existing legal provisions ;
    d. to adopt, in pursuance of Article 3, paragraph 1, of the Outline Convention on Transfrontier Co-operation between Territorial Communities or Authorities, the draft model agreement in Appendix III relating to lifelong training and equality in matters of working conditions, employment and

information ;

e. to instruct the Council of Europe Secretariat's documentation and information unit on transfrontier co-operation to carry out a more detailed analysis of the daily problems encountered by frontier communities ;

f. to instruct it to draw up a programme of specialist assistance to help frontier communities with the problems of location in a border area.

APPENDIX I

List of principles to be applied to social security

1. If a household living in a frontier area receives earnings in two different countries, it must be guaranteed the right to receive family allowances in one of the two countries.
2. If a frontier worker becomes eligible for an invalidity or retirement pension, it must be ensured that, after the deduction of any sums due in the country of residence, the final amount received is at least equal to the survival pension of other nationals.
3. A frontier worker who enjoys certain rights derived from his social cover - particularly in respect of old-age insurance, sickness insurance, unemployment benefit, accident and invalidity insurance - although resulting from occupational activities exercised in one of the states concerned, should be able to exercise the same rights equally in his country of residence and in his country of employment, both of which countries should safeguard these rights.
4. Social benefits cannot be refused on the grounds that a worker's residence or place of work is situated abroad.
5. A person living in a frontier area works exclusively in one country, he should receive full social cover under the system of that country, without discrimination in comparison with national workers.
6. The social contributions of frontier-area residents working in two different countries should be calculated globally and full rights should be granted in one of the countries if they are not available in the other. Frontier workers should not suffer discrimination in comparison with their compatriots with regard to all benefits pertaining to social cover.
7. Frontier workers and members of their family should enjoy equal rights to medical assistance in both countries. A free choice of doctors and hospitals should be guaranteed to frontier workers and pensioners.
   Sickness insurance companies and funds should collaborate so that frontier dwellers are not at a disadvantage compared with nationals.
8. In the event of unemployment, frontier workers should have access, in accordance with their training, skills and the state of the labour market, to the

official placement services in both the country of residence and the country where last employed.

In all circumstances, frontier workers shall qualify for the unemployment insurance towards which they have contributed.

9. Joint labour offices – modelled on those in "Euregio" – should be set up in frontier regionsin order to provide frontier workers access to the labour market throughout the frontier area.
10. The unemployment insurance bodies of both countries shall reach agreement on their respective spheres of competence. If it cannot be immediately established which agency has competence, the authority in the country of residence shall allocate a provisional benefit sufficient to guarantee the subsistence of the jobless frontier worker.
11. Frontier workers shall qualify for a pension in the event of total or partial incapacity.

    If a frontier worker has paid contributions exclusively in the country of employment, the payment of an invalidity pension on grounds of accident, illness or occupational disease shall be governed by the conditions of entitlement prevailing in the country of employment.
12. If a frontier worker has paid contributions in both countries, the conditions of entitlement of only one country should be applied. The calculation of benefits should be approved by the other state and all accessory benefits guaranteed.
13. If a frontier worker receives an early-retirement pension, the pension concerned should not be subject to taxes or other dues in contradiction with the entitlement.
14. Benefits allocated in the country of employment and of residence cannot be drawn twice. Nor can they be refused on the grounds that the place of residence or work is situated abroad. Frontier workers should at all events receive the social benefits to which they are entitled in one of the two countries. If a particular benefit (for example child, family or disablement allowance) is linked to residence in one state and to the place of work in the other state, steps must be taken to ensure that the benefit is paid in at least one of the two countries.

APPENDIX II

List of principles to be applied to taxation

1. The taxation of frontier workers should be based on clear and equitable principles which take account of their earning capacity. The fiscal authorities of the states concerned should establish straightforward and comprehensible regulations.

2. Both the states concerned have a right to a share of the taxes levied on frontier workers, without the latter being obliged to pay taxes in both countries.
3. Residence for tax purposes should be established in the light of social security charges and currency conversion risks, so that frontier workers are not penalised in comparison with nationals.
4. Taxes on earnings in a third country shall be levied in the country of residence.
5. Where a bilateral convention on double taxation exists, frontier workers should be taxed in only one state, which should transfer a proportion of the relevant tax revenue to the other state.
6. If taxes are levied in the country where the frontier worker exercises his occupational activity, the fact that the worker concerned and his family live in another country must not lead to inequality compared with taxpayers in the latter country.
7. If taxes are levied in the country of residence, steps should be taken to ensure that the system does not entail disadvantages which would not exist if the taxes were levied in the country of employment (for example in the event of tax-free bonusesor allowances granted by the employer).
8. The tax legislation applicable to frontier workers should be adapted in such a way as to eliminate all forms of discrimination resulting from differences in the fiscal systems.

APPENDIX Ⅲ

Draft inter-state agreement on transfrontier co-operation in matters concerning lifelong training, information, employment and working conditions

Introductory note : this agreement may be concluded either individually or in conjunction with one or more of the model inter-state agreements (texts 1.1 to 1.5 in the outline convention).

The governments of ..... and ....., aware of the need to ensure that populations living in the areas lying on either side of frontiers enjoy equivalent conditions with regard to lifelong training, employment and work, and information, have agreed as follows :

Article 1

All nationals of a state which is party to this agreement who reside in the area defined as the "frontier area" have right of access to the labour market of the other party(ies) on an equal footing with nationals of the said party(ies).

The regional authorities or, subsidiarily, government authorities have defined the territory to be regarded as the "frontier area" as follows : ..... (definition).

Article 2

Frontier workers shall enjoy the same conditions of employment and work as national workers of the employing state.

Article 3

Frontier workers shall enjoy the same occupational mobility – at least within the limits of the frontier area – as workers who are nationals of the employing state.

Depending on the competence of the authorities concerned, jobless workers shall qualify for all job creation schemes.

Article 4

All institutions providing general and occupational training and all agencies providing lifelong occupational training, retraining, resettlement, etc. should be accessible to frontier populations and workers under the same conditions as for national populations and workers.

Article 5

A system will be set up for the recognition of occupational qualifications and certificates issued by institutions within the frontier area, in order to guarantee equality of treatment for people living in the frontier area of one party who wish to work or undergo further training or study in the other or one of the other party(ies).

In order to ensure equal conditions, steps should be taken to promote knowledge of the language and culture of the neighbouring border region.

Article 6

Each party shall acknowledge the capacity of the other party(ies) to issue certificates and other documents whose legal validity it shall undertake to recognise.

Article 7

The competent administrative authorities of frontier regions shall enter into agreements to update the provisions of the present inter-state agreement.

---

1. Assembly debate on 1 February 1991 (26th Sitting) (see Doc. 6350, report of the Committee on the Environment, Regional Planning and Local Authorities, Rapporteur : Mr Cuatrecasas Doc. 6368, opinion of the Committee on Economic Affairs and Development, Rapporteur : Mr Eicher Doc. 6353, opinion of the Social, Health and Family Affairs Committee, Rapporteur : Mr Pini and Doc.

6362, opinion of the Committee on Migration, Refugees and Demography, Rapporteur : Mr Grussenmeyer).

Text adopted by the Assembly on 1 February 1991(26th Sitting).

CHAPTER

02 서양의 국제관광 역사

서양(유럽)의 관광역사는 크게 보아 다음과 같은 시대적 전개를 이루었다. 이러한 순서에 따라 서양 국제관광사를 설명하고자 한다.

- 고대 : 이집트, 수메르, 로마, 그리스
- 중세
- 그랜드투어시대
- 온천 · 해변휴양시대
- 산업시대
- 현대

제 1 절 고대 유럽과 중동

그림 2-1 고대 중동 지역

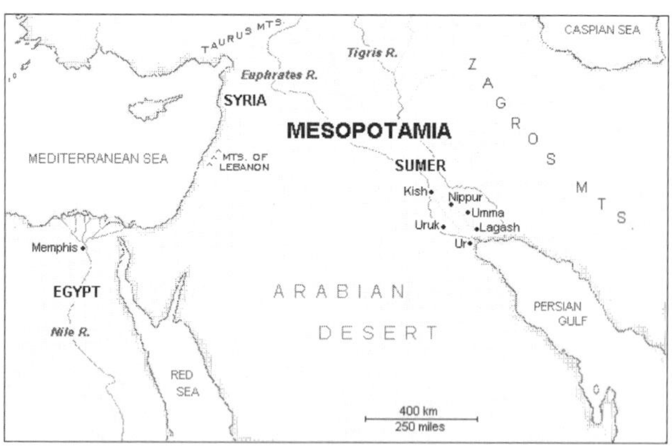

• 수메르(Sumer) : B.C. 4000년 이전부터 존재하였으며 티그리스강과 유프라테스강 사이에 메소포타미아(강 사이란 뜻) 문화를 형성하였다.
• 이집트 : B.C. 3000년경부터 존재하여 나일강을 중심으로 고대문화를 꽃피웠다.
• 로마 : B.C. 8세기(753년)부터 존재하였으며. A.D. 395년 동서로 분리되어 서로마제국은 476년에 멸망하였고, 동로마제국(비잔틴)은 1453년까지 존속하였다.
• 그리스 : B.C. 2000년 미케네문명 이후, B.C. 8세기부터 존재하였다.

1. 일반적 상황

• 수메르(Sumerians : Babylonians)인의 화폐발명과 무역의 실시(기원 4천년 전 시작)가 여행의 새로운 시대를 열었다. 수메르人들은 화폐를 발명하고 그것을 무역에 사용하였고 또한 쐐기문자(설형문자 : 楔形文字)를 발명함으로써 여행업(travel business)의 창시자로 불린다.
• 5천년 전 이집트에서 유람선업(cruise)이 시작되었다. 평화와 관광목적으로 이루어진 첫 유람선 여행은 Queen Hatshepsut 호가 기원전 1480년에 Punt지역(아프리카 동부연안으로 추측)으로 항해한 것으로 추측된다. 이 기록은 Luxor의 Deit El Bahari 사원의 벽에 기록되어 있다. Thebes의 Colossi of Memnon(멤논 巨像)의 주춧대에는 기원전 5세기의 희랍여행자의 이름이 남아 있다.
• 기원전 2700년 초에 파라오(pararoh)들은 나일강의 풍부한 건축용 석재를 이용하여 정교한 무덤을 건설하였다. Djoser의 피라미드, Sphinx, Gizeh에 있는 3개의 거대 피라미드, Abusir의 피라미드군(群) 등이 그것이다. 이러한 경이로운 무덤들은 기원전 1600년에서 1200년의 New Kingdom 초기에 수많은 관광객을 끌어들였다.
"각 피라미드는 성스러운 장소여서 대부분 기도하는데 약간의 시간을 보냈지만, 이들의 주요 방문동기는 호기심과 즐거움이지 종교는 아니었다."
• 많은 관광객들은 방문기록을 남겼다.
"재무담당(scribe of treasury) Hadnakhte는 Vizier의 서생인 동생

Panakhte와 함께 멤피스의 서부지역에서 기분전환과 유흥을 위해 왔노라." 어느 시대나 이러한 현상은 존재했는데, 성질 급한 사람은 칠로 이름을 쓰고 어떤 이는 날카로운 것으로 바위에 이름을 새겨 넣기도 하였다. 후자의 방법이 많이 쓰였는데 그러한 기술을 graffiti 라고 하는데 scratching의 이탈리아 말이다.

- 관광객의 특징 중 특기할 만한 것은 기념품을 구하고자 하는 욕구이다. 파라오를 수단까지 호위한 Harkhuf는 전통춤을 잘 추는 피그미人(Pygmy) 데려다 왕에게 바쳤다. 초기 이집트인들은 친구와 친척에게 줄 특산품을 외국에서 구입하였다. 기원전 1800년경 젊은 Uzalum은 이러한 요구를 받았다, 즉 "나는 지금까지 고가의 선물 때문에 네게 편지를 한 적은 없다, 그러나 네가 나를 아버지처럼 생각한다면 내 목에 걸 괜찮은 목걸이 하나를 부탁한다."
- 헤로도투스(Herodotus)는, "이집트인들은 일년에 여러 번 축제에 참여하였다. 가장 대규모로 인기가 있었던 축제는 Bubastis에서 열렸고, 다음은 Busiris, Said, Heliopolis, Buto, Papremis에서의 순서였다"고 하였다.
  이들은 남녀가 함께 대규모로 배로 강을 건넜는데 항해 중에 어떤 이는 케스트넷츠를 치고, 파이프 위에서 놀기도 하고, 나머지는 노래하며 손으로 박자를 맞추었다. … Bubatis에 도착하면 많은 제물로 축제를 즐겼다. 이때 소비되는 포도주는 일년간의 소비량보다 많았다.
- 축제참가자들이 이러한 장소에 오면 식사나 숙박을 위한 사업시설이 없었다. 현대의 Grateful Dead Concert 참가자들처럼 야외에서 자고 식사도 스스로 해결해야 했다. 반면 춤추는 피그미를 바친 정부관료(Harkhuf)와 같은 사람들은 사찰에서 또는 정부숙사(government depot)에서 편히 지냈다.

2. 초기의 도로

- 바퀴의 발명으로 무거운 마차를 개발하게 되었다. 마차는 도로가 있어야 움직일 수 있는데 당시엔 그러한 도로가 많지 않았다. 우르(Ur)왕은 니푸르(Nippur)에서 우르(Ur)까지 100마일의 거리를 하룻만에 왕복했다고

허풍을 떨었다. 이러한 허풍은 당시(기원전 2050년) 마차가 갈 수 있는 도로가 있었다는 것을 말해준다. 그러나 그것은 극히 작은 부분에만 가능했을 것이다.

도로포장은 히타이티(Hitities) 시대에 처음 이루어졌는데 약 1마일로 왕도에서 성소(신전)까지 무거운 물건을 나르기 위해서였다. 당시까지도 전쟁에 쓰이는 이륜마차가 먼지 나는 도로를 달렸다. 또한 홍수를 경험한 곳에는 다리가 드물었다. 찬송가에서 슐기(Shulgi) 왕은, "나는 도로를 넓히고 곧게 만들었네, 메소포타미아 왕들이 모두 그렇게 하지는 못했네, 오랜 기간 동안 아무도 이런 일을 하지 못했네…"라고 자랑하였다.

- 크레테(Crete)에서는 도로사정이 괜찮았다. 이 지역에는 미노아(Minoa)인들이 기원전 2000년에서 1500년까지 번성하였다. 또한 미케네(Mycenea)人들이 1600년에서 1200년까지 번성한 그리스 반도도 그랬다. 크레테 해안에서 왕도 크놋수스(Cnossus)까지 2차선의 13.5피트(약4미터) 넓이의 도로가 있었다. 그리스에서는 1차선 도로이지만 넓이가 11.5피트여서 왕복운행이 가능했다. 다리와 배수구가 있어 통행이 가능했다.
- 누가 여행했나? 크게 군인, 정부관리, 상인 등 3그룹이었다. 호전적인 앗시리아(Assyria)인들과 그 후의 로마인들은 전차를 움직이는 데는 도로가 필수적임을 알게 되었다. 앗시리아는 그들의 영토가 지중해에서 동쪽으로는 페르시아만 서안까지 확대되자 주로 군사목적으로 도로를 확장했다.
- 길가메시(Gilgamesh) 서사시(기원전 2000년)에는 신의 지시에 따라 이루어진 수메르 왕의 여행이 차례대로 나온다. 입국에 관한 약간의 기록으로 보아 그의 신은 최초의 여행가이드로 볼 수 있겠다. 이러한 점은 수메르人들이 관광산업을 시작했다고 볼 수 있는 4번째의 이유가 된다.
- 도로의 역사는 강력한 도시국가로의 인구집중을 가져왔다. 알렉산더 대왕(Alexander the Great)은 기원전 326년에 인도에서 잘 발달된 도로를 발견하였다. 페르시아(지금의 이란)에서는 모든 도시와 지방이 수도 수사(Susa)로 도로로 연결되었는데 기원전 500년에서 400년 사이에 만들어졌고 그 중에 긴 것은 1500마일에 이르렀다.

3. 초기의 선박

- 페니카아人(Phoenician)들은 사각형의 돛 한 개로 통모양의 나무작품을 만들 정도로 대단한 조선공들이었다. 기원전 800년에 이르러 페니키아는 지중해 전체에 무역센터를 세웠는데, 페니키아의 번성한 도시에서 지금의 레바논의 연안을 따라 배치하였다. 또한 이웃나라의 중개인으로 활동하면서 원자재를 공급하고 마감작업(이집트의 린넨과 파피루스, Nubia의 상아와 금, Sardinia의 곡식과 구리, 시실리의 올리브유와 포도주, 자기나라의 고급목재, 동양의 향수와 양념 등)을 하였다. 아마도 때로는 여객을 수송하기도 하였을 것이다. 이들이 바로 해양제국의 창시자였다.
- 그리스인들은 해양무역에서는 페니키아人 다음이었다. 선박의 개량으로 지중해 무역은 더욱 번성하였다. 상선들이 유료여객을 수송하였다(노아의 방주(方舟 · ark)가 첫 번째의 여객선 자격이 있긴 하지만, 주로 동물을 수송하였다). 노아의 방주와는 달리 그리스 선박들은 그들의 노예, 음식, 포도주 등을 수송하였다. 선상에서의 변화무쌍한 잠자리, 폭풍, 해적의 공격 등이 걱정거리였다.

4. 로 마

기원 200년 전 로마는 이탈리아를 넘어서 영토를 확장하였다. 그 후 몇 백년간 영국을 포함하여 알려진 세상의 대부분을 정복하였다. 로마인들은 배, 말, 이륜전차(二輪電車 : chariot) 및 도보로 여행하였다. 로마의 도로는 당시의 기술로는 믿을 수 없을 정도였다. 말을 바꿔 타면서 하루에 100마일 이상을 여행하였다. 포장도로를 이용하여 3,000 내지 6,000명의 군인과 동수의 동물로 이루어진 로마의 군단(軍團 : legion)은 하루에 30마일을 여행하여, 이집트에서 영국에 이르는 그들의 영토 어디라도 이를 수 있었다. 테오도시우스(Theodosius) 시대 로마제국의 군사지도 일부는 당시의 관광안내자 역할을 하였다.

부유한 로마인들은 이집트나 그리스의 온천, 사원, 해변가를 여행하였다. 이들의 여행관습에 대한 증거는 베수비우스(Vesuvius)山 화산폭팔로 진흙, 용암(lava), 화산재에 수세기 동안 파묻혀 있었던 도시 폼페이와 헤라큘라늄(Herculaneum and Pompeii)에서 알 수 있다. 당시의 숙박시설(tavern), 스넥바, 식당 등이 아직도 그대로 남아 있어 관광객들이 볼 수 있다.

로마의 관광객들은 역사와 종교에 관심이 많아 그리스 사원을 돌아보고, 알렉산더 대왕이 숙박한 곳, 소크라테스가 살던 곳, 아작스(Ajax)가 자살한 곳, 아킬레스(Achilles : 일리아드의 영웅)가 묻힌 곳에 트레킹하였다. 믿거나 말거나 로마인들은 이집트를 방문하여 피라미드, 스핑크스, 왕의 계곡 등을 보았다. 이것은 현대인들도 마찬가지이다. 로마인들은 또한 관광매력물에도 몰렸다. 언덕 위에는 몇몇 성직자들이 신성한 악어에게 부르면 오도록 가르치고 턱을 벌리고 이빨을 관중에게 보이도록 명령한다. 관광객들은 오늘날처럼 여관과 가이드 주변를 꼭 붙어 다녔고 자기들 이름을 입상조각에 긁어 넣었다.

- 로마는 기원전 150년에 매우 정교한 도로를 건설하기 시작했다. 도로의 측량에는 추가 달린 측량자(標尺)가 이용되었다. 군인과 근로자들이 도로의 바닥을 파고 돌과 콘크리트를 평평하게 깔았다. 그 위에 포장석을 깔고 가에는 경계석을 놓았다. 그리고 배수를 위해 가장자리를 경사지게 하였다. 이 도로는 아직도 사용되고 있다.
- 트라얀(Trajan)황제 시대(기원전 98년에서 117년)에 이르러 로마의 도로는 총 50,000키로미터에 이르러 로마제국을 한바퀴 돌고 북쪽으로는 스코틀랜드 부근과 독일에서부터 남쪽으로는 이집트 그리고 남부 지중해연안까지 이르렀다. 동쪽으로는 지금의 이란, 이라크 지역인 페르시아만까지였다.
- 로마시대에는 5～6마일 간격으로 비치된 말을 이용하여 하루에 100마일을 갈 수가 있었다. 또한 로마인들은 지중해 연안의 유명한 신전, 즉 특히 이집트의 피라미드와 유적을 보기 위해 여행하였다. 소아시아도 특별한 여행목적지였는데 올림픽경기, 치료목적의 해수욕, 해변휴양지, 연극, 축제, 스포츠 경기 등 때문이었다. 로마의 제국, 도로, 로마관광, 부, 레저, 관광매력물, 여행욕구 등 이 결합되어 초기 관광형태를 이루었고 그에 필요한 숙박과 기타 서비스에 대한 수요가 발생되었다.
- 로마인 관광객들은 오늘날처럼 주로 관광이 목적이었다. 이들은 안내책자를 사용하고 안내원을 두었고 여기저기 이름을 새기고 기념품을 구입하였다. 그 예는 매우 다양하고 흥미롭다. Pausanias라는 그리스인은 그리

스 안내서(Guidebook of Greece)를 썼는데 고대부터 지금까지 남아 있는 유일한 안내책자이다. 기원 160년에서 180년(Hadrian, Antonius Pius, Marcus Aurelius 등 황제시대)사이에 쓰였는데 관광사의 이정표가 되었다. 그는 건전하고, 현실적이며, 아주 포괄적이며, 빈틈없이 꼼꼼한 배데커(Karl Bedecker)의 조상이라 할 수 있겠다.

그림 2-2 로마(B.C. 150)와 그리스

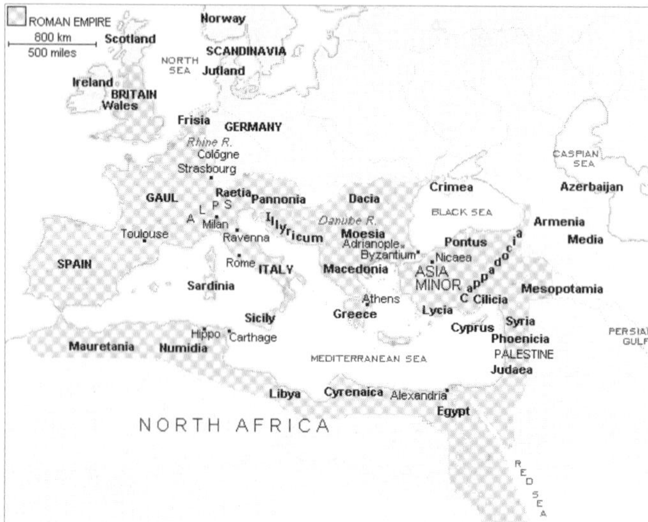

그림 2-3 로마의 도로망(Roman Roads)

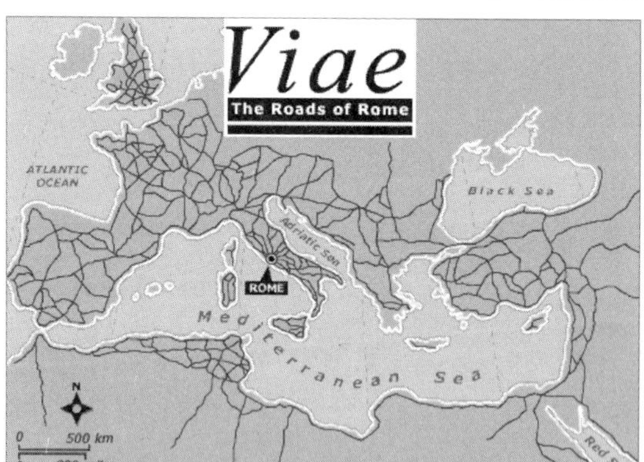

「모든 도로는 로마로 통한다」라는 말에서 알 수 있듯이, 로마는 지중해를 둘러싼 유럽의 도로망을 통해 각국의 관광객들이 모여들어 축제와 환락의 도시가 되었다.
도로지배(로마) → 바다지배(영국) → 하늘 지배(미국) → 우주지배(미국?)

5. 고전시대(그리스, 라틴)

- 기원전 2000년에서 500년 사이에 지중해는 여행에 있어서 획기적인 혁신을 이루었다. 서구 문명의 요람 속에서 무역, 상업, 종교, 축제, 치료, 교육 등의 여행이 초기에 발전하였다. 구약성서에도 캬라반과 무역인에 관한 언급이 수없이 많다.
- 기원전 776년 초 도시국가의 시민들은 제우스신을 기리기 위해 체육경기를 통해 4년마다 모이게 되었다. 결국 4개의 전국적인 축제가 형성되었는데, Olympic Games, Pythian Games, Isthmian Games, Nemean Games 등이 그것이다. 각 축제에는 각각의 신에 대해 제물을 바치고 기고를 하였다. 사람들은 최고수준의 체육행사나 예술행사를 통해 신을 기렸다.
- 따라서 축제에는 항상 어느 장소에서나 많은 관광객을 끌 수 있는 다양한 매력물이 단 하나의 패키지로 제공되었다. 즉, 큰 행사의 일부가 되었다는 느낌, 특별한 경험을 한다는 느낌, 고양된 종교적 시간에 의해 만들어지는 즐거운 축제의 무드, 정교하고 화려한 축제행렬(pageantry), 고단수들 간의 흥분된 경기, 무엇보다도 유명한 건축물과 예술품 사이를 돌아다니며 구경할 수 있는 기회가 주어졌다. 로마에서 부활절날 실시되는 현대적 올림픽을 상상해 보라. 그리고 St. Peter's에서 열리는 종교의식도…
- 그리스의 inn은 야간 shelter보다는 조금 나았다. 세수하려는 사람들은 자기 수건을 가지고 가까운 공중목욕탕에 가야만 했다. 일단 거기에 가면 옷을 벗고 목욕중 도난당하지 않기 위하여 옷을 누군가에게 맡겨야 했다. 목욕이란 손님이 큰 대야 밑에 서면 위에서 물을 부어주는 것에 불과하였다.
- 매일 치료해주는 신 특히 Asclepius신의 신전으로 가는 사람들이 있었다. 이러한 신전은 보통 맑은 공기와 물(때론 온천)이 있는 아름다운 장소에 위치해 있었다. Epidaurus의 신전도 역시 휴식을 위한 시설이 있었는데, 대

단한 조각이 있는 사원, 응지 속에서 걷게 해주는 열주(列柱: colonnade), 체육행사를 할 수 있는 운동장, 그리스에서 두 번째 큰 극장 등이 그것이다. 그리스인들은 환자의 치료에 휴식과 기분전환이 중요한 것을 알고 있었다.

- 제사(祭司 : oracle)들의 조언을 구하고자 많은 사람들이 Dodona나 Delphi에 여행하였는데 주로 정치가, 장군 그리고 영향력 있는 인사들이 중요한 활동을 하기 전에 조언을 구하였다. Socrates의 제자들(disciple)은 델파이 신전에서 스승의 지혜에 대해서 질문하였다.
- 기원전 5~4세기에 여행객들은 대다수가 축제참가자, 상인, 환자, 조언을 구하는 자들이었지만, 소규모의 다른 범주의 여행객이 있었는데 바로 관광객들이었다. 역사의 아버지(Father of History) 헤로도투스(Herodotus)는 상용고객 중에서도 최고 수준에 들었을 것이다, 만약 그런 제도(상)가 있었다면, 그는 그리스와 에게海(Aegean Island) 전역을 여행했을 뿐 아니라 북아프리카의 Cyrene에 여행했고, 남부 이탈리아와 시실리(Sicily)를 탐험하고, 소아시아 서해안의 Ephesus에서 Sardis까지 항해했다. 그가 시리아로 항해하여 동쪽 바빌론(Babylon)에 이르렀고 동쪽으로 유프라테스강을 만나 수주 동안 상인들의 행로를 따라갔다. 그는 고대 바빌론을 보았다.

> "사각모양, 한쪽이 14마일 정도로 총 56마일. 바빌론은 규모만 장대한 것이 아니라 지금까지 우리가 본 어떤 도시도 그렇게 화려하지 못했다. 도시의 벽은 85.5피트의 넓이에 3342피트의 높이(?)였다. 도시 주위에는 100여 개의 출입구가 있는데 대문, 문설주(jambs), 상인방(上引枋 : 입구 위에 댄 가로대)로 구성되어 있었다. 도시는 3~4층의 집으로 가득 차 있었고 똑바른 도로로 나누어져 있었다. 간선도로는 물론 강변을 따라가는 작은 도로도 그랬다."

- 위의 수치는 부풀려진 것인지도 모른다. 왜냐하면 아마도 가이드들로부터 들었을 것이기 때문이다. 그는 현대 관광객들처럼 관광(구경)을 좋아했고, 관련 정보는 가이드에 의존하였다. 소아시아에 여행하는 그리스인들은 이상한 말과 관습에 부딪치게 된다. 그리스의 관습이 고대 동부에 퍼지게 된 것은 알렉산더 대왕이 페르시아 제국을 정복한 이후부터였다.

- 헤로도투스는 이집트로 가는 많은 그리스인들에 대해 썼다. "예상하기로 장사하는 사람, 군대에 가는 사람, 동시에 나라 자체를 구경하러 가는 사람들". 헤로도투스의 여행은 장사와 쾌락을 결합하였다, 마치 아테네를 위기에서 구하고 외국으로 여행한 Solon처럼. 아테네는 많은 사람들이 아크로폴리스(Acropolis) 언덕에 있는 파르테논(Parthenon)과 다른 신축건물을 보기 위해 오면서, 5세기 후반부터 계속하여 관광매력물을 개발하였다.
- 현대 관광객들이 외국에서 어려움에 처하면 자기나라 영사관에 가듯이 고대 그리스인들은 proxenos(그리스어 pro는 before 또는 for, xenos는 외국인)를 찾았다. 이곳의 주임무는 거주지를 떠난 동포들, 특히 공식 자격(official capacity)으로 온 사람들을 어떻게든 도와주는 것이었다. 좀더 현실적인 임무는 동포를 환대하고, 극장표를 구해주고, 여행 중 자금이 부족한 사람에게 돈을 빌려주는 것이었다. 좀더 어려운 일로는 전쟁포로의 친척을 대신하여 배상금(ransom)을 협상하는 것이었다. 해당 도시에서 사망한 사람들의 상속인들은 재정적인 문제를 해결해 주기를 원했다.
- 그리스에서는 기원전 4세기에 이르러, 사람들이 불편과 위험을 무릅쓰고 여행을 하였다. 배로 여행하면서 폭풍과 해적을 두려워하였다. 육지여행은 불편한 도로, 음침한(dismal) 여관, 노상강도(highwaymen)가 두려웠다. Homer가 말하는 부유층만이 최악의 함정(pitfall)을 피할 수 있었다.
- 대다수의 여행객은 장사, 치료, 축제참여를 위해 여행하였고, 여행 그 자체를 좋아하는 사람은, 헤로도투스(세계 최초의 위대한 여행작가)처럼 극소수였다.
- 근동(近東)에서 탄생한 박물관은 그리스시대에 와서 성장하였다. Delphi의 Apollo와 같은 성전이나 Olympia의 Zeus성전들은 제례에 바친 여러 가지 값진 물건들을 모으기 시작했다. 또는 간청자들이 원하는 행동에 대한 대가로 바친 뇌물도 포함되었다. 헤로도투스는 Lydia의 Gyges가 바친 6개의 금혼합 그릇(1730파운드 무게), Crosesus에서 온 금사자(375파운드) 등을 언급하고 있다. 헤로도투스는 이러한 것들을 가격 때문에 또는 뛰어난 아름다움 때문에 언급하였다. 그리스에는 값진 금속이 없었으나, 고도의 기술로 많은 대리석을 만들어 냈다. Hera 신전은 기원전 7세기에서 3세기에 걸쳐 이루어진 조각품의 아름다움과 다양성의 대표적 예이다.

"그리스 전역에서 희망자들이 내놓은 조상(彫像)이나 회화(繪畫)들로부터 사원들은 예배당으로서만이 아니라 전시장으로 변모되었다. 마치 유럽의 성당이나 교회가 그렇게 되었듯이… 그리고 사원들은 현대의 예술품 소장 교회(art-laden church)처럼 귀중품을 구경하도록 때로는 기도하도록 방문객을 끌여들였다.

- 소아시아에서는 기원전 334년에 알렉산더 대왕에 의해 Ephesus에 민주정부(?)가 들어서면서 한철에만 에페수스(지금의 터키)에 약 70만명의 관광객이 모여들어 서커스, 동물유희, 요술, 마술 그리고 매춘을 즐겼다. 또한 에페수스는 알렉산더 치하에서 중요한 무역중심지가 되었고 또한 고대세계에서 가장 중요한 도시의 하나가 되었다.
  기원전 여행할 여유가 있었던 사람들은 7가지의 고대세계의 불가사의를 보려고 하였다.

6. 고대 7대 불가사의(不可思議 : Seven Wonders of the Ancient World)

역사학자 헤로도투스(B.C. 484?~B.C. 425?)와 학자 Callimachus of Cyrene (305~240 B.C.)가 초기 7대 불가사의 목록을 만들었다. 그러나 참고자료 외엔 그들의 저술은 남아 있지 않다. 7개불가사의에 대해 제대로 정리한 사람은 시인이자 작가인 시돈(Antipater of Sidon : B.C. 2C)인데, 기원전 140년에 시를 통해 7대 불가사의를 설명하였다.

> "위에 전차 길이 있는 바빌론의 높은 성벽을 보았고, Alpheus의 제우스신상, 공중정원, 태양의 클로서스(Colossus), 높은 피라미드의 역사, 마우솔로스의 거대한 무덤도 보았다. 그러나 구름위로 솟아오른 아르테미스의 신전을 보았을 때 다른 것들은 그 빛을 잃어버렸다. 나는 말했다, "보라, 올림푸스를 제외하고 태양은 아무것에나 그렇게 장엄하게 향하지 않는다."
> ('Lo, apart from Olympus, the Sun never looked on aught so grand.')
>
> *Antipater, Greek Anthology IX. 58*

시돈은 고대 그리스 작가이자 시인이다. 7대 불가사의 목록을 만든 것으로 유명하다. 그와 함께 수학자이자 기술자인 Philo of Byzantium(born about 280 B.C.)은 7대 불가사의를 직접 본 것으로 유명하다. 시돈의 시에는 그가 본 7개의 불가사의가 나온다. 지금 불려지는 바로 그것이다. 그와 다른 그리스 시인들은 시와 로미제국의 멸망을 기록했다. 그러나 고대세계는 거의 잊혀졌다. 그러나 장엄함을 보여준 7개의 기념물은 아직도 남아서 전승되고 있다. 1500년경 르네상스로 인해 고대문화가 관심을 끌었는데 특히 시돈의 시가 그러했다. 그중 기자의 피라미드만 남아 있다.

그리스인의 개념으로는 이것은 불가사의(wonders)가 아니라 보아야 할 것(must-see)이라는 의미의 "theamata"였다. 오늘날 우리가 알고 있는 7가지는

표 2-1 고대 7대 불가사의

명 칭	건설일	건설자	특 징	파괴일	파괴원인
쿠푸왕 피라미드	2650~2500 B.C.	이집트인	이집트 4왕조 쿠푸왕 무덤	현존	
공중정원(바빌론)	600 B.C.	바빌론인	헤로도투스의 기록 "외벽길이가 56마일, 두께 80피트, 높이 320피트(고고학적 측정은 다소 다름)	기원 1세기 이후	지진
아르테미스 신전	550 B.C.	리디아인 페르시아인 그리스인	그리스여신 아르테미스에게 바침, 건축에 120년 소요, Herostratus가 후세에까지 유명해지기 위해 태워버림	356 B.C.	방화
제우스신상	435 B.C.	그리스인	신전복도 전체를 차지할 정도로 웅장함. 높이 40피트(12미터)	5~6세기 A.D.	화재
마우솔로스 영묘(靈廟)	351 B.C.	페르시아인 그리스인	4면에 조각으로 장식하고 높이는 45미터에 달함. mausoleum(靈廟 : 장엄한 무덤)의 어원	1492년까지 존재	지진
크로이소스 거상(巨像)	292~280 B.C.	헬레니즘시대 그리스인	그리스신 Helios의 거대한 동상 오늘날 자유의 여신상과 비슷한 크기	224 B.C.	지진
파로스등대	B.C. 3세기	헬레니즘시대 이집트인	높이 115~135미터, 당시 수세기동안 인간이 만든 최고의 건물	1303~1480 A.D.	지진

그림 2-4 고대 7대 불가사의 그림

쿠푸왕 피라미드	공중정원(바빌론)
아르테미스신전	제우스신상
마우솔로스영묘(靈廟)	크로이소스거상(巨像)
파로스등대	

중세에 정리되었으며, 당시에 그중 상당수는 이미 존재하지 않았다. 7가지는 대부분 고대 그리스 문헌에서 나왔기 때문에 고대 그리스인이 알고 방문했던 곳만이 포함된 것으로 보인다. 기원전 1600년에 이미 이집트 왕의 계곡에 있는 유적 등 글씨(graffiti)가 새겨졌다.

시돈(Antipater of Sidon : B.C. 2C)의 첫 목록에는 알렉산드리아 등대를 Ishtar Gate로 바꾸었다. 현재 목록이 사용된 것은 6세기가 되어서였다. 이 가운데 현재까지 남아 있는 것은 기자의 피라미드뿐이다. 공중정원의 존재는 확실히 입증되지 못하였다. 기록에 의하면 나머지 5개는 자연재해에 의해 파괴되었다. 아르테미스신전과 제우스신상은 화재에 의해, 파로스 등대와 크로이소스 거상, 마우솔로스 영묘는 지진에 의해 파괴되었다. 런던 대영박물관에 마우솔로스 영묘와 아르테미스 신전의 조각물들이 남아 있다.

그림 2-5 고대 7대 불가사의 위치

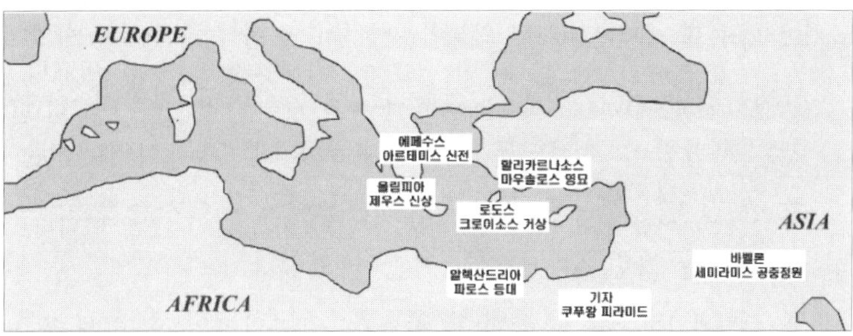

제 2 절 중 세

1. 일반적 상황

중세는 관광에 있어서도 암흑기라고 할 수 있다. 그러나 성지순례와 십자군 원정으로 종교적 관광이 가능하였다.

- 4~5세기에 로마제국이 멸망하자 유럽에서는 여행과 관광도 재앙을 가져

왔다. 중세기(476년 서로마제국의 몰락에서 1450년 근대의 시작까지)에는 아주 모험적인 사람들만이 여행을 시도하였다. 역사적으로 이 시기의 여행은 위험하였다. 누구도 여행을 쾌락과 연결시키기 못하였다. 이 시기에 유럽에서 가장 눈에 띄는 예외가 있다면 십자군이었다.

- 암흑시대 말에 수많은 순례자들이 영국의 캔터베리(Canterbury ; Chaucer의 Canterbury Tales때문에 영원히 남게 됨), Compostella의 St. James 등과 같은 유명한 사원으로 여행을 했다. 성지로의 여행은 오랜 기간이 걸리고 비용도 많이 들며 위험했기 때문에 거의 이루어지지 못했다. 1388년 왕 Richard 2세는 순례자들이 여행허가증(permit) 즉 오늘날의 여권을 소지하도록 요구하였다. 고난과 위험에도 불구하고 수천명씩 성지에 경의를 표하기 위해, 속죄하기 위해, 병중에 한 약속을 지키기 위해 성지로 여행하였다.
- 14세기의 여행안내서에는 순례자들을 위한 자세한 내용, 즉 통과지역, 숙박형태 그리고 조건이 나쁜 루트까지도 들어 있었다. 저급여관(innkeeping)은 지방을 제외하고는 거의 사라졌고 유럽 곳곳에 소수의 여관(inn)들이 산재하였다. 이들 여관은 전형적으로 불결하고 해충이 우글거리는 곳으로 많은 사람들이 북적되는 곳이었다. 독일과 다른 지역에서는 여러 명이 보통 한 침대를 사용해야 했다. 그러나 어느 곳에서는 Mandeville의 안내책에 나오는 그런 수준 높은 여관이 있었다.
  맨디블은 여관의 여주인을 이렇게 설명하였다, "Jenette은 촛불을 켜고 손님을 이층 방으로 안내하였다, 그리고 발을 씻을 뜨거운 물을 주고 이불을 덮어 주었다." 스페인과 이탈리아에서는 손님 각각에게 침대를 제공하였다.
- 그러나 사회 저명인사들은 보통 城이나 개인집에서 환대를 받았다. 교회의 수도원(monastery)과 여행자 숙박소(hospice)에서는 일반 여행자를 위한 숙박을 제공하였다. 이들 시설은 단순히 잠자리를 제공하는 것 이상이었다. 의사 및 의약품을 준비하고 낡은 옷을 교환해주고, 관광지 안내원도 소개하고, 돈을 빌려주기도 하였다. 동시에 명상과 기도의 기회도 제공하였다.
- 가장 유명한 곳으로는 962년에 설립된 Great Saint Bernard의 프랑스

Alpine hospice였다(성 버나드의 개는 여행객을 발견하고 구조했는데 목에 걸린 와인병을 보여주는 광고 때문에 아주 유명해졌다). 시나이(Sinai)산 기슭에 있는 캐서린(Catherine) 수도원은 아직도 번성하고 있다. 여유가 있는 사람들은 기부금을 내는 게 보통이다.

- 결국 증가하는 관광객들에게 서비스를 제공하는 것이 종교 건물로는 짐이 되었다. 종교단체는 기독교적 자비가 중요한 사명인 만큼 가난한 사람들을 물리칠 수 없었고 부유한 사람은 상당한 기부를 하기 때문에 역시 물리칠 수 없었다. 중산층 여행객들은 여인숙(tavern inn), 여관(inn) 또는 와인가게로 보내어졌다. 이렇게 이 시기의 교회는 여행산업의 발달에 중요한 역할을 하였다.

(1) 성지순례

중세에는 여행이 거의 정지상태에 있었다. 라틴어 travail에서 나온 여행(travel)이란 말은 사실 부담스럽고, 예기치 못할 정도로 위험하고, 그리고 필요한 게 많았다. 대부분의 사회는 움직일 수 없는 그리고 교구의 땅에 묶여 있었다. 대부분에게 있어서 관광여행은 상상도 할 수 없었다.

그러나 종교여행 특히 종교순례(pilgrimage)가 있었다. 종교적인 권유로 수백만의 사람들이 성지(shrine)에 여행하게 되었다 - 모슬렘은 메카에, 기독교인은 예루살렘에 초서의 캔터베리 이야기(Chaucer's Canterbury Tales)는 14세기에 캔터베리 성당에 여행한 종교순례자들을 묘사한 것이다. 공포와 죄의식은 그러한 여행을 자극하였다. 그러나 흥분과 모험심 그리고 일상에서의 탈출욕구 때문에 종교적 감상은 세속적인 감상으로 변색되었다.

중세의 교회는 절대적 기구가 되었고 국가 간에 인정되는 유일한 기관이었다. 수도원 등 종교건물은 여행자를 받아들였다(기부금 환영). 여인숙의 형태인 호스피스(hospice)는 종교교단(敎團 : order))에 의해 운영되었으며, 게스트 하우스(guest house) 역시 그러했다.

the Knights of St. John of Jerusalem이라는 교단은 1048년에 세워졌는데, 이때 예루살렘에 순례자를 돌보기 위하여 병원이 세워졌다. 후에 그곳은 상당한 권력을 가진 군사·종교 교단이 되었고, 교황은 교단에게 예루살렘을 왕래하는 순례자를 보호하는 책임을 맡겼다.

많은 수도원과 성당들은 방문객을 환영하였는데 부유층과 귀족은 고위성직자(head prelate)와 함께 앉고, 빈민층은 별도의 방에 배정되었다. 객실사용료는 없었다. 때로는 수도원 문을 지키는 문지기가 게스트하우스를 꾸려가기도 하였다. 아마도 교회가 최초의 호텔체인을 운영한 것이 아니겠는가.

① 캔터베리 성당(Canterbury Cathedral, 영국)

A.D. 43년 로마가 잉글랜드에 들어오면서부터, 이 지역에 Celtic church가 세워지고, 이후 로마가 물러가고 Jutes와 Saxons족이 들어와 old pagan religions(paganism)이 번성하자, 로마교황 Gregory가 597년 성 아우구스틴(St. Augustine)을 보내 대성당을 지었고, 오늘날까지 영국교회행정의 중심지가 되었다. 그 후 화재와 덴마크인들의 침입으로 파괴되었으나, 성당에 여러가지 인상적인 성품(聖品)이 많아 7세기 이후 기독교 순례자들의 방문을 받게 되었다.

이 성당이 더욱 유명해진 것은 1170년 12월 29일 대주교 Thomas Becket가 순교한 이후이다. Becket 대주교가 Henry II를 진노하게 하였기 때문이다. 그의 순교로부터 성지순례가 영국에서 하나의 전통으로 굳어지게 되었다. 특히 그가 죽은 후 질병치료의 영험이 나타나고, 4년 후 헨리 2세가 여기서 고백성사를 하고, 성물에서 신비로운 힘이 나온다고 믿으면서 더욱 유명해졌다. 당시의 수도원에 실상에 대한 내용은 초서의 캔터베리 이야기에 잘 나와 있다.

16세기 중반 헨리 8세가 수도원을 폐쇄하고 재산을 환수함으로써 성지순례는 사라지게 되었다. 당시 환수한 재산은 금은보화가 마차로 26대에 이르렀다고 한다.

▶ 초서(Chaucer)의 작품 「캔터베리 이야기(Canterbury Tales)」는 중세 순례자들의 캔터베리 수도원 방문을 중심으로 한 것으로, 당시의 성지순례자들과 그들에게 숙식을 제공한 수도원의 역할 등을 보여주고 있다.

그림 2-6 초서(Chaucer : 1340~1400)

그림 2-7 캔터베리 성당(Kent, England)

11~16세기에 걸쳐 축조

② 메티오라 수도원(Meteora : 그리스)

공중바위(rocks in the air)라는 뜻의 메티오라(Meteora) 수도원은 세계에서 가장 경관이 좋은 곳 중의 하나이다. 기독교 시대 이전부터 수도자, 은둔자들이 수도하였던 곳으로, 8세기 기독교인들이 와서 12세기까지 수도공동체를 유지하였다. 1500년대 중반에는 24개의 수도원이 형성되었다(200~600미터 높이). 18세기 중반까지 학문과 예술의 중심지가 되었다. 현재 6개가 남아있으며 그중 4개만이 접근할 수 있다. 1960년대 초 주변에 고속도로가 생겨 관광

그림 2-8 그리스 정교 수도원 메티오라

객의 대량유입을 낳았다. 이로 인해 수도승들이 이 지역을 떠나 조용한 Athos 산으로 들어가고 있다.

(2) 십자군 원정(Crusade)

아랍과 이슬람권에 관한 한 우리는 너무도 서구 중심적인 지적 편식에 익숙해져 있다. 해방 이후 오늘날까지 재생산되어 온 서양 중심의 역사관과 자료의 편중이 그 일차적 원인일 것이다. 십자군 전쟁은 그 좋은 예이다. 인류역사에서 십자군 전쟁만큼 그 진실이 감추어진 역사적 사건도 흔치 않을 것이다. 십자군 전쟁은 이교도에 유린당하는 성지 예루살렘을 회복하고자 하는 고귀한 종교적 열정에서 비롯한 성전으로 정의되어 왔다. 로마 교황 우르반 2세는 예루살렘을 순례하는 그리스도 교인들에 대한 셀주크 투르크인들의 박해를 강력하게 비난하면서 성지회복을 위한 성전을 호소하였다. 종교적 열정에 불타는 농민과 일부 기사들은 저마다 등과 가슴에 붉은 십자 표지를 달고 예루살렘으로 향했다. 이렇게 시작된 십자군 전쟁은 1365년까지 9번의 대규모 출병으로 이어졌고 약 250년 동안 오리엔트와 소아시아 반도를 피로 물들였다.

이슬람 입장에서 보면 십자군 전쟁은 유럽인의 침략전쟁이고, 이방인들이 저지른 대학살과 약탈로 삶이 짓밟힌 역사상 가장 치욕적이고 반문명적인 사건이었다. 예루살렘은 메카, 메디나에 이어 이슬람 제3의 성지이다. 십자군 전쟁이 있기까지만 해도 예루살렘이 이슬람의 통치를 받고 있는 상황은 기독교 유럽사회나 비잔티움 제국 모두에게 당연한 사실로 받아들여지고 있었다. 비록 예루살렘이 이슬람교도들의 수중에 있었다지만 그리스도 교인들의 순례는 보호되었고, 해마다 그 수가 늘어갈 정도로 평화가 유지되고 있었다. 기독교 순례자가 박해받는다는 종교적 호소는 다분히 정략적인 발상이었다. 물론 일정한 규제는 있었다. 행진을 할 수 없었고 기독교를 공개적으로 전파하거나 교회를 지을 수 없었다. 그렇다 할지라도 십자군 전쟁은 순수하게 기독교적인 동기로 시작되었다고 말할 수는 없다.

교황 우르만 2세가 첫 십자군 전쟁을 시작한 이후로 십자군 전쟁은 기독교와 이슬람 세계 모두에게 거의 상상하기 어려울 정도로 엄청난 수의 사상자를 내며 막을 내렸다. 9번의 십자군 원정 중에 1차 십자군 원정만이 유일하게 '성공적'이었다. 하지만 이것도 아랍세계가 분열되어 있었던 덕분이었다. 성도를 탈환하고자 하는 목표에 근접한 것도 단 세 번의 원정 뿐이었다. 십자군 전쟁은 실로 잔혹한 살육과 약탈, 문화유산의 파괴로 점철된 추악한 전쟁이었다.

일반적으로 십자군 전쟁은 이슬람 세계의 앞선 문화를 접한 유럽에게는 도약의 발판이 되었고, 찬란한 전성기를 누렸던 아랍에게는 쇠락의 길을 걷는 시발점이 되었다고 설명된다. 또한 이슬람교와 기독교라는 두 일신교의 뿌리 깊은 반목과 갈등의 역사적 단초가 되었다는 점도 강조된다.

대규모 십자군 원정은 1096년에서 1272년 사이에 8회에 걸쳐 이루어졌다. 주요 십자군 원정은 다음과 같다.

① 1096～1099 The First Crusade
② 1147～1148 The Second Crusade
③ 1189～1192 The Third Crusade
④ 1200～1204 The Fourth Crusade
⑤ 1217～1221 The Fifth Crusade
⑥ 1228～1229 The Sixth Crusade
⑦ 1248～1254 The Seventh Crusade
⑧ 1270～ The Eighth Crusade

그림 2-9 십자군 원정도 : 4차 원정 및 그 이후

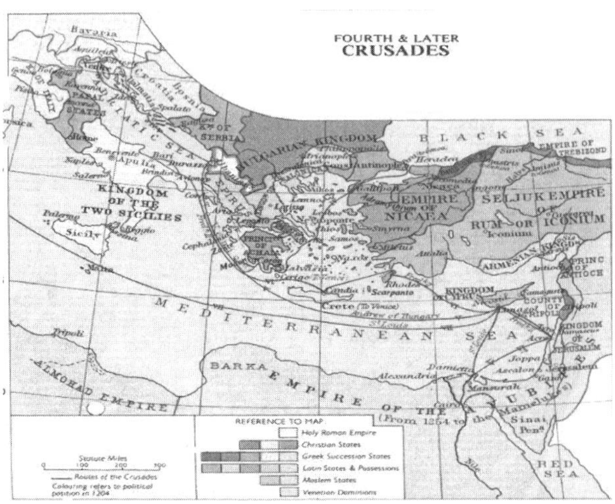

⑨ 1271~1272 The Ninth Crusade

『십자군 원정은 성지탈환이라는 성전(聖戰)의 의미만이 아니라, 성직자, 군인, 상인, 일반여행자들에게 성지순례라는 국제여행의 기회를 제공하였다.』

그림 2-10 12~13세기 십자군 및 성직자의 모습

2. 중세의 7대 불가사의

중세의 7대 불가사의는 그 기원, 내용, 명칭에 있어서 합의된 것이 없는 현존 역사목록이다. 그 명칭도 "Wonders of the Middle Ages", "Seven Wonders of the Middle Ages", "Medieval Mind", "Architectural Wonders of the Middle Ages" 등 다양하다. 이 목록은 특정 목록이라기보다는 7가지 경이로운 전통에서 계속 이어지는 타입이나 장르로 보는 것이 적합하다. 이 목록은 중세에서 시작된 것 같지는 않으며 Brewer's는 이를 later list라 부르는데, 이는 이 목록이 중세 이후에 만들어졌다는 것을 의미한다. 중세(medieval)라는 말은 계몽기(enlightenment-era)까지도 사용되지 않았으며, middle-age란 말도 16세기까지는 보편적인 것이 아니었음이 이를 입증해준다. 게다가 낭만주의 운동은 중세와 관련된 모든 것, 특히 계몽기 이전의 것들을 찬미하였는데 이는 이 목록이 18~19세기에 보편화되었을 것이라는 점을 시사해 준다. 어떤 것은 현대적 역사기준에서 볼 때 전문적으로 보면 중세의 것이 아니다. 그러나 이 목록이 현대의 중세역사가에 의해 만들어진 것은 아니다.

여기에는 중국 및 인도의 것도 포함되어 있어서 서양 중세의 불가사의와는 맞지 않는 부분이 있다. (http : //www.mtholyoke.edu)

대표적인 것은 다음과 같다.

① 스톤헨지(Stone-henge)

내 용	석재, 목재, 흙덩이가 도랑에 의해 순환구조로 이루어짐. 약 1400년 동안에 걸쳐 개조 및 개축되었음. 3개 부분으로 나누어져 있고 다른 시기에 완공된 것으로 보임. 남아 있는 것은 최초의 절반 정도이다. 유네스코 세계문화유산
위 치	영국 남부, Wiltshire 주, Amesbury 서쪽 2마일, Salisbury Plains
건축시기	B.C. 3,100년경, B.C. 2,300년경까지 추가건축
건축사유	정확하게 알 수 없음. Edmond Bolton은 1624년 셀트족 여왕 Boudicca를 위해 지었다고 기록. 다른 견해는 드루이드(Druid) 성직자들이 예배당으로 지었다. 셀트족의 제사장소, 해시계 등의 주장도 있음. 드루이드의 고대절차는 스톤헨지를 사원으로 여기고 여름의 극점(至日)을 맞이하는 곳으로 이용.
특 징	세트족 드루이드 성직자들은 스톤헨지가 만들어진 지 2000년 후인 B.C. 300년에 자신들이 지은 것으로 믿고 있다. 이들은 넓은 평원에서보다 숲속에서 의식을 행한다. 이는 이에 대한 의심을 더할 뿐이다.

② 콜로세움(Colosseum)

정식으로는 '플라비우스 원형극장(圓形劇場 : Flavian Amphitheatre)'이라고 한다. 플라비우스 왕조 때 세워진 것으로 베스파시아누스 황제가 착공하여

80년 그의 아들 티투스 황제 때에 완성하였다. 중세에는 '거대한 건축물'이란 뜻으로 쓰였다. 제정기(帝政期) 로마의 복받은 로마시민의 오락시설로서, 여기에서는 글라디아토르(劍鬪士)의 시합, 맹수연기(猛獸演技) 등이 시행되었다. 직경의 긴 쪽은 188m, 짧은 쪽은 156m, 둘레는 527m의 타원형이고, 외벽(外壁)은 높이 48m로 4층이며, 하단으로부터 도리스식(式)·이오니아식·코린트식의 원주(圓柱)가 아치를 끼고 늘어서 있다. 내부는 약 5만명을 수용하는 계단식 관람석이 방사상(放射狀)으로 설치되어 있다. 콜로세움의 명칭은 근처에 네로의 거상(巨像 : colossus)이 있었던 데에 유래한다.

내 용	원형경기장으로 원래는 플라비우스 원형극장(Flavian Amphitheater)으로 불려짐. 약 500년간 로마인을 위한 공공경기장으로 사용. 476년 로마 몰락 이후까지도 어느 정도 사용. 높이 157피트, 길이 615피트, 폭 510피트. 다른 경기장과 달리 언덕 사면이 아닌 평지에 건설. 석회화 돌(용천침전물)로 만들고 철 꺽쇠를 사용, 중앙에 나무판이 있어 모래로 덮었다. 그 속에 지하터널이 있어 검투사와 동물을 시합 전까지 숨겼다.
위 치	이탈리아, 로마
건축시기	A.D. 70년에 시작, 80년 Titus 정권시기에 준공, 후에 보완
건축사유	검투사 시합 및 대중관람을 위한 경기장
특 징	관람객들은 도자기 사금파리를 입장권으로 받았는데 자리의 위치와 열이 표시되어 있었다. 이를 통해 자리를 찾거나 경기장에서 나가기 용이했다.

③ 이집트 지하공동묘지(Catacombs of Kom el Shoqafa)

내 용	파라오 장례식을 위한 무덤군. Kom El-Shuqafa은 Lofus Kiramaikos(고대 질그릇무덤)의 아랍식 이름. 무덤은 헬레니즘 및 초기 로마제국의 영향을 받음. 순환계단이 무덤 속으로 나 있는데 이 무덤들은 안토니오황제 시대(A.D. 2세기))에 암석하부까지 파들어간 것이다. 이것은 중세 7대 불가사의의 하나로 불리워지기도 한다.
위 치	이집트, 알렉산드리아
건축시기	2~4세기, 실제 장지(葬地)로 사용
건축사유	처음에는 한 가족의 무덤으로 계획되었으나, 4세기에는 확대되어 사용
특 징	1900년 9월 28일 발견. 당나귀 한 마리가 크레바스에 빠져 바닥으로 떨어지면서 발견됨.

④ 만리장성(Great Wall of China)

동쪽 산하이관[山海關]에서 서쪽 자위관에 이르며, 지도상의 총연장은 약 2,700km이나 실제는 5,000km에 이를 것이다. 장성의 기원은 춘추시대의 제(齊)에서 비롯되어 전국시대에는 연(燕)·조(趙)·위(魏)·초(楚) 등 여러 나라가 장성을 구축하였다. B.C. 221년 진(秦)의 시황제(始皇帝)가 천하를 통일하자, B.C. 214년에 그때까지 연·조 등이 북변에 구축했던 성을 증축·개축하여, 서쪽의 간쑤성 남부 민현에서 황하강 서쪽을 북상하여 인산[陰山] 산맥을 따라 동쪽으로 뻗어 랴오둥[遼東]의 랴오양[遼陽]에 이르는 장성을 구축함으로써 흉노(匈奴)에 대한 방어선을 이룩하였다. 다시 한대에 이르러 무제(武帝)는 B.C. 2세기 말에 영토의 서쪽 끝인 돈황 바깥쪽의 위먼관[玉門關]까지 장성을 연장하였다.

진 · 한 시대의 장성은 현재의 장성보다 훨씬 북쪽에 뻗어 있었는데, 그것이 현재의 위치로 남하한 것은 거란 · 돌궐 등의 침입에 대비하기 위해서였다. 즉, 북위(北魏)는 5세기 초에 장성을 보강하고, 중엽에는 수도평성(平城) 부근에 또다른 성벽을 구축하였다. 또, 북제(北齊)는 6세기 중엽에 오늘날의 다퉁[大同] 북서쪽에서 쥐융관[居庸關] · 산하이관에 이르는 장성을 축조하고, 다시 뒤이어 현재의 네이창청[內長城]에 해당하는 곳에 중성(重城)을 구축하였다. 한편, 오늘날의 허난성[河南省] · 산시성[山西省] 경계 북부를 타이항 산맥[太行山脈]을 따라 남하하는 장성도 북주(北周) 방어대책으로 그 무렵에 축조된 것인 듯하다. 그 후 수나라는 오르도스 남변에 장성을 구축했고, 당대(唐代)에 들어와서는 장성의 훨씬 북쪽까지 그 판도를 넓혔기 때문에 방어선으로서의 장성이 필요하지 않았으며, 또 오대(五代) 이후에는 장성지대가 북방민족의 점령 하에 있었기 때문에 거의 방치되었다.

장성이 산하이관에서 자위관에 이르는 현재의 규모를 갖춘 것은 명대(明代)에 들어와서였다. 영락연간(永樂年間 : 1403~1424)부터 보강이 시작되어, 정통연간(正統年間 : 1436~1449)에 내장성이, 성화연간(成化年間 : 1465~1487)에 오르도스 남변의 장성이 수축(修築)되고, 다시 가정연간(嘉靖年間 : 1522~1566)에는 동쪽 일대의 장성이, 15세기 중엽~16세기 초엽에는 오르도스 서쪽 끝에서 란저우[蘭州]를 거쳐 자위관에 이르는 장성이 완성되었다. 명(明)나라는 이 장성지대를 9개의 군관구로 나누어 구변진(九邊鎭)을 두고, 장성을 통과하는 교통요지, 즉 옌먼관 · 쥐융관 · 구베이커우 · 장자커우 등지에는 견고한 관성을 설치하였다.

청대(淸代) 이후에는 군사적 의의를 상실하고, 단지 중국 본토와 둥베이[東北 : 만주] · 몽골 지역을 나누는 정치 · 행정적인 경계선에 불과하게 되었다. 한편, 축성의 재료는 햇볕에 말린 벽돌과 전(塼) · 돌 등이며, 성벽은 높이 6~9m, 폭은 상부 4.5m, 기부(基部) 9m이다. 유네스코의 세계유산목록에 수록되어 있다.

내 용	외부 침입 방어용. 중국통일 전 4개국, 연(燕)·조(趙)·위(魏)·초(楚)가 나누어 건축을 시작. 진나라 때 연결되었으며 현재의 모습 명나라 때의 것. 인간이 만든 세계 최대의 건축물, 3,948마일. 몽골과 북중국의 국경을 따라 건설. 이 또한 성벽에 많은 반달리즘과 그라피티가 남아 있다.
위 치	Shanghai Pass to the Bohai Sea,
건축시기	B.C. 5C에 시작, A.D. 17세기까지 지속적으로 건축
건축사유	외적에 대한 성벽건축, 4개국의 성벽으로 시작하여 진나라 때 연결 완성.
특 징	달에서 볼 수 있는 인간이 만든 최대의 건축물이라는 평(1938년 the Second Book of Marvels에서). 실제로는 볼 수 없으며 항공기 활주로처럼 그저 몇 미터에 불과할 정도로 보인다. 그것도 지상 가까이 있는 궤도에서만 가능하다. 따라서 나안으로 어떻게 볼 수 있겠는가.

⑤ 남경도탑(南京陶塔 : Porcelain Tower of Nanjing)

내 용	보은(報恩)의 탑으로 불려짐. 8각형, 높이 250피트, 직경 95피트, 9층. 무게를 유지하기 위해 위로 갈수록 좁아짐. 각층마다 흰자기로 만들어 낮에는 햇빛이 비치면 전체가 빛나고 밤에는 140개의 등으로 조명. 외벽은 아름다운 조각으로 장식. 회전식 계단은 8층에서 지붕까지 이어져 있다. 19세기 탑 전체가 폭도에 의해 파괴. 현재 복구 중.

위 치	중국 고대 수도 난징, 양쯔강변.
건축시기	15세기 황제 Yung-lo 시기
건축사유	불탑
특 징	전기 1볼트를 가하여 7층까지의 회전식 계단 파괴 이후 바로 전체 파괴됨.

⑥ 하기아 소피아(Hagia Sophia)

내 용	그리스교회가 이슬람 모스크로 바뀐 것. 현재는 박물관. 직경 31미터 돔으로 덮여 있는데 유리로 만들어 내부로 빛이 반사된다. 비잔틴 건축물의 정수. 가운데 56미터. 4개의 기둥이 아치로 연결되어 돔 무게를 지탱. 내부는 대리석, 금모자이크 등으로 장식. 1204~1261년 가톨릭 성당이었으며, 1453년 투르크가 콘스탄티노플을 침략했을 때 모스크로 변신하였다. 1935년 현재의 Ayasofya 박물관으로 바뀔 때까지 무슬림의 장소였다. 하기아소피아는 "신의 신성한 지혜의 교회"(Church of the Holy Wisdom of God) 라는 뜻이다. 영어로 성 소피아라 불리지만 소피아란 성인의 이름을 딴 것은 아니다.
위 치	터키, 이스탄불
건축시기	4세기에 건축, 첫 건물은 파괴되고 콘스탄티우스에 의해 두 번째로 세워짐. 이 건물은 532년 폭도에 의해 불타고 Justinian I 황제 감독 하에 재건, 지진으로 피해를 입었고 여러 번 수리함.
건축사유	콘스탄티노플의 그리스정교 교황의 자리 확보 및 비잔틴시대 황제의식 거행
특 징	이슬람설교에 의하면 인간의 형태로 무엇이든 만드는 것은 불경하므로 벽을 장식한 기독교 예술품은 제거되거나 무슬림예술로 덮어야 한다고. 20세기 복구 중 상당수의 기독교예술이 복구할 수 있는 상태임을 발견했다. 일부는 이슬람 글씨 아래에 남아 있었다. 기독교예술을 완전 복구하기 위해 이슬람예술의 일부를 제거해야 했다. 이에 대해 많은 논쟁이 있었다. 가려져 있는 모자이크를 전시하기 위해 이슬람예술을 제거해야 하느냐 마느냐.

⑥ 피사의 사탑(斜塔)

내 용	건축시 기초공사 잘못으로 한쪽으로 기움. 높이 56.70미터, 무게 14,500톤 194계단. 공사 시 3단계로 지어짐(1단계 공사에서 기초가 잘못 된 것을 확인)
위 치	피사, 이탈리아
건축시기	1173년 공사시작. 건축기간 200년
건축사유	성당의 종탑
특 징	1990년 출입금지 조치. 수학자, 건축가, 엔지니어, 역사가들이 모여 기울어진 반대편을 파서 조금 세우기로 결정하다. 50년전보다 조금 바로 세워짐.

⑦ 카이로 성채(Cairo Citadel)

Cairo Citadel (야경)

내 용	Mohamed Ali Citadel이라고도 함. 7세기에 만들어진 모하메드 알리의 모스크가 있기 때문. 현재 Al-Gawhara 궁전, 국립군사박물관, 경찰박물관이 있음.
위 치	카이로 중심부 근처 모카탐 언덕(Mokattam hill)
건축시기	1828~1848
건축사유	원래 1176년에서 1183년에 Saladin이 요새화함. 십자군을 방어하기 위해.
특 징	신성한 바람과 도시경관이 한눈에 들어옴.

⑧ 엘리 대성당(Ely Cathedral)

정식명칭은 The Cathedral Church of the Holy and Undivided Trinity of Ely이다. 영국 케임브리지셔(Cambridgeshire) 엘리(Ely) 지역 주교관구의 중심 교회이다.

"the ship of the Fens"이라는 별칭이 있는데, 모양이 특이한 데서 나왔다.

7세기에 지어진 건물은 존재하지 않고 12세기에 지어진 것이 현존 건물이다.

The West Tower(1174~97)

⑨ 타지마할 영묘(靈廟)

내 용	세계에서 손꼽히는 영묘(靈廟) 즉 장려한 무덤이다. 유네스코 세계문화유산(universally admired masterpiece of the world's heritage)
위 치	인도, 아그라
건축시기	1632~1648
건축사유	무굴제국 황제 Shah Jahan이 애처 Mumtaz Mahal을 기려 세움.
특 징	무굴 건축의 최고봉. 페르시아, 터키, 인도, 이슬람 건축양식이 모두 포함.

⑩ 클러니 대수도원(Cluny Abbey)

현재의 Cluny Abbey

내 용	Cluni 또는 Clugny라고도 함. 10세기 이후 금욕생활의 중심 수도원 1790년 혁명주의자들에 의해 파괴. Hotel de Cluny in Paris는 1334년에 만들어졌고 한때는 대수도원장의 자택이었다. 1833년 박물관으로 개조되었으나 수도원과 관련된 유물은 거의 없다.
위 치	프랑스 중동부
건축시기	William I, Count of Auvergne이 909년 9월 2일 건축시작.
건축사유	수도원
특 징	현재 일부만 남아 있음. 유럽 최고의 수도승 교육기관이었음.

제 3 절 그랜드 투어

1660년경부터 1825년 대량철도 시대가 도래할 때까지 번창했던 유럽의 여행형태였다.

특히 영국 상류층의 젊은 남성에게 인기가 있었으며, 당시 부유한 대학졸업생의 교육적 통과의례였다. 그랜드 투어는 고대와 르네상스의 문화를 접촉하고 유럽대륙의 귀족사회와 접촉할 수 있었다는 데 그 의미가 있다. 여행의 일정은 수개월에서 수년이 걸리기도 하였다.

1. 그랜드 투어의 사상

호기심과 교육을 위한 여행사상은 18세기에 나타났다. 존 로크(John Locke)의 "인간이해에 관한 에세이"(Essay Concerning Human Understanding : 1690)라는 글이 이에 불을 붙였는데, "지식은 전적으로 외적 감각에서 나오며, 우리가 알고 있는 것은 우리에게 노출된 외적자극에서 나온다."라는 것이었다. 따라서 여행이란 정신을 개발하고 지식을 확대하려는 사람들에겐 의무적인 것이었다. 18세기의 전형적인 정서는 외국여행을 통해 얻은 지식을 외국여행을 하지 못하는 사람들에게 알려주는 것이었다. 여행은 복지를 증대하기 위한 하나의 의무였다. 그랜드 투어는 이러한 과정에서 발생하였다. 그랜드 투어는 자유로운 교육을 제공하였으며, 국내에서는 구할 수 없는 물건을 살 만한 여유가 있는 사람들에게 가능하였고 이로써 그들의 권위와 지위가 향상되었다. 관광객들은 돌아올 때 예술서적, 사진, 조각 등 문화적 물품을 가져와 도서관, 정원, 화실 등에 진열하였다. 그랜드 투어는 부와 자유의 상징이었다.

18세기 그랜드투어 비판자들은 모험부족을 비판하였다. "유럽여행은 별 볼일 없다(paltry thing). 단조롭고, 획일적이고, 변화가 없어 별로 기대할 것이 없다." 그랜드 투어는 특정 국가에 대한 선입관과 편견을 강화할 뿐이다. " Jean Gailhard's *Compleat Gentleman*(1678) observes : "French courteous. Spanish lordly. Italian amorous. German clownish."

1825년 이후 저렴하고, 용이해지고, 위험이 줄고, 누구에게나 열리게 되었다. 19세기에는 대부분의 특권층 젊은이들은 그랜드 투어를 하였고, 그 후 젊은 여성에게도 유행이 되었다.

샤프롱(chaperon : 귀족여성의 여성보호자)으로서 노처녀와 함께 이탈리아에 여행가는 것은 상류층 여성의 교육의 일부분이었다.

Thomas Coryat'(1577~1617 : 여행작가)의 기행문 Coryat's Crudities : Hastily gobled up in Five Moneth's Travels(1611)은 초창기에 큰 영향을 주었다.

옥스퍼드 영어사전(Oxford English Dictionary)에 의하면 그랜드투어란 용어를 영어로 처음 도입한 사람은 Richard Lassels 이 그의 저서 An Italian

Voyage(1670)에서였다고 한다.

2. 일반적인 여행경로

가장 흔히 여행한 여정은 영국 도버에서 시작하여 영국해협을 건너 프랑스 칼레(Calais)를 거쳐 가서 파리로 입성한다, 여기서 안내선생(tutor)을 동반하며(부자인 경우 하인을 둔다), 마차를 구입하고(돌아올 때 되판다), 필요시 프랑스어가 가능한 가이드를 채용하여 파리를 떠난다. 파리에서 프랑스어, 댄스, 펜싱, 승마 등을 배운다. 수업 포인트는 프랑스 상류층의 말, 행동 등을 배우는 것이다. 이는 영국의 젊은 귀족들이 장차 정치가나 외교관이 되는 준비를 하는 목적도 있었다.

그 다음 제네바(Geneva)로 가서 잠시 스위스를 경험한다. 다음 북이탈리아의 알프스를 넘는 고통을 겪어야 한다. 여기서 짐을 버리기도 하고, 부유한 사람은 하인을 부리기도 한다. 일단 북이탈리아에 도착하면 플로랭스(Florence)에 몇 달 머물면서 르네상스 예술을 배운다. 다음 베니스(Venice)로 가서 같은 일을 하게 된다. 다음 바로 로마로 가서 고대 유적을 보고 나폴리로 가서 음악을, 폼페이에서 고고학을 배우고, 모험적인 사람들은 베수비우스산을 오른다.

여기서 돌아오는 여정은 알프스를 거쳐 북쪽 독일어 사용 지역으로 간다. 인스부르크를 거쳐 베를린, 드레스덴, 비엔나, 포츠담을 거치고 뮌헨과 하이델베르크에서 대학을 방문한다. 홀랜드와 벨기에(Flanders)에서 갤러리를 방문하면서 예술을 이해하고, 마침내 돌아온다.

(1) 이탈리아

그랜드투어의 최종 목적지로 그 매력은 예술 문화, 특히 오페라, 극장, 건축물, 회화(그림), 조각 등에 있었다. 특히 온화한 기후는 영국인에겐 이상적인 국가로 여겨졌다. 언제 이탈리아에 도착하느냐는 기후에 달려 있었다. 여름더위와 로마부근의 말라리아 때문에 겨울에 도착하는 이도 많았다. 또한 이상적인 여행 동료를 언제 어디서 만나느냐와 특별한 이벤트에 참가하려는 것에 관심이 많았다. 이탈리아내의 많은 도시들이 각각 관광지로서 매력이 있었기 때문에 영국인 관광객들의 관심과 흥미를 끌었다. 그러나 알프스를 거쳐 투린(Turin)으로 가는 행로는 많은 사람에게 항상 쉬운 것은 아니었다. 제노아, 밀라노, 베니스를 거치는 북이탈리아의 도로는 매우 열악하였다. 그러나 로마의 주요 도로보다는 나았다. 지방의 도로가 열악한 지역이나 인구가 적은 지역은 관광객을 끌지 못했다.

영국관광객들은 특히 이탈리아 음식과 고급 숙박을 즐기려 하였다. 이탈리아인들은 lasagna, ravioli, penne, spaghetti, rigatoni. 등 많은 파스타를 먹는다. 파스타는 meat sauces, cheeses, fish, pesto, oil, garlic, or vegetables 등으로 맛을 낸다. 모든 이탈리아 음식에서 빵이 가장 중요하며, 레드와인을 점심과 저녁에 마신다. 보통 대부분의 이탈리아 음식은 antipasto로 시작하여 gelato와 같은 디저트로 끝난다. 영국음식과는 달리 이탈리아 음식은 들어가는 고기의 양이 많지 않기 때문에 small birds, porcupine, pigeon meat, sausage, fried frogs, boiled snails 등과 같은 것을 준비해야 한다. 이탈리아인들은 늦은 오후와 초저녁에 식사를 많이 한다. 이는 관광객으로 하여금 지역민과 사귀고 또한 여행목적인 교육의 사회적 측면을 풍부하게 하는 좋은 기회가 되었다. 이탈리아 음식은 기름이 많지 않고 향이 좋아 유쾌한 식사를 할 수 있기 때문에 영국인 관광객에겐 최고로 여겨졌다.

이탈리아 전체의 호텔과 숙박은 유럽 전체 평균정도였다. 호텔은 비쌌지만 깨끗한 린넨, 좋은 서비스, 안락한 분위기를 제공하였다. 예를 들어 스페인 계단 옆에 있는 La Casa Guarneri 는 창문이 많은 아파트에 상당하는 우아한 방이 있었으며, The White Cross 객실마다 큰창, 발코니, 대리석 바닥이 있어 고품격 숙박경험을 원하는 관광객에게 깨끗한 호텔로 인식되었다. 이탈리아가 관광객에게 긍정적인 면은 많고 부정적인 면은 적지만, 여러 도시에 위험이 도사리고 있었다. 이탈리아는 국제적인 분쟁이나 전쟁에 크게 영향을 받지 않고 있어서 18세기에 그랜드투어 관광객들이 이탈리아 전역을 계속 관광하였다. 그러나 1730년 전쟁의 기운이 있어 관광객들이 불안해 하였고, 스페인이단자 탄압(Spanish Inquisition)으로 많은 군인이 이탈리아, 특히 로마로 들어왔다.

그러나 1700년대 후반부에는 다시 관광이 번성하였다.

이탈리아로 가는 길은 쉽지 않았다. 북쪽 국경을 택한 사람은 위험한 산을 통과하는 용기를 가져야 했고, 해로를 택한 사람은 맹렬한 바람을 만나야 했다. 비와 눈 때문에 스케줄을 바꾸기도 하였다. 또다른 위험은 강도와 소매치기였다. 항상 자신의 위치와 가진 것을 조심해야 했다.

(2) 스위스

주로 프랑스로부터 알프스를 넘어 스위스로 들어간다. 18세기 관광객의 눈에 알프스 경관의 야생적 혼돈과 무서울 정도의 아름다움에 별로 관심이 없었다. 왜냐하면 질서없는 웅장한 자연보다는 목가적인 풍경에 더 익숙했기 때문이다. 알프스 여정은 매우 위험하다. 스위스에 도착하더라도 볼 만한 역사적 장소는 거의 없었다.

스위스는 주요 도시의 숙박시설이 유명했다. Col Di Tanda, Chamoix, Grindelwald, and Lauterbrunnen 등지의 숙박시설이 그러했다. 그러나 대도시를 벗어나면 안락한 숙박시설을 찾기 어려웠다. 큰 문제는 높은 물가였다. 특히 제네바에서. 모든 영국인은 부자여서 높은 가격을 지불해야 한다는 식이었다. 특히 프랑스어를 제대로 이해하기를 원하는 관광객에게 제네바는 특별하지만 더 이상 제네바는 관광의 메카가 아니었다. 제네바는 당시 득세한 유럽 로마 가톨릭으로부터 자유로운 곳이었다. 제네바는 매우 재미있고 그림같은 곳이지만 오후 5시에 도시문을 닫는다는 소문이 있었다. 스위스에서는 또 스위스 음식과 친해질 수 있다. 음식의 종류는 많지 않지만 퐁듀, 치즈, 과일, 다양한 빵이 있었다.

(3) 프랑스

배로 프랑스에 도착하여 여행을 시작하는 사람들이 많았다. 나쁜 날씨, 멀미 등 때문에 대륙으로의 여행이 곤란하였다. 도버(Dover)로부터 바람의 형태는 물론 배에서 내릴 때 보트로 갈아타야 하는 문제는 승객들 사이에 불안과 좌절을 유발하였다. Thomas Nugent의 The Grand Tour 1743에 보면 프랑스인들을 사납고, 참을성 없고, 변덕스럽고, 침착하지 못하며, 여성들은 극히 수다스럽고 저주와 욕을 상습적으로 한다고 한다. 프랑스에 도착하면 교통수단을 확보해야한다. 가장 비싼 교통수단은 4륜마차(carriage)이다. 다른 것은은 6명까지 탈 수 있는 carrosse인데 영국의 역마차와 유사하다. 다른 방법으로는 coche인데 16명이 탈 수 있는 것으로 다른 것보다 매우 크고 무겁다. 이를 이용하면 프랑스 사람들과 재미있는 대화와 사귈 수 있는 기회를 얻게 된다. 프랑스의 도로가 빈약하지만 독일 등에 비하면 괜찮은 편이다.

말을 이용한 운송수단은 문제가 있었다. 말을 12마일마다 교체해야 하기 때문에 늦어질 수밖에 없다. 또 어려운 점은 마차의 모양도 좋지 않고 불편하다. Calais에서 파리까지 183km인데 1주일이 소요되는데 노상에서 7번 저녁을 먹어야 했다.

영국사람들은 프랑스인들이 화려한 소스로 음식의 부족함을 숨기고 있다고 주장한다. 여러 코스로 이루어진 식사를 기대할 수 있다. 예를 들어 수프, 생선, 부용(bouillie : 맑은 고기수프), 오이로 채운 오리요리, 토마토소스를 채운 혀요리, 송아지 고기와 채소를 넣은 프리칸듀(fricandeau), 사탕과자, 푸딩, 신선한 과일, 케이크, 프랑스 주류 등이 그것이다.

프랑스는 영국관광객에게 다양한 유흥을 제공하였다. 관심의 도시는 역시 파리이다. 교육수준이 높은 관광객은 파리로 간다. 유럽의 다른 어느 도시보다 문화적으로 사회적으로 인상적이기 때문이다. 영국인 중에는 프랑스 음식이 조미료를 많이 넣고, 실속이 없고, 육류가 부족하다는 것을 알게 된다. 유행에 민감한 프랑스 의류를 구매하고 싶어하는 사람이 많다. 파리에서 열리는 오페라와 극장에 가는데 한결같이 이탈리아 오페라 만큼은 못하다는 데 의견의 일치를 보인다. 멋진 카페에 들락거리면서 프랑스 문화에 빠져든다. 프랑스도 다른 나라와 마찬가지로 부정적인 면이 있다. 예를 들면 도박, 매춘, 가난, 거지,

황폐한 건물과 쓰레기가 전국에 퍼져 있다. 영국인에겐 프랑스는 장엄함과 향기로움이 없이 악취가 나고 천박한 곳으로 보인다. 프랑스인은 비열한 태도와 오만한 매너로 악명이 높다. 1780년대 후반 프랑스 혁명은 재정적인 혼란을 야기했다. 따라서 영국인들은 프랑스 여행 중 재정문제를 누구에게 맡기느냐에 관심이 많았다. 프랑스의 혼란으로 관광객들은 폭력의 위협으로부터 자유로울 수 없었다.

(4) 독 일

당시 지도

독일을 여행하는 사람은 매우 적었다. 영국과 독일은 믿음과 종교에 유사한 점이 많다는 것을 알게 된다. 사실 영국여행자들 중에는 독일인과 크리스마스를 보내는 사람들이 많다. 독일은 이탈리아와 프랑스에 비해 인기가 별로 없다. 독일의 운송수단은 관광객들을 혼란스럽게 한다. 독일은 도로조건이 열악하기로 악명 높다. 1753년 처음 도로가 건설되었으나 운송면에서는 유럽에서 후진국이었다. 그러나 강도나 살인 등은 다른 나라에 비해 적었다.

정치적인 여건도 여행의 방해가 되었다. 독일을 여행하는 것은 적어도 다른 나라보다 100년은 뒤진 나라를 방문하는 거나 다름없다고 믿는 사람도 있었다.

호텔시설도 마찬가지다. 대부분의 inn은 더럽고, 음산하고, 가축냄새가 가득했다. 음식과 깨끗한 볏짚이라도 받으면 행운이다. 굴뚝이 없거나 개인용 침대가 없는 곳도 있다. 깨진 유리창이 있고 동물과 함께 자는 곳도 있다. 뮌헨과 베를린과 같은 도시에는 괜찮은 inn이 있었다. 뮌헨에서는 건물의 화려함 특히 Elector 궁전에 매료되었다. 베를린은 여름에는 별로여서 지독한 냄새가 났다. 도로여건은 너무 열악해서 많은 사람 사이에서 걷기조차도 어려웠다. 도로와 숙박은 물론 비오고 춥고 바람 부는 날씨도 열악한 여행조건에 일조하였다. 독일의 대표적인 음식은 감자이며, 소금에 절인 베이컨, 갈색 빵, 검은 소세지 그리고 늘 따라 다니는 맥주를 즐길 수 있다. 독일 사람들은 쇠고기, 양고기, 말린 생선, 가금류, 사슴고기 등을 먹는다.

고전 그랜드투어와 낭만 그랜드 투어

타우너(John Towner)는 그랜드 투어를 고전적 그랜드와 낭만적 그랜드 투어로 나누었다.

- Classical Grand Tour(17~18세기)

  유럽의 고대문화와 르네상스의 문화(고대문화의 복원)에 관심을 두었다. 주로 이탈리아를 대상으로 하였으며, 크게 두 개의 코스가 있었다.

  - Turin – Milan – Verona – Vicenza – Venice(북부지방)
  - Piacenza – Parma – Reggio – Modena – Bologna

    두 코오스는 볼로냐(Bologna)에서 교차되었다.

    특히 순환코오스인 Bologna-Florence-Rome-Naples-Rome-Ancona-Bologna 는 17세기 중엽에서 18세기 후반까지 존재하였다.
  - 프랑스의 경우 : Paris-Lyon-이탈리아(또는 Rhone valley, 휴양지 Montpellier)

- Romantic Grand Tour(18~19세기)

  유럽의 문화보다는 자연경관에 더 많은 관심을 두었다.

  프랑스, 이탈리아, 라인강(Mainz에서 Cologne), 브뤼셀, 스위스 등이 대상이었다. ◀

이탈리아 지도

3. 그랜드투어 당시의 환경

(1) 전쟁과 범죄

1702~1713년 스페인 계승전쟁 등이 있었으나 관광은 중단되지 않았다. 7년 전쟁(1750~1763)은 영불관계를 악화시켜 관광에 큰 영향을 미쳤다. 1789년 프랑스 혁명도 관광을 중단시키지는 못했으며, 오히려 정치적 관심사 때문에 프랑스로 관광객을 몰리게 했다. 그러나 마차가 끊어지고 외국인에 대한 적대감도 증가되었다. 1780년대에 관광객들은 혁명정부가 주장하는 문제에 익숙해졌고 이에 따라 새로운 여행노선이 개발되었다.

이탈리아는 큰 갈등요인이 없었기 때문에 많은 그랜드투어 객들이 이 나라를 방문하였다. 전체적으로 볼 때 유럽대륙은 여행하기가 어려운 상황에 접하게 되었다. 이제 전형적인 그랜드 투어는 이러한 변화의 희생양이 되었다.

(2) 비용과 재정

그랜드투어에서 외국을 여행할 때 돈 문제를 해결하는 데는 5가지 방법이 있었다.

지폐형태의 신용장(paper instruments of credit)을 사용하는 것인데 이를 지급수단으로 사용하면 영국은행과 제휴한 유럽 은행에서 현지화폐로 교환하여 주었다. 때론 가짜도 등장하였다. 이 경우 수수료를 내야만 했다. 다음으로 영국 돈을 가져가거나 현지 영국대사관에서 돈을 빌리는 것이다. 그리고 지역민으로부터 돈을 구하는 것 등이다. 환율, 동전부족, 다양한 화폐 등으로 여행이 쉽지 않았다.

상당수의 사람들에겐 이러한 문제로 여행을 하지 못하거나 큰 부담이 되었다. 대학에서 공부하는 사람들에겐 각 대학에서 혜택을 받았는데 숙식문제에 도움을 주었다. 재정이 곤란한 경우에는 여왕의 도움을 받았는데, 해외에서 공부하는 젊은이 중에서 선발하여 지원하되, 돌아오면 외교문제네 대한 자문을 하도록 하였다. 값싼 음식과 숙박, 도보여행, 불필요한 도박, 음주 등을 피하면서 여행하는 것이 현명하였다.

주요 여행객에 대한 재정 조언

- 각종 경비를 월 혹은 연단위로 계약하라. 사전에 협의하고 연장체류 시에는 좀더 저렴하게 할 수도 있다. 그랜드 투어의 연간경비는 약 300파운드였다. 튜터나 하인을 동반하는 경우는 약 50파운드가 더 소요되었다.

- 숙식에는 조금 덜 쓰고 마차는 사는 등 교통수단에 많이 사용하라. 육지를 여행은 교통비가 제일 많이 든다.
- 시장에서 물건을 살 때 깎아라, 그러나 지역민보다 더 비싸게 살 수밖에 없다.
- 짐을 꾸릴 때 비싼 옷도 준비하라. 장기간 여행시 귀족사회에 접촉할 때 필요하다.
- 극장이나 음악회에 가는 것은 비싸지 않으나 가끔 사기를 당하는 수가 있으니 조심하라.
- 팁도 무시할 수 없다. 팁은 널리 퍼져 있어 선원부터 하인까지 모두 받는다.
- 도박은 유럽 사회생활의 일부이다. 경마, 권투, 당구, 카드 등이 있으며 매우 성행하고 있다.

(3) 여행지침 및 준비물품

여행 전 건강증명서를 받아야 하고 어떤 질병에도 걸리지 말아야 한다. 여권을 받아야 한다.

영국을 떠날 때에는 쉽지만 외국에 입국할 때부터 어려움이 발생한다. 많은 도시들은 군대가 지키고 있어서 요소에서 각종 증명서를 확인하고, 여행목적을 신고해야 하는 등 시간이 걸린다. 이 때문에 guard가 동행하게 된다. 정치적 분쟁이 있는 경우 이러한 절차가 강화되며 때론 적대시하기도 한다.

(준비물품)

- 종이, 베개, 담요, 수건
- 권총(총열 2개짜리), 포켓용칼, 단검
- 포크, 스푼, 칼 등 식사용구
- 스프, 차, 소금, 설탕통, 차통, 머스타드, 후추, 생강, 오트밀, 육두구(nutmeg), 사고녹말 (sago), 그랜드투어에서 사용한 음식은 가정에서 준비하는 것과 매우 다르다.
- 충분한 양의 의약품(위장약, 배멀미약 등)
- 사전 지식을 위한 서적(3권)

▸The Gentlemen's Guide in his Tour through France, ▸Letters From Italy(1792~1798), ▸The Grand Tour containing an exact Description of most of the Cities, Towns, and Remarkable Places of Europe, by Thomas Nugent-

-개신교 찬송가 및 성서
-공책, 크레용, 포켓용 잉크스탠드(경험과 활동을 기록)
-이(이)를 방지할 수 있는 의류
-더러운 옷 위에 걸칠 린넨
-손수건
-창 넓은 모자
-여권집(이름, 직위, 성을 기록)
-눈보호대(eye preserver)
-방수 녹비바지(buckskin breeches), 최소 12벌의 질긴 셔츠(유럽사람들이 세탁을 엄청 거칠게 함), 정장 한 벌은 꼭 갖추어라.
-포켓용 시계 또는 해시계
-불을 켜기 위한 부식돌통
-풀무가 달린 부풀릴 수 있는 욕조(inflatable bath with bellows)

(4) 기타(관광과 기타 현상)

상당기간 동안 그랜드투어는 귀족남성에 한정되었다. 그러나 여행경비가 낮아지고 안정이 보장되면서 부유층들이 대륙여행을 결심하게 되었다.

18세기 후반 유흥수단으로서 관광이 증가하였다. 이제 여성과 가족들이 남편과 함께 여행을 할 수 있게 되었다, 물론 기존의 교육관광은 계속되었다. 우흥과 레저가 여행의 중요한 동기가 되어가고 있었다. 여행관련 기사에서도 풍광에 대한 묘사가 더욱 흥미로워져 독자들의 관심을 끌게 되었다. 유럽 대륙에서의 마차 교통망이 최고도로 발달하여 보다 용이하고 안전하고 편리한 교통수단을 제공하였다.

18세기 마지막 10년 동안 유럽대륙의 정치경제적 변화의 결과로 관광이 증가하였다. 많은 나라에서 내전이 끝남에 따라 마차 교통망과 도로여건의 진전과 함께 유럽국가는 보다 안전하고 접근하기 용이해졌다.

처음 상당기간 동안 귀족 남성에게만 한정되었으나, 18세기 후반에 접어들면서 그랜드 투어는 변하기 시작했다. 그랜드 투어가 교육 및 계몽적 목적은 그대로였으나 관광여행의 역할을 갖지는 못했다. 대신 비용이 낮아짐에 따라 귀족만이 아니라 일반 부유층에게도 화려한 여행이 열리게 되었다. 이에 따라 역사상 처음으로 여성들이 국외여행을 하게 되었다.

18세기 후반이 되면서 여성들이 남편 및 가족과 함께 여행을 하기 시작했다. 이들은 문학에서 소문난 아름답고 이국적인 경치를 기록하기 위해 해외여행을 감행했다. 여행 중에 식사, 숙박, 감상들을 편지형태로 본국에 보내 저널에 싣기도 하였다. 이러한 편지는 18세기에 최초로 여행한 여성들이 남긴 유일한 여행기사(memorabilia)가 되었다.

제 4 절 온천 및 해변휴양 시대

17세기와 18세기 동안에는 건강과 즐거움이 여행의 가장 큰 동기가 되었는데, 이는 대장정 여행에서 가족이나 친구들과 여행하고 휴가를 보내는 형태로 바뀌었음을 뜻한다. 그래서 사람들은 따뜻한 미네랄 온천(mineral springs)을 경험하기 위하여 온천관광지로 몰려들기도 하였으며, 건강과 사교 및 친구를 만나기 위하여 온천장으로 가기도 했다.

온천지는 점차 늘어났으며, 일반사람들의 온천관광도 가능해지게 되었다. 미국의 경우도 독립전쟁 전에는 미국식민지 사람들이 유럽처럼 해변이나 온천으로 여행을 갔다.

필라델피아(Philadelphia) 근처의 옐로우 스프링(Yellow springs), 코네티컷(Connecticut)의 스테퍼드(Stafford springs), 버지니아(Virginia)의 버클리 온천(Berkeley springs) 등이 유명하다. 미국도 유럽처럼 권력가나 부유층이 온천을 이용했는데, 조지 워싱턴(George Washington)과 존 아담스(John Adams) 대통령 등이 온천을 즐겼다. 1800년까지 미국의 온천은 확장되고 보편화되었다. 숙박시설의 가격이 싸지고 규모가 커질수록 일반관광객이 온천이나 해변의 휴양지를 찾았다.

또 청교도들의 영향력이 감소되어 편안한 여행을 금기시하던 관습이 사라져 가고 있었다. 사회분위기가 바뀌고 온천의 치료효과가 의심을 받기 시작하면서 관광여행을 위한 진솔한 동기가 거론되었다. 많은 사람들이 즐기거나 부와 권력의 과시 또는 사교를 위해 여행을 다녔다.

오늘날 현대인에게 만약 온천이 만병통치 효과를 가지고 있다고 한다면, 이것은 불가사의한 주술로 받아들일 것이다. 그러나 1821년 사라토가 온천(Saratoga bath)을 소개하는 안내책에는 '황달, 소화불량, 습관성 변비, 우울증, 식욕저하, 결석, 심장병, 과식, 소화불량, 연주창, 중풍, 괴혈병, 만성괴혈괴양, 무월경, 월경장애, 빈혈 등에 효과가 있다'고 선전했다. 현대에도 온천은 여전히 부유층이나 권력층에게 인기가 있지만, 건강에 대한 효험에 있어서는 주장이 시대에 걸맞게 세련되어 소개되고 있다. 온천이 결핵, 괴혈병, 위궤양출혈, 10대의 빈혈 등에 좋다는 선전은 사라졌다.

17~18세기에 특별 휴양지가 발전함에 따라 관광이 시작되었다고 보는 사람들도 있다. 휴양지의 기원 및 요즈음 많은 사람들이 휴양지에 가는 것을 생각하면 더욱 그러하다. 내륙온천은 간단히 말해 광천수를 마시거나, 목욕할 경우의 의학적 효용성이나 전해내려 오는 명성에 그 기원을 찾을 수 있다.

환자들은 오락을 요구하게 되고, 점차로 온천휴양지는 의료시설에다 유흥시설을 추가하게 되었다. 온천의 치료목적은 수년간 없어지지 않았고, 아주 최근에는 보건당국이 온천치료법을 금지시켰다.

반면에 유럽대륙에서는 온천요법의 가치를 인정하고 있고, 독일의 바덴바덴(Baden-Baden), 체코의 마리안스케 라즈네(마리엔바드)(Marianske Lazne : Marienbad) 및 카를로비 바리(칼스바드)(Karlovy Vary : Carlsbad)와 같은 대형온천은 여행자보다 환자들이 운집한다.

18세기 중엽에는 해수와 해수욕의 치료효과에 관심이 집중되었다. 러셀(Russell)박사는 해수욕의 장점을 옹호한 사람이었다. 또한 해안 휴양지가 내륙온천을 대체하는 것처럼 보였다. 그러나 대부분의 국민들은 내륙온천이나 해안 휴양소에 갈 수 없었다. 이 두 가지를 모두 향유하는 사람은 유한계층(有閑階層)에 극히 한정되었다.

브라이튼(Brighton)에 간다는 것은 여가가 있다는 이야기이지, 단순히 휴가

중이라는 것만은 아니다. 당시 휴양소의 인기에 대해 왕실후원의 영향을 과장해서는 안 된다. 왕실용으로 철로와 中央紙(신문), 사진 등을 그 곳에 맞게 만들었다. 그럼에도 온천과 해변휴양소는 여행목적지로서는 미비한 점이 많았고, 철로시대에 그 중 일부는 손님에게 음식을 제공해주는 경험을 살려 화려하게 건설되었다.

그림 2-11 영국의 유명한 해변 휴양지인 브라이튼(Brighton)

『브라이튼은 영국의 East Sussex 지방에 속해 있으며, 런던에서 82km 거리에 있다(그림 참조). 기암절벽의 아름다운 해변과 해양휴양시설이 있다. 18세기 중반까지는 작은 어촌이었으나, 1754년 Richard Russell이 해수치료법을 저술하고 치료하였으며, 1783년 King George IV가 이곳을 여러 번 방문하였으며 His Royal Pavilion을 지은 이후 유명한 해변휴양지가 되었다 : Encyclopaedia Britannica(Tuesday, Aug. 29, 2000)』

왕립 별궁(Royal Pavilion)

영국 왕세자 웨일즈공(후에 조지4세 영국왕)이 당시 Brighthelmstone 이라는 마을에서 조그만 농가를 구입하였다. Prinny의 해수욕 열풍이 이 작은 마을을 상류층의 메카로 만드는 데 기여하였다. 왕이 21세였던 1783년부터 1830년 사망할 때까지 50년 이상 왕은 이 마을을 변화시켰다. 우선 농가를 해양궁전(Marine Pavilion)으로 만들었는데 건축가 Henry Holland가 a neo-classical villa로 건축하였다. 1803년 William Porden이 거대한 왕립 마굿간으로 개조하였고(huge Royal Stables), 얼마 안가 누각궁전으로 축소하였다. 마지막으로 John Nash가 7년에 걸쳐 사치스런 방을 추가하고 외관을 오늘날의 인도중국식 건축물로 치장하였다.

그림 2-12 왕립별궁(Royal Pavilion ; 브라이튼 소재)

☞ 지도에서 Brighton을 찾아 보세요.

영국 Bath 온천

Bath는 영국의 주요 온천지였다. 온천수가 질병을 치유해주리라 믿는 사람은 물론 오락과 유흥을 즐기는 사람들도 찾았다(http : //www.cityofbath.co.uk).

2천년간 Bath는 온천지로서 영국

유일의 미네랄 온천이었다. 수세기 동안 이러한 천연자원 때문에 많은 관광객을 끌어들였고 온천장 주위에는 독특한 역사적 분위기를 풍겼다. 지하 3천 미터에서 뿜어나오는 더운 물은 하루 117만 리터로 46.5도의 온도를 유지한다. 이 온수는 2~8만년전 사이에 Mendip Hills에 내린 빗물에서 생성된 것으로 보인다. 도심지 3곳에 온천이 있고 그 위에 온천장을 지었다. 1984년 새로운 온천공이 지하 84미터에서 발견되었다.

온천수의 가치를 처음 안 사람들은 로마인이었다. 이들은 3개의 온천공 주위에 Aquae Sulis라는 종교적 온천을 만들었다. 아래 그림에서 보면 그 계획이 오늘날의 것에 전혀 손색이 없다. 그림에 보면 욕장과 사원뿐 아니라, 저수조, 사원(CrossBath spring), 또다른 온천장 등이 있었다.

색슨족과 노르만인들도 온천수를 치료목적으로 사용하였다. 16세기 후반 상당수의 온천이 있어 치료나 휴식을 원하는 가난한 사람과 환자(나병 등)들을 병원이나 구빈소(救貧所)로 인도하였다. 1610년 발간된 이 도시의 지도를 보면 당시 주요 온천이 나와 있다. 레이저(Lazar) 온천은 나병환자(leper)를 위한 온천이었다. 17세기에 왕족들이 방문하면서 인기있는 온천지로 발돋움하였다.

18세기 전반에 걸쳐 치료온천으로서 명성을 얻은 Bath는 환자와 의사를 불러들였다. 1790년의 Bath 가이드북은 18명의 내과의사, 13명의 외과의사, 25명의 약(제)사를 광고하고 있다. 동시에 돌팔이 의사(quack, charlatan)들도 구름떼 같이 몰려오는 부유층 환자를 노려 사업을 시작했다. 1709년 어느 환자는 다음과 같이 말했다. "지난 인생에서 겪은 것보다 더 많은 질병을 일주일만에 치료했다." ◀

그림 2-13 당시의 외과의사

그림 2-14 왕의 목욕장 그림(Thomas Johnson, 1675)

* 직사각형 모양은 초기 로마건축에서 영향을 받음.

중세의 Bath

1539년 수도원이 해체된 후 왕의 목욕장은 시에 이관되었다가 16세기에 남쪽 편에 여왕의 욕장이 만들어졌다. 17세기 전반에 걸쳐 이 도시는 온천지로서 점점 명성을 얻게 되었다.

중세 욕장터들을 여기저기서 볼 수 있다. 1704~6년 왕의 욕장 북쪽에 펌프실을 처음으로 만들어 음용 온천수를 바닥에서 끌어올렸다. 현재의 큰 건물은 1790~5년 사이에 지어져 왕의 욕장 북쪽을 덮고 있다. 위의 수채화는 1801년 John Nixon이 그린 것으로 왕의 욕장이 보이는데 펌프장이 있어 위치가 바뀌어도 욕실로 접근하기 용이하였다. 이 도시의 설립자인 전설의 Bladud 왕자의 동상은 지금도 볼 수 있다. 19393년까지 이 욕장은 정상적으로 사용되었다, 1979년 건축상의 이유로 바닥을 제거하고, 물 수위도 현 상태로 낮추었다. 오렌지색 녹을 보면 이전의 수위를 짐작할 수 있다. 시대에 따라 다른 여러 건축물도 볼 수 있다. 난간 아래 우측 담은 로마시대의 것이고, 끝 쪽 욕장터는 중세의 것이다.

로마시대부터 지금까지 kings bath가 중심인데 거기서 뜨거운 물이 솟기 때문이다. 이 때문에 bath란 이름이 생겨나기도 했다. A.D. 1세기에 로마인들이 돌로 저수조를 만들어 온수를 보관하여 인근 욕장으로 보냈다.

온천에서는 누구도 수영을 할 수 없었다. 그곳은 성스러운 곳이었다. 숭배자들은 Sulis Minerva 신을 위하여 물에 뛰어들기도 하였다. 성천(聖泉 : sacred spring)은 직사각형 모양의 천장으로 사원과 욕장 사이에 만들어졌다. 16세기에는 사원과 욕장이 오용되었고 천장도 붕괴되었다. 온천수는 파괴된 건물 내에서 계속 나왔고, 색슨족 수도원에서는 목욕물로 사용하였다. 12세기에 헨리 1세 왕의 이름을 딴 왕의 온천이 로마시대에 지어진 건물 내에 만들어져 치료목적으로 사용되었다. 왕의 온천은 중세 수도원 구역 내에 있었다. ◀

Bath Chair 1840

전형적인 바스체어로 환자를 펌프룸이 있는 곳의 욕장으로 이송하거나 목욕시키는데 사용되었다. James Heath가 1750년에 발명하여 1830년대까지 큰 인기를 끌었고 그 후 세단으로 교체되었다. ◀

그림 2-15 Bath Chair

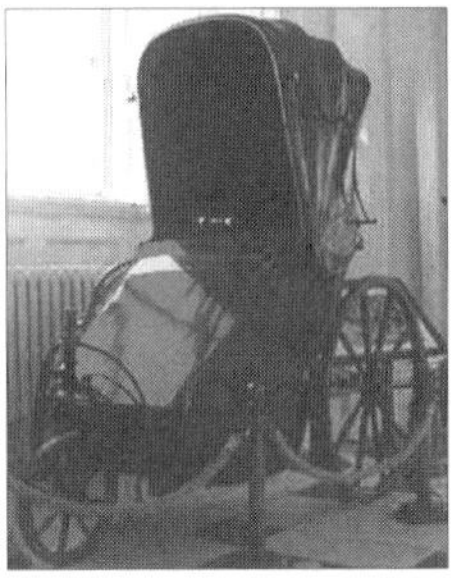

Bath Chair

1912년 펌프룸 주변의 바스체어

제 5 절 산업시대

산업시대의 국가경제는 시골농업에서 도시중심의 산업으로 옮겨졌으며, 따라서 직업과 계층 그리고 부의 구조도 바뀌어졌다. 건강과 즐거움 및 호기심 목적의 여행이 많아졌으며, 철도확장, 해상여행, 안내여행 등으로 여행의 균형과 평등화가 이루어지게 되었다.

1. 낭만주의

이 시대에는 문학과 예술을 통하여 여행의 강한 동기가 표출되었는데, 1800년대의 작가, 시인, 예술가, 탐험가들은 자연의 아름다움을 격찬하였다. 자연의 아름다움과 고귀함에 대한 찬양이 곧 낭만주의를 대표하는 말들인데, 웅장한 산과 넓은 대양이 즐거움의 대상이 되었다. 문학 및 예술적 주제에 관한 이야기를 통해서 미지의 세계에 동경심을 가지게 만들었는데, 이런 관점에서 본다면 낭만주의 예술가는 여행의 선구자가 되었다.

유럽에서 바이런(Byron)은 그의 여행담을 시로 썼는데, 그의 유명한 문장에서 자연에 대한 강한 감정개입과 1800년대 작가들의 정서를 엿볼 수 있다.

> "길도 보이지 않는 숲속에 즐거움이 있었네
> 한적한 바닷가에는 황홀함이 있었네
> 아무도 침범하지 않는 그 곳에 나만의 세계
> 깊은 바닷속에 노호(??)하는 음악에 사로잡혀
> 나는 보잘 것 없는 인간보다 자연을 찬양하네
> 우리의 만남 속에 나의 존재 이유를 알아내고
> 우주와 혼연일체가 되어 나는 느끼네
> 결코 고백할 수는 없지만 더 이상 숨길 수 없는 그 무엇을"

낭만주의자들에게 있어서 자연은 즐거움과 신비로 가득 찬 세상이기에 말로서 뭐라고 단정하기란 힘든 것이다. 그 당시 미국에서도 작가들이 도시의 스트레스는 심신의 건강을 해치고 있으며, 건강을 지키기 위해서는 신과 자연을 가까이해야 된다고 주장하였다. 부유층은 단순한 자연감상이 여행목적이 되었고 미국과 유럽에서는 경관을 보러 가는 그 자체도 여행의 이유가 되었다. 예술적 그림과 문학 창작 속에 자연과 인간 본연에 대한 호기심을 나타냈으며, 사람들은 그것을 실제로 경험하기 위하여 여행을 떠났다.

2. 교통수단

산업시대에서 여행이 크게 발달한 것은 교통수단의 향상 때문이었으며, 우편서비스와 역마차를 포함한 교통수단이 늘어나는 관광 및 상용여행자의 수요에 대처하여 발전하였다. 1669년 영국에서는 두 도시를 운행하는 역마차의 시간표를 만들게 되었으나, 모든 도시에서 쉽고 편리하게 여행할 수 있는 것은 아니었다. 독립전쟁 이후 미국에서도 비슷한 수준의 교통수단이 발전하였다.

역마차여행은 사람과 마차 모두가 쉴 수 있는 숙박시설을 필요로 하는데, 성지순례 이후 계속해서 숙박시설이 발달하였지만 편안함을 완벽하게 제공해 주지는 못했다. 조잡한 음식과 거친 서비스를 여전히 제공하고 있는 곳도 있었으며, 1700년대 후반에서 1800년대 초반까지는 마차여행 그 자체가 불쾌하게 여겨졌다. 특히 구덩이나 수렁에 빠질 때마다 심한 육체적인 고통을 겪었으며, 시간도 지켜지지 않아 매우 불편했다. 도로는 거칠고 계절에 따라 기온의 차이도 심해 어려움이 많았는데, 그때 마침 수로를 이용한 여행이 대안으로 나와서 어느 정도 만족할 만하였다.

영국과 유럽 각국이 식민지를 넓혀갔던 18세기에 유럽인들은 아프리카나 북미 또는 남미로 이주하는 경우가 많아졌다. 영국, 프랑스, 네덜란드인들은 새로운 무역국이나 상품, 식민지를 찾아서 외양여행(外洋旅行 : high sea)을 감행했다. 외양여행이 발달하기는 하였지만 1800년대에는 여전히 위험하고 모험적이었다.

1820년에 비로소 정기여객선이 영국해협을 운항하였지만, 그 이전에도 증기선이 프랑스와 미국의 강에서 운항된 바 있다. 1787년 포토맥(Potomac)강에 증기선이 처음으로 운항되었는데, 이것이 무역이나 이주 그리고 여행의 수단으로 수로가 이용될 것이라는 전조였다.

유럽에서도 배가 여행의 중요한 수단이 되었는데, 여기서 선박여행은 식민지로 세력을 확장하는 필수적 수단이 되었다. 1838년은 영국에서 인도와 극동으로 가는 정기여객선이 운항되었던 뜻깊은 해이다. 1840년 커나드 증기선회사(Cunard Steamship Company)가 미국으로 가는 여객선을 출항시켰으며, 우편 서비스가 신뢰성있는 교통수단의 발전을 촉진시켰다.

선박이 바다로 출항하기 시작했을 때 육지에서는 증기기관을 이용한 철도가 중요한 대중교통수단이 되었다. 1830년 영국에서는 리버풀(Liverpool)과 맨체스터(Manchester)철로가 영업을 시작하였으며, 그후 15년 안에 런던(London)에서는 외곽도시와 연결되는 철로가 개통되었다. 이즈음 미국에서도 철도가 발달되어 서부와 새로운 주들을 이어주었다. 영국에서 첫 여객철도가 개통되었을 때 미국의 에리운하(Erie Cannal)가 개통되어 수로여행이 시작되었다. 에리운하는 상품과 사람들을 실어 나르기 위하여 개통되었는데, 5년 후에 기차와 경쟁을 해야만 하였다. 두 교통수단의 경쟁은 치열하였지만, 결국 철도가 운하교역을 능가하여 여행발전에 중요한 위치를 차지하였다.

3. 토마스 쿡(Thomas Cook) 여행사의 출현과 발전

단체포괄여행(inclusive group tour)에 대한 상업적 기술개발은 영국인 토마스 쿡의 노력에 힘입은 바가 컸다. 추상적인 개념은 이미 소개되었지만, 실제로 단체여행을 상품화하여 대중앞에 선보인 것은 쿡(Cook)이었다. 쿡은 금주운동협회(Temperance Society)의 실제 회원으로 1841년 7월 기차를 이용한 첫 번째 단체여행을 조직하였다. 그는 약 600명을 할인요금을 적용한 기차로 금주운동대회에 참석할 수 있도록 주선하였다.

그로부터 4년 후 쿡은 전문사업으로 여행을 상품화하기 시작했는데, 영국에서 우선 적은 규모로 여행상품을 만들어 학생과 주부, 연인 및 일반인들을 대상으로 기차가 개발되기 이전에는 비싸서 꿈도 꿀 수 없었던 곳을 여행할 수 있게 해 주었다. 쿡은 새로운 기차일수록 좌석이 많기 때문에 승객을 더 태울 수 있다는 것과 이윤을 높이기 위해서는 좌석을 채워야 할 필요가 있다는 것을 알고 있었다. 그래서 쿡은 철도회사와 가격협상을 하고 자신의 인쇄소에서 전단을 만들어 배포함으로써 사업을 선전하였다.

쿡의 성공은 그 당시 여행의 잠재 가능성을 올바로 직시한 그의 탁월한 능력 때문이었다. 그는 여행에 대한 인간의 욕망과 희망 그리고 동기를 파악하여, 이러한 3가지 요소를 충족시킬 수 있는 여행을 관광상품화하였다. 그는 새로운 산업의 발전이 그 당시 생활과 사회 및 경제를 어떻게 바꿔 놓고 있는가를 깨닫게 되었다. 사람들이 직장을 찾아 새로운 곳으로 이주하는 것과, 철도와 수로가 도시의 내부와 외부로 상품을 유통시키는 것과 똑같이 바로 그 교통시설이 사람을 수송하는 데 사용될 수 있다는 사실을 쿡은 알고 있었다.

쿡은 여행할 수 있는 기회가 적은 사람에게 여행을 가능하게 해주었으며, 서민층도 가까운 관광 매력지로 짧은 기간에 여행을 다녀올 수 있도록 해주었다. 최초의 대규모 관광객의 도착은 그 지역사회에 충격적인 일이었으며, 대부분의 목적지에서는 그렇게 많은 관광객이 한꺼번에 몰려오는데 익숙하지 않았다. 이러한 현상에 대해 한 역사가는 다음과 같이 서술하고 있다.

"상호 접촉이 없었던 소수의 주민으로 이루어진 지역사회에서는 수백 마일 멀리 떨어져 있는 도시에서 온 수많은 관광객의 출현은 참으로 경이로운 일이었다. 주민들은 놀라움과 신기함으로 쿡의 관광단을 구경하러 나왔으며, 깃발을 흔들고 대포를 쏘며 악기 연주 등으로 그들을 환영하였다. 이와 같은 쿡의 여행단을 환영하는 장관은 앞으로 우리가 우주인을 맞이할 때가 아니면 다시 볼 수 없을 것이며, 그 당시 사람들은 나라 전체를 뒤흔드는 이러한 여행에 대하여 호기심과 흥분을 보였다."

그림 2-16 토마스 쿡 부자

Thomas Cook(1808~1892)

John Mason Cook(아들)

그림 2-17 토마스 쿡社가 발행한 팜플렛

이집트행 상품
(1869년 발간)

대양증기선 유람
(1879년 발간)

항공여행
(1919년 발간)

그림 2-18 Talylln Railway

1865년부터 영국에서 운행된 협궤열차

(1) 쿡 여행사의 활동

쿡은 교통연결과 티켓 그리고 시간표 등 관광과 관련된 모든 것을 서비스의 일부분으로 취급했다. 외국여행을 위한 환전, 안내책자, 여행일정표까지도 자신의 인쇄소에서 제공해 주었다. 쿡은 자신과 그의 아들이 직접 관광단을 인솔

함으로써 안내여행을 개발했는데, 이것 때문에 고객들에게 더 깊은 신뢰를 얻게 되었다. 이들 고객은 친구나 친지들에게 쿡이 제공한 관광의 즐거움을 곧바로 이야기함으로써, 오늘날 말하는 소위 구전(口傳 : mouth to mouth)마케팅을 이미 효과적으로 구축하게 되었던 것이다.

쿡은 서비스를 제공하는 데에도 최선을 다했지만, 적절한 가격으로 편의를 도모하는 데도 뛰어난 감각을 가지고 있었다. 초창기 철도는 노선별로 회사가 달랐기 때문에 요금과 시간이 다르고, 노선이 길거나 짧거나 하여 통과하는 도시나 연결망도 각양각색이었다. 쿡은 여행일정에 따른 모든 경로를 통과할 수 있도록 기차티켓을 패키지(package)로 만들어 팔았는데, 이것을 일주여행티켓(circular ticket)이라고 불렀다. 그리고 사용하지 않는 티켓은 물론 환급해 주었다.

쿡은 또한 쿡쿠폰(Cook coupon)제를 도입하여 그의 관광객이 투숙한 호텔의 객실과 식사에 대한 요금을 지급하는 데 편리하게 사용할 수 있도록 했다. 1873년 쿡은 쿠폰에 이어 순환어음(circular note)을 발행하였는데 이것이 여행자수표(traveler's check)의 초기단계였다. 이것은 관광객에게 현찰을 받고 팔면 관광객은 등록된 호텔에서 현찰화할 수 있도록 편리하게 만들어졌다. 그의 회사에 등록된 호텔들은 쿡의 어음이 통용되었고, 아울러 관광객들을 단골고객으로 확보할 수 있게 되었다. 이러한 제도는 현찰을 가지고 가야 하는 관광객에게 안전한 여행이 되었을 뿐 아니라 환전의 번거러움을 덜어 주었기 때문에 그 당시 약 200개 호텔이 이 프로그램에 가입하게 되었고, 1890년에는 세계전역에 걸쳐 약 1000개의 회원호텔을 확보하였다.

(2) 쿡 여행사의 발전과 확장

대중관광의 보편화가 쿡의 소망이었는데, 100년 후에는 이러한 관광현상이 폭발적으로 일어났다. 쿡은 세계 전역을 관광시장화하였고, 그의 아들은 1866년 처음 미국으로 관광단을 이끌고 갔으며, 그 후 영국인들을 미국과 캐나다로 인솔하여 관광여행을 실시했다. 1871년 그는 뉴욕에 사무실을 개설한 이래, 1880년에는 세계 도처에 60개의 지점을 설치하게 되었다.

쿡과 그의 아들 그리고 3명의 손자는 주로 중산층으로 이루어진 관광단을 이끌고 세계를 누비고 다녔다. 세계박람회나 전시회같은 큰 행사와 이색적인 풍경과 문화 그리고 여행의 낭만 그 자체가 쿡여행사를 관광시장의 총아로 만들어 주었다. 그 당시 파리, 런던, 시카고, 세인트루이스 박람회 등이 쿡회사의 주된 관광매력 대상이 되었다.

1872년 쿡은 11명의 관광객과 함께 최초로 세계일주에 올랐다. 여행중에 그가 느꼈던 일들을 런던 타임즈(The Times)지에 발표함으로써 대중들에게 세상을 보는 안목을 넓혀 주었다.

쿡은 1875년 최초의 단기 선박여행상품을 내놓았으며, 그와 관광객들은 한여름 심야의 태양을 감상하기 위해 스칸디나비아(Scandinavia)로 7일간의 여행을 떠났다. 여행상품의 이름은 '심야의 태양여행'(Midnight Sun Voyage)이었다. 이와 같은 최초의 바다여행은 세기가 바뀜에 따라, 세계 도처에서 새로운 여행으로 각광받기 시작한 해양관광 또는 크루즈(cruise)의 시초가 되었다. 쿡과 같은 여행사로부터 창출된 여행수요가 호화 여객선들끼리의 경쟁을 유발시켰다. 미국, 영국, 독일을 포함한 국가들이 1888년에서 1896년 사이에 호화스러운 선박들을 많이 만들었으며, 속도와 사치 면에서의 경쟁은 제2차 세계대전이 시작될 무렵까지 계속되었다.

정확하게 언제부터 대중관광시대가 도래했다고 단언하기는 어렵지만, 대체로 1850년에서 1900년까지 쿡의 여행개발이 진정한 의미에서 대중관광시대를 선도하였다고 보는 것이다. 분명한 것은 철도의 출현과 안전하고 규모가 큰 여객선이 쿡의 패키지 관광상품과 함께 중산층에게는 그들이 주거지역을 벗어나 여행할 수 있는 기회를 주었다는 사실이다. 그러나 지금까지 부유층에게만 가능했던 관광이 중산층에게도 개방되기는 하였지만, 관광이란 시간과 돈을 필요로 하는 것이다. 따라서 관광행위를 위해서는 비록 여행경비가 문제되지 않더라도 근로자에게 있어서 제한적인 것은 관광에 필요한 시간인 것이다.

제 6 절 대중관광 시대

20세기 전반 50년 동안 주된 기술, 정치, 사회적 변화는 마침내 관광을 전세계적인 사업으로 만들고 동시에 중산층으로 하여금 체험을 통한 여가생활을 가능하도록 만들어 놓았다. 제1차 세계대전(1914~1918) 및 제2차 세계대전 동안(1939~1941)에는 일반인에게 여행이 억제되었기 때문에 관광여행에 대한 욕구가 더욱 증가하게 된 것이다. 전쟁이 끝난 후 사람들은 전쟁의 고통과 근심을 떨쳐버리기 위해 관광여행에 대한 갈망이 더욱 커졌는데, 이것이 곧 오늘날 전쟁이 끝나고 평화가 오면 관광여행수요는 증가한다는 이론의 근거가 되고 있다.

양대 세계전쟁은 무기개발에 대한 관심 때문에 기술적인 진보를 급속도로 이룩하게 되었는데, 결국 이것은 관광발전에도 크게 기여하게 됨으로써 전쟁과 관광의 아이러니컬한 상관관계를 보여주었다. 제1차 세계대전 후에 전투용 항공모함이 여객선으로 개조되어 국제해양여행의 큰 발전을 가져오게 된 사실은 좋은 예가 되고 있다. 따라서 1928년 통계에 의하면 약 437,000명의 미국인이 이와 같은 여객선을 이용하여 해외로 여행한 것으로 나타났다. 선박의 1등급 내지 2등급으로 대서양과 태평양을 여행하는 것이 보편화되었기 때문에 혹자는 이시기를 "여행의 번영기"라고 부르기도 한다. 이러한 1920년대의 여행 번영기는 1929년 주식시장의 몰락과 대공황이 오기 전까지 계속되었던 것이다.

그 이후 여객선 여행이 점차 감소하게 된 것은 경제적 이유 때문이 아니라 자동차와 비행기의 출현 때문이었다. 자동차와 비행기는 시간과 돈의 여유가 생기기 시작한 중산층에게 있어서 확실한 여행수단이 되었다. 이러한 관점에서 본다면 진정한 의미에서의 대중관광(大衆觀光 : mass tourism) 시대가 개막되었다고 할 수 있다.

대중관광의 출현을 가능하게 했던 요인들은 다음과 같다.

1. 교통기술의 발전

대중관광의 출현에 가장 큰 기여를 한 것은 교통기술의 발전이다. 토마스 쿡으로 하여금 여행업을 가능하게 했던 것도 기차라는 교통수단 때문이었다. 대중관광에 기여한 교통수단, 특히 국제관광의 발전에 기여한 것은 비행기를 비롯한 자동차의 발전이었다.

(1) 자동차의 발전

자동차의 출현은 관광역사상 기술면에서 가장 혁명적인 진보를 이룩한 교통수단 중의 하나이다. 그러나 처음에는 자동차도 기차처럼 천대를 받았으며, 지저분하고 믿을 수 없는 교통수단으로 저질스럽게 취급되어졌다. 이와 같은 초창기의 인식에도 불구하고 자동차는 세계적으로 여행과 관광에 일대 혁신을 가져왔다.

미국에서는 1903년에 이미 52일 만에 자동차로 국토를 종단하였는데, 소요시간은 길었지만 여행이 비로소 개인적인 자유선택에 의해 가능하게 된 획기적인 시기가 되었다. 자동차는 훨씬 많은 여행의 자유를 주었을 뿐 아니라, 거리적 장애요소도 해결해 주었다. 그러나 어느 학자가 지적했듯이 어떤 의미에서 자동차여행은 옛것으로의 복귀를 의미할 수 있다.

'18세기까지 가장 보편적인 교통수단은 말(馬)이었고, 이로 인해 모든 개별적인 여행이 이루어졌다. 오늘날 대중교통수단인 대형 자동차가 나오기 전까지는 역사적으로 한 사람당 한 대의 차라는 개념이었다. 따라서 여러 사람이 함께 타는 자동차는 현대인이 조상들에 비해 구조적으로 다른 생활방식을 취하고 있다는 것이다. 오늘날 개인소유의 자동차가 확산되면서 과거 개별운송수단에 관한 역사를 돌이켜 보게 된다. 분명한 것은 현대적 의미에서 관광여행 발전에 기여한 것은 기차와 버스 그리고 항공기 등과 같은 대중교통수단이라는 것을 숙지할 필요가 있다.'

미국 도로여행의 시초(Origins of the Road Trip)

자동차로 미국대륙을 횡단한 것은 1903년의 일이었다. 여기에는 잭슨(H. Nelsen Jackson), 크로커(Sewall Crocker)와 함께 버드(Bud)라는 개가 탑승했다. 1903년 형 Winton Touring Car를 이용하였는데 잭슨이 버몬트(Vermont)라고 이름지었다. 샌프란시스코에서 뉴욕 간에 63일이 소요되었으며 당시 돈으로 8천 달러가 들었다. 여기에는 차량구입비와 음식, 연료, 숙박, 타이어, 부품 등이 포함되었다.

이후 여성으로서 자동차로 미국대륙을 횡단한 사람은 Alice Ramsey(1887~1983)와 3사람의 탑승자였다. 1909년 5월 16일 뉴욕을 떠나 7월 23일 샌프란시스코에 도착하였다. 1910년에는 Blanche Stuart Scott(1885~1970)가 반대 방향으로 횡단하였다. ◀

그림 2-19 미국대륙 자동차 횡단

Alice Huyler Ramsey in 1909

Blanche Stuart Scott 1910

제1차 세계대전 후 늘어나는 자동차 때문에 도로와 숙박시설의 개선이 필요하였다. 미국의 경우 지방과 주 및 연방정부에서 도로망을 확장하고 향상시킴으로써, 먼 곳이나 외딴지역에 숙박시설도 필요하게 되었다. 제1차 세계대전과 제2차 세계대전 사이에 미국에서는 방갈로 캠프장(bungalow camps)이 선보여서 자동차여행자 수요에 부응했다. 도로변의 캠프장이 비록 충분한 편의시설을 제공하지 못했지만 깨끗한 침대와 원기를 회복할 수 있는 장소를 제공하

그림 2-20 1920년대의 방갈로 캠프(Camp Sussex : 미국 뉴욕주)

Bungalow

식당

였다. 유럽에서의 휴가 캠프장(holiday camps)은 자동차로 여행하는 중산층에게 특히 소구력(訴求力)이 강했는데, 방갈로 캠프는 목적지까지 가는 도중 하룻밤 자고 가는 데 비하여 휴가캠프는 그 자체가 여행목적지가 되었다. 휴가캠프장은 적절한 가격의 숙박료와 위락시설 그리고 보육시설이 갖추어져 있었으며, 이러한 시설들은 오늘날 자동차호텔(motor hotel) 또는 모텔(motel)의 선구자격이라고 볼 수 있다.

(2) 비행기의 출현

미국에서는 제1차 세계대전 이전인 1911년에 비행기로 첫 국토종단을 시도했는데, 여행은 길고 힘들었으며 82시간 동안 비행했고 수차례 고장으로 이착륙을 거듭했다. 세계대전 후 미육군은 21시간 48분만에 미대륙을 종단하는 비행에 성공했다. 쿡여행사는 1919년에 비행기에 의한 관광여행을 선보였으며, 곧이어 업무목적 여행자에 대한 항공서비스도 제공했다. 거의 같은 시기에 미국에서는 제한적이긴 하나 비행기 운항이 시작되었는데, 1927년 찰스 린드버그(Charles Lindbergh)가 대서양 횡단을 한 후로 업무 및 개별적 항공여행이 큰 호응을 얻었다. 이러한 역사적인 비행기의 발전으로 미국은 민간인 못지않게 군사적 목적으로 항공수송에 지대한 관심을 보였다.

그림 2-21 Calbraith Perry("Cal") Rodgers

자신만만한 로저스의 모습

Sheepshead Bay 이륙 모습

(그는 비행 중에도 담배를 필 만큼 골초였다고 한다)
(www.first-to-fly.com/History/History of Airplane/vinfiztale.htm)

미국횡단 최초 비행(Vin-Fiz 호)

1911년 32세의 Calbraith Perry("Cal") Rodgers가 미국대륙을 최초로 횡단하였다. 뉴욕시 부근의 Sheepshead Bay, Longisland와 미국 서해안 사이를 비행하였는데, 1911년 11월 5일 Pasadena, California에 그리고 12월 10일 Long Beach, California에 착륙했다. 이때 사용한 비행기는 Wright EX biplane이었으며 처음으로 우편낭을 운반하였다. 보조 승무원과 함께 착륙하였는데 난폭한 착륙으로 잦은 충돌과 수리가 뒤따랐다. ◀

찰스 린드버그(Charles Lindbergh)

Charles Augustus Lindbergh(1902~1974)는 Lucky Lindy, the Lone Eagle로 불리었으며 1927년 뉴욕에서 파리로 첫 대서양 무착륙 횡단에 성공하였다. 이 때 이용한 비행기가 Spirit of St. Louis호였다. 뉴욕 롱아일랜드 루즈벨트 공항을 이륙하여 파리 Le Bourget Aerodrome 공항에 도착하였다. 총 33시간 30분 29.8초가 소요되었다. ◀

그림 2-22 찰스 린드버그

미국립우주항공 박물관에 전시되어 있는 Spirit of St. Louis호

같은 비행기 앞에 서 있는 린드버그

초기 항공여행은 요금이 비싸고 위험하였지만, 그 당시 부유층에서는 신기함과 과시욕의 대상이었다. 그 이후 발전을 거듭한 비행기는 수백명의 국제여행객들을 수송하는 주요 교통수단이 되었지만, 특기할 사항은 1930년대에 가서야 비로소 국제항공여행시대가 열렸다는 사실이다. 비행기는 대형화되었고

비행시간도 길어졌으며 서비스도 고급스러워졌다. 비행기내에서 음식이 제공되었고 휴게실과 화장실이 설치되었고 승무원 서비스가 시행되었다.

지속적인 항공기술의 발달로 1930년대 후반에는 수상비행선이 출현하였는데, 이것은 물위에 내려서 급유를 받고 다시 비행하여 대양을 운항하는 정기 여객기가 되었다. 그리고 단기간에 발명된 수상비행선은 독일 설계자의 이름을 따서 제펄린(Zeppelin) 비행선이라고 불려졌다. 제1차 세계대전 이전부터 유럽과 대서양을 운항한 이 비행선은 1937년 뉴저지 힌덴부르크(Hindenburg)에서 폭파되었다. 수상비행선의 몰락은 제2차 세계대전과 함께 재급유 없이 대양을 횡단할 수 있는 빠르고 현대적인 비행기의 개발을 가져왔다.

비행선

제펄린(Zeppelins)은 비행선의 한 종류이다. 20세기 초 Ferdinando on Zeppelin이 개척하였으며, 이는 크로아티아 비행사 David Schwarz가 설계한 디자인에 근거하였다. 제플린이 성공한 후 모든 비행선을 제플린이라고 부르게 되었다. 비행선은 민간수송과 군수송용으로 사용되었다. DELAG(Deutsche Luftschiffahrts-AG)가 전쟁전 정기 운항하였으나, 유럽에 분쟁이 발생함에 따라 독일군이 폭격기와 정찰기로 사용하였다. 독일이 패전함에 따라 일시 운항이 중단되었으나 Hugo Eckener의 지도로 1920년대 부활하였다.

LZ 127 Graf Zeppelin과 LZ 129 Hindenburg가 독일과 북미, 남미에 정기 운항을 하던 1930년대가 절정기였다. 1937년 힌덴부르크호의 폭발사건을 계기

그림 2-23 체플린과 비행선

Ferdinando on Zeppelin(1838~1917)

LZ 127 Graf Zeppelin 호

로 이 하늘의 거인(giants of the air)은 마침내 역사의 뒤안길로 사라지게 되었다.

LZ 129 Hindenburg호는 당시로는 가장 큰 규모의 항공기였으며 운항 2년째인 1937년 5월 6일 미국 뉴저지주 맨체스터에 있는 Lakehurst Naval Air Station에서 착륙 중 화재로 파괴되었는데, 이 사고로 63명이 사망하였다. Hindenburg는 독일대통령 Paul von Hindenburg(1847~1934)의 이름에서 따 온 것이다. ◀

그림 2-24 체플린호 화재 당시의 모습(Graf Zeppelin호)

화재 당시의 모습(Graf Zeppelin호)

항공여행은 제2차 세계대전 이후에 꽃을 피우기 시작했는데, 그 이유는 대체로 다음과 같다.

- 유경험 조종사의 양산
- 항공기탑승 경험자 증가
- 기후에 대한 지식증가
- 외국지형 및 지도 확인
- 수많은 공항의 건설
- 항공기 및 비행기술의 발전
- 군용항공기의 상업항공기 전용(轉用)
- 기체모형 및 비행술 등 필요지식의 증가
- 제트기의 개발 등이 그것이다.

또한 경쟁이 치열해져서 호화여객선이나 기차만큼 사치스러워졌다. 초기에 대서양을 왕래하던 비행기는 탁자와 의자 그리고 침대가 있었으며, 대체로 음식물과 숙박시설 설비가 잘된 여객실을 갖추고 있었다.

국제관광 차원에서 1958년 2가지 중요한 사건이 대중관광을 예고하였는데, 그것은 제트(Jet) 엔진의 발명과 일반석(economy class)을 기내에 설치함으로써(Boeing 707) 항공요금 인하를 파격적으로 할 수 있었다는 사실이다.

2. 유럽경제의 부흥 및 국민소득의 증가

전후 국제경제는 비약적 발전을 하였다. 그것은 자본의 축전, 생산기술의 진보, 해외시장의 확대, 새로운 자원의 확보 및 개발 등에 기인하였다. 특히 전쟁의 잿더미 속에서 유럽 국가는 미국의 지원(마샬플랜 등) 아래 경제부흥의 기틀을 마련하였고, 미국은 제2차 세계대전을 치루면서 산업전반의 고도화와 생산의 비약적 증가를 이루었고, 전후에는 유럽의 경제회복을 기반으로 경제적 번영을 이룩하였다. 미국이 주도하는 국제경제는 미국의 고도성장에 힘입어 전체적인 성장을 하였는데, 여기에 일본과 독일 등의 국가가 함께 보조적 역할을 하였다.

마샬 플랜(Marshall Plan)

제2차 세계대전 후 유럽 여러 나라에 대한 미국의 원조계획으로 그 목적은 서구 여러 나라의 경제성장을 촉진하고 나아가 공산주의의 확대를 저지시키려는 것이다. 이 계획에 의해 유럽 경제가 빠르게 회복하였으며, 유럽 16개국은 구주경제협력기구 OEEC(Organisation for European Economic Cooperation)를 형성했다.

이 계획의 최초 명칭은 유럽복구계획(ERP : European Recovery Program)이었다. 다시 미국 국무장관인 George Marshall의 이름을 본땄으며 1947년 7월 12일 지원대상국 회의에서 시작되었고 계획기간은 4년이었다. 총 130억불의 자금과 기술지원을 유럽 주요국(영국, 독일, 프랑스, 이탈리아 등)제공하였다.

1951년 독일을 제외한 대부분의 지원대상 국가들이 전쟁이전의 경제수준으로 회복하였으며 향후 20년간 급진적인 발전을 이룩하는 기반이 되었다. 마샬은 이 공로로 노벨평화상을 수상하였다. ◀

그림 2-25 조지 마샬(George Marshall : 1880~1959)

국제관광은 국내관광보다 비용이 많이 들기 때문에 국민소득의 향상이 뒷받침되지 않으면 실현되기 어렵다. 국제경제의 향상으로 국민들의 가처분소득이 증가하고 그로 인한 국제관광의 수요가 증가하였다. 가처분소득(disposable income)이란 개인이 실제로 획득하는 소득 중에서 자유롭게 소비 또는 저축으로 처분할 수 있는 부분을 의미한다. 이것은 개인소득에서 개인이 지급하는 개인세를 공제하고 이전소득(사회보장금 등)을 합한 것이다.

국민소득의 향상은 각 개인의 소비구조에 변화를 가져왔다. 즉 과거에는 음식물비용이 차지하는 비율(엥겔계수)이 매우 높았으나, 가치관의 변화나 생활양식의 변화로 관광을 포함하는 레저활동에 보다 많은 비용을 지출하게 되었다. 특히 중산층 이상의 계층에 속한 사람들은 순수관광만이 아니라 과시적 관광의 차원에서도 외국여행을 하게 되었다.

3. 유급휴가제도의 실시

역사적으로 성일(Holydays)은 일반대중에게 있어서 여행하고 휴식하며 자유로운 시간을 향유할 수 있도록 제정되어졌다. 제1차 세계대전이 끝난 후 몇몇 국가에서는 산업체에 근무하는 종업원들에게 휴가를 주는 것을 고려하고 있었다. 영국에서는 노동조합(Labor Unions)이 유급휴가 혜택을 누리고 있을 때, 개인의 발전과 문화창달을 목적으로 여행을 위한 휴가협력협회(Cooperative Holidays Association)나 근로자여행협회(Workers Travel Association) 같은 새로운 조직이 만들어졌다. 미국에서도 마찬가지로 주중 근무일수가 줄어든 반면에 휴일은 늘어났고, 유급휴가제도가 논의되고 있었다.

관광발전의 역사를 보면 관광현상에 영향을 미치는 첫 번째 주체는 부유층이고, 두 번째는 중산층, 그리고 세 번째는 근로자로 나타나고 있음을 알 수 있다. 이와 같은 현상은 여가시간의 활용문제에 있어서도 마찬가지인 것으로 나타나고 있다. 일반대중은 휴일과 유급휴가제도가 모든 근로자들에게 주어졌을 때 본격적인 여행을 하기 시작했다. 산업시대에 근로자가 쉴 수 있는 시간은 다만 일요일뿐이었고 일하는 시간은 길었으며 매우 힘이 들었다. 그러던 것이 1800년대 중후반기에 가서야 비로소 주당 60시간 내지 70시간만 일할 수 있게 되었다. 따라서 주당 40시간 군무제도는 1938년 근로기준법이 제정되고 나서야 실시되었다.

1920년대까지만 해도 연간 2주일의 휴가는 중산층에게만 가능한 일이었고 노동자에게는 해당되지 않았다. 미국에서는 1968년 1년에 4일의 합법적인 연방 공휴일이 제정되었는데, 이들 공휴일은 월요일에 지정되어 그 주일에는 3일의 연휴주말이 되도록 하였다. 스페인과 프랑스에서도 1년에 12일 내지 13일의 휴가를 줌으로써 휴일을 증가시켰다. 프랑스와 같이 유럽의 몇몇 나라에서는 그들의 근로자들에게 미국보다 더 많은 유급휴가일을 부여하고 있다.

근로자들의 주당 근로시간이 줄어들수록 유급휴가와 휴일이 늘어나게 되었고, 이로 인해 대중관광의 발전은 촉진되었다. 더욱이 제2차 세계대전 이후 중산층과 근로자층의 실질소득이 증대되어 대중관광과 여가의 발전이 현실화되었다.

이와 같은 유급휴가제도의 실시는 휴가라는 무노동에도 불구하고 근로자의 복지향상이라는 차원에서 이루어진 것이며 국민소득의 향상과 맞물려 국제관광의 동기로써 상승작용을 일으켰다.

4. 관광산업의 고도화 및 관광진흥정책 실시

관광산업이 부가가치가 높고 외화획득이 타산업보다 용이하다는 인식이 퍼지면서 관광산업은 관광객에게 편의와 즐거움을 제공하는 방법을 연구하게 되고, 국가는 이러한 관광산업을 지원하는 정책을 실시하였다. 관광산업은 관광객에게 편의를 제공하기 위해 안락하고도 편리한 숙박시설과 위생적이고 이국적인 음식을 제공하게 되었다. 또한 흥미와 즐거움을 줄 수 있는 방향으로 관광자원을 개발하고 유흥과 교육목적을 동시에 추구하는 대규모 위락시설(디즈니랜드, 각종 공원 등)을 건설하였다. 이러한 관광산업의 노력은 관광객으로 하여금 동기유발을 시키고 국제관광의 대중화에 기여하였다.

다국적 관광기업의 탄생은 여러 가지 의미가 있다. 관광호텔, 외식산업, 여행사 등 분야에서 다국적기업이 탄생함으로써 시설 및 기능의 표준화를 기할 수 있게 되었고, 동시에 신뢰성, 안전성 등 관광의 필요조건들이 보편화되고 충족되었다. 또한 예약 및 관광정보의 입수에 있어서도 방대한 정보망을 가진 다국적기업이 큰 역할을 수행하였다.

대규모 국제스포츠의 빈번한 개최는 스포츠의 발전은 물론 그 자체가 하나의 관광자원이 되어 많은 사람들을 국제적으로 이동하게 만들었으며, 동시에 이들을 수용할 숙박시설, 여행업 및 기타 관광관련 사업들이 번성하게 되었다. 이러한 국제관광의 산업적 이점을 선진국들은 오래전에 인식하였고 개도국들도 점차 인식하게 되어 관광산업을 국가전략산업화하고 국가정책에서 우선순위를 두어 지원하게 되었다.

개도국이나 후진국은 적은 투자로서 외화가득률이 높은 관광산업을 적극 지원함으로써 단시간에 큰 수출효과를 얻었다. 관광행정기구의 신설·확대 내지는 정비, 국외 관광사무소설치, 재정지원, 조세혜택, 국가마케팅 등이 주요 지원정책이다. 그러나 관광산업의 지나친 육성은 적지 않은 부작용을 낳는다는 것을 나중에 알게 되었고 거기에 대한 반성의 소리도 높다. 결국 관광산업의 고도화와 국가의 지원정책이 상승작용을 일으켜 국제관광의 발전에 큰 역할을 하였다.

5. 국제정치적 · 문화적 교류의 증대

전후 전세계는 이념의 차이로 인해 자유진영과 공산진영으로 크게 양분되었다. 이러한 이념적 갈등은 국제관광의 저해요인으로 작용하기도 했지만, 진영 내에서는 국가간의 교류가 증대되기도 하였다. 진영간의 대립은 냉전(cold war)이라는 새로운 정치적 결속은 또한 문화적 교류와 함께 이루어졌다.

냉전(cold war)

제2차 세계대전 이후 사회주의 진영과 자본주의 진영의 양극체제 간의 정치·외교·이념상의 갈등이나 군사적 위협의 잠재적인 권력투쟁을 말한다. 무기를 사용하지 않는 전쟁으로, 열전과 대조되는 개념이다. 냉전이라는 용어는 미국의 평론가 W.리프먼이 저술한 〈냉전 ; *The Cold War*〉(1947)이라는 논문에서 비롯되었고, 미국의 재정전문가이며 대통령의 고문이었던 버나드 바루크가 1947년 의회토론에서 이 용어를 처음 사용하였다.

1948년까지 소련은 동유럽 제국에 좌익정부를 건설하였으며, 미국과 영국은 독일 내 양국 점령지구의 대소(對蘇)배상을 중단하는 것으로 이에 대응하였다. 미국과 영국은 소련의 항구적인 동유럽 지배와 서유럽 및 그밖의 지역에서 소련의 영향을 받는 공산당이 집권할 가능성을 우려하였다.

한편, 소련은 독일의 군사위협 재발을 방지하기 위해 동유럽에 대한 지배를 계속하기로 결정하였으며, 주로 이데올로기적인 이유에서 공산주의를 세계적으로 보급시키는 데 주력하였다. 1947년 3월 "오늘날 발트해(海)로부터 아드리아해(海)에 이르기까지 유럽을 둘러싼 철의 장막이 드리워져 있다"는 윈스턴 처칠의 반공연설, 미국의 상·하 양원합동회의에서 미국이 공산세력을 저지하는데 지도적인 역할을 해야 한다는 트루먼 독트린, 이어 6월 트루먼 독트린에 발맞추어 유럽부흥을 위해 실시한 마tif원조계획 등이 초기에 자본주의가 행한 냉전이다. 이에 대해 사회주의권에서는 1947년 7월 이후 소련과 동구 제국간 또는 동구 제국 상호 간의 물자교환협정 및 통상차관협정을 체결하고, 10월 소련공산당을 중심으로 하는 코민포름을 결성하였다. 1948년 베를린이 양대진영에 의해 분할되어 냉전체제가 더욱 굳어지게 되었다.

한국의 분단도 독일과 마찬가지로 냉전으로 인한 것이다. 1945년 일본의 패망과 함께 미·소 양국은 카이로회담의 내용을 이행하기 위해 위도 38도선을 경계로 하여 각각 남한과 북한을 점령하였다. 이들의 점령목적은 일본군의 무장해제와 사회질서유지를 위한 것이었지만, 38선을 경계로 북한은 소련에 의해 사회주의체제가 들어섰고, 남한은 미국에 의해 자본주의체제가 수립되어 양체제의 대결이 첨예화되었다. 스탈린이 사망한 이후 1953~1957년 냉전이 다소 완화되었지만, 양진영의 관계는 여전히 소원하였다.

소련 블록 국가들 간의 방위동맹체인 바르샤바조약기구가 1955년에 결성되었으며, 서독은 나토에 가입하였다. 미국과 소련은 아시아·아프리카·중동에서 경제·군사·외교상의 세력경쟁을 벌였다. 1958~1962년 냉전의 최종단계에 들어서면서 미국과 소련의 대륙간탄도미사일의 개발이 시작되었으며, 1962년 소련은 미국을 공격할 수 있는 핵미사일을 비밀리에 쿠바에 설치하려고 하였다. 이 쿠바 미사일 위기로 두 초강대국은 전쟁의 일보 직전까지 치닫는 극한 대결을 벌였으나, 가까스로 미사일 철수에 대한 합의가 이루어졌다. 그 후 미국과 소련은 핵보복의 결과를 깊이 인식하고 핵무기를 사용할 의사가 없음을 분명히 밝혔는데, 이것을 냉전의 종식으로 보는 경우도 있다.

이로써 양대 블럭으로 나뉘어져 극한 대립양상을 보였던 국제질서는 보다 다극화된 양상을 띠게 되었다. 또한 약소국들이 독립을 주장할 여지가 더 많아졌으며, 양대 강대국은 핵무기의 확산방지를 위해 노력하게 되었다. 1990년 9월12일 미국·소련·영국·프랑스 등 제2차 세계대전 전승국들은 '대(對)독일 화해조약'을 조인, 독일의 통일을 인정함으로써 동·서 냉전체제는 사실상 막을 내렸다. 이어 11월 21일에는 유럽안보협력회의에서 34개 회원국들이 파리헌장에 서명하였고, 이 파리헌장에서 '대결과 분열의 시대는 유럽에서 종말을 고하였다'라고 선언하였다. ◀

데탕트(détente)

데탕트는 프랑스말로 완화·휴식을 뜻한다. 제2차 세계대전 이후 미국 중심의 자본주의 진영과 소련 중심의 사회주의 진영을 양극으로 하는 냉전체제가 수립되었으나, 1960년대 말부터 변모의 조짐이 생겨났다. 서독과 일본의 급성장, 제3세계의 대두, 중소분쟁 등으로 국제정치는 이데올로기보다 국가이익을 우선하게 되었다.

또한 영국·프랑스·중국 등 핵무기 보유국의 증가로 국제질서는 양극체제에서 다극체제로 이행되기 시작하였다. 1968년 핵확산금지조약(NPT) 조인, 1969년 미국은 '닉슨독트린'을 발표하고, 1970년 전략무기제한협정(SALT) 교섭 등으로 긴장완화 분위기를 조성하였다. 1972년 대통령 R.M.닉슨이 모스크바와 베이징[北京]을 방문함으로써 미·소 간의 데탕트가 실현되었다.

유럽에서도 1970년 8월 서독-소련의 불가침협정, 1972년 동·서독 기본조약, 1973년 동·서독 국제연합 동시가입 등으로 화해와 긴장완화의 분위기가 조성되었다. 마침내 1975년 7월 헬싱키에서 '유럽안보협력회의 35개국 정상회담'이 개최됨으로써 동서 간의 데탕트는 최고조에 이르렀다. 그러나 1979년 말 소련의 아프가니스탄 군사개입으로 인하여 데탕트 분위기가 깨어지고 미·소 간의 대립과 긴장이 격화되었다.

1980년대 중반 이후 소련의 개혁·개방 정책으로 미·소 간에 '신데탕트' 국면이 조성되고, 동유럽 사회주의정권의 붕괴와 소련의 와해 및 동·서독 통일로 인하여 미·소의 냉전체제가 비로소 종식되었다. ◀

문화적 교류 중에서 가장 손쉬운 것이 관광객의 교류였고, 그것은 또한 경제적 이득도 함께 추구할 수 있기 때문에 각국이 적극 장려하였다. 그러나 공산진영은 체제유지를 근본적인 모순인 경제 전반의 곤란도 작용하였다. 또한 냉전의 결과로 빚어진 실제의 전쟁 즉 월남전, 한국전 등은 국제관광의 흐름을 방해하였다.

1970년대부터 시작된 양진영 간의 대화는 미·중, 미·소 간의 긴장완화를 시발점으로 확대되기 시작하였고, 양진영 간의 교류도 증가하였다. 양진영간에 항공기가 운항되고 소규모이지만 관광객 및 문화·과학목적의 교류가 이루어졌다.

1980~90년대는 국제정치에서 대변혁의 시기였다고 해도 과언이 아니다. 1980년대 후반 동유럽의 민주화 불길은 걷잡을 수 없게 되었고 1990년대 초반까지 대부분의 국가가 민주화되었다. 공산주의 종주국인 소련도 마침내 무너지고 연방도 와해되었으며, 중국마저도 개방정책을 취할 수밖에 없었다. 이러한 국제정치의 변동은 진영의 해체와 새로운 국제사회의 탄생을 낳았다.

국제관광은 이러한 정치적 대변혁과 함께 큰 변화를 맞이하였다. 진영간의 관광교류가 가능하게 되었기 때문이다. 물론 그 흐름은 경제적 여건상 자유진영에서 구(舊)공산 진영으로 이루어졌다. 문화의 보고인 동유럽의 개방은 그동안 갈 수 없었던 수많은 문화관광객에게 관광동기를 자극하였고 단기간 내에 엄청난 관광객의 방문을 초래하였다. 동시에 구공산 국가들은 그동안 공통적으로 경제적 곤란을 겪었는데 관광수입이 그러한 문제를 일부나마 손쉽게 해결해 주었다.

오늘의 교훈

子曰 博學而篤志(박학이독지)하고 切問而近思(절문이근사)면 仁在其中矣(인재기중의)니라. 공자가 말하기를, "널리 배워서 뜻을 두텁게 하고 간절하게 묻고 잘 생각하면 어짐이 그 속에 있느니라"고 하였다.

명심보감 : 근학편(勤學篇)

관련자료 1 서구의 여행 및 국제관광 약사(연대순)

기원전(B.C.)

9000 가축을 집에서 기르고 운송수단으로 이용하기 시작함
4000 고대 이집트에서 항해선을 만듬
3500 수메르인(Sumerians)의 바퀴 고안
776 고대 그리스에서 제1회 올림픽 개최
680 리디아(Lydia)인이 최초로 동전을 사용함

서력(A.D.)

476 로마제국 멸망
1492 콜럼버스의 신대륙 발견

1669 영국에서 정기적인 마차운행 실시
1787 포토맥(Potomac)강에 최초의 증기선 운항

미국 메리랜드의 럼시(James Rumsey : 1743~1792)가 건조한 증기선이 포토맥강에 선을 보였다(현재 Shepherdstown, West Virginia). 증기힘에 의해 선미로부터 물을 배출하는 힘으로 추진하였으며 시속 4마일로 운항하였다. 럼시는 New York, Maryland, and Virginia의 수로를 운항할 수 있는 허가를 받았다.

http : //www.shipsonstamps.org

James Rumsey

http : //www.lib.shepherdstown.wv.us/sin/rumsey.html

1796 미국에서 최초의 여권 사용(개인적인 사항은 기재되지 않았음)

1796년 7월 8일 외국 주재 미국관리들에 대한 소개장(a letter of introduction)으로 외국정부에 안전한 조치를 요구하였다.

1820 프랑스 관광시 마차 전세 가능

1825 에리(Erie)운하 완성, 오대호와 허드슨강 연결 : 영국에서 여객기차 운행(?) 현재 New York State Canal System의 일부로 뉴욕주에 위치하며 허드선강에서 에리호로 연결된다, 이로써 오대호가 대서양과 연결되는 것이다. 1699년에 처음 제안되었고, 첫구간은 1819년에 건설되었고 전체구간은 1825년 10월 26일 완공하였다. 총 363마일(584km), 폭 12미터, 깊이 1.2미터, 83개의 수문(27×4.5m), 75톤까지 운항.

현재의 Erie Canal

1828 발티모아(Baltimore)와 오하이오(Ohio)를 잇는 파이오니어(Pioneer) 기차선로 건설

1829 스위스여행의 팩키지관광 최초 등장

1838 영국과 인도간의 항해선 운행

1841 토마스 쿡(Thomas Cook)이 금주동맹회의 참석을 위한 첫 단체관광 시도

1845 쿡(Cook)이 여행사 설립. 근대 여행업의 시초이다.
세계최초의 여행사는 'Cox and Kings'(http : //www.coxandkings.co.uk)이다.
1758년에 설립되었으며 영국근위부대의 대리인 역할을 하였다.

1862 미국정부 여권발급 수수료 징수

1864 파이오니어(Pioneer)라는 첫 풀맨(Pullman)의 침대차 등장
미국 발명가이자 기업인 풀맨(George Pullman : 1831~1897)이 발명한 고급열차이다. 워싱턴 D.C.에서 스프링필드까지 운항하였으며, 일반 기차보다 5배나 비쌌다. 1867년 움직이는 호텔 President를 제작하였는데, 부엌과 거실이 붙어있고 음식은 최고식당에 버금갔다. 1868년 세계최초의 침대차인 Delmonico를 선 보였고 음식메뉴는 뉴욕의 Delmonico Restaurant의 주방장이 준비하였다. 풀맨은 "luxury for the middle class"라고 광고하였다.

George Pullman(1831~1897)

초기 풀맨의 내부

1866 남북전쟁이 끝나고 쿡이 미국여행 실시
1867 쿡에 의해서 호텔쿠폰제 도입
1869 유니언(Union)과 센츄럴 퍼시픽(Ceatral Pacific) 철도 유타주서 교행
1869 수에즈 운하 완공
1871 영국의 딘 엔 다우손(Dean&Dawson) 여행사 설립
토마스쿡에 이어 당시 함께 여행업을 한 여행사는 Dean and Dawson, the Polytechnic Touring Association, the Cooperative Wholesale Society 등이 이었다.
1871 쿡이 뉴욕에 사무실 개설
1872 쿡이 세계일주 관광시도
1873 쿡이 순환어음(circular notes)을 만듬(여행자수표의 전신)
1875 쿡이 단기 유람선관광 시도
1876 전화 개발
1876 전기 발명
1894 미국 노동절을 공식 공휴일로 지정
1895 아메리칸 익스프레스(American Express) 파리 첫 지점 개설
1902 미국 자동차협회 창설
1903 자동차로 미국 종단
1903 라이트(Wright) 형제의 최초 단거리 비행
1911 비행기로 미국종단
1912 타이타닉(Titanic)호 대서양에 침몰
1919 쿡의 최초 항공기이용 관광 개시
1920 미국 금주법 선포
1924 제1차 세계대전 종식 후 대영제국 항공사 설립
1927 린더버그(Lindbergh) 미국에서 프랑스로 대서양 비행횡단
1930 비행기 여승무원 탑승 : 최초의 여승무원 Ellen Church.

Ellen Church는 간호사 출신으로 비행기 타는 것을 좋아하여 BAT(현 UA)항공사의 파일럿이 되고 싶어 했다. 1930년 5월 15일 그녀는 Oakland와 Chicago 간의 노선에 첫 탑승하였다. 당시 일반인들은 비행기 타는 것을 몹시 두려워하였기 때문에 간호사를 비행기에 탑승시켜 이러한 불안을 감소시키려 한 항공사의 의도에서였다.

BAT는 3개월의 훈련을 시켜 8명을 더 선발하였다. 당시 여승무원이 되려면 정식 간호원으로 25세 이하, 몸무게 115파운드 이하, 키는 5피트 4인치 이하여야 했다.

초기에 여승무원들은 승객을 돌보고, 수하물을 싣고, 연료를 주입하고, 의자를 조이는 등 여러 가지 일을 하였으며, 외부에 붙어있는 오일압력계의 수치를 기장에게 보고해야만 했다.

그녀의 첫 월급은 125달러, 18개월 근무하였다(항공사가 입사후 최소 18개월간 결혼하지 말 것을 강요). 1965년 승마 사고로 사망하였으며, 최근 그녀의 고향인 아이오아주 Cresco는 그 지역 공항명을 Ellen Church 공항이라 명명하였다.

1937	힌덴버그(Hindenburg) 대서양 횡단 뉴욕에서 추락
1938	미국 근로자 최저임금법 제정 : 주당 40시간 노동
1941	일본 진주만 공격 : 미국 제2차 세계대전 참전 제2차 세계대전이 관광여행에 미친 영향 : 가스배급제, 가정생활의 붕괴, 휴양지 패쇄, 호텔을 병원으로 이용, 전쟁의 영향으로 운송수단의 발달
1945	제2차 세계대전 종식
1957	대서양 횡단을 위해 비행기 이용자 증가, 해운교통 이용자보다 많아짐
1958	항공기 일반좌석제(economy class) 실시
1967	미국정부 교통국 설립
1970	미국 전국철도여객공사 설립
1975	오팩(OPEC)의 석유수출금지
1976	미국 독립 200주년 기념
1976	뉴저지 애틀랜틱(New Jersey, Atlantic City)에 도박허용
1978	미국 항공사 설립 인허가 규제 철폐 : Deregulation Law
1979	오팩(OPEC)의 두 번째 석유수출금지
1981	미국 관광청 설립 : USTTA(US Travel and Tourism Authorities)

1985 미국민간항공국(CAB) 폐쇄 : Civil Aviation Board
1989 프랑스 혁명 200주년 기념
자료 : Educational Institute, AHMA, 1991 및 저자 보완

관련자료 2 세계의 불가사의(the Wonders of the World)

- The Seven Wonders of the Ancient World(고대 7대 불가사의)
  The Great Pyramid of Giza
  The Hanging Gardens of Babylon
  The Temple of Artemis at Ephesus
  The Statue of Zeus at Olympia
  The Mausoleum at Halicarnassus
  The Colossus of Rhodes
  The Pharos of Alexandria
- The Seven Wonders of the Medieval Mind(중세 7대 불가사의) Stonehenge
  The Colosseum
  The Catacombs of Kom el Shoqafa
  The Great Wall of China
  The Porcelain Tower of Nanjing
  The Hagia Sophia
  The Leaning Tower of Pisa
- The Seven Natural Wonders of the World(세계 자연불가사의) Mount Everest
  The Great Barrier Reef
  The Grand Canyon
  Victoria Falls
  The Harbor of Rio de Janeiro
  Paricutin Volcano
  The Northern Lights
- The Seven Underwater Wonders of the World(세계 7대 수중 불가사의) Palau
  The Belize Barrier Reef
  The Galapagos Islands
  The Northern Red Sea
  Lake Baikal
  The Great Barrier Reef
  The Deep Sea Vents
- The Seven Wonders of the Modern World(현대 7대 불가사의)

The Empire State Building
The Itaip?Dam
The CN Tower
The Panama Canal
The Channel Tunnel
The North Sea Protection Works
The Golden Gate Bridge

- The Seven Forgotten Natural Wonders of the World

Angel Falls
The Bay of Fundy
Iguasu Falls
Krakatoa Island
Mount Fuji
Mount Kilimanjaro
Niagara Falls

- The Seven Forgotten Modern Wonders of the World

The Clock Tower(Big Ben)
Eiffel Tower
The Gateway Arch
The Aswan High Dam
Hoover Dam
Mount Rushmore National Memorial
The Petronas Towers

- The Seven Forgotten Wonders of the Medeival Mind

Abu Simbel Temple
Angkor Wat
Taj Mahal
Mont Saint-Michel
The Moai Statues
The Parthenon
The Shwedagon Pagoda

- The Forgotten Wonders

The Aztec Temple
The Banaue Rice Terraces
The Borobudur Temple
The Inca City
The Statue of Liberty
The Mayan Temples
The Temple of the Inscriptions

The Throne Hall of Persepolis
Petra
The Suez Canal
The Sydney Opera House
The Red Fort in India

참고문헌

- Robert W. McIntosh, Charles R. Goeldner, J. R. Brent Ritchie, *Tourism, Principles, Practices*, Philosophies, 7th edition, John Wiley & Sons, Inc., 1995, pp. 29~52.
- Donald E. Lundberg, PH.D, *The Tourist Business*, sixth edition, New York : Van Nostrand Reinhold, 1990, chapter 2. (서양사/Lundberg.hwp)
- John Towner, "The Grand Tour : A Key Phase in the History of Tourism", *Annals of Tourism Research*, vol.12, no.3, pp. 297~334, 1985.

참고문헌 그랜드투어 관련

- Beckford, William. The Grand Tour of William Beckford(1760~1844). Harmondsworth, Middlesex, England : Penguin Books, 1986.
- Black, Jeremy. The British Abroad : The Grand Tour in the Eighteenth Century.New York : St. Martin's Press, 1992.
- The British and the Grand Tour. London : Croom Helm, 1985.
- Women Travel Writers and the Language of Aesthetics. Cambridge : Cambridge University Press, 1995.
- Bohls' work examines the travel writings of seven prominent eighteenth century women : Mary Wollstonecraft, Dorothy Wordsworth, Ann Radcliffe, Mary Shelley, Janet Schaw, Lady Mary Wortly Mantagu, and Helen Williams. Boxer, Marilyn and Jean Quataert.
- Connecting Spheres : European Women in a Globalizing World, 1550 to the Present. Oxford : Oxford University Press, 2000.
- Grand and Ghostly Tours : The Topography of Memory, Eighteenth Century

Studies 31.1 (1997) : 101~108.

- The Grand Tour. London : Thames Muthuen, 1987.
- English Travel Writing. New York : St. Martins Press, 2000.
- The Grand Tour : A Journey in the Tracks of the Age of Aristocracy. London : Faber and Faber Limited, 1935.
- Trease, Geoffrey. The Grand Tour. New York : Holt, Rinehart, and Winston, 1967.

CHAPTER 03

한국의 국제관광 역사

우리나라의 관광역사에 관한 연구는 일천하다. 동시에 그 속에 포함되어 있는 국제관광의 역사 또한 충분히 연구되지 못하였다. 저자는 한국의 관광역사에 대해 오랫동안 연구해 왔으며 이를 바탕으로 우리나라 최초로 한국의 국제관광역사를 개략적으로 정리해 보고자 한다. 시대구분은 기존의 보편적인 기준에 따른다. 즉, 삼국시대(통일신라 포함), 고려시대, 조선시대, 개화기, 일제강점기, 현대의 순이다.

제 1 절 삼국시대

삼국시대의 여행 또는 관광기록은 매우 제한되어 있다. 삼국시대에 이루어진 국외여행은 크게 3가지 형태로 나타난다, 즉, 불승들의 구도여행(성지순례), 사신들의 공무여행(使行), 유학(遊學) 등이 그것이다. 통일신라시대의 일부 내용도 여기에 포함시켰다.

1. 불승들의 구도여행

삼국시대의 불교는 4세기부터 시작되어 국가가 체제를 공고히 하면서 더욱 발전하여 삼국시대 사상의 근간을 이루었다. 이러한 불교의 발전은 인도불승 및 중국불승의 불교전파 노력을 비롯하여 삼국시대 불승들의 중국 및 인도로의 구도여행이 기초가 되었다.

4세기에서 10세기까지 불승들의 구도여행에 관한 기록은 25여건에 이른다.

이를 분석해보면 인도승의 삼국여행, 중국승들의 삼국여행, 삼국불승들의 인도여행, 삼국불승들의 중국여행, 삼국간의 여행 등으로 나눌 수 있다.

첫째, 인도승의 삼국여행은 인도승 마라난타(摩羅難陀)가 중국(東晉)을 거쳐 침류왕 원년(384년) 백제에 들어와 불법을 편 것이다.

둘째, 중국승들의 삼국여행은 전진(前秦)의 순도(順道)가 372년 고구려에, 동진(東晉)의 아도(阿道)가 374년 고구려에, 양(梁)나라의 심호(沈湖)가 549년 신라에, 진(陳)나라 명관(明觀)이 565년에 신라에 들어 온 기록이 남아 있다.

셋째, 삼국불승들의 인도여행은 중국을 경유한 멀고도 먼 구도여행이었다. 신라사람 아리야발마(阿離耶跋摩)는 627~649년경 당나라에서 오천(五天 : 인도)으로, 비슷한 시기에 신라인 혜륜(惠輪)과 현각(玄恪), 고구려인 현유(玄遊) 그리고 혜업(惠業), 현태(玄泰), 구본(求本) 등이 신라에서 또는 당에서 中天國(인도)으로 구도여행을 하였다.

그후 신라인 현대범이 650~655년 기간중 중인도를, 그리고 혜초(慧超)가 723년경 오천축국(五天竺國 : 현재 인도)을 여행하고 돌아왔다. 혜초의 인도구도여행에 관한 기록인 「왕오천축국전」은 프랑스의 동양학자 펠리오(P, Pelliot)가 1908년 중국 감숙성 돈황에서 발견하였다.

넷째, 삼국불승의 중국 여행은 그 예가 상당히 많다. 지금까지 발견된 기록에 의하면 576년 신라승 안홍(安弘)이 진(陳)나라로 여행한 것에서부터 원광(圓光), 자장(慈藏), 의상(義湘), 원효(元曉) 등을 포함하여 신라말에 보요선사(普耀禪師)가 오월국(吳越國)에 구도여행 한 것까지 발견되었다.

표 3-1 삼국시대 불승들의 국외 구도 여행(중국승, 인도승 포함) (시대순)

순번	성 명	여행대상국 및 시기	참 고
1	순도(順道)	전진 → 고구려, 소수림왕 2년(372년)	전진(前秦)사람
2	아도(阿道)	동진 → 고구려, 소수림왕 4년(374년)	동진(東晉)사람
3	마라난타(摩羅難陀)	동진 → 백제, 침류왕 원년(384년)	인도사람
4	묵호자(墨胡子)	고구려 → 신라, 눌지왕(417~458년)때	
5	심호(沈湖)(승려不明)	양(梁) → 신라, 진흥왕(549년)	양나라 사람

6	각덕(覺德)	양 → 신라, 549년 귀국	신라의 학승
7	명관(明觀)	진(陳) → 신라, 진흥왕(565년)	진나라 사람
8	안홍(安弘)	신라 → 진(陳), 576년	신라사람
9	지명(智明)	신라 → 진(陳), 585년, 602년 귀국	신라사람
10	원광(圓光)	신라 → 진(陳), 589년, 600년 귀국	세속오계 지음
11	파야(波若) (516~613)	고구려 → 수(隋), 596년	지의(智顗 : 538~597)로부터 사사
12	안함(安含)	신라 → 당(?), 601년, 605년 귀국	신라사람
13	아리나발마 (阿離那跋摩)	당 → 五天(인도). 당의정관(貞觀 : 627~649)	신라사람
14	惠業(혜업), 玄泰(현태), 求本(구본), 玄恪(현각), 惠輪(혜륜), 玄遊(현유)	신라, 당 → 中天竺(인도). 당나라 시절(貞觀 : 627~649)	혜륜,현각 : 신라인, 현유 : 고구려인
15	명랑(明朗)	신라 → 당, (632년 선덕왕), 635년 귀국	
16	자장(慈藏)	신라 → 당, 선덕왕5년(636)유학, 643년 귀국	
17	의상(義湘) (625~702)	신라 → 당, 650년 또는 661년, 670년 귀국	
18	현대범(玄大梵)	신라 → 중인도, 당고종, 영휘(永徽 : (650~655)	
19	원효(元曉) (617~686)	신라 → 당, 661년 유학도중 돌아옴.	
20	혜통(惠通)	신라 → 당, 665년 귀국	
21	승전(勝詮, 僧詮)	신라 → 당, 692년 귀국	
22	혜초(慧超) (704~787)	신라 → 당, 723년 유학, 인도여행 후, 727년 당으로 귀환	왕오천축국전(往五天竺國傳) 저술
23	구덕(丘德)	당 → 신라, 흥덕왕(827년)	고구려 중
24	굴산조사(崛山祖師) : 범일(梵日) : (810~889)	신라 → 당, 827~835년	
25	묵화상(默和尙)	신라 → 당, 928년	
26	보요선사(普耀禪師)	신라 → 오월국(吳越國), 신라말	

자료원 : 각훈(覺勳), 해동고승전(海東高僧傳) 및 일연(一然), 삼국유사(三國遺史)

2. 사행(使行)

삼국시대에는 국가간의 사행이 빈번하였다. 그것은 부족국가 형태에서 완전한 형태의 국가로 발전하는 과정에서 생겨난 것이다. 그 목적은 다양하지만 여기서는 여행의 기록이 중요한 것이므로 주요 사서에서 그 내용을 정리하였다.

(1) 기원전의 사행

기원전 한반도에서 발생한 이동기록(전쟁 제외)은 현재 6가지가 발견되었다.

첫째, 한반도에서 일어난 기록상의 최초 이동은 주(周) 무왕(武王) 때(B.C. 1122년) 은(殷)의 태사(太師)인 기자(箕子)가 동방(고조선)에 온 것이다. 물론 이것은 동사강목에서 주장하는 바로서 정사로 인정되지 못하는 점도 있다. 그리고 3년 후(B.C. 1119년)에 기자는 주(周)에 조빙(朝聘)하러 중국을 다녀오게 되었다.

그림 3-1 기자의 묘

기자의 묘(평양)

자료원 : 비숍, 308쪽.

기자묘 관련 참고자료

1822년(순조 22) 평안남도 암행어사로 파견되었던 박내겸은 공식 보고서 외에 기행 일기인 『서수록(西繡錄)』이라는 귀한 자료를 남겼다(규장각 소장).

'서(西)'는 평안도를, '수(繡)'는 암행어사를 뜻하며, 그중 기자묘에 대한 부분은 다음과 같다. ◀

> "기자묘는 낮은 담을 둘러치고 석물(石物)이 있었으나 생각보다 옹색해 보였다. 의심이 드는 부분도 있었다. 무덤의 형태는 모서리가 넷으로 되어 있었는데, 그것이 옛날 제도일 리는 없다고 생각했다. 제사 준비를 하는 정자각이 너무 가깝고 돌계단 앞도 심히 황량하였지만, 구역을 넓히거나 키울 수가 없을 것 같았다. 박내겸은 다시 '무릇 우리 동쪽 나라에서 군신과 부자의 윤리가 있음을 아는 것은 모두 성인 기자가 남기신 가르침인데, 높이고 보답하는 법식이 마음을 다하지 못하였으니 슬픈 일이다' 하며 애석해 하였다.
>
> 하지만 조선후기에 기자를 그토록 높이 받든다고 하면서도 실제 평양의 기자묘가 퇴락한 상태에 있었던 것은 우연이 아니었다. 기자가 중국 은나라의 성인이며 주나라 무왕에 의해 조선의 왕으로 봉해졌다는 데서 나타나듯이, 중국 문화의 권위에 기대어 우리 문화의 뛰어남을 강조하려는 의식은 더 이상 현실적인 힘을 지니지 못하고 있었다. 평안도 인사들 중에서도 기자의 권위를 이용하여 그 지역의 위상을 높여보려는 시도하지 않는 것은 아니었으나, 어차피 당시 평안도의 힘과 활력은 그런 낡은 데 있지 않았다"

둘째, 기원전 두 번째의 여행기록은 백제가 시조 온조왕(溫祚王) 4년(기원전 15년) 낙랑(樂浪 : 고조선의 부족국가)으로 사신을 파견하여 수교하였다는 것이다.

셋째, 고구려 시조 동명성왕 14년(B.C. 24)에 왕모유화(王母柳花)가 동부여에서 죽자 10월에 사신을 동부여로 보내 방물을 드려 그 덕에 보답했다는 기록이 있다.

넷째, 신라 혁거세 38년(B.C. 20)에 호공(瓠公)을 마한에 파견하여 수교하였다.

다섯째, 고구려 유리왕 14년(B.C. 6)에 부여왕 대소(帶素)가 사신을 파견하여 수교를 청하였으나 거절하였다.

여섯째, 혁거세 53년(B.C. 5)에 동옥저가 신라에 말 20필을 예물로 바쳤다.

(2) 기원후의 사행

기원후의 사행기록은 부여왕 대소(帶素)가 고구려 대무신왕 3년(20년)에 사신을 파견하여 일두이신(一頭二身)의 붉은 까마귀를 보냈다는 것에서 시작하여 신라 멸망까지 40여 회 이상의 사행록이 발견되었다.

사행에는 포함되지 않지만 혼인과 관련된 국제여행이 있었다. 즉, 삼국유사의 가락국기(駕洛國記)에 나오는 가락국의 김수로왕 부인인 허황옥(許黃玉)에 관한 이야기에서이다. 허황후가 수로왕을 만나 말하기를, "저는 아유타국(阿踰陁國)의 공주인데 성은 허이고 이름은 황옥이며 나이는 16세입니다"라고 하였다. 이 때가 중국 건무(建武 24년 : 48년)이었다.

한편, 신라가 중국에 최초로 사신을 파견한 것은 내물왕 26년(381년)이었다.

표 3-2 삼국시대 사행(使行) 기록

순번	국 명	대상국	시 기	비 고
1	은(殷)	동방(고조선)	周 武王 13(B.C. 1122)	기자(箕子) 동방에 오다
2	기자(箕子)	은(殷)	주 무왕 16(B.C. 1119)	기자가 주에 조빙(朝聘)하다.
3	고구려	동부여	동명성왕 14(B.C. 24)	王母柳花의 은덕에 예물보답
4	신라	마한	혁거세 38년(B.C. 20)	호공(瓠公)을 파견하여 수교.
5	백제	낙랑(樂浪)	백제 시조 온조왕 4년(B.C. 15)	8월, 사신파견 낙랑과 수교
6	부여	고구려	유리왕 14(B.C. 6)	부여왕 대소(帶素)가 사신파견. 수교요청
7	동옥저(東沃沮)	신라	혁거세 53년(B.C. 5)	말20필을 예물로 바침
8	부여	고구려	대무신왕 3년(20)	부여왕이 一頭二身 까마귀 보냄.
9	신라	맥국(貊國)	유리이사금 17년(40)	맥국의 구원병 파견에 감사.
10	백제	신라	파사이사금 26년(105)	백제의 화친요청.
11	왜	신라	지마이사금 12년(123)	왜국과 강화 체결.
12	왜	신라	아달라이사금 20년(173)	왜국여왕 비미호(卑彌乎)수교요청.
13	가야국	신라	내해이사금 6년(201)	가야국의 화칭요청.
14	신라	고구려	첨해이사금 2년(248)	신라가 고구려에 화친 요청.
15	백제	신라	유례이사금 3년(286)	백제의 화친요청
16	왜국	신라	기림이사금 3년(300)	왜국과 사신교환

17	신라	전진(前秦)	내물이사금 26년(381)	사신파견, 方物을 바침
18	왜국	신라	실성이사금 원년(402)	왜국과 통호(通好), 未斯欣(미사흔 : 내물왕 아들)을 볼모.
19	고구려	진(晉)	광개토왕 22년(413)	사신파견, 책봉받음
20	백제	왜(倭)	전지왕 14년(418)	사신 파견
21	신라	왜	눌지왕 2년(418)	박제상 사망
22	고구려, 백제	송(宋)	고구려 장수왕 12년, 백제 구이선왕 5년 (424년)	사신파견, 송의 답신
23	고구려	위(魏)	고구려 장수왕 23년(435)	사신파견, 위(魏)의 고구려왕 책봉
24	고구려	위(魏)	고구려 장수왕 25년(437)	사신파견, 조공(朝貢)
25	고구려	제(齊)	고구려 장수왕 68년(480)	사신파견, 제(齊)의 고구려왕 책봉.
26	고구려, 백제	양(梁)	고구려 문자왕 21년, 백제 무령왕 12년(512)	사신 파견
27	고구려	위, 양	고구려 안장왕 2년 (532년)	사신파견, 조공
28	고구려	동위(東魏)	고구려 안원왕 15년 (545년)	사신파견
29	고구려	서위(西魏)	고구려 양원왕 2년 (546)	사신파견
30	고구려	진(陳)	고구려 평원왕 3년 (561)	사신파견, 조공
31	고구려	북제(北齊)	고구려 평원왕 6년 (564)	사신파견, 조공
32	신라, 백제	진(陳)	신라 진흥왕 27년, 백제 위덕왕 13년(566)	사신파견
33	백제	북제(北齊)	백제위덕왕 13년(566)	사신파견
34	신라	진(陳)	신라진흥왕 29년(568)	사신파견, 方物 조공
35	고구려	진(陳)	고구려 평원왕 16년 (574)	사신파견
36	백제, 고구려	수(隋)	백제 위덕왕 28년, 고구려 평원왕 23년(581년)	사신파견
37	신라	수(隋)	신라 진평왕 16년(594)	사신파견, 책봉받음
38	고구려	당(唐)	고구려 영류왕 2년(619)	사신파견

39	신라, 백제	당(唐)	신라 진평왕 43년, 백제 무왕 22년(621)	사신파견
40	신라	당(唐)	신라 선덕왕 9년(640)	사신파견, 유학생 입학 허락 요청.
41	일본	신라	신라 경덕왕 12년(753)	사신내방, 왕 접견거부
42	일본	신라	신라 애장왕 4년(803)	일본사신 내방
43	일본	신라	신라 헌강왕 8년(882)	조공 진상
44	후당	신라	신라 경순왕 7년, 고려 태조 16년(933)	고려 임금 책봉

자료원 : 삼국사기, 삼국유사, 동사강목

3. 유학(遊學)

당시 유학은 오늘날의 유학(留學)과는 상당히 다르다. 즉 국비유학이 주를 이루었고 국가차원에서 중국의 선진문물을 학습하려는 의도에서였다. 최치원은 이러한 유학을 관광(觀光)이라고 불렀다. 유학은 곧 선진문물을 익히고 나아가 대륙의 경관을 구경하는 것(遊)으로 오늘날 국제관광과 맥을 같이한다 하겠다. 국비유학 외에도 개인적인 유학도 일부 발견되었다.

(1) 국비 유학

기록상 중국 첫 유학은 선덕왕(善德王 9년 : 640)에 있었는데, 이때는 고구려 영류왕 23년, 백제 무왕 41년(640년)이었다. 삼국사기에,

> "5월 왕은 자제들을 당나라로 파견하여 국학에 입학하기를 청하였다. 이때 당태종은 천하의 명유(名儒)들을 학관으로 삼고 빈번히 국자감에 행차하여 그들로 하여금 학문을 강론하게 하고 학생으로서 능히 하나의 대경(禮記, 春秋, 左氏傳) 이상을 밝게 통달한 사람은 모두 관리에 등용할 수 있도록 하고 학사(學舍) 1200간을 증축하여 학생 3260명이 치도록 만드니 사방에서 학자들이 구름과 같이 경사로 모여들었다. 이때에 고구려, 백제, 고창, 토번 등도 또한 자제들을 파견하여 입학시켰다."

고 하였다.

(2) 개인 유학

엄격한 신분사회인 신라에서 국비유학은 그 대상이 제한되었다. 따라서 개인 유학의 사례도 일부 발견되었다. 이 경우 주로 서학(西學) 또는 서유(西遊)라는 이름으로 불리었다.

최치원의 계원필경(桂苑筆耕) 서문에,

"신이 12세 되던 해에 집을 떠나 서쪽으로 배를 타려 할 때 (지금은) 돌아가신 아버님께서 훈계하여 말씀하시기를 10년 내에 급제하지 못하면 내 아들이라 말하지 말라. 나 역시 아들이 있다 말하지 않겠다. 관광6년에 저의 이름을 방 끝에 붙이게 되었나이다"라고 하였다.

(右臣自年十二 離家西泛 當乘桴之際 亡父誡之曰 十年不第進士 則勿謂吾兒 吾亦不謂有兒... 觀光六年 金名牓尾)

둘째, 설계두(薛罽頭)의 경우이다. 삼국사기에,

"계두는 신라의 명문자손이다. 그는 일찍이 친구 4명과 더불어 한자리에서 술을 마시면서 각각 그 뜻을 말하였는데 설계두는 말하기를 "신라는 인재를 등용할 때 골품으로서 이를 논하여 그 족속이 아니면 비록 큰 재주와 걸공이 있다고 하더라도 능히 그 범위를 벗어날 수 없다. 나는 서쪽 중화국으로 들어가서 세상에 드문 지략을 들날려 비상한 공을 세우고 스스로 영화의 길을 닦아 잠신패검을 갖추고 천자의 곁으로 출입하고야 말겠다" 하였다.

셋째, 대세(大世)와 구칠(仇柒)의 경우이다. 삼국사기에 다음과 같이 기록되어 있다.

"7월에 대세와 구칠(仇柒) 2명이 바다로 달아났다. 대세는 내물왕(奈勿王)의 7세손으로 이찬동대(伊湌冬臺)의 아들인데 그는 자질이 준일하여 젊어서부터 해외에 뜻을 두고 중 담수(淡水)와 더불어 사귀고 놀면서 말하기를, 〈이 신라의 산곡간에 살고 있으면서 일평생을 마친다는 것은 이 어찌 연못에 든 고기나 장에 갇힌 새가 창해가 넓고 삼림이 널고 한가로움을 알지 못하는 것과 다름이 있겠는가. 내 장차 떼를 타고 넓은 바다로 떠서 吳, 越에 이르러 훌륭한 스승을 찾고 또 명산을 찾아 도를 닦으려 한다. 이렇게 하여 만약 범인의 몸을 벗어나 신선의 도를 배울 것 같으면 표연히 바람을 타고 혈요(泬寥)한 하늘 밖으로 날아갈 것이 이것이야말로 천하의 기이한 유람이며 장관일 것이다. 그대는 능히 나의 뜻을 좇겠는가〉 하였다. 담수는 이를 좋아하지 않으므로 대세는 그를 물리치고 다른 벗을 구하였는데 마침 구칠이란 사람을 만났다. 〈나는 그대와 함께 서유할 뜻이 있다. 우리들이 지금 저 나뭇잎을 가지고 배를 만들어 띄워놓고 먼저 가고 뒤에 가는 것을 점쳐보자〉"

4. 국제무역여행

신라시대에 당나라의 해적을 물리치고 황해와 남해의 해상권을 장악하여 당나라와 일본을 왕래하며 동방국제무역을 주름잡은 장보고(張保皐 : ?~846)의 활동은 대표적인 무역여행이다.

그림 3-2 장보고 및 청해진

장보고 초상화(용산 전쟁기념관 소장)

청해진(완도군 장좌리)

장보고는 궁복(弓福)·궁파(弓巴)라고도 불린다. 당나라 서주(徐州)에 건너가 군인이 되었으나, 신라에서 잡혀간 노비의 비참한 처우에 분개하여 사직하고 귀국했다. 해적들의 인신매매를 근절시키기 위해 왕의 허락을 얻어 1만의 군사로 해로의 요충지 청해(淸海 : 완도)에 진을 설치하고 가리포(加利浦)에 성책을 쌓아 항만시설 을 보수, 전략적 거점을 마련하여 해적을 완전 소탕했다.

837년(희강왕 3) 왕위계승 다툼에서 밀려난 우징(祐徵 : 神武王)이 청해진에 오자 이듬해 우징과 함께 반란을 일으켜 839년 민애왕(閔哀王)을 죽이고 우징을 왕위에 오르게 하였다. 840년(문성왕 2) 일본에 무역사절을, 당나라에 견당매물사(遣唐賣物使)를 보내어 삼각무역을 했다.

840년(문성왕 2)에는 일본에 회역사(廻易使)를 파견하여 서신과 물건을 보냈다. 일본측은 이를 사교(私交)라 하여 받아들이지 않았지만 무역은 허용했고, 그 사자와 이충(李忠)·양원(楊圓) 등에게 식량을 지급하기도 했다. 그의 세력은 국제적으로 극히 번성하여 중국에 유학한 일본 승려 엔닌은 그에게 정중한 편지를 써서 귀국할 때의 뱃길을 부탁하기도 했다. 또한 그는 무역활동을 통해 확보한 경제력을 배경으로 중국의 산동성(山東省) 문등현(원덩현) 적산촌(赤山村)에 법화원(法華院)이라는 절을 세웠다. 이곳에는 500석을 수확하는 장전(莊田)이 속해 있었는데, 많은 승려가 머물며 정기적으로 법회를 열었고, 청해진과의 연락기관 구실도 했다.

제 2 절 고려시대

태조 이래 불교를 국교로 숭상함으로써 정치·사회의 지도이념이 되었다. 사원에는 사원전(寺院田) 및 대장원(大莊園)을 소유하고 승려 개인에게는 별사전(別賜田)을 지급하고 면세·면역의 특전을 주었다. 고려시대 불교는 호국적, 현세구복적, 귀족적 성격을 띠고 있었고 역내 군왕들은 국가의 대업이나 태안을 위하여 대사찰의 건립·연등회 행사·대장경 조판 등 국가적 불교사업을 추진하였다. 이에 따라 많은 승려가 배출되고 불교와 관련된 행사가 전국적으로 열리고 많은 사람들이 이에 참가하거나 구경하였다. 고려시대의 불교는 사람들에게 종교의식 뿐만 아니라 상당한 볼거리와 즐거움을 제공하였다.

따라서 고려시대에는 중국 등으로의 국외여행이 발달하지 못한 것 같다. 사행과 같은 공무여행은 당연히 존재하였으며, 불승들의 구도여행은 국내 불교의 성행으로 국내에 치중한 것 같다. 여기서는 관광적 요소가 큰 종교행사, 중국여행인 원유(遠遊)와 장유(壯遊) 및 국제무역여행 등에 대해 살펴본다.

1. 종교행사

종교행사는 국내관광적 성격이 크나 고려시대의 여행을 이해하기 위해서 살펴볼 필요가 있다. 그러나 불승들의 인도 등지로의 구도여행은 그 기록을 찾기 어렵다.

(1) 연등회(燃燈會)

고려시대의 불교풍습은 신라궁중에서부터 계속된 것으로 보인다. 연등회는 처음에는 상원연등(上元燃燈)이라 하여 정월보름날 궁궐에서 행하였다. 신라시대 때부터 있었던 것으로 정월대보름에 불을 켜고 부처에게 복을 빈 행사로 고려 태조 때부터는 백성의 복을 빌기 위하여 나라에서 해마다 열었고 그 뒤에는 나라의 풍속이 되어 시골에서도 열었다.

이 행사는 하루는 절에서, 다음날에는 궁중에서, 그 다음날은 대신(大臣)의 집에서 이렇게 3일간 행하였다. 일반 민가에서는 3일간 음식을 차려 놓고 놀며 먹었다. 이 때가 되면 어느 집에서나 서로 음식을 대접하였으며 모르는 사람끼리도 음식을 나누어 먹었다.

여기에 필요한 비용은 국고에서 부담하였으므로 지방의 아전배들이 이것을 빙자하여 백성들에게 추렴을 거두어 잘 먹고 놀았다. 또한 일단의 사람들이 연등회가 열리어 왕이나 관리들이 재를 올리는 것을 구경하려고 모여들었고 이들에게 음식을 나누어주었다.

문종(文宗) 때에는 회경전에서 금강명경도량을 열었고 다시 백좌인왕도량을 회경전에서 3일간 열었다. 이때 2만 명의 승려들로 하여금 궁정 뜰 앞에서 반승(飯僧)이라는 재를 올리고 왕은 음식을 하사하였다(萬僧會). 그리고 2만 명의 승려에게 서울 밖의 명성 있는 절에서 재를 올리게 하였다. 이러한 재는 2~3일 길게는 5일간 계속되었다.

고려시대의 최대 연등회는 흥왕사(興旺寺) 낙성재(落成齋)후에 열린 것으로 개성궁궐에서 흥왕사까지 40여리의 길 좌우에 비단으로 장막을 치고 채색된 비단을 두르고(結綵) 등을 달았으며, 밤에는 화수(火樹)라 하여 나무에 등불을 달아 낮같이 밝혀 선남선녀로 하여금 구경하게 하였다. 왕은 좌우에 시신을 거느리고 의장대가 40리까지 늘어선 길을 연(輦)을 타고 흥왕사로 가는데 길 좌우에 등산(燈山)이라 하여 등을 한군데 산같이 달아 놓아 왕의 행행(行幸)을 환영하였다. 이 때 연등회는 5주야나 계속되었다고 한다.

문종 27년 2월에는 봉은사(奉恩寺)에서 새로운 불상을 만들고 경찬회(慶讚會)를 겸해 연등회를 개최하였는데 봉은사까지 가는 거리에는 3만개의 등을 달아 불을 밝혔다. 이 때 시정의 남녀노소들이 봉은사까지 따라가며 임금의 긴

행렬을 구경하였다.

국가적 행사로서의 연등회는 대개 11월과 2월에 행해졌으나 고려말기에는 국가적 연등은 사라지고 민간에는 4월 8일 석가탄신일에 열렸다. 고종 32년(1246) 4월 8일 권력자 최우(崔瑀 : ?~1249)도 연등회를 열었다. 이날 채붕(彩棚)이라 하여 채색비단을 여기저기 매달아 장식하고 그 사이에 등을 달아 낮같이 밝게 하였다. 이와 동시에 기악연주와 유희를 밤새도록 시켜 구경꾼들이 모여들었다.

연등회는 그후 불교행사를 겸한 유희장(遊戲場)으로 변하게 되었다. 연등젯밥을 얻어 먹어야 장수한다거나 임금님의 얼굴을 보기 위해 많은 사람들이 모여들면 재를 중단하고 여러 가지 잡희(雜戲)와 풍악연주를 벌였다. 광대와 재담하는 무리들도 있고 군중과 같이 오락이 벌어졌다. 이것을 구경하기 위해 사람들이 각지에서 모여들었다.

이러한 사실로 미루어 볼 때 연등회는 불교적 행사임에 틀림없으나 왕 이하 제신들이 참여한 관계로 그 규모나 화려함이 일반인들에게는 대단한 구경거리가 되었고, 흥왕사나 봉은사 등의 절까지 수십리 길을 따라 여행을 하며 주변의 경치와 불교적 행사 그리고 여러 가지 잡희 즐긴 것으로 오늘날 성지순례나 종교축제의 참여와 비교할 수 있겠다.

(2) 팔관회(八關會)

팔관회는 토속신(土俗神)에게 제를 지내던 의식으로 나중에는 불교행사로 되었다. 신라 진흥왕때 거칠부(居柒夫)가 고구려승 혜량(惠亮)을 맞이하여 데려올 때 혜량은 고구려 본국의 정치가 문란해졌다고 하여 귀화하였다. 혜량은 신라의 승통이 되어 처음으로 백좌강회(百座講會)와 팔관회를 두었다고 하였다. 따라서 고구려는 일찍부터 팔관회를 연 것을 짐작할 수 있다. 궁예의 태봉국에서는 光化 원년(898년) 2월 처음으로 팔관회를 시작하였다. 이는 신라에서 행하던 팔관회를 처음으로 시작하였다는 말이다.

고려 때는 매년 중경(中京)과 서경(西京)에서 토속신에게 제사를 지냈는데 1대 태조 초부터 시작되어 성종(成宗) 때 일시 없어졌다가 8대 현종 때 다시 부활되어 국가적인 중요한 행사로서 중경에서는 추수이후 음력 11월에 서경에서는 10월에 등불을 찬란히 하고 술과 다과를 성대히 베풀고 가무와 여러 유희를 하면서 나라와 왕실의 태평을 빌었다. 이 날에는 고을의 벼슬아치가 글을 올리고 외국의 상인들(宋, 동여진, 탐라 등)이 각기 방물(方物)을 바쳐 축하하였다.

태조(太祖) 26년 훈요십조(訓要十條) 중에 "짐은 소원은 연등과 팔관에 있다. 연등은 부처님을 섬기는 일이고 팔관은 천령(天靈)과 오악, 명산, 대천, 용신(五岳・名山・大川・龍神)을 섬기는 것"이라고 하였다. 정종(靖宗)때부터 팔관회는 본격화하여 절에 나가 행하였다. 그후 팔관회는 흥국사(興國寺), 장경사(長慶寺), 법왕사(法王寺) 등에서 하고 연등은 여전히 봉은사(奉恩寺)에서 행해졌다.

문종 이후 팔관회는 관등놀이와 동시에 음악을 연주하고 부처님께 불공도 드리고 일반인에게 음식을 나누어주어 풍성한 놀이로 변했다. 즉 처음에는 향을 피우고 기도하는 정도였으나, 나중에는 음악을 연주하는 등 유흥화하여 잡희까지도 보게 되었다. 이때 도성에 있는 사람은 물론 먼 거리에 있는 사람들까지 구경하고자 모여들었다. 이에 의종(毅宗)22년(1168년) 팔관회 등이 구격(舊格)을 어기고 승려들이 사리사욕을 조작한다고 하여 사치의 풍을 없애라는 교서를 내렸다.

팔관회를 보고 지은 시를 보면 당시의 팔관회가 어떠했는지를 어느 정도 짐작할 수 있다.

이규보(李奎報)는 연등날 궁중에 초대되어 그 광경을 읊었다.

책색한 등롱의 용과 난새가 춤출 때	彩天風颺舞龍鸞
어좌를 중심으로 백관이 옹호했네.	黼座中開擁百官
붉은 사(紗)의 등로의 불 번쩍이는데	燈隔紅紗光閃閃
패옥을 단 여러 가지 옥소리 산산하구나	佩叩蒼玉響珊珊
이날은 어명으로 궁금이 풀리어	勅教禁衛停嚴警
도인사들은 마음대로 구경하노라	恩許都人快縱觀
구대에서 내려와 헌수를 볼 때	欲識龜臺來戲壽
벽도 더욱 향기로운 냄새 되노라	露香新摘碧桃寒

또한 목은도 팔관회의 모습을 다음과 같이 시로 읊었다.

높다란 궁전이 연운에 싸였는데	岧嶢金碧跨風煙
예약을 닦기 위하여 더 사치스럽구나	禮樂修明更侈前
전상의 반룡은 구름 속에서 떨어질 듯	殿上盤龍雲欲隨
뜰 가운데 진로는 구슬이 연했네	庭中振露玉相聯
팔방에 괴어 놓은 전은 산같이 높고	八方壞尊高於岳
한가닥 향불은 하늘에서 내려오는 듯	一炷爐香降自天
금년이야말로 서기를 많이 내리소서	摠道今年多瑞氣
시신의 머리에는 화려한 것이 적소마는	侍臣頭重錦華鮮

한편, 예종(睿宗) 17년간(1105~1122)은 불교행사로 일관하였다. 궁정에서 팔관회를 열어 음악을 감상하고 해동비록(海東秘錄 : 미신적인 예언이나 참언을 기록한 책) 등의 음양지리서를 편찬하였다. 비가 조금만 안 와도 불경을 외었다. 이것을 강경(講經)이라 한다. 설경(說經)이 끝나면 시중으로 돌아다니며 경을 읽었다. 이를 본받은 서울의 서민들은 궁중의 설경소리만 들리면 모두 거리로 뛰어나와 경을 읽으며 4거리로 돌아 다녔다. 이것을 가구경행(街衢經行)이라 한다.

이렇게 볼 때 팔관회도 연등회와 같이 종교적 행사로 시작하였으나, 시간이 지나면서 유희화(遊戲化)하여 왕실부터 서민에게까지 매우 흥미롭고 즐거운 행사가 덧붙여져 이에 참여하거나 구경하는 것은 당시로서는 하나의 관광이 되었다고 하겠다.

2. 국제무역여행

신라시대 장보고의 맥을 이어 고려시대에도 국제무역여행이 존재했다. 사신의 행차에 동행하여 또는 공식적인 허가를 받아 중국과의 교역을 하였다. 장보고가 해상무역을 주로 하였지만 개성상인을 비롯한 고려시대 상인들은 해상무역은 물론 육로무역도 실시하였다.

개성상인은 송도(松都)상인 또는 송상(松商)으로도 불린다. 태조 왕건은 송악(松嶽) 지방의 신흥귀족의 후예로서, 그의 조상은 대대로 당(唐)나라와의 무역에 종사하여 부(富)를 축적함으로써 상당한 해상세력을 이루었다. 그 해상세력은 송악을 중심으로 패강진(浿江鎭)의 황해도 일부와 혈구진(穴口鎭)의 강화도 및 한강 하류 일대에 큰 영향력을 떨쳐, 개국 후 고려가 중국의 송(宋)·아라비아의 다지국[大食國] 및 왜(倭)와의 무역을 일으키는 데 크게 기여하였다. 이때 송악 근처 예성강 입구의 벽란도(碧瀾渡)는 국제무역항의 구실을 하였는데, 근처의 송악도 일국의 수도로서, 외국사신의 빈번한 왕래에 의한 공무역(公貿易)과 외국상인에 의한 사무역(私貿易)이 번창하여 상업도시로서도 발달하였다.

또한 개국 초부터 설치한 시전(市廛)은 국내 상거래는 물론 송나라 등 외국과의 교역도 활발하였는데, 이러한 무역과 국내 각지와의 상업활동은 주로 규모가 크고 상술이 앞선 개성상인이 맡아 하였다.

또한 개성상인들은 오늘날의 복시부기에 해당하는 사개치부법을 활용하여 서양보다 200년이 앞섰다고 한다. 고려시대의 수도인 송도(개성)를 중심으로 쓰였기 때문에 개성부기·사개송도치부법(四介松都治簿法)·송도사개치부법이라고도 한다. 이 부기법은 오늘날 우리가 사용하는 서양의 복식부기와 근본 원리가 같아 일찍부터 국제학계의 주목을 받아 왔다.

발생시기에 대해서는 약간의 이론이 있으나, 고려시대 전성기에 발생한 서양의 복식부기법보다 200년 이상 앞서 개발된 점에서 역사적 의의가 크다.

주변 국가와의 무역교류도 활발하였는데 외국 상인들이 팔관회에 참석한 것으로 알 수 있다. 송, 동여진, 탐라 등에서 온 상인들이 팔관회에 참가하여 자국의 방물(方物)을 바쳐 축하하였다고 한다.

3. 원유(遠遊)와 장유(壯遊)

원유란 문자 그대로 자기가 사는 곳을 멀리 떠나 새로운 경치와 사람과 문물을 보고자 하는 것이며, 장유란 장쾌한 유람 즉 장하고 통쾌한 유람이다. 이 두 가지는 서로 관련하여 있다. 가깝고 쉽게 볼 수 있는 대상이라면 장쾌한 느낌을 얻기 어려울 것이다. 세인들이 다투어 가 보고자하고 또 규모나 빼어남이 특출해야만 즉 장관이라야 장쾌할 것이기 때문이다. 당시 교통수단의 미비함을 고려할 할 때 사행(사행) 등의 목적으로 중국을 여행할 수 있었을 것이다.

고려시대人들은 비교적 멀리 위치한 곳으로 그 산수가 빼어나 사나이로서의 호연지기(浩然之氣)를 키울 수 있는 절승을 찾아내고 싶어했다. 산수고황(山水膏肓)이 일반적이고 원초적인 욕구라면 원유와 장유는 좀더 고차원적이고 폭넓은 사상이라고 하겠다.

사마천이 일찍이 그의 견문을 넓히기 위해 20때부터 천하의 유명한 곳을 두루 여행하였던 것은 바로 이것을 말함이다.

정몽주(鄭夢周)는 시에서 "사나이 평생에 멀리 놀기를 사랑하는데, 이역에 체류됨을 어이 탄식하는가…라 하였고, 임 춘(林 椿)은, "…그 기운을 기를 자가 名山大川을 두루 구경하여 천하의 기문과 장관을 궁구하지 않는다면 역시 가슴 가운데에 있는 뜻을 넓힐 수 없을 것입니다. 그러므로 소자유(蘇子由)는 말하기를 '산으로는 종남산(終男山), 숭산(崇山), 화산(華山)의 높음을 보았고, 물에서는 황하의 큼을 보았고, 사람으로는 구양공(歐陽公)과 한태위(韓太慰)를 본 연후에 천하의 크다는 구경을 다하였다' 하였으니…"라고 하였다.

이숭인(李崇仁)은, "나는 전날 사명을 받들고 중원에 간 적이 두 번이었다. 요습(遙霫)을 지나고 내양(萊洋)을 횡단하고 제(齊), 노(魯)의 고지를 거치고 대하(大河)와 강회(江進)의 내리 쏟는 물결을 건너, 곧장 천자의 도성으로 나아가서 궁궐, 성광의 장려함과 강산·토지의 면선(綿亘 : 멀리 펼쳐 있다)함과 예약, 전장(典章)의 명비(明備)함과 공경(公卿)의 엄중함을 보고 마음과 눈이 활짝 열리어 해우(海隅 : 고려)에서 난 사람이 아닌 것처럼 생각되었으니, 장유(壯遊)라 할 수 있었다…"고 하였다.

이러한 원유와 장유를 꿈꾸고 실현할 수 있는 계층은 매우 제한적이었다. 따라서 대부분의 사람들은 뜻을 이루지 못하고 그저 마음으로나마 항상 그렇게 하려하고 또한 원유와 장유의 기개를 가지려고 했던 것 같다.

김일손(金馹孫)은, "선비가 나서 박이나 외처럼 한 지방에 매어 있는 것은 운명이다. 이미 천하를 두루 구경하여 장래의 가질 것을 저축하지 못할진대, 제나라의 산천쯤은 마땅히 두루 심방해야 할 것이나. 오직 사람의 일이란 어김이 많아서 노상 뜻을 두고도 이루지 못하는 것이 열데 여덟, 아홉은 된다" 고 하였다.

제 3 절 조선시대

조선시대는 조선전기, 조선후기, 개화기 등을 거치게 된다. 개화기에 이르러서는 국제무대에 조선이 알려지면서 근대적 의미의 국제관광이 시작되었다고 할 수 있겠다. 조선시대의 국외여행은 공무여행이 빈번하여 대표적인 사례로 들 수 있다. 공무여행은 국가의 공무를 수행하기 위한 여행이지만 동시에 해당 국가의 명소와 문화를 접할 수 있는 절호의 기회가 되었기 때문에 이들 사행단원들의 눈과 입을 통해서 조선은 다양한 영향을 받게 되었다고 볼 수 있다.

공무여행의 기본목적은 공무수행 즉 봉행왕명(奉行王命)임에 틀림없다. 부여받은 임무만 수행하고 돌아오면 그만이다. 그러나 지금까지 분석한 많은 국외공무여행기록에 의하면 그러하지 아니하였다. 실제로 공무여행의 경우 사신(정사 및 부사)들이 하는 일은 관련 문서나 공물을 직접 주고받는 의미가 더 큰 것이었다. 따라서 나머지 많은 시간을(실제는 불필요한) 이국의 풍물을 구경하는데 보냈다. 공무여행의 내용을 분석해 보면 80~90%가 이러한 것으로 구성되어 있다. 또한 사행(使行)시 불필요한 많은 인원을 동행함으로써 통솔에 문제가 많았으며, 이를 기화로 사행을 이용한 국외여행이 관료와 선비계층에 상당히 널리 퍼졌으리라 생각된다. 실제로 「북학의」의 박제가와 「서유견문」의 유길준 등이 그 예로써 이들은 공식 사행원이 아니었다.

1. 조선시대 국외 공무여행

(1) 중국 공무여행

조선은 건국당시부터 명(1368~1644) 나라와는 상하의 계층적 관계를 형성하여 스스로 그 제후국으로 되었으며, 명은 이를 기화로 선조 17년(1584)까지 수백 년을 두고 횡포를 자행하였다. 그러나 조선은 사대교린(事大交隣)의 외교정책으로 오랑캐와 왜를 견제하면서(遠人厚饋) 안보의 실리를 거두었고 한편으로는 토산물을 진상하는 명목으로 조공(朝貢)을 바치고 그에 대한 회사

(回賜)를 받음으로써 관무역(官貿易)이 이루어져 대륙의 선진문물을 받아들이는 기회가 되었으며, 이와 병행하여 사무역(私貿易)도 이루어져 조선인들이 외국산물품을 접할 수 있는 길을 형성하였다.

이와 같이 중국에 사행(使行)하는 것을 조천(朝天) 혹은 연행(燕行)이라 하였는데, 명대에는 조천(朝天) 혹은 연행(燕行)이라 하다가 청대에 와서 연행이라 통칭하게 되었다. 이와 관련된 여행기록은 조천록, 조천일기, 연행록, 연행기, 연행일과, 연기(燕記) 등의 명칭으로 전해오고 있다.

조선은 외교안보 및 새로운 문물의 도입 등을 위해 중국과의 조공무역이 필수적이었으며, 경제적 이득을 위하여 명의 3년일공(三年一貢) 요청에 일년삼공(一年三貢)을 간청하였다. 한편, 사무역은 사행을 수행하는 일반관사 특히 역관(譯官)들이 소량의 전문품목을 교환하여 국내에 들어와 큰 차액으로 팔아 이득을 남긴 것으로 기록에 의하면 여러 가지 폐해를 일으켰다. 대대중의 조공품은 말, 인삼, 가죽, 포자(布子) 등이며 회사물(回賜物)은 비단, 자기, 약재, 서적 등이었으며, 때로는 처녀·환관을 요구하였다. 조공무역은 왕실 중심으로는 유리하였으나, 백성에게는 금·은 등을 징발하는 등 피해가 컸으며 명으로부터의 사치품 유입은 국내생산의 위축을 가져왔다.

이렇게 볼 때 조선시대의 대중국 공무여행은 우선 외교안보면에서의 실리를 추구하기 위한 것과 중국을 통하여 선진문물을 도입하려는 욕망, 그리고 수많은 사행을 통하여 외국의 풍물을 구경하려는 당대 관료들의 여행욕구를 충족

그림 3-3 조천도(朝天圖) : 필자미상(18세기), 국립중앙박물관

『중국행 사행단이 배를 타고 있는 그림이며, 오른 쪽에 선사포(旋槎浦)라 씌여 있다』

시켜 준 것으로 판단된다. 기타 실학사상의 학습을 통한 학자들의 학습의욕 및 사행을 통한 관·사무역의 증대에 대해서는 후술하기로 한다.

한편, 대중국 공무여행 경로는 크게 육로와 해로로 구분할 수 있다. 우선 육로는 한성→평양→의주→요동(遼東)→성경(盛京)→광녕(廣寧)→산해관(山海關)→북경이 가장 일반적이었으나, 성경→한양→열하(熱河)→북경 노선도 때로는 이용하였다. 또한 숙종대를 전후하여 약간의 변동을 보이기도 하였다.

한편, 해로의 경우는, 세종 3년(1421년)까지는 명의 수도가 남경이었으므로 뱃길로 다녔으며, 임란후 명이 쇠퇴하고 청이 일어나 상기 육로를 점령하였으므로 황해를 건너 명과 이어졌다.

중국행의 경우 그 규모는 보통 250여명에 이르렀다. 주요 구성원으로는 정사, 부사, 서장관(書狀官) 각 1명, 대통관(大通官) 3명, 압물관(押物官) 24명 등을 중심으로 당상관(堂上官), 상통사(上通事), 역관(譯官), 마부, 노자(奴子) 등이다. 주요 교통수단은 말(馬)이었으며 때로는 선박을 이용하기도 하였다. 숙식은 숙소참(宿所站), 역(驛), 행정소재지에서 해결하였다. 또한 만주벌판에서는 군막(軍幕)을 이용하였다.

여행기간은 연행가의 홍순학이 133일(1866.4.9~8.23) 걸렸으며, 박제가(朴齊家)의 3차 중국행은 8개월(1790.1~9) 소요되었다. 따라서 사행목적에 따라 다르겠지만 통상 4~8개월 걸린 것으로 판단된다. 구체적인 내용으로는 「열하일기」에서 보면, 압록강에서 요양까지 15일 소요되었다.

표 3-3 조선시대 중국 공무여행 기록

구분 / 국명	기록명	여행자(생존기간)	여행기간 (여행연도)	비 고
중국사행	관광록(觀光錄)	성 현(成 俔 : 1439~1504)	1468~1469년경	
	연행별곡(燕行別曲)	?	1694	
	서정별곡(西征別曲)	박 권(朴 權 : 1658~1715)	1695	書狀官
	북학의(北學議)	박제가(朴齊家 : 1750~1805)	1778.5~	실학자
	열하일기(熱河日記)	박지원(朴趾源 : 1737~1805)	1780.6.24~	실학자
	서행록(西行錄)	김지수(金芝叟 : 순조 때)	1828	
	연행록(燕行錄)	홍순학(洪淳學 : 1842~1892)	1866.4.9~8.23	서장관
	북행가(北行歌)	유인목(柳寅睦 : 1839~1900)	1866	子弟軍官

대중국 사행기록은 상당수 남아 있어 당시의 정황을 살피는데 큰 도움이 된다. 표적인 사행기록은 〈표 3-3〉과 같다. 이중 박지원의 열하일기와 홍순학의 연행가의 내용을 간략히 살펴보겠다.

① 관광록(觀光錄)

성 현(成 俔 : 1439~1504)은 호를 용제(慵齊) 또는 허백당(虛白堂)이라 하고 1468년 예종이 즉위하자 경연관(經筵官)이 되고 예문관수찬(藝文館修撰), 승문원교검(承文院校檢) 등을 역임하였다. 1473년, 1475년, 1485년 등 3차례에 걸쳐 중국을 다녀왔다. 그가 지은 「관광록」은 1차 북경을 다녀올 때 도중에서 지은 기행시집이다. 이 때의 연도가 정확하지는 않으나 그의 저서 「용제총화(慵齊叢話)」에 따르면 이때가 34세였다고 하니 1473년임을 알 수 있다.

② 열하일기(熱河日記)

이 여행기록은 연암(燕岩) 박지원(朴趾源 : 1737~1805)이 정조 4년(1780) 그의 삼종형(8촌) 박명원(朴明源)의 수행원으로 청나라 고종의 70수를 축하하기 위해 중국에 들어가 성경(盛京), 북평, 열하(熱河) 등을 두루 돌아보고 쓴 것으로 북학의(北學議)과 같은 성격을 띠나 내용은 훨씬 방대하다.

그는 일찍이 당시 우암 송시열 일계의 고루한 학자들이 존명사상(尊名思想)에 얽혀서 아무런 실천이 없는 유명무실한 북벌책(北伐策)을 부르짖음에 반하여 북학론(北學論)을 주장하였다. 공무수행과정에서 중국의 산천, 풍토, 문물, 제도 등을 거의 모든 분야에 대해서 수록하였다. 그의 관상은 오로지 승지·명찰(名刹)에 그친 것이 아니었고, 특히 이용후생적인 면에 중점을 두어 웅건한 문장으로 기록하여 중국행 공무여행 기록으로서는 백미적 위치를 차지하고 있다. 구성은 총 26편으로 되어 있으며, 압록강에서 요양(遼陽)에 이르기까지 15일 동안의 기록인 「도강록(渡江錄)」에서부터 선교사들의 무덤이 모여 있는 곳 등을 역람한 「앙엽기(盎葉記)」까지가 그것이다. 여기서 여행학적 가치가 있는 것은 「앙엽기」이다. 이것은 홍인사(弘仁寺) 등 십수 개의 절과 궁관을 돌며 구경하고 이마두총(선교사 Matteo Ricci의 무덤) 등까지 다녀온 기록이다.

또한 실학적 관상에서 본 기록은 일신수필(馹汎隨筆)과 환연도중록(還燕道

中錄)이다. 전자는 신광영(新廣寧)에서 산해관(山海關)에 이르기까지 병참지(兵站地)를 달리는 9일간의 기록으로 차제(車制), 희대(戲臺), 시사(市肆), 점사(店舍), 교량(橋梁) 등을 설명하였으며, 후자는 열하에서 다시 연경으로 다시 돌아오는 6일간의 기록으로 도로·방호(防湖)·선제(船制) 등을 이용후생적 측면에서 관찰하였다.

그림 3-4 산해관외도(山海館外圖), 정선화첩 중, 명지대학교 소장

박지원은 우리나라가 오랫동안 한족의 문화를 숭상해 오다 이제 오랑캐인 청나라를 섬기자니 자존심이 상한 상태에서 중국에 관광하는 조선사람들이 바뀐 세상에 적응하지 못하고 망령되게 행동하는 5가지 모양을 힐책하여 오망(五妄)이라 하고, 나아가 이것을 관광의 의례(義例)로 삼기를 원하였다. 즉, "나는 생각하기를 우리나라 사람으로서 중국에 노는 이로 5가지 허망(虛妄)된 일이 있다

첫째, 외국의 토성(土姓)으로서 도리어 중국의 옛 겨레를 깔보려 한다.

둘째, 다만 한줌만큼 작은 상투 하나로서 스스로 천하에 뽐내려 한다.

셋째, 이제 중국이 변하여 오랑캐가 되었다 하더라도, 그들을 만나면 대체로 거만한 것으로서 고치를 삼고 공손한 것은 욕이라 생각한다.

넷째, 우리나라 사람은 문자를 안 뒤부터 중국의 것을 빌려 읽지 않은 것이 없는데, 갑자기 중국에는 문장이 없다고 헐뜯는다.

다섯째, 연조(燕趙)의 저자에 옛날과 같은 강개한 선비가 없음을 한탄한다.

이러한 오망은 오늘날에도 적용 가능한 것으로 유의해서 볼 일이다.

③ 연행가(燕行歌)

이 기록은 고종 3년(1866년) 홍순학(洪淳學 : 1842~1892)이 왕비책봉을 청에 추정하기 위한 가례주청사(嘉禮奏請使)의 서장관(書狀官)으로 북경에 다녀오면서 쓴 것이다. 여행경로는 고양-파주-임진강-장단(長湍)-송도-평각산(平各山)-황천-평양-가산(嘉山)-정주-의주-구연성(九連城)-봉황성(鳳凰城)-요동(遼東)-북경이며 4월 9일 한양을 출발하여 5월 7일 도강 7월 18일, 8월 23일 한양 도착으로 총 133일이 소요되었다. 주된 내용은 만주벌판 군막생활(軍幕生活)의 괴로움, 봉황성에서 만난 남녀 호인(胡人)들의 생활양식, 북경의 문수(門數)·사자(寺字)·고적·시전(市廛)·환희(幻戱)·요술(妖術) 등을 두루 역람한 것이다. 그중 몇 가지를 소개하면, 봉황성에서 만난 호인들의 의식주생활에 대해, "머리를 앞으로 깍아 뒤만 땋아 늘이웠고 당사(唐絲)실로 댕기하여 마래기를 눌러 쓰고 일년 삼백육십 일에 양치한 번 아니하여 이빨은 황금이요 손톱은 다섯치라", "계집년 볼 만하다 그 모양은 어떠한고 머리는 치거슬러 가름지(가리마)도 아니 하고 뒤통수에 몰아다가 맵시있게 수식하고…" 그리고 "때없이 먹는 밥은 가장 좁쌀 수수쌀을 농란(農爛)하게 삶아내어 냉수에다 채워두고 진기(津氣)는 다 빠져서 아무 맛도 없는 것을 남녀노소 식구대로 한 상에 둘러앉아…중략… 반찬이라 하는 것은 날파 마늘, 돌의 기름, 큰 독에 담은 장은…"이라고 하여 호인들의 생활이 야만적임을 비꼬고 있다.

북경의 거리풍경에 대해서는 "정양문(正陽門 : 북경의 남문) 내 달으니 오는 차며 가는 차가 나가락 들어오락, 박석(薄石) 위에 바퀴소리 우르르 딱딱하여…노새무에 물방울은 와랑저랑…발목에 매단 워낭 웽강젱겅…솜타는 큰 활소리 딸랑딸랑…" 그리고 시장풍경은 정양문밖 시장인 유리창(琉璃廠)의 물건을 설명하면서, "전집들이 길가에 연이어서 즐비하게 뻗쳤으니 무슨 풀이 무슨 풀이 패를 세워 표하였다…안경풀이 볼짝치면…잡화풀이 볼작시면…" 하여 향, 붓, 종이, 책, 비단, 부채, 약, 차, 모물(毛物), 염색, 실과, 채소, 곡식, 고기, 무기 등을 자세히 설명하였다. 그 외에 상가(喪家), 혼인, 화초, 도경, 불당, 요술(妖術) 등도 기술하였다. 흥미있는 것은 서양인을 처음 본 기록이다.

홍순학의 서양인 초견(初見)

황성 안을 헤아려도 서양관이 여럿이요, 처처에 천주당과 서학 편만(遍滿)하였다며, 큰 길에 양귀자들 무상히 왕래하네, 눈깔은 움쑥하고 콧마루는 우뚝하며, 머리털은 빨간 것이 곱슬곱슬 양모같고, 키꼴은 팔척장신, 의복도 괴이하다.

쓴 것이 무엇인지, 우뚝한 전립(戰笠)같고, 입은 것은 어찌하여 두 다리가 팽팽하냐. 계집년들 볼작시면, 더구나 흉괴(凶怪)하다, 퉁퉁하고 커다란 년, 살빛은 푸르스름

-중략-

새끼놈들 볼 만하다, 사오륙세 먹은 것이 다팔다팔 빨간 머리, 샛노란 둥근 눈깔,
원숭이 새끼들과 흡사하다. 정녕히 짐승이지 사람 종자(種子) 아니로다.
저렇듯 사람 요물(妖物), 침노아국(侵擄我國) 되단 말가

자료원 : 홍순학, 「기행가사집」: 연행가, 이석래교주, 신구문고 31, 신구문화사, 1976, 174~176쪽.

그리고 학문과 공직에 매달려 한번도 호탕하게 놀아 보지 못하였음을 말하되, "들으니 색계상(色界上)에 영웅열사(英雄烈士) 없다 하네, 어렵도다 이내 몸이 한미(寒微)한 집사람으로 이십여 년 책상물림 졸직이 자라나니 강산풍월 좋은 곳에 어디 한번 놀았으랴" 하여 공무여행이 좋은 기회를 제공하였다고 하였다.

이상에서 본 바와 같이 대중국 공무여행은 순수한 공무여행보다는 중국의 선진문화를 배우는 데 더 큰 관심이 주어졌고 때로는 그들의 야만성을 힐책하여 조선민족의 우월성을 보여주기도 하였다.

(2) 일본 공무여행

일본 공무여행은 임란을 중심으로 임란 후로 구분하여 설명하는 것이 좋겠다. 그것은 임란을 중심으로 그 이전과 이후의 양국관계가 현저히 변하였으며 여행기록은 주로 임란이후의 것이 많기 때문이다.

임란 전에는 원인후궤(遠人厚饋)란 명분으로 정치적 복속을 요구하고 경제적 이익을 주는 정책을 취하였다. 그것은 고려말의 극심한 왜구환란(倭寇患亂)의 뿌리가 깊어 조선 건국 후에도 대외정책의 비중이 크지 않을 수 없었던 것이다. 조선조 건국 이후 임란까지 갖가지 목적으로 60여 회에 이르고 있으

며, 그 대부분이 태종, 세종 사이에 이루어졌다. 특히 이러한 사절에는 반드시 증여물품이 뒤따랐으며, 일본은 이를 이용하여 사송(使送)과 상왜(商倭)의 이중목적으로 무역행위를 잊지 않았으나, 조선은 전혀 이러한 면을 고려하지 않았다. 둘째, 임란 후에는 일본에 대한 민족감정이 악화되어 국교가 단절되었으나, 덕천막부(德川幕府)의 성의표시와 대마도 종씨(宗氏)의 협력으로 1603년부터 국교재개의 실마리가 풀렸다. 선조 40년(1607) 수호회답(修好回答) 겸 쇄환사(刷還使)를 처음으로 파견하였으며 이때부터 순조대까지 12회의 사절이 파견되었다. 처음 3~4회는 막부의 사절파견에 대한 회례사(回禮使), 회례겸 쇄환사(刷還使)였고, 4회부터 통신사(通信士)로 호칭되었다. 임란 후의 대일관계는 우선 임란으로 인한 각종 문제, 특히 전쟁포로 등을 해결하기 위한 것이며, 또한 임란 통해 일본이 보여준 일부 분야에서의 우월성에 대한 파악 그리고 일본 국내 정황을 수시로 파악하여 사전에 대처하기 위함이었다. 그리고 일본측으로서는 중국에서 직접 문물을 도입할 수 없으므로 조선을 통하지 않을 수 없었으며, 임란 중에 확인된 조선의 학문적 우수성을 도외시할 수 없었기 때문이다. 동시에 조선과의 교역을 통해 그들이 필요한 물자를 구할 수 있었다. 대일본 사행기록은 「해행총재(行海總載)」에 기록되어 있다.

한편, 일본행 공무여행은 일반적인 여행방법은 대중국과 같다. 다만, 군막생활과 같은 어려움은 지형상 없었다. 특히 선박을 이용한 구간이 많았으며 거의가 관선(官船)을 사용하였다. 공무기간은 「해유록」의 경우 261일(1719. 4. 11~1720. 1. 24), 「일동장유가」의 경우 총 321일(1764. 8. 3~1765. 7. 7)이 소요되었다. 구체적으로는 한양↔부산 왕복 80일(1764. 8. 3~10. 6 및 1765. 6. 22~7. 8), 부산↔적문관(赤間關) 왕복 96일, 본토체류 5개월(145일)이다. 거리는 한양↔부산 왕복 2천리, 부산↔강호(江戶) 왕복이 4,600여리 총 6,600여리의 장도였다. 따라서 일본사행은 바다를 건너는데 많은 시간이 소요되어 보통 8~12개월 정도였던 것으로 생각된다. 그리고 행차인원은 보통 300~500명 정도로 중국행보다 훨씬 많았는데, 이것은 먼 뱃길 때문에 격군(格軍)만도 270여명 되었기 때문이다. 구성원은 중국행과 같으나(격군을 제외하고 보통 280여명), 문사(文事)를 다루는 제술관(製述官) 등이 따로 있었다. 그리고 대일본 공무여행은 임란전 22회, 임란후 12회 등 총 34회에 달한다(수신사 파견 이전까지 : 즉 1392~1811년까지를 말함).

그림 3-5 부산도(釜山圖) (槎路勝區圖 중) 필자미상, 국립중앙박물관 소장

표 3-4 조선시대 일본 공무여행 기록

기록명	여행자(생존기간)	여행기간(연도)	비고
일본왕환일기(日本往還日記)	황 신(黃 愼 : 1560～1616)	1596.8.3～12.9	통신사
간양록(看羊錄)	강 항(姜 沆 : 1567～1617)	1597.2.8～1600.9.5	중국사신 동행
해유록(海遊錄)	신유한(申維翰 : 1681～?)	1719.4.11～1720.1.24	임란포로
일동장유가(日東壯遊歌)	김인겸(金仁謙 : 1707～1772)	1764.8.3～1765.7.8	제술관(製述官)
유일록(遊日錄)	이태식(李台植 : 1859～1903)	1902	삼방서기(三房書記)

① 해유록(海遊錄)

이 기록은 청천(青泉) 신유한(申維翰 : 1681～?)이 숙종 45년(1719년) 통신사의 제술관(製述官)으로 일본을 왕래하면서 일본의 국토, 산천, 기후, 역사, 도시, 풍습, 의복, 관병제(官兵制) 등을 세밀하게 관찰・기록한 것이다.

여행동기는 숙종 44년(1718) 일본의 관백(關白) 원길종(源吉宗 : 德川幕府의 8대장군)이 새로 즉위하여 옛 예에 따라 신서를 받들어 이웃나라 끼리의 친목을 닦을 것을 청했다. 이에 조선은 통신사를 파견하게 되었다. 당시 일본측의 사신을 동래(釜山)에서 접견하고 그 위쪽으로는 한발도 들어오지 못하게 하였으나, 일본측은 온 나라의 재력을 다 기울여 조선통신사 일행을 강호(江戶 : 동경)로 극진하게 영접했다. 이러한 불평등한 교류는, 당시 일본이 쇄국정책(鎖國政策)을 쓰고 있어서 막부(幕府)와 대장군의 권위를 높이며 문명

을 받아들일 수 있는 길은 조선통신사를 내왕하게 하는 길밖에 없었기 때문이다. 당시 우리의 통신사가 행차하면 번(藩 : 州)의 大明(太守)이 직접 지나는 곳의 지대(支待)를 맡아 봉행했다는 사실만으로도 그 위세를 짐작하게 하며 한일합방 이후 오늘날까지의 한일관계를 비교하면 매우 놀라운 사실이다.

기록의 내용은 총 36항목으로 ① 한양→부산 ② 부산→대마도 ③ 대마도→남도(藍島)→삼일포(三日浦)→대판(大板) ④ 강호(江戶)주위 유람 ⑤ 귀로(歸路)로 구성되어 있다. 주요 내용을 보면 대마도(對馬島) 풍경으로, "갯가를 끼고 있는 민가는 서른 채 남짓한데 모두 띠풀로 높다랗게 지붕을 이었고 그 꼭대기는 마치 분(盆)을 엎어 놓은 것 같다. -中略- 사나이들은 머리를 밀며 갓은 쓰지 않으며 옷들은 소매가 넓어 바지는 없으며 칼을 차고 꿇어 앉는다. 계집들은 머리를 높이 틀어 올리고 띠를 매어 배 젓는데 익숙하다"고 하였다. 왜경(倭京) 주변에서는, "강호의 정강(淀江)기슭에 진주도라는 이름의 섬이 있는데, 임란 때 진주사람을 잡아다가 거처하게 한 것이라 한다. 사람으로 하여금 당시의 일을 생각하게 하여 모골이 송연해진다"하여 임란의 상처를 한탄하였다. 그리고 후지산(富士山)을 이렇게 소개하였다. "산의 발치에서 꼭대기까지는 1백리나 되며 위에 커다란 구멍이 있는데, 그 깊이는 밑바닥이 없을 정도다. 그 속에서 따뜻한 기운이 생겨 나와 연무(烟霧)가 된다. 산빛이 흰 것은 눈이 오래 쌓여 있어서 더운 여름에도 녹지 않기 때문이다.

일본측의 희망에 따라 삼사(三使)와 역관(譯官), 화원(畵員) 등 5백여 명에 이르는 대규모의 인원으로 구성되었다. 여기에 1천여 명 이상의 호행왜인(護行倭人)까지 참여했기 때문에 대마도(對馬島)에서 에도 사이를 왕래한 이들의 행렬은 일대 장관을 이루었다.

그림 3-6 조선통신사 행렬도 일부(일본내)

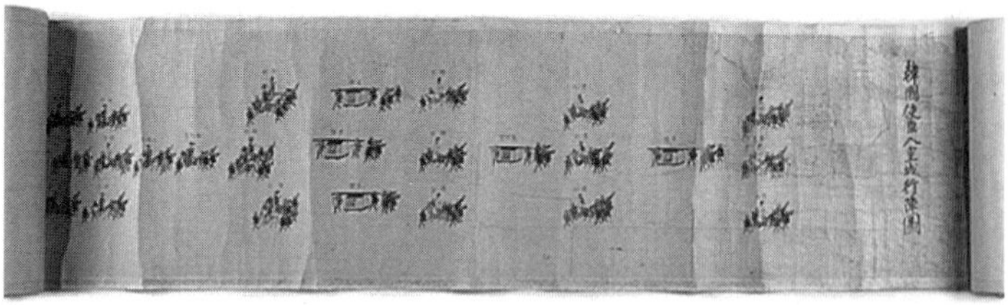

일본행 공무여행경로는, 우선 국외구간으로 한성→충주→마령→문경→함창→상주→성주→밀양→양산→부산이었으며, 부산→대마도→일기도(壹岐島)→적문관(赤問關)→大板(오사카)→名護屋(나고야)→三島→江戶(에도)로 이어졌다. 특히 일본행의 경우 섬과 육지를 모두 통과해야 했으므로 매우 번거로웠고, 때로는 적문관에서 오사카까지 모두 해로를 이용하기도 하였다.

② 일동장유가(日東壯遊歌)

이 공무여행 기록은 제11회 계미통신사(癸未通信士 : 1763~1764 : 正使 조엄)의 일행으로 수행한 삼방서기(三房書記) 김인겸(金仁謙 : 1719~1777)이 쓴 것이다. 여기서 일동(日東)이란 일본을 의미하며 장유(壯遊)란 문자 그대로 장한 놀이로써 오백 명이 동원된 사절의 1년에 걸친 거창한 행차이고 이를 맞는 왜국의 환대는 거국적 규모였기 때문에 사행(使行)의 장도(壯途)는 그 공무여행과 더불어 남아일생에 장한 놀이가 아닐 수 없었다. 특히 문화적 우위를 자부하던 문사가 도처에 공사간에 더 없는 존대를 받았다. 주요 여정은 해유록과 같으며, 여행기간은 총 11개월(1763.8.3~1764.7.8)이며 여행거리는 한양↔부산간 왕복 2천여리, 부산↔에도(江戶) 사이 수륙왕복 4,600여리 총 6,600여리에 해당한다.

주요 내용은 해유록과 유사하나 특이한 것만 몇 가지 소개하였다. "남편(男便)있는 계집들은 까맣게 이를 칠하고 뒤로 띠를 매고, 과부처녀 간나희는 앞으로 띠를 매고 이를 칠치 않았구나" 하여 당시 일본 여속을 소개하였고 "제 나라 귀가부녀(貴家婦女) 결집에 다닐 적에 바지 아니 입었기에 서서 오줌 누게 되면 제 수종 그 뒤에서 명주 수건 가졌다가 달라하면 내어주니 들으며 해연(駭然)하다. 제 형이 죽게 되면 형수를 계집 삼아 데리고 살게 되면 착하다 하고 기리지만 제 아우 길렀다고 제수(弟嫂)는 못 한다네. 예법이 전혀 없서 금수(禽獸)와 일반이다" 하여 풍속을 꾸짖고 있다.

강호의 도시 번황을 말하되, "본원사(本願寺)로 들어갈 제 길을 낀 여염(閭閻)들이 접옥연장(接屋連墻)하고 번화부려(繁華富麗)하여 아국종로(我國鐘路)의 만배나 더하도다". "장할손 왜놈들은 천간이나 지었으며 그 중에 호부(豪富)한 놈 구리기와 이어 놓고 황금으로 집을 꾸며 사치(奢侈)키 이상하고 남에서 북으로 오기 백리나 거의 하되…" 그리고 "북경을 본 역관이 행중에 와 있으되 중원의 장려하기 이에 낫잖다네"하여 그 규모를 짐작하게 하고 있다.

(3) 서구 공무여행

중국이나 일본을 상대로 한 공무여행은 상당히 빈번하였으나, 미국 등 서구에 대한 공무여행은 조선조말엽 개국의 혼란기에 몇 편이 있을 뿐이다. 그 대표적인 것이 유길준(兪吉濬)의 서유견문(西遊見聞)이다. 19세기말 조선은 구미 각국과 수호조약을 맺어 서양의 문물을 배우려 하였다. 특히 1882년에는 한미, 한영, 한독조약을 체결하였다. 유길준은 서문에서 말하기를 "그들과(歐美各國) 외교함에 있어서 그들을 모르고는 불가한 것이니 그들의 일을 기록하고 그들의 풍속을 논하여 우리나라 사람들이 생각하고 살피도록 하면 다만 털끝만큼이라도 보탬이 없지 않다 생각하였지만……"하여 조선의 대외관계가 중국, 일본중심에서 벗어나 서양국가로 옮겨짐에 따라 관리는 물론 일반인도 서양에 대한 관심이 고조되었을 것이다. 특히 淸의 쇠퇴와 함께 서양의 힘에 대한 관심이 고조되면서 과거 중국을 통해 서양의 문물을 접하던 것을 이제는 일본을 통해, 나아가서는 직접 서양에서 그들의 모든 것을 배우려 하였다. 이러한 욕구에서 대서구 공무여행이 시작되었으나, 지리적으로 매우 멀고 교통수단의 미비로 매우 어려운 일이었다. 유길준을 예로 들면 그는 1881년 신사유람단(紳士遊覽團)의 일행으로 일본에 가서 돌아오지 않고 계속 남아 게이오의숙(慶應義塾 : 지금의 慶應大學)에서 유학하면서, 일본이 구미국가와 수교하며 국가가 부강한 것을 보고 구미여행을 원하였으며, 1883년 보빙사(報聘使) 민영익(閔泳翊)을 따라 미국에 건너가 메사추세츠(Massachusetts)주 세일럼(Salem)시에서 모오스(E. S. Morse)의 도움으로 담마학원(Dummer Acadeny)에서 공부하였고 1885년 귀국하였다. 귀국 후 서유견문을 지어 지역전체와 특히 서양의 文物·제도를 소개함으로써 당시 관료와 선비층에 많은 지식을 전달하였던 것이다.

① 서유견문((西遊見聞)

서구 여행기록으로서 희귀한 이 자료는 구당(矩堂) 유길준(兪吉濬 : 1856~1914)이 1883년 보빙사(報聘使) 민영익(閔泳翊)을 따라 미국에 상당기간 체류하면서 서구문화를 습득하고, 돌아오는 길에 유럽을 경유하면서 그들의 여러 모를 자세하게 적은 것이다.

본 기록은 총 20편으로, 1~2편 세계의 지리, 3~10편 정부 및 제도, 11편 풍습, 12편 교육, 13편 학문, 14편 상업, 15편 관혼상제, 16편 의식주・오락, 17편 사회기관, 18편 통신・수송, 19편 구미 각국의 도시소개 등으로 구성되어 있다.

이 중에서 관심을 끄는 것은 16편의 「유락(遊樂)하는 경상(景像)」이다. "흔히 사람들이 부지런히 일하는 것을 당연한 도리라고 하고 한가하고 안일하게 지내는 것은 못된 습관이라고 말한다. 그러나 부지런히 일하는 것과 한가하고 안일한 것도 각각 그 도리가 있는 것이다. 사람이 비록 부지런하다 하더라도 건강을 위한 규칙에 전혀 어둡고…중략…그 열심이 주색잡기에 빠진 자와 다름이 없는 것이므로 정신이 소모되어 혈기가 쇠퇴하여 신상에 해로운 일이 더 많을 것이다. 따라서 매일매일 시간을 작성하여 부지런히 힘쓸 때에는 이에 극진하지만 휴식할 때는 충분히 쉬어야 하는 것이다" 하여 유락의 중요성을 말하였다.

그리고 몇 가지의 서양유락(西洋遊樂)을 소개하였다.

"이제 서양사람들이 한가하게 쉬며 즐기는 모양을 살펴보기로 하자. 혹은 산림 사이의 흥취를 즐기기도 하며, 달밤의 운치를 따라 즐거움을 홀로 만끽하는 이도 있다. 친척과의 정다운 담화나 친구와의 왕래로 즐거움을 누리는 이도 있으며, 옥사(屋舍)를 마련하고 한가한 사람들을 위하여 구경거리를 공연하는 이도 있다. 여기서 한가하다고 하는 것은 사람의 평생을 두고 안일하다고 말하는 것이 아니고, 그 날의 일을 힘써 끝낸 뒤에 휴식하는 여가를 이용하여 한가하게 즐기는 일을 가리키는 것이다"라고 하여 유락의 현대적 의미를 강조하고 있다.

유락의 종류에는 다회(茶會), 무회(舞會), 가회(歌會), 야회(野會), 설야유(雪夜遊), 일기회(一器會), 유치회(幼穉會), 제소회(諸小會), 마희(馬戲), 연희(演戲), 야희(野戲) 등이 그것이다.

가회(歌會)는 음악회로, "이 모임은 서양에서 가장 성행하는 모임이다. 회장 안은 층층으로 의자는 뒷사람의 좌석이 앞 사람보다 조금씩 높이 앉도록 되어 있다. 악사가 악기를 연주하면 남자 가수나 여자 가수 한 사람이 앞에 서서 우리나라의 선성(先聲)처럼 한 곡을 부른다. 노래 부르는 모든 사람들은 각각 손에 악보를 들었고 일시에 입을 벌려 부르는 모양이 공중에 흩날리는 눈송이가 아니라면 꽃잎 속을 나는 나비와 같다고나 할까"라고 하여 음악회의 아름다운 모습을 적었다.

야회(野會)는 야유회로, "여름철에 행하는 것으로 주최측이 집회장소와 일시를 정하여 참가권을 만들어 인근 각 지방에 보내면 참가희망자는 이 표를 사도록 되어 있고, 이 참가권 한 장으로 왕복교통편을 얻게 된다. 음식은 각자 지참한다. 지정된 장소에서 각자 나름대로 관광한다. 저녁때는 참가권으로 다시 돌아간다. 이 참가권을 가지고 기선이나 기차에 오르면 그 요금을 반감하게 되는데 이것은 선주나 차주도 단체 여객들을 위하여 그 값을 절반으로 할인해 주기 때문이다"라고 하였다. 이것은 쿡(Thomas Cook)의 여행알선(旅行斡旋)과 같은 내용으로 1800년대 말에 이미 이러한 것이 서구에 널리 퍼졌음을 알 수 있다.

설야유(雪夜遊)는 겨울밤의 정취를 맛보기 위해 큰 마차를 타고 은세계를 구경하는 것으로, "이 때 남자끼리, 여자끼리, 혹은 남녀가 뒤섞이어 큰 마차에 호마를 잡혀 정신없이 달리는 것이다. 강산의 맑은 정취를 완상하기도 하고, 친구를 따라 걷기도 하며, 술집을 찾아 수작을 하기도 하는 것이다. 서산에 기운 달이 닭울음을 재촉할 무렵이 되면 다하지 못한 새벽 흥취를 타고 찻집으로 향하는 것이다"라고 설명하였다.

일기회(一器會)는 말 그대로 겨울철을 제외하고 동지들이 모여 한 그릇의 음식을 싸가지고 해변이나 숲속 그윽한 곳을 찾아 자연을 즐기는 것이다. 이 때 책을 읽기도 하고, 읊조리거나 퉁소를 불기도 한다고 하였다.

유치회(幼穉會)는 음악회나 무용강습회도 하고, 가난한 집 자녀에게 의복을 나누어주기도 한다. 이 때 빈부의 차이를 가리지 않고 동등하게 대우하며, 웅장한 불꽃놀이(火戲)와 청아한 음악으로 시작하고 연회로 끝맺는다고 하였다. 일종의 바자회라고 하겠다.

그림 3-7 보빙사 일행. 뒷줄 왼편에서 3번째가 유길준

제소회(諸小會)는 독서모임, 그림감상모임, 음악/가무감상모임, 좌담모임 등 다양한 소모임을 말한다.

마희(馬戲)는 말의 재주를 보여주는 순회공연을 말한다. 사람의 흉내를 말의 모습을 그리고 있다. 개의 놀이(狗戲)도 이와 비슷하다고 하였다.

연희(演戲)는 연극을 말하는 것으로 연극장의 시설, 연극의 내용 등을 자세히 기록하였다.

야희(野戲)는 오늘날의 서커스를 말하는 것으로, "이 놀이는 산대놀음(山頭戲, 山臺都監)과 같은 것이다. 그 해괴한 동작과 음란한 말투는 모든 세상 사람들을 희롱하거나 비웃는 것이어서 정부가 금지하기 때문에 감히 행하지 못하는 놀이다"라고 하면서 광대(戲人)와 짐승들의 온갖 재주를 소개하였다.

여행경로나 여행방법 등에 대해서는 현재로서는 알려지지 않으나, 다만 귀로에 대해 서문에서 "이듬해 가을에 대서양의 풍파와 홍해의 열풍을 헤치고 제물포에 도착하여…"한 것으로 보아 선박을 이용하여 대서양-지중해-수에즈운하-홍해-인도양-동지나해(東支那海)를 거친 것으로 추측된다.

서유견문은 지금까지 조선이 관계해오던 극동국가를 탈피하여 서구국가를 소개하였다는 점에서 큰 가치가 있으며, 마치 「북학의」와 「열하일기」가 중국의 문물을 신기하게 본 것처럼, 서구문물을 처음 국내에 알렸다는 점이 중요하다.

(4) 조선시대 공무여행의 역할

조선시대 공무여행이 이루어낸 역할은 크게 세 가지로 생각해 볼 수 있다.

우선 국제정치, 즉 외교적 역할로 국가의 안전보장과 관계개선이 그 하나이며, 둘째는 외국의 새로운 문물·사상·종교·무역 측면에서의 견문·학습·도입 등이 그것이며 끝으로 국내여행과 국외여행은 모두 여행기회를 제공하였다는 것이다.

① 국가의 안전보장과 관계개선

이것은 국외공무여행의 기본 목표이다. 우선 중국행을 볼 때 거의 모든 공무여행이 사행(使行)의 형식을 취하였고 그 주목적은 명이나 청의 호의를 얻음으로써 여진족 등 오랑캐와 일본의 침략을 견제하도록 하기 위함이었다. 중국에 대한 사대주의는 정신적으로 선진된 그들의 문화를 숭모(崇慕)하는 것이며 실질적으로는 그들의 힘을 빌어 외적의 침입을 억제하기 위한 것이었다. 예를 들어 임란때 일본의 침략을 明의 힘을 빌어 물리친 것이 그것이다. 또한 일본행을 볼 때 임란전에는 왜구(주로 대마도)의 노략질을 예방하고 그들의 문물도입 요청에 응한 것이며, 임란후에는 그들의 재침을 막기 위해 그리고 관·사무역(官·私貿易)을 진흥시키기 위함이었다. 일종의 유화정책(宥和政策)이었다. 현대의 국제정치적 시점에서 볼 때도 약소국이 그들의 안전보장을 위해 강대국에 의지하며 때로는 유화정책을 쓰는 것은 매우 적절한 외교정책이라 생각된다.

② 새로운 문물·제도의 견문·도입과 국제무역의 조성

조선시대 국외공무여행의 목적은 공식적으로는 외교행사였지만, 실질적으로 그 이외의 목적이 더 강했다고 생각된다. 그것은 명이 삼년일공(三年一貢)을 주장한데 반해 조선은 일년삼공(一年三貢)을 간청한 데서 알 수 있다. 각종 기록을 보건대, 그들이 보고 들은 것은 전혀 새로운 물건, 기계, 제도, 풍습 등이었다. 원래 목적보다 오히려 이런 방향에 더 관심을 가졌다. 특히 북학론자(北學論者)와 실학자에겐 그들의 사상적 폭을 넓히고 구체적인 이용후생의 방법을 배우게 되는 중요한 기회였다. 따라서 이들의 기록에는 새로운 문물, 특히 과학적 사실을 세밀히 관찰하고 있다.

한편으로는 사신의 행차를 통하여 조공(朝貢)과 회사(回賜)의 형식으로 무역이 이루어져 국가간의 경제적 실리를 추구하게 되었다. 물물교환의 형식이었지만 당시의 형편으로 보아 이 조공무역(朝貢貿易)은 매우 중요한 역할을 하였다. 이러한 관무역 이외에도 수반되는 밀무역, 즉 사무역도 매우 성행하였다.

③ 국외여행 욕구의 충족

조선시대의 공무여행은 필요이상으로 많은 인원을 대동하였다. 그것은 공무사행원만 아니라 비공식 수행원들에게 당시로서 개인적으로는 불가능했던 국외여행의 기회를 제공하여 줌으로써 인간의 기본욕구의 하나인 여행본능을 충족시켰던 것이다. 사행원의 선발기준은 명시되어 있으나, 그것은 공식적인 것일 뿐이고 실제로는 논공행상(論功行賞)의 일환으로 기회가 주어졌을 가능성이 크다. 사행원들의 여행경험은 또다른 사람들의 여행욕구를 자극하였다. 또한 국내여행의 경우에 있어서도, 조선시대 양반의 생활형태를 볼 때 여러 가지 구속에 의해 순수여행을 떠나기란 쉽지 않았다. 때문에 공무여행이야 말로 모처럼의 여행을 가능케 해주는 절호의 기회였을 것이다. 국내 공무여행기록을 보면 공무수행 사실보다는 관유적(觀遊的) 내용이 훨씬 더 많은 것은 이러한 이유 때문이라 생각된다

④ 실학사상의 학습

실학사상은 청이 서양문명을 빨리 흡수·수용함으로써 조선 사신들이 그러한 새로운 사상을 접할 수 있게 되었는데, 중요한 것은 공식수행원보다는 젊은층의 비공식동행자이 당시 조선의 쇠퇴한 국력을 보고 재빨리 실학사상을 수용하였다는 사실이다. 이들 청년층의 선비들은 당시에는 호응을 얻지 못하였지만, 조선조 후기의 사상과 백성의 가치기준에 큰 영향을 미쳤다. 또한 천주교의 전파도 자연적으로 이루어진 것이 아니라 공무여행자들에 의해서 긍정적으로 받아들여진 후, 실학사상의 도입과정에서 선교사들이 많은 역할을 수행함으로써 널리 퍼지게 되었다. 특히 왕실의 관심이 더욱 그 전파를 촉진하였다. 이와 같이 조선시대 공무여행은 사상과 종교의 전파에 큰 역할을 했다는 사실을 중시해야 할 것이다.

실학사상은 사회적 현실을 중시하였으므로 사회적 모순을 인식하고 반성하는 가운데 출현하여 그 변화·발전에 대응하면서 학문으로 더욱 발전하였다.

임란 이후 특히 17~18세기 이후 사회적 변화가 여러 면에서 나타났다. 우선, 사상적으로는 성리학이 현실과 유리된 사변적·형이상학적 경향으로 흘렀고 복잡한 예론(禮論)은 학파나 분열을 자극하여 당쟁을 격화시켰으며, 과학시험에서 중시한 사장학(詞章學 : 文章과 詩歌)이 관념철학화한 성리학과 함께 모두 체제의 정비나 현실의 개혁에 도움을 주지 못하였다. 둘째, 정치적으로는 당쟁이 격화되고 일당전제의 벌열정치(閥閱政治 : 공로나 경력에 따른 정치) 추세로 나타나 많은 양반을 몰락시켰고 제도의 이완으로 통치질서가 와해되고 있었다. 이에 대한 반동으로 일부 진보적 관료층과 몰락 양반층에서 체제개혁의 이념과 민생안정의 방법이 강구되었다. 셋째, 경제적으로는 지주전호제(地主佃戶制)의 확대와 농업생활력의 발전에 따른 광작(廣作) 농민의 출현으로 농민의 계층분화가 이루어지고 상공업 및 화폐경제의 발달 등으로 빈부의 격차가 심화되고 있었다.

이러한 배경으로 일어나게 된 실학사상은 중국을 다녀온 사신과 이에 동행한 일부 학자들이 서양의 문물과 사상을 받아들이면서 크게 발전하기 시작하였다. 특히 당시 북학론자들은 박지원(朴趾原), 이덕무(李德懋), 유득공(柳得恭), 이서구(李書九), 서상수(徐常修) 등을 중심으로 나라를 부흥시키기 위해서는 실생활에 이익을 주는 실학을 연구해야 한다고 여기고 과학적인 기술을 매우 중시하는 태도를 가지게 되었다. 그 중에서 「북학의(北學議)」의 저자 박제가는 연경(燕京)을 3번이나(1778, 1790, 1790) 다녀오면서 경국제민(經國濟民)하는 경제의 발전을 주장하였다. 예컨대 무능한 선비는 도태시키고 양반이라도 실업(實業)에 종사케 해야 하며, 특히 상업을 중시하여 중국 등과 국제무역을 하여 실리를 추구하고, 교통기관을 발달하게 하여 전국의 물가를 고르게 하고 물자를 고르게 유통하여 국민생활을 골고루 향상시켜야 한다고 하였다.

한편, 이덕무도 1778년 5월(正祖 2년) 사은사(謝恩使) 유득공을 따라 연경을 다녀왔으며, 유득공은 1790년 정월(正祖 14년) 진하사(進賀使) 황인점(黃仁點)을 따라 연경에 다녀오는 등 상당수의 학자들이 공무여행에 동행하여 실학사상은 국내학자에게 영향을 미쳐 유형원(柳聲遠 : 1622~1673), 이익(李瀷 : 1681~1763), 정약용(丁若鏞 : 1762~1836), 박세당(朴世堂 : 1629~1703) 등도 중국은 다녀오지 않았지만 실학을 연구하고 그것이 실제로 실행되기를 주장하였다. 결국 실학은 민족중시와 국학발달로 이어졌지만 민본과 평등의 사상을 심어주고 국가가 근대를 지향할 수 있는 기반을 마련하였다는 데에 그 역사적 의미가 있다.

㉮ 홍대용(洪大容)

담헌(湛獻 : 영조 7년, 1731~1783) 홍대용이 중국인 등문헌(鄧汶軒)에게 보낸 편지에서, "나는 10여세부터 고학(古學)에 뜻을 두어 경전의 장구나 외는 유자(儒者)가 될 생각은 전혀 없었고 군국경제에 관한 학문을 닦았다"고 하였다. 36세 때(1765년) 북경으로 가는 절사 겸 사은사의 서장관으로 그의 작은 아버지가 지명되었다. 이때 담헌도 자제군관이라는 명목으로 3개월의 연행길에 오랐는데 이 여행이 그로 하여금 북학파가 되게 한 계기였다. 북학파 중에서는 가장 먼저 중국을 다녀왔다. 그의 저서로는 담헌서(湛獻書)와 기행문인 연기(燕記) 또는 을병연행록(乙丙燕行錄)이 있다.

정묘호란(1627, 인조 5)과 병자호란(1636/인조 14~1637)에서 수모를 당한 조선으로서는 청제국에 대해 적개심이 두고두고 불타올라 만주족의 문화를 배격하는 배청(排淸)으로 나타났고 나아가 중국 분토인의 문화를 숭상하는 숭명모화(崇明慕華)로 나타났을 뿐 아니라 이 모화사상은 오래 우리 사상계를 풍미하며 감히 이에 대한 이견이 있을 수 없었다. 이런 풍조 가운데서 청나라 문화를 받아들여 부국강병을 이룩하자는 북학론은 전에 없던 새로운 주장이었다. 물론 담헌은 북학이라는 면에서 보면 그 뒤의 북학론자들에 비하면 아직도 그 주장이 뚜렷하지 못함을 숨길 수 없다. 그러나 그 뒤의 북학파들이 담헌을 토대로 밟고 넘어선 만큼 그것은 오히려 당연하다 하겠으나, 배청열이 그처럼 강렬하던 당시의 경향 속에서 그래도 담헌만큼 청조문물의 사단취장(舍短取長)을 들고 나선다는 것은 참으로 용기를 요하는 일이었다 할 것이며, 여기에 북학의 싹이 돋아나고 있음을 주시하지 않을 수 없다.

㉯ 유득공(柳得恭)

냉재(冷齋) 유득공((1749(영조25)-)은 박지원의 제자로 실사구시를 바탕으로 한 산업진흥에 힘써야 한다고 주장하였다. 이덕무, 박제가, 이서구(李西九)와 함께 실학 四家로 불렸다. 그의 저서는 관광과 관련이 있는 것은 중국에 다녀와 쓴 난양록(灤陽錄 : 1790)과 연대재유록(燕臺再遊錄)이 있다.

연대재유록은 그이 저서 영재서종(泠齋書種)의 제3책으로 1801년 중국을 두 번째로 다녀와 쓴 연행기록이다. 여행기간은 127일로 그중 연경 체재는 32일이었다. 중국여행의 공식목적은 주자전서(朱子全書)를 구입해오는 일이었으나, 연경의 대학자 기균(紀昀), 심양서원의 문인, 유구국(琉球國 : 오끼나와) 사신 등을 만나 많은 대화를 통해 역사, 지리, 풍속에 대해 많은 것을 배우게 된다.

㉰ 박제가(朴齊家)

「북학의(北學議)」는 영·정조시대의 실학자 박제가(朴齊家 : 1750~1815)의 중국여행견문기이다. 당시 중국은 서양 선교사들의 천주교 포교물결에 편승하여 밀려오는 발달된 과학문명을 흡수할 때였으나, 당시 우리나라는 아직 서양 근대문명에 대해 눈이 완전히 뜨지 못한 상태였다. 이때 저자는 여러 차례 중국에 가 서양문명을 배워 발달된 중국문명을 자세히 보고 우리나라도 선진국이 되어야 한다고 호소하고 통치자에게 의견을 제시하였다. 당시 박제가는 원각사(圓覺寺) 뒤에 살고 있었는데, 박지원, 이덕무(李德懋), 유득공, 이서구(李書九), 서상수(徐常修) 등 북학론자와 교유하였다.

그는 중국을 3번 방문하였다. 박제가의 사상은 철두철미하게 이용후생적 실용적 가치가 있는 물질을 발전시켜 나라를 부강시키는 것만이 애국이요, 또 학문이며 그것이 우리 민족의 살길이라고 여겼다. 그리하여 그런 문명은 중국을 통해서만 가능하므로 북학을 배워 우리 생활을 급속히 향상시키자고 주장하였다. 다만, 원대한 이상적 사상이 있는 반면에 근시안적 실리를 추구하다 우리말을 버리고 중국어를 쓰고 중국 돈을 통용하자고 하는 등 민족성을 잃는 사고를 하기도 했다.

북학사상으로서의 관광

그는 관광의 본 뜻 즉 다른 나라(당시 중국)의 문물제도를 배워 국가에 기여해야 한다는 것을 철저하게 실행하려는 사람이었다. 그의 북학사상을 엿볼 수 있는 내용은 다음과 같다.

첫째, 그는 북학의 서문(1778년 9월)에서, "나는 어렸을 적에 최고운(崔孤

雲)과 조중봉(趙重峰)의 사람됨을 사모하여 개연히 세대는 다르지만 한 번 멀리 채칙을 잡아 그 분들의 뒤를 따르고 싶은 소원이 있었다." 또한 북학의란 명칭에 대해, "그 나라의 습속 중에서 우리나라에서 본받을 만한 것과 날마다 사용하기에 편한 것을 듣고 보는 대로 붓으로 적고 또 시행해서 이로운 것과 폐가 되는 것을 붙여 적어서 풀이한 다음 맹자가 진양을 말한 것을 따서 북학의라 이름하였다".

둘째, 다른 서문에서 "우리나라 선비들은 세계의 한 모퉁이 지역에서 태어나 한편으로 치우친 기질을 가지고 있다. 발은 한번도 중국 땅을 밟아 보지 못하고 눈으로도 중국사람을 보지 못했다. 나서 늙고 병들어 죽을 때까지 이 나라 강토를 떠나 본 적이 없다. 만일 장차 학문을 하려고 하면 중국을 배우지 않고 어떻게 할 것인가.

셋째, 북학변(北學辨)1에서, "하등의 선비는 중국에도 오곡이 있는가 하고 중등의 선비는 중국의 문장이 우리보다 못하다고 하며, 또 상등의 선비는 중국에는 성리학이 없다고 한다. 중국 서적을 읽지 않는 자는 스스로 식견에 한계를 긋는 것이요 중국을 다 호(胡)라고 하는 것은 남을 속이는 것이다. 내가 연경에서 돌아오니 국내 사람들이 잇달아 와서 중국의 풍속을 들려주기를 청하는 것이었다. 그리고 평소에 생각하던 것과 아주 다르다는 이상한 얼굴을 하고 돌아가면서 호국을 우단한다는 것이었다. 아아, 나를 찾아왔던 이 사람들은 모두가 장차 이 유도를 밝히고 이 백성을 다스릴 사람인데 그 고루함이 이와 같으니 오늘날 우리 풍속이 진흥하지 못하는 것이 당연하다.

넷째, 북학변 2에서, "지금 우리나라 사람은 아교와 옻칠 같은 속된 꺼풀이 덮여 있어서 뚫을 수가 없다. 학문에는 속된 학문의 꺼풀이 있고 문장에는 속된 문장의 꺼풀이 있다. 그들이 나의 말을 믿지 않고 저런 엉터리 말을 곧이 듣는 이유를 알 수 없다. 지금 우리나라 사람은 호(胡)라는 한 글자로서 바로 중국 천하를 뭉개버리려 하는데, 내가 중국 풍속이 이와 같이 좋다 하여 그들이 평소에 생각하던 것과 크게 다른 까닭이다. 소위 공부한 시대가 높을수록 그 재주가 더욱 못한 것은 해 그럴까. 두시를 공부하는 자는 두자미뿐인 줄 알아서 딴 것은 보지도 않고 먼저 업신여기는 까닭에 방법이 더욱 졸렬해지는 것이다.

북학정책

그는 우리나라 사람들이 직접 중국에 관광할 때 필요한 외국어의 습득을 강조하였고, 또한 직접 중국에 관광할 수 없는 사람들이 중국의 문물을 배우는 방책으로 다음과 같은 내용을 제시하였다.

첫째, 관리들의 외국어 습득에 관해서 이다. "청나라가 일어난 이래로 우리나라 조정의 사대부는 중국어를 사용하는 것을 부끄럽게 생각한다. 사신을 하는 수 없이 보내기는 해도 일체의 사정과 문서, 언어 등 거래는 통역에게 맡겨버린다. -중략- 통역이 '이러하오' 하면 그뿐이고 사관에 갇힌 듯이 들어앉아 있으니 눈으로 무엇을 볼 수 있겠는가. 사대부로서 여기에 생각이 미친다면 특히 한어만 익힐 것이 아니요 만주, 몽고, 일본, 말을 모두 배워야 부끄럽지 않을 것이다"

둘째, 중국의 강남 및 절강과 통상하기를 제의하였다. "우리나라는 작고 백성이 가난하다. 또한 반드시 먼 지방의 물자가 통한 다음이라야 재물이 늘고 온갖 이용이 생긴다. 그러나 조선 4백년 동안 딴 나라 배가 한 척도 오지 않았다. 중국에 가서 상선을 초청하여 해마다 10여 척을 한두 번씩 전라도와 충청도 사이와 서울 한강 입구에 정박하도록 한다. 선주를 후하게 대접하기를 손님 대접하는 예로써 옛날 고려시대와 같이하면 저들은 우리가 초청하기를 기다리지 않고 스스로 올 것이다. 이에 우리는 그 기술을 배우고 그 나라 풍속을 탐방하여 백성들의 견문을 넓혀 주어서 천하가 큰 줄을 알게 하고 우물안 개구리가 부끄러운 줄 깨닫게 하면 세도를 위함이 어찌 통상하는 이익에서 그치리요"

셋째, 서양사람을 초빙하여 그들의 기술을 배울 것을 왕에게 주청하였다. "신이 들으니 중국 흠천감에서 책력 꾸미는 서양사람들은 모두 기하학에 밝으며 이용후생의 방법에 정통하다 합니다. 국가에서 관상감에 쓰는 비용만큼 그 사람들을 초빙하여 대우하고 우리나라 자제에게……등등을 배우게 하면 몇 해가 못되어서 세상을 경륜하는 데에 알맞게 쓸 수 있는 인재로 될 것입니다".

⑤ 천주교의 전래

공무여행은 원래의 목적을 수행하면서 동시에 다른 분야에 대해서도 큰 영향을 끼쳤으니 그것은 무역과 종교에 관한 것이었다. 중국에 있어서 천주교가 상륙한 것은 1601년 마테오 릿치(Matteo Ricci)가 청국 황제로부터 천주교의 포교와 성당의 건립허가를 받으면서부터였다. 선교사들은 선교활동의 수단으로 서양의 과학지식을 습득해 왔고 그 문물을 가지고 오는 것을 잊지 않았다. 특히 천문 · 역법 · 지리 · 수학 등 과학분야와 대포의 주조와 포술에까지도 능통하였다.

한편, 북경(燕京)에 해마다 파견되는 조선 사신과 수행원들은 그곳에서 서양인 선교사들과 접촉할 수 있어서 그들을 통하여 서양의 문물과 학술 그리고 종교의 한역서를 전래받게 되었다.

조선에 천주교가 전래된 과정은 다음과 같다.

인종 8年(1630) 진주사(陳奏使)로 북경에 갔던 정두원(鄭斗源)은 이탈리아 신부 Johannes Rodriquez(陸若漢)를 만나 귀국 시에 한역 과학서와 천리경(望遠鏡), 자명종(自鳴鐘 : 시계), 홍리포(紅夷砲 : 洋砲) 등의 서양문물을 왕에게 헌납하였으며, 1944년 청에 볼모로 잡혀갔던 소현세자가 연경의 천주당을 방문하여 독일인 신부 Adan Schall(湯若望)과 교유하고 많은 신서적을 입수하였다. 이러한 과정을 통하여 서양문물의 전래와 동시에 천주교사상이 국내에 들어오기 시작하였다.

18세기 후반(英正祖 말년) 천주교신앙은 황해도의 일부 농민 사이에 퍼지고 다시 강원도로 전파되었다. 나아가서 서울의 일부 학자에게도 전파되어 1783년(正祖 7년) 이승훈(李承薰)은 사신의 수행원인 부친을 따라 북경에 가서 구베아(Alexandre de Gouvea)에게서 세례를 받는 등 신앙활동이 활발해졌다. 특히 오랫동안 정권에서 배제되어온 남인학자, 신분적인 질곡(桎梏)에서 헤어나지 못하던 중인 · 상민계급과 부녀자 사이에 널리 퍼지게 되었다. 1795년(정조 19년) 중국인 신부 주문모(周文謨)가 조선에 잠입, 활동하였고, 정조는 일부 남인인사를 높이 등용하였으므로 이때부터 천주교 신앙활동이 본격화되었다.

제 4 절 개화기

우리나라 역사상 또 하나의 큰 변환기인 개화기는 조선의 마지막 시기에 해당하며 한국사에서 근대라고 표현되는 시대이다. 이 시기에 우리나라는 역사상 가장 큰 변화를 겪게 된다. 사상적으로는 수백년간 지탱해온 유교사상이 서구의 과학적 · 실리적 사상에 의해 그 기반이 흔들리게 되었고, 정치적으로는 청 · 일 · 러 등 강대국이 조선을 둘러싸고 힘을 겨루고 있었고, 미국 · 프랑스 등 서구 국가들은 조선에 대해 경제적 실리를 추구하고 영향력을 행사하기 위해 개항을 요구하였다. 이러한 자의적 · 타의적 국제관계 형성은 관광에도 자연히 큰 영향을 미치게 되었으니, 정치 · 군사 · 종교 · 학술 목적 등으로 조선을 향한 서구인들의 발걸음이 바로 그것이다.

물론 이러한 외국인들의 조선여행이 가능했던 것은 증기기관의 발명으로 대양기선과 장거리 기차가 운행되었기 때문이다. 즉 국제관광사적으로 보면 세계적으로 국제관광의 여건이 획기적으로 개선되어 조선도 국제관광의 대상지가 되기 시작했다는 것을 의미한다. 이것은 근대적 의미의 국제관광의 시발점이 되었다고 하겠다.

특히 이 시기에 조선을 여행한 외국인들은 모험에 가까운 용기로 조선의 곳곳을 여행하였고 저술을 통해 조선의 존재와 그 실상을 서구사회에 널리 알렸다. 이들의 저술은 매우 진솔하고 자세하여 당시 조선의 여행여건을 구체적으로 파악할 수 있게 한다. 이 시기에 기록된 관광관련 국내자료가 매우 부족한 점을 고려한다면 이들 외국인들의 조선여행에 관한 기록은 매우 가치있다고 하겠다. 당시 그들이 이용한 국제교통수단(기선, 기차 등), 한국에서의 여행환경(교통, 숙박, 음식) 등에 관한 기록은 개화기 관광에 관한 중요한 가치를 지닌다고 하겠다. 당시 국내에 거주하는 외국인도 지방을 유람할 때에는 외부(外部 : 외교부)에서 호조를 받아야했다.

1. 외국인의 조선여행

(1) 인적사항 및 여행일정

1860년대부터 한일합방시까지 미국, 영국, 독일 등 서구인들의 정상적인 조선여행이 역사상 처음으로 이루어졌다. 개화기의 서구인들의 조선여행은 교사, 선교사, 외교관, 의사 등의 신분으로 자의적으로 또는 조선 국왕의 요청으로 이루어졌다.

구한말 조선을 방문한 외국인 중 가장 큰 비중을 차지하는 사람들이 선교사들이었다. 미국, 영국, 캐나다의 선교회에서 조선에 기독교를 전파할 목적으로 1880년대에 집중적으로 선교사들을 파견하였다. 이들은 종교적 신념으로 조선의 오지를 선교목적으로 여행하였으며, 이들이 남긴 여행기록을 통해 당시 여행관련 사항은 물론 조선의 자연과 풍속 등을 소상하게 알 수 있다. 이들 선교사들의 숫자는 성직자 90명, 비성직자 15명, 선교사부인 85명, 기타 여성선교사 58명 등 250여명이었다. 선교여행 도중에 주변 명승지를 찾기도 하였으며, 헐버트와 캠프여사 등이 금강산을, 새비지-랜도어는 북한산성을, 언더우드 여사는 조선에서 신혼여행을, 샌즈는 사냥을 하였다.

표 3-5 개화기 조선여행 외국인(여행기록을 남긴 사람)

성명(국적)	여행기록명	조선체류기간	신분 · 방문지역 등
E. J. 오페르트 (1832~1903) (독)	금단의 나라 조선	1866.2 1866.6 1868.4	• 여행가. 인종학자 • 아산만 일대 남연군도굴사건 연관
P.G. 묄렌도르프 (1847~1901) (독)	묄렌도르프 자전	1882.12.12. 입국	• 외교관 • 황해도, 평안도, 함경도(2회 여행)
H. N. 알렌(1858~1932) (미)	조선견문록	• 1884.7.20 입국 ~1904년 귀국	• 주한미국공사관서기관 • 의사, 선교사 · 민영익 치료 • 박정양의 고문
W. R. 칼스 (1848~1929)(영)	조선풍물지	1884~1886	• 외교관 • 함경도 및 평안도 오지 탐사
O.N 데니 (1838~1900)(미)	청한론(외)	1886.3.28~ 1891.1.22	• 법률학자, 조선국왕 외교고문
H. B. 헐버트 (1864~1949) (미)	대한제국멸망사	• 1886.7~ 1891.12 • 1893.9~ 1905.10 • 1906.7~1907.4 (1949.7.29~ 1949.8.5)	• 육영공원 교사 · 고종황제밀서휴대 헤이그파견 • 경주, 송도, 금강산
G. W. 길모어 (1857~?)(미)	서울풍물지	1886.7.4~ 1894(?)	• 육영공원교사

J.S.게일 (1863~1937) (캐나다)	전환기의 조선	1888. 12. 15 입국 1898년 재입국	• 선교사 • 貞信여중 · 儆新중고등의 전신 설립 • 서울, 송도, 평양, 의주, 봉천, 동만주 고려촌, 함흥, 원산, 금강산
L. H. 언더우드(女) (1851~1921)(미)	상투의 나라	1888년 입국	• 의사(민비어의) · 선교사 • 관서 · 관북전도여행 (평안도, 황해도, 함경남북도)
A.H 새비지-랜도어(1865~1924), (영)	고요한 아침의 나라 조선	1890년말(2번째)	• 탐험가, 화가 • 서울주변(북한산)
I. B. 비숍(女) (1831~1904) (영)	조선과 그 이웃나라들	1894.2~1897 (4차방문)	• 왕립영국지리학회 최초 여성회원 • 관서지방 북한강(한강상류)
W.F. 샌즈 (1874~1946)(미)	조선비망록	1898입국	• 조선주차 미국공사관 1등서기관 • 관동지방
E.와그너(女) (1881~1957) (미)	한국의 아동생활	1904입국	• 선교사 : 호수돈여고 전신설립
F.A.매켄지 (1869~?) (영)	대한제국의 비극	• 1906 여름~1907말 (2회)	• 언론인(종군기자) • 서울일원
E.G 켐프(女) (1860~?)	조선의 모습	1910. 2. 1	• 왕립 스코틀랜드 지리학회 회원 • 서울, 부산, 금강산
W.E. 그리피스 (1843~1928) (미)	은자의 나라 한국	• 1차방문(?) • 1926~1927	• 과학자 • 서울일원

자료 : 한말외국인기록 총16편(집문당, 1999)에서 논자 정리.

표 3-6 개화기 조선거주 외국인 현황

연도/지역	일본인	청국인	서구인								
			미국	아라사	프랑스	영국	독일	이탈리아	오스트리아	스페인	그리스
1896년 인천거주	4503	n/a	15	n/a	7	6	18	2	1	1	1
1897년 서울거주	1758	2273	95	57	28	37					

* 1896년 통계(독립신문, 1896.12.22), 1897년 통계(독립신문, 1897.4.1)
* 1899년 한국체류 일본인은 총 13472명(부산 5842, 인천 4509명 등), 1902년 인천 체류 일본인 4628명(황성, 1902.1.20)이었다.

당시 인천과 서울에 거주하는 외국인이 적지 않은 것만 보아도 서구인의 조선여행이 이 시기에 시작된 것임을 짐작할 수 있다.

개인여행은 많지 않아 신문에 기사화되었다. 발견된 것은 다음과 같다.

표 3-7 개화기 신문에 보도된 외국인 조선여행

성 명	국적 및 신분	방문지	출처
버슷테 부부	미국의원	경성방문	독립. 1897.5.30
클레망쇠티	프랑스(법국) 우체교사	경성방문	황성, 1898.12.9
平尾韓	일본상업고등학교 주간	경기, 강원, 함경도 유람	황성, 1899.5.3
顯理(亨利)	독일(덕국) 친왕	부산지방 유람	독립, 1899.8.7
石井忠利	일본육군보병대위	아산, 평양방문	황성, 1899.8.31
徐壽朋	청국공사	경복궁 유람	황성, 1899.10.13
角田利輝	일본 육군소위	금강산 유력(遊歷)	황성, 1900.9.26
勃勃 친왕	스페인	한성방문	황성, 1900.12.8
코언폭	영국인	한반도 유력	황성, 1901.1.14
金澤庄三郎	일본문부성 학사	강원, 함경도 유력	황성, 1901.3.26
官武藤	일본 수비대장	강원, 함경도 유력	황성, 1901.9.14
佐藤麟	일본 수륙군 대좌	안산 일청전장지 유력	황성, 1901.12.17
살리	영국 여교사	평양·의주 유력	황성, 1902.4.26
미상	중학교 교사	강화, 개성, 은진, 합천 유력	황성, 1902.7.17
佐福井正義	일본해군 중좌	전라, 경상, 강원, 함경 유력	황성, 192.7.25
흐린신포	아라사 희랍교신부	전국을 일년간 유력	황성, 1903.3.23
맥돈을(麥敦乙)	미국인	각도 유력	황성, 1904.4.27
푸고	미국 육군부위	한국내 유력	황성, 1904.5.16

2. 국제 여행수단

당시 외국인들이 이용한 교통수단은 매우 큰 관심사이다. 16명의 외국인이 이용한 국제운송은 기선과 기차였으며 그 노선은 조선을 중심으로 하여 조선－일본/중국/미국/유럽 등 노선으로 나눌 수 있다. 선박운항은 조선－일본/중국 노선이 중심이 되고, 미국은 일본(요코하마 또는 고베)을 경유하여, 서구는 동남아시아와 수에즈 운하(1869.11.17 개통)를 거쳐 이루어졌다.

(1) 선박(기선)

표 3-8 개화기의 국제운송수단(기선) : 조선-일본/중국/미국

구간	노 선	교통수단	소요시간 · 속도	실제탑승자	기 타
조선 ↕ 일본	고베－제물포	소형 연안선박	6일 (경유)	알렌(30)	군함도 이용
	나가사키－부산	히코마루(彦丸)	15시간 20노트	비숍(33)	
	나가사키－부산－제물포			새비지－랜도어(27)	1890.12.25 탑승
	시모노세키－부산		하룻밤	알렌(50)	부산－서울(기차이용)
조선 ↕ 중국	상해－나가사키－제물포	남경호		알렌(45)	1884년
	부산－상해			칼스(70)	
	제물포－대련	일본유선 회사 기선	25시간	켐프(88)	승객 13명. 기내식사(쇠고기볶음/칠면조요리/연한과자 등)
조선 일본 ↕ 미국	샌프란시스코(밴쿠버)－요코하마－조선			길모어(15)	
	태평양횡단(미국－일본)	북경호	25일	알렌(35.38)	12회 횡단

자료 : 16명 외국인 기록에서 논자 정리. ( )는 관련 페이지.

더 흥미로운 것은 유럽과의 운송이다. 유길준은 미국유학을 마치고 귀국시 유럽을 경유하였는데 ,그 여정을 밝히지 않아 매우 궁금하였다. 이제 묄렌도르프 부부의 여정을 참고한다면 충분히 짐작할 수 있겠다(표4 참조). 당시 조선과 유럽간의 운송은 전적으로 배를 이용하였으며, 수에즈운하를 거쳐 콜롬보와 동남아(페낭, 홍콩, 싱가포르)를 경유하여 중국으로 들어온 다음 상해나 천진에서 제물포로 연결하였다. 1890년대 조선에 국제기선이 항구는 제물포, 부산, 원산이었다(표5 참조).

표 3-9 고뮐렌도르프 부부의 유럽-조선간 여행노선

출발지	경유지	도착지	운송수단 · 소요시간 · 요금등
베를린 1869.9.1	프라하, 비엔나	트리에스트	기차
트리에스터		알렉산드리아 9.17(새벽 5시)	범선(Jupiter호)
알렉산드리아		수에즈	준특급 열차 싱가포르 행 승선표 구입 (80파운드 : 550달러)
수에즈	아덴	갈곶(Galle), 10월 4일	기선, 수라트호(Surat)
갈곶(Galle) 10.5(수) 12시		피낭 10.11 새벽 5시	기선(Salsette호) 승객 21명
피낭 10.14 출발		싱가포르 10.15 착	기선
싱가포르 10.16		홍콩 10.21	기선
홍콩		상해 10.27 새벽 착	기선(Ottawa호) 200마력, 승객 11명
천진 1882.12.6		제물포 12.8	기선(興信號)

자료 : 묄렌도르프 자전, 21~37쪽에서 논자 정리.
* 수라트호(Surat) : 500마력의 엔진. 반도-동방선박회사(Peninsular and Oriental Steam Navigation, Co.) 선박

알렌도 수에즈 노선을 언급하였다. "좋은 계절을 만나 미국에서 출발하여 일본으로 가서 다시 조선으로 갔다가 대련으로 건너가 북경과 상해를 지나 漢口(?)를 지나 양자강을 따라 홍콩, 싱가포르, 콜롬보를 거쳐 수에즈 운하로 간다면 매우 즐거운 여행이 될 것이다"(알렌, 50).

당시 신문에 보도된 한-일 선박운항기록은 다음과 같다.

- 1879년에 "병고환"은 제물포-일본 간을 운항하였고(독립, 1897.5.30)
- 일본 우편선 "잇지고"가 제물포에 입항한 기록이 있다(독립, 1897.1.28).
- 1896년 당시 「제물포 윤선(輪船 : 火輪船) 시간표」를 보면 " 흑게마루(?)가 부산 고베(神戶)등지에 가고, 견째마루(?)가 지부 천진 등지에 가고,

삿쥬미마루(?)가 나가사키 힝항 등지에 간다더라" 라고 하여 朝·日/中間 선박운항이 있었음을 알 수 있다(독립, 1896.4.7).

• 일본화륜선 축후천환과 목증천환은 인천－목포－부산－대마도－마관(?)－신호－대판 노선에 운항하였다(독립, 1898.10.12, 1899.7.13)

또한 제물포에는 일본, 독일, 아라사 등의 병상선(兵商船)이 왕래하였다. 만져·보스톡·콜쓰·슝아리(아라사), 덧란(독일), 미장(尾張)·축후천(筑後川)·비후(肥後)·현해(玄海)·지다(知多)·다마천(多摩川)·목증천(木曾川)·명양(明洋)·복목(伏木)·박애(博愛)·조해(鳥海)·장문(長門)(이상 일본) 등 이름의 선박이 한·일, 한·러 또는 한·중·일을 운항하였다(황성신문, 1899.4.7～4.19). 경성환(京城丸)을 이용하여 조범구 등이 일본에 유학하였다(황성, 1903.6.26).

유럽-아시아간 해운은 1904년 E. Meyer & Co. 소속의 Hamburg Amerika Linie을 발견하였는데, 선박명은 S.S. Lyeemoon, Loongmoon, Melita, Dagmar 등이었다. 제물포에서 상해로 가는 배로 신문광고를 하였다(대한매일신보 영문판, 1904.9.6). 이 해운사는 1898년부터 유럽에서(함부르크, 브레멘, 엔터워프, 로테르담)과 중국·일본·조선을 왕래하였으며, 1905년에는 요코하마·고베·상하이·홍콩·싱가포르·페낭·콜롬보에서 포트 세드·Algiers·Havre·함부르크 구간의 새 노선을 운항하였으며, 6500톤급의 선박으로 호화객실과 편의시설을 자랑하였다. 선박명은 Rhenania, Rhaetia, Rugia, Scandia, Slavonia 등이었다(대한매일신보 영문판, 1905.2.14). 프랑스 만국박람회에 참가할 업자(체)를 모집한다는 광고가 있었는데 이러한 선박교통이 있었기에 가능하였다(독립신문 1899.6.7).

미국행 선박은 모두 요코하마나 고베에서 출발하였으므로 일본까지만 가면 미국으로 갈 수 있었다. 미국기선으로는 Nippon Yusen Kaisha 소속의 Ohio 호가 보이는데(선장 : Gundersen), 1010톤으로 제물포-고베 구간에 목포·부산·모지(Moji)를 경유하였다. 광고문에 의하면 이 배에는 1.2.3등실에 모두 전기시설이 되어 있었다(대한매일신보 영문판, 1904.9.9). 제물포에 담당자가 있었다.

국제우편선은 N.D.L. Norddeutscher Lloyd(Imperial German Mail Line)가 있었으며, 2주일에 한번 브레멘－로테르담－함부르크, 엔터워프·사우스햄프톤·지브롤터·제노아·나포리·포트 세드(Port Said)·수에즈·아덴·콜롬보·페낭·싱가포르·홍콩·상하이·나가사키·고베·요코하마를 왕복하였다(대한매일신보 영문판, 1906.9.6). 상해에서 구라파는 가는 프랑스 우편선에 리홍장이 탑승했다는 기록이 있는 것으로 보아(1896.4.9 독립신문), 이 우편선을 이용하여 조선인이 유럽에 갈 수 있었으리라 추측된다.

통계에 의하면 1895년 제물포에 입항한 외국선박은 일본과 중국선박을 제외하고 미국 2, 러시아 2, 영국 3, 노르웨이 2척 등이며, 부산에는 영국 5, 독일 5, 러시아 13척, 원산에는 영국 5, 독일 4, 러시아 10척 등으로 서구제국과 상당한 교류가 있었음을 보여주고 있다(비숍, 441).

(2) 철 도

유럽으로 연결될 수 있는 또 하나의 노선은 시베리아횡단열차를 이용하는 것이었다. 시베리아 횡단열차는 모스크바－블라디보스톡 구간의 거의 중간지점인 이르크츠크까지는 이미 1898에 개통되었으며, 1916년 전구간이 완성되었다. 캠프여사가 레닌그라드에서 기차로 조선에 입국한(1910.2.1) 기록이 있다.

켐프여사는 페테르부르크(렌니그라드)에서 횡단열차를 이용하여 중국의 대련을 거쳐 조선에 입국하였다(1910.2.1). 알렌은 시베리아 횡단 노선에 대해, "우리가 즐긴 가장 즐거웠던 여행은 러시아 기차를 타고 대련으로부터 만주와 시베리아를 거쳐 페테스부루크와 저 너머까지 갔던 때였다. 요즈음에는 서울에서 일본인이 부설한 기차를 타고 조선의 북부지방을 거쳐 러시아인들이 부설한 만주철도를 타면 여행하기 좋은 곳에 이를 수 있다(알렌, 50).

(3) 호 텔

인천의 대불호텔(大佛 : 다이브쓰호텔)에 관한 기록은 새비지－렌도어와 끄라르 보테에의 여행기에서 찾을 수 있다. 이 호텔은 1888년(고종 25년) 일본인 호리(堀力太郎)가 인천에 세운 한국 최초의 호텔이며 인천에 도착한 외국인들이 반드시 머물던 곳이다. 새비지－렌도어는 1890년말에 이 호텔을 방문하였으며 당시 제물포에 3개의 호텔(Steward's Hotel, Hotel de Coree, 대불호텔/Giant)이 있었음을 기록하고 있다(새비지-렌도어 : 28-30).

대불호텔의 영업이 번창하게 되자 바로 길 건너의 청국인 이태(怡泰)라는 사람 역시 외국인 상대의 여관업을 시작하였는데, 그는 아래층에서 양잡무상(洋雜貿商)을 하면서 2층에 「스튜어드 · 호텔(Steward Hotel)」을 개업하였다.

끄라르 보테는 대불호텔에 대해 "겉으로 보기엔 그럴싸하게 보였으나 내부를 들여다보면 실로 비참할 정도로 초라했다. 호텔지붕은 비가 줄줄 샐 정도였다. 침대는 훌륭했으나, 요리에 대해서는 차마 여기에 기록할 수 없을 지경이었다"라고 하였다(끄라르 보테에 : 19-20). 그의 여행시기는 이 여행기의 출판이 1902년이므로 그 이전으로 볼 수 있다. Steward's Hotel은 해운업체인 Steward & Co.가 운영하였다(대한매일신보, 1904.8.9).

대불호텔에 대한 기록은 『개항과 양관역정』에도 다음과 같이 나와 있다.

「…벽돌 3층의 이 양관(洋館)은 일본인 호리(掘力太郞)가 1887년 건축에 착수하여 1888년에 낙성시킨 것인데, 얼핏 보면 청관 같으면서도 실은 일본지계(日本地界) 첫머리라는데 또한 흥미가 있다. 일본지계 제일 첫 집이 호리씨 자택이고 그 당시 가장 하이칼라로 지었다는 이 벽돌집이 두번째인데 외국인 특히 한국을 찾아드는 구라파인 혹은 미국인 상대의 양식호텔로 설계했다는 점에서 다시 한 번 놀라지 않을 수 없다」

새비지랜도어가 본 대불호텔(1865～1924, 영국인)

그 건물은 분명히 새로 지은 건물이어서 방들은 축축하게 냉기가 돌았다. 그래서 내가 침대를 살피러 다가가 보니 침대보가 다소는 의심할 정도로 깨끗함을 알 수 있었다. "아주 깨끗하죠. 단지 두 분만이 손님보다 먼저 이 침대에서 주무셨으니까요"라고 호텔 주인이 말했다. 그날 저녁에는 고기를 얻을 수 없으며, 상점에 있는 유일한 식료품은 작은 압착 우유 통조림뿐이라는 소식을 들었을 때 나는 깊은 한숨을 쉬면서 "오, 하나님!"이라고 탄식했을 뿐이었다. 캔 우유만으로 나의 현재의 갈망을 달랬으며 말할 것도 없이 그것을 다 비우고, 정찬은 다음날 밤까지 기다리는 수밖에 없었다.

침대보와 이불은 둘 다 일종의 솜으로 된 것들인데, 나의 발과 목을 덮기에는 이불이 너무 짧아 머리를 써서 손발로 괴상한 숨바꼭질을 할 수밖에 없었다. 그곳에 벨이 있을 리가 없어서 하인을 부르기 위해 일본인들의 습관대로 손바닥을 치는 방법에 의존할 수밖에 없었다. 그러나 조선의 혹한은 음식의 질과 다양성에 비하면 아무 것도 아니었다. 일주일의 대부분을 대불호텔에 머물고 있었기 때문에 하루는 로스비프 그리고 다음날은 무틴숍(mutinshops)이라는 정체 모를 고기조각을 이따금 볼 수 있을 뿐이었으나, 불행하게도 너무 질겨서 유명한 셰필드(Sheffield) 제(製)의 칼로도 자를 수가 없었으며, 사람의 치아나 턱이 아무리 날카롭고 강할지라도 그 고기를 씹어 먹을 수가 없었다.

서울의 경우 두 개의 호텔을 신문광고를 통해 확인할 수 있었는데, Grand Hotel과 Hotel Palais가 그것이다. Grand Hotel은 이전의 Station Hotel로서 다음과 같이 광고하였다.

Grand Hotel(formerly the Station Hotel)

Near the Railway Terminus, West Gate, Seoul

The Best Hotel in Korea, Handsome new Building, Fine airy Rooms, Excellent Cuisine, Terms Moderate, Special terms to Missionaries and permanent boarders."

Electric cars within 2 minutes' walk

W. H. EMBERLEY (proprietor)

자료원 : 대한매일신보 영문판(The Korea Daily News), 1904. 8. 4.

한편, Hotel Palais는 궁궐 건너편에 위치하여 국내 유일의 일급호텔로서 경험있는 프랑스 주방장을 자랑하였다. 소유주 및 경영자는 L. Martin이었다. 이외에 1902년 「손탁호텔」, 「Grand Hotel」, 「Hotel Palais」 등이 있었다.

그림 3-8 개화기의 호텔과 여관

손탁호텔(1902)

파성관(巴城館) : 1907년 1등 여관

(4) 개화기 서구인 조선여행의 특징

이상에서 본 바와 같이 개화기에 서구인들의 조선여행은 마치 오늘날 아프리카 밀림이나 중국의 오지를 여행하는 것이 진배없었다고 판단된다. 여행의 여건이 매우 열악하여 여행 자체가 불가능할 정도였다. 이러한 여건 속에서도 그들은 탐험가적 정신으로 조선의 곳곳을 여행하였다.

첫째, 선교사, 의사, 지리학자, 외교관 등의 신분으로, 그들의 조선여행 동기는 순수관광은 아니었으나 수개월 또는 수년을 체류하면서 주요 지역을 여행하였다. 이 점은 현대에도 상업목적으로 해외여행을 하더라도 대부분의 여행자는 목적지 주위 또는 원거리의 관광명소를 방문하는 것과 같다.

둘째, 여행자 대부분은 플록(Stanley Plog)이 말한 사이코 센트릭(psychocentric)에 속하는 사람들로 모험가적 여행관을 가진 사람들이었다. 고통스러운 여행여건을 감수하고서도 그들은 새롭고 신비한 조선의 여러 곳을 여행이 아닌 탐험을 한 것이다. 따라서 이들의 여행기가 발표되었을 때 상당한 반향을 불러일으킨 것은 지극히 당연한 것이었다.

셋째, 이들의 여행경로가 상당히 길어 오랜 기간이 소요되었다는 것이다. 언더우드는 관서·관북 지방을 2개월간, 비숍은 북한강을 5주간 여행하였으며 또한 그녀의 관서지방 여행(한양－풍산－평양－자산 등)의 총 여행거리는 1,060리였다.

넷째, 여행의 범위가 상당히 넓었다. 한양을 중심으로 한 수도권은 물론 남한강 및 북한강, 송도, 관서·관북지방, 평안도, 황해도, 금강산, 경주 등이 여행대상지였고, 비숍의 경우는 시베리아 한인촌과 중국의 봉천(奉天)을 방문하기도 하였다.

다섯째, 연구대상 외국인의 대부분은 조선방문이 1회에 그치지 않고 여러 차례 이루어졌다는 것이다. 헐버트 4회, 매켄지 2회, 그리피스 2회, 오페르트 3회, 비숍 4회 등이 그것이다. 열악한 여행환경에도 불구하고 2～4회 조선을 방문한 것은 탐험가적 여행가들도 행하기 어려운 일이었다.

여섯째, 이들은 한결같이 조선을 여행한 후 여행기를 자국에서 발간하여 조선에 대한 각종 정보를 제공하고 조선에 대한 관심을 불러일으켰다. 이들의 여행기가 아니었다면 오늘날 당시의 여행여건 등을 알기 어려웠을 것이다. 조선인이 개화기에 관광여행을 한 기록이 매우 적은 것을 고려한다면 이들 여행기의 가치를 짐작할 수 있다.

3. 조선인의 국외여행

이 시기에는 외교관, 고관, 왕족 등의 외국여행이 자주 보도되었다.

조선주재 미국 전권공사 Foote(福德)가 본국에 보고하기를, "미합중국 기선 모노가(毛魯哥)호에 조선의 두 사절 등이 요코하마(橫濱)을 거쳐 우리나라에 입항하려합니다."라고 하여, 조선인의 최초 미국방문을 보도하고 있다(한성주보, 1883.12.9).

당시 외국을 여행한 주요 인물로는 민영환, 유길준, 조중응, 윤치호, 박영효, 민영찬, 민상호, 이하영, 이승구(이완용의 자), 의화군(영친왕), 민경식 등이며, 여행지는 일본, 미국, 러시아(아라사), 유럽 각국 등이었다.

특히, 민영환(1861~1905)은 1896년 러시아 황제 대관식에 특명전권공사로 파견되어 윤치호 · 김득련 · 김도일과 함께 인천 - 상해 - 나가사끼(長崎) - 동경 - 캐나다 - 뉴욕 - 런던 - 네델란드 - 독일 - 폴란드 - 모스크바 - 시베리아를 거쳐 귀국하여, 해외파견사절 중 최초로 세계일주를 하였으며(독립, 1896.4.7), 1897년 1월 영국 등 유럽6개국 특명전권공사가 되었으며 영국왕 즉위 60년 축하식에 참석하고 손병균, 김병옥을 대동하고 러시아에 들리기도 하였다, 이때 일본 나가사끼에서 아라사배를 타고 흑해 연안의 오데사(Odessa : 현재 우크라이나)로 간 기록이 있어 새로운 항로가 확인되었다(독립신문 1897.4.10).

개인여행은 많지 않았으며 신문에 기사화되었다.

- 왕족 의화군의 일본 · 미국 여행(매일신문, 1898.5.31)
- 궁내대신 이재순의 동유(東遊) (일본여행 : 황성신문, 1898.10.10)
- 학부협판 민영찬 파리 박람회 참석(황성신문, 1900.1.8)
- 김영준(金永準)의 상해 및 일본 역람(歷覽) (황성신문, 1900.7.7)
- 미국 유학생 박치수(朴致秀) (황성신문, 1900.7.14)

추업부(醜業婦) 및 무뢰한(無頼漢)의 국외여행을 제한하기 위해 빙표(憑

票) 발급심사를 강화한다는 기사로 볼 때 당시 이러한 부류의 국외여행도 적지 않았다는 것을 의미한다(황성, 1900.3.17).

1880년대에 조선정부는 대일 유학을 실시하였다. 또한 1897년 "일본에 유학하고 있는 조선정부 학원이 합 77명이다"라고 하고 학교명칭과 성명을 열거하였다(독립, 1897.8.17). 1899년 일본에 체류하는 조선인은 196명이었다(황성, 1899.6.7). 1896년 조선인이 런던에 유학하고 있음을 보여주는 기사가 있고(독립, 1896.12.10). 1902년 미국에 유학하는 학생이 뉴욕(紐育)에 5명, 샌프란시스코에 8명, 기타지역에 10명, 오하요 대학에 부인 1명이 있었다(황성, 1902.10.25).

한편, 대중국 유학은, 북경이 수도가 된 이후로는 청년들이 거의 유학을 가지 않았으나, 1881년에는 조선의 청년들이 청제국 정부의 해군학교·육군학교·문과학교에 입학했다. 이는 영선사(領選使) 김윤식(金允植 1841~1920)이 이끌고 갔던 천진(天津) 유학생을 말하는 것이다. 조선 최초의 신사들인 김옥균(金玉均)과 서광범(徐光範)은 중국 이외의 바깥세계를 여행하기 위해 1875년 출국했다. 그들은 일본을 방문하고 돌아와서 본 바를 왕에게 과감하게 아뢰고 서구문물의 채택을 주장했다(그리피스, 435 & 580). 개화기에는 상해와 미국으로 유학을 보내는 방식이 도입되었다(새비지-랜도어, 189).

교통수단은 서구인의 조선여행에서 밝힌 바와 같다. 경성환(京城丸)을 이용하여 조범구 등이 일본에 유학하였다는 기록이 있다(황성신문, 1903.6.26). 또한 1904년 하와이(布哇) 이민이 시작되어, 1월 23일 40~50명이 인천항을 떠났다(황성신문 : 1904.1.25).

제 5 절 일제 강점기

이 시기는 관광사 측면에서 볼 때 현대관광으로 직결되는 시기라고 하겠다. 1905년 경부선과 마산선, 1906년 경의선, 1914년 경원선과 호남선이 건설되어 조선은 주요 간선철도망을 일단 갖추게 되었다. 이러한 철도망은 처음부터 군사·산업 목적에서 이루어진 것이지만, 관광객의 대량수송을 가능하게 했다는 점에서 관광사(觀光史)에서 특기할 만하다.

1. 외국인의 조선관광

방문자의 국적은 미국・캐나다, 구주(오스트리아, 헝가리, 이탈리아, 스페인, 독일, 프랑스), 아시아(중국, 일본, 필리핀), 남미(아르헨티나, 페루, 우루과이, 브라질, 멕시코, 볼리비아)로 구성되어 있다.

(1) 미국인 및 캐나다인 관광객(세계일주 관광단 포함)

1929년경 미국인이 유럽관광에 쓴 돈이 연간 8억 달러가 넘었고, 영국에서 소비한 돈만 당시 화폐로 8천만원이며, 1930년 상반기 영국을 관광한 미국인이 56,683명이었다(동아, 1929.12.4 & 1930.11.2). 이러한 미국인의 해외여행 붐은 조선까지도 미쳤던 것 같다.

1920년경부터 외국의 여행사(토마스 쿡, 아메리칸 엑스프레스, 아메리칸 스프링, 프랭크 쿡, 아메리카규나드) 및 항공사(유나이티드아메리카, 함부룩아메리카라인)가 주최하는 관광단이 우리나라에 들어오기 시작하였으며, 이외에도 상회, 대학, 교사, 학생단체가 주최하는 단체도 일부 있었다. 인원수는 작게는 9명에서 많게는 650명에 이르렀고, 대규모 단체는 선박으로 인천에 입항하여 임시열차로 서울 당일 관광을 하였다(〈표 3-10〉 참조).

또한 세계일주 관광단의 조선방문도 시작되었다. 그들의 상당부분이 미국인으로 추정되며, 일정은 상기 단체관광과 동일하였다. 연도별 방문건수를 보면(연도/건수) 1931/1, 1932/2, 1933/1, 1934/2, 1935/1, 1937/1 등이며 인원수는 250~300명 정도이다. 이들이 타고 온 주유선(周遊船)의 명칭은 후랑고니아, 프레시덴트 후버(다라社 소속), 프랑크 리디, 레조루트 등이다. 명칭이 한글로 되어 있어 정확한 영문명을 알 수 없다.

관련된 일부 신문보도의 제목은 다음과 같은 것이 있다.

- 세계유람선 '후랑고니아'호, 승객 207명. 8일 인천입항, 당일 경성시찰, 밤에 진황도(秦皇島)로 향함(동아 1932.4.5).
- 유람객 300여명. 구미인(歐米人) 유람선 레조루트. 11일 인천입항, 12일 특별열차로 경성구경(동아 1935.4.11).

(2) 유럽인 관광객

1920년 프랑스인, 1923년 폴랜드인, 1927년 독일관광단 입국 등을 제외하고는 유럽인의 조선방문기사는 1930년대 말에 집중되어 있다. 그 횟수나 방문객

표 3-10 미국 · 캐나다인의 조선관광(1920~1940년)

연도	횟수	주최자(건수)	규모 (총인원)	일 정	숙박/교통 수단
1920	11	뉴욕관광국 1, 여행사(토마스쿡 2, 아멕스 1, 아메리칸스프링 1), 商會 3, 美의원 1	9~35명 (159)	중국→경성→일본	열차, 조선호텔
1921	1	美의원 1	단독(1)	일본, 조선, 만주 등	
1926	3	여행사 1(프랭크 쿡), 일반관광단 1, 단체관광단(불명)	13~650 (1003)	인천↔경성 일본→경성→중국	선박, 열차
1927	2	유나이티드아메리카 1, 불명단체 1	390~450 (840)	인천↔경성	조선호텔
1928	6	함부룩아메리카라인 1, 토마스쿡 1, 미국세계일주단 1, 桑港기독교청년회 1, 대학단체 1, 하와이(布哇)단체 1	20~400 (950)	인력거로 시내관광, 장사진을 이룸	선박, 열차
1929	2	함부룩아메리카라인 1, 아메리카규나드 · 토마스쿡 연합주최 1	380~400 (780)	인천↔경성 인력거로 경성관광	선박, 열차
1930	1	캐나다동양시찰단 1	3	경성→함흥→봉천	기차
1933	3	함부룩아메리카라인 1, 언론인 1, 세계학생대회 1	1~150 (153)	상동	열차, 조선호텔
1934	3	일 · 미협회 1, 美슈라이나스 1, 워싱턴대 학자단 1	2~100 (130)	대구 · 경주→만주	선박, 임시열차
1935	1	미상업회의소 1	21	제8열차로 입경	열차
1936	1	LA 상공회의소 주최. 상공업자	27	부산입항→경성	임시열차
1937	2	항금국관광단 1	20	경성관광→일본	
1939	2	미국캐나다여교원단 1 북미기자단(아틀란타) 1	4~15 (19)	일본국제관광국초청(기자단)	조선호텔
1940	3	미국캐나다여교원단 1, 일 · 미협회 1, 고고학연구단 1	1~36 (54)	미국LA일미협회장	연락선, 조선호텔

자료원 : 동아일보(1920~1940)에서 필자 정리.

수가 미미하여 십수건에 불과하다. 방문목적은 주로 공무여행(군인, 문화사절, 경제사절, 외교관)이었으며, 순수관광단체는 1건에 그쳤다. 국가별 방문건수는 독일이 가장 많으며 다음으로 스페인 순이다. 독일 8(1927/관광단, 1938/무관, 1939/기자단, 공사, 1940/여기자, 적십자총재, 교환학생), 이탈리아 3(1933/무전왕 말코니, 1938/사절단, 1938/군인), 프랑스 1(1920 : 군인), 폴랜드 2(1923, 1939 : 실업단), 오스트리아 1(1932 : 슈미르박사), 헝가리(洪國) 1(1938 : 문화사절), 스페인 1(1940 : 경제사절단) 등이다(이상 동아일보).

(3) 남미인의 조선방문

아르헨티나, 페루, 브라질, 페루, 멕시코인 등이 주로 1930년대 후반에 조선을 방문하였고, 순수관광단, 상공회의소(경제사절단), 여교사, 외교관, 대학생, 문예원장 등으로 구성되어 있다. 이들 중 일부는 돌아가서 조선관광기(朝鮮觀光記)를 쓸 예정이었다 하니 실제로 해당국에서 확인할 수 있다면 당시의 조선관광연구에 큰 도움이 될 것이다. 동아일보 1931.5.1자에 "남아미리가(南亞米利加) 아이연정국(亞爾然丁國) 관광단 25명, 5월 30일 부산에 도착. 첫 관광단이며 일류명사로 구성, 그중 "스-사"씨와 "다이아즈"씨는 돌아가 신문과 잡지에 관광기를 발표예정"이라는 기사가 있다. 국가별 방문건수는 아르헨티나 4(1931/관광단, 1939/여교사단, 1940/경제사절단), 브라질 3(1939/시찰단, 1940/대학생, 문예원장, 일본견학단 1940.4.13), 페루 1(1938/경제문화사절단), 멕시코(1939/공사), 볼리비아(1940/무관) 등이다(이상 동아일보).

(4) 아시아인의 조선방문

중국인은 1920년대에는 부분적으로 조선방문이 있었다. 1920(2건 : 일본행 관광단 통과, 교사단), 1922(1건 : 여학생), 1925(1건 : 남녀학생) 등이다. 필리핀 1건(1934 : 필리핀 군사령관), 인도 1건(1934 : 일본망명자) 등이다. 이외에 「마호메트」교도 200명이 방문하였는데(1922), 구체적인 국명은 나와 있지 않다(이상 동아일보).

일본인의 조선관광은 1920년대부터 언론에 보도되기 시작하는데, 1921년 구주제대학생(九州帝大學生) 조선려행단 15명, 1933년에는 일본인의 조선만주 시찰단이 다수 보이는데, 대판신문주최 300명, JTB 주최 250명, 일본여행회 주최 200명, 육군사관학교 전적견학단 280명 등이 그것이다(동아, 1933.2.17).

JTB 대련지부에서 조선시찰단모집(동아, 1933.11.8), 1934년 명고옥철도국 주최 조선만주시찰단 4백여명 등이 있었다. 1935년 3월 중 일본-조선-만주 단체여객은 14개에 482명, 조선/만주에서 일본행 단체는 27개에 1346명이었다(동아, 1935.4.1).

1935년 통계에 의하면(1~11월) 조선을 방문한 관광단체(일반, 만주/일본으로부터 온 수학여행단 등)는 885단체 총 38500명에 달하였으며, 이 중 일본내지로부터 330단체/15,500명, 만주방면으로부터 80단체/3,200명이었다(동아, 1935.11.28).

2. 내국인의 국외관광

일제강점기에 들어서는 다양한 목적의 국외 여행이 시작되었다. 이 부분에 관한 자료는 신문은 물론 다양한 잡지에서도 찾을 수 있다.

첫째, 당시의 잡지류에서 소개된 국외여행 관련 기사는 〈표 3-11〉과 같다.

둘째, 신문에 실린 관련 기사는 다음과 같다.

(1) 여행기록

① 조선인의 구미여행

조선인의 구미 등 여행은 1920년대 중반부터 신문에 보도되기 시작되었다. 단체관광은 발견되지 않았고 모두 개인 또는 소수인원의 여행이었다. 직업은 주로 의사, 교수(학자), 사업가, 예술가, 종교인, 체육인 등으로 구성되어 있다. 여행목적은 세계일주여행으로 김기선(金善琪)의 유구도중기(遊歐途中記), "파리에서"(동아, 1934.10.21), 유학(예술, 아르바이트), 종교집회참가 7건, 대학 · 교육시찰 , 체육대회참가(LA 10회올림픽), 사업(유한양행 및 미국 주재 조선무역상인 송승화 : 동아 1937.7.17), 청소년대회 참가 등으로 기독교 종교

집회 참가 및 지역시찰하는 것이 가장 많았고, 다음으로 유학 및 대학·교육 시찰, 세계일주여행, 사업, 체육대회참가, 청소년대회 참가 등의 순서였다.

방문국가별로 보면 미국·캐나다 13건(1927/조선 1, 1929/동아 3, 1930/동

표 3-11 조선인의 국외여행 기사(잡지류) : 연도순

구분	지역명	제목(잡지명 : 발행년월)
외국유학	구미, 중국(1)	수륙 이십만리 주유기(조광 1936.5~8)-중국, 독일, 영국, 미국
	독일(1)	고학생의 일기(신동아 1933.1)
외국여행	중국(13) 러시아(2)	흑룡강성 별견기(신민 1925.9), 간도행(신민 1925.11), 몽고탐사기(신민 1927.8), 만주견물기(신민 1928.10), 산해관(신가정 1935.5), 청도기행(여성 1935.5), 북중유기(조광 1936.7), 애수의 하르빈(조광 1937.8), 남만주 편답기(조광 1939.7), 연경유기(조광 1939.11), 연경의 여름(조광 1940.8), 동만의 마경, 천험촉도(조광 1941.1), 소련인상기(조광 1941.9), 만소국경 사첨삼백키로(조광 1942.4), 중경의 견문기(조광 1942.6)
	일본(2)	18세 소년이 동경에서 한 일기(조선문단 1925.4) 동경구경(조광 1936.9·11),
	구미(16)	미국통신(조선농민 1926.6), 미국에와서(조선농민 1926.6), 구라파의 녀름(신민 1926.8), 이상의 농국 : 丁抹견문기(신민 1926.10), 구미견문기(조광 1938.2), 난무하는 애로의 파리(신동아 1932.2), 미국학생의 기질(신동아 1932.5), 뉴욕의 그날, 백림의 그 새벽(신가정 1933.1), 미국대륙자동차 왕복횡단기(신동아 1935.3), 캐나다의 여름(신가정 1935. 7), 독일의 금강산 하르츠(신가정 1935.8), 구미항로의 로맨스(조광 1938.8), 백림기(조광 1939.8), 파리의 추억(조광 1940.3), 정말시찰기(조광 1940.7·8), 이탈리아기행 폼페이감상(조광 1941.1)
	동남아(3)	남양답파기(신동아 1935.1), 남해도기(조광 1939.8), 남양행(조광 1941.2·3)
	세계일주(1)	떨떨씨 뻔뻔군 세계일주여행기(신동아 1933.8·9)
	기타(2)	외국의 녀름(신여성 1926.7), 여름밤 광상곡(신동아 1936.8)
특수목적여행	구미(2)	권투선수 미국원정(조광 1937.6), 구주무용계 견문기(조광 1938.11),
	일본(5)	극동올림픽 대회참관기(신동아 1934.6), 외국영사관 통역생활 40년(조광 1937.7), 조선을 떠나면서(여성 1937.4), 제20회 신궁경기참전기(조광 1941.12), 내지농촌기행(조광 1944.2)
	기타(1)	대전기담 : 기적인 박창기회담기(조광1941.4)

자료원 : 필자 정리

아 1, 1931/동아 3, 1932/동아 2, 1936/동아 1, 1937/동아 1, 1939/동아 1), 세계일주 2건(1927/조선 1, 1933/조선 1), 구주의 경우 덴마크 2건(1926&1936/조선 2), 스위스 1건(1926/조선), 프랑스(1927/조선), 유럽순회 5건(1933&1934/동아 2, 1933/조선 1, 1937&1938/동아 2), 구미 1(1936/동아 정인섭교수) 등이다.

이중 특기할 것은 옐로스톤 국립공원(黃石公園)에 관한 기사이다. 조선일보 북미통신원 윤성순(尹珹淳)이 1927년 학생신분으로 여기서 아르바이트를 하면서 국내에 소개한 것으로 이 공원에 대한 최초의 글로 보인다(조선1927.11.15).

② 조선인의 아시아 여행

개인여행으로는 박춘우(朴春雨)의 하얼빈-블라디보스톡(海蔘威)-모스크바-레닌그라드 여행(조선, 1929.03.30~4.16 북국순례기 北國巡禮記), 1935년 한용운(韓龍雲)의 원산-블라디보스톡(1905년경의 여행담 : 조선, 1935.03.07~3.12 북대륙의 하룻밤)이며, 1937년 이약언(李約言) 목사가 호주백년기념제에 조선대표로 참가한 것 등이 있었다(동아, 1937.7.10).

중국여행은 1920년대에는 뜸하다가 일본이 1932년 만주국 설립한 때부터 북중국으로의 여행이 증대하여 각지에서 만주시찰단을 모집하였다. 동아일보에 의하면(연도/건수) 1933/8, 1934/3, 1935/1, 1936/5, 1937/6, 1938/11, 1939/6, 1940/4 이 보인다. 여정은 대련-무순-봉천-신경-하얼빈 등지, 10~12일간, 요금 50~100원(출발지에 따라 상이)이었다.

주최자는 상공회의소, 철도역, 신문사, 천일약방, 지방의회 등이었으며 여행목적은 산업경제·교육·농촌 등의 시찰이었다.

1937년 중일전쟁 발발하였고, 1938년 10월 1일부터 부산↔북경간 특급열차 개통되어 여행이 훨씬 용이해졌다. 개통일부터 10월 9일까지 조선인 총 209명(북경 44명, 천진 대련 등 62명)이 이용하였다고 한다(동아일보 1938.10.10). 북지로의 수학여행도 이루어졌다. 수학여행단이 일본인이 운영하는 여관에 투숙하는 등에 대한 비난이 있었다(동아 1930.10.31 : 조선인학생의 만주수학여행, 진의미를 갖게 하라).

한편, 해외관광단의 모집이 이루어졌음을 알 수 있다. 첫째, 대만행 관광단의 모집이 1931년(동아, 1931.7.19) 및 1932년(동아, 1932.12.23)에 각 1차례씩 실시되었다. "재팬 투어리스트 뷰로"(JTB) 조선지국이 철도국의 후원으로 부산-대만-상해-항주-부산의 13일간 여정이었다. 둘째, 블라디보스톡 관광단 모집은 청진에서 이루어졌다. 당시 상업관계가 활발했던 블라디보스톡 시찰을 위해 청진상업회의소 주최로 해항관광단(海港觀光團)을 모집한다는 기사가 있다(동아, 1928.4.12).

1935년 통계(1~11월)에 의하면 조선으로부터 만주에 여행한 단체는 140개 6300명에 달했으며, 전년대비 40%증가하였다(동아, 1935.11.28).

③ 조선인의 일본여행

1920년대의 경우는 첫째, 개인여행에 대해서는 기사가 거의 없다. "개성 부호 김원배(金元培)씨의 훤당(萱堂) 1920년 일본관광"(동아, 1920.4.17) 1건이 있을 뿐이다.

둘째, 관공서 주최관광단으로 5건이 보이며 공무원 및 지방 유력인사가 포함되었다. 보통 3주간 일정으로, 동경, 대판, 나라 등을 순회하였다. 여행안내, 여행사개입여부 등은 나와있지 않다.

셋째, 공진회(共進會) 참가 관광단이다. 대분현(大分縣)공진회(日本九州八縣聯合共進會 : 1921.3 개최)에 참가하기 위한 것으로 4건이 보인다.

넷째, 박람회 참가이다. 오사카도시박람회에 경성부 공직원 20명(20일간, 경비보조 : 1921.5.3 동아)이 관광단을 형성하였다. 또한 평화박람회(1922.4-6.동경개최), 관광단은 92개단체 4,168명에 이르렀다(동아, 1922.3.28).

다섯째, 기타 경성시내 보통학교주최 교육관광단(학부형으로 조직 : 1920.5.2 동아), 적십자조선본부 동경총회 참석(1921.3.13, 1인 130원) 등이 있었다.

이러한 일본관광 열기에 대해 언론들은 상당한 비판을 가하였다. 동아일보는 "저주하라! 평화박람회, 평화박람회와 조선인의 격렬한 공분, 동포여! 觀光을 단연 중지하라(1922.5.4)". 또한 이를 주선하는 자가 중간에서 경비를 횡령하기도 하였다.

1930년대의 경우이다. 개인여행 기사는 거의 전무하나 예술계 시찰(임서방/林曙昉일행 일본예계(藝界)시찰 1932.2.29 동아 및 심영(沈影), 박제영(朴齊英) 축음기 취임 1932.3.18 동아), 의료계(대구 동산병원 의사 2명 의료계시

찰 : 동아 1934.2.2) 등이 있다. 둘째, 순수 여행단은 일반시찰단(동아일보 예산지국 주최 : 동아 1931.9.10), 용산철도국 원족부(遠足部)에서 일본여행단 모집 5박6일(1932.12.18 동아), 철원역 벳부견학단모집 7일간 35원(동아, 1934.2.10), 신태인역 구주여행단 모집 50원(동아, 1935.3.29) 등이다. 셋째, 단체시찰단으로는 교육계 시찰단(교장, 교사, 학생 등), 상공시찰단, 府道의원시찰단, 농림수산업시찰단, 불교계시찰단(동아, 1939.5.16), 기타 오케연주단(오케 그랜드쇼 일행 : 2개월 37명 : 1939.2.29 조선) 등 6건이 있었다.

1935년 통계(1~11월)에 의하면 조선으로부터 일본내지에 여행한 단체는 135개 5,500명이었다(동아, 1935.11.28).

(2) 교통수단

관광교통은 선박과 기차가 주류를 이루었고 승용차와 비행기도 일부 이용되었다.

① 열 차

1905년 경부선이 완공되고, 경의선(1906년), 마산선(1905), 경원선(1914), 호남선(1914) 등이 건설되어 조선은 주요 간선철도망을 일단 갖추게 되었다. 1932년까지 철도수송시설을 개량하여 열차의 운행속도가 크게 빨라졌다. 부산~봉천(奉天) 구간의 화물급행열차(1932.7.1 운행시작)는 종래 운항시간을 4시간 이상 단축하였다. 또한 증기관차의 성능을 개량하여, 부산-서울(아까스까, 6시간 45분 소요), 부산-新京(히까리호 : 1934.11~.1 왕복, 1938.10~.2 왕복), 부산-봉천(노조미호 : 1934.11.1~3 왕복, 1943.4~.2 왕복)가 등장하여 부산-신경 구간의 소요시간을 12시간 단축하였다. 또한 부산-북경은 직통급행열차(1939.11~2 왕복 흥아호/興亞號, 대륙호/大陸號)로 38시간 45분이 소요되었다(정재성 : 381~383).

일본은 만주침략과 중일전쟁을 일으키면서 일(철도성선)-한(철도국선)-만주(철로총구선) 간의 연락운수를 강화하였다. 조선총독부 철도국 산하의 철도와 만주국철도를 연결하는 등 주관자를 달리하는 철도 상호간 또는 철도와 선박간의 직통운수를 시작하였다. 1936년 관부연락선을 매개로 철도국선과 철도성선의 직통 연락수송이 행해졌다. 한편, 한-만-중 간의 여객열차의 직통운항도 1934년부터 확대되어 1일 왕복운항수를 늘렸다. 1944년 10월 현재 한-만-중의 직통급행열차는 부산-북경, 부산-하얼빈, 서울-목단강이 1일 1왕복 운행되었다.

오늘날의 관광열차는 1921년에 관화열차(觀花列車)라는 이름으로 운행된 예가 있다. 5월 1일 개성(便成)의 유화세계(桃花世界)에 만철(滿鐵) 주최 경성-개성간 관화열차가 운행되었다(1921.5.1 : 동아). 또한 같은 해 남만주철도 주식회사 경성관리국은 늦은 가을 유람객을 위하야 평양유람 임시열차 운행하였다. 10월 15일 출발 1박 2일로 이등과 3등에 따라 요금이 달랐다. 점심식사는 40전짜리 밤밥(栗飯)이 제공되었다(동아, 1921.10.14).

② 선 박

국제선박의 경우 한일국제노선은 1920년 10월 1일부터 운항하였다. 즉, 신의주/진남포/인천/군산/목포/부산 각항으로부터 고베/오사카를 경유하여 횡빈에 이르는 노선이며 조선우선회사가 명령항로로 운항하였다(동아, 1920.9.24). 1923년 조선연안의 정기항로는 항로수 51개로 대부분 월 2~15회 운항이 많으며, 사용선박 64척이며, 조선에 오고가는 외선 항로는 24항로 34척이었다(관부연선 제외)(동아, 1923.8.14).

한중간 노선은 1924년 6월 1일부터 조선우선회사가 인천-군산-목포-부산-상해-청도-인천노선에 운항을 시작하였고, 왕복 약 20일이 소요되었다(동아, 1924.3.21). 한-만-중 연락운수의 확대로 도만(渡滿) 일본인과 도일(渡日) 한국인이 격증하자 관부연락선의 운행이 증편되었다. 기존의 선박 외에 금강환(金剛丸 : 1936.11.16 7천톤급), 흥안환(興安丸 : 1937.1.31 7천톤급)이 새로 투입되어, 1922.4.1 현재 1일 왕복횟수가 여객 2회, 화물 1회에서 1939.7에는 여객 3회, 화물 2회로 증가하였고, 소요시간도 8시간에서 7시간 30분으로 단축되었다.

한편, 일본의 요코하마(橫濱)와 고베(神戶)는 미국 등지로 가는 주요 항구였으며, 여기서 일본선박으로 갈아타고 미국 및 유럽으로 갈 수 있었다. 관련 선박의 기록을 보면 다음과 같다(연도는 조선인 탑승연도) 일본기선은 우선대양환(郵船大洋丸 : 1932), 질부환(跌父丸 : 1937), 전질부환(煎跌父丸(: 939),

빙천환(氷川丸 : 1930), 평안환(平安丸 : 1931), 용전환(龍田丸 : 1938), 취방환(諏訪丸 : 1940), 열하환(熱河丸 : 1939) 등이 있었다.

③ 비행기

1920년대에 서구비행기들이 조선에 들어온 기록이 있다. 이탈리아 비행기가 북경-봉천부근을 거쳐 신의주에 도착하여 만여명이 환영하였고(동아, 1920.5.24), 세계일주 프랑스비행기 대구착륙(동아일보, 1926.6.6), 독일비행기 조선경유 일본행(동아일보, 1925.7.22), 체코공화국 공중용사 평양착(조선일보, 1927.8.30), 노농국(勞農國 : 러시아)비행기 평양출발(동아일보, 1927.9.1) 등이 있다. 이들 대부분은 항공로 개척차원에서 방문한 것이다. 또한 미국 볼티모어-선 신문 사장단이 탑승한 세계유람 미국 비행기가 상해를 거쳐 여의도에 착륙하였다(동아일보, 1930.4.2).

(3) 숙 박

개화기에 현대적인 숙박시설이 들어서기 시작하였고, 일제강점기에는 더욱 발전하였다. 그러나 이는 대도시에만 가능하였고 지방이나 중소도시는 매우 낙후되어 있었다. 개항지인 인천과 서울의 숙박시설에 대해서는 외국인의 기록을 통해, 지방의 시설은 내외국인의 여행기록에서 찾아볼 수 있다.

서울의 숙박시설은 호텔의 경우 조선호텔이 가장 선호되었다. 제물포를 통해 들어오는 단체관광객들이 서울에 오면 거의 대부분이 조선호텔에 투숙하였고 일부는 반도호텔에 투숙하였다는 것은 앞에서 언급한 외국인단체 관광객관련 기사에서 확인할 수 있었다. 조선호텔은 1914년 10월 3일부터 영업을 개시하였다. 처음에는 일본 국책회사인 만철회사(滿鐵會社)가 건설하였으나, 20년대부터는 조선철도국이 직영하였다(객실 69실, 수용능력 106명).

동아일보와 조선일보를 검색한 결과 서울에는 남대문통 「원파밀(元巴密)호텔」(1922), 경성역전 「동양호텔」(1923), 「경성호텔」(서울호텔 : 1920 창립), 반도호텔(1930년) 등이 있었다.

금강산에는 만철 경성관리국이 경영하는 「장안사호텔」(1924년 낙성)이 있었으며, 매년 6.1~10.15 기간에 운영되었다. 미국관광단 십수명이 예약하였다

표 3-12 일제강점기 관광관련 서적

서 명	저자(발행처)	출판연도	출판사(인)	비 고
포왜유람기(布哇遊覽記)	현순(玄栒)	1909	경성/일한인쇄	58쪽. 하와이 여행기(포왜 : 하와이)
대한십삼도유람	정은모	1909	한성/옥호서림	47쪽
관광약기(略記)	유길준	1910.5	전주/박기순	51쪽. 나고야박람회 견문기
내지관광약기(內地觀光略記)	박영철	1913	경성/신문관	79쪽
조선명승실기(朝鮮名勝實記)	서광전	1914	경성/대동사	168쪽
여행안내		1923	경성여행안내사	20전, 조선일보 1924.8.11
유락황도기(流落荒島記)	기일(奇一), 이원모 공역	1924	경성/조선야소교서회	167쪽
이정(李町) 여행안내	조선역사 지리연구회	1926	경성/광문서시(廣文書市)	
전선(全鮮)철도 여행안내		1928	전선철도여행 안내사	조선일보, 1928.3.15
국제관광		1933.2. 창간	동경/철도성 국제관광국	재단법인 국제관광협회 발행. 정가 30전. 연 4회 발행
여행		1935?	동경/일본여행구락부	
관광조선		1939.5	일본여행협회/JTB 조선지부	격월발행
"단체여행에 관한 상식문제"		1938	철도국	단체여행에 관한 지식보급, 2만부발행(동아일보, 1938.3.9)

자료 : 한국도서해제(韓國圖書解題), 고려대학교 민족문화연구소, 1971, 48~9쪽.

는 기사가 있었고(동아, 1920.6.25), 1922년 조선호텔 지배인(和田與市)을 장안사호텔 지배인에, 부산호텔 宮川肇씨를 온정리 지배인에 임명하였다(동아일보, 1922.6.28). 정차장호텔로 「철도호텔」이 평양, 부산, 신의주 등지에 있었다.

지방에는 인천의 월미도호텔(1929년 계획), 부산의 「동래호텔, 사리원의 「장수산호텔」(1923년 건축), 「신천온천호텔」(1925 준공)이 있었으며, 자세한 내용을 알 수 없는 「성성호텔」(동아일보, 1923.4.11)이 보인다.

그림 3-9 개관시의 조선호텔

조선호텔 외관(1914) 조선호텔 볼룸(1914)

(4) 관광기록

이 시대에는 일본 또는 조선의 관광정보를 제공하기 위한 여행안내서가 발간되기 시작하였고, 외국을 여행한 사람들의 여행기가 출간되기도 하였다(〈표 3-12〉 참조).

3. 관광사적 특징

이 시기는 역사적으로 하나의 큰 변환기임에 틀림없다. 관광도 이러한 변화에서 예외일 수 없었다. 동서양을 통해 관광이 본격적으로 국제화된 가장 큰 이유의 하나는 교통수단의 발전에 기인한 것이라 해도 과언이 아니다. 19세기 중반에 유럽에서 열차와 증기선이 운행되면서 국제관광은 전에 비교할 수 없이 용이해졌다. 이러한 서양 교통기술이 일본, 중국, 러시아로 확산되면서 조선은 지리적인 이유로 개항할 수밖에 없었고 이는 외국인의 조선방문에 큰 계기를 만들었다.

첫째, 전체적으로 시대적 특징을 정의하자면, 개화기는 조선에 있어서 국제관광의 역사적 여명기였고, 일제강점기는 현대관광의 출발점이라고 정의할 수 있겠다. 그것은 개화기가 되어서야 개항과 함께 외국인들의 조선방문이 시작되었기 때문이며, 일제강점기에는 철도 및 선박교통의 급속한 발전 및 비행기의 출현으로 국내외 관광객의 이동이 급격히 증가하였고, 이와 관련된 관광산업(관광교통, 호텔, 식당, 여행업 등)이 현대적 모습을 조금씩 갖추기 시작했기 때문이다.

둘째, 관광유형 측면에서 보면 국제관광은 인바운드에서는 개화기부터 시작된 외국인의 조선방문은 그 서막을 이루었고, 1920년대부터는 개인은 물론 단체관광객의 방문이 본격화되었다. 구미(歐美)의 여행사 및 항공사들이 주최하는 유람선 단체관광객들이 큰 부분을 차지하였고, 외교관·학생·시찰단·문화예술인 등이 구미, 남미 등에서 인천을 통해 서울에 입성한 것이다. 아웃바운드 측면에서는 개화기에 극소수의 외교관들이 일본, 구미에 여행하였으나, 일제강점기에는 일본, 중국은 물론 구미까지 유학·개인여행·학술·체육·사업 등 여러 분야의 사람들이 개인적으로 또는 단체로 여행을 하게 되었다. 이들의 행적이 자주 보도됨으로써 외국의 정황과 문물이 내국인에게 자세하게 알려졌다. 따라서 근대의 관광유형은 일제강점기에 들어오면서 전통적인 개인별 또는 소규모·근거리 관광에서 조직화, 단체화, 사업화, 장거리화 되었다고 하겠다.

셋째, 교통수단의 발달은 관광의 틀을 바꾸어 놓았다. 국내철도는 원래 목적은 다른 데 있다 하더라도 중국 및 러시아 철도와 연결되어 국제관광이 가능하게 된 것은 이전에는 생각조차 할 수 없는 것이었다. 또한 국제 증기여객선의 정기운항은 서양인들의 조선방문을 현실화한 중요한 계기가 되었다. 비행기도 국제여객운송과 국내유람비행을 시작하였다.

넷째, 교통수단이 발달하면 이에 따라 숙박시설이 함께 발전하는 것은 역사적 사실이다. 개화기에 인천의 대불호텔부터 시작하여, 철도호텔, 조선호텔 등 현대식 호텔의 등장은 외국인의 조선방문에 유리한 환경을 제공하였다. 그러나 지방의 숙박시설은 일본여관이나 온천여관을 제외하고는 열악하기 그지없었다.

이상에서 본 것과 같이 우리나라의 관광은 이 시기를 거치면서 현대관광으로 진입한 것으로 보는 것이 타당할 것이다.

제6절 현 대

해방 이후의 한국관광사에 대해서는 학자마다 시대구분은 조금씩 상이하지만, 여기서는 외국인의 한국여행(인바운드)와 한국인의 해외여행(아웃바운드)로 나누어 보겠다. 필자의 현대관광사에 대한 연구가 미미하여 이 부분은 간략히 정리하기로 한다.

1. 외국인의 한국여행

외국인의 국내여행은 해방~1964년, 1965~1979, 1980~1985, 1986~현재로 구분하는 것이 좋겠다. 1965년은 한일국교정상화로 일본인 관광객의 대량유입이 가능하게 되었으며, 1980년대 초반은 국내정치의 불안으로 외국인 관광객의 증가가 둔화되었다. 1986년 아시안게임과 1988년 서울올림픽의 개최로 다시 고도성장의 길로 접어들었다.

(1) 해방~1964년

이 부분은 1945~1953년 기간과 1954~1964년 기간으로 구분할 수 있다.

해방 후 한국전쟁 이전에는 미군정의 실시로 미국인들의 왕래가 잦았으나 관광목적의 입국은 거의 없었다고 본다.

- 일본의 패망으로 일본인의 본국철수 및 재일본 조선인의 귀국
- 1949년 한미항공협정 체결 및 미국 서북항공(NWA) 한국취항
- 1950년 교통부 총무과에 관광계(觀光係) 신설
- 1952년 한중항공협정으로 서울-대북간 국제선 취항 등이 있었다.

한국전쟁 후~한일국교정상화(1965년)

- 1954년 한영잠정항공협정으로 서울-홍콩간 국제선 취항

- 1954년 교통부육운국 관광과가 설치되고
- 1956년 유엔군을 위한 코리아 하우스 개관
- 1957년 김포공항 개항 및 IUOTO(현재 WTO) 가입
- 1958년 중앙 및 지방 관광위원회 설치 등으로 관광에 대한 국가적 관심이 나타나기 시작했다.

이 시기에는 기본적인 관광기구와 조직이 형성되었다.

- 1961년 「관광사업진흥법」이 공포되어 관광사업의 법적 근거는 물론 외국인의 유치 및 관광사업진흥의 기틀을 마련하였다.
- 1962년 국제관광공사가 설립되어 정부의 국책기업으로서 활동을 하게 되었고, 1953년 교통부 관광과가 관광국으로 승격되어 행정조직 내에서의 위상을 높였다.
- 1962년 처음으로 통역안내원(현, 관광통역안내원) 자격시험을 실시하였다.
- 1963년 대한관광협회 중앙회가 설립되고 동경과 뉴욕에 해외선전사무소를 개설하여 관광객의 유치에 나섰다.

이 시기의 방한객은 미국인들이 주류를 이루었는데 그 방한목적도 1964년의 경우 공용 22.6%, 방문시찰 33.9%, 상용 20%, 관광 10%의 순이었다.

(2) 1965년~1979년

이 시기는 한국 국제관광의 성장기라고 할 수 있다. 1965년은 한일국교가 정상화된 해이다. 이 해를 기점으로 일본인 관광객의 방한이 증가하기 시작하여 1970년대 중후반에는 전체 외래객의 60%이상을 점유하게 되었다. 일본인 관광객의 한국방문은 한국국제관광의 외형적 발전에 큰 기여를 하였다.

이 시기부터 우리나라를 국제관광시장에 소개하는 활동이 본격화되었다.

- 1965년에 제14차 태평양지역관광협회(PATA)의 한국개최
- 국제관광단체에의 가입(1965년 ASTA 가입, 1966년 EATA 가입)
- 관광산업박람회의 개최
- 1968년 EATA 3차총회 서울개최

- 1969년 국제관광공사 동경지사 설립(1970년 홍콩지사, 1974 로스엔젤스 및 프랑크푸르트 지사, 1975 오사카 및 뉴욕 지사)
- 한일관광진흥협의회(1차/1971, 2차/1972, 3차/1973) 개최
- 1973년 EATA 8차 총회 서울개최
- 1975년 교통부 WTO가입

1979년 28차 PATA총회 및 19차 워크숍 개최 등이 그것이었다.

이 시기는 국제관광을 위한 국제교통이 형성되었다.

- 1963년 부산 수영비행장의 국제공항 승격 및 교통부 항공국 설치(관광공로국을 항공국과 관광국으로 분리)
- 1964년 대한항공공사 서울-오사카 국제선 첫취항
- 1969년 대한항공공사 민영화로 (주)대한항공 설립
- 1977년 부산-제주간 카페리호 취항 등이 그 주요 내용이다.

이 기간 중 관광관련 조직 및 법률의 신설·개편이 있었다. 국제관광의 규모가 커짐에 따라 정부의 조직도 체계화되어 갔다.

- 1965년 국무총리 소속하에 관광정책심의위원회의 발족(대통령령 2083호)
- 1967년 행정개혁조사위원회의 관광행정개선을 위한 보고서 발간
- 1968년 교통부가 관광행정개선 종합행정개선 종합개선실무위원회 구성
- 1970년 해외관광선전 실무조정위원회의 구성
- 1971년 청와대에 관광개발계획단 설치
- 1975년 경제장관 간담회에서 관광산업을 국가전략산업으로 지정, 동년「관광단지개발촉진법」의 제정 및「관광사업법」·「관광기본법」의 분리제정 등이 여기에 해당한다.

또한 이 기간 중에는 관광자원·개발·정책 등과 관련된 연구도 있었다.

- 1966년 USOM지원으로 한국관광지를 진단한 Morton D. Kaufman의 보고, 1971년 10대 관광권설정
- 1972년 교통부가 외래관광객 여론조사보고서 발행
- 1974년 미국 보잉(Boeing)사의 한국관광종합개발계획서 제출

• 1979년 국제관광공사의 한국관광진흥종합계획 보고서 발간 등이 그 예이다.

(3) 1980년~1985년

1979년 후반부터 1980년은 한국정치에 있어서 대변혁의 시기였다. 국내정치의 혼란과 불안은 끊임없는 대학생들의 소요와 함께 외래객의 감소를 직접적으로 유발했다. 1980년 처음으로 외래객의 감소가 있었다(전년대비 13.3% 감소). 그 이후 1985년까지 한자리 숫자의 관광객 증가를 경험하였다. 이 기간은 한국의 국제관광산업이 잠시나마 침체하였으며 다음 시기의 도약을 위한 준비기였다.

정부와 업계는 나름대로 국제관광의 진흥을 위해 노력하였다.

• 1980년 제주지역을 비자면제지역으로 지정
• 1981년 80년대 관광진흥기본방향 수립
• 1982년 경제기획원의 88서울올림픽 대비 관광종합계획단 구성 및 동년 서울국제박람회개최, 한일공동관광학회 연구발표회 개최(1차/1983, 2차/1984년) 등이 그것이다.
• ASTA(American Society of Travel Agent) 총회 서울개최

(4) 1986년~현재

1986년 아시안게임 및 1988년 서울올림픽의 유치로 단시일 내에 엄청난 외래객의 유입이 발생하였다. 이것을 계기로 한국의 국제관광은 급격한 성장을 이루었다. 정부와 업계는 이러한 급성장을 계기로 국제관광의 지속적 성장을 구상하였고 국민들의 관광의식에도 많은 변화를 이루었다.

• 1987년 서울올림픽 관광기획단발족
• 1987년 EATA 연차총회 개최, 한국국제관광진흥전 개최
• 1989년 해외여행박람회 개최
• 1993년 대전세계박람회 개최
• 1994년 PATA총회 경주개최
• 1994년 한국방문의 해로 선포

- 1998년 문화체육부를 문화관광부로 개편, 한국관광협회중앙회 설립
- 2001년 한국방문의 해(2차)
- 2002 한 · 일 월드컵축구대회 개최(한일공동 개최)

그러나 1990년대 초반 군사정부의 붕괴로 인한 소요는 일시적이었지만 관광인의 마음을 어둡게 했다. 1992년 문민정부가 들어서면서 한국의 국제적 이미지가 회복되고 정부도 관광정책에 더 큰 관심을 가지게 되었으며, 이로 인해 관광객의 발걸음도 더욱 잦아지고 있다.

1997년을 전후한 IMF 외환위기는 환율상승으로 해외여행 경비가 급등하여 국민들의 해외여행 자체가 곤란한 지경에 이르게 되었으나, 외래객의 국내여행은 큰 영향을 받지 않았다. 오히려 1997~1999년은 외국인의 입국이 평균이상으로 증가하였다.

통계적으로 보면 외래객의 입국은 1978년 일백만명을 돌파하고(1,079,396명), 1988년 2백만명(2,340,460명), 1991년 3백만명(3,196,340), 1998년 4백만명(4,250,216), 2000년 5백만명(5.321.792), 2005년 6백만명(6,021,764)대에 이르렀다. 단, 1974년은 일차 석유파동으로, 1980년은 국내정치 불안으로 관광객이 일시 감소하였다. 자세한 통계자료는 제4장을 참조.

2. 내국인의 국외여행

1983년 이전까지만 해도 한국인의 국외여행은 일부 계층을 제외하고 그림의 떡이었다. 정부는 국제관광을 외화수입이라는 절박한 목적에만 국한시켰기 때문에 내국인의 국외관광은 염두에 두지 않았다. 올림픽 이전에 한국인의 국외여행은 상업여행이 주류를 이루었고, 공무 및 시찰, 친지방문, 국제행사(문화, 스포츠, 학술 등) 참석목적으로만 가능했다. 즉 관광여행 목적으로 국외여행이 허용되지 않았다.

1983년 50세 이상의 국민에 한하여 관광여권이 발급되면서 관광목적의 국외여행이 처음으로 허용되었다. 그 후 이 조치는 국외여행 허용연령을 1987년 9월에 45세로, 동년 12월에 40세로 낮추었다. 그리고 1989년 1월 1일을 기해서 국외여행의 전면자유화를 실시하여 국민의 여행권리와 욕구가 충족되기에 이

르렀다.

여기서 1989년 정부가 국민의 해외여행을 전면적으로 자유화한 배경에 대해 살펴보자.

첫째, 정치적 요인으로, 6공화국은 5공화국과는 다른 무엇을 국민에게 선물하고자 하였다. 올림픽으로 국제적 이동이 급격히 증대된 시점에 국민들, 특히 중산층 이상의 요구사항이었던 해외여행자유화는 6공화국 출범에 따른 대국민 선물이었다.

둘째, 경제적 이유이다. 건국 이래 최초의 국제수지 흑자를 몇 년간 기록하면서, 그동안 국제수지 방어용으로 이용되었던 국민의 해외여행 억제가 그 명

표 3-13 한국의 국외여행 자유화 단계

① 1981. 8. 1	국민의 국외여행 완화(방문 · 관광여권을 제외하고 모두 복수여권화)
② 1982. 7. 1	국외여행 절차 완화(대학생 단기국외연수 허용, 친지초청에 의한 국외여행 허용)
③ 1987. 1. 1	50세 이상 국민에 한하여 관광여권 발급으로 관광목적 국외여행이 처음으로 허용, 국외여행 완화조치 이후 관광수지가 적자현상을 보임에 따라 무분별한 국외여행을 사전 규제하고, 관광목적으로 국외여행을 하고자 하는 경우 국내은행에 200만원을 예치하도록 함으로써 간접적 규제
④ 1987. 9.12	여권법 개정으로 예치금제도를 폐지, 관광 및 친지방문을 목적으로 여권을 신청하는 사람이 제출하는 귀국서약제 폐지
⑤ 1987. 9.16	여권법 시행규칙의 개정(외무부령 제132호) • 5인 이상이 단체로 상용 또는 문화여권을 신청하는 경우 시행했던 특별심사를 20인 이상에만 적용 • 50세 이상인 자에게만 발급하던 관광여권을 45세 이상으로 완화 • 방문목적의 여행을 1년에 1회로 제한하던 것을 6개월로 감축
⑥ 1987.12.31	여권법 시행규칙의 개정(외무부령 제135호) • 부부동반 상용 또는 문화목적 초청여행 허용 • 관광여권을 45세 이상에서 40세 이상으로 완화(부부동반 여행인 경우 부부중 일방이 40세 미만이라도 여행가능) • 방문목적으로 여행한 자는 귀국후 6개월 이내, 관광목적으로 여행하는 자는 귀국후 1년 이내 여권발급의 제한을 폐지 • 종래 1년 이내 관광목적의 모든 여행을 제한하던 것을 귀국후 6개월 이내로 완화
⑦ 1989. 1. 1	국외여행 연령제한 폐지 및 전면자유화

자료 : 최승이, 국제관광론(서울 : 대왕사, 1993), p. 89.

분을 잃게 되었다는 점이다.

셋째, 대북정책에서의 자신감이다. 그동안 국민의 해외여행을 억제한 이유 중의 하나가 북한의 대남공작에 관광객들이 말려들 수 있기 때문이었다. 국력의 신장과 더불어 이러한 우려요인이 감소하였다.

넷째, 국민들의 국외여행욕구가 증대하였고 중산층 이상의 사람들은 문화·상용 등의 여권으로 실질적으로는 관광여행을 하고 있었다. 또한 그동안 독재정권의 정권안정차원에서 국민들의 해외여행을 억제하였지만, 이제 국민들의 정치의식이 많이 높아졌기 때문에 국외여행을 개방함으로써 실보다 득이 많다는 결론이 났기 때문이다.

이러한 해외여행 자유화조치로 국민들의 국외여행자 수가 폭발적으로 증가하여 1989년 처음으로 백만명을 돌파하고(1,213,112명) 불과 3년후인 1992년 2백만명(2,043,299)으로 늘어났다. 1994년 3백만명(3.154.326), 1996년 4백만명(4,649,251), 2000년(5,508,242), 2001년 6백만명(6,084,476), 2002년 7백만명(7,123,407), 2004년 8백만명(8,825,585), 2005년 드디어 천만명(10,077,619) 해외여행 시대가 도래하였다.

자세한 관련 통계자료는 제4장을 참조.

오늘의 교훈

漢書(한서)에 云(운) 黃金滿籯(황금만영)이 不如教子一經(불여교자일경)이요 賜子千金(사자천금)이 不如教子一藝(불여교자일예)니라.

『한서』에 이르기를, "황금이 상자에 가득 차 있다해도 자식에게 경서 하나를 가르치는 것만 같지 못하고, 자식에게 천금을 물려 준다 해도 기술 한 가지를 가르치는 것만 못하느니라."고 하였다.

명심보감 : 훈자편(訓子篇)

참고문헌

(삼국시대 관련)

각훈(覺訓 : 고려중기). 해동고승전(海東高僧傳). 을유문화사(을유문고 161), 1983.
김부식(金富軾 : 1075~1151). 삼국사기(三國史記). 양우당, 1988.
안정복(安鼎福 : 1712~1791). 동사강목(東史綱目). 민족문화추진회, 1988.
일 연(一然 : 1206~1289). 삼국유사(三國遺史). 을유문화사, 1985.
최치원(崔致遠 : 857~?). 계원필경(桂苑筆耕). 성균관대학교 대동문화연구소, 1972.
최문창후(崔文昌侯) 전집. 성균관대학교 대동문화연구소, 1972.
한국사대사전. 고려출판사, 1996.
한국인물대사전. 중앙일보, 1999.

(고려시대 관련)

권 근(權 近 : 1352~1409). 양촌집(陽村集), 민족문화추진위원회, 국역 양촌집, 1986.
길 재(吉 再 : 1535~1419). 야은집(冶隱集), 양우당, 1988.
김상기(金庠其). 신편 고려시대사, 서울대학교 출판부, 1986.
박은순, 금강산도(金剛山圖)연구, 일지사, 1997.
서 긍(徐 兢). 고려도경(高麗圖經). 민족문화문고간행회, 1988.
서거정(徐居正 : 1429~1488) 외. 동문선(東文選), 민족문화추진회, 국역동문선, 1988,
신용개(申用漑 : 1463~1519) 외. 속동문선(續東文選), 국역동문선, 1988, 고전국역 총서,
이규보(李奎報 : 1168~1214). 백운소설. 양우당, 1988.
이달진(李達鎭). 한국한시(韓國漢詩). 전3권, 민음사, 1989.
이숭인(李崇仁 : 1347~1392). 도은집(陶隱集). 양우당, 1989.
이 색(李 穡 : 1328~1396). 목은집(牧隱集). 양우당, 1989.
이인로(李仁老 : 1152~1220). 파한집(破閑集). 양우당, 1988.
이제현(李齊賢 : 1287~1367). 낙옹패설(樂翁稗說). 양우당, 1988.
이제현(李齊賢), 익재집(益齋集). 민족문화추진위원회, 국역 익재집 전2권, 1980.
이현희(李炫熙). 한국의 역사, 제2권 및 6권. 학원출판공사, 1988.
정도전(鄭道傳 : 1342~1398). 삼봉집(三峯集), 민족문화추진위원회, 국역삼봉집, 1978.
정몽주(鄭夢周 : 1337~1392). 포은집(圃隱集). 양우당, 1988.
최 자(崔 滋 : 1188~1260). 보한집(補閑集). 양우당, 1988.
고려명현집. 1988, 민족문화문고간행회
북역(北譯). 고려사, 고전연구실 편찬, 신서원 편집부 편집, 1991, 전11권.
고려사절요. 전6권, 민족문화추진회, 1989.

한국인물대사전, 한국정신문화연구원, 중앙일보, 1999.

(조선시대 관련)

강주진(姜周鎭). 해행총재해제(海行總載解題). 민족문화추진위원회, 1974.
권오순(權五淳). 송우암의 생애와 사상. 한국사상대전집 제13권. 양우당, 1988.
김매순(金邁淳 : 1776~1840). 열양세시기(洌陽歲時記). 양우당,1988.
김인겸(金仁謙 : 1707~1772). 일동장유가(日東壯遊歌). 한국고전문학. 보성출판사, 1978.
박세당(朴世堂 : 1629~1703). 사변록(思辨錄). 양우당, 1988.
박제가(朴齊家 : 1750~?). 북학의(北學義). 이석호역. 한국명저대전집. 서울 : 대양서적, 1973.
박지원(朴趾源 : 1737~1805). 열하일기(熱河日記). 한국명저대전집. 서울 : 대양서적, 1973.
백광홍(白光弘). 관서별곡(關西別曲). 이상보편저. 한국가사선집. 집문당, 1981.
반윤홍(潘允洪). 조선시대강론. 교문사, 1986.
서경덕(徐敬德 : 1489~1546). 김학주역. 화담집(花潭集). 양우당, 1988.
송시열(宋時烈 : 1607~1689). 송자대전(宋子大全). 정유봉사(丁酉封事). 양우당, 1988.
신유한(申維翰 : 1681~1752). 해유록(海遊錄). 정음문고125. 정음사, 1979.
유길준(兪吉濬 : 1856~1914). 서유견문(西遊見聞)(前)」박영문고 92. 박영사, 1979.
유득공(柳得恭 : 1749~?). 연대재유록(燕臺再遊錄). 국역 연행록선집 7, 민족문화추진회, 1989.
유 정(惟 政 : 1544~1610). 이민수역. 사명당대사집(四溟堂大師集). 양우당, 1988.
이상보(李相寶) 편저. 한국가사선집, 집문당, 1981.
이 이(李 珥 : 1536~1584). 이민수역. 격몽요결(擊蒙要訣). 을유문화사, 1992.
이중환(李重煥 : 1690~1752). 택리지(擇里志). 한국명저대전집. 대양서적, 1973.
이항로(李恒老 : 1792~1868). 화서집(華西集). 양우당, 1988.
이 황(李 滉 : 1501~1570). 퇴계집(退溪集). 성균관대학교, 退溪全書, 1988.
조우인(曺友仁 : 1561~1625). 관동속별곡(關東續別曲). 한국가사선집. 집문당, 1981.
전해종(全海宗). 한국조공관계고. 동양사연구회, 1966.
최강현(崔康賢). 한국기행문학연구. 일지사, 1982.
채제공(蔡濟恭 : 1720~1799). 번암집(樊巖集). 양우당, 1988.
홍대용(洪大容 : 1731~1783). 담헌서(湛軒書). 양우당, 1988.
홍순학(洪淳學 : 1842~1892). 연행가. 기행가사집. 신구문고 31. 1976.
하기락. 조선철학사. 형설출판사, 1992
한우근(韓佑劤). 한국통사. 을유문화사, 1986.
휴 정(休 靜 : 1520~1604). 법정역. 서산대사집. 양우당, 1988.

한경수. : 한국관광사연구
1편 : 조선시대관유여행에 관한 연구. 관광연구논집 제5집. 관광개발연구소. 1988.
2편 : 조선시대공무여행에 관한 연구. 계명연구논총 제6집. 계명전문대학, 1988.
3편 : 관광의 어원 및 용례에 관한 연구. 관광학연구 제13호. 한국관광학회, 1989.
4편 : 고려시대의 관광에 관한 연구. 관광연구 제2집. 영남관광학회, 1992
5편 : 고려시대의 관광사상과 관광용어에 관한 연구. 관광연구 제3집. 대한관광경영학회, 1993
6편 : 고려시대의 관광유형에 관한 연구. 계명연구논총 제11집. 계명전문대학. 1993.
7편 : 조선전기의 관광사상에 관한 연구(1). 관광연구 제12집. 대한관광경영학회, 1998.
8편 : 조선후기의 관광에 관한 연구. 관광경영학연구 제4호. 한국관광경영학회, 1999.
9편 : 삼국시대의 여행에 관한 연구. 관광연구 제14호. 대한관광경영학회, 1999.
10편 : 한국관광사연구의 현황과 접근방법. 관광학연구 제24권(통권33), 2001.
11편 : 한국에 있어서 관광의 역사적 의미 및 용례. 관광학연구 제25권(통권36), 2001.
12편 : 개화기 서구인의 조선여행. 관광학연구, 제26권(통권40), 2002.
13편 : 한국의 근대 전환기 관광(1880-1940), 관광학연구 제29권(통권51), 2005.

신문 및 잡지자료(1880~1940)

명 칭	발간기간	관련 자료수	명 칭	발간기간	관련 자료수
한성순보 (漢城旬報)	1883.10.30~1884.12.4	10	조선지광 (朝鮮之光)	1922.9~1930.11	6
한성주보 (漢城周報)	1886.1.25~1888. 7. 7	3	조선문단	1924.10~1935.12	5
독립신문 (獨立新聞)	1896.4.7.~1899.12.4	98	신여성	1924(통50호)	9
협성회회보 (매일신문)	1898.4.9~1899.4.3	20	조선농민	1925.12~1930.1	5
황성신문 (皇城新聞)	1898.9.5~1910.9.14	128	신동아	1931.11~1936.9.9	69
조선일보	1920.3.5.~1940.8.10	314	조광 (朝光)	1935.1~1944.8	95
동아일보	1920.4.1.~1940.8.10	540	여성	1936.4 ~1940.12.1	14
소년	1908.11~1911.5	18	신가정	1933.1~	15
태서문예신보 泰西文藝新報	1918.9.26~1919.2.17	0			

자료원 : 국립중앙도서관, 계명대학교도서관, 계명문화대학도서관, 개인소장 자료.

CHAPTER 04

국제관광의 동향과 전망

제1절 국제관광의 환경

관광산업은 21세기 체험경제시대의 신성장동력 산업으로 발돋움하고 있으며, 삶의 가치가 여가 · 문화 · 관광 등 체험 및 감성소비를 중요시하는 패러다임으로 변화함에 따라 세계 각국은 전통적인 제조업 중심에서 문화, 관광 등 소프트산업의 경쟁력 강화에 노력을 집중하고 있다.

글로벌시대의 세계관광시장은 끊임없는 성장을 지속할 것으로 전망되는데 세계관광기구(UNWTO)는 「Tourism 2020 Vision」의 장기전망을 통해 전 세계 국제관광객수는 1995년 5.6억 명에서 2010년 10억 명, 2020년 15.6억 명으로 성장할 것으로 전망하고 있으며, 세계여행관광협의회(WTTC)는 2010년까지 관광산업이 세계 GDP의 11.6%로 성장하고, 세계 총고용의 9%가 관광관련 산업에 종사할 것으로 전망하고 있다.

특히 동북아시아 지역이 국제관광목적지로 급성장하고, 중국이 세계 최대 잠재관광시장으로 부상하고 있으며, 한 · 중 · 일 · 러를 중심으로 한 동북아 지역이 세계 주요 경제블럭으로 등장하면서 관광시장 또한 경제성장을 바탕으로 고속성장 초기단계에 진입하고 있어 역내 · 외 관광수요와 공급이 급증할 것으로 전망된다.

아 · 태 국가들의 전략적 관광산업 육성과 관광객 유치경쟁이 더욱 심화되고 있으며, 선진국을 비롯한 세계 각국과 지자체는 지역성장과 고용창출을 위해 관광산업을 21세기 국가전략산업으로 육성하고자 싱가포르의 「Tourism 21 : Vision of a Tourism Capital」, 호주의 「Tourism : A Ticket to the 21st Century」, 일본의 「New Welcome Plan 21」, 중국의 「관광비전계획」 등 관광진흥정책을 수립하여 추진하고 있다.

아울러 자연생태환경에 대한 관심으로 지속가능한 관광개발 및 New Tourism에 대한 관심과 실천이 증대되고 있으며, 21세기에는 자연환경 파괴와 자원고갈 가속화에 대응하여 지구차원의 환경협력이 강화되고 환경보존의 중요성에 대한 인식과 관심이 더욱 증대될 전망이다. 그리고 지속가능한 관광에 대한 국제적, 정책적 중요도가 확대되면서 기존 대량관광에 대한 반작용과 환경보전에 대한 인식 증대에 기초하여 자연환경을 보전하면서 체험하는 자연친화적 관광형태의 New Tourism이 부상하고 있고, 최근에는 생태관광, 녹색관광 등 새로운 형태의 관광유형이 각광받고 있다.

그러나 전쟁, 테러, 질병 등 예측 불가능한 위기요인이 상존하고 있어 국제관광환경의 불안정 요소가 잠재되어 있다. 2003년 SARS와 이라크 전쟁, 2004년 동남아시아 지진 해일 쓰나미, 그리고 2005년 발리와 영국의 폭탄테러, 지중해 지역에서 시작된 조류독감, 유가 급등, 불확실한 세계정세의 변동 등은 국제관광시장을 급격히 위축시키며 불황을 야기하는 요인이므로 국제관광환경변화에 대한 적절한 대응과 위기관리시스템, 국가별 관계개선에 대한 전략적 정책이 그 어느 때보다도 절실히 요구되는 시기라 할 수 있다.

한편, 디지털화에 따른 기술발달로 인터넷 전자상거래 등 신관광사업 출현이 확대되고 있다. 정보와 지식에 대한 수요 증가, 디지털기술 발전, 네트워크화 진전에 따라 전 세계적으로 디지털 경제가 급속하게 확산되어 시·공간의 제약이 사라지고 있으며, 이를 반영하여 인터넷을 통한 관광산업간 및 관광산업과 개인간의 거래장벽 해소에 따라 IT를 기반으로 하는 신관광산업이 지속적으로 등장하고 있다. 이와 함께 관광사업체의 경영효율화 작업이 가속화되고 있으며, 이미 유럽연합을 중심으로 관광 총경비에서 상당부분을 차지하고 있는 항공 및 숙박료에 대한 저비용 경영체제가 성공을 거두고 있다. 관광산업의 경쟁력 확보를 위하여 각국은 이러한 사업모델을 도입하여 시행하기 위한 방안을 강구하고 있으며, 특히 경제블록 및 FTA 확대로 역내 관광경비 절감을 위한 경영효율화 방안이 다각도로 모색되고 있다.

국제적인 관광행태는 지속적으로 다변화되고 다양화되고 있다. 세계화와 지역주의의 가속화, 정보통신기술의 영향력 확대 등으로 해외여행이 보편화되고 있고, 오지여행이 증가하고 있으며 3Es(Entertainment, Excitement, Education)

를 결합한 테마형 관광상품 등이 부상하고 있다. 또한 쾌적한 자연환경, 고유한 문화유산, 삶의 질 추구 등 세계관광시장의 조류 변화로 단체관광, 대중관광에서 모험관광, 생태관광, 녹색관광, 문화관광, 테마관광 등 체험을 중요시하고 보다 세분화된 대안관광(alternative tourism)으로 전환될 전망이다.

최근 세계관광기구(UNWTO)를 비롯하여 APEC, ASEAN, ESCAP, PATA, UNDP, OECD 등의 국제기구는 관광을 통한 국제협력에 공동노력을 기울이고 있고, 개별 국가간 협정도 지속적으로 체결하고 있다. 우리나라도 이러한 관광을 통한 국제협력 노력에 주도적인 역할을 담당하고 있으며, 특히 2005년에는 처음으로 집행이사회 의장국으로 선임되어 남아시아 지진·해일 피해 당시 긴급집행이사회를 소집, 주재하여 WTO 푸켓액션플랜을 채택하여 실천하였고 6월 집행이사회에서는 차기 사무총장 선출, ST-EP재단 설립 정관안 확정 등의 성과를 거두는 등 국제관광계의 새로운 리더로서의 역할을 수행하고 있다.

결론적으로 동북아 시장을 둘러싼 관광시장의 팽창과 이에 따른 각국의 경쟁이 치열해짐에 따라, 동북아 시대를 준비하고 국제환경 변화에 대응하기 위해 진정한 비교우위를 점할 수 있는 우리다운 것, 우리스러운 것, 즉 한국스러운 것의 고급화를 추구해야 하며, 관광 편의성을 높이기 위한 출입국절차, 국제관광 교통체계 및 관광기반시설 개선 노력이 그 어느 때보다 요구되는 시점이다. (문화관광부, '2006년도 관광동향에 관한 연차보고서', pp. 11~13.)

제 2 절 국제관광의 동향

1. 세계관광동향

(1) 개 관

2005년 세계관광시장은 발리와 영국의 폭탄테러, 지진해일 쓰나미, 지중해 지역에서 시작된 조류독감, 유가 급등, 불확실한 세계정세 변동 등 여러 악재들에도 불구하고 2004년에 시작된 상승세를 유지하였다. 세계관광기구(UNWTO)의 통계자료에 의하면 2005년 국제관광객 수는 2004년의 7억 6천600만명에서 8억 800만명으로 증가하여 사상 최초로 8억명을 돌파하였다. 이는 단지 5.5%가 증가했다는 것을 의미하는 것이 아니라 2004년에 달성된 기록적인 성장세(+10%)가 이제는 안정권에 접어들었다는 것을 의미한다.

2006년에도 현재의 점진적 성장세가 지속되어 세계 관광객 수가 4~5% 정도 증가될 전망이다. 이는 2005년에 비해 1% 정도 낮지만 장기적인 연간 성장률인 4.1%보다는 여전히 높은 수치이다. 이러한 전망은 세계 대부분의 지역에서 경제가 호전되고 있으며, 특히 가장 중요한 송출국인 독일의 경제상황이 좋아지고 있다는 사실이 그러한 전망을 뒷받침한다.

대륙별 동향을 살펴보면 아프리카는 전년대비 10%의 성장률로 성장을 주도하였는데 성장세는 사하라 이남지역이 이북지역보다 높은 12.6%로 상승하였

표 4-1 세계관광 성장추세

연 도	관광객(백만명)	성장률(%)	관광수입(10억불)	성장률(%)
1950	25.3	-	2.1	-
1960	69.3	10.6	6.9	10.6
1970	165.8	15.5	17.9	6.6
1980	286.0	1.0	105.3	26.4
1990	455.9	6.9	280.0	19.3
1991	464.0	1.3	277.6	5.1
1992	503.4	5.5	315.1	13.5
1993	519.0	3.1	324.1	2.9
1994	550.5	6.1	354.0	9.2
1995	565.5	2.7	423.0	19.5
1996	596.5	5.5	435.6	3.0
1997	610.8	2.4	436.0	0.1
1998	625.5	2.4	444.7	2.0
1999	643.5	2.9	457.2	2.8
2000	689.0	7.1	496.0	8.5
2001	688.0	-0.1	482.0	-2.9
2002	709.0	3.1	482.0	0.0
2003	697.0	-1.7	524.0	8.7
2004	766.0	10.0	623.0*	18.9
2005	808.0	5.5	-	-

자료 : UNWTO

표 4-2 지역별 세계관광객 수(2000~2005)

	관광객수(백만명)						성장률(%)		구성비(%)	
	2005	2004	2003	2002	2001	2000	05/04	04/03	2005	2000
전세계	808	766	697	709	688	689	5.5	10.0	100	100
아·태	156.2	145.4	114.2	126.1	116.6	111.4	7.4	27.3	19.3	16.2
유럽	443.9	425.6	408.6	407.4	395.8	396.2	4.3	4.2	54.9	57.5
미주	133.1	125.8	113.1	116.7	122.2	128.2	5.8	11.2	16.5	18.6
아프리카	36.7	33.3	30.7	29.5	28.9	28.2	10.1	8.4	4.5	4.1
중동	38.4	35.9	30.0	29.2	25.0	25.2	6.9	19.8	4.8	3.7

자료 : UNWTO Tourism Barometer(2006.1)

표 4-3 지역별 세계 관광수입(2003~2004)

	관광수입(10억달러)		성장률(%)		구성비(%)	
	2004	2003	04/03	03/02	2004	2003
전세계	623	524	9.1	−3.1	100	100
아·태	125	95	24.7	−9.9	20.1	18.0
유럽	327	283	2.6	−2.6	52.5	54.0
미주	131	114	11.1	−1.5	21.1	21.8
아프리카	18	16	5.3	6.4	2.9	3.0
중동	21	17	21.9	13.8	3.4	3.2

자료 : UNWTO Tourism Highlight. 2005 edition(2004년은 잠정치, 2005는 미집계)

표 4-4 주요 국가 외래관광객 현황(2004*)

순위	국가명	방문객수(백만명)	증가율(%)	점유율(%)
1	프랑스	75.1	0.1	9.8
2	스페인	53.6	3.4	7.0
3	미국	46.1	11.8	6.0
4	중국	41.8	26.7	5.5
5	이탈리아	37.1	−6.4	4.9
6	영국	27.8	12.3	3.6
7	홍콩	21.8	40.4	2.9
8	멕시코	20.6	10.5	2.7
9	독일	20.1	9.5	2.6
10	오스트리아	19.4	1.5	2.5

자료 : UNWTO Tourism Highlight. 2005 edition(2004년은 잠정치)

표 4-5 주요국가 관광수입 현황(2003~2004)

2004년 순위	국가명	관광수입(십억달러)		증가율(%)	점유율(%)
		2004	2003		
1	미국	74.5	64.3	15.9	12.0
2	스페인	45.2	39.6	14.1	7.3
3	프랑스	40.8	36.6	11.5	6.6
4	이탈리아	35.7	31.2	12.6	5.7
5	독일	27.7	23.1	19.9	4.4
6	영국	27.3	22.7	20.3	4.4
7	중국	25.7	17.4	47.7	4.1
8	터키	15.9	13.2	20.5	2.6
9	오스트리아	15.4	14.0	10.0	2.5
10	호주	13.0	10.3	26.2	2.1

자료 : UNWTO Tourism Highlight, 2005 edition

다. 아시아 · 태평양지역은 2003년 SARS에 대한 반등으로 27.3%라는 예외적인 성장률을 기록하였으나, 2005년 초에 발생한 지진해일 쓰나미의 영향으로 또다시 위기가 있었다. 전반적으로는 7.4%의 성장률로 높은 성장세를 보이고 있으며, 특히 한국을 비롯하여 중국, 홍콩, 일본, 마카오, 타이완이 속한 북동아시아는 10.2%의 두드러진 성장률을 보였다. 그밖에 관광객 4억 4,390만명을 유치하여 꾸준히 1위의 자리를 지키고있는 유럽은 4.3%의 성장률로 세계 평균성장률보다는 낮게 나타났으며, 1억 3,310만명의 관광객을 유치한 미주는 5.8% 증가하고, 중동지역도 3,840만 명으로 2004년에 비해 6.9%의 증가를 기록하였다.

2. 한국의 국제관광동향

(1) 외래관광객 입국동향

① 개 관

2005년은 드라마 〈대장금〉 등을 테마로 한 한류마케팅의 성공으로 방한외래객수가 602만명에 달해 처음으로 600만명을 돌파하였다. 그러나 독도와 교과서 문제로 인한 한일관계 악화(3월), 엔화와 달러 약세, 일본의 노비자 입국 확대와 만국박람회 개최(3~9월), 국적 항공사의 파업(아시아나항공 8월, 대한항공 12월) 등 부정적인 요인으로 2004년에 비해서는 3.5% 증가에 그쳤다.

목적별로 관광목적의 입국자는 3.9%, 업무목적의 입국자가 13.9% 증가하여 부정적인 요인들이 관광목적 입국자에 더 크게 영향을 미친 것으로 판단된다.

② 주요 시장별 입국현황

아시아인 방문객은 전체의 74.5%(448만 9,048명)를 차지하여 전년대비 4.1% 증가했으며, 미주인은 전체의 10.6%(64만 43명)로 4.8%, 유럽인들은 8.4%(50만 9,000명)로 2.1% 증가하였다. 기타 대양주, 아프리카, 교포시장의 구성비가 6.4%인데 교포시장의 경우 2004년 대비 6.5% 감소하였다.

ⓐ 일 본

드라마 〈겨울연가〉 인기에 의한 한류붐으로 1/4분기 방한 일본인은 전년 동기대비 25.4%라는 큰 폭의 증가를 보였다. 그러나 독도·교과서 문제 발생으로 3월말부터 한일관계가 악화되며 양국간 여러 단체들의 교류활동 중단, 수학여행 취소 등이 이어졌고, 5월부터 마이너스 성장을 나타냈다. 또한 3월부터 9월까지 개최된 아이치만국박람회는 일본인들이 해외여행보다는 국내여행을 하게 하는 역할을 하였으며, 1월에 100엔=1,000원을 기록하던 환율이 12월에는 860원으로 하락하는 등 엔화 약세도 일본인 방한의 발목을 잡는 요인으로 작용하였다. 동남아 지진과 테러도 일본인 해외여행 감소에 영향을 미쳐 4~12월에는 9% 감소, 2005년 전체로는 0.1% 감소한 243만 9,809명을 기록하였다. 일본은 2005년에도 제1시장 자리를 지켰으나 전체 방한객의 40.5%를 차지해 2004년에 비해 1.5%포인트 감소하였다.

일본인의 방한목적은 여전히 관광목적의 비중이 커 전체의 95% 이상을 차지하였으며, 남성대 여성비율은 52.5 : 47.5로 여성의 비중이 2004년에 비해 4.3%포인트 커져 2003년 이후부터 점차 여성의 방한비율이 증가하는 추세를 보였다(여성 방한비율 : 2003년 37.2% → 2004년 43.2% → 2005년 47.5%). 연령별로는 2004년과 마찬가지로 50대가 21.4%로 가장 많고 이어 30대(20.5%), 40대(19.9%), 20대 순으로 나타났다. 그러나 연령을 남성과 여성으로 나누어 보면 남성은 50대, 40대, 30대 순이나, 여성은 20대, 30대, 50대 순으로 다소 차이를 보였다.

월별 일본인 입국을 살펴보면 1월에 36.6% 증가하는 등 1/4분기에는 25%의 증가를 기록하였으나, 독도와 역사교과서 문제가 발생한 4월에는 증가폭이 둔화되었다. 이어 5월에는 양국 간 감정대립이 표면화되면서 감소를 나타내는 등 6월에 가장 큰 폭의 감소(−14.2%)를 기록하였으며 최고 25만여명(3월)과 최저 16만 8,000여명(5월)이 방한하였다.

ⓑ 중 국

2005년 중국인 방한객은 시장점유율 11.8%(2004년에 비해 1%포인트 증가), 70만 9,836명으로 전년대비 13.2% 증가하여 성장폭이 다소 둔화되었는데, 이는 중국인 여행가능 국가가 확대되었기 때문으로 판단된다(2004년 +22.3%). 1997년 우리나라가 중국인의 해외여행자유화 국가로 지정되며 방한 중국인이 20만명대에 올라선 이래 2000년에 40만명대, 2004년에 60만명대를 거쳐 2005년에 70만명대에 이르렀다. 이러한 중국시장의 비약적인 성장으로 2000년에 전체 방한시장의 3위였던 중국시장은 2001년부터 2위의 자리를 지키고 있다.

중국인 방한객을 목적별로 살펴보면 44.3%(2004년 대비 2.1%포인트 증가)를 차지하는 관광목적은 전년대비 18.6% 성장한 31만 4,176명, 업무목적은 28.8% 증가한 11만 6,005명 그리고 승무원(23만 1,865명)이 포함된 기타 목적은 2.7% 증가한 27만 9,655명으로, 일본에 비해서는 관광목적의 방한 비율이 낮았다.

월별로는 10월 방한객이 7만 3,367명에 달해 월 입국 규모로는 최고를 기록하는 등 1월에만 감소(2004년의 설연휴가 1월에 위치)를 나타냈고 매월 전년 동월 대비 증가를 기록하였다.

ⓒ 미 국

미국인 방한객은 53만 629명으로 3.8% 증가해 2004년에 비해 안정적인 증가세를 나타내었고(2004년 21.2% 증가), 시장점유율은 2004년과 같은 8.8%를 차지하며 3위를 기록하였다. 테러와 질병 등으로 미국인의 장거리 해외여행이 감소하는 추세를 보인 반면, 교포시장에 한류상품이 관심을 끌면서 2004년에 이어 2년 연속 증가하는 성과를 이루었다.

미국인의 방한 현황을 살펴보면 목적별로는 전체의 73.6%(2004년 대비 1.6%포인트 증가)를 차지하며 주를 이루는 관광목적과 11%를 차지하는 업무목적이 2004년 대비 각각 5.5%, 3.9% 증가하여 고른 성장세를 나타내었다. 성별로는 남성이 63%로 여성보다 많지만, 성장률은 남성과 여성이 각각 5.4%, 6.9% 증가해 여성의 증가율이 더 컸다. 월별로는 6월, 7월, 10월에 5만명이 넘었으며, 분기로는 2/4분기(29.0%), 3/4분기(26.1%)에 많았다.

한-미 항공기 운항횟수가 2004년 756회에서 2005년에는 826회로 증가한 것이 미국인 방한객 증가의 주된 요인으로 판단된다.

ⓓ 대 만

대만인 방한객은 35만 1,421명으로 2004년 대비 15.3% 증가해 양국간 국적기 복항이 본격화된 2004년의 증가율에는 미치지 못하였으나 여전히 두 자리수 성장을 유지, 사상 최대를 기록하며 4위의 자리를 지켰다.

표 4-6 연도별 외래방문객 입국 현황

연도	외래객 방문수(명)	증가율(%)	연도	외래객 방문수(명)	증가율(%)
1962	15,184	36.7	1989	2,728,054	16.6
1970	173,335	36.8	1990	2,958,839	5.5
1974	517,590	−23.8	1991	3,196,340	5.0
1975	632,846	22.3	1992	3,231,081	1.1
1976	834,239	31.8	1993	3,331,226	3.1
1977	949,666	13.8	1994	3,580,024	7.5
1978	1,079,396	13.7	1995	3,753,197	4.8
1979	1,126,100	4.3	1996	3,683,779	−1.8
1980	976,415	−13.3	1997	3,908,140	6.1
1981	1,093,214	12.0	1998	4,250,216	8.8
1982	1,145,044	4.7	1999	4,659,785	9.6
1983	1,194,551	4.3	2000	5,321,792	14.2
1984	1,297,318	8.6	2001	5,147,204	−3.3
1985	1,426,045	9.9	2002	5,347,468	3.9
1986	1,659,975	16.4	2003	4,752,762	−11.1
1987	1,874,501	12.9	2004	5,818,138	22.4
1988	2,340,462	24.9	2005	6,021,764	3.5

자료 : 한국관광공사, 관광통계

목적별로는 관광목적이 전체의 97%로 대부분의 대만인이 관광목적으로 방한하고 있으며, 성별로는 여성이 58%로 남성보다 많이 방한하는 추세를 보였다. 월별로는 6월과 11월을 제외하고 매월 2004년 동월 대비 성장을 나타내었으며, 상반기 중에는 2004년 상반기 대비 25.5% 증가한 반면 하반기는 6.3% 증가하였다. 가장 방한객이 많았던 달은 설연휴가 있었던 2월(전체의 10.9%)이며 두 번째는 여름방학과 휴가기간인 7월(9.9%)이다.

대만인 방한객의 증가는 항공노선의 꾸준한 증가와 〈대장금〉 등 한국문화의 확산에 기인하는데, 경쟁국 일본이 만국박람회 개최와 관련하여 대만인에게 단기 사증면제를 적용하였고 하반기에는 엔화가 약세를 보임에 따라 하반기 증가폭은 다소 둔화되었다.

ⓔ 필리핀

2005년 중 방한 필리핀인은 22만 2,622명으로 2004년 대비 4.3% 증가, 지난

표 4-7 연도별, 국적별 시장점유율 추이

연도	일본	중국	미국	구주	교포	기타	계(%)
1962	12.0	-	48.3	8.6	14.8	16.3	100.0
1970	29.8	-	31.9	3.5	19.5	15.3	100.0
1980	48.0	-	12.4	5.0	16.1	18.5	100.0
1990	49.4	1.4	11.0	6.5	10.9	20.8	100.0
1991	45.5	2.5	9.9	7.7	9.8	24.6	100.0
1992	43.3	2.7	10.3	8.6	9.7	25.4	100.0
1993	44.8	3.0	9.8	9.7	9.8	22.9	100.0
1994	45.9	3.9	9.3	10.6	8.9	21.4	100.0
1995	44.4	4.8	9.6	10.9	8.9	21.4	100.0
1996	41.4	5.4	10.8	11.5	8.2	22.7	100.0
1997	42.9	5.5	10.9	10.5	7.9	22.3	100.0
1998	46.0	5.0	9.5	8.9	7.4	23.2	100.0
1999	46.9	6.8	8.5	8.3	6.5	23.0	100.0
2000	46.5	8.3	8.6	8.5	5.2	22.9	100.0
2001	46.2	9.4	8.3	8.3	5.6	22.2	100.0
2002	43.4	10.1	8.6	9.4	5.9	22.6	100.0
2003	37.9	10.8	8.9	10.1	6.0	26.3	100.0
2004	42.0	10.8	8.8	8.6	5.2	24.6	100.0
2005	40.5	11.8	8.8	8.4	4.7	25.8	100.0

자료 : 한국관광공사, 관광통계

해에 이어 전체 방한시장에서 5위를 기록하였다. 필리핀은 방한객 중에 선원 및 승무원의 비중이 약 75%로 높은데, 선원·승무원은 위험상황에도 방한을 취소하지 않는 특성으로 인해 안정적인 성장을 보여 2005년에 소폭 증가하여 2004년 방한객 규모를 초과하였다.

관광목적 방문객은 전체의 18%(2004년 대비 2%P 증가)인 3만 6,817명으로 주요 방한시장 중 관광목적 입국 비중이 가장 적었고, 선원·승무원 비중이 큰 시장 특성을 가진다. 성별로는 남성이 71%로 여성보다 훨씬 많으며 월별로는 고른 입국분포를 보이는데 2005년에는 5월, 8월, 10월 방한객이 2만명을 넘었다.

표 4-8 월별 외래방문객 입국 현황(2004~2005)

월별	외래방문객수(명)		성장률(%)	구성비(%)	
	2005	2004		2005	2004
1	458,320	423,670	8.2	7.6	7.3
2	477,703	403,784	18.3	7.9	6.9
3	532,366	448,874	18.6	8.9	7.7
4	497,953	452,724	10.0	8.3	7.8
5	475,348	475,935	-0.1	7.9	8.8
6	467,055	491,386	-5.0	7.8	8.4
7	494,678	506,358	-2.3	8.2	8.7
8	529,901	522,756	1.4	8.8	9.0
9	507,807	486,468	4.4	8.4	8.4
10	568,447	574,693	-1.1	9.4	9.9
11	501,092	519,539	-3.6	8.3	8.9
12	511,094	511,951	-0.2	8.5	8.8
계	6,021,764	5,818,138	3.5	100.0	100.0

자료 : 한국관광공사, 관광통계 *성장률은 전년 동월대비임

표 4-9 국적별 외래방문객 입국 현황(2004~2005)

국적	외래방문객수(명)		성장률(%)	구성비(%)	
	2005	2004		2005	2004
아시아주	4,489,048	4,311,513	4.1	74.5	74.1
일본	2,439,809	2,443,070	-0.1	40.5	42.0
중국	709,836	627,264	13.2	11.8	10.8

대만	351,421	304,908	15.3	5.8	5.2
홍콩	166,204	155,058	7.2	2.8	2.7
태국	112,724	102,588	9.9	1.9	1.8
말레이시아	96,583	93,982	2.8	1.6	1.6
필리핀	222,622	213,434	4.3	3.7	3.7
인도네시아	62,282	61,506	1.3	1.0	1.1
싱가포르	81,751	85,202	-4.1	1.4	1.5
미주	640,043	610,562	4.8	10.6	10.5
미국	530,629	511,170	3.8	8.8	8.8
캐나다	86,399	77,597	11.3	1.4	1.3
브라질	6,324	5,849	8.1	0.1	0.1
구주	508,772	498,096	2.1	8.4	8.6
영국	72,582	65,981	10.0	1.2	1.1
독일	74,962	68,850	8.9	1.2	1.2
프랑스	44,439	41,229	7.8	0.7	0.7
이탈리아	15,711	14,724	6.7	0.3	0.3
러시아	143,768	156,890	-8.4	2.4	2.7
대양주	85,200	77,921	9.3	1.4	1.3
호주	63,464	57,834	9.7	1.1	1.0
뉴질랜드	16,418	16,049	2.3	0.3	0.3
아프리카주	18,164	17,905	1.4	0.3	0.3
이집트	2,623	2,633	-0.4	0.0	0.0
국적미상	84	2,246	-96.3	0.0	0.0
교포	280,453	299,895	-6.5	4.7	5.5
총계	6,021,764	5,818,138	3.5	100.0	100.0

자료 : 한국관광공사, 관광통계 *각 지역합계에는 기타 국가가 포함됨.

(2) 국민 해외여행동향

① 개 관

2005년 내국인 해외여행자수는 전년대비 14.2% 증가한 1,007만여 명이 해외여행에 나서 최대기록을 경신하였다. 2005년은 독도, 교과서 문제 등 일본과의 감정적 대립으로 인한 일본여행 기피 이외에 해외여행에 부정적인 영향을 미친 요인이 없었고, 주40시간 근무제도의 확산과 원화 강세 등의 요인으로

표 4-10 연도별 국민 해외여행 증가추세

연도	출국자(명)	성장률(%)	해외관광여행 허용연령 확대단계
1987	510,538	12.2	45세 이상(87. 9. 16)
1988	725,176	42.0	40세 이상(88. 1. 1)
1989	1,213,112	49.3	30세 이상(88. 7. 1)
1990	1,560,923	28.7	연령제한 폐지(89. 1. 1)
1991	1,856,018	18.9	
1992	2,043,299	10.1	
1993	2,419,930	18.4	
1994	3,154,326	30.3	
1995	3,818,740	21.1	
1996	4,649,251	21.7	
1997	4,542,159	−2.3	
1998	3,066,926	−32.5	
1999	4,341,546	41.6	
2000	5,508,242	26.9	
2001	6,084,476	10.5	
2002	7,123,407	17.1	
2003	7,086,133	−0.5	
2004	8,825,585	24.5	
2005	10,077,619	14.2	

자료 : 한국관광공사, 관광통계

오히려 매월 성장을 기록하며 증가세를 지속하였다. 특히 휴가와 여름방학 기간인 7, 8월에는 월 해외여행자가 100만명을 넘어서 내국인의 해외여행이 쇄도하기 시작했다.

목적별로는 전체의 55%를 차지하는 관광목적이 18% 성장하여 전체 내국인 출국을 주도하였고, 21%를 점유하는 상용목적 출국자도 7% 이상 성장하는 등 고른 성장을 나타내었다. 성별로도 남성과 여성이 각각 14%, 16%의 고른 성장을 나타내었다.

연령별로는 20세 이하와 50대가 17% 이상 증가하는 등 모든 연령대에서 10% 이상의 성장을 나타내었고, 직업별로는 주부 등이 포함된 무직의 성장률이 22%로 가장 높고 이어서 학생이 16% 증가하였다.

표 4-11 월별 출국자 현황(2004~2005)

월별	내국인 해외여행자수(명)		성장률(%)	구성비(%)	
	2005	2004		2005	2004
1	897,406	793,478	13.1	8.9	9.0
2	745,998	670,447	11.3	7.4	7.6
3	707,058	587,629	20.3	7.0	6.7
4	762,096	642,413	18.6	7.6	7.3
5	802,497	680,185	18.0	8.0	7.7
6	864,057	712,260	21.3	8.6	8.1
7	1,020,757	897,234	13.8	10.1	10.2
8	1,069,400	930,573	14.9	10.6	10.5
9	785,549	682,244	15.1	7.8	7.7
10	848,088	757,538	12.0	8.4	8.6
11	784,032	745,887	5.1	7.8	8.4
12	790,681	725,697	9.0	7.8	8.2
계	10,077,619	8,825,585	14.2	100.0	100.0

자료 : 한국관광공사, 관광통계. *성장률은 전년 동월대비임.

② 지역별 출국 동향

목적지별로는 중국(296만명, 27% 증가), 일본(174만명, 11% 증가), 미국(67만명, 6% 증가), 태국(66만명, 12% 감소), 필리핀(48만명, 28% 증가) 등이 예년과 마찬가지로 상위 1~5위를 유지하였다. 중국으로의 출국은 관광목적이 주를 이루며 여전히 높은 선호를 보였으나 성장폭은 2004년에 비해 다소 둔화되었다.

일본으로의 출국은 독도·역사교과서 문제로 양국간 교류 및 단체의 활동이 중단되는 등 부정적인 요인이 있었으나, 아이치만국박람회(3~9월) 기간에는 단기비자 면제, 엔화 약세, 하네다-김포간 항공노선 확충 등으로 2004년과 비슷한 성장을 이루었다. 태국으로의 출국은 감소를 나타내었는데, 이는 2004년 12월 말에 발생한 지진해일로 인한 여행기피와 관광지 손상 때문인 것으로 판단된다. 그밖에 2004년에 80% 증가를 기록한 베트남행 여행객은 2005년에도 32%의 증가를 나타내 고성장을 지속하였으며, 대만행 여행객도 항공노선 확충으로 28%의 증가를 기록하며 10위의 해외여행 선호도를 보였다.

표 4-12 지역별, 목적별 국민 출국 현황(2005)

행선지	계			관광	상용	방문	공용	회의 참가	기타
	출국자수	성장	구성비						
(아시아주)	7,321,213	9.8	72.6	4,539,862	1,740,949	607,110	21,436	46,854	365,002
일본	1,739,424	10.8	17.3	1,018,562	361,089	211,985	4,312	18,302	125,174
중국	2,960,642	26.8	29.4	1,637,569	938,438	223,655	3,793	10,858	146,329
태국	661,779	−12.2	6.6	565,772	49,323	29,981	715	2,300	13,688
필리핀	481,397	27.6	4.8	391,848	32,103	34,644	629	1,171	21,002
(미주)	815,841	5.0	8.1	310,242	155.761	176.189	4,553	20,735	148,361
미국	665,181	6.0	6.6	244,535	139.887	142.279	3,785	18,674	111,021
(구주)	583,097	8.6	5.8	302,254	153,469	39,280	5,914	13,853	68,327
독일	141,606	−0.2	1.4	60,597	51,411	10,201	1,373	3,209	14,815
(대양주)	455,563	7.5	4.5	350,965	19,133	41,062	637	1,856	41,910
(아프리카)	30,478	16.8	0.3	17,721	5,562	2,187	279	415	4,224
(승무원)	871,427	6.7	8.6	-	-	-	-	-	871,427
총계	10,077,619	14.2	100.0	5,521,044	2,074,964	865,828	32,819	83,713	1,499,251
04년총계	8,825,585	-	-	4,679,700	1,928,683	705,283	31,559	81,445	1,398,915
성장률(%)	14.2	-	-	18.0	7.6	22.8	4.0	2.8	7.2
구성비(%)	100.0	-	-	54.8	20.6	8.6	0.3	0.8	14.9

자료 : 한국관광공사, 관광통계 * 각 지역 합계는 기타 국가가 포함됨.

그림 4-1 내외국인 출입국 추이

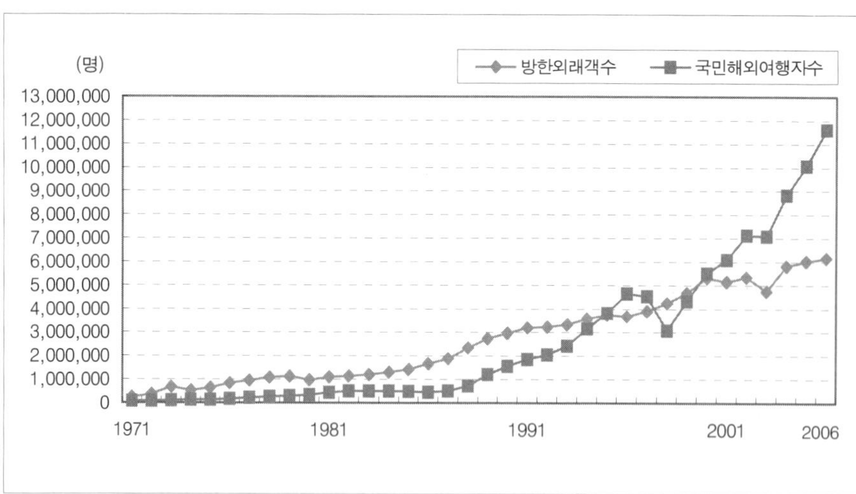

(3) 관광수지

2005년도 방한 외래객이 한국에서 지출한 금액은 56억 달러로 2004년에 비해 6.7% 감소(4억달러 감소)했고, 내국인 해외여행 경비는 119억불로 21.2% 성장(20억 9,000만 달러 증가)해 약 63억 달러의 관광수지 적자를 기록하여 2001년 이후 가장 큰 규모의 관광수지 적자를 나타냈다. 관광수지 적자가 지속·확대되는 원인으로는 우선 내국인 해외여행자수가 방한 외래객수보다 훨씬 많은 것을 들 수 있다. 즉 2004년도 내국인 해외여행자 규모는 방한 외래객의 1.5배였으나 2005년에는 1.67배로 확대되었다.

두 번째 원인은 방한 외래객의 1인당 소비액 감소인데, 상대적으로 소비액이 적은 여성 방한객 증가와 근거리 관광객 증가로 1인당 소비액이 2003년 1,129달러에서 2004년은 1,045달러, 2005년에는 944달러로 지속적으로 감소하고 있다.

세 번째 원인으로는 원화가치의 상승과 달러, 엔화의 약세로 해외여행자의

표 4-13 우리나라의 국제관광수지

연도	관광수입(천달러)	증가율(%)	관광지출(천달러)	증가율(%)	관광수지(천달러)
1987	2,299,156	48.6	704,201	14.9	1,594,955
1988	3,265,232	42.0	1,353,891	92.3	1,911,341
1989	3,556,279	8.9	2,601,532	92.2	954,747
1990	3,558,666	0.1	3,165,623	21.7	393,043
1991	3,426,416	-3.7	3,784,304	19.5	-357,888
1992	3,271,524	-4.5	3,794,409	0.3	-522,885
1993	3,474,640	6.2	3,258,907	-14.1	215,733
1994	3,806,051	9.5	4,088,081	25.4	-282,030
1995	5,586,536	46.8	5,902,693	44.4	-316,157
1996	5,430,210	-2.8	6,962,847	18.0	-1,532,637
1997	5,115,963	-5.8	6,261,539	-10.1	-1,145,576
1998	6,865,400	34.2	2,640,300	-57.8	4,225,100
1999	6,801,900	-0.9	3,975,400	50.6	2,826,500
2000	6,811,300	0.1	6,174,000	55.3	637,300
2001	6,373,200	-6.4	6,547,000	6.0	-173,800
2002	5,918,800	-7.1	9,037,900	38.0	-3,119,100
2003	5,343,400	-9.7	8,248,100	-8.7	-2,904,700
2004	6,053,100	13.1	9,856,400	19.5	-3,803,300
2005	5,649,800	-6.7	11,942,700	21.2	-6,292,900

자료 : 한국관광공사, 관광통계

구매력은 증대하여 내국인의 소비는 상대적으로 커진 반면 방한외래객의 소비심리는 위축되었기 때문인 것으로 판단된다.

(4) 남북왕래 현황

2005년도 남북왕래자 총 수는 82만 2,713명으로 지난해 64만 1,412명보다 18만 1,301명(28.3%)이 증가하였으며, 이 중 남북한 주민이 전체의 99.3%인 81만 7,991명인 반면에 외국인은 4,722명으로 전체의 0.6%에 불과하였다.

남측주민이 북한을 방문한 총 수는 40만 8,546명으로 이를 방북 목적별로 보면 금강산관광 등 관광·시찰목적이 전체의 76.2%인 31만 1,146명으로 가장 많았고, 그 다음으로 상용 8만 650명, 방문 1만 2,782명, 공무수행 1,625명, 회의참석 584명이었으며, 북측주민이 남측을 방문한 총수는557명으로 주로 회담 참석자 등이었다.

한편, 2005년도에는 금강산 당일관광 및 학생 수학여행단에 대한 정부보조금 지급 등에 힘입어 남북왕래자의 수가 82만 2,713명으로 급증한 것으로 분석되었다. 이러한 추세는 최근 남북경의선 및 동해선 출입사무소의 본 청사가 각각 완공됨에 따라 본격적인 남북왕래가 활성화될 것으로 보이며, 특히 개성공단 시범단지의 본격적인 개발에 따른 남측 업체의 입주절차가 원활히 진행

표 4-14 남북왕래자 현황

구분	입국자(명)	출국자(명)	계(명)	구성비(%)
남한주민	408,337	408,546	816,883	99.3
북한주민	557	551	1,108	0.1
외국인	2,345	2,377	4,722	0.6
총계	411,239	411,474	822,713	100

표 4-15 목적별 국민 방북자

구분	공무수행	강의연구	취재	종교복지	취업	관광시찰	회의참석	상용	방문	미상	총계
남자	118	5	14	15	90	14,893	65	9,815	1,896	3	26,914
여자	8	2	1	1	11	12,862	6	560	336	-	13,787
계(명)	126	7	15	16	101	27,755	71	10,375	2,232	3	40,701

표 4-16 선박 및 선원(승무원) 현황 *2005년 12월말 현재

구분		출항	입항	계
선박(척)		2,166	2,333	4,499
선원 승무원	국민(명)	2,648	2,736	5,384
	외국인(명)	18,986	20,793	39,779
	총계(명)	21,634	23,529	45,163

되고 남북왕래자에 대하여 전자(SMART)카드 도입으로 출입신고서 제출이 생략되는 경우에는 이같은 추세가 더욱 가속화될 것으로 기대된다. (문화관광부, '2006년도 관광동향에 관한 연차보고서', pp. 19~31.)

제 3 절 국제관광의 전망

다음은 세계관광기구(WTO)가 작성한 국제관광전망이다.

1. 국제관광의 추이

관광활동의 엄청난 성장으로 말미암아 관광은 지난 세기에 가장 눈에 띄는 경제사회적 현상의 하나로 기록되고 있다. 국제관광객의 숫자는 1950년 2,500만명에서 2005년 8억 6백만명으로 성장하였다. 연평균 6.6% 성장하였다.

이 기간 동안 특히 아시아태평양 지역(연평균 13%), 중동지역(10%)의 급성장을 보였으나, 미주(연평균 5%)와 유럽(연평균 6%)은 상대적으로 저성장을 보여 전세계 평균성장률보다 조금 낮았다. 새로운 관광지의 시장점유율이 서서히 증가하는 반면 유럽 및 미주의 기존 관광지는 큰 성장을 보이지 못했다. 유럽의 점유율은 10%이상 감소하였고, 미주는 13% 감소하였다. 미주의 수치는 과거 저성장에 기인된 것이지만 1950~2000년 기간의 연평균 성장률이 5.8%로 또한 세계평균 6.8%보다 낮았다.

유럽과 미주는 1950년과 2000년 사이에 주요 관광대상지였다. 이 두 지역의

그림 4-2 전세계 국제관광객 추이(1950~2004)

자료원 : http : //www.unwto.org/facts

점유율은 1950년 95%, 1990년 82%, 200년 76%였다.

2. 국제관광 2020 전망

이 내용은 2020년을 전망하기 위해 1995년을 기점으로 한 25년간의 예측치에서 나온 것이다. 지난 수년간 관광의 성장이 불규칙하지만 세계관광기구는 장기간 전망을 계속하고 있다. 아래 그림에서 전체적인 경향은 크게 변하지 않았다. 1995, 1996, 2000년은 급성장했으며 2001, 2003년은 낮은 성장을 보였다. 2000년까지의 성장속도는 2020년까지의 성장예측치보다 높다. 현재의 저성장은 중장기적으로 회복될 것이라는 것이 일반적인 예측이다.

2020년까지 국제관광객은 16억명이 될 것으로 보이며 이중 12억명은 지역간 여행객이며, 3억 7800만명은 장거리 여행객일 것이다.

2020년에 3대 관광수용지역은 유럽(7억 1700만명), 동아시아 및 태평양 지역(3억 9700만명), 미주(2억 8200만명)이며, 아프리카, 중동, 남아시아의 순이 될 것이다.

동아시아 및 태평양, 아시아, 중동 및 아프리카는 연평균 5% 이상의 성장률을 기록할 것으로 예측된다(세계평균 4.1% 예상). 유럽 및 미주는 세계 평

그림 4-3 국제관광객수 전망

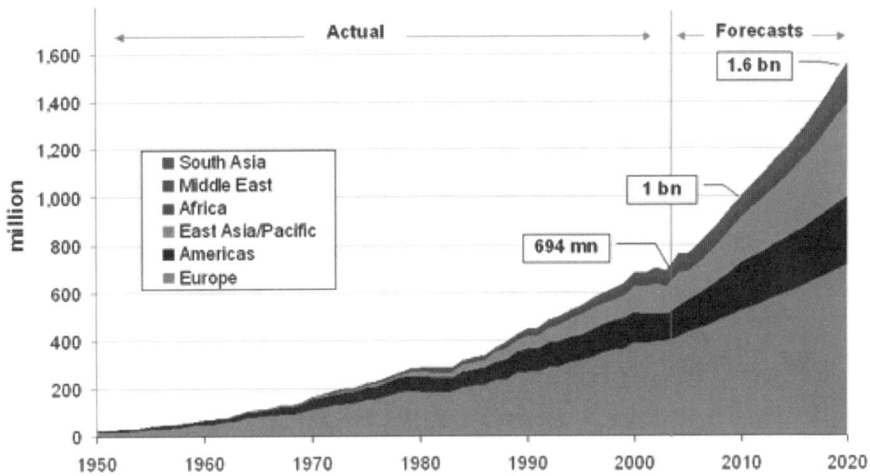

자료원 : http : //www.unwto.org/facts

균 보다 낮은 성장률을 보일 것이다. 유럽의 점유율은 1995년 60%에서 2020년도에 46%로 낮아지겠지만 여전히 가장 높을 것이다.

장거리 여행은 1995~2020년 기간 중 연평균 5.4%로 급성장할 것으로 보이는 반면, 지역간 여행은 3.8%로 예측된다. 따라서 지역간 관광과 장거리 관광의 점유율이 1995년 82 : 18에서 2020년 76 : 24로 변화할 것으로 보인다.

표 4-17 지역별 장기 관광전망

	기준연도	예상치		시장점유율		연평균 성장률
	1995	2010	2020			
	백만달러			1995	2020	1995~2020
전세계	565	1006	1561	100	100	4.1
아프리카	20	47	77	3.6	5.0	5.5
아메리카	110	190	282	19.3	18.1	3.8
동아태	81	195	397	14.4	25.4	6.5
유럽	336	527	717	59.8	45.9	3.1
중동	14	36	69	2.2	4.4	6.7
남아시아	4	11	19	0.7	1.2	6.2

오늘의 교훈

子曰(자왈) 不觀高崖(불관고애)면 何以知顚墜之患(하이지전추지환)이며 不臨深淵(불임심연)이면 何以知沒溺之患(하이지몰익지환)이며 不觀巨海(불관거해)면 何以知風波之患(하이지풍파지환)이리오.

공자가 말하기를, "높은 낭떠러지를 보지 않으면 어찌 굴러 떨어지는 위험을 알 것이며, 깊은 연못에 가지 않고서야 어찌 빠져 죽을 위험을 알 것이며, 큰 바다를 보지 않고서야 어찌 풍파가 일어나는 위험을 알 것인가"라고 하셨다.

*명심보감 : 성심편(省心篇)(上)

PART 02

국제관광 영향론

제 5 장 국제관광의 경제적 영향

제 6 장 국제관광의 사회 · 문화적 영향

제 7 장 국제관광의 정치적 영향 및 장애요인

제 8 장 국제관광의 환경적 영향

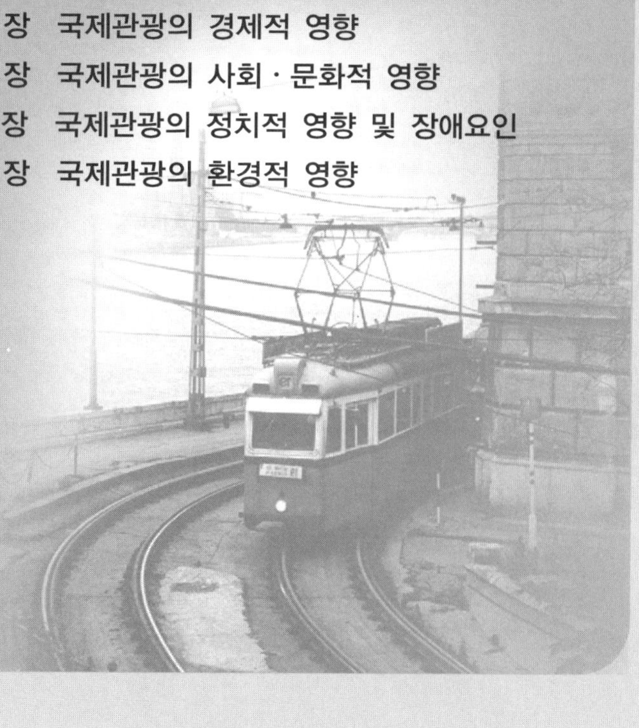

국제관광은 경제, 사회문화, 정치, 환경 등 다양한 영향력을 특정국가 또는 지구촌에 행사하고 있다. 오늘날 그 영향력은 더욱 커져 각국 정책 우선순위에서 상위를 점하고 있다. 그러나 국제관광은 우리가 기대하는 긍정적 효과만을 낳는 것은 아니다. 개도국이나 후진국에서는 기대하지 않은 역효과도 발생하고 있는 것이 현실이다. 국제관광에 대한 지나친 기대는 예기치 못한 문제를 야기시킬 수 있다는 것이다.

제2부는 본서의 중요 부분으로 이러한 국제관광의 다양한 효과를 심도있게 파악하여 국제관광이 가져다주는 혜택과 비용을 체계적 · 합리적으로 분석하고자 한다.

CHAPTER

05 국제관광의 경제적 영향

제 1 절 국제관광의 경제적 의미

1. 국제관광과 경제

국제관광 거래는 2003년도 전세계 제품 및 서비스수출 총액의 약 6%, 서비스수출액의 29%를 차지하였다.

표 5-1 2003년도 전세계 상품 및 서비스 수출

	항 목	금액(10억달러)	점유율(%)	점유율(%)
상품수출	농산물	674	7	
	광물	960	11	
	제조품	5,437	60	
	기타	223	2	
	계	7,294	80	
서비스수출	운송	405	4	23
	여행	525	6	29
	기타	865	10	48
	계	1,795	20	100
총 계		9,089	100	

자료원 : World Trade Organization 및 UNWTO

관광수요는 무엇보다도 주요 창출시장의 경제여건에 달려 있다. 경제가 성장하면 가처분소득이 증가하는 것이 보통이다. 특히 경제가 성장하고 있는 경

그림 5-1 경제성장(GDP)과 국제관광객수

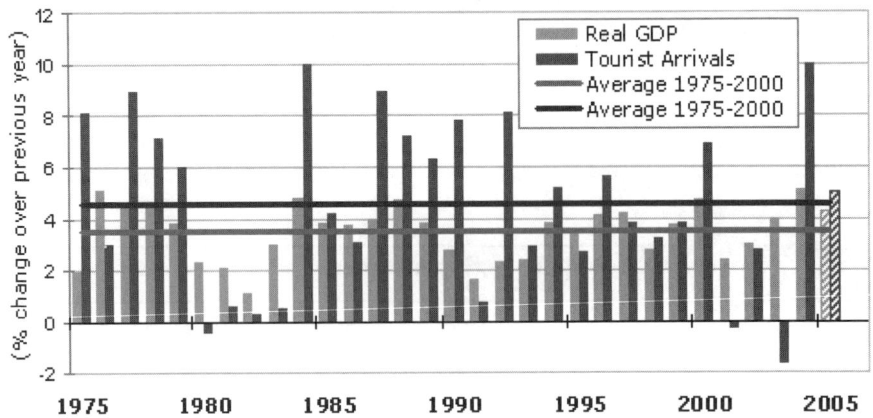

자료 : UNWTO

우 가처분소득의 비교적 큰 부분이 관광에 지출된다. 한편, 경제가 긴축되면 관광소비도 감소하거나 거래가 줄어든다. 일반적으로 국제관광객의 증가는 경제성장(GDP)을 추월한다. 세계경제가 4%를 상회하면 관광성장은 그 이상이다. GDP 성장이 2%이하로 떨어지면 관광성장은 훨씬 더 낮아진다. GDP 3.5% 증가하면 관광은 GDP보다 평균 1.3배 더 빨리 성장한다. 1975~2000년 기간 중 관광은 평균 4.6% 증가하였다.

세계관광기구에 따르면 2004년도에 전세계적으로 7억 6,600만명이 국외여행을 하였으며(2005년도 8억 8백만명), 이들이 소비한 금액은 6230억 달러(추정치)이다. 이는 관광이 국제운송수입과 합하면 전세계 1위의 수출항목으로 자동차, 화학제품, 석유, 식품보다 앞서 있다는 것을 말해준다(WTTC).

2. 경제적 영향분석의 의의

국제관광이 수용국(host country)에게 경제적으로 큰 이득을 준다는 것은 가장 보편적으로 알려진 국제관광의 효과이다. 많은 국가들이 국제관광을 진흥시키는 이유가 바로 여기에 있다고 해도 과언이 아니다. 특히 개도국이나 후진국은 다른 분야에 비해 상대적으로 저렴한 비용으로 관광객을 유치하고 그

대가로 외화의 획득, 고용창출 등의 경제적 이득을 얻는 것이다.

그러나 이러한 희망적 사고는 편중될 수 있다. 즉, 경제적 이득은 가시적 효과이지만 그로 인한 마이너스효과는 간과되기 쉽다. 뒷부분에서 다루게 될 사회문화적 효과와 환경적 효과에서 이러한 점이 상세하게 논의될 것이다.

아처(B. H Archer)는 관광객의 지출로 인한 경제적 효과를 직접효과, 간접효과, 유발효과로 나누었다. 직접효과는 관광객이 최초로 지출한 비용이 관광송출국과 관광수용국의 국민경제에서 직접적으로 관광산업에 창출하는 효과를 말한다. 간접효과는 관광객의 1차 지출로 인해 간접적으로 영향을 받는 산업부문에서 소득 및 고용이 창출되는 것을 말한다. 예를 들면 관광호텔은 관광지출의 1차적 효과를 얻고 호텔에 식품을 공급하는 농민은 2차적 효과 즉 간접효과를 얻는다. 여기서 직접 또는 간접이란 말은 관광객과 수혜자의 관계를 말한다. 유발효과란 직간접적인 효과가 가계소득의 증대를 가져와 소비의 창출을 낳고 그것이 다시 다른 분야의 생산을 촉진할 때의 종합적인 효과를 말한다.

관광의 경제적 효과＝직접효과＋간접효과＋유발효과

국제관광이 가져오는 경제적 효과는 다음 몇 가지로 정리할 수 있겠다.

첫째, 외화획득 및 국가의 부(富)의 창출이다. 어느 나라이건 수출은 경제의 사활이 걸린 문제이다. 관광객의 수용은 바로 이러한 수출의 효과를 나타내어 외화의 획득을 가능하게 한다. 후진국이나 개도국은 자원의 부족, 기술의 부족, 자본의 부족 등으로 수출에 어려움을 겪고 있다. 자연경관, 문화자원 등은 특별한 투자 없이도 비교적 쉽게 관광객을 끌 수 있기 때문이다. 외화획득은 국가의 부를 증대시킨다.

둘째, 관광객을 유치하자면 관광사업이 중요한 역할을 한다. 항공사를 포함한 운송사업, 호텔을 비롯한 숙박업, 식당업, 오락시설을 포함한 유흥업 등의 관광사업이 진흥된다. 이러한 사업은 서비스산업으로 3차사업의 확대를 유발하고 나아가 산업구조의 변동을 초래한다.

셋째, 관광사업의 진흥은 그곳에서 일할 인력을 필요로 하게 되어 고용을 창출한다.

고용률은 자본주의사회에서 가장 중시여기는 경제지표로서, 일자리가 늘어난다는 것은 경제적 호황의 가시적 현상으로 경제적 의미만이 아니라 정치적으로도 의미가 크다.

넷째, 관광수입과 고용의 증가는 세수(稅收)의 증가로 이어져 재정확보에 기여한다. 국가 재정이 튼튼해지면 관광기반시설(觀光基盤施設)에 투자되어 관광산업활성화에 기여할 수 있다. 즉 공항, 항구, 도로, 전기, 상하수도, 관광용지확보 등 기반시설에 정부가 투자할 수 있게 되는 것이다.

다섯째, 관광산업의 활성화는 관광과 간접적으로 연관된 산업에 영향을 준다. 기반시설과 관련되거나 호텔신축 등으로 건축업, 토목업 등도 많은 일거리를 얻게 된다.

이와 같이 국제관광은 경제적 효과가 가장 중요시되는 만큼 체계적으로 심도있게 분석해 볼 필요가 있다. 지금까지 몇몇 관광학자들이 국제관광의 경제적 측면을 연구해 왔으나, 관광경영학자들의 득세로 심도 있게 연구되지 못한 것도 사실이다. 연구방법은 경제학의 기법을 그대로 사용하고 있어서 정확성과 객관성을 확보하고 있다. 이하에서는 국제관광의 경제적 영향을 세분하여 구체적으로 살펴본다.

표 5-1 세계 관광산업의 경제파급효과

구 분	2001			2011		
		점유율(%)	성장률(%)		점유율(%)	성장률(%)
개인여행소비액(십억 US$)	2,104.1	10.4	4.3	3,999.5	10.5	3.1
상용여행소비액(십억 US$)	453.8	-	3.9	855.6	-	3.2
정부지출액(십억 US$)	216.2	4.2	3.8	413.9	4.4	3.2
자본투자액(십억 US$)	656.7	9.0	5.2	1,434.0	9.3	4.6
관광산업GDP(십억 US$)	1,381.5	4.2	4.3	2,654.4	4.2	3.3
관광관련산업GDP(십억 US$)	3,497.1	10.7	4.6	6,958.3	11.0	3.6
관광산업고용인구(백만명)	78.2	3.1	3.1	99.3	3.4	2.4
관광관련산업 고용인구(백만명)	207.1	8.2	3.2	260.4	9.0	2.3

주 : 2000년도 인플레이션을 반영한 실질성장률
자료 : WTTC(2001),「Year 2001 Tourism Satellite Accounting Research」

한편, 우리나라의 관광산업은 관광지출이 최종수요에서 차지하는 비중이 1990년 2.4%에 1998년 3.2%로 높아지고 부가가치 유발액의 GDP 비중도 동기간 중 2.5%에서 3.5%로 높아지는 등 국민경제내에서의 비중이 확대되는 추세이다. 「한국은행」의 발표에 의하면 1998년 관광지출의 생산유발계수 및 부가가치유발계수가 각각 1.733, 0.765로 전체 최종수요 평균(1.665, 0.739)에 비해 높은 수준으로 나타났다. 또한 관광지출 취업유발인원의 총취업인원에 대한 비중도 1990년 3.8%에서 1998년 6.6%로 확대되었다.

이는 관광지출의 국내산업에 대한 파급효과가 다른 지출의 파급효과에 비해 크며 또한 국내산업 전체에 비교적 고르게 영향을 미치고 있음을 시사한다. 또한 관광산업의 취업유발효과 가 매우 크며 관광산업이 우리나라의 고용에 미치는 영향이 확대되고 있다는 사실을 보여주는 것으로 관광산업의 육성이 우리나라의 타산업 파급효과 및 고용유발에 큰 기여를 하고 있음을 알 수 있다.

또한 관광산업은 외회가득률과 수출대체효과가 타산업에 비해 높다. 수출액에서 수입유발액을 공제한 후 이를 다시 수출액으로 나눈 외화가득률은 원재료에 대한 수입의존도가 낮은 광업(92.3%), 농림수산업(91.6%)과 더불어 관광산업은 87.5%로 매우 높은 것으로 나타난다.

제 2 절 경제적 영향의 긍정적 효과

1. 외화획득을 통한 국제관광수지(여행수지)에 기여

관광소비와 상품 및 재화의 수출입은 수용국(host country)에 소득을 창출하며 다른 경제부분에 대한 재정적 성장에 필요한 투자를 촉진한다. 일부 국가는 외래객으로 하여금 일정 금액의 체재비를 가져오게 하고 출국 시 되가져가지 못하게 하여 성장을 가속시키기도 한다.

세계관광기구(UNWTO)에 의하면 국제관광의 역할지표 중 중요한 것은 외화수입의 창출이다. 국제관광은 83%의 국가에서 5대 수출품목에 속하며, 최소 38% 국가에서 주요외화 수입원이다. 이는 관광이 많은 나라에서 국제수지에 큰 기여를 하고 있음을 말해 준다.

수지(收支)란 수입과 지출을 종합적으로 대조한 것으로, 국제수지(balance of international payment)는 보통 1년간 한 국가의 외국에 대한 지출과 외국으로부터 수취한 화폐액의 비교로 사경제(私經濟)에서 말하는 손익계산서와 같다.

통계청에서는 국제수지의 개념을 다음과 같이 설명하고 있다.

"일정기간 동안 한 나라의 거주자와 비거주자 사이에 발생한 모든 경제적

표 5-3 한국의 국제수지 구성표

대분류	중분류	소분류	설 명
경상수지(經常收支)	상품수지	수출	
		수입	
	서비스수지	운수	
		여행	
		통신	
		보험	
		특허권 등 사용료	
		사업서비스	
		정부서비스	
		기타	
	소득수지	급료 및 입금	
		투자소득	
	경상이전수지	경상이전수입	개인송금
		경상이전지급	
자본수지	투자수지	직접투자	
		증권투자	
		기타투자	
	기타 자본수지	자본이전	해외이주비 등
		특허권등 기타 자산	
준비자산증감 오차 및 누락	대외거래의 결과로 발생한 통화당국의 외환보유액의 증감만 계상함.		

자료원 : 한국은행

표 5-4 한국의 국제수지(2004~2006)

(백만달러, %)

	2004	2005		2006p	
			12		12
Ⅰ. 경상수지	28,173.5	14,980.9	280.0	6,092.6	146.7
	〈28,173.5〉	〈14,980.9〉	〈914.2〉	〈6,092.6〉	〈600.5〉
1. 상품수지	37,568.8	32,683.1	1,667.8	29,213.7	1,951.4
수 출(FOB)	257,710.1	288,970.7	25,551.8	331,844.8	29,021.2
〈통관수출〉	253,844.7	284,418.7	25,631.7	325,681.1	28,870.4
	(31.0)	(12.0)	(10.5)	(14.5)	(12.6)
수 입(FOB)	220,141.3	256,287.6	23,884.0	302,631.1	27,069.8
〈통관수입〉	224,462.7	261,238.3	24,186.0	309,308.5	27,499.8
	(25.5)	(16.4)	(15.3)	(18.4)	(13.7)
2. 서비스수지	-8,046.1	-13,658.2	-1,435.4	-18,762.9	-1,884.0
수 입	41,881.5	45,129.4	4,437.6	51,873.6	5,076.5
지 급	49,927.6	58,787.6	5,873.0	70,636.5	6,960.5
3. 소득수지	1,082.8	-1,562.5	335.8	-538.6	285.0
수 입	9,410.3	10,431.8	1,064.1	13,595.8	1,323.8
지 급	8,327.5	11,994.3	728.3	14,134.4	1,038.8
4. 경상이전수지	-2,432.0	-2,481.5	-288.2	-3,819.5	-205.7
수 입	9,150.5	10,004.0	847.6	9,337.0	976.1
지 급	11,582.5	12,485.5	1,135.8	13,156.5	1,181.8
Ⅱ. 자본수지	7,598.8	4,756.5	645.0	18,618.7	5,464.0
1. 직접투자수지	4,588.3	2,010.4	671.1	-3,483.5	631.1
2. 증권투자수지	8,619.3	-1,728.2	34.8	-22,543.6	-1,140.2
3. 기타투자수지	-3,856.0	6,814.7	78.6	47,679.1	6,276.9
4. 자본이전 및 금융자산취득수지	-1,752.8	-2,340.4	-139.5	-3,033.3	-303.8
Ⅲ. 준비자산증(-)감	-38,710.5	-19,805.8	-1,940.3	-22,111.7	-4,850.0
Ⅳ. 오차 및 누락	2,938.2	68.4	1,015.3	-2,599.6	-760.7

자료원 : 한국은행 : www.bok.or.kr

주 : 1) ( )내는 전년동기비 증감 2) 〈 〉내는 계절조정계열 3) FOB : Free On Board

표 5-5 서비스수지(한국) 2004~2006

(백만달러)

		2004	2005	2005년 12월	2006p	12월
서비스 수지	총계	-8,046.1	-13,658.2	-1,435.4	-18,762.9	-1,884.0
■ 운수	계	4,874.6	3,732.9	172.1	2,464.3	289.1
	수입	22,529.4	23,876.9	1,889.1	25,858.1	2,496.0
	지출	17,654.8	20,144.0	1,717.0	23,393.8	2,206.9
■ 여행	계	-6,281.2	-9,600.3	-926.5	-12,918.4	-1,277.3
	수입	6,069.0	5,805.6	477.2	5,322.5	436.1
	지출	12,350.2	15,405.9	1,403.7	18,240.9	1,713.4
- 일반여행	계	-3,803.3	-6,232.0	-572.9	-8,488.5	-842.0
	수입	6,053.1	5,793.0	475.6	5,294.5	433.2
	지급	9,856.4	12,025.0	1,048.5	13,783.0	1,275.2
- 유학연수	계	-2,477.9	-3,368.3	-353.6	-4,429.9	-435.3
	수입	15.9	12.6	1.6	28.0	2.9
	지급	2,493.8	3,380.9	355.2	4,457.9	438.2
■ 기타 서비스	계	-6,639.5	-7,790.8	-681.0	-8,308.8	-895.8
	수입	13,283.1	15,446.9	2,071.3	20,693.0	2,144.4
	지급	19,922.6	23,237.7	2,752.3	29,001.8	3,040.2
(사업 서비스)	계	-5,037.4	-6,115.2	-697.6	-6,834.3	-926.8
	수입	8,125.1	9,422.3	1,276.8	13,070.6	1,316.6
	지급	13,162.5	15,537.5	1,974.4	19,904.9	2,243.4

자료 : 한국은행

거래를 체계적으로 기록한 통계를 말한다. 일정기간이라 함은 일정기간 중에 발생한 거래를 집계한 것을 의미하며(주로 1년), 거주자와 비거주자 간의 거래는 경제활동의 주 소재지가 국민경제 영역 내에 있는 경제주체와 영역밖에 있는 여타 경제주체 간의 거래를 의미하는데, 거주자와 비거주자의 구분은 법률상의 국적보다는 이익의 중심이 어디에 있느냐를 기준으로 한다. 모든 경제적 거래는 한 나라의 국민경제가 대외와의 거래에서 발생한 모든 거래를 말한다."

이러한 개념에 따라 국제관광수지(balance of international tourism payment)

는 1년간 1국가의 관광거래에서 수입과 지출을 대조한 것으로 국제관광 거래에 관한 손익계산서라고 할 수 있다.

국제수지에 흑자를 내는 것이 모든 국가의 바람이다. 2006년 우리나라의 경우 상품수출이 약 3,318억 달러, 서비스부문 수입(收入) 518억 달러인 점을 생각하면 서비스부문이 상품수출의 15.6%에 불과한 것을 알 수 있다. 그러나 상품수입(輸入)이 3256억 달러로 상품수지가 62억 달러 흑자에 그쳤다. 따라서 경상수지 전체에서 상품수지가 차지하는 비중은 크나 만약 2번째로 규모가 큰 서비스수지에서 큰 적자가 난다면 경상수지 전체가 흑자를 유지하기 곤란해질 것이다. 이와 같이 경상수지에서 두 번째로 큰 규모인 서비스수지는 전체 경상수지에 큰 영향을 미친다.

한국의 경우 관광수지는 서비스수지 중 여행수지에 포함되며 관광을 포함한 여행을 통해 이루어진 수입과 지출을 비교한 것인데, 이 부분의 상황에 따라 서비스수지의 흑자 및 적자에 큰 영향을 미친다. 따라서 관광 등 여행을 통한 수입(收入)의 창출은 국제관광수지에 기여하게 된다.

국제관광수지(여행수지)는 어떤 내용으로 구성되어 있는가. 국제통화기금(IMF : International Monetary Funds)에 의하면 〈표 5-6〉과 같다. 여기서 살펴볼 것은 국제운송료이다. 국제운송료는 여행객 및 화물의 운송으로 발생하는 수입과 지출을 말하는 것으로 많은 국가에서 별도의 계정으로 산출하고 있다. 즉, 경상수지계정에 운수항목이 별도로 있다. 미국의 경우도 국제운송계정(특히 항공료)은 별도로 작성하되, 관광수지와 합산하는 방법을 택하고 있다.

표 5-6 IMF의 국제관광수지 항목표

	수 취 항 목	지 급 항 목
1	외래관광객의 국내관광소비	자국민의 국외관광소비
2	상품수출(관광상품 등)	원자재의 수입(식료품, 원자재 등)
3	국제운송료	국제운송료
4	국외로부터 국내관광산업 투자	국외관광산업 투자
5	국외 관광산업투자에 의한 수입	해외자본에 대한 지급(이자, 배당금 등)
6	국외관광산업에 취업한 자국민의 근로수입	외국인고용에 대한 임금지급
7	관광광고 등에 따른 수입	관광광고 등에 따른 해외지출

2. 국민소득의 창출

(1) 순환소득(循環所得)과 소득승수(所得乘數)

① 국민소득의 증가

국민소득이란 한 국가에서 보통 1년간 생산된 재화와 서비스의 총액이다. 국민소득에는 국민총생산, 국민순생산, 요소비용에 의한 국민소득, 개인소득, 가처분소득 등 여러 가지가 있으나, 국제관광은 해외부문까지 포함하기 때문에 국민총생산의 개념을 사용하는 것이 바람직하다. 일반적으로 국민소득은 다음과 같이 구성된다.

$$Y = C + I + G + X - M$$

Y = 실질국민소득 C = 민간소비지출 I = 민간투자지출
G = 정부지출 X = 총수출 M = 총수입

또한 소득이란 증가요인과 감축요인이 동시에 작용하여 발생된다. 수출, 투자, 소비 등이 국민소득의 순환과정에 유입되어 소득을 창출하며, 감축요인(누출 : 漏出 leakage), 수입(輸入), 저축, 조세, 국외관광지출 등이다. 외래관광객의 지출은 우리나라 국민소득의 순환과정에 유입되어 소득을 창출하게 된다. 즉, 외국인의 소비는 순수한 국부(國富)의 증가를 가져온다.

국민소득(國民所得 : national income)

보통 1년을 단위로 그 나라의 정상 거주자들이 생산한 최종 재화와 용역의 화폐가치를 총합산한 것이다. 국민소득은 경제의 어느 측면에서 파악하는가에 따라 생산국민소득, 분배국민소득, 지출국민소득의 3가지 개념으로 구분할 수 있으며, 각각 측정하는 방식 또한 생산접근법, 소득접근법, 지출접근법 등으로

나누어 볼 수 있다.

첫째, 생산국민소득이란 생산접근법에 의해 국민소득을 순(純)생산액으로 파악하는 개념이다. 이는 국민경제 내에서 각 생산요소의 결합활동에 의해 산출된 순생산물의 총계를 의미한다. 이는 곧 물적(物的) 방법이라고 할 수 있다. 둘째, 분배국민소득이란 소득접근법을 통해 국민소득을 생산요소의 소유자들이 얻는 소득의 총계로 파악하는 개념이다. 이는 생산에 참가한 각종 생산요소에 지급되는 소득, 즉 노동력에 대한 임금·봉급, 자본에 대한 이자, 토지·건물에 대한 임대료, 기업의 소득으로 발생하는 이윤과 배당 등을 모두 합한 것이다. 이것은 물적 방법과 구분해서 인적(人的) 방법이라 할 수 있다. 셋째, 지출국민소득은 지출접근법에 따라 국민경제 각 부문에서 발생하는 소비와 투자의 합계액을 가리키는 개념이다. 이를 측정하기 위해서는 가계조사·재정통계·기업재무제표·무역통계 등을 이용해 민간소비지출, 정부의 소비·투자 지출, 기업의 투자지출과 수출·수입액 등을 모두 합산함으로써 국민총생산에 대한 총지출을 얻어낸다. 이것은 소비 투자접근법이라고도 할 수 있다. 이처럼 분석과정에서 경제의 어떤 측면에 중심을 두는가에 따라 국민소득을 몇 가지 개념으로 구분할 수는 있으나, 이는 경제의 생산·분배·소득의 3면 등가(等價) 원칙에 따른 것으로서 어느 것이든 그 결과는 마찬가지로 나타난다. ◀

② 소득승수(乘數 : multiplier)

승수란 경제학에서 국민총투자의 변화가 국민총소득 변화에 가져오는 영향의 크기를 나타내는 계수로 사용된다. 1930년대 영국의 경제학자 J. M. 케인스에 의해, 완전고용 상태의 국민소득 수준에 도달하기 위해 사적 부문의 투자 부족분을 보충하려면 얼마만큼의 정부지출이 필요한가를 측정하는 데 직접 사용되었다. 그 뒤로 승수개념은 수입의 변화 등과 같은 다른 여러 가지 변수의 변화가 소득수준에 가져오는 누적효과를 고찰하는 데도 적용되었다.

승수는 투자 변화에 대한 총소득 변화의 비율로 나타낸다. 예를 들어 한 나라의 경제 내에서 총투자가 100만원 증가하면 소비지출 역시 연쇄적으로 반응하기 시작한다. 즉 직접적으로 투자확대의 영향을 받은 사업부문의 원료생산자와 그 사업에 고용된 노동자는 그 100만원을 각자의 소득증가분으로 얻게 된다. 또 이들이 평균적으로 추가소득의 3/5을 소비에 지출한다면 결과적으로 60만원이 또다른 사람들의 소득에 더해질 것이다. 이때 총소득은 투자를 늘리는 데 들어간 최초의 지출 1×100만원과 소비지출의 추가증가분 3/5×100만원을 합한 액수만큼 증가한다. 계속해서 추가로 소비된 소비재의 생산자 역시 소득이 늘어날 것이며, 그가 추가로 얻은 소득의 3/5을 소비한다고 하면 총소득 증가분은 (1×100만)+(3/5×100만)+(3/5×3/5×100만)원이 된다. 이러한 과정이 무한히 계속된다면 총소득의 증가액은 간단한 대수 공식으로 계산해낼 수가 있다. 위의 예에서는 승수가 1/(1－3/5)＝2.5가 된다. 이것은 곧 투자를 100만원 늘리면 총소득이 250만원만큼 증가하는 효과를 가져온다는 것을 의미한다.

예를 들어 관광소득승수(觀光所得乘數)란 관광분야에서 최초의 소비가 1년간 순환되어 전체적으로 창출된 소득이 최초소비액의 몇 배에 해당되느냐를 말한다. 만약 관광소득승수가 3.0이라면 최초소비액의 3배에 해당하는 국민소득이 창출되었음을 의미한다.

표 5-7 관광소득승수의 예

소비내역	거래 횟수					합계	연간 승수
	1	2	3	4	5		
숙 박	250	250	178.0	112.0	64.50	854.00	3.42
식 음 료	320	320	211.0	137.0	63.50	1,050.0	3.28
쇼 핑	250	250	149.0	89.50	48.50	787.00	3.15
관 광	100	100	70.50	41.50	25.00	336.50	3.365
지역교통	50	50	29.00	16.50	7.50	153.00	3.06
기타경비	30	30	16.50	9.00	4.50	90.00	3.00
합 계	1,000	1,000	654.0	405.0	213.0	3,272.5	3.27

자료 : S. Wahab, 1975.

위의 표에서 관광(소득)승수(K)는 3.27이다. 즉, 최초 1,000달러의 소비가 3272달러의 소득을 창출하였다. 순수익의 개념은 아니다.

일반적으로 관광순환소득은 다음과 같이 단순히 계산할 수도 있다.

관광순환소득 Y＝(TR＋I)×K

Y(국민소득), TR(외래객 1차소비액), I(외국인관광투자액) K(소득승수)

위에서 본 IMF의 국제관광수지 항목은 7가지로 구성되어 있으나, 이중 가장 큰 항목이 외래객의 1차 소비와 외국인의 관광투자이다. 따라서 이 두 항목만 고려하여 계산한 것이다.

이러한 소비와 투자가 1년간 여러 분야로 순환하면서 소득을 창출하게 된다. 아래 표의 1990년 통계를 보면 다음과 같이 계산되었음을 알 수 있다.

※ (Y) 4,973,859＝[(TR)2,549,428＋(I)281,453)]×K(1.757)

표 5-8 한국의 관광승수효과(예)

(단위 : 백만원, %)

연 도	외래관광 수 입	관광사업 투 자	국민소득 창 출 액	관광소득 승 수	GNP	GNP 기여율
1985	698,195	76,475	1,379,454	1.783	78,088,400	1.8
1986	1,333,018	83,982	2,406,066	1.698	90,598,700	4.0
1987	1,821,621	81,554	3,404,781	1.789	106,024,000	3.2
1988	2,233,745	91,954	4,051,368	1.742	126,230,500	3.2
1989	2,416,847	99,528	4,476,632	1.779	141,066,300	3.0
1990	2,549,428	281,453	4,973,859	1.757	168,437,800	3.0

자료 : 한국은행 , 국민계정 1990.
http : //www.prr.msu.edu/miteim/

(2) 외화가득률(外貨稼得率)

외화가득률은 외화수취율(外貨受取率)이라고도 한다. 이것은 상품 또는 용역의 수출이 외화획득에 공헌하는 정도를 말한다.

원자재의 수입에 의존한 가공무역의 경우 상품수출국으로 순수하게 입금되는 외화의 전체수출액에 대한 비율을 말한다. 즉, 수출로 인해 얻어지는 소득 중에서 수입원자재를 비롯한 지출을 공제한 나머지 부분이 전체 수출소득에서 차지하는 비율을 말하며, 이것은 특정 산업에 대해서도 표시할 수 있다. 외화가득률 산출의 목적은 얼마만큼 경제구조와 전체 무역수지가 개선되었는지를 알아보고자 하는 데 있다. 일반적으로 중화학공업이 경공업보다 외화가득률이 높으므로 높은 외화가득률은 무역수지의 개선뿐만 아니라 경제구조 개선의 의미를 가지게 되기 때문이다. 그러나 이 지표는 거시적인 경제구조 개선을 나타내는 완전한 지표는 될 수 없다. 그 이유는 이 비율이 수출산업의 경제경쟁력이나 해외수요추이를 고려하지 않고 있으며 수출입의 균형잡힌 증대가 아니라 일방적인 무역차액만을 강조하는 지표이기 때문이다. 한국에서는 외화가득률을 FOB(Free on Board : 본선인도가격) 수출가격에서 CIF(Cost · Insurance and Freight : 운임 · 보험료 포함가격) 원자재가격을 뺀 다음, 이를 FOB 수출가격으로 나누는 방식으로 계산하고 있다.

만약 관광산업의 외화가득률이 89%라면, 그 의미는 전체 관광수입에서 11%는 관광과 관련하여 외국에서 수입한 원자재 등으로 지출되었다는 것으로, 순수외화수입은 전체 외화수입의 89%이라는 말이다.

$$\blacktriangle\ \text{관광외화가득률} = \frac{\text{관광외화총획득액} - \text{총수입유발비용}}{\text{관광외화총획득액}} \times 100$$

수출을 많이 하더라도 외화가득률이 낮으면 결국 원자재를 수출하는 나라가

표 5-9 산업별 수입의존도 추이

(단위 : %)

산업부문		1995	2000	2003
농림어업		2.4	2.5	3.1
광 업		0.8	0.8	1.1
제 조 업		18.0	21.8	20.5
서비스	전 체	3.8	4.8	4.3
	음식점 · 숙박	2.4	6.0	6.5
	운수 · 보관	17.9	25.0	20.0
전산업 평균		10.9	13.1	12.0

자료 : 2003년 산업연관표 개요, 한국은행, 114쪽에서 발췌.

큰 이득을 보게 되는 것이다. 휴대전화기의 경우 외화가득률이 40%라면, 즉 핵심부품의 수입과 기술사용료(로얄티)가 전체 소득의 60%를 차지하므로, 아무리 수출을 많이 해도 실제로 우리나라에 떨어지는 외화는 40%에 불과하여 원자재를 수출하고 기술을 개발한 나라는 앉아서 고스란히 수입을 올리게 되는 것이다. 즉, 「남 좋은 장사」를 하게 된다.

현재 우리나라의 관광외화가득률은 80%대를 유지하여 전체산업평균 60%대를 훨씬 상회하고 있다. 즉, 관광산업에서 벌어들이는 외화의 80%이상이 국내에 남게 되어 국제수지에 크게 기여하고 있다.

3. 고용창출효과

국제관광의 급성장은 상당한 고용창출을 낳았다. 예를 들면 호텔부분에서만 1995년 전세계적으로 1,130만개의 일자리를 제공하였다. 관광은 호텔, 식당, 나이트클럽, 택시, 기념품판매 등을 통해 직접 고용을 창출하며, 관광관련 산업이 필요로 하는 재화와 용역의 공급을 통해 간접적으로 고용을 창출한다. WTO에 의하면 관광은 세계고용의 7%를 점유하고 있다. 관광외화의 지출은 국가경제에 유입되어 연관된 부분이 소득이 늘어나면 동시에 해당부분에 일자리가 창출된다. 한 국가 내에서 한 부분의 인력이 다른 부분으로 옮겨가는 것은 국가 전체로 보아 고용창출이 아니다. 관광객의 지출은 새로운 고용을 창출한다는 점에서 순수고용이라고 할 수 있다.

관광분야의 고용은 1차적으로 숙박, 음식, 여행업, 오락・문화, 관광행정 등에서 이루어지며, 각국의 관광여건에 따라 고용창출의 효과가 달라진다. 관광산업의 1차적 고용 외에도 관련산업의 고용도 촉진된다. 매치슨과 월(Mathieson and Wall)은 관광고용을 직접고용, 간접고용, 유발고용으로 나누었다. 각 고용은 아아처의 국제관광의 효과 즉 직접효과, 간접효과, 유발효과와 연관하여 생각하면 된다.

즉, 직접고용효과는 국제관광으로 인해 관광산업에서 창출된 소득으로 창출된 고용효과를 말하며, 간접고용효과는 국제관광으로 인해 관광관련산업에서 창출된 고용효과이며, 유발고용효과란 국제관광의 직・간접적인 효과가 가계소득의 증대를 가져와 소비의 창출을 낳고 그것이 다시 다른 분야의 생산을 촉진할 때 발생하는 종합적인 고용효과를 말한다.

관광고용효과＝직접고용＋간접고용＋유발고용

〈고용효과를 계산하는 공식〉

▲ 단순공식 : 고용창출효과＝관광수입(1차)×0.54÷평균임금

관광소득에서 임금이 차지하는 비율을 54%로 보고, 총수입에서 총임금을 계산하고 이것을 1인당 평균임금으로 나누면 개략적인 고용의 숫자를 알 수 있다.

그러나 관광수입은 관광객이 소비하는 현금만이 아니라 국내관광산업에 투자하는 외국자본도 포함해야 한다. 그리고 임금의 비율을 54%로 고정할 수는 없다.

또한 관광외화의 승수효과를 무시하고 있다.

▲ 일반공식

고용창출효과＝(관광외화＋관광산업 외국인투자)×승수×임금비율÷평균임금

즉, (TR＋I)×K×임금비율÷평균임금

- ▸(관광외화＋관광산업 외국인투자)×승수 : 관광총순환소득
- ▸(관광외화＋관광산업 외국인투자)×승수×임금비율 : 관광총임금

▲ 계산 실례 : 1990년 국제관광으로 인한 고용창출효과(표 참조)

(TR＋I)×K＝4,973,859(백만원)

임금비율 : 소득의 100% 가정

평균임금 : 8,055,680(원)

⇒4,973,859(백만)÷8,055,680(원)＝617,436개 일자리(또는 명)

표 5-10 관광산업의 고용창출효과(예)

(단위 : 백만원, %)

구분 연도	*국민소득 창 출 액	전 산 업 평균임금	고 용 창출수	전 산 업 총고용량	총고용률에 대한 기여율
1995	1,379,454	3,891,396	354,489	14,970,000	2.4
1986	2,406,066	4,211,580	571,298	15,505,000	3.7
1987	3,404,781	4,638,432	734,038	16,354,000	4.5
1988	4,051,368	5,356,440	756,355	16,870,000	4.5
1989	4,476,632	6,487,332	690,058	17,515,000	3.9
1990	4,973,859	8,055,680	617,436	18,036,000	3.4

자료 : 한국은행에서 잠정 추정한 수치, 노동부, 노동연감통계 1980~1990, 한국은행, 주요경제지표 1990.

* 국민소득창출액은 외래관광수입과 관광산업투자에 의해 승수효과를 통해 얻어진 국민소득을 말한다. 즉, (TR+I)×K=4,973,859(백만원)

경주에서 관광수입(국제+국내)이 창출한 고용효과의 예는 다음과 같다.

이 표에서 보면 경주지역의 경우 관광수입 1천만원당 0.65명의 고용창출효과가 있는 것으로 나타났다. 이것은 관광수입 약 1,600만원당 1명의 고용이 이루어졌다는 것이다.

즉, 관광수입 1천만원당 창출되는 고용인구가 0.65명이므로

표 5-11 경주지역 관광수입의 고용창출효과 예측(1990)

(단위 : 백만원)

산업부문	관광수입 (1)	고용효과 직접 (2)	고용효과 간접 (3)	고용효과 유발 (4)	고용효과 총계 (5)	고용승수 (6)=(5)÷(2)	관광수입 1천만원당 창출되는 고용인구
숙박업	19,856	1,936	496	499	2,931	1,514	1.48
식음료업	22,686	2,142	332	582	3,056	1,427	1.35
기념품업	148,424	2,255	2,354	1,814	6,423	2,848	0.43
교통·관광	8,579	630	142	192	964	1,530	1.12
사찰·공원	18,496	161	327	403	891	5,534	0.48
총 계	218,040	7,124	3,651	3,490	14,265	2,202	0.65

자료 : 김상무, 박사학위 논문, 1989.

1,000만원 : 0.65명 = x : 1명에서 x ≒ 1,600만원이라는 계산이 나온다.

당시 1달러 = 800원으로 보면 약 20,000달러에 해당된다. 국제적인 통계에서도 관광수입 2만달러당 일자리 1개가 창출된다는 보고도 있다.

관광산업의 고용효과는 국가마다 또는 관광상황에 따라 상이할 수도 있다. 그것은 다음과 같은 이유 때문이다.

첫째, 소득의 창출에 정비례해서 관광고용이 창출되는 것은 아니다. 고용은 단순히 소득이라는 요소에 의해서만 결정되지는 않는다. 관광산업에서의 기계화, 자동화, 셀프화 등은 고용을 감소시키는 요인으로 작용할 수도 있기 때문이다.

둘째, 관광고용의 효과는 관광객의 유형에 의해 영향을 받을 수 있다. 수요의 계절성, 체재형 관광객의 비율, 관광객의 소비수준에 따라 고용수요가 달라진다. 관광산업의 계절성이 크면 관광기업은 비수기 수준으로 정규고용을 조절하고 성수기에는 시간제고용 등으로 고용량을 보충하려 할 것이다. 또한 체재형 관광객이 많을수록 소비가 다양화되기 때문에 관련산업의 고용수요가 증대될 것이기 때문이다.

셋째, 관광고용은 지역적으로 유용한 기술의 영향을 받는다. 그 지역 특유의 관광관련 기술이 관광고용에 직접 영향을 미친다. 관광기념품이 주종사업이라면 관련 업체의 고용이 주로 발생하며, 여타 관련 업종은 상대적으로 적을 수밖에 없어 고용의 편중현상이 발생할 수도 있다.

넷째, 관광부분에서 발생된 일자리가 지역 내의 다른 부문이나 지역외부에서 충당되기도 한다. 이 경우 새로운 고용창출효과를 기대하기 어렵다.

다섯째, 고용은 때로는 위장되어 정확한 효과 측정이 어렵다. 세금, 보험 등의 이유로 고용사실을 알리지 않거나 파악되지 않는 경우도 있다.

여섯째, 관광고용은 불안정성을 내포하고 있다. 관광관련 산업에서 시간제, 임시직 등 안정적인 고용이 아닌 경우가 적지 않아, 통계에 포함되지 않기도 한다.

4. 재정수입 증대효과

관광부문으로부터 발생하는 정부수입은 직접기여와 간접기여로 나눌 수 있다. 직접기여는 관광고용 및 관광사업으로 부터 소득에 대한 세금과 출국세 등과 같이 관광객에게 직접 징수하는 것이며, 간접기여는 관광에게 공급되는 재화와 용역에 대한 세금, 관세(duty)에서 나온다.

미국국립공원국(The United States National Park Service)에 의하면 1993년 2억 7300만명의 관광객이 공원을 방문하여 100억 달러의 직·간접적 소비와 20만 개의 일자리를 창출하였다고 한다. 다른 기관이 관리하는 지역 및 주, 지방, 사유 공원을 방문하는 관광객을 더하면 공원은 미국경제에 220억 달러를 매년 가져오는 것으로 평가된다. 이러한 소비는 또한 정부에게 상당한 세금을 창출한다.

The World Travel and Tourism Council은 1998년 여행 및 관광이 직접세, 간접세, 소득세 기여분이 세계적으로 8,000억 달러라고 추정했다. 2010년에는 2배가 되리라 예상된다(WTTC/Michigan State University Tax Policy Center).

이와같이 관광은 국자의 재정에 기여하는 바가 적지 않다. 재정(財政)이란 국가 또는 공공기관의 경제를 말하는 것으로 정부가 그 기능을 수행하기 위해 재화를 조달, 지출, 관리하는 계속적이고 질서적인 활동을 말한다. 따라서 재정수입이란 국가나 공공기관이 그 기능을 수행하기 위한 재원(財源)으로 정부가 조달하는 화폐이다.

국제관광으로 발생하는 재정수입은 대체로 두 가지 경로를 통해서 얻어진다.

첫째, 조세(租稅)수입을 통해서이다. 조세란 국가 또는 지방자치단체가 경비조달을 목적으로 개별적인 반대급부(反對給付) 없이 사경제로부터 강제로 징수하는 수입이다. 국가 또는 지방자치단체는 관광객 개인이나 관광산업체로부터 일정액의 세금을 징수함으로써 재정수입의 증대를 가져올 수 있다.

둘째, 관광객에게 공공재(公共財)를 공급함으로써 반대급부로 사용료, 관람료, 또는 입장료 등의 수입을 얻을 수 있다. 사용자에게 직접적인 편익을 주는 공공재는 사용자에게 사용료를 부과할 수 있기 때문이다.

정부나 지방자치단체가 이러한 재정수입을 필요로 하는 이유는 분명하다.

첫째, 관광하부구조(觀光下部構造 : infrastructure)에 대한 투자에 사용된다. 즉, 관광객의 수용을 위한 공항, 도로, 전기통신, 상하수도, 오수처리 등 설

표 5-12 하와이 관광객에게 제공된 공공서비스 비용

항 목	총지출액(백만$)	관광객 1인당 연간비용	관광객 1일당 비용
고속도로	38.8	68.88	0.189
공항	7.4		0.249
경찰보호	15.7	21.24	0.058
화재보호	8.7	11.77	0.032
하수도	13.2	17.86	0.049
자연공원	13.1	17.72	0.049
지방공원 및 위락	16.6	22.45	0.062
관광객 1일당 총비용			0.688

자료 : Lundberg, 1980

치에 소요된다.

둘째, 관광행정에 필요한 비용이다. 인건비, 광고비, 교육비, 관광안내시설 유지비, 관광자원관리비 등이 그것이다.

룬드버그(Lundberg, 1980)는 하와이의 경우 관광객에게 제공되는 공공서비스의 비용을 (표)와 같이 밝히고, 다른 주에서 인력을 들여와야 하는 경우 4인 가족의 경우 추가공공비용은 취학아동이 없을 때 1,557달러, 취학자녀가 있을 때(초중생 1명, 대학생 1명) 3,041달러가 소요되었다고 밝혔다.

1983년을 기준으로 세계관광기구가 밝힌 자료에 따르면 1970년대의 경우 주요 관광국의 연간세입이 총국가 세입에서 차지하는 비율이 최하 0.2%(호주, 1973/4)에서 최고 61.9%(바하마, 1974)였으며 대부분 1~7% 수준이었다. 또한 관광조세수입의 국제관광수입에 대한 비율은 10~20%로 나타났다. 대체로 보아 후진국일수록 조세수입의 비중이 큰 것으로 보인다.

국제관광의 재정수입은 어떻게 계산되는가. 가장 중요한 변수는 조세부담률이다. 국가 또는 지역마다 다를 수 있기 때문이다. 일반적인 공식은 다음과 같다.

국제관광 조세창출액＝(TR＋I)×K×조세부담률

"(TR＋I)×K"는 앞에서 살펴본 바와 같이 국제관광으로 인한 국민순환소득

표 5-13 한국의 국제관광 조세창출효과(예)

(단위 : 백만원, %)

구분 연도	국제관광 국민 소득 창출액	조세 부담률	조세 창출액	조세총액	총조세 기여율
1985	1,379,454	18.2	251,060	11,907,700	2.1
1986	2,406,066	18.1	435,498	13,642,900	3.2
1987	3,404,781	18.5	663,053	16,391,600	3.7
1988	4,051,368	18.4	753,554	19,475,500	3.9
1989	4,476,632	18.9	846,053	21,353,200	2.7
1990	4,973,859	20.0	994,771	33,687,600	3.0

자료 : 한국은행, 국민계정, 1990. 및 조사통계월보, 1991.11.

이다. 세금은 소득에 대해 부과하는 것이므로 여기에다 조세부담률을 곱하면 된다.

우리나라의 국제관광 조세창출액은 (표)에 나타나 있는데 일반적으로 조세부담률은 18~20%이며, 국가전체 초세총액에 대한 기여율은 3% 내외이다. 이러한 관광조세는 여러 가지 조치로 그 효과가 떨어질 수도 있다. 즉, 조세감면(수입설비, 기계, 식품 등), 일정기간 세금면제, 보조금지급, 저이율대출, 과실의 본국송금 허용 등이 그것이다.

5. 지역경제에 기여

관광은 지역경제의 훌륭한 또는 필수적인 부분이 될 수 있다. 환경이 관광산업 자산의 기본요소이기 때문에 관광수입은 때론 보호구역의 경제가치를 측정하는 데 사용된다. 예를 들어 호주 뉴사우스웨일즈주(New South Wales)의 도리고 국립공원(Dorrigo National Park)는 지역총생산의 7%, 지역고용의 8.4% 기여하고 있는 것으로 측정되었다. 관광의 지역경제에 대한 중요성은 그것이 붕괴되었을 때 그 충격에 의해 알 수 있다. 1997년 재난 수준의 홍수 때 요세미티 국립공원(Yosemite National Park)이 폐쇄되었는데, 이로 인해 공원 주변지역 경제에 심각한 손실을 가져왔다. 가장 피해가 컸던 마리포사 카운티(Mariposa County)는 1인당 개인소득이 1,159달러 감소하였다(지역 전체는 1800만 달러)-6.6%감소. 또한 객실 및 판매세 수입에서 167만 달러의 손실을 보았고, 일자리 956개 손실을 보았는데 이는 주민 16,000명에 대해 큰 숫자였다.

쉽게 계량화할 수 없는 지역수입도 있다. 그것은 관광객의 모든 소비가 거시경제통계에 공식적으로 등록되지 않기 때문이다. 돈은 비공식 고용, 즉 거리자판기, 비공식 가이드, 인력거운전자(rickshaw driver)를 통한 관광에서도 벌 수 있다. 비공식 및 보고되지 않은 고용의 긍정적 측면은 그 돈이 지역경제에 되돌아 와 반복 소비되면서 큰 승수효과를 낸다는 것이다. WTTC(World Travel and Tourism Council)의 추정에 의하면 관광은 직접 관광지출의 100%에 상당하는 간접적 기여를 한다고 한다.

이외에도 관광은 지방정부로 하여금 수도, 쓰레기, 도로, 전기, 전화, 공공수송망 등 하부구조의 개선을 유도할 수 있다. 이는 모두 주민들의 삶의 질을 개선하고 또한 관광을 용이하게 할 수 있다. 물론 이는 막대한 자본을 필요로 하는 만큼 국가경제에 큰 부담이 될 수도 있다. 부정적 영향 부분에서 자세하게 다룬다.

제 3 절 경제적 영향의 부정적 측면

수용국 사회에 바람직하지 않는 경제효과를 주는 숨겨진 관광비용이 있다. 때론 부유한 국가들이 가난한 국가보다 관광으로부터 더 나은 혜택을 얻을 수도 있다. 후진국은 관광을 통해 소득, 고용, 삶의 질 향상에 대한 필요성을 가장 크게 가지고 있긴 하지만 이러한 혜택이 현실화될 가능성은 매우 낮다. 가장 큰 이유 중의 하나는 관광수입의 상당 부분이 외부로 누출되고 지역의 기업과 상품이 배제되는 것이다.

국제관광은 경제적으로 긍정적 효과만을 가져오는가. 대부분의 학자들은 국제관광의 경제적 효과를 매우 긍정적으로 보고 있다. 그러나 국제관광은 다음과 같은 부정적 경제효과도 유발할 수 있음을 유의해야 한다.

1. 관광수입의 누출(漏出 : leakage)

국제관광으로 실제 지역사회에 떨어지는 소득은 그리 많지 않다. 세금, 이윤, 임금 등이 외국에서 지급되고, 수입(輸入) 부분도 고려해야 한다. 포괄여행상품의 경우 여행객 총지출의 80%가 지역기업이나 근로자가 아닌 항공사, 호텔 및 국제기업(본사가 여행자 본국에 소재)으로 가버린다. 선진국 관광객이 후진국 또는 개도국에서 지출하는 100달러 중 단지 5달러만이 관광지에 남게 된다.

실제로 태국의 경우 관광객이 지급하는 금액의 약 70%가 외국여행사, 항공사, 호텔, 수입식음료 등에 지출된다. 카리브해 국가의 경우 그 비율이 80%, 인도는 40%에 달한다. (Sustainable Living)

그림 5-2 관광수입의 누출부문

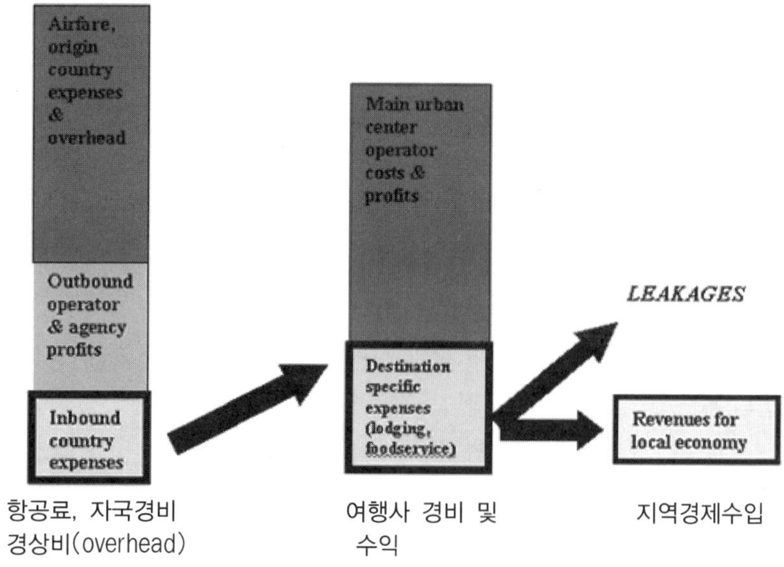

누출이 발생하는 경로는 세 가지가 있다.

첫째, 포괄여행상품의 경우이다.

지역기업은 관광수입 획득기회가 포괄여행상품 때문에 감소하고 있는 것을 알고 있다.

관광객들이 관광기간 내내 같은 유람선이나 리조트에 머물면서 거기서 필요한 모든 것을 구하고 지출한다면 지역민이 관광혜택을 받을 기회는 많지 않게 된다.

OAS(미주기구 : Organization of American States)는 자마이카 관광산업을 대상으로 포괄여행과 다른 형태의 수용(accommodation)을 비교한 연구를 하였다. 포괄상품 형태의 호텔('All-inclusive hotels)은 큰 수입을 얻지만 경제에 미치는 영향은 다른 숙박형태보다 작았다.(수입 1달러당)

포괄형태의 호텔('All-inclusive hotels)은 다른 호텔에 비해 수입(收入) 1달러당 수입(輸入)은 더 많이 하고 고용은 더 적게 하였다. 이는 포괄상품은 지역경제에 미치는 영향이(trickle-down effect) 적다고 주장하는 사람들에게 더 확신을 주었다. (Tourism Concern)

유람선은 더욱 좋은 예이다. 바다 유람선은 1999년 870만명의 국제관광객을 수송했다. 대부분 경우 특히 카리브해(전세계 유람선 승객의 44.5% 수용) 승객들은 대부분의 시간과 돈을 선상에서 소비하므로 지역 항구에서 소비할 기회는 제한된다.

둘째, 수입(輸入)으로 인한 누출(import leakage)이다.

수용국에서 제공할 수 없는 시설, 음식, 기타 등을 관광객이 원하는 경우 발생한다. 특히 후진국의 경우 식음료(food and drink) 등이 선진국 수준이 아니거나 생산시설이 없는 경우 수입할 수밖에 없다. 관광객의 지출로 발생하는 수입 중 상당부분이 이러한 수입부분에서 누출된다.

UNCTAD에 의하면, 개도국의 경우 수입과 관련된 누출은 중소기업 관광수입의 40~50%에 달하며, 선진 기업수입의 10~20%이다.

선진국에서조차도 지방업체들은 적절한 공급이 어렵다. 오스트리아의 64실짜리 "Kaiser im Tirol" 호텔은 지속가능관행(sustainable practices)부분에서 수상하였지만, 지역 농업망에서 적정한 양, 질 및 신뢰성이 있는 유기농산물을 구하기 어렵다. 생산 사이클과 과정이 수요와 일치하지 않기 때문이다. (Austrian Preparatory Conference for the International Year of Ecotourism, September 2001)

셋째, 수출로 인한 누출(export leakage)이다.

다국적 기업과 대규모 외국기업은 수입누출에서 상당한 기여를 하고 있다. 때론 후진국에서는 이들이 관광하부구조와 시설의 건설에 투자할 수 있는 자본을 유일하게 소유하고 있다. 이 결과 리조트와 호텔에 투자한 해외 투자자들이 그들의 수익금을 본국에 되가져 갈 때 발생한다.

1996년 UN보고서(관광의 국가수입, 소득수준, 총외화 등에 기여 평가)에 의하면 외환비용(foreign exchange expenditures)을 공제한 후의 순수관광수입이 중요하다는 것을 밝혔다. 누출은 다음과 관련이 있다.

1) 건설을 위한 자재, 장비 수입
2) 음식, 음료 등 소비재 수입
3) 외국 투자자가 벌어들인 수입의 본국송금
4) 해외 촉진비용
5) 호텔, 리조트 등 개발로 인한 외채 상환.

경제 및 관광산업의 구조에 따라 누출로 인한 영향은 국가마다 상이하다. 이 연구에 의하면 카리브해 국가의 경우 외화누출률(foreign exchange leakage rate)이 관광총수입의 56%이며, Aruba 41%, Antigua와 Barbuda 25%, Jamaica 40% 등이다. (Caribbean Voice)

2. 산업구조 및 지역경제의 불안정 초래

국가나 지역경제가 관광산업에 지나치게 의존하면 경제의 불안정을 초래할 수 있다.

첫째, 지역사회가 관광에 경제적으로 크게 의존하면 불황, 자연재해 등 악재가 발생할 경우 이를 보전할 방법을 찾기 어렵게 되어 지역경제 전제가 불안하게 된다.

경제의 다각화(diversification)는 건강의 신호이다. 그러나 만약 한 국가나 지역이 경제생존을 특정 산업에 의존하게 되면 이 산업만이 아니라 관련된 사람들에게 잘해야 한다는 스트레스를 준다. 많은 국가들 특히 다른 자원을 개발할 능력이 별로 없는 개도국은 관광을 경제를 부흥시키는 방법으로 소중히 생각한다.

감비아(Gambia)의 경우 인력의 30%가 직·간접적으로 관광에 의존하고 있다. 소규모 섬나라의 경우 몰디브의 83%에서 세이셸(Seychelles) 21%, 자마이카 34%에 이른다(TWO 통계). 관광에의 지나친 의존, 특히 대량관광에 의존하게 되면 관광의존경제에 심각한 위험이 따르게 된다. 경기후퇴, 열대태풍, 사이클론과 같은 자연재해는 변화하는 관광유형과 함께 지역관광부문을 황폐화시키는 결과를 가져온다.

몰타는 38만명의 인구가 있으며 120만의 관광객을 수용한다(1999). 관광은 6억 5천만 달러 이상의 외화를 창출하여 GDP의 25%(간접적으로는 40%)를 점유하고 있다. 몰타의 높은 관광의존도와 수출품목의 제한된 숫자 때문에 자국의 무역이 국제수요 변화에 취약하게 된다. (Washington Times)

둘째, 산업구조가 불균형을 이루어 국가경제가 불안정해진다.

산업구조(industrial structure)란 일국의 생산력의 구조를 산업별로 파악한 것이다. 좁게는 농업, 철강업, 섬유업 등 물질적 생산에 연관되는 산업부문의 조합을 말하며, 넓게는 여기에 상업, 교통업, 운수업 등 서비스산업을 추가하기도 한다. 산업구조를 가장 잘 설명한 사람은 클라크(C. G. Clark)인데 한 국가의 산업구조를 1차산업(primary industry), 2차산업(secondary industry), 3차산업(tertiary industry)으로 분류하였다. 이 분류는 경제발전의 지표를 나타낸다는 점에서 의미가 있다. 즉 ① 1인당 생산수준의 증가에 따라 1차산업에서 2·3차 산업으로 비중이 높아진다. ② 육체노동(1차산업)에서 정신노동(3차산업)으로 인구이동은 간접적으로 경제복지 내지는 국민복지의 증대와 관련되며 경제진보의 지표로 본다. 이 분류법은 통계적 자료와 결부된 양적 개념으로 산업별 인구구성과 생산수준을 기준으로 국제비교가 가능하다.

한국의 산업구조

한국의 1·2·3차 산업의 비율은 1960년대 37 : 20 : 43였으며 1991년 8 : 28 : 64로 변화하였다.

2005년 한ㄱ구의 산업구조

		%
국내총생산	100.0	-
농림어업	3.3	-
광공업	28.8	-
광업	0.3	-
제조업	28.4	-
(경공업)	5.0	-
(중화학공업)	23.5	-
전기가스수도	2.4	-
건설업	9.2	-
서비스	56.3	-
(정부)	6.3	-
(기타)		50.0

자료 : 통계청

그러나 이 분류에 의한 경제발전의 지표는 다른 각도에서 보면 항상 일정하지는 않다. 특히 3차산업의 비중이 지나치게 증가할 경우 발생할 수 있는 문제점을 생각해 보자. 운수, 통신, 금융, 관광 등 3차산업은 자연히 호황을 맞게 된다. 물론 3차산업이 1·2차 산업의 성장을 도울 수는 있으나, 기본적으로 1·2차 산업이 국가산업의 근간이 된다는 것이다.

특히, 관광산업은 여타 3차산업의 금융, 운송, 통신 등에 비하면 국가산업에서의 중요성이 떨어진다. 관광은 어느 나라에서나 2차적인 문제로 나타난다. 가장 기본적인 생계가 보장되고 난 후에 관광은 2차적으로 고려되기 때문이다. 만약 1·3차 산업이 불황을 맞게 되면 관광산업은 곧바로 불황의 영향을 받을 수밖에 없다. 따라서 관광산업이 국가경제에서 차지하는 비중이 지나치게 클 경우 국가산업의 불안정을 초래할 수 있다는 것이다. 또한 국제관광산업은 국제경제의 의존도가 매우 높기 때문에 인바운드(inbound) 관광산업을 주력산업으로 하는 국가는 국제경제에 예속될 가능성이 높다고 하겠다. 이것은 경제력이 강력한 국가들에게 경제가 예속되는 결과를 가져올지도 모른다. 또한 경제의 예속은 정치적 종속으로도 발전할 가능성이 있다.

3. 사회간접자본에 대한 투자증가

관광개발은 지역정부와 납세자로 하여금 상당한 비용을 치르게 한다. 개발자들은 정부가 공항, 도로 및 하부구조를 개성하기를 원한다. 또한 가능하다면 세금감면과 기타 재정혜택을 받기를 원하는데 이는 정부로서는 상당한 비용이 드는 일이다. 하부구조에 대한 보조 또는 면세 등에 공공재원을 사용하게 되면 교육, 건강 등 중요한 분야에 대한 정부투자가 줄게 된다.

국제관광객의 유입은 이들의 이동과 활동을 도와주는 시설의 건설을 필요로 한다. 즉, 공항, 항만, 도로, 철도, 전기, 통신 등 공공재(公共財) 분야의 시설이 절대적으로 필요하다. 이러한 시설에 투자되는 자본을 사회간접자본(社會間接資本/SOC : social overhead capital)이라고 한다. 이러한 사회간접자본은 그 규모가 엄청나기 때문에 단시일 내에 투자가 이루어지기 어렵다.

정부는 이러한 사회간접자본의 투자가 관광객의 유치에 절대적임을 알기 때문에 투자에 우선순위를 두게 된다. 그러나 후진국이나 개도국은 민족자본의 형성이 곤란하기 때문에 무리하게 투자하거나 외국의 자본을 빌려오기도 한다. 이 과정에서 비교적 긴 기간 동안 투자에 비례한 관광수업의 획득이 불가능하여 국가 전체가 재정적 어려움을 겪게 된다. 외국의 자본을 끌어온 경우 자본의 상환이 국민의 부담으로 변할 수도 있다.

물론 사회간접자본의 투자가 장기적인 관광산업의 발전에 기여한다는 것은 말할 것도 없다. 국가의 경제란 현재를 무시하고 미래지향적으로만 향할 수는 없기 때문에 문제가 있는 것이다.

사회간접자본 (社會間接資本 : social overhead capital)

생산활동이 이루어지기 위해 필요한 사회적 기반을 말한다. 토지와 인력, 그리고 자본이 농사를 짓기 위해 필요한 직접요소라고 할 때, 농업이 보다 효율적으로 이루어지기 위해서는 관개시설과 같은 공공시설이 필요하게 된다. 이때 관개시설과 같은 사회적 서비스를 사회간접자본이라 한다.

A. 허시먼은 다른 다양한 산업활동을 가능하게 하는 기능이나 서비스와, 공공기관에 의해 통제되는 서비스, 그리고 다른 나라에서 제공받을 수 없는 서비

스 등을 사회간접자본의 범주에 포함되는 활동이라고 정의하고, 이에 높은 자본계수와 큰 규모가 추가될 경우 광의의 사회간접자본을 뜻할 수 있다고 했다. 즉 교통수단과 동력은 다른 재화와 서비스의 생산을 가능하게 하는 좁은 의미의 사회간접자본이며, 교육이나 법질서, 공공보건과 상하수도 시설 등의 공공서비스는 보다 넓은 의미의 사회간접자본이 된다. 사회간접자본의 존재여부는 곧 그 나라 산업활동의 가능성을 판단할 수 있는 척도가 된다. 그러므로 사회간접자본에 대한 투자는 규모가 크고, 투입된 자본의 회수에 오랜 기일이 소요되며, 그 효과가 사회전반에 미치게 되는 특징이 있다. 따라서 사회간접자본에 대한 투자는 일반적으로 개인이나 사기업이 아닌 공공기관이나 정부의 주도에 의해 이루어진다. ◀

인프라(infrastructure)

인프라란 말은 다양한 분야에서 사용되고 있으나 일반적으로 도로, 공항과 같은 기반시설을 말한다. civil infrastructure, municipal infrastructure, simply public works과 같이 사용된다. 다른 분야에서는 정보기술(information technology), 통신채널, 소프트웨어개발기술, 정치사회 네트워크, 특정단체의 신념 등을 의미하기도 하는 등 폭넓게 사용된다.

즉, infrastructure란 조직을 형성하고 그 조직을 뒷받침한다는 것이 주 개념이다.

이 말은 19세기 프랑스에서 처음 사용되었으며, 20세기 전반부에는 주로 군사시설(military installation)을 의미하였다. 1980년대 미국에서 "America in Ruins"(Choate and Walter 1981)란 책이 발간되면서 본격적으로 사용되기 시작했다. 이 책에서는 국가의 인프라 위기에 관한 공공정책 토론을 처음 시도하였다. 이는 수십 년에 걸친 공공정책에 대한 부적절한 투자와 잘못된 집행에서 기인하였다. 그러나 공공정책에 대한 토론은 인프라에 대한 개념 때문에 벽에 부딪쳤다. U. S. National Research Council (NRC)의 한 위원회에서 상원의원 Stafford는 "probably the word infrastructure means different things to different people"라고 말할 정도였다. 여기서 인프라에 대한 개념을 다음과 같이 설정하였다.

"public works infrastructure," referring to "…both specific functional modes-highways, streets, roads, and bridges; mass transit; airports and airways; water supply and water resources; wastewater management; solid-waste treatment and disposal; electric power generation and transmission; telecommunications; and hazardous waste management--and the combined system these modal elements comprise.

"*Infrastructure for the 21st Century*, Washington, D.C. : National Academy Press, 1987"에서는 인프라의 개념을 "A comprehension of infrastructure spans not only these public works facilities, but also the operating procedures, management practices, and development policies that interact together with societal demand and the physical world to facilitate the transport of people and goods, provision of water for drinking and a variety of other uses, safe disposal of society's waste products, provision of energy where it is needed, and transmission of information within and between communities."라고 정의하고 있다. (http : //en.wikipedia.org) ◀

4. 불완전한 계절적 고용

관광산업의 계절적 특징으로 관광에 크게 의존하는 관광지에 경제적 문제를 야기하고 있다. 계절노동자가 직면하는 문제는 고용불안(이에 따른 소득불안)인데, 이는 다음 계절에 대한 고용보장이 없고, 교육이수, 고용관련, 의료혜택, 경력인정 등에서의 곤란, 불만스러운 주택과 작업조건 등이 부수된다.

국제관광객의 유입의 관광산업의 발전을 가져와 해당분야에 상당한 인력을 필요로 하게 된다. 앞에서 설명한 바와 같이 관광산업의 고용효과는 경제적 이점만이 아니라 정치적 효과도 가지고 있기 때문에 매우 중시된다.

그러나 관광산업으로 인한 고용은 다음 몇 가지 측면에서 문제가 있다. 첫째, 고용이 지속적이 아닌 경우가 많다. 특수한 경우를 제외하고 관광산업은 계절성을 가질 수밖에 없다. 따라서 비수기에는 고용이 줄고 성수기에는 증가하는 지속적인 고용효과를 얻기 어렵다. 이것은 단순히 고용의 문제만이 아니라 사회적 문제를 야기하기도 한다. 둘째, 관광산업에 근무하는 인력이 일부 국가에서는 특수계층에 속한 사람들로 구성된다는 것이다. 미국의 경우 관광업체에 근무하는 인력의 구성을 보면 흑인을 비롯한 소수민족과 여성이 큰 비중을 차지하고 있다. 이것은 특정 직업에 대한 국민들의 의식에 영향을 미치고 근로자들 간의 위화감을 조성하게 된다. 셋째, 소수의 근로자를 제외하고 관광산업에 고용되어 있는 대부분의 근로자들은 하위직(숙박 및 식음료 접대원, 세탁 등)에 종사하고 있어서 소득수준이 낮다. 이러한 고용은 계절성을 가지고 있어서, 통계상으로 정상적으로 계산되지만, 실제로는 잠재적 실업(潛在的 失業 : latent unemployment)에 가까울 수도 있다.

잠재적 실업(disguised unemployment)

사실상 실업상태에 있지만 표면적으로는 실업자로 노출되지 않은 상태를 말하는 것이다. 일시적인 것과 구조적·만성적인 것이 있다. 전자는 경기불황 하에서 노동자가 소유하고 있는 능력이나 숙련도를 충분히 발휘할 수 있도록 업무가 주어지지 않기 때문에 부득이 노동생산성이 낮은 다른 업무에 종사하고 있는 상태를 의미한다. 그 형태는 실업하여 귀농한 영세농민, 도시의 영세영업 종사자 등을 들 수 있다. 후자는 후진국에서 볼 수 있듯이 노동의 한계생산력이 0일 정도로 과다한 노동인구가 취업을 하고 있어 일부 노동인구를 제거해도 총생산량에는 아무 변화가 일어나지 않는 상태를 의미한다. 이를 특히 위장실업이라고도 한다. ◀

5. 지역물가 상승작용

기본 서비스와 재화에 대한 관광객의 수요가 늘면 해당 부분에 대한 가격상승을 가져와 수입에 비례해서 소득이 늘지 않는 지역주민에게 부정적인 영향을 미친다. 샌프란시스코 주립대학(A San Francisco State University)의 중앙아메리카 벨리즈(Belize)에 대한 연구에서 관광개발로 지역물가가 8% 상승하였다는 보고가 있다.

관광개발과 관련하여 부동산 수요의 증가는 건축비와 토지가격을 극적으로 인상시킨다. 이는 지역민에게(특히 개도국) 그들의 일상수요를 충족시키기 어렵게 할 뿐 아니라 외부인에 의한 토지 점유와 이주를 늘려 지역민의 경제기회를 침식하게 되어 결국 지역민의 권리를 상실하게 만든다. 코스타리카에서는 약 65%의 호텔이 외국인 소유이다. second home에 사는 장기 관광객과 소위 "amenity migrants"(분위기와 삶의 평화적 리듬을 즐기기 위해 매력적인 관광지로 오는 부유한, 퇴직한, 자유로운 전문가집단)들은 그 숫자가 상당수에 이르면 지역의 물가를 상승시키는 작용을 하게 된다.

이상의 부정적 영향 외에도 경제위기, 몇 년전 태국, 말레이시아, 인도네시아를 강타한 아시아의 경제위기 등은 인바운드 관광객의 흐름을 황폐화시킨다. 재정적 혼란은 1997년 및 1998년에 영향을 받은 국가로의 관광흐름에 큰 하락을 가져왔다. 필리핀의 경우 경제위기와 필리핀항공의 일시 폐쇄는 인바운드 관광객에 큰 영향을 미쳐 1998년에 3.3%의 하락을 가져왔다. (자료 : Hotel-online).

제 4 절 산업연관 효과

1. 산업연관분석의 의의 및 관광산업에의 적용

산업연관분석은 투입산출분석(input output analysis 또는 interindustry analysis)이라고도 하는데 투입산출표(input output table)로 나타난다.

이 분석기법은 레온티에프(W. W. Leontief)교수가 처음으로 창안한 것인데, 그 이론적 기초는 왈라스(M.E.L.Warlas)의 일반균형이론(theory of general equilibrium)에 있다. 일반균형이론이란 시장경제에 있어서 모든 경제량(經濟量)은 상호의존적인 관계에 있다는 가정에서 출발한다. 각 경제량은 마치 그물의 매듭과 같이 서로 직・간접으로 연결되어 있어서 한 매듭(한 가지 재화의 가격)이 움직이면 그 효과가 모든 매듭에 파급된다. 그러므로 하나의 경제량의 움직임은 그 나머지 모든 경제량과의 관계속에서 전체적・통일적으로 이해되어야 한다는 것이다. 이것은 실제로 매우 어려운 일이지만, 모든 경제량 사이의 상호 의존관계를 연립방정식의 체계로 기술한 것이 왈라스의 일반균형이론이다.

투입산출표는 여러 갈래의 선업, 가계, 정부, 자본형성부문 간의 재화와 용역의 흐름을 빠짐없이 파악함으로써 한 나라의 경제구조를 분석하려는 것이다. 제2차 세계대전 이후 크게 발전하여 온 국민소득분석은 전생산량을 집계하여 국민순생산으로 종합해버리기 때문에 각 산업의 생산물을 최종적으로 가계·정부·외국 및 자본형성계정 등 어느 부문이 구입하느냐 또는 순생산에 기여한 생산요소에 대한 지급이 어떠한 비례로 배분되었느냐 하는 것에 주목하였다. 그러나 이 투입산출표는 각 산업상호간에 있어서 재화의 흐름을 매우 중시하여 오히려 생산기술구조의 연구를 주안목으로 하고 있다. 예를 들면 철강생산을 두배로 늘리려면 석탄소비량은 얼마나 증가되며, 또한 면제품의 수출이 증가했을 때 면사생산은 얼마만큼 늘려야 하는지의 문제, 즉 이러한 연관산업의 생산증가라든가, 고용의 증가를 통하여 모든 소비재산업 및 자본재산업의 산출고와 고용이 얼마나 증가하게 될 것이라는 변동을 계산 또는 예측하는 것이다.

산업별 생산활동은 최종수요의 상품구성은 물론 각 산업의 생산기술구조와 그에 따른 각 산업간의 직·간접적인 상호 연관관계에 달려 있다고 볼 수 있는데, 산업연관분석은 이러한 모든 점들을 모두 고려한 분석기법으로 최종수요가 생산, 고용, 소득 등 국민경제에 미치는 각종 파급효과를 산업부문별로 나누어서 분석하는 것이다.

관광산업의 경우 국제관광이 단순히 외화획득이라는 직접적인 효과만이 아니라 관련산업에 미치는 효과가 있으므로 그러한 효과를 분석해 보는 것이다. 관광산업의 산업연관효과는 생산유발효과, 수입유발효과, 부가가치유발효과 등으로 파악할 수 있다.

첫째, 생산유발효과란 관광산업을 통해 외화의 획득이 이루어진 경우 그것이 1차적으로 관광상품의 생산을 유발하고 다시 관련상품의 생산을 연쇄적으로 유발하는 정도를 말한다. 생산유발효과는 생산유발계수를 계산함으로써 가능하다. 생산유발계수는 관광산업의 단위당 생산액이 전체생산을 유발시키는 비율이다. 생산유발효과에는 순생산 유발효과와 개별투입부문별 생산유발효과가 있는데, 전자는 관광산업을 구성하는 각 부문이 전산업의 생산에 미치는 유발효과이며, 후자는 부문별 생산유발효과이다. 생산유발계수에 외화획득액을 곱하면 생산유발효과가 계산된다.

둘째, 수입(輸入)유발효과란 관광산업의 외화획득을 위해 직·간접적으로 투입되는 수입원자제 및 수입기자재 수입액의 정도를 말한다. 여기서는 수입유발계수(최종수요 한 단위가 증가했을 때 전산업에 유발되는 수입액의 상대적 크기)를 구하여 획득된 외화액에 곱하면 수입유발효과를 계산할 수 있다.

셋째, 부가가치 유발효과란 관광산업의 생산활동(외화획득 등)을 통해 모든 산업에 창출되는 부가가치를 말한다. 일반적으로 부가가치는 임금, 지대, 이자, 이윤 등으로 나타난다. 즉 총생산에서 중간생산물과 감가상각을 공제한 나머지이다. 부가가치유발계수는 최종수요 한 단위가 증가할 때 모든 산업에서 유발되는 부가가치의 정도를 말하는데 이 계수에다 외화획득액을 곱하면 부가가치유발액을 산출할 수 있다.

2. 산업연관표의 기본구조 및 중요계수

(1) 산업연관표의 기본구조

이미 설명한 바와 같이 산업연관표는 일정기간 동안 국민경제 내에서의 재화와 서비스의 생산 및 처분과정에서 발생하는 모든 거래를 일정한 원칙과 형식에 따라 기록한 종합적인 통계표이다.

이 표의 기본구성은 행(가로방향 : 산출)과 열(세로방향 : 투입)의 각 총계가 동일하다는 전제하에 어느 한 부분의 변화가 타부분에 얼마의 영향을 미치느냐를 파악하는 것이다. 아래의 산업연관표를 보면서 중요한 내용을 살펴보자.

표 5-14 생산자격평가 산업연관표(1980)

(단위 : 10억원)

구분		중간수요				최종수요				총수요계	수입(공제)	총산출액
		농림어업	광공업	기타산업	중간수요	소비	투자	수출	최종수요			
중간투입	농림어업	696	6,242	96	7,030	2,845	671	433	2,607	9,637	1,810	7,797
	광공업	1,331	25,510	9,373	36,214	11,700	4,827	9,204	25,791	38,239	13,498	48,507
	기타산업	329	5,364	7,584	13,277	14,674	7,518	2,830	24,962	63,005	936	37,333
	중간투입계	2,356	37,116	17,049	56,521	29,219	11,674	12,467	53,360	109,881	16,244	93,637

부가가치	임금 기타	759 4,682	4,695 6,696	9,795 10,481	15,249 21,867
	부가 가치세	5,441	11,391	20,284	31,116
총투입액		7,797	48,507	37,333	93,637

자료 : 한국은행

표 5-15 2003년 산업연관표 개요

(단위 : 10억원)

구분		중간수요	최종수요				총수요계	수입 (공제)	총산 출액
		중간수요계	소비	투자	수출	최종 수요계			
중간투입	산업별								
	중간 투입계	973,967.2	531,416.0	231,779.7	272,079.0	1,035,274.7	2,009,241.9	268,296.5	1,740,945.3
부가가치	임금 기타								
	부가 가치계	766,978.1							
총투입계		1,740,945.3							

자료 : 2003년 산업연관표(실측표) 개요, 한국은행에서 발췌
* 우리나라 2003년도 재화와 서비스의 총공급(총수요) : 2009조 2419억원
국내총생산 : 1740조 9453억원(86.6%), 수입 : 268조 2965억원(13.4%)

① 가로방향(행)

각 산업부문의 생산물의 판매 즉 배분구조를 나타내는 것으로 중간재로 판매되는 중간수요(intermediate demand)와 소비재, 자본재, 수출상품 등으로 판매되는 최종수요(final demand)의 두 부분으로 나누어진다. 중간수요와 최종수요를 합한 것이 총수요이며 여기서 수입을 공제한 것이 총산출액이다. 즉,

□ 중간수요 + 최종수요 = 총수요 “총수요 − 수입(공제) = 총산출액

중요한 내용은 다음과 같다.

• 중간수요 : 중간재(中間財 : intermediate goods)의 수요이다. 중간재란

생산의 여러 단계에 있는 생산물을 총칭한다. 이것은 반제품과 같은 생산물의 총체를 포함하는 것이며, 일체의 생산수단을 지배하여 완성생산물의 생산을 가능하게 하는 수단이다. 이것을 사용부문이라고 봐도 좋다.

• 최종수요 : 최종생산물(final goods)에 대한 수요이다. 최종생산물은 완성재(完成財)라고도 한다. 어느 재화가 최종생산물이냐 중간생산물이냐의 구분은 그것의 자연적 성질에 의한 것이 아니고, 어느 목적에 사용되느냐에 의한다. 예를 들면 석탄은 공업연료로 사용되면 중간생산물이지만 가정연료용으로 사용되면 최종생산물이 된다. 따라서 최종수요는 다음과 같은 항목으로 구성되어지고 있다.

<table>
<tr><td rowspan="5">최종수요</td><td rowspan="2">소비</td><td>민간지출소비</td><td>가계 및 민간비영리단체의 소비지출</td></tr>
<tr><td>정부지출소비</td><td>일반 정부활동을 위한 경상지출(공공행정)</td></tr>
<tr><td rowspan="2">투자</td><td>민간고정자본 및 정부고정자본형성</td><td>기업, 비영리단체, 정부 등의 유형고정자산을 취득하기 위한 비용</td></tr>
<tr><td>재고</td><td>어느 시점에서 각 산업부문이 생산과 판매를 위해 보유하고 있는 원재료, 연료, 반제품 및 완제품</td></tr>
<tr><td>수출</td><td colspan="2">외국에 대한 재화 및 용역의 판매(외국인여행자의 한국내소비도 포함)
수입은 공제대상이다.</td></tr>
</table>

② 세로방향(열)

각 산업부문의 비용구성 즉 투입구조를 나타내는데 원재료투입을 나타내는 중간 투입과 노동 및 자본투입을 나타내는 부가가치의 두 부분으로 나누어진다. 이 두 부분을 합한 것이 총투입액이다. 즉,

□ 중간투입＋부가가치＝총투입액

중요한 내용은 다음과 같다.

• 중간투입 : 생산에는 여러 가지 생산요소가 필요한데, 각 산업부문에서 생산한 원료를 구입하여 사용하는 것을 말한다. 이것을 생산부문이라고 봐도 좋다.

• 부가가치 : 본원적 생산요소(노동, 토지와 같은 영구적 자원)를 구입하고 그 대가로 지급하는 임금, 땅값 등을 말한다. 구체적 내용은 다음과 같다.

부가가치	피고용자 보수	국내의 생산활동에 종사한 대가로 받은 임금으로 현금과 현물을 모두 포함한다.
	영업잉여	각 산업부문의 기업잉여, 순지급이자, 토지에 대한 순지급 임대료 등을 포함한다.
	고정자본 소모	생산과정에서 소모된 고정자본을 대체하기 위해 총생산의 일부를 충당금으로 비축해 놓은 것
	순간접세	부가가치세, 비례간접세, 기타 간접세를 포함.

③ 기타

투입산출표에 기록되는 대상 중에서 주의해야 할 것은 다음과 같다.

첫째, 기록되는 대상에는 시장에서 이루어지는 재화 및 용역의 모든 매매거래뿐 아니라, 자가소비(생산물을 직접 소비하는 것), 현물교환(화폐교환을 통하지 않은 물물거래), 현물급여(화폐 이외의 임금) 등도 포함된다.

둘째, 제외대상에는 일부 금융거래(이전비출, 대출금, 선수급금, 유가증권매매 등), 일부 해외부문거래(외국과의 장·단기자본 및 금융거래, 이전거래 등) 그리고 생산요소의 국제간 이동에서 발생하는 해외 요소소득의 지급이나 수취가 포함된다.

그리고 중간수요와 중간투입을 내생부문(內生部門)이라고 부르는데, 재화와 용역의 각 산업부문 상호간에 이루어진 거래를 기록하는 부문으로 산업연관표의 핵심이다. 최종수요와 부가가치를 외생부문(外生部門)이라고 하는데, 내생부분과 상관없이 결정되는 것으로 이 부문의 값의 변동이 국민경제에 파급되는 효과를 분석하게 된다.

(2) 중요 계수 및 한계

산업연관표에서 찾아내야 할 중요한 계수는 투입계수와 생산유발계수이다. 결국 산업연관분석은 총수요의 변화에 따라 부문별 중간수요와 중간투입 및 부가가치의 변화가 어느 정도이냐를 분석하는 것이다.

첫째, 투입계수는 상품 한 단위의 생산을 위해 투입되는 각종 원재료 및 부가가치의 상대적 크기를 말한다. 즉 각 부문 생산물 한 단위의 생산에 필요한 각종 중간재의 단위를 표시하는 것이다. 위의 〈표 4-13〉에서 보면 농림어업부문의 생산물 한 단위를 생산하기 위해서는 농림어업이 0.0893단위, 광공업이 0.1705단위, 기타 산업이 0.0433단위가 필요함을 말하는 것이다(각 부문별 투입액을 총투입액으로 나눈 값).

둘째, 생산유발계수는 최종수요의 변동에 의한 생산유발효과를 말한다. 즉 소비, 투자, 수출 등의 변화가 생산에 어느 정도 영향을 미치느냐이다. 관광객의 소비가 다른 부문의 생산과 총산출액에 어느 정도의 생산유발효과를 가져오느냐도 바로 이 계수를 통해 확인한다. 생산유발계수는 산업부문이 많은 경우 투입계수를 매개로 하여 무한히 계속되는 생산의 파급효과를 계산하는 것은 매우 어렵다. 수학적인 방법으로 역행렬을 이용하여 생산유발계수를 도출할 수 있는데, 최종수요와 수입의 변동에 따라 각 산업부문에서 직·간접적으로 유발되는 총산출액을 구할 수 있다. 생산유발계수의 구체적 계산방법은 관광경제학의 영역으로 돌린다.

산업연관분석도 한계점을 가지고 있다. 우선 시간, 재정, 인력 면에서 비용이 많이 소요되며 또한 기본가정의 타당성이 문제가 된다. 즉 투입계수가 안정적이라는 가정은 성립하기 어렵다. 현실의 무수한 생산과정을 몇 개의 산업부문으로 분류하여 한정함으로써 문제가 되며, 원자재의 가격변동(수입의존도가 높은 경우)이 심한 경우 안전성을 상실하기 때문이다.

3. 관광관련 산업연관분석의 실례(경주지역)

관광개발이 경제에 미치는 파급효과를 분석할 목적으로 1988년도에 지역투입산출 모형을 활용하여 경주지역의 경제구조와 산업부문간의 상호 의존관계를 분석한 연구가 있었다.

이 연구는 관광산업을 숙박, 식음료, 기념품 및 도소매, 교통 및 여행, 사찰 및 공원 등 5개 부문으로 분류하고 관광수입이 경주지역의 가내소득, 수입, 고용창출효과 및 승수효과를 계측해 냄으로써 경제적 파급효과를 측정하고 있다.

표 5-16 경주지역 관광수입의 가내소득 창출효과(1995)

(단위 : 백만원)

산업부문	관광수입 (1)	가내소득 직접 (2)	가내소득 간접 (3)	가내소득 유발 (4)	가내소득 합계 (5)=(2+3+4)	소득승수 (6)=(5)/(1)
숙박업	16,731	6,755	1,919	2,308	10,982	0.656
식음료업	19,113	8,140	1,929	2,679	12,748	0.667
기념품도소매업	125,094	22,358	9,033	8,353	39,744	0.318
교통·여행업	7,229	2,759	567	885	4,211	0.583
사찰·공원	15,586	4,677	2,299	1,856	8,832	0.567
합계	183,753	44,689	15,747	16,081	76,517	0.416

자료 : S. M. Kim A Comparative Study of Pulguk-sa and Haein-sa Temples as Tourist Destinations in Korea, PD.D Dissertation, University of Surrey, U.K, 1989

표 5-17 경주지역 관광산업부문별 고용창출효과(1985)

(단위 : 백만원)

산업부문	관광수입	직·간접 수입	관광수입성향 (TPI) (3)=(2)/(1)	1백만원 순외화획득에 요구되는 관광수입 (4)=1/(1-TPI)
숙박업	16,731	4,076	0.224	1.323
식음료업	19,113	4,729	0.247	1.328
기념품/도·소매업	125,094	80,972	0.647	2.833
교통·여행업	7,229	1,892	0.262	1.355
사찰·공원	15,586	6,254	0.401	1.669
합계	183,753	97,927	0.533	2.141

자료 : 〈표 5-16〉과 동일

첫째, 가내소득 창출효과이다. 1985년도 경주지역의 관광수입은 183,753백만원이며 이로 인해 발생한 가내소득(직접효과, 간접효과, 유발효과 모두 포함)은 76,517백만원이었다. 따라서 소득승수는 0.416으로 비교적 낮아 관광수입의 경제적 누출이 비교적 높았다. 특히 기념품 도소매업이 낮은 승수효과를 보였는데 이것은 원료 및 완·반제품의 수입의존도가 높기 때문이다.

둘째, 수입의존도이다. 1985년 경주지역 관광수입이 유발시킨 직·간접 수입액은 97,927백만원에 달하여 관광수입 성향계수가 0.533에 달하였으며, 이중 기념품 도소매업의 수입의존도가 가장 높은 것으로 나타났다. 이것은 기념품 등이 국내 타지역으로부터 수입된 것이 많다는 것을 의미한다. 바꾸어 말하면 관광수입 성향계수가 기념품 및 도소매업에서 가장 높게 나타났다. 그리고 1백만원의 외화획득에 요구되는 관광수입은 214만원으로 관광산업 자립도가 비교적 낮은 것으로 파악되었다.

셋째, 고용창출효과이다. 1985년도 경주지역 관광수입이 창출한 고용효과는 총 12,021명으로 그 가운데 직접고용은 49.9%, 간접고용은 25.6%, 유발고용이 24.5%를 나타냈다. 고용의존도가 가장 낮은 부문은 식음료업이며 가장 높은 분야는 사찰·공원이었다. 사찰·공원이 고용의존도가 높은 것은 이례적이나 각종 개보수에 많은 인력이 고용되었음을 말해준다.

분석결과 관광수입 1천만원당 숙박부문에서 1.48명, 식음료부문에서는 1.35명이 고용된 것으로 나타나 다른 부문보다 비교적 높았다.

이상의 결과를 종합하여 우선순위를 매긴다면 산출승수에 있어서는 사찰·공원(1.41), 숙박업(1.35), 식음료업(1.27)의 순서이며, 소득승수에서는 식음료업(0.67), 숙박업(0.66), 교통 및 여행업(0.58)의순서이며, 고용승수에 있어서는 사찰 및 공원(5.33), 기념품 및 도소매업(2.85), 교통 및 여행업(1.53)의 순서로 나타났다.

경주관광개발의 편익을 극대화할 수 있는 방안으로 네 가지가 제시되었다.

첫째, 사찰·공원, 숙박업, 식음료업은 후방연쇄효과가 높으므로 개발·육성하여야 한다. 특히 주제공원, 종합오락시설, 스포츠공원을 개발하고 지역생산

표 5-18 경주지역의 관광수입의 고용창출효과

(단위 : 백만원, 명)

산업부문	관광 수입	고용효과				고용승수 (6)=(5)/(2)	수입1천만 원당 창출되는 고용 (7)=(5)/(1)
		직접 (2)	간접 (3)	유발 (4)	합계 (5)=(2+3+4)		
숙박업	16,731	1,631	416	423	2,470	1.514	1.48
식음료업	19,113	1,804	280	491	2,575	1.427	1.35
기념품및소매업	125,094	1,900	1,984	1,529	5,413	2.849	0.43
교통·여행업	7,229	531	119	162	812	1.529	1.12
사찰·공원	15,586	136	276	339	751	5.522	0.48
합계	183,753	6,002	3,075	2,944	12,021	2.003	0.65

품을 주원료로 하여 식음료를 개발하는 방안이 있겠다.

둘째, 식음료, 숙박, 교통, 여행업은 부가가치 유발효과가 높아 개발·육성해야 한다. 전통적이고 토속적인 면을 살려 관광농원 관광목장 등을 연구하면 좋겠다.

셋째, 고용증대 효과가 높은 기념품 및 도소매업을 육성하기 위해 지역에서 생산된 원료를 사용한 기념품, 의류, 식료품의 생산이 바람직하다.

넷째, 이러한 효과에도 불구하고 사회·문화·환경적 비용을 고려해야 한다.

오늘의 교훈

景行錄에 云(운), 結怨於人(결원어인)은 謂之種禍(위지종화)요 捨善不爲(사선불위)는 謂之自賊(위지자적)이니라.

『경행록』에 이르기를, "남과 원수를 맺는 것은 재앙의 씨앗을 심는 것이라 말하고, 착한 것을 버리고 착한 일을 하지 않는 것은 스스로를 해치는 것이니라."고 하였다.

*명심보감 : 성심편(省心篇)

CHAPTER 06 국제관광의 사회 · 문화적 영향

제 1 절 국제관광의 사회적 영향

국제관광은 표면적으로는 경제적 효과가 가장 두드러지지만, 결코 간과할 수 없는 효과가 있다. 그것은 바로 사회 · 문화적 영향이다. 관광객이 교류하면 생산과 소비라는 활동이 발생하며 동시에 양측의 사회와 문화가 서로 교류 내지는 충돌하면서 영향을 받게 된다는 것이다. 그 영향은 부정적인 측면과 긍정적인 측면이 있을 수 있다.

여러 가지 이유로 수용국은 고객과 서비스공급자와의 관계에서 약자 위치가 될 때가 많다. 이 때문에 여러 가지 영향을 입게 된다. 이러한 영향은 항상 분명한 것은 아니다. 측정하기 어렵고, 가치판단에 달려 있기도 하고, 확인하기 어렵거나 간접적인 것도 있기 때문이다.

충격적 영향은 관광이 가치시스템과 행동에 변화를 유발하여 고유성(indigenous identity)을 위협할 때이다. 게다가 변화는 사회구조, 가족관계, 집단적 전통 라이프사이클, 의식, 윤리 등에서 발생한다. 그러나 관광은 또한 긍정적인 영향을 창출하기도 한다. 평화의 지원, 문화적 전통에 대한 자긍심 고양, 지역에 일자리를 만들어 도시집중을 피하게 하는 등, 다른 문화가 만날 때 발생하는 것처럼 사회 · 문화적인 충격은 모호하다. 충격이 다른 집단에게는 어떤 혜택이 될 수도 또다른 집단에게는 부정적이 될 수도 있다.

여기서 우리가 논의해야 할 사항은 다음과 같다.

- 첫째, 관광객과 주민의 관계형성이다. 양자는 어떠한 경로로 만나게 되며 그로 인해 발생하는 현상은 어떠한가에 관해서이다.
- 둘째, 사회 · 문화적 효과를 편익(혜택)과 비용의 차원에서 분석한다.

- 셋째, 일반적으로 부정적인 시각에서 파악되어온 몇 가지 논쟁점에 대해 심도 있게 논의해 보는 것이다.
- 넷째, 특정지역을 대상으로 사회·문화적 영향을 실제로 분석해 보는 것이다.

1. 사회적 접촉의 발생

국제관광을 통해 관광객(guest)과 지역주민(host)은 만나게 된다. 지역주민은 세 부류가 있는데 관광사업체종사원, 관광산업과 간접적으로 관련된 사람, 그리고 관광산업과 관련이 없는 일반인들이다. 이 세 부류의 사람들이 관광객과 만나는 정도는 각기 다르다. 동시에 그들이 관광객으로부터 받는 영향도 또한 다르다.

스미스(V. Smith)는 〈표 6-1〉과 같이 관광객의 유형과 그들의 지역규범에 대한 적응을 통해 그 영향의 일면을 소개하고 있다.

이 표를 보면 개인적으로 문화에 대한 흥미가 큰 관광객들은 그 지역의 규범에 적응하려는 의사가 큰 반면, 단체관광객들은 지역문화나 규범에 적응하려는 것보다 자기문화의 쾌적성을 추구하고 있다. 즉, 개인관광일수록 지역문화에 대한 관심과 지각의 범위가 넓다는 것이다.

이러한 현상은 대량관광에서 관광객이 지역문화에 미치는 영향이 생각보다는 크지 않다는 주장을 뒷받침하고 있다. 특히 관광객이 특정 관광지역에만 다녀간다면 지역주민과의 접촉은 더욱 제한될 수밖에 없다. 네테코벤(Nettekoven)은 관광객과 주민의 만남은 몇가지 논거로 볼 때 그 기회가 많지 않다고 설명

표 6-1 관광객의 유형과 지역규범에 대한 적응

관광객의 유형	관광객의 수	지역규범에 대한 적응
탐험가(explorer)	아주 제한적임	충분히 수용
엘리트(elite)	드물게 보임	충분히 수용
특별한 관광객(off-beat)	보통은 아니나 보임	잘 적응
별난 관광객(unusual)	이따금 보임	어느 정도 적응
초기대량관광객(incipient mass)	점차적 유입	서구적 쾌적성 추구
대량관광객(mass)	계속적 유입	서구적 쾌적성 기대

자료 : V. Smith, 1977.

한다. 외국관광객은 우리가 생각하는 것보다 주민들을 만나고 싶은 욕구가 작으며, 만남의 장소가 한정되어 있으며, 지역문화와의 만남에 대한 욕망도 작다는 것이 그것이다.

튀니지의 한 연구에서도(Huit, 1979), 관광객의 89%는 튀니지의 자연환경 때문에 방문하였고 11%만이 그곳의 역사, 문화, 국민 등에 관심이 있었다고 한다.

관광객의 주민의 만남은 이상에서 보듯이 관광사업체 종사원과의 만남을 제외하고는 직접적으로 이루어지는 것은 그리 많지 않다. 오히려 간접적인 만남의 영향이 크다는 데 유의해야 한다.

관광객은 세계(제2의 현실)에 들어오면 그들의 문화권에서는 할 수 없거나 제약을 받는 행동도 자유스럽게 하게 된다. 의상, 쇼핑, 놀이 등 여러 측면에서 주민들의 일상생활과는 동떨어진 혹은 거부감을 주는 행동을 하게 된다. 이러한 관광객의 행동은 지역주민 특히 문화적인 안정이 이루어지지 않은 지역의 주민들에게 상당한 충격을 주게 된다. 특히 청소년과 여성들에 대한 영향이 매우 크다. 뒤에서 언급할 전시효과, 매춘, 성적문란, 지역산업구조의 변화 등이 그 예가 된다.

이러한 부작용을 줄이기 위해 만남의 기회나 장소를 인위적으로 제한하기도 한다. 스리랑카와 몰디브는 주민에 대한 부정적 영향을 방지하기 위해 인구가 적은 섬이나 무인도를 택해 관광전용지역으로 만들었고, 세네갈의 농촌마을에서 사길로(Sagilo)는 '발견을 위한 관광'(discovery tours of area village)이라는 프로젝트를 만들어 주민들이 직접 운영하여 경제적 편익이 주민에게 돌아가게 하고 관광객에게도 주민의 실제생활을 볼 수 있게 하여 좋은 반응을 얻었다. (자세한 내용은 http : //www.niokolo.com을 참조)

유명 관광지역에 지나치게 많은 관광객이 온다면 그것이 지역주민에게 미치는 영향은 지대할 수 있다. 중미의 바베이도스는 미국과 캐나다 관광객들이 많이 몰리는 곳으로 특히 여성관광객들에게 인기가 있다. 여성관광객들이 이곳을 찾는 이유 중의 하나는 이곳 젊은이들과의 성적 쾌락을 위해서라고 한다. 이러한 이유로 바베이도스의 많은 젊은이들이 공장을 기피하고 관광객들이 성적 노리개로 전락하고 있다. 이러한 사실에 대해 성직자, 지식인, 대학생을 중심으로 관광에 대한 새로운 인식이 일어나고 있다.

덕시(Doxey)는 주민들의 관광객에 대한 반응은 다음과 같은 단계로 변화할 수 있다고 말한다. 물론 이것은 하나의 모델에 불과하지만 실제 발생할 수 있으며, 이러한 단계를 밟지 않기 위한 정책적, 경영적 조치가 필요한 것이다.

표 6-2 주민들의 관광객에 대한 반응

	단 계	반 응
1	행복감의 단계 (level of euphoria)	관광객이 몰려오면 경제적으로 큰 이익이 생길 것이라는 희망이 지배하는 단계로써 개발자, 투자가, 방문객 모두 열렬한 환영을 받는다.
2	무관심의 단계 (level of apathy)	관광객이 몰려와 어느 정도의 이득을 얻고 나면 관광객들에게 가졌던 최초의 마음이 사라지고 단지 상업적, 형식적 관계만을 유지하고 다른 면에는 무관심하게 된다.
3	괴로움의 단계 (level of annoyance)	지역민은 관광의 경제성 이외의 부정적 측면에 눈을 뜨게 된다. 지역사회가 변질되어 주민간의 갈등이 생기고 자녀들의 교육 등에도 문제가 있음을 인지하게 된다.
4	적개심의 단계 (level of antagonism)	관광의 부정적인 면이 정면에 나타나고 그것이 경제적 이득 이상의 손실을 가져오게 될 수 있다고 확신하고 관광객 때문에 직접적으로 피해를 입게 되었다고 그들을 증오하게 된다.

이상에서 본 바와 같이 관광객과 주민의 만남은 제한적일 수도 있지만, 지역에 따라서는 상당히 광범위하게 이루어질 수 있고, 사회적으로 문화적으로 직접적인 영향은 물론 간접적인 영향도 크다는 점을 알 수 있다.

2. 국제관광의 사회적 영향

(1) 사회적 효과의 분석

국제관광이 사회적으로 미치는 영향은 어떠한 것인가. 그것은 긍정적 측면과 부정적 측면을 모두 보아야 한다. 전자는 편익(혜택)으로, 후자는 비용으로 보아도 무방할 것이다.

세계관광기구(WTO)가 제시하는 관광의 사회적 효과는 다음과 같다.

표 6-3 관광의 사회적 효과

긍정적 영향(편익)	부정적 영향(비용)
1) 사회구조의 변화 : 농업에서 서비스산업으로 고용변화, 토산품산업 발전, 소득격차 해소, 교육기회 증가	1) 주민의 양극화 : 소득격차
2) 가족의 현대화 : 여자의 지위향상, 자녀에 대한 관용	2) 가족의 파괴 : 이혼증가, 성개방
3) 주민의 시야가 넓어짐 : 편견해소, 윤리적 태도의 변화	3) 소비지향사회 : 매춘, 성개방 알코올 중독, 퇴폐

자료원 : 세계관광기구, 1992.

트라비스(Anthony Travis)는 관광의 사회적 영향에서 발생하는 편익과 비용을 〈표 6-4〉와 같이 분석하였다. 그는 사회적 영향과 문화적 영향을 구분하고 있지 않고 복합적으로 분석하였다.

표 6-4 관광의 사회적 비용과 편익(A. S. Travis)

편 익	비 용	
	일반적인 경우	최악의 경우
(1) 교육적, 학습적 도움 (2) 유적의 보호, 이해, 관리 (3) 사회적 경험의 확대 (4) 지역사회의 실태와 명성을 외부인이게 알린다. (5) 새로운 가치관. 생활방식의 정립 (6) 전통적 유흥에 대한 수요증대 (7) 예술, 공예에 대한 건전한 소비증대	(1) 부유한 관광객에 대한 빈곤한 지역주민의 위축감 조장 (2) 사회적 가치관, 의상, 관습, 행동규범의 변형에 대한 압박감 (3) 사회적 안정감 상실 (4) 건전한 접촉이 이루어지지 않고 상호관계 형성이 곤란	(1) 가치관 내지 이념의 혼돈 (2) 소수민족일 경우 언어의 유지 곤란 (3) 도박, 윤락, 전염병, 마약, 절도, 경범죄의 발생 및 확대 (4) 적개심의 발생

자료 : A. S. Travis, 1982, 논자정리 (김상무, 관광개발론, 291-2쪽)

이러한 내용을 분석해 보면 대체로 다음 몇 가지로 사회적 영향을 정리할 수 있겠다.

첫째, 사회구조의 변화이다. 관광객이 많이 찾아오게 되면 그 지역사회의 전통적인 구조가 다른 모습으로 서서히 또는 급속히 변화하게 된다. 그 변화의 양상을 보면 다음과 같다.

① 산업구조의 변화로 인해 주민들의 직업 및 생활방식의 변화가 초래될 수 있다. 관광객을 위한 관광산업이 기존 산업구조(농업 등)를 도태시키거나 약화시키게 되고 새로운 직업(서비스업, 관광상품 제조업 등)을 갖게 되는 사람들이 늘어나고 이에 따라 그들의 생활형태(소비태도)도 달라지게 된다. 또한 가족에도 변화를 가져와 여성들의 직업획득 및 그로 인한 가정운영방식의 변화도 예상할 수 있다.

② 사회계층의 변동을 가져올 수 있다. 전통사회의 계층기준(가문 등)이 변하면서 계층의 상승 및 추락 그리고 새로운 계층의 형성이 초래될 수 있다. 새로운 계층기준은 가문과 같은 것이 아니라 소득수준, 가용토지의 보유현황 등이 될 수 있다. 이러한 계층구조의 변화는 계층간의 갈등을 유발시켜 지역사회의 혼란을 가져올 수 있다. 이것을 사회적 비대칭성(社會的 非對稱性)이라고도 한다.

둘째, 윤리적 사고 등 가치관의 변화를 생각할 수 있다. 외부인이 오기 전에는 전통적인 윤리관에 의해 사회가 지탱되었지만, 외부인들이 몰려오면서 젊은이들과 관광산업체 종사자들을 중심으로 그들의 행동과 사고를 서서히 받아들이게 되어 새로운 사고를 형성케 되는데, 특히 문제가 되는 것은 성윤리와 경로의식이다. 또한 수입이 증가하면서 배금주의와 현실주의적 사고가 팽배해진다.

셋째, 환경의 변화이다. 교육환경, 물리적 환경 등을 포함한다. 교육환경은 외부인들의 이주(직업상의 이유)로 외적인 확장을 가져오고, 지역사회교육중심에서 직업교육 등 물리적 환경의 변화도 매우 크다. 도로, 항만, 공항, 상하수도시설 등 사회간접자본의 투자가 이루어져 외형적인 환경은 확대되며 편리하게 된다. 그러나 쓰레기의 증가와 각종 공해의 발생이라는 비용(cost)이 발생한다.

넷째, 주민들의 세계관이 달라지거나 타국 사회에 대한 소중함을 알게 된다. 다양한 관광객의 행동과 사고를 접촉하면서 전통사회와는 다른 세계와 간접적으로 만나게 되고 이것을 통해 그들의 시야가 넓어지거나 변화될 수 있다. 이를 통해 다른 사회나 사람들을 이해할 수 있게 되어 국가간 친선에도 기여한다. 또한 역으로 말하면 그동안 소홀히했던 전통사회에 대한 반성과 발전의 기회를 제공하게 된다.

(2) 부정적 사회영향

관광은 고유한 정체성 및 가치를 상실하고 변화시킬 수 있다. 이는 여러 가지 밀접히 관련된 영향 때문이다.

① 표준화(standardization)

관광지는 관광객들이 보다 친근한 시설을 요구함에 따라 이를 만족시키는 과정에서 표준화의 위험에 직면한다. 경관, 숙박시설, 식음료 등은 새롭고 이색적인 것에 대한 관광객의 요구를 수용해야하지만, 동시에 너무 새롭거나 이색적일 필요는 없다, 왜냐하면 전혀 새로운 것을 찾는 관광객은 거의 없기 때문이다. 관광객들은 익숙하지 않는 환경에서도 유명한 패스트푸드 식당과 호텔체인 같은 알려진 시설을 찾는 경우가 많다.

② 직업수준의 마찰(job level friction)

특히 개도국에서는 관광산업에 종사하는 지역민이 차지하고 있는 많은 직업이 낮은 수준에 있다. 즉, 하우스메이드, 웨이터, 정원사, 기타 실무 등이다. 반면에 고임금 및 보다 위신이 있는 관리직은 외국인이나 도시민에게 주어진다. 전문교육의 부족과 관광지의 호텔 및 식당체인의 영향 때문에 고수준의 직업수행에 필요한 노하우를 가진 사람들을 때론 다른 나라에서 들여오기도 한다. 이는 마찰과 격분을 유발하고 계층간, 문화간의 갭을 증가시킨다.

관광이 제대로 작동하는 경우에서조차도, 즉 관광이 지역경제와 지역민의 소득력을 증진하는 경우에서도, 관광이 모든 사회·경제적 문제를 해결할 수는 없다. 때론 그것이 옛날 문제 대신에 새로운 문제로 대체되기도 한다.

말레이시아 타만네그라 국립공원에서의 소득 불평등

타만네그라 국립공원(Taman Negara National Park)은 말레이시아 서부에 있는 사유공원이며 리조트로서 한번에 260명을 수용할 수 있다. 여기에는 270명을 고용하고 있는데 본부 스탭의 60%가 지역민이다.

1999년 이 지역민들이 매월 120달러를 벌었다. 반면 당시 다른 지역에 사는 사람들은 매월 평균 40달러를 벌었다.

공원의 고용이 증가하는 긍정적 효과에도 불구하고 두 지역민 계층간의 소득격차는 사회적 긴장을 유발하고 선박요금과 일상용품의 가격을 인상시켰다. 공원 때문에 창출되는 관광소득의 대부분은 말레이시아에 남지 않고 공원 종사원들은 수입의 90%를 지역 밖이나 수입품에 소비하였다. 따라서 문화를 관광객에게 판 지역민들이 받은 혜택은 극히 제한적일 수밖에 없다. 사실, 많은 지역민들이 보호규정에도 불구하고 공원에서 불법 사냥과 어로를 하기도 했다. ◀

(자료원 : ILO report on human resources development, employment and globalization in the hotel, catering and tourism sector, 2001.)

③ 사회적 스트레스를 유발하는 물리적 영향

관광흐름의 증가 및 그에 따른 발전이 관광지에 대해 가지는 물리적 영향은 심각한 사회적 스트레스를 유발할 수 있다. 왜냐하면 지역사회에 충격을 주기 때문이다. 사회문화적 불이익은 다음에서 나온다.

• 자원사용 갈등 : 관광과 지역민 사이에 물, 에너지 등 주요자원이 부족하기 때문에 이에 사용에 대한 경쟁같은 것이며, 지역사회에 대한 스트레스는 또한 환경 파손 및 지역사회를 위한 인프라비용 증가(예, 물공급과 위생시설의 개선을 위해 세금을 많이 내는 것)에서도 나온다.

• 전통적인 토지사용과의 갈등 : 특히 해변이나 섬으로 인기있는 해안지대와 같이 상당히 개발된 지역에서 관광시설, 하부구조를 위한 토지개발과 지역의 전통적인 토지사용 간에 선택을 해야 할 때 갈등은 일어난다. 그러한 관광지의 원주민은 이러한 자원경쟁에서 패배자가 된다. 왜냐하면 관광이 가져다주는 경제적 가치가 더 많이 고려되기 때문이다.

지역민이 관광개발로 얼마나 고통을 받는가에 관한 예로서 해변지역에서 해변호텔과 관광시설의 건설로 인해 지역민이 기존의 낚시터나 심지어는 휴양지에 접근을 금지 당하기도 한다.

지역민의 접근권 박탈

지역민이 관광개발 때문에 지역의 자연자원에 대한 접근을 하지 못하는 예가 수도 없이 많다. 필리핀 보라카이에서는 섬의 1/4을 외부기업이 사들여 물부족이 심각하며 지역민에게는 최소한의 하부구조 혜택이 있을 뿐이다. 마찬가지로 인도네시아 발리에서는 주요 농경지와 물공급이 대규모 호텔과 골프장으로 돌려졌다. 또한 인도 자바섬의 Pangandaran에서는 목축, 선박/그물 수리, 축제 등에 전통적으로 사용되었던 해변마을의 땅이 오성급 호텔건설을 위한 기업에 매각되었다. ◀

(자료원 : Overseas Development Institute)

④ 윤리적 문제(ethical issues)와 범죄 발생(crime generation)

부분적으로 위의 영향 때문에 관광은 윤리적 및 심지어는 범죄적 문제가 포함된 심각한 상황을 낳을 수도 있다.

어느 지역의 성장과 도시화로 범죄율이 올라가는 것은 전형적이며 또한 대량관광의 성장은 때론 범죄의 증가를 수반하기도 한다. 많은 돈을 가지고, 때론 카메라, 보석 같은 귀중품을 가지고 다니는 관광객이 많을수록 범죄유인을 증가시키며 동시에 절도 및 마약거래 같은 활동을 가져온다. 이러한 현상을 억압하면 사회적 긴장을 악화시키기도 한다. 브라질 리오에는 해변의 오성급호텔이 "favelas"라는 극빈민가(shantytowns) 가까이 있는데 소매치기나 권총강도의 위험이 있다. 권총으로 무장한 보안관들이 가까이서 경비를 서게 되는데, 이는 보안관들이 귀가하면 이웃이 되는 지역민들로부터 공격적인 반응에 직면하게 된다. 관광은 또한 도박의 발전을 가져온다. 이는 사회적 행동에서 부정적 변화를 유발한다.

⑤ 어린이 노동(child labour)

ILO 연구에 의하면 관광부분의 많은 일들은 고칠 것이 많은 작업 또는 고용여건이 있다고 한다. 긴 작업시간, 불안정한 고용, 낮은 급여, 교육기회 부족, 자격획득기회 부족 등. 게다가 관광업의 최근의 동향(자유화, 경쟁, 집중, 여행요금 하락, 도급증가)과 새로운 기술의 도입으로 불확실하고 융통적인 고용여건에 대한 추세를 강화하고 있는 것 같다. 그러한 일자리에 어린아이들이 충원

된다. 이는 저렴하고 고용이 원활하기 때문이다.

ILO에 의하면, 전세계적으로 약 1300~1900만명의 어린이와 18세 이하의 젊은 사람들이(관광 총고용의 10~15%) 관광산업에 고용되어 있다. 그러나 이 숫자는 비공식 분야의 보조적인 활동에서 일하는 어린이들은 고려하지 않은 것이다. 특히 개도국 및 선진국에서는 관광분야에서 어린이 노동이 심각하며, 12세 이하의 많은 소년·소녀들이 호텔, 식당, 유흥업, 기념품업, 때론 짐꾼이나 길거리 행상으로 중소기업에 고용되어 있다. 이들은 때론 가혹한 작업 및 고용상황에 처하게 된다.

참고자료 : Quick Money - Easy Money? A Report on Child Labour in Tourism by Christine Pluss.

⑥ 매춘과 섹스관광(어린이와 여성매춘 : prostitution and sex tourism)

어린이 및 어린 여성의 상업적 섹스 착취는 전세계 여러 지역에서 관광의 성장과 함께 해왔다. 관광이 섹스 착취의 원인은 아니지만 관광은 섹스착취에 접근을 용이하게 하였다. 관광은 또한 이전에는 화려한 물품과 서비스에 대한 접근을 거부당한 많은 지역에 소비자중심주의를 가져다준다. 이러한 easy money의 유혹은 많은 젊은 사람들(어린이 포함)로 하여금 그들의 몸을 티셔츠, 개인 스테레오, 자전거, 심지어는 항공권과 바꾸도록 하였다.

다른 상황에서 아이들은 관광지의 한계지역에서 매춘굴로 매매되어 성적노예로 팔려 그 곳을 벗어나기가 거의 어려울 정도의 돈을 벌게 된다.

UN은 아동섹스관광을 "어린이와의 상업적 성관계를 용이하게 할 것을 주목적으로 조직된 관광"(tourism organized with the primary purpose of facilitating the effecting of a commercial sexual relationship with a child)라고 정의하였다.

어떤 관광지는 이러한 불법거래의 중심지가 되었다. 어린이에 대한 이상성욕자(pedophile)들이 자주 가며, 포주, 택시운전사, 호텔직원, 매춘굴주인, 유흥업소, 섹스관광을 조직하는 여행사 등이 주범이다. 국제수준에서 이러한 관행이 성행하는 특정 리조트에 대한 정보를 제공하는 기구가 있다. (ILO report on Human resources development, employment and globalization in the hotel, catering and tourism sector 참조)

어린이의 성적 착취는 세계적 현상이지만 어디보다도 아시아에서 보다 유행하고 있다. 어린이 섹스관광과 싸우고 있는 조직인 ECPAT는 아시아관광에서 어린이매춘을 반대하는 캠페인을 시작했다. 2000년 ECPAT는 아동성관광에 반대하여 여행사를 위한 행동규정 "a Certified Code of Conduct(CCC)"을 만들었다. 올해 처음으로 추진계획인 "아동을 성착취로부터 보호하기 위한 관광업계의 행동규범"을 실시하였다.

아동 섹스관광과 싸우는 노력에 관한 정보는 ILO의 아동노동 폐지를 위한 국제프로그램(International Programme on the Elimination of Child Labour : IPEC)과 WTO의 관광에서의 성적착취로부터 어린이를 보호하기 위한 태스크포스, "Task Force to Protect Children from Sexual Exploitation in Tourism" 등이 있다.

또한 사회적으로 책임지는 관광에 대한 보다 일반적인 정보는 ILO의 "Seeking socially responsible tourism"에서 구할 수 있다.

(3) 긍정적 사회영향

관광은 부정적 영향만이 아니라 긍정적 발전에도 기여할 수 있다. 고용창출, 소득재분배, 빈곤감소 등을 통해 사회발전을 촉진할 수 있는 잠재력을 가지고 있다. 관광의 여타 잠재적인 긍정적인 영향에는 다음과 같은 것이 있다.

① 평화를 위한 힘으로서의 관광(tourism as a force for peace)

여행은 사람들을 서로 접촉하게 한다. 왜냐하면 관광은 교육적 요소가 있기 때문이다.

관광은 사람과 문화 사이의 이해를 조성하고 호스트와 게스트 간의 문화적 교류를 제공한다. 이 때문에 사람들이 상호 동정과 이해를 발전시키고 편견을 감소시킬 수 있는 기회가 증대된다. 예를 들어 Belfast, Northern Ireland에서 관광으로 인한 일자리는 평화적 해결이 자리를 잡아감에 따라 준군사적인 단체를 해체시키는데 도움이 되리라 기대된다. 결국 동정과 이해는 세계적인 긴장의 감소를 이끌어서 평화에 기여한다.

암만 선언(Amman Declaration)

2000년 11월 "관광을 통한 평화" 첫 정상회담에서 여행관광산업의 세계적 지도자 450명 이상이 관광이 세계적인 평화산업이라는 것을 인정한 암만선언(Amman Declaration)을 인준했다. 이 문서는 "관광을 통한 평화문화의 건설"을 분명히 하였는데, 이는 관광이 기본적인 인간활동으로 부당한 규제가 없고, 인간의 차이와 문화적 다양성을 존중하다는 것을 지지하는 것이다. 모든 사람들 사이에 평화적 관계가 증진되고 지속가능한 관광을 통해 키워진다고 이 문서는 말하고 있다. 이 문서는 역사유물과 사건의 보호와 복원을 요구하고 "인간애를 위한 가치있는 자산 그리고 미래세대를 위한 유산"(valuable assets for humanity and legacies for future generations)으로 모든 사람이 접근가능해야 한다고 하였다. 환경의 보존과 현명한 사용은 생태적인 균형과 함께 관광의 미래에 필수적이다. 이는 동시에 옛사람의 지혜와 지구에 관한 관심을 인정하는 것이다. ◀

(자료원 : International Institute for Peace through Tourism)

② 지역사회 기여

□ 지역사회 강화

관광은 여러 모로 지역사회의 활력을 증진시킨다. 한 예로 지역민이 주된 참가자이면서 관람자가 된 이벤트와 페스티벌은 때론 관광객의 흥미를 반영하여 부활되거나 개발된다.

관광에 의해 만들어진 일자리는 농촌으로부터의 이주를 감소시키는 중요한 자극제로 작용한다. 지역민들은 또한 관광개발에 대한 그들의 영향력을 증가시킬 수 있고, 또한 관광관련 전문교육과 경영조직 기술의 개발을 통해 직장과 수입에 대한 기대를 증진시킨다.

나미비아 및 남부아프리카 산족과 호주원주민은 최근 전통 국립공원의 토지와 보존지구의 관리 및 경영권을 얻었다. 이들은 전통을 유지하면서 생태숙박업를 운영하고 가이드와 순찰대의 역할을 수행한다. (자료원 : The International Ecotourism Society)

□ 관광시설이 지역민에게 혜택이 된다.

관광은 관광이 아니면 개발되지 않았을지도 모르는 지역사회 시설과 서비스의 창출을 지원하기 때문에 지역사회에 높은 생활수준을 가져다준다. 이 혜택에는 수준이 높아진 인프라, 건강 및 운송의 개선, 새로운 스포츠 및 여가시설, 식당, 공공공간 및 질높은 상품과 식품의 유입이 포함될 수 있다.

□ 관광은 시민의 관여와 자존심을 조장한다.

관광은 또한 자연 및 문화지역의 재정적 가치를 지역민이 더욱 알게 하는데 도움이 된다. 또한 지방 및 국가 유산에 대한 자존심과 그 보존에 대한 관심을 자극할 수 있다. 좀더 넓게 보면 지역사회가 관광개발과 운영에 관여하는 것은 생물다양성의 보존과 지속가능한 이용의 중요한 한 조건인 것처럼 보인다.

관광이 지속가능하고 적절한 방법으로 실시, 개발될 때만 발생할 수 있는 관광의 긍정적인 효과가 몇 가지 있다. 지역민을 포함하는 것이 필수적이다. 관광의 계획과 실행에 개입하는 지역사회는 보다 긍정적인 태도를 가지고, 보다 지원적이며, 주민들이 관광에 의해 수동적으로 지배되거나 때론 침략당하는 것보다 관광으로부터 이익을 창출할 수 있는 더 좋은 기회를 가지게 된다. 지속가능한 관광개발의 핵심요소는 지역발전이다, 이는 모든 지역사회의 장지 경제, 생태 및 형평을 고려하는 결정을 할 수 있는 과정과 능력이다.

(4) 사회적 영향의 논쟁점

사회적 영향 중에서 논쟁의 소지가 있는 중요한 것 두 가지를 심도있게 다루어 보자. 대상은 전시효과와 매춘이다.

① 전시효과(demonstration effect)

전시효과란 어떤 사람의 행동과 그 결과를 봄으로써 다른 사람이 영향을 받는 것을 말한다. 정치학과 사회학에서 주로 사용되며, 어느 한 장소에서의 현상이 다른 장소에서 어떤 촉매재 역할을 한다는 것을 의미한다.

예를 들면

- 1700년대 말 미국혁명이 성공하자 이로 인해 프랑스혁명이 발생했을 수

도 있다. 일반적으로 어느 국가의 정치적 변동은 다른 국가에서도 유사한 변동에 영향을 미칠 수 있다. 도미노 이론도 이와 관련이 있다. 즉 어느 한 국가의 공산화는 다른 국가에서의 공산화에 상당한 영향을 제공할 수 있다는 것이다.

- 다른 나라의 경제적 성공을 본떠 유사한 정책을 도입하기도 하고, 특정 정책의 성공은 다른 나라에도 영향을 미쳐 유사한 정책을 구상하게 만든다.
- 새로운 재화나 생활방식에 접근하게 되면 과거에는 수용할 수 있었던 것에 대해 불만을 가지게 된다. 예를 들어, 개도국에서는 경제의 급성장 압력이 있는데 이는 선진국의 생활수준을 보았기 때문이다.
- 부모는 자식들이 나중에 자기를 돌봐주리라는 전시효과의 창출을 위해 자식을 돌본다.
- 경제에 있어서는 경제위기의 확산을 생각할 수 있다. 투자자는 투자한 국가의 경제상황을 모두 알지는 못한다. 만약 투자한 나라의 경제가 어려워지면 유사한 경제정책을 취하는 나라에 대해서도 그 안전을 의심하게 된다.
- 외교정책에서는 미국의 이라크 침공이 이라크의 민주화가 주변 산유국 및 중동의 민주화에 영향을 미칠 것을 고려한 것이다.

관광에서의 전시효과란 관광객의 행동이 주민들의 태도, 가치, 행동을 변화시키는 것을 말한다(Dekadt, 1979). 즉 주민들이 관광객의 행동을 모방하게 되어 기존의 태도, 가치, 생활양식 등을 포기하거나 바꾸게 되는 것을 말한다. 전시효과의 정의가 포괄적이어서 사회적 영향을 대변하고 있다고 해도 과언이 아니다.

매치슨(Mathieson)과 월(Wall)은 전시효과로 관광지내부구조는 여성역할, 지역사회 응집력, 인구학적 구조, 제도적구조 등의 변화가 유발된다고 하였다. 보아스베인(J. Boissevain)은 전시효과의 결과 청소년의 가족통제 탈피, 여성의 경제적 독립, 외국인과의 결혼으로 결혼범위 확대 등의 영향을 주어 가족의 밀접한 전통적 관계를 이완시켰다고 한다.

전시효과에 대한 긍정적 측면은 매우 제한적이다. 즉 주민들의 세계관이 넓어지고 태도와 사고의 민주화가 그것이다. 또한 매치슨의 관광객들의 행동을 통해 주민들이 자신의 잘못된 행동을 고치게 된다면 이익이 될 수 있다고 하였다.

그러나 전시효과에 대한 부정적 견해가 더 많이 논의되고 있다. 우선 모방의식(模倣意識)의 확산을 들 수 있다. 주민들 특히 젊은이들은 새로운 사람에 대한 호기심으로 관광객의 행동을 따라하려고 할 것이다. 관광객은 일종의 환상의 세계에서 행동하기 때문에 그들의 행동을 그대로 모방하게 되면 현실적인 감각을 상실하게 되고, 또한 현실과의 거리감을 느껴 허탈감과 무력감에 빠지게 된다. 또한 과소비의 행동도 배우게 되는데 관광객의 소비를 일상생활의 소비로 착각하고 모방하려고 한다. 실제로 소비능력이 없기 때문에 일부 젊은이들은 쉽게 돈을 버는 쪽으로 직업을 택하게 되고 그것은 향락산업으로 빠질 가능성이 있다. 터너(Turner)와 애쉬(Ash)는 전시효과는 문화의 진실성과 지역사회의 정체성(identity)을 파괴하는 관광의 주요한 무기라고 하였다.

② 매 춘

매춘은 국제관광이 지역사회에 가져다주는 가장 큰 피해 중의 하나이다. 새로운 사람들과의 성적 접촉이 관광동기 중의 하나라고 주장하는 사람들도 적지 않다. 실제로 동남아의 상당수 국가, 중미의 일부국가들은 매춘관광이 상당히 널리 펴져 있다. 태국의 예에서도 보았듯이 관광이 매춘을 의미한다고 여기고 있는 경우도 있다.

이러한 매춘관광의 폐해는 무엇인가. 이득이 되는 바가 있다면 달러를 버는 것밖에 없기 때문에 여기서는 비용, 즉 폐해를 중심으로 보기로 한다. 첫째, 매춘은 그 나라 젊은이의 몸과 정신을 파괴하여 인간성의 상실을 초래한다. 성적 접촉은 사랑이 전제되었을 때만 아름다우며 가장 인간다운 행동의 하나가 된다. 돈을 위해서 몸을 판다는 것은 바로 이러한 가장 숭고한 사랑의 정신을 파괴함으로써 정상적인 삶을 포기하게 한다. 둘째, 매춘은 노예성향과 자기비하감(自己卑下感)을 낳는다. 매춘은 자기의사와 관계없이 오직 금전적인 거래만으로 이루어지며 거기에는 복종이라는 관계가 형성되고 관광객은 부리는 사람으로 받들 수밖에 없다. 따라서 관광객은 높고 귀하며 자신은 천하고 낮다는 자기비하감에 빠지게 된다. 몇푼의 금전적 이득 때문에 노예의식과 자기비하감이 생긴다면 관광이 우리에게 의미하는 바가 무엇인지 돌이켜 봐야 할 것이다. 셋째, 매춘은 성병 등 각종 질환을 유발시키고 사생아의 문제 등을 야기시키기도 한다.

전시효과와 매춘은 관련성이 있다. 과소비적 행동을 배운 젊은이들은 쉽게 돈을 버는 쪽으로 직업을 택하게 되고 그 중에서 매춘은 가장 유혹이 크다고 하겠다.

카리브해의 바베이도스(Barbados)를 예로 들어보자. 아름다운 해안과 섬들로 구성된 이름난 관광지로 자연경관만으로도 관광객의 매력을 끌기에 충분하지만, 현지 젊은 남성(주로 흑인)들의 매춘은 매우 심각하다. 이들의 주요 고객은 미국, 캐나다, 영국에서 온 사람들이며, 특히 이들 나라의 젊은 여성들이 건강한 흑인남성과의 성관계를 위해 이곳에 오는 것이다. 이러한 현상을 '캐나다 비서증후군'(Canadian Secretary Syndrome)이라고 한다.

로버트 턴불(Robert Turnbull)이라는 사람이 어느 캐나다 신문에 기고한 글을 보면 바베이도스의 매춘상황을 알 수 있다.

"조금도 과장이 없이 말한다면, 미혼자, 기혼자를 막론하고 놀라울 정도로 많은 미국여성과 캐나다여성들이 일광욕보다는 다른 목적 즉 흑인과의 성관계를 위해 카리브해로 간다. 이들은 일광욕과 성관계 모두를 얻는다. 어떤 여자들은 만족을 느끼고 돌아온 사람들로부터 특정 비치보이(beach boy)를 소개받기도 한다."

처음에는 이러한 매춘이 호텔주변이나 바닷가를 배회하는 비치보이를 중심으로 이루어졌으나, 수요가 커지자 택시 운전사, 웨이터, 바텐더, 버스차장 등도 이러한 행위를 하게 되었다.

일단 심리학자(beach-chair psychologist)들은 이러한 현상에 대해 몇가지 이론적 근거를 제시한다. 첫째, 미국 및 유럽여성들이 흑인남성들은 성적인 면에서 천부적으로 매우 강하다고 믿는다. 둘째, 선진국사회에서 사회통념상 백인여성들은 흑인남성과 동침할 기회를 가지기 어렵다는 현실적 이유이다.

이러한 현상으로 젊은이들은 농장 일을 버리고 쉽게 돈을 벌 수 있는 매춘으로 빠지고 있다. 여기에 대해 현지 성직자들은 관광이 전반적으로 식민지적 종속성과 굴종성(colonial dependence and servility)을 영속화시킨다고 우려하고 있다. 즉 카리브인들은 이제 오랜 식민지경험의 부작용을 극복하고 나니 부를 과시해대는 선진국 관광객에게 다시 얽매이게 되었다는 것이다.

그림 6-1 바베이도스

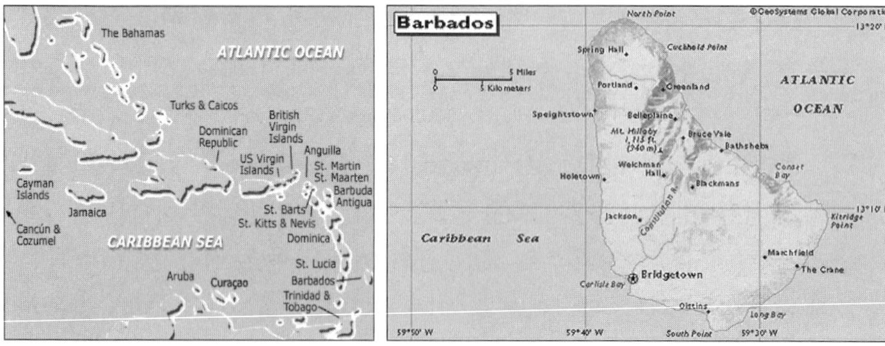

워싱턴포스트 : 한국 소녀 매춘부 50만명 활동

한국에는 50만명의 18세 이하 소녀들이 매춘부로 일하고 있다.

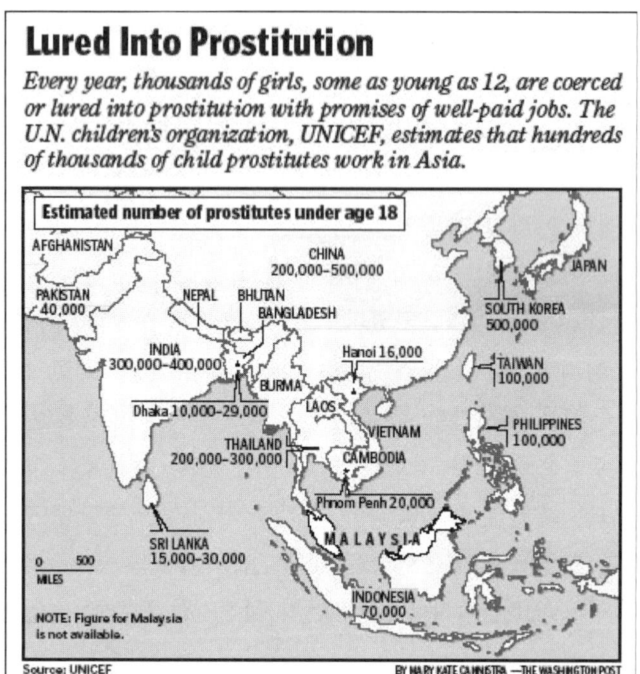

미국의 유력 일간지인 '워싱턴포스트(Washington Post)'가 지난 23일 "한국을 포함해 아시아에서는 어린 소녀 수십만명이 매춘부로 일하고 있으며 이들 중 몇몇은 12세에 불과하다고 보도해 충격을 주고 있다.

이 신문은 동아시아의 인신매매와 소녀 매춘실태를 고발하면서 유니세프(UNICEF · 국제연합아동기금) 담당자의 말을 인용, "매년 수만명의 소녀들이 보수가 좋은 직업을 갖게 해주겠다는 약속에 속아 악덕업주에 팔린 뒤 결국 매춘부가 되고 있다"고 보도했다.

신문은 이어 "인도네시아 등 아시아국 소녀들이 가난 때문에 전 세계에 팔리고 있다"면서, 예를 들어 말레이시아에서 처녀성을 가진 소녀는 3000불에 팔린다"고 보도했다.

워싱턴포스트의 아시아 특파원 엘렌 나카시마(Ellen Nakashima)와 알란 서프레스(Alan Siprees)가 말레이시아 쿠칭발로 보도한 이 기사는, 인도네시아의 16세 소녀 Sri Hayati가 상인에 의해 팔려간 뒤 강간당하고 감금돼 매춘부로 일하다가 탈출, 집으로 돌아오는 과정을 르포형식으로 보도하면서 기사 말미에 아시아의 18세 이하 매춘부 분포도를 덧붙였다.

매춘부 분포도에 따르면 한국에는 가장 많은 50만명, 중국 20～50만명, 인도 30～40만명, 대만 10만명, 필리핀 10만명의 소녀 매춘부가 활동한다고 구체적인 숫자를 밝혔다. 또 태국에는 20～30만명, 인도네시아 7만명, 파키스탄 4만명, 스리랑카 1만 5000～3만명, 방글라데시 1～3만명, 캄보디아 2만명 등이 있다고 덧붙였다.

이같은 내용은 지난 25일자 뉴질랜드의 유력지 '도미니언포스트(Dominion Post)' 국제면에도 비중 있게 보도되는 등 세계 유력지에 잇달아 실리고 있다.

통계청 자료에 따르면 국내 12～18세 소녀 인구는 210만명으로, 이 보도에 의하면 대략 4명 중 1명이 매춘부로 일하고 있는 셈이다. 이에 대해 유니세프 한국위원회 공보담당 김재명씨는 "처음 듣는 말이다. 본부를 통해 보도 경위에 대해 알아보겠다" 면서 "가끔 세계 언론에서 유니세프 자료를 왜곡 사용하는 경우가 있는데, 이것도 비슷한 사례로 보인다"고 밝혔다. 한편, 지난 7월에는 하버드대 로렌스 서머스 총장이 한 강연에서 "1970년대 서울에는 100만명에 가까운 미성년자들이 창녀였다"고 발언해 파문을 일으키기도 했었다. ◀

(2004. 9.2, 동아일보)

한국 '소녀매춘부 50만명' 발원지는 김강자 전 과장

미국의 워싱턴포스트지(WP)가 "한국에 소녀 매춘부 50만명이 있다"고 보도한 것은(매춘부 분포도) 김강자 전 경찰청 여성청소년과장의 말에 근거했던 것으로 밝혀졌다. WP는 당초 국제연합아동기금(유니세프) 자료에 따라 그 같은 보도를 했다고 밝혔으나, 한국 유니세프측이 확인을 요구하자 국제아동기구인 "어린이 매춘·포르노거래 근절운동(http : //www.ecpat.net)"으로부터 자료를 얻었다고 말을 바꿨다.

엑팟의 홈페이지에는 한국의 "어린이매춘" 실태를 소개하면서 김강자씨의 말을 인용, 한국의 어린이 매춘부가 50만명에 달한다고 밝히고 있다.

이 기구는 "한국의 첫 번째 여성 경찰서장(전 종암경철서장)인 김강자씨가 한국엔 120만명의 매춘부가 있고, 이 가운데 미성년자가 50만명에 이를 것으로 추산했다"고 소개했다.

또 김강자씨에 따르면 "미아리 텍사스촌에는 1,500명의 매춘부가 있고, 이중 80%는 나이 어린 사람들이며, 공권력 투입에도 불구하고 여전히 매춘이 행해지고 있다"고 덧붙였다.

이같이 "엑팟"에 올라있는 김 전 과장의 발언을 워싱턴포스트가 확인과정 없이 그대로 기사에 인용한 것이다. 해당 기사(분포도)의 자료수집을 담당했던 워싱턴포스트의 스미스 기자는 지난 31일 유니세프 한국위원회와의 전화통화에서 "유니세프에 한국의 소녀 매춘부에 관한 자료가 없어서 엑팟의 자료를 인용했다. 이 사실을 정확히 밝히지 않고 유니세프의 자료인 것처럼 표기한 것은 실수"라고 밝혔다.

그는 또 "왜 한국에 직접 확인하지 않았는가" 라는 유니세프 관계자의 항의에, "한국의 고위직 여성 경찰이 한 말이라 의심 없이 사용하게 됐다"고 답한 것으로 알려졌다. 이에 따라 유니세프 한국위원회는 "워싱턴포스트에 자료 출처를 유니세프로 밝힌 부분에 대한 수정을 요청한 상태"고 밝혔다.

김강자 전 과장은 31일 "이름은 기억나지 않지만 지난 2000년 외국 언론과의 인터뷰에서 한국의 가출 청소년은 50만명이고 이 가운데 많은 여자아이들이 매춘에 종사하고 있다고 매춘의 심각성을 말한 적이 있다"면서 "이 내용이 잘못 전해진 것으로 추측된다"고 말했다. 그는 "엑팟과 워싱턴포스트에 잘못된 부분을 수정해달라고 요청하겠다"면서 그러나 당시 많은 언론과 인터뷰를

하면서, 일일이 기억할 수는 없지만, 어린이 매춘의 심각성을 알리기 위해 조금 더 심각하게 얘기했을 수도 있다"고 말했다.

그러나 그는 지난 2000년 1월 12일 중앙일보와의 인터뷰에서 "미성년 윤락녀가 50만명도 넘을 것이라고 하는데 그들을 보호할 시설이 턱없이 부족하지 않느냐"는 기자의 질문에, "그게 이제부터 해결해야 할 과제 중 하나다. 빨리 대책을 마련해야 된다"고 답변, 50만명이라는 숫자에 이의를 제기하지 않았다. 그는 또 2000년 4월 숙명여대 개최 아시아 여성 강좌에서는 "전체 윤락여성 120만명 중 30%인 36만명이 12~14세의 미성년 윤락녀"라고 말한 것으로 전해졌다. 하지만 미성년자 매춘부 숫자에 대한 그의 주장에 대해 WP의 이번 보도 이전엔 국내의 어떤 시민단체나 정부, 언론에서도 이의를 제기하지 않았다.

한편, 여성부는 워싱턴포스트와 엑팟에 항의서한을 보내고 정정보도를 요청할 계획이라고 1일 밝혔다. 여성부는 항의서한에서 "한국형사정책연구원이 여성부의 의뢰를 받아 조사한 결과 지난 2002년 현재 성매매 종사 여성의 수는 약 33만명"이라며 "이중 청소년은 일부에 해당되므로 50만명이라는 숫자는 근거가 매우 희박하다"고 지적할 계획이다. ◀ (동아일보 : 2004. 9 .2)

제 2 절 국제관광의 문화적 영향

1. 문화적 영향의 분석

사회와 문화를 엄밀히 구분하기는 어렵다. 그러나 여기서는 논점을 분명히 하기 위해 양자를 구분하였다. 따라서 양자는 상호 연관성이 있으며 때로는 중복되기도 한다.

문화란 일반적으로 추상적 요인과 물질적 요인 모두를 포함하고 있다. 전자는 가치 및 규범적 측면과 생활양식을 의미하며, 후자는 우리 생활에 필요한 물건이나 서비스를 말한다. 즉 문화는 한 세대에서 다음 세대로 이어지는 가치, 개념, 태도, 인간행동 및 그 행동요소를 형성하기 위하여 인간이 만들어 내는 그 밖의 의미있는 상징을 의미한다고 하겠다. 문화는 용구적(用具的) 문화, 규범적 문화, 가치적 문화로 구분되기도 한다. 여기서 규범적 문화와 가치적 문화는 사회적 영향에서 다루었으므로 여기서는 제외하고, 용구적 문화 및 예술적 측면의 문화에만 한정시키기로 한다.

국제관광의 문화적 효과에 대해 세계관광기구는 다음과 같이 정리하고 있다.

표 6-5 국제관광의 문화적 효과

긍정적 효과	부정적 효과
1) 지역문화의 발전(민속예술, 박물관) 2) 역사유적의 체계적 보존 3) 현대 건축양식의 도입	1) 토착문화의 소멸(수입문화에 대치됨) 2) 문화의 상업화(상품화) 3) 과다한 관광객유입으로 유적지 파괴 4) 전통적 건물과 비인간화된 현대 건물의 병존

자료 : 세계관광기구, 1982. 논자정리(김상무, 관광개발론, 290쪽).

또한 트라비스는 명확하지는 않지만 대체로 다음과 같이 비용과 편익차원에서 분석하고 있다.

표 6-6 관광의 문화적 비용과 편익

편 익	비 용	
	일반적인 경우	최악의 경우
1) 지역문화에 대한 인지도 증가. 관광지의 예술, 요리, 언어의 이해 2) 문화적 교류를 통한 평화와 이해의 증진 3) 새로운 문화에 대한 체험	1) 문화적 갈등과 변화의 수용곤란 2) 문화적 긍지의 상실 3) 지역문화의 변질	1) 문화제도와 자원의 손상 2) 문화의 상품화 3) 민속예술의 가치하락

자료 : A. J. Travis, 1982(김상무, 관광개발론, 291쪽).

문화의 접촉을 통한 문화의 변화는 사회적인 문제와 더불어 지역사회, 나아가서 관광배출국의 문화에까지도 영향을 미칠 수 있다. 강력한 경제력을 동반한 문화는 그렇지 않은 문화에 쉽게 침투하여 지역문화를 변질시키고 지역민의 사고와 생활양식에도 영향을 미친다. 관광객의 의상, 행동, 성문화 등이 지역문화에 영향을 주는 것이다. 그러나 영향의 방향이 일방적인 것만은 아니며 상반적인 경우도 상당히 있다. 이론적으로 볼 때 문화의 접촉과정은 격리단계 → 동화단계 → 갈등단계 → 결합단계를 거친다고 생각된다. 동화단계는 힘이 강한 문화가 약한 문화에 침투하여 부분적으로 문화의 변화를 야기시키는 단계이며, 갈등단계는 두 문화 사이에 힘겨루기가 벌어지는 과정이다. 결합단계는 두 문화가 하나의 새로운 문화로 만들어지는 것으로 극단적인 경우가 아니면 발생하지 않는다.

그림 6-2 문화교류의 단계

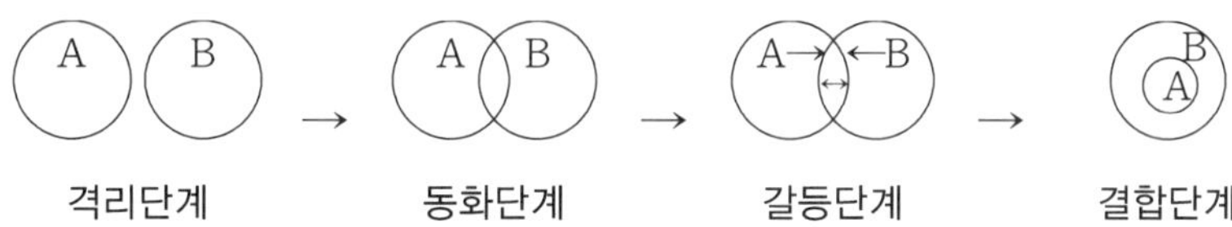

국제관광의 문화적 효과에 대해서 긍정적 효과와 부정적 효과의 양면이 있지만, 대체로 다음과 같이 정리할 수 있겠다.

첫째, 관광객의 내왕으로 문화적 교류가 발생한다는 것이다. 문화적 교류는 다른 나라의 문화에 대한 이해를 높이고, 나아가 자기문화에 대한 소중함을 일깨워 주는 것으로 지구촌사회의 안정에 기여한다는 것이다. 문화란 그 지역사회의 특수한 환경 속에서 형성되므로 그 자체로써 가치가 있는 것이다. 어느 문화를 이해한다는 것은 문화 간의 갈등을 해소하고 몰이해로 인한 타문화 멸시 등 오해와 분쟁을 예방할 수 있다. 특히 음악을 포함한 예술, 음식, 언어, 관습 등이 주요 대상이다.

둘째, 외래객의 왕래는 지역문화의 변질을 유발한다는 것이다. 특히 방문을 받는 국가의 문화가 고유성이 상실된다는 것이다. 동시에 무대공연을 통해 문화가 상업화되어서 살아있는 문화가 아닌 죽은 문화 즉 문화의 화석화가 이루어진다.

한편으로는 자기문화에 대한 새로운 인식을 통하여 주체성을 강화하고 문화의 가치를 재발견하기도 한다. 또한 전통문화를 보존하기 위해 박물관을 건립하는 등의 노력도 하게 된다. 몰타의 경우 관광객의 지역문화에 대한 관심은 지역인들의 문화에 대한 인식을 새롭게 하였고, 키프러스에서는 민속공연의 증가를 가져왔고, 세이셀에서도 전통문화는 관광객의 애호로 소생되었고 지역민의 향토애도 높였다고 한다.

셋째, 전통문화의 저급화가 일어날 가능성이 있다. 주민들이 신성시해온 전통문화가 상품화되어 장신구나 장식품으로 전락해버린다면 그 신성성은 파괴되고 주민들은 스스로 자기문화를 비하(卑下)시키게 된다.

이러한 현상은 이에 그치지 않고 서구문화 내지는 외국문화를 맹목적으로 추종함으로써 문화적 모화사상(慕華思想)을 키우게 될지도 모른다.

2. 부정적 영향

(1) 고유성의 상실

① 무대화된 고유성

문화적 표현과 행위를 관광객의 기호에 맞추거나 마치 진짜인 것처럼 쇼를 하게 되면 이것이 무대화된 고유성을 낳게 된다. 관광객들이 어떤 지식이나 흥미조차도 없이 지역의 분위기나 삶을 잠시라도 보고자 한다면 무대화는 피할 수 없다.

② 관광수요에 적응

관광객들은 기념품, 예술품, 수공예품 및 문화적 행위를 원하며, 많은 관광지에서 장인들이 증가하는 수요에 응하여 관광객들의 기호에 좀더 맞추고자 상품의 디자인을 변화시켰다. 관광객들이 보여주는 흥미가 예술가들의 자존심을 높이고 문화적 전통을 보존하는데 기여하는 반면, 문화적 재화의 상품화 때문에 문화적 침식이 일어날 수도 있다.

몰라(mola)

몰라(mola : 콜롬비아 쿠나/Kuna 여성들이 입는 블라우스)를 만드는 것은 세계, 자연 그리고 쿠나 종족의 정신적 삶의 개념을 반영한 디자인으로 시작하는 예술품이다. 이제 몰라는 관광을 통하여 정신적 가치와 질을 상실하게 하는 상업거래에 의해 점점 변형되고 있다. 이것은 관광객의 흥미에 맞추어 몰라의 디자인을 변형시키며 동시에 쿠나 여성들은 몰라 디자인에 관한 고유 지식과 의미를 망각하고 있다. ◀ (자료 : Eco-index)

(2) 문화충돌 및 문화변질

관광은 다른 지역으로의 이동과 그렇지 않으면 만나지 못할 사람들 사이의 관계형성을 포함하고 있기 때문에, 문화, 인종, 종교단체, 가치, 라이프스타일, 언어, 번영의 정도가 상이함에 따라 문화충돌이 발생할 수 있다.

그 결과는 사회적 수용능력(목적지내 또는 주위의 사회시스템 내에서 수용할 수 있는 변화의 한계)과 문화적 수용(수용국 문화에서 수용 가능한 변화의 한계)의 과잉개발이다.

관광개발에 대한 지역주민의 태도는 행복감단계에서(관광객이 환영받는다), 무관심(apathy), 성가심(irritation) 그리고 잠재적 적개심(potentially antagonism : 반관광객적 태도가 지역민에서 나타난다)의 단계를 거칠 수 있다.

① 문화충돌은 다음을 통해서 더욱 일어날 수 있다.

ⓐ 경제적 불평등(Economic inequality)

많은 관광객들은 목적지와는 다른 소비패턴과 라이프스타일이 있는 사회로부터 오며, 유흥을 추구하고, 많은 돈을 쓰며, 자국에서는 허용되지 않는 방식으로 행동하려 한다. 이 때문에 지역민들은 관광객과 접촉하면서 그들의 행동을 모방하려 한다. 즉 관광객과 같은 방법으로 살며 행동하려 한다. 특히 저개발국에서는 가진 자와 가지지 못한 자 간의 구별이 심해져 사회적 때론 인종적 긴장을 고조시킨다. Jamaica, Indonesia or Brazil과 같은 지역의 리조트에서는 연본 1,200~3,000달러의 관광종사원이 연봉 80,000달러 고객과 접촉하면서 일을 하게된다.

ⓑ 관광객의 행동에 격분(Irritation due to tourist behavior)

관광객들은 때론 무지나 무부의해서 지역의 관습과 도덕적 가치를 존중하지 않는다. 그렇게 되면 이는 격분과 스테레오타이핑을 가져온다. 급속히 다가왔다 가버린다. 그렇게 하여 지역민의 삶을 침해하게 된다.

무슬림 국가의 여성

무슬림 국가에서는 대중 앞에서 몸을 감싸야 하는 무슬림 여성의 외모와 행동에 있어서 엄격한 기준이 있다. 이러한 나라에서 관광객들은 이러한 기준을 무시하거나 몰라서, 보편적인 의상규칙을 무시하게 된다. 즉, 반바지, 스커트, 심지어는 비키니를 입고, 해변에서 토플리스를 입는 등 의상을 다 갖추지 않는 것이 그것이다. 또는 공개적으로 술을 많이 마시기도 한다. 이는 나쁜 감정은 물론 지역민으로 하여금 자기들의 전통과 종교를 더 이상 존중하지 않게 하여 지역사회 내에 긴장을 유발하게 된다. 동일한 형태의 문화충돌이 폴리네시아, 카리브해, 지중해의 기독교 사회에서도 발생한다. ◀

② 문화변질

문화자원에 대한 피해는 반달리즘(vandalism : 문화예술 파괴), 쓰레기, 장물(贓物), 문화유산의 불법이동 등에서 일어난다. 이집트, 콜롬비아, 멕시코, 페루 등지의 고고학 유적지에서의 공통문제는 급여가 낮은 유적관리인들이 관광객에게 고기물(古器物)을 팔아 수입에 충당하고 있다는 것이다. 게다가 문화적 지역의 훼손은 역사적 장소와 건물들이 보호받지 못하고 전통적으로 지어진 환경이 대체되거나 실제로 사라질 때 일어난다.

3. 긍정적 영향

(1) 문화와 전통의 재평가

관광은 문화, 역사적 전통의 보존과 전승을 부양할 수 있다. 이는 자연자원의 보존과 지속가능한 관리, 지역 유산의 보호, 토속문화/문화예술품/공예품의 부활에 기여할 수 있다.

예를 들어 어떤 여행사(Travel Walji's)는 직접적인 재정지원만이 아니라 관광개발지원과 같은 간접적인 지원을 남아시아 카라코룸(Karakorum) 지역에 있는 오지 지역까지 제공함으로써 보존노력을 시행하고 있다.

관광 때문에 발리섬 주민은 그들의 예술품을 유일한 문화확인자(cultural identifier)로 돌아보게 되었다. 발리의 예술과 문화를 계속 칭찬하는 방문자가 있어서 지역민에게 자기 예술에 대한 일종의 자신감과 프라이드를 주었고, 이것이 지역민으로 하여금 자기들의 문화가 영광스럽고 칭찬받을 만하여 결국 공정하게 칭송받을 만하다고 진실되게 믿게 하였다.

이러한 인식이 사람들의 마음속에서 그들의 예술이 어쨌든 선진국의 예술보다 못하다 라는 가능성을 제거하였다 그리고 예술을 총체적으로 보존, 개발하는데 중요한 역할을 하고 있다. (Bali Vision)

4. 문화적 영향의 논쟁점

국제관광의 문화적 영향 중에서 논쟁의 소지가 있는 중요한 몇 가지를 심도있게 논의해 보자. 여기에 해당되는 것은 문화의 상품화와 모형화, 공예품 및 예술품의 변화 그리고 놀이터 문화의 생성 등이다.

(1) 문화의 상품화와 모형화

문화의 상품화와 모형화란 특정지역의 문화가 관광객의 기호에 맞추어 무대공연 내지는 기념품화되는 것을 말한다. 문화란, 예를 들면 전통의식같은 것은 자연발생적이며 그것이 펼쳐지는 시기와 장소가 정해져 있다. 관광객들은 이러한 의식을 자기들이 원하는 장소와 시간에 보고자 한다. 이러한 요구에 부응하기 위해서는 상설공연장을 만들어 상시 공연하는 방법밖에 없다. 이와 같이 문화가 제자리를 상실하고 상업목적으로 이용될 때 문화의 상품화라고 부른다.

또한 상품화와 동시에 모형화작업도 일어난다. 문화를 상품화하기 위해서는 원형문화와 같은 형태로 만들어 보여줘야 하기 때문이다. 하와이의 폴리네시아 문화센터(Polynesian Cultural Center)가 그 예인데 남태평양의 여러 섬나라들의 문화를 모형화하여 한곳에 모아둠으로써 원형과는 유리되어 관광객에게 전시 또는 공연되어 상품화된 것이다.

폴리네시아 문화센터(PCC : Polynesian Cultural Center)

PCC는 하와이 오하우섬 북쪽 해변에 위치해 있고 42에이커의 면적에 1963

년 설립되었다.

처음에는 비영리단체로 출발하였는데 인근의 Brigham Young University Hawaii 학생들이 출신지 섬나라의 유산을 방문객과 공유하면서 공부하고자 하는데 그 목적이 있었다. 이들 학생들은 태평양의 12만평방 마일에 이르는 지역 출신이다.

PCC는 남태평양 국가들의 마을을 재현하고 그들 문화의 특징을 이어가고 있다. Samoa, Aotearoa(Maori New Zealand), Fiji, Hawaii, Marquesas, Tahiti, Tonga and Rapa Nui(Easter Island) 등이 그 대상이다. 중심부에는 섬나라 마을들이 위치해 있어 그들의 문화를 배우고 고유한 문화활동에 참여할 수 있다. ◀

그림 6-3 폴리네시아 문화센터

코헨(Cohen)은 이와 같은 문화의 상품화와 관련하여, 관광객이 접하는 문화공간(장면)은 관광객의 공간에 대한 인상에 따라 평가가 달라진다고 하였다. 즉 "고유성 공간", "무대화된 고유성 공간", "고유성 부인(否認)공간", 그리고 "고안된 공간"이 그것이다. 관광상품으로 활용할 수 있는 것은 무대화된 고유성 공간과 고안된 공간이다. 즉 관광객은 이 문화공간이 무대화된 인위적이라는 것을 알고 관람한다는 것이다. 고유성 공간은 전통문화의 현장을 보고자하는 순수관광객들이 선호하며, 고유성 부인공간은 원형임에도 무대화된 것으로 의심하기 때문에 상품으로서도 원형보존으로서도 가치가 없다.

문화의 상품화는 몇 가지 긍정적인 측면을 가지고 있다. 우선 관광객들로 하여금 전통문화의 현장에 가지 않게 함으로써 원형문화의 손상을 예방할 수 있다. 또한 대량 관광시대에는 짧은 시간 내에 많은 것을 보고자 함으로 시대적 요구에 부응할 수 있다.

표 6-5 관광적 상황의 유형

		장면에 대한 관광객의 인상	
		원 형	무대화된 것
장면의 성질	원형(진품)	① 고유성	③ 고유성의 부인 (무대화로 의심)
	무대화된 것(상품)	② 무대화된 고유성 (암암리의 관광공간)	④ 고안된 것 (공공연한 관광공간)

자료 : E. Cohen, 1979.

그러나 부정적인 면에 대한 비판도 적지 않다. 상품화된 문화는 생명력을 상실한 화석화(化石化)된 문화에 불과하다. 문화는 제자리에 있을 때 생명을 가지게 되며 또한 존재가치가 있는 것이다. 문화가 상품화됨으로써 외형적으로는 동일하나 실제로는 상이한 두 개의 문화가 존재하게 되고, 상품화된 문화는 대중성을 띠고 널리 알려지게 되어 관광객은 물론 주민들마저도 그것이 오히려 원형문화인 것으로 받아들일 수도 있다. 또한 문화의 저급화도 발생한다. 주민들이 신성시하던 물건이 관광상품화되어 장신구나 소품 등으로 이용된다면 그것의 고급문화로서의 신성성이 파괴되어 저급문화로 전락하고 마는 것이다. 예를 들면 제주도의 돌하루방은 마음을 지키는 수호신이었지만 관광상품화되어 목걸이, 열쇠고리 등으로 축소화되었다. 이제 돌하루방의 신성성과 고급문화로서의 가치는 상실되었으며, 돌하루방이 속해 있던 제주도문화 전체의 상징성도 떨어진 것이다.

결국 문화의 상품화과정은 전통문화가 관광객의 기호와 편의에 적합하도록 변화된 정도다라고 논의를 종결지을 수 있는 문제는 아니며, 문화의 상품화를 통한 의미상실은 관광개발에서 기인된 부의 불평등문제만큼이나 심각한 것으로 궁극적으로는 문화의 상품화는 그 문화참여자의 동의를 요구하지 않기 때문에, 어느 것에 의해서건 자행될 수 있다는 데 문제의 심각성이 있다. 일단 그런 행위가 일어날 수 있는 상황만 조성되면 그 과정은 돌이킬 수 없게 되고, 그 문화는 치약, 맥주 등과 같은 일상용품이 되고 만다.

(2) 공예품 및 예술품 변화

관광객은 관광기념으로 혹은 문화적 흥미에서 공예품이나 예술품을 사고자 하기 때문에 문화의 물질적 요소에도 변화가 일어날 수 있다. 크기의 변화는 물론 대량생산을 위한 신재료의 사용, 기법의 변화 등이 그것이다. 공예품은 문화의 가시적 측면이며 관광객에게는 그 문화를 상징적으로 이해하게 해 주는 것이다.

그라번(Graburn, 1984)은 예술의 형태를 기능적 예술(주민들에게 의미를 지니는 고유예술), 상업적 예술(특별한 고객을 위한 것), 기념품 예술(더 많은 사람을 위한 것), 동화된 예술, 다른 것을 모방한 것으로 구분하고 관광상품으로서의 공예품은 기능적 예술을 상업·기념품 예술로 바꾼 것이라고 하였다.

문제는 이러한 전통예술의 상품화가 가져오는 결과는 무엇인가이다. 전통공예품은 크게 두 가지가 있다. 하나는 어떤 상징성이 있는 것이며 다른 하나는 생활용구이다. 후자를 상품화하는 것은 별문제가 없다. 시대가 변하면 생활양식이 바뀌고 생활용구도 변할 수밖에 없기 때문이다. 따라서 이러한 생활용구를 기념품화하는 것은 고유문화에 큰 영향 없이 상업성에 도움이 된다고 하겠다. 예를 들면 전통운반기구인 지게를 생각해보면, 지게를 실물보다 축소하거나 미화하여 판매한다면 우리의 전통생활용구의 소개만이 아니라 관광수입에도 기여할 것이다. 그러나 상징성이 있는 공예품(신주단지, 금줄, 제기 등)은 그것이 어떤 뿌리 깊은 의미를 지니고 있어서 그것을 상품화하는 것은 우리의 전통가치의 추락을 가져올 수 있기 때문에 문제가 된다. 어느 지역의 문화는 다른 문화권의 사람들이 보았을 때는 비합리적이고 우스꽝스러워 보여도 그 속에서 살아온 사람들에게는 생명처럼 소중할 수도 있기 때문이다.

전통공예품의 상품화에 대해 긍정적인 효과를 보인 사례도 적지 않다. '발리'의 경우 기능적 예술과 상업적 예술이 공존하며 예술품의 타락이 일어나지 않았으며, 쉐들러(Schadler, 1978)의 아프리카 공예품연구에 의하면 관광예술품의 형태도 변하고 새로운 재료가 도입되었으나, 이것이 타락에 이르지는 않았다고 한다. 맥노트(Macnaught, 1984)에 의하면 남태평양에서도 전통공예는 관광 때문에 발전하였고 소득기회도 제공했다고 한다.

(3) 놀이터 문화의 생성

놀이터 문화(playground culture)란 말은 비교적 생소하다. 관광지주민 특히 태양을 관광자원으로 삼는 지역에서는 관광산업의 성장이 방문자와 주민 모두에게 놀이터 심성(playground mentality)을 키워주게 된다는 말이다. 이국적인 경관과 문화는 풍요한 관광객들 눈에는 놀이터로 보여진다. 관광은 가시성이 크기 때문에 휴가를 즐기는 관광객의 가치관과 행동은 곧바로 현지주민에게 미묘한 영향을 미친다(이 부분은 전시효과라고 불러도 좋겠다).

이러한 놀이터 문화로 생기는 문제는 두 가지로 생각할 수 있다. 첫째, 선진국의 관광객이나 관광사업자들은 제3세계의 관광국을 고유한 문화나 정체성을 보존하려는 주권국가로 보지 않고 단지 4S(sun, sea, sand, sex)가 풍부한 가운데 자신들의 욕구를 해소할 수 있는 무인도로 생각하는 것이다.

둘째, 이러한 만연된 놀이터 의식(playground attitude) 때문에 현지주민들은 스스로를 관광문화의 한 부속품으로 여기고 자신들의 가치관과 전통을 포기해 버린다는 것이다.

터너와 애쉬(Turner and Ash)는 이들 '관광놀이터'를 "유흥의 변방"(pleasure periphery)이라고 지칭했는데, 여기서 변방이란 지리적으로 지중해, 인도양 및 태평양의 제도, 아카풀코, 플로리다 및 카리브를 포함하는 적도권 부근 일대를 지칭하는데, 주로 일광욕목적지(sunspot destination)를 가리킨다. 이 용어의 적합성의 문제를 떠나 대량국제관광에 대한 비판론자들은 제3세계에 '놀이터 문화'가 겉으로 확산되고 있는 사실에 놀라고 있다. 신식민주의의 경제적 진출이라는 비판론과 결부하여 생각할 때, 이 비판적 견해는 국제관광의 장래에 어려운 문제를 제기하고 있다.

5. 사회 · 문화적 영향분석의 실례

1987년 한국관광공사는 경주지역 주민에 대해 관광의 사회문화적 영향에 대한 지각정도를 조사한 바 있다.

표 6-6 관광의 사회 · 문화적 영향에 대한 경주주민의 긍정적 지각정도

(단위 : %, 평균값(3.0기준))

긍정적 지각		관광개발 및 관광객 증가로 인하여 …	부정적 지각	
고(%)	저(%)		고(%)	저(%)
36.5	35.3	문화재 보호에 도움이 되었다 (3.93 : 도움)	5.3	5.0
21.5	48.8	외부인에 대하여 이해심을 갖게 되었다 (3.81 : 이해)	4.3	3.5
25.0	42.8	관광시설이 여가활용에 도움이 되고 있다 (3.75 : 활용)	8.8	4.8
20.8	39.0	지역주민의 향토애가 높아졌다 (3.67 : 높아짐)	6.8	3.5
24.5	34.0	지방문화 발전에 도움이 되었다 (3.65 : 발전)	9.3	4.5
29.0	20.3	문화의 상품화 여부 (2.61 : 약함)	20.0	9.5

자료 : 한국관광공사, 1987.

표 6-7 관광의 사회 · 문화적 영향에 대한 경주주민의 부정적 지각정도

(단위 : %, 평균값(3.0기준))

긍정적 지각		관광개발 및 관광객 증가로 인하여 …	부정적 지각	
고(%)	저(%)		고(%)	저(%)
11.0	19.0	풍기가 문란해졌다. (3.24 : 문란)	31.3	18.0
14.8	16.8	청소년 교육환경이 나빠졌다. (3.20 : 악화)	28.5	19.0
12.5	16.8	각종 범죄와 청소년 비행이 증가되었다. (3.15 : 증가)	30.8	13.0
10.3	21.8	고유한 미풍양속이 많이 사라졌다 (3.14 : 쇠퇴)	25.5	15.5

자료 : 한국관광공사, 1987.

오늘의 교훈

莊子曰(장자왈) 若人(약인)이 作不善(작불선)하야 得顯名者(득현명자)는 人雖不害(인수불해)나 天必戮之(천필육지)니라.

장자가 말하기를, "만일 사람이 착하지 못한 일을 하고도 이름을 세상에 날린 자는 비록 다른 사람이 그를 해치지 않더라도 하늘이 반드시 그에게 벌을 내릴 것이다"라고 하였다.

(명심보감 : 천명편/天命篇)

CHAPTER 07

정치적 영향 및 장애요인

제 1 절 국제관광과 국제정치

국제관광과 국제정치는 상호 밀접한 관계를 가지고 있다. 이 영향을 두 가지 방향에서 분석할 수 있겠다. 하나는 국제관광이 국제정치에 미치는 영향이며, 다른 하나는 국제정치가 국제관광에 미치는 영향이다.

1. 일 반 론

(1) 국제관광이 국제정치에 미치는 영향

관광은 사상적 요소가 배제된 행동이다 라는 전제를 먼저 이해해야 한다. 국가간의 갈등은 주로 경제나 사상적 차원에서 발생하는데, 특히 사상적 갈등은 냉전이라는 눈에 보이지도 않고 포성도 울리지 않지만 엄청난 전쟁을 유발하였다. 경제적 갈등도 국가간의 치열한 각축을 낳는다. 관광은 사상적 요소가 배제되어 있으므로 갈등요인을 가지고 있지 않다. 따라서 관광은 국가간의 갈등이 있을 때 이를 완화하는 기능을 가지고 있다. 사상적 갈등을 겪고 있는 국가들은 서로 만나지 않음으로써 오해를 하게 되어 긴장이 발생한다. 이러한 긴장의 해소는 경제적 이득을 동반하고 비사상적인 관광을 통해 관광객이 교류하면서 가능하게 된다. 1972년 미국과 중국의 '상하이 코뮤니케'가 그 예이다.

상하이 코뮈니케(Shanghai Communiqué : 上海公報)

공산주의 팽창을 저지하기위한 인도차이나 개입의 참담한 유산을 물려받은 닉슨 대통령(Richard Nixon)은 냉전시대를 지배한 이상주의 외교를 벗어나, 국익에 입각한 현실주의 외교를 추구했다. 소련과 겨루면서 동시에 중국을 고립시킨 전략이 국력만 소모시킨 어리석음을 떨치려 했다. 거대한 잠재력을 지닌 중국과 화해, 소련의 위협에 함께 맞섬으로써 아시아에서 3각 세력 균형을 이루려 했다. 이를 위한 중국과의 동거 약속이 바로 1972년 2월 28일의 상하이 코뮈니케이다. 두 나라 모두 아시아·태평양 지역에서 패권을 추구하지 않고, 다른 세력의 패권장악을 공동 저지한다는 약속이었다. 동시에 두 나라 사이에 경제적·문화적 교류를 증진시키기로 하였다. 이러한 코뮈니케는 미국인들의 중국여행이 시작되면서 화해분위기가 성숙된 데서부터 비롯되었다고 볼 수 있다. ◀

그림 7-1 상하이 코뮈니케 체결현장(Jinjiang 호텔)

또한 국제관광은 특정 국가의 정치세력의 변동을 가져 올 수 있다. 냉전시대의 공산권국가를 생각해 보자. 공산국가들은 정보의 통제와 외국인과의 접촉통제를 통해 독재국가를 유지해왔다. 이들 국가들이 불가피한 경제적 이유로 자본주의 국가들의 관광객을 통제 속에 허용하면서 자국국민들에 대한 규제는 서서히 무너지기 시작했던 것이다. 오늘날 동구권과 구소련이 무너진 이유 중의 하나는 이러한 관광객의 입국허용에서였다고 해도 과언이 아니다. 만약 북한이 다른 공산국가와 마찬가지로 관광객의 입국을 확대해 간다면 어떠한 국내정치적 변동이 올는지 예상하기 어렵지 않다.

국제관광은 외교관계를 맺기 위한 교두보(橋頭堡 : bridgestone)의 구실을 한다. 적대관계에 있거나 불편한 관계에 있던 국가들이 경제적 이유 등으로 소규모라도 관광객을 교류하게 되면 수용국 국민들이 자연스럽게 외국인을 대하게 되고 불신이나 오해의 폭을 줄이게 된다. 관광객의 규모가 커지면 이러한 상호이해의 폭도 넓어지고 경제적 이득도 많아져 국가간의 정식관계정립의 필요성을 양국이 느끼게 되어 외교관계수립의 좋은 명분을 주게 된다. 한국이 소련 및 중국과 정식 외교관계를 맺기 전에 양국이 한국항공사의 전세기 운항과 관광객의 입국을 허용하였다. 태극마크를 부착한 한국의 항공기가 소련이나 중국에 착륙하는 것을 그 나라 국민들이 실물이나 화면으로 볼 때 지금까지 가졌던 적대감 내지는 배척감이 서서히 무너지게 된다. 중국이나 소련으로서도 하루아침에 적대국을 승인하거나 관계를 개선할 수는 없다. 국민들의 눈이 있고 반대파들의 저항도 있기 때문이다. 관광의 경제적 이득과 관광객의 비정치적 행동으로 외교관계수립의 타당성을 주장할 수 있다.

표 7-1 국제관광을 통한 외교관계 수립과정

자국 국민들에게 관광의 비사상성(경제적 이득) 강조

↓

상대국 단체관광객 일부 입국 허용(상대국 항공기 입국 허용) : 언론보도

↓

관계개선 반대파의 저항 설득(관광의 경제적 이득 및 비정치성 강조) : 여론조장

↓

국민반응 및 경제이득의 통계적 제시

↓

외교관계 수립

이것을 다른 방향에서 생각해보자. 국제관광은 외교적 압력수단으로 작용한다. 소련의 아프가니스탄 침공이 있는 후에 카터 미국대통령은 1980년 모스크바올림픽에의 참가를 거부했다. 그해 미국인의 소련여행객은 75%이상 줄었다. 여행사들도 1980~1981년 소련과 동구권시장을 포기했다. 이것은 스포츠관광이라는 큰 수요를 이용해 소련에게 국제정치적 압력을 행사한 실예이다.

미국과 소련은 이러한 국제관광의 중요성을 이해하고 1985년 접촉과 교류

에 관한 일반협약에 서명하였다. 동협약 제14조에서 상이한 국민, 생활, 일 그리고 문화의 폭넓고 친숙한 전달수단으로서의 관광촉진의 입장을 분명히 하였다. 이로써 1988년 미・소간의 직항로가 재개되고 1989년 10월 팬암항공사, 아에로플로트, 쉐라톤호텔 등이 모스크바에서 국제호텔을 발전시키기 위한 3자 협상을 가졌다.

미국의 경우 관광업계 종사원들의 상당수가 흑인, 스페인계, 동양계의 사람들이며, 관광산업의 발전은 이러한 사람들의 고용확대에 큰 영향을 미친다. 취업률은 집권당 내지는 정당의 정책에서 매우 중요하며 선거에 미치는 영향도 크다. 따라서 국제관광은 특정국가의 국내정치에도 적지않게 작용하고 있음을 알 수 있다.

(2) 국제정치가 국제관광에 미치는 영향

국제정치는 역학관계(경제력, 군사력, 문화력 등), 이데올로기적 기반, 그리고 종교적 신념을 바탕으로 존재해 왔다. 오늘날 사상적 성격은 많이 퇴조되긴 했으나, 일부 국가에서는 결코 포기할 수 없는 국가존립의 문제로 남아 있다. 따라서 국제정치가 관광에 미치는 영향은 즉각적이며 직접적이다.

① 전쟁 및 정치적 불안

이것은 관광객의 즉각적인 감소를 유발한다. 특정지역의 국지전이나 정치적 소요 등은 관광객의 발길을 끊게 만든다. 관광이란 생존 다음의 2차적 문제이기 때문에 특별한 경우를 제외한다면 생명의 위협이나 신체적 불안을 느끼면서까지 외국에 여행하지는 않는다. 한국의 경우 1979~1980년 사이의 정치적 소요는 외국관광객의 감소로 나타났다. 광주민주화운동의 현장이 외국 언론에 생생히 보도되고 학생들과 시민들의 대규모 시위는 관광동기를 여지없이 없애버리고 말았던 것이다. 필리핀의 80년대 말 정치적 불안, 걸프전 등은 국제정치가 관광에 미치는 영향을 쉽게 설명해 주고 있다.

터키, 이라크 정쟁으로 관광수입 격감

이라크 전쟁으로 50억~60억 달러 손실 예상

터키의 관광산업이 이라크전쟁으로 인해 심각한 타격을 입을 것으로 예상되고 있다. 따라서 터키정부는 손실을 최소화하기 위해 해외에서 관광진흥 활동을 증가하고 터키 국가홍보를 위한 국제전시회 참가를 준비하고 있다. 터키호텔협회(TUROB)는 이라크전쟁으로 인해 50억~60억 달러의 관광손실이 발생할 것으로 예상하고 있다. 이 협회는 2003년 2월의 Hajj(성지순례) 기간에 호텔예약이 대폭 줄어들었다고 밝혔다. 터키관광산업은 2000년 11월, 2001년 2월 연속되는 경제위기에서 외화가득원으로 중요한 역할을 수행해 왔으며 2002년도에는 100억달러 정도를 벌어들인 것으로 추정되고 있다. 이 협회는 이라크전쟁으로 관광수입에 큰 손실이 발생하고 이러한 전쟁상황으로 가장 크게 부정적 영향을 받을 것이라고 밝히고, 또한 지난 걸프전 기간에 45억 달러의 관광손실이 있었다고 언급했다. 또한 이 시기에 중요한 것은 관광객 증가보다는 전쟁 이후에 관광산업이 회복되는 것이 관건이라고 밝히고 있다. 터키정부는 많은 전시회 참가 등 관광진흥활동을 계획하고 있다. 3월 7~11일 독일에서 개최되는 ITB(International Berlin Tourism Stockmarke)가 첫 시험무대로 결정됐는데, 터키 관광부는 2,000s/m를 부쓰를 임차하여 다양하게 터키관광산업을 홍보할 계획이다. 전시회 규모는 작년 대비 2배 증가한 규모이며 Antalya, Belek, Black Sea 등 유망관광지 홍보를 위해 지역별로 부쓰를 꾸밀 예정이다. 터키정부에서는 관광부장관인 Guldal Aksit가 테이프커팅 행사에 참가한다. 터키정부는 3월 26~29일 사이에 러시아 모스크바에서 개최되는 전시회에도 참가예정으로 관광산업 진흥에 힘을 기울이고 있다. 터키정부는 만성적인 무역적자를 보이고 있는데 관광수지 및 해외근로자의 송금 등으로 그 간격을 메우고 있는 실정이다. ◀ (자료원 : 터키관광부, TDN)

② 테러리즘(정치폭력)

테러리즘은 국제관광에 좋지 않은 영향을 미친다. 테러리즘은 정치적 이유에서 자행되며 그 대상이 관광객이 되는 수가 많다. 비행기납치, 관광객납치 등이 그것이다. 미국관광객을 대상으로 한 TWA 항공사 납치 등이 그 예이며 작은 사건 하나가 전체적인 관광객의 흐름에 영향을 미친다.

룩소르 테러 몸살…관광객 발길 '뚝'

외국인 격감, 호텔 · 식당 한산, 카이로-홍해까지 테러 '한파'.

고대 이집트의 역사가 외국인 관광객들을 불러들이는 도시 카이로. 요즘 이 도시를 찾는 외국인들의 발길이 눈에 띄게 줄어들었다. 지난 11월 17일 룩소르에서 외국인 관광객 58명이 학살당한 사건 이후의 모습이다.

사진설명 : (위)이집트 카이로 근교 기자에 위치한 피라미드와 스핑크스. 지난달 룩소르에서 발생한 외국인 관광객 학살사건 이후 이곳에도 외국인들의 발길이 끊어졌다.

(아래)이집트 전역에서 외국인 관광객들이 거의 사라지자 학살사건의 현장인 룩소르의 핫셉수트 신전 앞에서는 지난 3일 이집트의 각 종교 지도자들과 여행가이드들이 모여 사망자들을 추도하고 테러를 규탄하는 대회를 열었다.

카이로 국제공항. 늘 관광객들로 붐비던 이 공항에서 택시를 타는 외국인은 요즘 경찰관을 만나게 된다. 경찰관들은 승객과 택시운전사의 이름은 물론, 목적지까지 일일이 적는다. 나중에 외국인 승객이 목적지에 도착했는지 여부를 확인하기 위한 일종의 신변보호장치란다. 역시 룩소르사건 이후 생겨난 풍경이다. 택시운전사 아메드씨는 "얼마 전까지만 해도 공항근처는 서유럽의 단체 관광객들 실어나르는 관광버스로 붐볐는데 사건 이후에는 관광버스를 찾아 볼 수 없다"고 말했다.

이집트의 관광 한파는 카이로 시내에 들어서면 더욱 절감하게 된다. 나일강 주변에는 호텔들이 즐비하지만 밤에 불이 켜진 객실은 그리 많지 않다. 매리어트 호텔은 수에즈운하 건설 당시에 영빈관으로 활용되던 유서 깊은 건물로 유럽 관광객들이 주 고객이다. 평상시 이 호텔의 객실은 물론, 식당도 예약하기가 쉽지 않다. 그러나 룩소르사건 이후에는 객실이나 식당이나 한산하기 짝이 없다.

이같은 관광산업의 위축은 이집트의 고용 및 소득 감소, 큰 폭의 성장률 하락 등 전반적인 국가경제에도 막대한 부정적인 결과를 초래할 것이라는 전망이 나오고 있다.

이집트 정부는 룩소르사건이 발생한 직후 무바라크 대통령이 직접 나서서 서방언론들을 상대로 관광객들에 대한 경비강화 조치를 설명하는 등 신변안전을 다짐했다. 그러나 외국인 관광객들이 다시 찾아 올 조짐은 보이지 않고 있다.

이집트를 찾는 관광객 중에는 서유럽, 미국 등 서구인들이 절대 다수다. 이들 중 상당수는 크리스마스 휴가가 포함된 겨울에 이집트를 방문한다. 때문에 이집트의 관광 '피크 시즌'은 11월부터 다음해 1월 사이다. 카이로에서 룩소르로 향하는 여객기들은 매년 이맘때쯤이면 좌석을 구하기도 어려웠다. 그러나 "지난 달 룩소르사건 이후 이 여 객기를 타는 외국인 관광객의 숫자는 매 편마다 10명을 넘지 않는다"고 한 승무원은 말했다.

룩소르에서 관광가이드업체 '에메코'를 운영하고 있는 나샤트씨는 룩소르사건 이후 "단 한건의 단체관광단도 받지 못했다"며 "걸프전 때에도 관광객이 줄었지만 이처럼 완전히 끊어진 것은 처음"이라고 한숨지었다. 타격을 받기는 호텔, 식당, 쇼핑센터 등 모두 마찬가지다. 고가의 골동품을 취급하는 상점들은 아예 장기 휴업에 들어가기도 했다.

특히 나일강 상류지역에 위치한 아스완과 룩소르는 이번 관광객 학살사건을 저지른 것으로 주목되는 과격 이슬람근본주의단체인 '이슬람그룹'의 근거지로 알려져 예년에 비해 90% 가량의 관광객이 줄어들었다고 업자들은 말했다. 호텔의 경우 손님이 드는 객실은 전체의 5~6%에 불과하다는 것. 또 나일강을 순항하는 크루즈선들도 손님이 없어 대부분 룩소르나 아스완 등지의 나일강변에 정박해 있다. 관광객 감소는 수도 카이로와 룩소르, 아스완뿐만 아니라 이집트의 리비에라 해안으로 불리는 홍해연안에 이르기까지 이집트 전역의 현상이다.

룩소르사건 이후 이집트 정부는 관광지에 경찰병력을 증가 배치했다. 또 유적이나 나일강 주변에는 헬기 순찰을 강화하고 단체 관광객들에게는 사복 경찰을 따라 붙이기로 했다. 관광객들을 위해 입국 비자료도 면제하고 국내선 요금도 50%나 내리기로 결정했다. 또 각종 유적지에의 입장료도 최소한 50%씩이나 내렸다. 하지만 서방국가들은 자국민들의 이집트여행을 적극적으로 만류하고 있다. 미국과 영국은 룩소르사건 이후 자국민들에게 아스완과 룩소르 등 나일강 상류지역의 여행을 삼가라고 경고했다. 스위스는 아예 이집트 전역에 대한 여행을 규제하고 있다.

이집트의 주요 외화 소득원은 사우디아라비아, 쿠웨이트 등 부유한 걸프지역 아랍국가에 가서 일하는 근로자들의 송금과 관광객들이 떨어뜨리고 가는 돈이 주종이다. 390만명의 관광객이 찾은 지난해의 경우 관광수입은 30억 달러에 달했다. 올해의 관광객 유치목표는 420만명, 수입액 목표는 35억 달러. 이집트정부는 목표달성을 위해 고대 람세스왕의 부인인 네페르타리묘의 벽화를 복원해 공개하는 등 새로운 관광상품을 개발했다. 또 과격 테러분자들에 대해서는 수색을 강화하고 군사재판을 통해 강력히 응징, 안전한 이집트를 과시하기 위해 힘썼다. 그러나 이미 목표를 달성하기는 어려워졌다.

서방측 외교관들은 이번 사건으로 이집트의 올해 경제성장률이 당초 목표 5%에서 4% 수준으로 하락할 것으로 전망했다. 그러나 무엇보다 고용감소가 이집트인들의 걱정이다. 이집트에서 관광업에 종사하는 사람들은 5백만~8백만 정도로 추산되고 있는데 이들은 주로 서민들이다. 올 겨울까지 계속 관광불황이 이어질 경우 내년 한해 동안 이들의 생활대책이 막연해진다는 것이다.

그러나 룩소르에서 여성 가이드로 일하고 있는 욜라양은 “서구인들이 햇빛과 유적을 찾아 결국은 이집트로 돌아올 것”이라며 희망을 잃지 않았다. ◀
〈조선일보, 2000.12.06(토)〉

③ 국제관계의 호전

국제관계의 호전은 국제관광의 확대에 큰 기여를 할 수 있다. 제2차 세계대전 이후 약 40년간 걸친 냉전체제는 양체제 사이의 관광객교류를 단절시켰다. 각 체제내의 관광만 허용되었기 때문에 세계 전체적으로 보면 반쪽 국제관광이었다고 해야겠다. 1970년대 말부터 시작된 화해체제(데탕트)는 양체제 사이의 관광객을 서서히 증가시켰고 동구권과 소련의 몰락으로 냉전제제가 붕괴되면서 그 교류는 급격히 증가하고 있는 추세이다.

한편, 국제정치의 역학적 특징은 관광의 불균형 내지는 이로 인한 새로운 역학관계를 만들지도 모른다는 점이다. 이것은 특히 경제적 문제와 결부되며 아직은 이론적인 논의에 머물러 있으나 현실적으로 발생가능하며 우리가 모르고 있는 경우도 있을 것이다. 예를 들어 어느 한 국가가 특정국가의 관광에 의존하는 정도가 매우 높다고 생각해 보자. 이 경우 관광배출국은 상대국가에 대해 경제적 힘을 행사할 수 있게 되고, 그 힘은 바로 국제정치적(외교적) 힘으로 변화될 수 있다. 국가의 힘이란 경제력, 군사력, 국민의 단합정도, 종교의 통일성정도 등 매우 다양한 요소로 구성되어 있고 상호 연관성이 있다. 즉 국제관광을 통한 경제적 힘이 상대방의 정치·외교적 방향에 영향을 줄 수 있다.

2. 국제관광과 평화

그랜드투어(grand tour) 이후로 목표지향적인 관광객들은 여행을 하면서 다른 세계와 다른 나라 사람들을 이해하는 폭을 넓혀갔다. 오랜 기간 동안 관광이 경제발전과 인간에게 미치는 영향에 관한 논의가 있어왔다.

세계관광기구는 관광이 국제평화에 기여해야 한다는 취지아래 1986년 "관광은 평화로 가는 여권이다(Tourism is a passport to peace.)"라는 슬로건을 내걸기에 이르렀다. 관광은 평화와 정치적인 안정이 요구된다.

학자들은 흔히 관광산업을 평화산업이라 부른다. 관광은 인간의 다양함을 이해하게 하는 기회가 되고, 그 결과 인간세계의 오해를 불식시키고 긴장을 줄이는 역할을 한다. 우리는 국제관광이 평화를 이루는데 기여한다는 점을 다음과 같이 쉽게 말할 수도 있다.

"우리가 여행하고 대화는 동안 우리의 정치적 종교적 성향과 인종적·사회경제적 위치의 차이가 있더라도 대부분의 인간은 먹고 살고 생산하고 자아실현을 하기 위한 평화로운 세상을 원하고 있다는 것을 발견한다."

관광을 통해 세계평화를 이룩하려는 국제적인 노력도 이루어졌다. IIPT(International Institute for Peace through Tourism) 첫 회의가 1988년 10월 캐나다 밴쿠버에서 개최되었다. 주제는 "관광, 평화를 위한 지대한 힘, 1차 범세계회의(Tourism : Vital Force for Peace, First Global Conference)였다. 이 회의의 목적은 관광을 통하여 평화를 고무하기 위하여 세계관광사업이 할 수 있는 일을 모색하기 위한 것이다. 이 회의는 관광이 다른 문화와 성향을 가진 민족 사이의 이해의 폭을 넓혀줄 수 있다는 가정을 확인하고 현실화하는 데 큰 공을 세웠다.

IIPT는 1986년 UN 국제평화의 해(International Year of Peace)에 설립되었는데, 1985~6년 테러가 늘어나고 동서긴장이 증가하고 부국과 빈국의 격차가 커지면서 이루어지게 되었다. 비영리조직이며 관광활동의 조장하고 용이하게하여 국제이해와 협조, 환경의 질 개선, 유산의 보호에 기여하며, 이를 통해 평화롭게 지속가능한 세상을 여는데 목적이 있다. 이후 IIPT는 "관광을 통한 세계평화 유지"를 위해 다양한 국제회의를 개최한 바 있다(〈표 7-2〉 참조).

표 7-2 IIPT 국제회의

연도	종류	회의주제 (theme)	장소
1988	1st Global Conference	Tourism – A Vital Force for Peace	Vancouver
1994	2nd Global Conference	Building a Sustainable World Through Tourism	Montreal
1999	3rd Global Conference	Building Bridges of Peace, Culture & Prosperity through Sustainable Tourism	Scotland
2000	Global Summit	Building a Culture of Peace through Tourism	Jordan
2001	Turkey Conference	Building a Culture of Peace and Friendship through Travel and Tourism	Turkey
2001	Assissi Conference	Spirituality in Tourism "Walking In the Footsteps of St. Francis	Italy
2001	African Conference	Building Bridges of Peace through Sustainable Community Tourism Development.	South Africa
2003	Caribbean Conference	Building Communities through Community Tourism	Jamaica
2003	African Conference	Community Tourism – Gateway to Poverty Reduction	Tanzania
2003	Global Summit	Building a Culture of Peace through Tourism	Switzerland
2005	African Conference	Tourism : Pathway to a Peaceful and Prosperous Africa	Zambia
2005	Global Summit	One Earth One Family : Travel and Tourism – Serving a Higher Purpose	Thailand

자료원 : http : //www.iipt.org

특히 1988년 서울에서 개최된 올림픽 행사는 동과 서의 화합과 지구인의 우호를 다지는 데 크게 기여한 바 있다. '88 서울올림픽은 양분된 독일의 담을 헐어 통일국가로의 실현을 촉진케 했을 뿐 아니라, 공산종주국인 소련과 중국의 두터운 장벽을 무너뜨림으로써 냉전시대의 종말과 더불어 세계인에게 새로운 화합과 공존 그리고 평화의 시대를 열게 한 계기를 마련하였다. 따라서 전 세계인의 문화적 축제이자 국제적 스포츠경기가 세계평화에 기여한 공로는 매우 크다고 볼 수 있다.

이러한 관점에서 본다면 관광이란 세계평화로 가는 길을 열어줄 수 있다는 것이다. 베를린 장벽의 붕괴는 1989년 한해를 평화와 여행과 자유의 해로 만들었으며, 볼 수 없었던 것, 가족과 친구, 갈 수 없었던 곳, 만날 수 없었던 곳으로 사람들은 정신없이 여행했다. 인간세계의 이해와 평화를 피부로 실감하고 느꼈다.

관광전문가들은 차후에 관광사업은 이러한 상호이해와 평화를 위한 적극적인 방향을 취해야 한다고 주장하고 있다. 또한 관광객 역시도 책임있는 행동을 해야하는데 그런 책임과 약속은 밴쿠버 회의의 다음과 같은 "평화적 여행자의 신조(Credo of the Peaceful Traveler)"에 잘 설명되고 있다.

"세계를 여행하고 경험할 수 있는 기회를 가진 나는 평화란 개인에서 출발한다는 것을 알고 따뜻하고 열린 마음으로 여행에 관한 책임과 약속을 지킬 것을 서약합니다. 내가 부딪히는 다양한 인간생활을 기꺼이 존중하고 생물이 살고 있는 자연을 보호하고 숭배하며, 내가 만나는 문화를 이해하는 노력과 그들의 환대에 감사하는 마음으로 만나는 모든 사람에게 우정의 손길을 내밀고 이러한 여행을 가능하게 한 여행서비스를 지원하는 이상을 말과 행동으로 옮겨 또다른 이들에게 평화롭게 세상을 여행할 것을 권장하겠습니다."

3. 국제관광과 제3세계

관광에 관한 이념논쟁이 가장 크게 일어나고 있는 곳은 바로 제3세계를 포함하는 후진국들이다. 선진국으로부터의 대량관광이라는 '침략'으로 인해 제3세계 국가간에는 국가관계의 본질과 수용국가에 미치는 관광의 효과에 관한 회의론이 제기되어 왔다.

제3세계

이 용어는 중국이 소련과의 긴장이 격화됨에 따라 국제정세 인식에 변화를 겪으면서, 1960년대 말부터 사용되었다. 이 구분에 의하면 전세계는 경제적으로 발전된 미국과 서유럽 등의 선진자본주의 국가가 제1세계, 여기에 맞서온 사회주의 국가가 제2세계, 양쪽 모두에 포함되지 않는 국가들이 제3세계로 규정된다. 이와 같은 국제정치적 기준은 소련 및 동유럽 사회주의의 붕괴 이후 퇴색하고 있다. 제3세계를 경제발전에 따라 구분한다면, 봉건주의에서 자본주의로 자연스럽게 발전한 구미자본주의 국가와 일본이 제1세계가 되고, 사회주의노선에 따라 산업화를 이룬 소련과 동유럽블록이 제2세계이며, 제1세계와 제2세계로부터 자본과 기술 및 이데올로기를 도입하여 산업화를 추진하고 있는 국가들이 제3세계이다. 흔히 제3세계로 부르는 국가들은 지역적으로 라틴아메리카・아시아・아프리카・중동 등지에 편중되어 있다.

선진국과 제3세계 사람들의 삶의 질과 수준은 비교할 수 없을 정도로 심각한 간격을 보인다. 제3세계를 연구하는 학자들은 빈곤의 원인을 제3세계 자체에서 구하거나, 아니면 외부세계 즉 제국주의적 국제관계의 산물로 본다. 첫번째 주장은 제3세계의 국내적 상황을 구체적으로 분석하여 높은 인구밀도, 낮은 농업생산성, 적대적인 사회계급과 격심한 부의 불균등배분, 분절적 사회문화, 그리고 정치엘리트의 무능력과 파당성을 빈곤의 원인으로 지적한다. 두번째 입장은 오늘의 강대국이 제3세계를 유린・약탈했기 때문에 강대국은 경제적으로 성장할 수 있었지만, 그 반대로 제3세계는 빈곤과 저발전의 악순환을 거듭하게 되었다고 주장한다. 이 논리를 통상 '종속이론'(從屬理論 : 남아메리카에서 시작)이라고 부른다. ◀

카리브해 국가들이 그 예가 되는데 관광에 대해 다음과 같은 시각을 가지고 있다.

① 관광산업은 새로운 형태의 식민주의와 제국주의에 해당한다.
② 관광은 새로운 식민농장경제(plantation economy)의 일부이다.
③ 대량 국제관광은 제3세계를 산업선진국을 위한 놀이터화하고 있다. 따라서 종합 놀이터문화(synthetic playground culture)를 만들고 있다.
④ 국제관광의 상당수는 백인주의적 제도 및 가치관이 비백인사회를 침략

하는 것이다.

이러한 시각은 개도국의 지나친 피해의식으로도 이해할 수 있으나, 일부 국가에서는 이러한 현상이 가시화되고 있다는 점에서 간과할 수는 없다. 여기에서는 ①, ② 및 ④의 측면만 논의해 본다. (③은 이미 앞에서 논의되었음)

(1) 신제국주의(新帝國主義)

제국주의(imperialism)

어느 나라가 정치적·경제적 지배권을 다른 민족·국가의 영토로 확대시키려는 국가의 충동이나 정책을 말한다. 제국주의라는 말의 어원은 라틴어의 imperator(황제), imperium(제국)인데, 프랑스의 나폴레옹 1세와 3세의 로마제국 재현(再現)의 시도를 제국주의라 하였다. 이 말이 상용화된 것은 영국의 신문 ≪데일리 뉴스≫가 나폴레옹 3세의 몰락을 보도(1870년 6월 8일자)하면서 프랑스 제2제정을 제국주의라고 지칭한 후부터이며 전제정치와 동일한 의미로 사용되었다.

제국주의는 일반적으로는 1870년부터 20세기 초에 걸쳐 나타난 독점자본주의(獨占資本主義)에 대응하는 정치적·경제적 구조를 총칭하는 말로 쓰인다. 1870년경부터 제국주의라는 말은 근대적인 의미와 내용을 가진 말로 사용되었는데, 그것은 사회적 불안이 증대하는 한편 자본주의국가간의 팽창주의적 경쟁이 격화되었기 때문이다. 영국은 자유무역정책을 보호정책으로 전환하고 광대한 식민지를 통일적으로 긴밀히 조직하려고 하였다. 즉, 1870년대 수에즈운하주(株) 매수, 인도의 지배 강화, 1884년 제국연방동맹의 성립에 의거한 자치령과 본국과의 결합 시도, 1903년 식민지장관 체임벌린의 보호관세정책, 보어전쟁 등이 그것이었다. 이러한 경향은 비단 영국만의 일이 아니었고, 오히려 해외진출을 불가결의 요건으로 삼던 후진자본주의국가에서 더욱 현저하였으며, 이런 강대국들의 정책이 세계의 분할과 국제대립의 격화 및 군비확장을 초래하는 결과가 되었다.

결국 제국주의는 침략에 의하여 영토를 확장한다는 점에서 팽창주의 또는 식민주의와 거의 동일한 의미로 사용되어 왔다. 그러나 제국주의가 자본주의적 제국주의에만 국한된 개념은 아니다. ◀

식민주의와 제국주의란 말은 다분히 국제정치적이다. 이 양주의는 이미 종말을 고하였는데 망령이 살아난 것일까? 양자는 결코 분리할 수 없다. 역사적으로 보면 제국주의는 정치적 의미가 크고 식민주의는 경제적 의미가 크나, 양자는 동전의 양면과 같다. 식민주의는 제국주의적 발상에서 나온 것이다.

새로운 형태의 제국주의가 국제관광에 의해서 환생한 것이다. 이름하여 신제국주의(neo-imperialism)이다. 선진국정부와 자국 대기업이 펼치는 복합외교정책은 후진국으로 하여금 기업화한 관광사업이 그 이면에 어떤 다른 동기를 내포하고 있지 않나하는 의심을 갖게 한다. 즉 기업은 근본적으로 이윤을 추구하지만, 강대국이 자국의 관광대기업을 통해 정치적 영향력을 행사하여 제3세계국가들을 정치적으로 지배하게 되리라는 생각이다. 물론 이것은 경제적 힘을 통한 정치적 영향력 행사이다.

제3세계에 대한 선진국외교는 극히 자국기업의 복리에만 중점을 둔다는 것이 정설이다. 따라서 주재외교관과 자국 기업경영자 간의 긴밀한 접촉은 수용국측 비판자들에 의해 종종 제국주의적 경향이라고 비난받는다.

과거의 식민주의는 식민지와 피식민지 간에 법적·정치적 관계가 비교적 명확하였다. 그러나 이제는 그러한 관계가 존재하지 않으므로 선진국 정부는 외국 주재외교관과 긴밀한 접촉관계를 유지하는 자국기업 엘리트를 통해 간접적으로 경제를 통제하고 이를 통한 국제정치적 압력을 행사하는 것이다. 이러한 새로운 탈을 쓴 새로운 형태의 식민주의가 바로 현대 대량관광의 두드러진 성격이라는 것이 제3세계 측의 비판이다. 과거의 식민주의가 그랬듯이 관광산업도 주로 선진국의 이익을 도모하는 데 이바지하고 있다는 것이다.

(2) 신식민주의와 신농장경제

신식민주의(neo-colonialism)는 무엇인가. 식민주의는 자국 이외의 지역에서 새로운 시장을 개척하고 그 이윤을 본국으로 수탈하듯이 가져가 버리는 것이다. 제국주의가 정치적 용어라면 식민주의는 경제적 용어로 볼 수 있다. 선진 자본주의 국가들은 해외관광시장 특히 자국민들이 빈번하게 여행하는 나라에서 관광시장을 지배하려 한다. 항공운송업, 유람선업, 호텔업, 금융업, 식품업 등 관광과 관련된 엄청난 시장을 장악하려 한다. 자국정부의 뒷받침하에 선진국측 기업들이 시장을 노골적으로 침투할 때 이러한 비난은 높아지게 된다. 개도국은 자본, 경영, 기술, 마케팅 등 여러 측면에서 부족한 점이 많기 때문에 선진국 관광기업의 힘을 빌리게 되나, 선진국기업은 여러 가지 방법으로 핵심 기술이전은 등한시하고 장기간 금융, 기술, 경영 등을 장악하여 그 과실을 본국으로 가져가려 한다는 의미이다.

어떤 학자는 카리브제도 국가들에 대한 외국의 영향력에 대해 이렇게 쓰고 있다. "무엇을 만들고 그것을 어떻게 만드는가에 관한 결정은 현지에 자생적으로 이루어지는 것이 아니라 선진국의 지시를 받아 이루어진다…… 외국인들이 주요 의사결정을 할 뿐 아니라 자국기업 발전이라는 이해관계 하에서 의사결정을 하기 때문에 대개가 그릇된 결정을 내리기 마련이다."

카리브해 사람들은 다국적 관광기업이 식민농장경제의 새로운 형태와 다름없다는 주장을 하고 있다. 이것은 관광을 신식민주의라고 비난하는 견해와 다름이 없다. 즉 식민통치하의 옛 농장들이 그러했듯이 이들 신종기업들은 관광수용국에서 축적된 자산을 자국으로 몽땅 빼내가 버린다는 것이다.

제3세계 수용국들에서의 이들 관광사업체들은 부성애적 배려(paternalistic concern)라는 향료를 이따금 쳐가면서 '너그러운 묵인'(benign neglect)으로 현지인들을 다루게 된다.

관광수용국이 그 대가를 충분히 받지 못한 책임은 이러한 농장체제에 있는 것이 아닌가라고 서인도 경제학자 조지 백포드(George Beckford)는 주장하였다. 개발도상국에 대한 선진국의 침략(metropolitan intrusion)으로서의 관광사업은 바로 이 점을 대변해 주고 있다. 관광사업은 다수의 일자리를 창출해 주기도 하고 현대식 건축물로 외형적인 발전을 보여주지만, 그것이 현지자원의 개발에 아무 기여를 하지 못한다면 그것은 피식민지하의 전통농장과 다를 바가 없을 것이다. 다국적 외국기업이 벌어들인 부는 그 회사소속의 선진모국으로 모두 송금되어버리기 때문이다.

플랜테이션 경제(plantaion economy)

이는 플랜테이션(plantation)이라 불리는 대형농장에서 생산되는 주요 농산물을 대량생산하는 시스템이다. 자국민이 아닌 외부세력에 의해 운영되며, 이를 수출할 경우 엄청난 부를 창출하게 된다. 역사적으로 플랜테이션 경제는 서양인이 자본 · 기술을 제공하고 열대의 노동에 견딜 수 있는 원주민 · 이주노동자의 값싼 노동력을 이용해서 식민지시대에 남미, 카리브해, 아프리카에서 행해졌다. 주요 재배작물은 향신료 · 고무 · 차 · 삼 · 키나 · 커피 · 카카오 · 사탕수수 · 바나나 · 담배 등이었다. 또한 노예제도와도 큰 관련이 있다. 특히 미국에서 플랜테이션경제는 농작물을 사가는 나라에 큰 이득을 남기게 했다. 플랜테이션에서 생산된 농작물을 원료상태로 가져다가 본국에서 가공하여 부가가치를 높인 다음 되가져오거나 전세계에 판매하는 것이다. 역사적으로 이러한 이득을 얻은 국가는 모두 유럽 국가들이었다.

현재는 민족주의의 앙양과 고무 · 섬유 등에 대한 합성품의 발명으로 예전과 같은 성황은 볼 수 없으며, 특히 쿠바와 인도네시아에서는 그 변화가 크다. 또한 최근에는 경영안정상 단일재배에서 다각경영으로 이행하는 경향이 뚜렷하다. ◀

로이드 베스트(Lioyd Best)는 선진국의 관광사업을 순수농장경제(pure plantation economy)라고 하고 그 이유를 다음과 같이 들었다.

① 관광사업은 구조적으로 해외 경제의 일부분이다.

② 관광은 현지의 법질서체제하에서 유지된다. 과거의 농장과 같이 현지의 법에 따르기 위해 현지 엘리트를 고용하나 경영의 핵심부분에는 접근하지 못하게 한다.

③ 관광기업의 자산가치의 흐름을 측정할 방법이 별로 없거나 전혀 없다. 왜냐하면 여러 국가에 걸쳐 관광사업에 투자하는 선진국기업들은 당사국들이 눈치 채지 못하게 국제수준의 높은 이윤을 낼 수 있는 방법을 동원해 그들의 회계장부를 조작하는 것이다. 관광사업을 또하나의 식민농장사업으로 보는 이유는 바로 이들 농장주(관광기업주)들이 만드는 회계장부 때문일 것이다. 즉 외국기업의 실제 이윤규모를 파악하기 어려울 뿐만 아니라 이윤이 어떻게 계산되는지도 수용국은 잘 모르기 때문이다.

(3) 백인의 침략으로서의 국제관광

이것은 인종적인 문제이다. 선진국 관광객이나 사업가들은 대부분 백인인데 반해 수용국은 비백인계가 많다는 점이다. 국제관광에 비판적인 사람들은 국제관광사업이 백인자본가에 의해 운영된다는 것 외에도, 국제관광사업이 백인관광객을 위한 백인자본가에 의해 진흥된다는 점 때문에 제도화된 관광(institutionalized tourism)에 반대한다. 즉 선진국의 백인 위주로 제도화된 관광은 수용국에게는 별 의미가 없고 오히려 또다른 백인의 침략만을 부른다는 것이다. 국제관광은 어느덧 일부 국가에서는 백인사회가 비백인계 민족을 착취하는 또하나의 방법이 되어 버렸다는 것이다.

그러나 비판론자들은 관광을 백인의 새로운 침략행위로 보지만 관광의 모든 측면을 반대하는 것은 아니다. 비판론자들의 주장은 자국에서 벌어들이는 관광사업의 이득이 주로 바깥사회로 흘러간다는 점과 외국인의 가치관과 제도의 대부분이 현지 주민사회에 그대로 전파된다는 점이다.

식민지시대 이래의 경제관계가 아직도 기본적으로 변한 것이 없다고 생각한다면, 마찬가지의 논리로 현대의 거대관광산업이야말로 후진국의 값싼 노동력에 의해 지탱되고 있다는 것이다. 지난 세기의 노예제도로부터 오늘날의 현대 다국적기업에 이르는 동안 풍부한 흑인 노동력은 백인계 해외침략자들에 의해 착취되었으며, 설탕, 바나나, 면화 등의 상품과 같이 국제관광은 이윤을 위한 착취의 대상으로서 또 하나의 상품이 되고 있다는 것이다.

이러한 시각은 후진국이나 개도국에서 느끼는 일종의 피해의식에서 나왔다고 할 수도 있다. 그러나 한편으로는 매우 논리적인 사고이며 앞으로 관광수용국가, 특히 후진국의 정치 · 경제지도자들은 이러한 국제관광의 바람직하지 못한 정치사회적 측면을 충분히 고려해야 할 것이다.

제 2 절 국제관광의 장애요인과 개선책

국제관광의 장애는 정치적, 경제적 이유 등 여러 가지 요인에 의해 야기된다. 여기서는 국제관광의 경제관련 장애요인을 중심으로 하고 동시에 그 개선책에 대해 살펴본다. 이러한 장애요인은 국제관광시장의 경쟁적 구조에 악영향을 미치고 국내 및 지역간의 여행공급자들에게 불공정과 불이익을 주고 있다. 구체적으로 관찰해 보면 관광의 지속적인 성장이 전세계 국제관광에 대한 장벽의 감소 내지 제거에 달려 있다는 사실이 입증된다. 국제관광에 있어서 장애요소는 여행자와 관광사업체에 지대한 영향을 미친다. 이러한 장벽들이 분리되어 연구되어 왔지만, 모든 요소가 국제관광의 성장에 지대한 영향을 미칠 뿐만 아니라 상호 밀접한 관련이 있다.

1. 국제관광의 장애요인

(1) 경제적 장애요인

국제관광의 장애요인은 주로 경제적인 것에서 출발한다. 정치적 장애요인은 위에서 이미 언급했으므로 여기서는 제외한다. 경제적 장애요인에 해당되는 사항으로는 여행경비한도 제한, 여행물품반입 제한, 면세품허용량 제한, 기타 제한 등으로 나눌 수 있다. 이러한 제한조치들은 단기적으로 보면 국가적 이득(외화보유유지, 국제수지균형 등)을 위한 것이나, 장기적으로 보면 전세계 관광산업의 위축을 가져오게 되므로 연구의 대상이 된다고 하겠다.

첫째, 여행경비한도의 제한이다. 해외여행에 사용할 경비의 환전을 제한함으로써 외화의 지출을 억제하는 것이다. 여기에는 신용카드사용 제한, 선수입 예치금 조치(거주자가 조건부 날인증서로 무이자로 은행계좌에다 일정기간 동안 여행 전에 의무적으로 금액을 예치하는 것), 외한구입시 금액에 따라 세금을 부과하는 것 등이 있다. 여행경비의 제한은 관광일수 및 물품구입을 제한하는 것이므로 외화가 부족한 국가에서는 보편적으로 사용되며, 이것은 국제관광산업의 성장을 억제하게 된다.

둘째, 여행물품반입의 제한이다. 해외에서 구입해 본국으로 가지고 들어 올 수 있는 물품의 양 혹은 금액을 제한하는 것이다. 비록 여행경비는 풍족하다 하더라도 물품 반입을 제한하면 외화의 소비를 줄일 수 있기 때문에 많은 국가에서 실시하고 있다. 숙식비는 어쩔 수 없다고 하더라도 무분별한 소비는 막고자 하는 이유에서이다. 관광산업의 발전 측면에서는 장애요인이지만 국가전체의 현실적 입장에서는 필요한 조치가 된다.

셋째, 면세물품 허용량의 제한이다. 여행자가 귀국시 세금을 내지 않고 들여

올 수 있는 물품의 양 혹은 금액을 제한하는 것이다. 실질적으로 세계의 모든 국가들이 여행귀국자 또는 관광방문 도착객이 면세로 살 수 있는 항목의 액수를 제한하고 있다. 예컨대, 48시간 동안 자기 나라를 떠나 있고 지난 30일 동안 개인 관세면세를 신고하지 않은 미국 거주자는 400불의 면세 허가를 받을 자격이 있다. 도착하는 비거주자일 경우 최고 100불까지의 가치가 있는 면세 선물을 반입할 수 있는 권리가 주어진다. 면세기준은 통일되어 있지 않고 형태가 매우 다양하다.

낮은 면세 허가기준은 관광객들로 하여금 구매의욕을 저하시키고 그로 인해 국제관광 소비성장을 더디게 한다고 미국관광청(USTTA : 현재 존재하지 않음)의 기내설문조사는 밝힌 바 있다. 예컨대, 벨기에, 덴마크, 프랑스, 아일랜드, 이탈리아, 스페인 그리고 영국의 거주자들에 대한 상품의 면세허가는 45불에서 54불까지인데 반해, 포르투갈과 그리스의 거주자들에 대한 면세허가는 약 25불에 지나지 않는다. 조사자료에서 유럽의 거주자들은 어떤 부류의 관광객보다 선물과 기념품에 대해 1인당 가장 낮은 평균비용을 쓴 것으로 나타났다(224불). 일본 거주자들의 허용한도액은 1,500불인데, 다른 어떤 관광객보다 선물과 기념품을 구입하는 데 가장 높은 1인당 평균소비를 나타내고 있다(576불).

(2) 관광산업에 대한 장애요인

① 직접적인 영향

위에서 개인여행에 대한 몇 가지 장벽을 간단하게 기술하였다. 이러한 장벽은 여행을 용이하게 하기 위해 서비스를 제공하는 기업들에게 큰 영향을 준다. 특히 관광사업에 관한 각종 법률적, 제도적 장벽이 매우 높다. 그 이유는 주로 경제적 측면에서 국내기업을 보호하기 위함이다.

예컨대, 대부분의 나라에서(미국을 제외) 여행업자들과 관광오퍼레이터들은 소비자들의 보호를 위해 규정된 자격증을 취득하여야 하거나, 아예 외국인 가이드를 인정하지 않고 있다. 자격증 취득 관행은 재정적 책임을 확보하고 양질의 서비스를 보장하기 위해 고안되었다. 타당한 근거 없이 자격증이 거부되거나 연기되었을 때 불공정하게 경쟁을 제한하게 되고 시장의 혼란을 야기시킨다.

비자 클리어(visa clear)

외국인 여행가이드가 자국에서 여행안내 업무를 담당하지 못하게 하는 국가가 많이 있다. 실제로 자국 가이드들은 외국어를 구사하지 못하여 여행안내가 곤란한데도 그러하다. 따라서 외국인 현지가이드들은 관광가이드 목적으로는 비자를 취득할 수 없기 때문에 무비자 체류기간이 끝나기 전에 주변국을 잠시 방문한 후 재입국하는 방식을 택하고 있다. 태국의 경우 한국인의 무비자 체류가 90일이므로 이 기간이 종료되기 전 인근국가인 캄보디아 또는 미얀마에 수시간 입국하였다가 다시 태국으로 돌아와 90일간의 체류를 확보하게 된다.

이것을 흔히 비자 클리어라고 부른다. ◀

정부의 경제정책목표는 외국의 관광사업에 불이익을 가져다주는 쪽으로 작용한다. 화폐교환의 통제, 국내종사원을 보호하는 노동법, 외국사회에 의한 시장진출에 대한 제한, 컴퓨터 예약의 접근제한 그리고 수입의 송금에 대한 제한은 외국인에 의한 사업설립을 좌절시키는 경향이 있다.

외국인투자에 대한 특별한 제한, 특히 최소한의 내국인 소유권지분을 요구하는 투자법은 국내산업개발을 장려하고 보하고자 하는 의도이다. 우리나라의 경우 1984년 이전에는 외국인이 국내기업에 100% 단독 투자하는 것이 금지되었다. 1985년 롯데호텔이 외국인 100% 투자를 인가받았다.

어떤 나라에서는 관광선전사무소가 정부의 독점사업으로 설립되어 있고 외국기업들은 사업의 전반적인 통제권을 갖고 있는 지방회사와 결탁하거나 아예 배제되기도 한다.

어떤 나라에서는 관광광고에 대해서도 제한을 가한다. 예컨대 호주에서는 만일 관광광고의 상업적인 면에서 20% 이상의 해외자료가 들어가면 그것은 호주작가에 의해 촬영되어야 한다. 이와 같이 관광은 많은 사업과 관련을 맺고 있으며, 다양한 법률과 규정에 종속되어 있다.

② 항공운항의 장애

항공운항정책은 관광과 별개의 문제로 보이지만 국제관광객의 이동에 있어서 필수적이므로 언급할 필요가 있다. 또한 국제관광의 실행 첫 단계가 대부분 항공기로 이루어지기 때문에 장애요인이 있다면 국제관광에 애로가 생길 수밖에 없다.

예컨대 지난 몇 년 동안 항공기 승객들은 날이 갈수록 극히 혼잡한 여행을 경험해야 했다. 그것은 여행자가 공항에서 경험하게 되는 혼잡에서부터 비행기 출발시각의 지연과 그와 동시에 안전검사 및 비행장조사 그리고 승객들의 이동의 어려움에 이르기까지 여러 가지가 존재한다. 1990년대 항공여행이 증가하려면 혁신적인 해결방안이 제시되어야만 한다. 항공운항과 여행관련회사들에 있어서 가장 중요한 문제는 다양한 컴퓨터 예약시스템(CRS)과의 적절한 연결과 그것을 통해 검색할 수 있는 것이다. 비행기표 구입을 자동화한 것으로부터 시작한 컴퓨터 예약시스템은 승객의 비행기 선택과 항공회사 간의 경쟁에 대해 상당한 영향력을 갖는 막강한 마케팅 도구로 발전했다. 미국에서는 큰 항공회사가 독자적으로 갖고 있거나 유럽 항공회사를 포함한 여러 회사와 합작투자식으로 운영되고 있는 5개의 큰 컴퓨터 예약시스템(CRS)은 시장을 조정하고 교통부에 의해 통제된다. 유럽에서는 2개의 다국적 항공회사 시스템인 아마데우스(Amadeus)와 갈릴레오(Galileo)가 개발되었다. 아시아와 태평양 지역에서는 아바쿠스(Abacus)와 환타지아(Fantasia)라고 불리우는 시스템이 있는데 이것은 영상이 들어가는 가장 최근의 시스템이다.

CRS는 잠재적 이익이 높아지고 있지만 공정한 경쟁의 원리에 부정적인 영향을 주는 그런 방식으로 사용되어질 수 있다. CRS를 소유하고 있는 큰 항공회사는 기종과 요금을 표시할 때 다른 항공사에 제도적으로 불이익을 주거나 또는 시스템에 참가하는 것을 거부해온 사례가 있었다. CRS는 정보를 취급하므로 가끔 소비자 보호측면에서 부정적인 영향을 미칠 수도 있다. 운송회사의 CRS에 대한 참여는 1990년대에 중요한 문제로 대두될 뿐 아니라 여행업자들과 CRS업체와의 관계도 그에 못지않게 중요하다. 이러한 문제들의 해결방안은 국제관광 정책에 중대한 영향을 미칠 것이다.

(3) 기타 장애요인

관광산업을 저해하는 다른 통제들에는 비자(visa)발급의 어려움과 여권(passport)승인 문제, 그리고 거주자가 지켜야 할 외환통제가 있고 공항 활주로에서 항공회사간의 차별적인 대우와 컴퓨터시스템의 조작으로 인해 발생하는 여행지연과 불편함 등이 포함된다. 다른 경우에는 정부가 국민이 해외여행을 할 때 여행국 화폐의 구입을 금지시키는 예이다. 즉, 자기 나라와 문화, 종교, 정치, 경제적 제도가 같은 나라에 여행을 하는 것을 장려하는 것이다.

해외여행에 대한 세금부과는 때때로 국내여행을 장려하기 위하여 고의적으로 해외여행을 억제시키는 목적으로 집행된다. 이러한 조치는 일반적으로 보호주의자로 간주되는 '국산품애용' 정책과 유사하다. 예컨대, 1982년 인도네시아는 해외로 여행하는 국민들에게 출국세를 6배로 인상시켰다. 이러한 조치는 해외여행자를 대폭 감소시켰고 특히 주말에 싱가포르로 쇼핑가는 상당수의 사람들을 감소시켰다.

공항세 또는 출국세 그리고 여행자가 부담하는 다른 세금은 많은 방문객들로 하여금 어떤 특정 목적지를 회피하게 하고 기분 좋은 방문이 아니라 부정적인 이미지를 그들에게 남기게 된다. 예컨대 여러 해 동안 방문객들, 항공회사 그리고 관광사업체들은 호주가 입국세 5불과 과다한 출국세 20불을 지급하도록 한데 대해 불평을 하였다. 1988년 5월 26일자 시드니 모닝 헤럴드 신문에 관련기사가 다음과 같이 실렸다.

> "호주정부는 국제 항공사와 대중으로부터의 압력에 못 이겨 5불의 입국세를 없애고 20불의 출국세를 반으로 줄였다. 수많은 승객들이 입국세를 내는 데 거부감을 느끼는 것을 놀라운 일이며 관광부의 승리라 여겨진다."

이것은 많은 사례들 중 하나에 불과하고 많은 관광객의 증가의 결과를 측정하는 연구가 이루어지지 않은 동안에 최근 호주는 엄청난 방문객들이 물 밀듯 밀려들어 왔다.

관광객들에 대한 또다른 통제는 금전적이 아닌 것에서도 발생한다. 예컨대 1986년까지 미국은 세계에서 가장 단속이 심한 비자허가 제도를 갖고 있었다. 미국비자를 요구하는 것은 관광산업으로부터 많은 비판을 받곤했다. 그 당시 미국은 방문객으로서 미국에 들어오기 위하여 모든 외국인들이 반드시 비자를 소유하도록 요구했다(버뮤다, 케이만섬, 터크스와 카이코스 섬에 살고 있으나 캐나다, 버마, 영국출신인 사람들은 제외함). 이것은 다른 나라의 수입에 영향을 주는 것은 아니었다. 이와는 반대로 그것은 외국 방문객들이 미국에서 소비하지 않게 하여 미국의 수입을 저하시키는 작용을 했다. 다행히, 1986년에 입국개선과 통제령이 제정되었다. 그 내용은 8개 국가에 대해 입국비자를 철회하는 4년제 시험적 프로그램을 허락하는 규정도 포함한다. 1988년 7월 1일 그 법령아래 영국은 첫 번째 시험대상국으로 선정되었고, 뒤를 이어 1988년 12월 15에 일본, 1989년 7월 1일에 프랑스와 스위스, 다음 1989년 7월 15에 독일과 스웨덴, 1989년 7월 29일 이탈리아와 네덜란드가 선정되었다. 1990년 5월 29일 비자면제시험안의 책임부서인 국무성과 법무성은 국회에 낸 보고서에서 이 조치가 상당히 성공적임을 밝혔다.

미국의 비자면제프로그램

미국의 비자면제 프로그램(VWP : The Visa Waiver Program)은 관광 또는 사업목적으로 외국인으로 하여금 비자없이 90일 이내에 미국에 체류할 수 있도록 하는 것이다. 1986년에 시작하였으며 그 목적은 여행에 있어서 불필요한 장애를 제거하고, 관광산업을 진흥하며, 해당지역의 미국대사관의 업무를 줄이려는 데 있다. 허용국가 국민들이 원한다면 비자를 신청할 수도 있다. 동시에 허용국가 국민 모두에게 적용되는 것도 아니다. VWP 해당 국가 국민은 입국시 사전에 스크린되며 국토보안국(Department of Homeland Security)의 US-VISIT program에 등록된다. 2007년 현재 27개국에 대해 실시하고 있다.

Andorra, Australia, Austria, Belgium, Brunei, Denmark, Iceland, Finland, France Germany, Ireland, Italy, Japan, Liechtenstein, Luxembourg, Monaco, New Zealand, Norway, Portugal, San Marino, Singapore, Slovenia, Spain, Sweden, Switzerland, the Netherlands, United Kingdom (자료원 : US Dept. of State) ◀

(4) 국가별 통제사례

관광에 있어서 너무나 많은 종류의 통제와 장벽이 있기 때문에 모든 국가가 저마다의 한 가지 또는 그 이상의 통제를 가하고 있다. 현재 혹은 과거의 조치를 몇 가지 살펴보고자 한다.

① 미국 : 10불의 관세와 입국비를 부과한다(케냐, 멕시코 그리고 카리브는

제외).

② 코스타리카 : 해외로 여행하는 자국민 또는 거주하는 외국인들은 10불에 해당하는 자국화폐로 출국세를 지급하도록 요구한다. 이와 같은 제도는 가족여행을 방해하고 있다.

③ 콜롬비아 : 성인이 하루에 180불 그리고 한해에 3,000불까지만 사용하도록 여행한도액을 제한한다. 미국 1불당 65페소(25센트)의 예치금을 미리 정부은행에 맡겨야 하고 그것은 여행문서와 실제로 사용된 돈의 양의 증거를 6개월 내로 제출해야 되받을 수 있다.

④ 한국 : 1989년 이전까지만 해도 한국국민들은 관광비자를 받기 위해 나이가 50세 또는 그 이상이어야만 했다. 이와 같이 젊은층의 여행자(사업상 여행이 아니면)들은 해외여행을 제한받았다.

⑤ 호주 : 상당한 압력이후 호주는 20불의 출국세를 10불로 감소시켰고 결국 5불의 입국세는 폐지되었다.

2. 통제 완화를 위한 국제적 메커니즘

국가간의 여행과 관광에 관한 문제가 야기될 때는 대체로 쌍방의 기본합의에 의해 처리된다. 따라서 대부분의 문제들은 몇몇 국가간에만 국한되는 것이 아니기 때문에 국제수준에서의 다원적 정책수립이 요구되고 있다. 몇몇 국제기관들은 개인과 관광사업체에 영향을 주거나 또는 간접적으로 관계되는 관광활동을 포함한 여행과 관광에 대한 문제점들을 특별히 강조하고 있다.

여행객과 넓은 의미에서의 관광사업체와 관계되는 업무를 관장하는 기구들은 미주기구(OAS)와 경제협력개발기구(OECD)와 그리고 세계관광기구(WTO) 등이 있다. 그리고 다른 국제기구들로는 국제통화기금(IMF)과 국제민간항공기구(ICAO), 그리고 관세협력위원회(CCC) 등이 있으며, 이들의 활동은 전문성을 띠고 있다. 국제관광에 있어서 문제점들은 각종 토론을 통해서 논의되어 왔는데, 대부분은 협력정신을 바탕으로 의견일치를 보았으며, 방향도 정책목표에 상응했기 때문에 다양한 공식적인 기구에 의해서 채택되었다.

(1) 국제기구

① 경제협력개발기구(OECD)

(Organization for Economic Cooperation and Development)

OECD(경제협력개발기구)

제2차 세계대전이 끝난 뒤 유럽은 미국의 유럽부흥계획인 마샬플랜(Marshall Plan)을 수용하기 위해 1948년 4월 16개 서유럽 국가를 회원으로 유럽경제협력기구(OEEC)를 발족하였고, 1950년에는 미국・캐나다를 준회원국으로 받아들였다. 1960년 12월 OEEC의 18개 회원국과 미국・캐나다 등 20개국 각료와 당시 유럽공동체(EEC : 유럽경제공동체), 유럽석탄철강공동체(ECSC), 유럽원자력공동체(EURATOM)의 대표가 모여 경제협력개발기구조약(OECD 조약)에 서명함으로써 OECD가 탄생하였다.

1961년 9월 20개국을 회원국으로 한 경제협력개발기구로 확대・개편하였다. 1990년대 이후 한국, 그리스, 멕시코, 헝가리, 폴란드, 슬로바키아 등 비선진국까지 회원국으로 가입하여 2002년 현재 회원국은 30개국이다.

설립목적은 개방된 시장경제와 다원적 민주주의라는 가치관을 공유하는 국가간 경제사회 정책협의체로서, 경제사회 부문별 공통의 문제에 대한 최선의 정책방향을 모색하고 상호의 정책을 조정함으로써 공동의 안정과 번영을 도모하는 것이다.

주요 정책방향은 ① 고도의 경제성장과 완전고용을 추진하여 생활수준의 향상 도모, ② 다각적이고 무차별한 무역・경제체제 구축, ③ 저개발 지역에의 개발원조 촉진 등이다.

경제정책회의(EPC)에서 세계경제동향을 연 2회 종합 점검하여 ≪OECD Economic Outlook≫를 발간하며, 회원국의 경제운영에 대한 상호지원과 비회원국의 경제발전에 대한 지원사업을 펼치고 있다. 한국은 1996년 12월 회원으로 가입하였다. 본부는 프랑스 파리에 있다. ◀

국제협력개발기구(OECD)는 30개 회원국간의 여행장벽을 규명하고 제거하는 작업에 지도적 역할을 담당해 왔다. 1979년 동 무역위원회는 서비스 교역에 있어서 기존 장애요인을 분석하고 규명하는 일을 처음으로 시도했다. 주된 서비스산업 가운데 관광의 중요성을 인지하고, 1981년 동 관광위원회가 관광 분야에 대한 정보를 무역위원회에 제공했다는 것은 적절한 조치로 여겨진다.

이러한 연구의 동기는 자금의 이동과 거래(CMIT)에 관한 정보를 OECD 무역위원회의 정책결정자가 활용할 수 있도록 하기 위함이었다. 따라서 이러한 작업은 무형거래의 자유화 규약을 보완하고 재정비를 가능하게 하였을 뿐만 아니라 관광위원회 자체로서도 미래지향적 임무수행을 할 수 있도록 기여했다. 따라서 관광위원회는 국제관광의 장애에 관한 조사를 시행하도록 결정했으며, 특별위원회가 설립되어 수립된 자료를 검토하고 관광위원회에 보고를 했다. 1983년 2월에 특별위원회가 첫 보고서를 제출했으며, 관광위원회는 그 해 말 "OECD지역의 국제관광 장애요인"이란 제목으로 정책결정위원회에 첫 종합보고서를 제출했다.

1985년 11월 OECD 위원회가 국제관광정책에 관한 새로운 결의를 승인함으로써 여행의 장애요인 제거에 중요한 이정표를 설정했다. 그 결의내용은 관광이 회원국의 정치적, 사회적 그리고 경제적 편익에 미치는 중요성을 재확인하고 여행 장애요인을 규명하는 공식적인 절차를 정착시키는 데 합의하고 이러한 장애요인을 제거할 수 있는 협력방안을 강구하기로 했다. OECD는 관광에 관해서 자국 통화의 처리, 수출입 한도액과 여행경비 그리고 거주자 및 비거주자들의 비과세 한도액에 관한 것과 여행증명서 및 공식절차 그리고 관광수용을 위한 지침을 권장했다. 최근 OECD 조사에서는 회원국 가운데 시장접근성 및 기업설립권한과 연계된 장애요인이 가장 높은 관심사로 나타나고 있음이 밝혀졌다.

② 세계관광기구(UNWTO)

이 기구의 관광촉진위원회는 출입국절차를 간소화할 수 있는 방법의 세안, 국제관광개발에 장애가 될 수 있는 정부의 요청과 조치에 관한 보고와 회원국들이 채택·활용할 수 있는 기준방안을 개발하는 데 그 목적이 있다. WTO는 또한 여권과 사증에 관한 표준을 개발, 제안했으며 국가간의 여권 및 사증관리 등에 관해 연구하고 있다.

이 기구는 해외여행시 "국경통과에 대한 정식절차"라는 책자를 매년 발간하고 있다. 이 발간서는 최근의 규정과 관행에 대한 정보를 수록하고 있는데, 여기에는 약 170여개 국에 관한 비이민자들에게 적용될 수 있는 여권과 사증, 관세절차와 시설, 건강진단규정, 환전절차 및 규정 그리고 일시적인 자동차 도입 및 활용 등이 실려 있다. 최근 발행된 책자에서는 여행자들을 위한 AIDS에 관한 일반적인 정보를 소개하고 있다. 여기서는 AIDS로 말미암아 세계 어느 지역이라도 여행하는 데 방해가 되어서는 안 된다고 강력히 주장하고 있다. 또한 이 기구는 격년제로 "세계관광 현황보고서"를 발간하고 있는데 여행자에 대한 경찰조사, 면제, 건강진단절차, 외화사용한도액, 여권과 사증 규정 그리고 여행자들의 법적 보호와 안전에 관한 국제협약 등에 관한 규정들을 수록하고 있다.

이 기구는 여행과 관광에 관한 문제점들을 어느 국제기구보다 더욱 광범위하게 다루고 있다. 이 기구의 주된 업무는 관광의 진흥과 유치증대에 두고 있으며 각종 유익한 정보와 통계를 홍보하는 데 중점을 두고 있다. 또한 관광과 관련된 문제에 관한 다양한 회의와 특별 워크숍에 지원을 하고 있으며, 관광의 환경적 측면에 관한 워크숍도 주관하였을 뿐만 아니라, 기타 다른 특별 주제들도 다루고 있다. 1986년에는 관광발전을 방해하는 기업환경의 장애요인에 관해 언급했는데, 이것은 외국에 있는 관광기업체들을 제약함으로써 여행을 통제하고 관광상품을 국제적으로 판매하는 데 저해요인이 되고 있다고 보기 때문이다. 이러한 문제점들을 해결하기 위해서 관광추진위원회를 설립했다.

(2) 기존 메커니즘의 문제점 및 상호협력의 필요성

세계적으로 관광산업은 여행자와 관공산업체에 대한 수많은 장애요인에도 불구하고 지속적인 성장을 해왔다. 지속적인 성장이 예측되고 있으나 통제조치가 없는 상태에서 실현될 수 있는 보다 고차원적인 수준의 국제관광이 이루어지리라는 예측에 관한 연구는 거의 없었다. 물론 제한된 범위의 이국간 수준에서는 약간의 증가가 예상되나, 몇몇 나라에서는 구매력을 제한시킴으로써 명백히 성장을 저지시킬 수도 있다. 더욱이 미래에 몇몇 국가에 있어서 새로운 장애요인이 생기지 않을 것이라는 보장도 없다. 경제적 상황의 악화와 관광산업의 치열한 경쟁 등으로 정부가 부과하는 통제잠재력은 더욱 증가할 것이다.

한편, 최근 세계경제의 호황은 대중관광시장의 잠재력을 실현시킬 수 있는 계기를 마련해 주고 있다. 아직도 세계 도처의 많은 사람들은 자국의 국경을 넘어 외국으로 여행을 하지 못하고 있다. 장애요인을 감소시키거나 제거시킴으로써 관광의 개발을 촉진시키고 동시에 다양한 세계 관광시장층을 개척하고 판촉을 용이하게 할 것이다.

위에서 언급된 대부분의 문제들이 일국적 측면, 이국적 측면 또는 다국적 측면이든 간에 정부에 의해 제거되고 언급되어 왔다. 그러나 아직도 많은 문제들이 미해결로 남아 있어 이에 대한 지속적인 해결노력이 필요하다. 더욱이 관광에 대한 통제권을 갖고 있는 비교적 많은 국제기구들은 정부에 대한 광범위하고 전반적인 지원과 국제적 차원의 전체계획의 명확한 목적이 결핍되어 있는 것처럼 보인다.

국제통화기금(IMF)은 무역과 관광발전의 장려보다는 재정의 안전과 환율에 보다 많은 관심을 가지고 있다. OECD와 WTO는 최근 여행객과 관광사업체의 광범위한 저해요인에 대해서 더 많은 관심을 보여주고 있다. 그러나 OECD는 비교적 소수의 회원국들로 제한되어 있고, 반면 WTO는 국가들로 하여금 채택된 규정을 수용하도록 하고 이를 실행시킬 수 있는 요원이나 법적인 수단을 갖추고 있지 못하고 있다.

90년대의 이와 같은 문제점들을 해결할 수 있는 국제적 기구는 아마도 관세 및 무역에 관한 일반협정(GATT) 이외에는 없을 것으로 예측되었으나, 1994년 GATT 체제는 종말을 고하고 새로운 무역질서를 추구하는 WTO(World Trade Organization)체제가 출범하게 되어 관광 및 서비스 분야의 국제거래에 새로운 바람이 불 것으로 생각된다.

이와 같이 각종 관광과 여행에 관한 것을 다루는 다원적 국제기구를 고려해 볼 때 자유화의 실현과 실천강령을 개발하려는 시도는 기구간 상호작용의 필요성을 낳고 있다. 만약 관광이 하나의 통합된 단위로 취급될 수 있다면 이러한 기구들은 더욱 긴밀히 전문기관의 기술에 의존하거나 필요하다면 타기관의 문제점이나 해결책을 제시할 수 있을 것이다. 전체적으로 관광을 조직적으로 접근하지 않고는 많은 문제들이 계속 임시방편적으로 다루어질 것이며 자유화로의 추진력은 상실될 것이다. 여행과 관광사업의 다원적 교역협상의 영향은 협상의 영역에 따라 다를 것이다. 즉 관광이 개별적 부문으로 취급될 것인지 또는 관광산업이 어떻게 정의될 것인지 그리고 관광에는 어떠한 요소들이 포함될 것인지가 논의될 것이다. 이와 같은 문제들은 다른 많은 요소들의 결정에 의해서 좌우될 수 있을 것이다. 이것은 다른 서비스분야에 관한 상호 협상관계와 그들 자신이 향유한 편익과 상호 편익에 대한 인식 그리고 다른 나라의 기업에 대한 활동을 각국들이 어떻게 인지하고 있는가 등의 요소들에 의해서 결정되어질 것이다.

모든 교역협상에서와 같이 이 기구들은 신중한 자기분석과 손익분석의 평가에 비중을 둘 필요가 있다. 이러한 것은 그들 스스로가 국제적 규정에 법적으로 구속됨으로써 정부가 집행의 자유를 제한할 때 불만족스러운 결과를 가져올 것이다. 각국은 다른 나라로부터 얻을 수 있는 상호 편익을 획득하기 위하여 책임감을 수용할 수 있는 아량이 있어야 한다. 각국 정부가 국제관광에 관한 장애요인을 발전적으로 제거하거나 해소하는 방법을 찾도록 권장하는 것이 중요한 일일 것이다

오늘의 교훈

景行錄에 云 大丈夫(대장부)는 見善明故(견선명고)로 重名節於泰山(중명절어태산)하고 用心精故(용심정고)로 輕死生於鴻毛(경사생어홍모)니라.

『경행록』에 이르기를, "대장부는 착한 것을 보는 것이 밝음으로 명분과 절의를 태산보다 중하게 여기고, 마음쓰기가 깨끗함으로 죽는 것과 사는 것을 아주 홍모보다 가볍게 여긴다"고 하였다. *명심보감 : 성심편/省心篇(하)

관련자료 1 UN International Year

1959/60 World Refugee Year
1965 International Cooperation Year
1967 International Tourism Year
1968 International Year for Human Rights
1970 International Education Year
1971 International Year for Action to Combat Racism & Racial Discrimination
1974 World Population Year
1975 International Women's Year
1978 International Anti-Apartheid Year
1979 International Year of the Child
1981 International Year of Disabled Persons
1982 International Year of Mobilization for Sanctions Against South Africa
1983 World Communications Year
1985 International Youth Year
1986 International Year of Peace
1987 International Year of Shelter for the Homeless
1990 International Literacy Year
1992 International Space Year(endorsed, not declared)
1993 International Year for World's Indigenous People
1994 International Year of the Family; and International Year of Sport & Olympic Idcal
1995 United Nations Year for Tolerance
1996 International Year for the Eradication of Poverty
1998 International Year of the Ocean
1999 International Year of Older Persons; and Centennial of the First

International Peace Conference

2000 International Year for the Culture of Peace; and International Year of Thanksgiving

2001 International Year of Volunteers; and United Nations Year of Dialogue among Civilizations; and International Year of Mobilization against Racism, Racial Discrimination, Xenophobia and Related Intolerance

2002 International Year of Mountains; and
International Year of Culture Heritage; and
International Year of Ecotourism
(http : //www.world-tourism.org/index.htm or
http : //www.uneptie.org/pc/tourism/ecotourism/iye.htm)

2003 International Year of Freshwater

2004 International Year to Commemorate the Struggle against Slavery and Its Abolition; and International Year of Rice

2005 International Year of Microcredit ; and International Year for Sport and Physical Education

2006 International Year of Deserts and Desertification

2007-9 International Year of the Potato; and International Year of Planet Earth

CHAPTER 08

국제관광의 환경적 영향

제1절 관광에 대한 환경의 의미

환경의 개념은 매우 함축적이기 때문에 먼저 여기서 다루어야 할 환경의 범주를 결정해야 한다. 인간과 관련된 환경에는 물리적 환경(physical environment), 심리적(psychological)환경, 생태적(ecological)환경으로 나눌 수 있다. 심리적 환경이란 개인이 느끼는 문제로 분위기, 갈등, 가치관의 혼란, 전시효과 등과 같은 심리적 요인이 주가 되는 것을 말하는데, 사회적 영향분석이나 관광객 행동분야에서 다루므로 여기서는 제외한다.

대부분의 연구는 국내관광과 국제관광을 구분하지 않고 관광이 환경에 미치는 영향을 물리적, 생태적으로 분석하고 있다. 특히 관광개발로 인해 지역환경이 어떤 변화를 겪게 되며, 또는 역으로 어떤 긍정적 효과를 가지는가가 주관심사이다. 따라서 본 절에서도 이 범주를 벗어나지 못하지만, 국제관광객의 왕래가 국민경제적 혜택을 많이 유발하고 그에 따른 관광개발이 환경에 미치는 영향은 적절히 파악되어 있지 않고 지역마다 상이하다. 특히 해당지역의 물리적 특성, 역사적인 토지이용형태, 관광시설의 형태에 따라 다르다. 환경영향은 제대로 이해되고 있지 않지만 개발과정에서 특히 고려해야 한다, 왜냐하면 관광개발은 다른 형태의 토지개발과 마찬가지로 경관을 변화시키고 생물의 생태적 균형에 변화를 가져오기 때문이다.

지(C.Y. Gee)는 관광개발에 따른 환경비용을 다음과 같이 말하였다.

- 혼잡도 및 오염도의 일반화정도 심화
- 자연경관의 변화 및 생물의 생태적 균형변화
- 지역의 혼잡 및 오염의 예방

- 원시지역의 손상 및 자연적 매력의 불가피한 상당한 감소
- 관광지에 보호구역의 설치
- 예기치 못한 그리고 바람직하지 못한 부작용을 포함한 개발계획의 착수
- 역사적 문화적 보호사업

맥킨토시는 관광이 발생하는 환경문제 중에서 가장 큰 문제가 석유연료의 소비라고 하고, 이것은 다시 공기오염과 쓰레기(폐차, 폐타이어, 폐윤활유 등)

표 8-1 관광이 환경에 미치는 영향

압박을 주는 행위	압 박	1차적 환경의 반응	2차적 인간의 반응
1. 영구적 환경의 개조 (1) 주된 건설행위 도시확장 교통망 관광시설 마리너, 스키장, 삭도, 해변축대 및 방파제 (2) 토지사용의 변경	지역환경의 개조 건축환경의 확장 생산토지의 전용	자연번식지의 변화 생물학적 종류의 분포 변화 인간의 보건 및 복지 변화 시각의 질적 변화	개별적 : 심미적 가치 영향 집단적 측면 : 환경 개선에 대한 비용 보호관리에 대한 비용 야생보호와 공원지정
2. 쓰레기 및 오물의 발생 도시화 교통화	오염증가 방사물 폐기물 유출 고체쓰레기 처리 소음(교통, 항공)	질적 변화 환경적 매체 공기 물 토양 생물학적 유기조직의 위생 인간의 건강	개별적 방어 측면 : 지방민 냉방시설 폐기물질의 재순환 반항 및 자세변화 관광객 환경에 대한 자세변화 관광수입의 감소 집단적 방어측면 : 관광 관련산업의 오염 경비감소
3. 관광활동 스키 산책 사냥 자전거 경주	식물군과 토양의 훼손 종류의 파괴	자연번식의 변화 생물학적 종류의 변화	집단적 방어측면 : 보존 및 관리비용 야생보호와 공원지정 위락지 출입조정
4. 인구의 동적 영향 인구증가	인구밀도 (계절적)	혼잡 자연자원, 토지, 상수도, 에너지에 대한 수요	개별적 : 환경과 과밀 현상에 대한 자세 집단적 : 지원서어빗 증가(상수도, 전력 등)

를 낳는다고 하였다. 호텔, 모텔, 식당 등도 여러 종류의 쓰레기를 유발하게 된다. 그러나 최근 미국석유기구(American Petroleum Institute)가 조사한 바에 의하면 여행(50마일 이상의 경우)에서 소비되는 석유의 양은 국내 전체소비의 12.2%에 불과하며, 이에 비해 출퇴근용 석유소비량은 22.3%로 2배 이른다고 하였다.

경제협력기구(OECD는 관광이 환경에 미치는 영향을 〈표 8-1〉에서와 같이 압박과 반응으로 설명하고 있다.

관광의 환경에 대한 연구는 다른 분야의 영향보다 더 많은 관심을 받고 있다. 지금까지 이루어진 연구의 특징은 특정 분야(토양, 공기, 수질)에 대한 산발적 연구, 통합적인 영향분석의 미실시, 특정지역에 대한 연구, 사건중심의 연구이다.

이러한 연구의 제한성은 조사방법론적인 면에서도 기인한다. 즉 관광에 의한 변화와 다른 요인에 의한 변화의 구분이 곤란하며, 관광개발 이전의 상황에 관한 정보의 부족으로 변화의 측정이 어려우며, 특정 주요자원에만 적용 가능한 연구기법 등이 그것이다.

제 2 절 관광과 환경의 관계

관광과 환경의 관계를 부도스키(G. Budowski, 1976)는 3가지 형태로 설명하였다.

첫째, 관광과 환경보존이 상호 영향을 미치지 않는 상태로 독립적으로 존재한다. 이것은 대량관광시대에서는 존재할 가능성이 적다.

둘째, 양자가 상호 의존적이거나 공생적인 관계로 존재하는 것이다. 원래의 환경적 특성을 유지하면서 관광객에게 이용되는 것이다. 문제는 환경의 원형이 그대로 보존되느냐이다.

셋째, 양자는 갈등관계에 있다. 관광이 환경에 악영향을 미칠 때 대부분의 경우 이러한 범주에 포함된다.

1. 의존 및 공생적 관계

관광과 환경보존은 갈등적 관계를 보이는 것이 대부분이나 부분적으로 긍정적인 면도 발견된다. 관광의 가장 큰 대상은 역시 자연 및 그 속에 살고 있는 생명체 그리고 문화와 역사이며, 이것이 제대로 보존되지 않으면 관광은 더 이상 존재할 수 없기 때문이다. 즉 양자는 의존적이며 공생적이어야 한다는 것이다. 물론 환경론자들은 이러한 주장에 반기를 들고 환경의 일방적·영구적 파괴의 위험성을 강조한다.

(1) 관광의 환경보호 기능

관광은 환경보호와 보존에 기여함으로써 유익한 영향을 만들 수 있는 잠재력도 가지고 있다. 관광은 환경의 가치에 대한 인식을 높이는 한 방법이며, 자연지역의 보호에 재정지원을 하고 그 지역의 경제적 중요성을 증가시키는 도구로 기여할 수 있다.

① 재정적 기여

ⓐ 직접적 재정 기여

관광은 민감한 지역 및 서식지의 보호에 직접 기여할 수 있다. 공원입장료 및 유사한 재원은 환경에 민감한 지역의 보호 및 관리에 지출하도록 특별히 배정된다. 공원운영 및 보존활동 비용은 관광객 또는 여행사로부터 징수할 수 있다.

관광 관련 재단에 기부

Discovery Initiatives 라는 여행사는 지속가능 관광개발을 위한 여행사 선도그룹의 회원인데, 오랑우탄재단(the Orangutan Foundation)에 연간 45,000달러를 기부하고 있다. 이 돈은 인도네시아 Kalimantan 섬 중부의 the Tanjung Putting National Park를 방문한 10명 짜리 5개 단체에서 거두었을 뿐이다. 이 공원은 규제가 없는 금채광으로부터 산림이 황폐화되고 강이 오염되어 큰 압력을 받고 있다. 이 돈은 공원직원, 무장순찰대원, 어린 오랑우탄복구노력, 보호소에 직접 지급된다. 이 돈은 이 공원을 구하는데 유일한 경제적 지원이다. 이 공원 입장료는 공식적으로 하루 12펜스에 불과하다. ◀

ⓑ 재정수입에 기여

일부 국가는 특정 공원이나 보호구역과 연결되지 않은 간접적인 방법으로 돈을 모은다. 이용료, 소득세, 판매세, 여가시설의 대여, 사냥, 낚시 등의 활동에 대한 면허세 등은 정부에게 자연자원관리 재원을 제공한다. 그러한 자금은 공원관리원의 급여 및 공원유지 등 전반적인 보호프로그램 및 활동에 활용된다.

다음과 같은 예가 있다.

- 코스타리카는 관광이 국가준비금의 72%에 해당하며 14만개의 일자리를 창출하고 GDP의 8.4%를 생산한다. 이 나라의 영토의 25%는 보호관리지역으로 분류되어 있다. 1999년 보호구역에 866,083명의 국내외 관광객이 방문하여 250만 달러의 입장료 및 수수료를 거두어들였다.
- 인도양의 세이셀 군도는 이곳에 오는 관광객에게 90달러의 세금을 도입하고 있다. 이 수입은 관광시설의 개선 및 환경보호에 사용될 것이다. (UNEP, report to the CSD, 1999) (CSD : UN Commission on Sustainable Development)
- 미국 웨스트버지니아에서는 맑은 바닷물 래프팅(whitewater rafting) 세금을 모든 상업적 래프팅 참가자에게 부과하고 있다. 이 요금은 래프팅의 환경적 영향을 연구하는데 사용된다, 게다가 래프팅 회사들이 매년 다양한 강정화(江淨化)의 날에 참가하고 있다(EPA : US Environment Protection Agency).
- 중미 벨리즈에서는 3.75달러의 세금이 바로 보호구역보존기금(he Protected Area Conservation Trust)으로 간다. 이 기금은 해안의 보초(堡礁 : barrier reef)와 우림의 보존에 사용된다(The International Ecotourism Society).

② 환경관리 및 계획의 개선

관광시설 특히 호텔의 건전한 관리는 자연지역에 혜택을 늘릴 수 있다. 그러나 이는 그 지역의 환경자원의 분석에 근거하여 통제적 개발(controlled development)을 위한 신중한 계획을 필요로 한다. 계획은 갈등적인 이용 사이에서 선택을 하고 또는 이들이(사용) 병존할 수 있는 방법을 찾는데 도움이 된다. 관광개발을 위해 초기부터 계획을 함으로써 손실 및 값비싼 오류를 예방할 수 있고 관광에 중요한 환경자원의 점진적 악화를 피할 수 있다.

보다 청결한 생산기술은 이러한 환경의 충격을 최소화하는 방향으로 관광시설을 계획하고 운영하는 중요한 도구가 될 수 있다. 예를 들어 그린빌딩(건축자재, 쓰레기 시스템, 에너지원을 연료효율적이고, 비오염 물질사용)은 관광산업의 환경에 대한 충격을 감소시킬 수 있는 중요한 방법이 되고 있다. 또한 쓰레기 취급 및 처리는 때론 관광사업에서 중요하고 장기적인 환경문제이기 때문에, 오염방지 및 쓰레기최소화기술은 특히 관광산업에 중요하다.

③ 환경의식 고양

관광은 사람들을 자연과 환경에 보다 가까이 접촉할 수 있게 할 때 환경에 대한 대중의 인식을 높이고 환경문제에 대한 이해를 확산시킬 수 있다. 이러한 접촉은 자연의 가치에 대한 이해를 고양하고 환경을 보존하기 위해 환경적으로 인식된 행동과 활동을 유도할 수 있다. 예를 들어 온두라스 수도 테구시갈파의 학생들은 고정적으로 라티그라(La Tigra) 운무림(雲霧林 : cloud forest) 안내센터를 방문하게 된다. 이는 생태관광객(eco-tourist)이 내는 달러로 기금이 마련되며 여기서 우림의 중요성을 배우게 된다.

열대우림이 장기적으로 지속되려면 관광은 지속가능한 소비의 원칙과 실천을 통합해야 한다. 지속가능한 소비에는 청청생산기술을 사용하여 생산한 상품에 대한 건축소비자수요, 또한 환경충격을 최소화하는 방법으로 제공되는 서비스(관광포함) 등이 포함된다.

관광산업은 환경정보의 제공 및 관광객이 자기 행동의 환경적 결과에 대한 인식고양에 있어서 중요한 역할을 수행한다. 관광객과 관광관련 사업은 상당한 양의 재화와 서비스를 소비한다. 이들로 하여금 환경적으로 지속가능한 방법으로 생산되고 제공된 것들을 요람에서 죽을 때까지 사용하도록 하면 지구 환경에 대해 엄청난 긍정적 영향을 미칠 수 있을 것이다.

④ 보호와 보존

관광은 환경보호, 보존 및 생물다양성의 복구 및 자연자원의 지속가능한 사용에 크게 기여한다. 이들의 매력성 때문에 원시지역과 자연지역은 가치있는 것으로 평가되고 이러한 매력을 유지할 필요성 때문에 국립공원과 야생공원을 만들게 된다.

하와이에서는 하와이 우림을 보존하고 토종을 보호하기 위해 새로운 법과 규정이 제정되었다. 섬주변의 산호초와 그들에 의존해 생존하는 해양생물 또한 보호된다. 하와이는 이제 생태계 연구의 국제적인 중심지가 되었다. 하와이 관광산업의 촉진과 보존은 이러한 활동의 주요 동기였다. (자료원 : Mundus, http : //www.mundus.com/)

도미니카 공화국의 휴양지 Grupo Punta Cana는 사치관광 개발과 보존이 어떻게 결합되고 있는지 그 예를 보여준다. 이 휴양지는 폰타카나의 자연환경을 존중하는 하이크래스 관광객에게 제공하기 위해 만들어졌다. 개발자들은 1만 헥타에이크(24,700에이커)의 땅을 자연보존지 및 원주민 과실수단지로 따로 남겨 두었다. 푼타카나 자연보존지구(The Punta Cana Nature Reserve)는 아열대림에 둘러싸여 있고 11개의 청정광천이 있는데, 특이한 카리브 동식물이 자연상태에서 살고 있다. 방문객들은 해변에서부터 자연통로("nature path")를 체험하는데, 여기에는 맨그로브, 청정광천, 수십종의 카리브 동식물이 있다. 푼타카나 생태기금(Punta Cana Ecological Foundation)은 과거 토종 마호가니 등이 남벌되었던 보호구역의 일부에 조림사업을 하고 있다. 다른 환경보호 정책도 여기서 실시되고 있는데, 근해 산호 보호, 관개에 사용하기 위한 하수의 재생 등이 그것이다. 새 골프장의 페어웨이(잔디구역)에는 바닷물을 줄 수 있는 혼성잔디(hybrid grass)를 심었다. 이 잔디는 비료 및 농약을 보통의 절반만 뿌린다. 또 이 휴양지는 코넬대학이 운영하는 생물다양성 연구소(a biodiversity laboratory)도 설치하였다.

관광은 야생보존 및 보호에 긍정적인 효과를 가진다. 특히 아프리카, 남미, 아시아, 호주, 남태평양 등지에서 수많은 동식물이 이미 사라졌거나 또는 곧 사라질지도 모른다. 따라서 많은 국가들은 야생보호구역을 설정하고 엄격한 법을 만들어 동물을 보호하고 이를 통해 자연을 사랑하는 관광객을 유치한다. 이러한 조치의 결과로 여러 위험에 처한 종들이 다시 번성하기 시작했다.

산고릴라 보호계획

아프리카 Great Lakes 지역에서는 전세계적으로 위험에 처한 큰 원숭이인 산고릴라(mountain gorillas)가 생태, 경제, 정치적으로 중요한 역할을 하고 있다. 이들의 거주지는 르완다 서북, 콩고 동부, 우간다 서남의 경계선에 있다. 이 지역의 10년에 걸친 정치위기와 내전에도 불구하고 원숭이관련 관광수입의 필요성 때문에 분쟁관련 당사자들이 원숭이와 그들의 서식지를 보호하는 데 협조하게 만들었다.

골리라 트렉킹 허가제를 만들어 250달러의 추가요금을 부과하여 단지 3개 지역에 서식하는 약 38마리의 고릴라가 연간 3백만 달러의 수입을 올리고 있어서 우간다에서는 한 마리당 매년 약 9만 달러의 수입을 올린다. 관광기금은 지방, 전국, 지역단위의 개발에 기여하고 있다. 연약한 아프로몬테인(afromontane) 우림에 그러한 귀중한 관광수입원이 있어서 귀중한 서식지가 보호되고 따라서 그 지역사회를 위해 기후규제, 집수(集水), 천연자원을 포함하는 가치있는 생태기능을 만족시키게 된다. ◀

(자료원 : UNEP Great Apes Survival Project and Discovery Initiatives)

⑤ 대체 고용

관광은 환경에 큰 충격을 주는 개발 시나리오에 대안을 제시할 수 있다. 스페인어 학교인 The Eco-escuela de Espanol이 그 예인데, 1996년 과테말라의 San Andres 마을의 국제보존계획의 일환으로 만들어졌다. 지역사회가 운영하는 학교로 Maya Biosphere Reserve 에 위치해 있는데, 개별 언어코스와 홈스테이 기회 및 지역사회가 주도하는 생태관광을 결합시켜 놓았다. 매년 1800여명의 관광객이 주로 미국과 유럽에서 오며 이 때문에 약 100여명의 주민을 채용하게 되었는데, 이는 과거 불법 벌목, 사냥, 화전식 농업에서 종사했던 사람수의 60%에 해당한다. 2000년도에 자세히 조사해보니 관광사업으로 혜택을 보는 가족 가운데 대다수는 사냥관행과 화전식 농업의 수와 면적이 현저히 줄었다. 게다가 마을의 대다수 가족들이 학교로부터 직·간접적으로 혜택을 보기 때문에 지역사회가 운영하는 사설보존지가 만들어지고 사냥에 대한 사회적 압력이 증가되었다.

이해 증대 및 대안 고용 : 인도네시아 Bohorok의 오랑우탄 관람센터

자연 서식지에 있는 야생 및 반야생 오랑우탄은 많은 국내관광객에게 중요한 환경교육기회가 된다. 이러한 교육경험을 높이기 위해 북수마트라의 Bohorok의 기존시설은 복구센터로부터 오랑우탄 관람센터로 바뀌어 우림생태계의 지속가능한 보호에 또다른 중요한 기여를 하고 있다. 새로운 계획 하에 오랑우탄 관람을 위한 생태관광개발로 모든 방문객들은 오랑우탄, 야생동식물 및 우림생태계로부터 직접적인 보상경험을 하게 되었다. 이로써 우림보호의 중요성에 대한 인식이 증대되었다. 나아가 관광은 지역민에게 중요한 수입원을 계속 제공하고 목재벌채, 야생동물의 사냥 및 거래의 진정한 대안으로 지속가능한 우림활용을 촉진하게 되었다. ◀ (자료원 : Sumatran orangutan conservation programme)

⑥ 규제조치

규제조치는 부정적 충격을 상쇄하는데 도움이 된다. 예를 들어 보호구역내에서 관광객의 활동과 이동을 규제하는 것은 생태계에 대한 충격을 제한하고 그 지역의 본래모습과 활력을 유지하는데 도움이 된다. 그러한 제한은 또한 자원에 대한 부정적 영향을 감소시킬 수도 있다.

규제(제한)는 지속가능 방문객 최대 수용능력을 심도있게 분석한 후 실시해야 한다. 이러한 전략은 갈라파고스 섬에서 실시되고 있는데, 거기서는 이 군도에 순항할 수 있는 선박의 숫자도 제한한다. 또한 지정된 섬에만 방문할 수 있다. 이로써 방문객들은 민감한 환경 및 동물서식지에 거의 영향을 미치지 않게 된다.

(2) 의존·공생관계 실례

관광과 환경의 의존적 공생적 관계의 예는 적지 않다. 특정지역 특히 관광목적 이외에는 이용가치가 거의 없는 지역을 동물원이나 식물원으로 활용하여 동식물의 보호에 기여한 것이다. 미국 콜로라도주 스프링스에 위치한 체니山 동물공원(Cheyenne Mountain Zoological Park)이 그 예인데, 현재 세계 최고 수준을 자랑하고 있다. 처음에는 개인적으로 동식물을 수집하는 데 그쳤으나, 편의시설(톱니바퀴형 철도)을 설치하여 관광객에게 공개하고 있으며, 1000종 이상의 동물을 보존하고 체니산 박물관 및 동물협회에 의해 비영리적으로 운영되고 있다.

많은 아프리카의 공원들도 수많은 동식물을 보존하고 관광객을 유인하는 이중 목적을 달성하고 있다. 또한 자연환경을 아름답게 하면서 관광지로 활용하는 것인데, 건축물의 경우 그 지역의 전통자재를 이용한다거나, 낮은 건물을 짓도록 하고, 자연경관의 특징을 살릴 수 있도록 미화하는 것이다. 예를 들면 탄자니아의 Lobo Wildlife Lodge는 바위의 돌출부에 집을 지었고, 동부 케냐에 있는 Mara Serena Lodge는 세렌게티 대평원의 초원 암석구(岩石丘)에 건설되었는데, 주위환경의 아름다움을 손상시키지 않고 화려함과 안락함을 주고 있다.

① 갈라파고스섬의 제한적 관광

갈라파고스 섬을 관광용도로 이용하면서도 그 지역의 특수 동식물을 보호하기 위해 에콰도르 정부는 제한적 관광(controlled tourism)을 실시하고 있는데, 주요 내용은 환경보존과 보호구역 설정을 위해 기금을 설립하는 것이다.

갈라파고스 보호법이 1934년에 제정되었고 1936년 보완되었지만, 지역 고유의 동식물을 보호하기 위한 적극적인 활동은 1950년대가 되어서야 이루어졌다. 1957년 UNESCO는 에콰도르 정부와 협조하여 탐사단을 보내 보존상황을 파악하고 연구소 설치장소를 물색하였다. 1959년 Darwin의 "종의 기원(The Origin of Species)" 출간 100주년을 기념하여 에콰도르 정부는 섬의 97.5%를 국립공원으로 선포하였다. 같은 해 찰스 다윈재단(Charles Darwin Foundation)이 설립되어 본부를 브뤼셀에 두고 갈라파고스섬의 생태계를 보존하고 이를 위한 과학적 연구를 진흥하는 데 그 목적을 두었다.

보존활동은 Charles Darwin 연구소가 1964년 산타크루즈섬에 세워지면서 시작되었다. 토종을 보호하고 외부에서 들여온 종을 퇴치하는 등 활동을 벌였다.

1986년 70,000평방 키로미터의 바다가 해양보호구역(marine reserve)으로 선포되었는데, 이는 호주의 대보초 다음으로 큰 것이다. 1990년 모든 섬들이 고래 보호구역이 되었으며, 1978년 UNESCO가 세계유산(world heritage site)으로, 1985년에는 생물권 보호구역(biosphere reserve)으로 지정되었다. 생물권 보호구역은 2001년에 해양보호구역을 포괄하는 것으로 확대되었다.

그림 8-1 갈라파고스섬 지도 및 동물

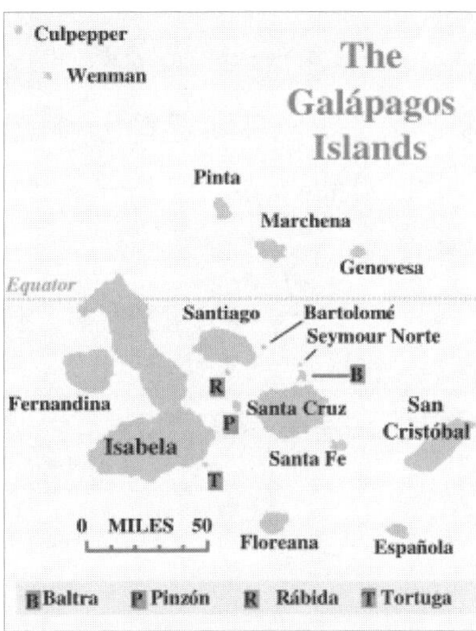

◀갈라파고스섬 지도

Santa Fe (Barrington) Island의 동물

Espanola (Hood) Island의 동물

갈라파고스 거북이

② 체니산 동물공원(Cheyenne Mountain Zoo)(www.cmzoo.org)

미국 콜로라도주 콜로라도 스프링스에 위치하고 있다. 관광목적 이외에는 이용가치가 거의 지역을 동물원이나 식물원으로 활용하여, 관광자원화하고 동시에 동식물도 체계적으로 보호한 좋은 사례이다.

1926년 자선사업가인 펜로스(Spencer Penrose)가 자기가 키우고 있던 기이한 동물들이 많아짐에 따라 Cheyenne Mountain Zoological Society를 설립하면서 시작되었다. 1938년 실제 개발 이후 비영리공익단체로 콜로라도 스프링스(Colorado Springs)에 기부하였다.

설립목적은 동물학 및 관련 분야에서 여가, 교육, 보존 및 과학시설을 제공하고 Pikes Peak region 주민들을 위해 동물원을 영구 보존하는 데 있다. 수입의 거의 100%는 입장관람수입, 회원회비, 기부금, 후원금 등으로 이루어져 있다.

사명 : 복잡하고 변화하는 사회에서 사람과 자연의 결연(結緣)을 제공한다.

- 상호 이해를 증진시키고 모든 살아있는 것들을 존경한다.
- 위험에 처해 있는 동식물의 생존을 위한 도움을 제공한다.
- 고품격의 여가 경험을 제공한다.
- 자존심과 경제성장의 원천이 된다.

③ 아프리카의 친환경 전통건축물의 건축

탄자니아의 로보 야생숙소(Lobo Wildlife Lodge)

탄자니아 북부 세렝게티 공원에 위치한 로보 야생호텔(Lobo Wildlife Lodge)은 대형 지표석 주위에 완전히 나무와 유리로 지어져 있어서 주변경관에 완전한 조화를 이루고 있다(객실수 : 75실). 수영장과 바위를 뚫어 만들어 들소와 코끼리 무리와 함께 평원과 사바나의 숨막히는 전경을 감상할 수 있다.

케냐 세렌게티의 마라 세레나 사파리 숙소(Mara Serena Safari Lodge)

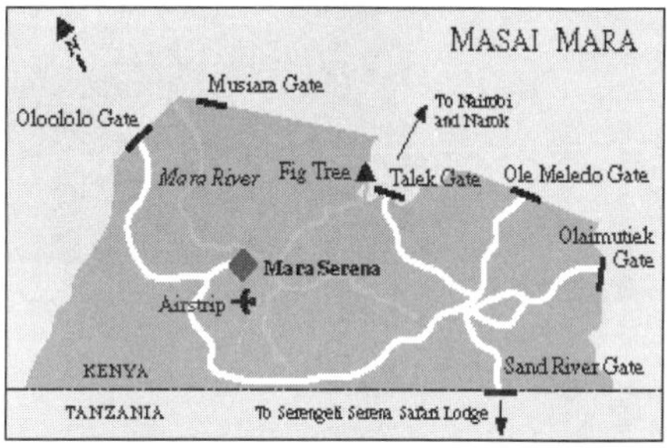

이 숙소에서는 1800 평방키로미터의 평야, 숲과 강을 볼 수 있다. 이는 세계에서 가장 풍부한 야생지구를 구성하고 있다. 수많은 야생동물들이 이 지역을 건너 새로운 풀이 있는 곳을 찾아 가고 거기서 새끼를 낳는다.

④ 역사와 문화의 보존

관광개발은 또한 역사와 문화를 보존하는 데 기여할 수도 있다. 이를 통해 관광은 과거와 현재를 연결하는 가교를 건설하는 것이다. 미국 버지니아주의 콜로니알 윌리암스버그(Colonial Williamsburg)가 그 예이다. 여기서는 종교적 피난처, 병원, 역사적 건물 등이 숙소로 개조되었고, 음식 및 식당은 2세기 전의 모습을 그대로 재현시켰다. 영국과 스페인도 이러한 유형의 예가 많이 있다. 관광지에 박물관이 있어 고가구에서 민속예술에 이르기까지 문화적 가치가 있는 것을 보존하고 있다.

이외에도 브로드무어 호텔(Broadmoor Hotel)의 Will Rogers Shrine of the Sun은 전설적인 미국 해학가의 삶과 관련된 기념품을 수집, 전시하여 미국이 민속을 보존하고 있다.

그림 8-2 윌리암스버그 모습

그리고 관광시설물은 몇 가지 형태로 보존될 수 있다. 첫째, 관광은 현존하는 역사지, 건축물 및 기념품의 재건을 촉진한다. 즉 관광목적이 아니면 재건이 불가한 역사적 건물을 본래 모습대로 재건하는 것이다. 둘째, 관광은 오래된 건물(낡은 지하실, 창고 등)과 장소를 완전히 새로운 관광시설로 변형하게 한다. 이것은 작은 마을이나 읍의 쇠퇴를 막고 관광객의 분산에 기여한다.

따라서 관광이 성공적으로 지속되려면 관광목적지의 경관과 역사유적지를 보호하지 않으면 안 될 것이다.

2. 갈등적 관계

(1) 3가지의 주요 영향 분야

관광에서 기인하는 부정적 영향은 방문객의 이용수준이 환경이 변화에 대한 수용한계 내에서 이를 극복해낼 수 있는 능력보다 클 때 발생한다. 규제되지 못한 전통적 관광은 지구상의 많은 천연지역에 대해 잠재적인 위협을 가한다. 즉, 이는 이러한 지역에 엄청난 압력을 가하고 토양침식, 오염증가, 바다투기, 자연서식지 상실, 위험에 처한 종(種)에 대한 압력증가, 산불에 대한 취약성 증가 등 영향을 낳게 된다. 때론 수자원에 대한 중압을 주고 또한 지역주민으로 하여금 중요한 자원의 사용에 대해 경쟁하도록 만든다.

① 자연자원의 고갈

관광개발은 그것이 자원이 이미 부족한 지역에서의 소비를 증가시킬 때 자연자원에 압력이 커질 수 있다.

ⓐ 수자원 고갈 및 수질 악화

물, 특히 신선한 물은 가장 중요한 자연자원 중의 하나이다. 관광산업은 일반적으로 호텔, 수영장, 골프장, 관광객의 개인사용 등으로 수자원을 과잉사용하게 된다. 이는 물부족과 물공급의 저하 뿐 아니라 많은 양의 하수를 낳게 된다.

지중해와 같은 건조한 지역에서는 물부족 문제가 특별한 관심사이다. 뜨거운 날씨와 관광객들이 가정에서 보다 휴가 중 더 많은 물을 소비하려는 경향 때문에 1일 사용량이 440리터에 이르기도 한다. 이는 스페인 일반도시 거주자 사용량의 거의 2배이다.

골프장을 유지하려면 맑은 수자원을 고갈시킬 수 있다. 최근 골프관광의 인기가 상승하고 골프장의 숫자가 급속히 늘고 있다. 골프장은 매일 엄청난 양의 물을 필요로 하며 다른 이유로 지나치게 물을 빼냄으로써 물부족을 낳을 수 있다. 만약 물이 샘에서 나온다면 지나친 펌핑은 지하수로 염분이 침투될 수 있다. 골프 리조트는 때론 보호구역이나 자원이 한정된 지역 가까이나 역내에 위치해 있어서 그 영향을 더 악화시킨다.

태국과 같은 열대지역내의 골프장은 연간 1500킬로의 화학비료, 살충제 및 제초제를 필요로 하며, 6만명의 지역민이 사용하는 양과 같은 물을 사용한다. (Tourism Concern)

월과 라이트(Wall and Wright, 1977)는 물을 중심으로 관광객의 행동이 미친 영향을 조사하였다. 하수폐기물의 부적절한 처리로 인한 해안, 강, 호수 등 수자원의 오염, 물의 부영양화로 잡초의 성장 및 어종의 변화유발, 수상교통의 기름유출로 해안오염, 해수욕 불가, 수중동식물의 생태변화 등의 악영향이 발견되었다.

또한 급수문제도 발생하는데 그리스의 미코노스섬에서 보면 관광객이 많아지면서 물부족현상이 심화되고 동시에 물의 오염이 증가되어 심각한 양상을 보였다.

ⓑ 지역자원

관광은 에너지, 음식, 기타 이미 고갈중인 천연자원에 대해서도 압력을 줄 수 있다. 이러한 자원을 지나치게 캐내거나 운송함으로써 개발과 관련된 물리적 영향을 악화시킨다. 관광산업의 계절성 때문에 성수기에는 비수기보다 10배 이상 많은 거주자가 있는 관광지가 많다. 관광객들이 요구하는 높은 기대에(적절한 난방, 더운 물 등) 부응하려면 이러한 자원이 더욱 필요하게 된다.

ⓒ 토지의 격하(퇴화)

중요한 토지자원으로는 마네랄, 화석연료, 비옥한 토지, 임야, 습지, 야생생물 등이 있다. 관광 및 여가시설의 건설이 증가함에 따라 이러한 자원과 경관에 압력이 증가하게 되었다. 관광시설을 공급함에 있어 천연자원(재생가능에 관계없이)에 대한 직접영향은 수용시설 및 기타 인프라의 공급을 위해 토지를 사용하고 또한 건축자재를 사용함으로써 일어난다.

숲은 또한 연료채취 및 토지 정화로 인한 산림황폐화(deforestation)의 형태로 관광의 부정적 영향을 겪게 된다. 예를 들어 네팔은 이미 산림황폐화의 영향을 겪고 있는데, 트레킹관광객 한명이 하루에 나무 4~5 킬로그램을 사용한다.

② 오 염

관광은 다른 산업과 마찬가지로 동일한 형태의 오염을 야기한다. 여기에는 배기가스 방출, 소음, 고형 쓰레기, 하수오물 방출, 기름, 화학물질, 건축오염 및 시각적 오염까지 포함된다.

ⓐ 공기오염과 소음

관광객의 수와 이동성이 증가함에 따라 항공, 도로, 철도 수송이 계속 증가하고 있다. ICAO의 보고에 따르면 전세계 국제관광객의 수는 1972년 8800만 명에서 2005년 8억 8백만명으로 증가하였다. 항공수송 증가의 결과 중 하나는 관광이 항공수송의 60%이상을 차지하여 공기오염 배출의 상당한 책임이 있다는 것이다. 어느 한 연구에 의하면 대서양을 한번 왕복하는 비행기는 일개인이 연간 다른 모든 수단(전등, 열, 자동차사용 등)에서 소비하는 CO_2의 절반이상을 발생한다고 한다(Mayer Hillman, Town & Country Planning magazine, September 1996. Source : MFOE).

교통기관의 배출, 에너지생산 및 사용에서 나오는 가스배출은 산성비, 전세계 온난화 및 광화학오염과 연결되어 있다. 관광교통에서 나오는 공기오염은 전세계적으로 영향을 미친다. 특히 교통에너지사용과 관련된 이산화탄소(CO_2) 배출이 그러하다. 이는 또한 여러 가지 심각한 지역 공기오염에도 영향을 미친다. 이러한 영향의 일부는 관광객의 활동에 특히 관련된다. 예를 들어 특히 아주 덥거나 추운 나라에서 관광버스는 관광객들이 돌아왔을 때 바로 쾌적한 실내공간을 유지하기 위해 관광객들이 구경을 하는 동안 몇 시간 동안 시동을 켜놓기도 한다,

스노빌, 제트스키와 같은 여가용차량은 물론 비행기, 자동차, 버스로부터 나오는 소음공해는 현대생활에서 점점 커지는 문제이다. 성가심, 스트레스, 심지어는 난청을 유발사하기도 하고, 특히 민감한 지역에 있는 야생동식물에 피로를 야기시킨다. 예를 들어 스노빌이 내는 소음은 동물로 하여금 자연적인 활동패턴을 강제로 변화시키게 된다.

소음도 조사

2000년 겨울 76,721명이 스노빌을 타고 옐로스톤 국립공원(Yellowstone

National Park)에 들어왔다, 반면 자동차로는 40,7272명이, snowcoaches로는 10,779명, 스키로는 512명이었다. 스노모빌이 이 공원의 자연소리에 미치는 영향에 대한 조사는 스노빌 소음이 13개 조사지역 중 11개소에서 운영시간 중 70%정도 들렸고, 8개 지역에서는 90%가 들렸다. Old Faithful 간헐천에서는 스노빌소음이 조사기간 낮시간 중 100% 들렸다, 스노빌 소음은 간헐천이 분출되는 소리자초자도 들리지 않게 했다. ◀ (Idahonews and Yahoo)

스위스관광연맹이 스위스 주말관광지에서 조사한 결과 방문객들은 교통혼잡 문제가 가장 시급히 해결되어야 할 문제로 지적하였다. 쉐어(U. Schaer)는 관광객의 교통문제를 세 가지 형태로 지적하였는데, 서로 다른 교통수단 사이의 방해(특히 보행자와 자동차 사이), 관광중심지의 주요도로 접근 지점에서의 교통혼잡, 그리고 주차공간의 문제가 그것이다.

소음공해는 항공기의 경우에 심한데 빈번한 이착륙 및 야간이착륙 등은 지역주민에게 큰 불편을 주며, 관광객들의 야간고성방가도 문제가 된다.

동시에 교통혼잡은 대기의 질도 떨어뜨린다. 자동차, 비행기, 수상교통 등 석유를 사용하는 교통기관의 수가 많아질수록 대기는 오염될 수밖에 없다. 그러나 관광교통이 전체교통에서 차지하는 비율은 그리 높지 않기 때문에 관광이 대기오염에 미치는 영향을 문자 그대로 받아들일 수는 없다고 주장하는 학자도 있다.

ⓑ 고형 쓰레기

관광객의 활동과 인기있는 자원이 집중되는 곳에서는 쓰레기 처리가 심각한 문제이며, 부적절한 처리는 자연환경(강, 경관지, 노변 등)의 약탈자일 수 있다. 예를 들어 카리브해 이 유람선은 매년 7만톤 이상의 쓰레기를 생산한다. 오늘날 일부 유람선은 쓰레기관련 영향을 감소하려는 노력을 실제로 하고 있다. 고형 쓰레기는 바다와 해변의 외형을 격하시키고 해양동물의 죽음을 유발한다.

산악지에는 트레킹관광객은 많은 쓰레기를 낳는다. 탐험대 관광객은 쓰레기, 산소통, 심지어는 캠핑장비까지 남겨두고 간다. 그러한 관행은 쓰레기가 별로 없고 처리시설이 없는 오지에 선진국의 전형적인 퇴적물로서 환경을 격하시킨다. 관광객들이 자주 방문하는 페루지역 안데스산맥과 네팔의 트레일 중 일부는 "Coca-Cola trail", "Toilet paper trail"로 불리기도 한다.

카리브해의 유람선 쓰레기

플로리다에서 프랑스령 기아나에 이르는 넓은 카리브해에는 연간 63,000번의 선박기착 요청을 받으며 82,000톤의 쓰레기를 버린다. 모든 선박쓰레기의 거의 77%는 유람선에서 나온다. 유람선에는 평균 600명의 승무원과 1400명의 승객이 탄다. 유람선 승객은 평균 하루 3.5키로의 쓰레기를 배출하는 데 해변의 가난한 사람들은 하루 0.8키로를 배출한다. ◀ (자료원 : Our Planet, UNEP magazine for environmentally sustainable development, volume 10, no. 3, 1999)

ⓒ 하수오물

호텔 등 여가시설의 건축에 따라 쓰레기 공해가 증가하였다. 오염된 물은 관광지를 둘러싼 바다와 호수를 오염시켰다. 동시에 식물과 동물에게도 피해를 주면서. 쓰레기가 흘러가 버리면 산호초에 큰 영향을 미친다. 왜냐하면 filter-feeding corals 을 덮고 있는 해조류의 성장을 자극하여 생존능력을 방해한다. 염도와 침적(沈積 : siltation)의 변화로 해변환경에 큰 범위의 영향을 줄 수 있다. 그리고 쓰레기 오염은 인간과 동물의 건강을 위협할 수 있다.

ⓓ 미적(美的) 오염

때론 관광은 그 구조물과 관광지의 자연 특징 및 토속적인 건축물을 통합시키지 못한다. 대규모의 지배적인 리조트는 색다른 디자인으로 자연환경 속에서 제자리에 있지 못하는 것처럼 보이며 토속적인 구조디자인과 충돌하기도 한다.

많은 관광지에서 토지이용 및 건축규제의 부족으로 해안선, 계곡, 경관노선을 따라 보기흉한 개발을 용이하게 하였다. 흉한 개발에는 관광시설 자체는 물론 도로, 지원숙소, 휴게소, 쓰레기처리 등의 지원인프라도 포함된다.

③ 생태적 영향

모래사장, 호수, 강변, 산악지대 등의 매력적인 경관은 때론 전환지역

(transitional zones)으로 종(種)이 풍부한 생태계이다. 전형적인 물리적 영향은 이러한 생태계의 격하이다.

생태계란 모든 살아있는 유기물(사람, 식물, 동물, 미생물), 물리적 환경(토양, 물, 공기) 및 이들을 유지하는 자연순환을 포함한다.

격하로 가장 큰 위협을 받는 생태계는 고산지역, 우림, 습지, 맹그로브(mangroves), 산호초, 해초지 등과 같은 생태적으로 약한 부분이다. 이러한 생태계에 대한 위협과 압력은 매우 심각하다, 왜냐하면 이러한 지역은 관광객과 개발자에겐 아주 매력적이기 때문이다.

선진국에서 대량관광과 여가는 이제 채취산업을 빠르게 따라잡고 있어서 산악마을과 환경에 가장 큰 위협이 되고 있다. 1945년 이래 10개의 미국의 산악형 국립공원 방문객은 12배로 늘었다. 유럽 알프스에서 관광은 이제 1억 방문객일수(visitor-days)를 초과하였다. 인도 히말라야에서는 매년 25만명의 이상의 힌두순례자, 25만명의 트렉커, 75개의 탐험대가 갠지즈강의 신성한 곳인 강토리빙하(Gangotri Glacier)를 오르고 있다. 이들은 땔감용으로 지방 산림을 훼손하고, 강가의 채소를 밟아버리고, 쓰레기를 흩어 뿌린다. 더 나쁜 것은 관광은 자주 제대로 계획되지 못하고 토지집약적인 개발을 유도하기도 한다.

(Source : People & the Planet)

그림 8-3 강고토리 빙하(Gangotri Glacier)의 끝부분

인도의 중국국경 지역 히말라야 산맥에 위치, 길이 31km, 폭 2～4km,
주변에 유명한 고봉이 많음. 전통적인 힌두교 성지

ⓐ 관광개발의 생태적 영향

• 건설활동 및 인프라 개발

숙박, 물공급, 식당, 여가시설 등의 관광시설 개발에는 모래채취, 모래언덕 침식, 지나친 도로포장 등이 포함된다. 게다가 도로 및 공항건설은 땅의 격하, 야생주거환경의 상실, 경치의 악화 등을 유발한다.

예를 들어 요세미티 국립공원에서는 증가하는 관광객에 부응하여 편의시설, 하부구조, 주차장을 공급하기 위해 도로 및 시설의 수가 증가하였다. 이러한 활동은 공원 내에서의 야생주거지의 상실을 가져오고 또한 자동차매연에서 나오는 공기오염을 포함하는 다양한 오염이 수반된다. Sierra Club의 보고에 의하면 "스모그가 너무 심하여 요세미티 계곡이 비행기에서 보이지 않는다"고 한다. 이런 스모그는 공원 내의 모든 종과 식물에 해롭다. (Trade and Environment Database)

• 산림황폐화, 토지의 집중사용 혹은 비지속가능적 사용

스키장의 건설로 산림의 개간이 자주 필요하게 되었다. 해변의 습지는 관광시설과 인프라의 건설용지의 부족으로 자주 간척하여 채워진다. 이러한 활동은 지역의 생태계를 혼란시키고 침식시켜 결국 파괴하게 된다.

• 마리너 개발

마리너와 방파제의 개발은 조류와 해안선의 변화를 유발한다. 게다가 모래와 같은 건축자재의 추출은 산호초, 맹그로브, 배후임야에 영향을 미쳐 서식지의 침식과 파괴를 가져온다. 필리핀과 몰디브에서는 리조트건설자재를 위해 산호초를 캠으로써 연약한 산호초에 해를 미치고 지역민을 유지하고 관광객을 유치하는 어업을 황폐화시킨다.

해안선의 지나친 건설과 포장은 서식지의 파괴와 육지-해양의 연계(바다거북 보금자리)를 와해시킨다. 산호초는 특히 연약한 해양생태로서 전세계적으로 산호관광개발에 몸살을 앓고 있다. 다양한 근거에 의하면 산호에 대한 다양한 영향은 해변개발, 해저 퇴적물 증가, 관광객과 다이버들의 밟음, 배수리 · 인양, 쓰레기오염, 과잉어업, 산호서식지를 파괴하는 독극물과 폭팔물을 사용한 낚시 등에서 기인한다.

ⓑ 관광객활동으로 인한 생태적 영향

• 밟기(trampling)

같은 코스를 반복해서 이용하는 관광객들이 식물과 토양을 밟으면 피해를 입게되어 결국 생물다양성 상실과 다른 영향을 주게 된다. 그러한 피해는 관광객들이 정해진 코스 밖으로 자주 어슬렁거릴 때 훨씬 더 심각하다.

표 8-2 밟기의 영향

식물에 대한 영향	토지에 대한 영향
줄기의 파손 및 손상	유기질 상실
식물활력감소	토지간극률(soil macro porosity) 감소
재생감소	공기 및 물의 투과성 감소
토지커버 상실	흘러나가는 빗물량 증가
종구성의 변화	침식 가속

Source : University of Idaho

• 정박 기타 해양활동

마리나 지역에서의 (연안수면, 산호, 해안 및 해변, 근해 등) 많은 관광객의 활동으로 연약한 생태계 내에서 또는 그 주변에서 일어난다. 정박, 스노클, 스포츠낚시 및 스쿠버 다이빙, 요트, 유람선 등은 산호초 등과 같은 해양생태계의 격하와 해안보호 및 어업에 대한 관련 영향을 유발할 수 있다.

산호초는 전세계 109개국에 있다. 이중 90개국은 유람선 닻과 쓰레기, 관광객이 산호덩어리를 깨거나, 관광객에게 팔 요량으로 상업적으로 수확하는 등에 의해 피해를 입고 있다. 산호초에 내린 유람선의 닻을 연구한 결과 하루 닻을 내리면 축구장 반만한 지역이 완전히 파괴되고 그 절반은 나중에 죽은 잡석으로 덮여진다는 것을 알았다. 산호가 회복하는데 약 50년이 걸린다고 한다(Ocean Planet).

• 생태계의 변화

관광여가활동에 의해 서식지가 격하된다. 예를 들어 야생동물보기는 동물들에게 스트레스를 가져오고 관광객이 너무 가까이 다가오면 그들의 자연적인 행동을 변화시킨다. 사파리 및 야생동물보기 활동은 서식지에 격하영향을 미친다. 왜냐하면 관광객들이 트럭이나 비행기로 야생동물을 따라다니면 소음과 소요가 생기게 된다. 이는 동물서식지와 행동에 큰 압력을 주고 행동변화를 가져오는 경향이 있다. 케냐의 어떤 경우에 이것이 동물을 혼란스럽게 하여 때론 새끼를 소홀히 하거나 짝짓기를 하지 않는다.

야생동물에 대한 영향은 다음과 같다. 번식의 장애가 그 첫째인데, 야생공원에서의 관광은 동물의 사적 자유를 해치고 먹이를 놓치게 하며 동물의 추적으로 심장쇼크사를 일으키기도 한다. 또한 무분별한 사진촬영 및 공원 내에 통로개설은 번식지의 상실을 유발한다. 이외에도 무차별적 사냥과 낚시는 야생동물의 수를 줄이며 관광객의 기호에 맞는 기념품제작을 위한 밀렵도 큰 문제의 하나이다.

이상에서 본 바와 같이 관광은 자연환경에 미치는 영향이 매우 크다. 결국 관광개발은 "누가 무엇을 얻는가(Who gets what?)"라는 점을 명확히 해야 할 것이다. 관광개발로 이득을 얻는 자는 누구이며, 특정계층이 독점하지는 않는가, 그 이득은 무엇인가, 긍정적 측면과 부정적 측면 모두를 면밀히 살펴봐야 하는 것이다.

(2) 지구차원의 환경영향

① 생물 다양성의 상실

생물학적 다양성은 지구상의 다양한 생물과 그것이 존재하는 자연형태를 말한다.

생물다양성 상실의 영향은 다음과 같다.

- 식량공급, 여가관광의 기회, 목재/의약품/에너지의 근원을 위협한다.
- 종의 균형, 토양형성, 온실가스 흡수 등의 필수적인 생태기능을 방해한다.
- 생태계의 생산성을 감소시켜 우리가 끊임없이 필요로 하는 재화와 용역의 지연기반을 축소시킨다.
- 생태계를 불안정하게 하고 홍수, 가뭄, 허리케인 등 자연재해와 오염, 기후변화와 같은 인간이 원인을 제공하는 스트레스를 감당할 능력을 약화시킨다.

관광, 특히 자연관광은 생물다양성 및 풍부하고 다양한 환경에 의해 만들어지는 매력물과 밀접히 연관되어 있다. 관광은 토지와 자원이 지나친 사용에 의해 긴장되고, 채소, 야생, 산, 해양/해변환경에 대한 영향이 수용능력을 초과할 때 생물다양성의 상실을 초래한다. 이러한 생물다양성의 상실은 사실 관광잠재력의 상실을 의미한다.

또한 외국 종(種)의 도입도 문제가 된다. 관광객과 공급자는 때론 부지불식간에 지역환경에 토종이 아니며, 생태계의 엄청난 혼란과 심지어는 파괴까지도 유발할 수 있는 외국 종(곤충, 야생식물 및 질병)을 가져올 수도 있다.

② 오존층의 고갈

오존층은 고도 12~50 킬로미터 상공에 위치해 있는데, 태양 자외선(UV)의 해로운 파장을 흡수하여 지구상의 생명체를 보호한다. UV는 지나칠 경우 인간과 동물에 위험하다. 예를 들어 과학자들이 양서류의 세계적 감소에 대해 제시하는 이유 중의 하나는 자외선방출에 노출이 증가하고 있다는 것이다.

클로로플루오르카본(CFCs : chlorofluorocarbon－순환성 냉매(冷媒), 발포제, 용제로서 쓰이며 오존 파괴가 문제되고 있음)과 할론(halons)과 같은 오존고갈물질(ODSs : Ozone depleting substances)은 오존층을 파괴한다. 관광산업은 이러한 문제의 일부이다. 직접적인 영향은 새로운 개발이 이루어진 데서부터 시작하여 매일 경영하는 동안 계속된다. 냉장고, 에어컨, 에어스프레이 발사기 등은 특히 오존고갈물질을 포함하고 있어 호텔 및 관광산업에 폭넓게 사용되고 있다. 제트기에서 나오는 배출물질도 또한 오존고갈물질의 중요한 원인이다. Tourism Concern에 따르면 과학자들이 예측하기를 2015년까지 오존층의 연간파괴의 절반은 항공여행 때문일 것이라고 한다.

UNEP의 온존행동프로그램(Ozon Action Programme)은 오존고갈물질을 없애고 다른 대안을 찾기 위해 정부, 관광업을 포함한 업계와 함께 시작한다. UNEP는 얼마나 많은 형태의 기업이 오존고갈물질을 제거하고 오존층의 보존에 기여하는지에 관한 폭넓은 정보와 지침을 개발해 왔다(How the Hotel and Tourism Industry can Protect the Ozone Layer를 참조).

③ 기후변화

기후학자들은 지구표면온도가 최근 서서히 증가해왔는데, 이는 소위 대기

중 온실가스의 증가 때문인데, 온실환경은 태양으로부터 열을 빨아들인다. 이러한 가스의 가장 중요한 것은 이산화탄소인데, 이는 석탄, 석유, 천연가스 등과 같은 화석연료가 연소될 때 또한 산림황폐화와 같은 토지사용에 변화가 있을 때 발생된다. 결국 이산화탄소 및 대기 중 온실가스의 축적은 세계기후의 변화를 유발할 수 있다(이는 이미 진행되고 있는 과정임).

세계관광은 기후변화와 밀접히 관련되어 있다. 관광은 가정에서 다른 곳으로 사람들이 이동하는 것을 포함하는 것으로 교통이동의 약 50%를 차지한다. 급속히 확대하는 항공교통은 이산화탄소 생산의 약 2.5%에 해당한다. 관광은 대기 중에 온실가스가 집중되는 현상이 증가하는 데 큰 원인이 되고 있다(Mountain Forum).

항공교통 자체는 온실효과에 크게 기여한다. 여객기는 온실가스배출의 가장 급속히 증가하는 원인이다. 국제관광객의 수는 1996년 5억 9400만명에서 2020년이 되면 16억으로 증가할 것으로 예상된다. 따라서 배출가스 감소를 위한 조치가 취해지지 않으면 문제가 심각해 질 것이다. (WWF)

에너지와 환경에 관한 관계에 대해서는 UNEP의 에너지프로그램(Energy Programme)이 유용하며, 여기에는 에너지 사용과 운송의 환경에 대한 영향을 감소시키기 위한 에너지효율과 대체에너지원에 대한 정보와 출판물이 있다.

(3) 세계환경이 관광에 미치는 영향

① 자연재해

홍수, 지진, 들불, 화산, 산사태, 가뭄, 지병 등 재해는 인바운드 및 국내관광이에 따른 지역 관광산업에 심각한 영향을 미칠 수 있다. 예를 들어 2001년 초 영국의 구제역(the foot and mouth disease)의 발생은 영국의 인바운드 관광시장에 심각한 영향을 미쳤다. A BHA/Barclays Hospitality Business Trends Survey에 의하면 구제역으로 잉글랜드 호텔의 75%, 스코틀랜드의 81%, 웨일즈의 85%가 영향을 입었고 2001년 6~9월 중에도 60%의 감소가 예상된다고 한다.

② 기후변화

관광은 기후변화에 영향을 주기도하고 받기도 한다. 기후변화는 폭풍과 극심한 날씨의 심각성과 빈도를 증가시키는 경향이 있어 해당 지역의 관광에 엄청난 영향을 줄 수 있다. 지구온난화의 결과로 지구가 위험에 처하게 된 다른 영향은 가뭄, 질병 및 열파(heat wave)이다.

지구상의 가장 위대한 살인자 말라리아가 스페인에 재발된 적이 있는데, 이는 기후변화로 스페인 일부 지역이 말라리아를 옮기는 모기의 적절한 서식지가 되고 있다는 것을 의미한다.

극한 기후의 증가, 토네이도, 허리케인, 태풍 등. 이것들은 카리브해 및 동남아시아 관광지에서 매우 보편화되어 있다. 예를 들어 1998년 허리케인 미치(Mitch)는 카리브해 관광에 큰 영향을 미쳤다. 강풍피해, 폭풍, 폭우, 홍수 등은 지역관광에 중요한 손실을 가져왔다.

스페인 임업부(ICONA)에 따르면 1985년과 1994년 사이에 거의 25만 에이커의 임야가 불타버렸다. 최근 산불의 횟수가 극심한 가뭄에 따라 증가하였다. 이제 상당한 면적의 임야와 공원부지는 관광객에게 폐쇄될지도 모른다.

③ 지구온난화

지구온난화는 다음과 같은 것을 유발시킨다.

스키장에 눈이 적게 온다는 것은 스키지역의 시즌이 줄어든다는 것을 의미한다. 아시아 및 지중해의 이미 더운 지역에서는 관광객들이 극심한 더위, 질병과 물부족 때문에 이 지역을 피하게 될 것이다.

취약한 생태계 즉 우림지 및 산호초는 온도상승과 우량감소로 위험에 처한다. 산호초에 대한 주요한 위협요인은 백화현상(bleaching)으로 산호가 온도상승, 염도의 수준이상 및 이하, 낮은 수질 및 퇴적물의 증가 등에 의해 스트레스를 받을 때 발생한다.

이러한 조건은 zooxanthallae(산호내에 색을 내는 단세포 해조류)가 산호에 부착하도록 한다. 해조류가 없으면 산호는 희게 변하고 곧 죽게 된다. 대보초(The Great Barrier Reef)는 6억 4천만 달러의 관광산업을 지원하는데 지난 20년간 산호백화현상을 겪고 있다.

해수면 상승은 빙하와 극지방 얼음이 녹아서 생긴다. 높은 해수면은 저지대 국가 및 섬나라에 홍수를 발생시켜 해안지역을 위협하여 해안지역을 상실하게 한다. 해변과 섬은 주요 관광지인데 영향을 받는 첫 지역이 될 수 있다.

(4) 관광에 대한 여타 산업의 영향

기타 산업으로부터의 영향은 때론 환경에 보다 극적인 영향을 주고 관광에 심각한 영향을 미칠 수 있다.

오일누출, 2001년 1월 에콰도르 갈라파고스에서 발생한 기름탱크 사고는 관광지에 단기간 심각한 영향을 유발하였다. 그 때 화물선이 디젤유 16만 갤런, 기타 원류 8만갤론을 싣고서 산크리스토발(San Cristobal) 해안에 좌초되어 거의 모든 기름이 유출되었다. 독특한 지역의 해양 및 육지 종들과 그 지역의 관광잠재력이 심각한 영향을 받았다.

농업상의 배출 및 산업배출물은 바다오염을 유발시키고 1990년 초 아드리아해에서 발생한 것과 같은 해조류의 개화를 유발할 수도 있다. 관광개발로부터 쓰레기를 잘 처리하고 있지만, 지중해의 바닥에는 이러한 점점 두꺼워지는 침입자로 뒤덮이고 있어서 30인치 이상에 이르기도 하고 닻이 닿는 부분 위까지 이르기도 한다. 이것들은 바위, 진흙, 모래 등을 잘 빨아들이는데 해변에서 150피트 깊이까지에 이르는 상당히 긴 통로를 형성하여 그 과정에서 산호초, 어류 및 기타 해양 동식물을 질식시킨다.

폭파어업, 독극물어업(청산가리 : cyanide), 무로아미(muro-ami) 어업(바위 틈에서 고기를 놀라게 하기 위해 무거운 가방으로 산호를 내려치는 것)과 같은 파괴적 관행은 직접 산호를 파괴한다. 이는 관광객을 위한 주요한 자원을 파괴할 수 있다.

청산가리 어업법

청산가리(cyanide) 어업은 과거에 수족관에 필요한 열대어를 모으는데만 사용되었다. 이제 홍콩 및 기타 아시아 중심지의 호텔에서 살아있는 어류에 대한 수요가 이러한 파괴적 관행으로 몰고 가고 있다. 살아있는 고기에 대한 시장은 연간 2억달러 이상으로 추정된다. 필리핀 산호지역에서만 매년 33만 파운드의 청산가리가 살포된다. 청산가리 어업은 필리핀의 산호 과잉수확지 및 황폐화된 산호지역에서 인도네시아 동부, 파푸아뉴기니, 팔라우, 투발루, 마이크로네시아 국가 및 서태평양지역 국가의 원시지역까지 이동하고 있다. ◀
(자료원 : University of Denver)

(5) 역사문화 지역에 대한 영향

많은 관광객으로 인해 영국에서는 하드리안(Hadrian)의 로마성곽(roman wall)이 붕괴되고, 웨스트민스트 수도원이 낡아 부스러지고, 중국의 만리장성과 미국의 요세미티공원, 아테네의 아크로폴리스와 파르테논신전 등도 원형을 파괴당하고 있다. 이러한 지역에서는 정부가 접근을 억제한다거나 공원개발을 억제하는 등의 통제정책을 실시하고 있다.

1974년 하와이의 성장통제종합계획(成長統制綜合計劃 : general plan of controlled growth)은 개발계획으로 중요한 역사문화지역에 영향을 미칠 조짐이 있다면 관광개발자들은 상세한 조사를 실시해야 한다고 규정하고 있다.

그림 8-4 Hadrian Wall(로마성곽, 영국)

제 3 절 환경적 영향의 분석실례

다음은 1987년 한국관광공사가 조사한 것으로 경주주민들이 관광이 환경에 미치는 영향을 어떻게 느끼고 있는지를 보여주는 실증적 자료이다.

표 8-3 관광의 환경적 영향에 대한 경주주민의 긍정적 지각정도

(단위 : %, 평균값(3.0기준))

긍정적 지각		관광개발 및 관광객 증가로 인하여…	부정적 지각	
고(%)	저(%)		고(%)	저(%)
57.3	30.8	도로사정이 좋아졌다 (4.37 : 좋아짐)	2.3	3.0
39.5	38.8	상수도 및 전화사정 등 생활환경이 개선되었다 (4.08 : 개선)	5.5	2.3
34.5	35.0	거리풍경이 산뜻해지고 주위 환경이 아름다워졌다. (3.96 : 아름다워짐)	3.0	2.5
32.0	36.0	경치(자연경관)가 더 아름다워졌다. (3.86 : 아름다워짐)	4.5	5.0
33.0	32.5	교통편이 많아져서 이용하기가 쉬워졌다. (3.75 : 쉬워짐)	8.3	7.5

긍정적인 측면에서 전체적으로 관광개발이 주거지 주변의 인프라 부분(도로, 통신, 교통 등)이 개선되었고 관광객을 위해 환경미화작업을 실시함으로써 경관이 아름다워졌다는 의견이다.

부정적 시각으로는 일반적인 환경오염을 느끼고 있었다. 매연, 쓰레기, 소음, 수질악화 등에 대해 문제가 심각해지고 있다는 의견이다.

표 8-4 관광의 환경적 영향에 대한 경주주민의 부정적 지각정도

(단위 : %, 평균값(3.0기준))

긍정적 지각		관광개발 및 관광객 증가로 인하여…	부정적 지각	
고(%)	저(%)		고(%)	저(%)
9.5	16.3	농사를 지어야 할 땅이 다른 목적으로 많이 바뀌었다. (3.33 : 전용)	29.8	19.0
13.3	18.5	차량통행이 많아져 공기가 나빠졌다. (3.12 : 오염)	33.8	11.8
16.5	20.5	쓰레기 문제가 심각하다. (3.09 : 심각)	22.3	20.3
20.5	18.3	시끄러워 생활에 방해가 된다. (2.89 : 소음 약함)	25.8	11.0
20.8	21.3	물이 많이 더러워졌다. (2.77 : 오염 약함)	20.5	9.5

오늘의 교훈

太公曰(태공왈) 勿以貴己而賤人(물이귀기이천인)하고 勿以自大而蔑小(물이자대이멸소)하고 勿以恃勇而輕敵(물이시용이경적)하라.

태공이 말하기를, "자기 몸이 귀하다고 해서 남을 천하게 여기지 말고, 자기가 크다고 해서 남의 작은 것을 업신여기지 말며, 용맹을 믿고서 적을 가볍게 여기지 말라"고 하였다. (명심보감 : 정기편/正己篇)

PART 03

국제관광 제도론

제 9 장 국제관광사업
제10장 국제관광교통
제11장 주요 국가의 국제관광정책
제12장 국제관광기구 및 법률

국제관광은 현실적으로 존재하는 현상이다. 국제관광이 이루어지기 위해서는 민간부문에서는 호텔 등 관련 사업과 항공기 등 교통시설이 필수적이다. 여기에 대해서 본서에는 국제관광사업, 국제관광교통의 두 부분으로 나누어 다루고 있다. 또한 국제관광이 제대로 이루어지기 위해서는 공공부분에서의 지원이 필요한데 국제관광정책, 국제관광기구 및 법률 등이 여기에 해당한다. 이 4부문을 통틀어 국제관광제도라 부르기로 한다.

CHAPTER 09

국제관광사업

제1절 호텔기업의 국제화

1907년 호텔 리츠(Ritz Hotel)가 유럽 및 기타 지역에 많은 호텔을 등록하면서 호텔업의 국제화가 시작되었다. 그 후 1940년 말 팬아메리카 항공사(Pan American Airline)는 라틴아메리카에 인터콘티넨탈 호텔체인(Intercontinental Hotel Chain)을 설립하였고, 콘라드 힐튼(Conrad Hilton)이 푸에르토리코에서 힐튼 인터내셔널 체인(Hilton International Chain)을 시작하면서 본격화되었다.

호텔의 국제화는 여러 가지 면에서 나타났다. 우선 여러 국가나 지역에서 동일한 이름과 표준화된 시설을 가진 호텔이 건립되었고, 호텔의 주식은 2개 이상의 대륙에 걸쳐서 여러 국가가 소유하게 되었고(transnational ownership) 최초의 설립자금도 수개국의 은행에서 제공되었다. 대표적인 호텔경영의 주요 국제화사례는 리츠, 인터콘티넨탈, 힐튼, 쉐라톤, 하얏트리전시 등이 있다.

호텔체인의 운영방식은 크게 3가지로 나뉜다. 프렌차이징(franchising)은 독립적으로 운영되는 호텔에 본사의 브랜드, 체계적 경영기법, 마케팅기법 등을 제공하는 것이며, 조인트 벤처(joint venture)는 다른 나라 사이에 있는 호텔 사이에 이루어지는 일종의 공동사업이며, 경영계약(management contract)은 어느 한 국가에 기반을 둔 호텔이 타국가의 호텔을 경영하기로 계약하는 것이다.

체인호텔의 소유도 국제화의 길을 가고 있다. 1980년대까지만 해도 대규모 호텔체인은 미국기업에 의해 개발되었다. 힐튼, 웨스턴, 인터콘티넨탈 등 호텔기업은 국제호텔업의 대명사였고 미국식 경영과 마케팅 스타일로 운영되었다.

그러나 현재 3개 기업은 모두 외국인 소유로 되어 있다.

호텔업의 국제화는 1980년대 후반에 급속히 이루어졌다. 예를 들면 배스(Bass, Ltd.)는 런던에 본사를 둔 호텔·주류·케이터링 회사인데, 미국 이외 지역의 할리데이인(Holiday Inn) 체인호텔의 프렌차이즈를 매입하고 동시에 미국 내 14개 동일이름의 호텔에 대한 관리권과 148개 같은 이름의 소유권, 경영계약권 또는 프렌차이즈권을 매입하였다.

Cesar Ritz(1850～1918)

리츠는 파리에 있는 호텔 Le Splendide에서 호텔생활을 시작했다. 1878년 스위스 루체른에 있는 Grand Hotel National의 지배인, 1888년 모나코 Grand Hotel의 지배인을 맡았다. 호화호텔 개발의 개척자로서 부유한 고객을 유치하고 명성을 얻는 방법을 터득하였다. 1888년 스위스 바덴바덴에서 Auguste Escoffier(현대 프랑스요리의 아버지)와 함께 식당을 열었다. 그때 Richard d'OylyCarte 경의 초청으로 런던 Savoy Hotel의 첫 매니저가 되어 1889～1897년 기간 동안 근무하였다.

1898년 프랑스 파리에, 1905년에는 런던에, 1910년에는 마드리드(스페인)에 Hotel Ritz를 열었다. 마드리드에는 당시 스페인 왕 Alfonso XIII의 초청으로 파리의 Hotel Ritz에 버금가는 호텔을 짓게 되었다. 그는 1907년 건강악화로 은퇴할 때까지 Escoffier와 동료관계를 유지하였다. ◀

그림 9-1 세자르 릿츠(Cesar Ritz : 1850～1918)

그림 9-2 콘라드 힐튼

Conrad Hilton(1887~1979)

1930년 11월 20일 힐튼은 엘파소에 El Paso Hilton(현재는 Plaza Hotel)을 건축하였다. 1946년 Hilton Hotels Corporation을 만들고 신용카드, 자동차대여, 기타 여행업으로 확대하였다. 대공황 시기에는 거의 파산하여 많은 호텔을 잃었으나 매니저로 남아 결국에는 모두 회생시켰다.

그림 9-3 힐튼호텔 계열의 브랜드

제2절 전세계 호텔기업의 현황

전세계에는 140여개의 호텔 · 모텔 체인이 있는 것으로 파악되고 있다(〈표 9-1〉 참조). 미국에서는 "50대 호텔기업"을 통해 미국호텔의 현황을 알 수 있다(〈표 9-2〉 참조).

또한 항공사들이 호텔을 소유하는 경향이 있다. 팬암항공사가 1949년 브라질의 벨렘(Belem)에 첫 인터콘티넨탈 호텔을 개관한 이래 국제노선을 가진 항공사들이 호텔체인을 소유하거나 경영하고 있다.

항공사들이 자체의 호텔을 소유하거나 경영할 경우 몇가지 이점이 있다. 첫째, 승무원, 고객(STPC 등)을 위한 자체 숙박시설을 확보할 수 있다. 둘째, 항공사의 거대한 컴퓨터시스템을 통해 객실예약 및 각종 정보제공을 원활하게 할 수 있다. 셋째, 여행사들은 항공좌석과 함께 손쉽게 호텔을 예약할 수 있고 때론 항공사의 좌석+호텔 패키지를 활용할 수 있다. 넷째, 공항과 호텔 사이에 리무진 또는 헬기를 제공받을 수 있다.

특히 제3세계 국가들은 자국내의 큰 도시에 항공사소유 호텔이 들어서길 원한다. 그 이유는 항공사의 자본으로 호텔을 건설하여 인프라를 확보하고, 자국으로 관광객을 유치하는데 기여하기 때문이다. 또한 호텔은 항공사에 다양한 케이터링(기내식 등)을 제공할 수 있다.

항공사들이 소유한 호텔에도 문제점이 없는 것은 아니다. 항공사의 경영자들이 스스로를 호텔경영자로 착각하여 호텔경영에 잘못된 결정을 하는 수가 있다. 호텔경영과 항공사 경영은 다른 점이 적지 않기 때문이다.

표 9-1 전세계 호텔 · 모텔체인 명칭(2006)

	호텔 · 모텔 체인 명칭
A	Adam's Mark, Advena Hotels, Affinia Hotels, AmeriHost Inn AmeriSuites, American Youth Hostels, Avari Hotels(8)
B	Baymont Inn & Suites, Best Western, Biltmore Hotel Budget Suites of America(4)

C	Camino Real Hotels, Candlewood Suites, Champneys, Choice Hotels Clarion Hotels, Club Med, Club Quarters, Coast Hotels, Conrad Hotels, Coral by Hilton, Courtyard by Marriott, Crest Hotels, Crowne Plaza(13)
D	D2(hotel chain), Days Inn, Delta Hotels, Doubletree, Drury Hotels Dusit Hotels and Resorts(6)
E	Econo Lodge, Embassy Suites Hotels, Etap Hotel, Extended Stay America(4)
F	Fairfield Inn by Marriott, Fairmont Hotels and Resorts, Federal Hotels Flair Hotels, Fontainebleau Resorts, Four Points by Sheraton Four Seasons Hotels, Fred Harvey Company(8)
G	Gaylord Hotels, Ginger Hotels(2)
H	Hampton Inn, Hawthorn Suites, Heartland Inn, Hilton Garden Inn Hilton Hotels, Hiway House, Holiday Inn, Homestead Studio Suites Hotels Homewood Suites by Hilton, Hotel Indigo, Howard Johnson's, Hyatt Hyatt Place(13)
I	Hotel Ibis, InterContinental, International Inn On the Bay(3)
J	JW Marriott Hotels, Jameson Inn, Jumeirah(hotel chain)(3)
K	Kempinski, Kimpton Hotels & Restaurant Group, Knights Inn(3)
L	La Copa Inns, La Quinta Inns & Suites, Le Meridien, Little America Hotels, Loews Hotels(5)
M	Mainstay Suites, Malmaison(hotel chain), Mandarin Oriental, Marcus Corporation, Mark Warner Ltd, Marriott Hotels & Resorts Marriott Vacation Club International, Maybourne Hotel Group, Meikles Microtel, Morgans Hotel Group, Motel 6, Movenpick Hotels & Resorts(12)
N	Novotel(1)
O	Oberoi Hotels, Omenahotelli, Omni Hotels, Outrigger Hotels & Resorts(4)
P	Pan Pacific Hotels and Resorts, Pearl Continental Hotels The Peninsula Hotels, Pestana Hotels and Resorts, Phoenix Inn Suites Poseidon resorts, Pousadas de Portugal, Premier Travel Inn, Princess(Hotels & Resorts)(9)
R	RIU Hotels, Radisson Hotels, Raffles International, Ramada, Ramada International, Red Roof Inn, Relais & Chateaux, Renaissance Hotels, Rezidor Hotel Group, Ritz-Carlton, Rockresorts, Rodeway Inn, Royal Princess(hotel chain)(12)
S	Sandman Hotels, Scandic Hotels, Serena Hotel, Shangri-La Hotels and Resorts Sheraton Hotels and Resorts, Signature Inn, Sofitel, St. Regis Hotels, Stakis Hotels, Starwood Hotels, Statler Hotel, Staybridge Suites, Studio 6 Suitehotel, Summerfield Suites, Super 8 Motels, Sutton Place Hotel(17)

T	Tage Inn, Taj Hotels, Resorts and Palaces, The Luxury Collection The Waldorf-Astoria Collection, Thistle Hotels, Tower Hotel, Toyoko Inn Traveller's Inn, Travelodge, Travelodge UK(11)
W	W Hotels, Westin Hotels, Wyndham(3)

자료 : Wikipedia(2007)

표 9-2 미국의 50대 호텔기업 현황(2006) : 객실수 기준

호텔기업명칭, 국내(국외)(계)	객실수	호텔수
1. Inter-Continental Hotel Group	338694/214760 (553454)	2550/1148 (3698)
2. Cendant Corporation	438389/94099 (532488)	5597/1064 (6661)
3. Marriott International, Inc.	383688/92430 (476118)	2286/362 (2648)
4. Choice Hotels International, Inc.	326010/79869 (405879)	4032/887 (4919)
5. Hilton Hotels Corporation	355489/38483 (393922)	2256/204 (2460)
6. Best Western International	186426 116169 (302595)	2201/1754 (3955)
7. Starwood Hotels & Resorts Worldwide, Inc	121271/103131 (224402)	346/374 (720)
8. Accor International	0/217693 (217693)	0/1735 (1735)
9. Carlson Hospitality Worldwide	77220/71117 (148337)	558/385 (943)
10. Accor North America	134548/4271 (138819)	1252/27 (1280)
11. WORLDHOTELS	421/81014 (81435)	35/6089 (6124)
12. HVM, L.L.C.	74985/0 (74895)	672/0 (672)
13. La Quinta Corporation	65752/50 (65802)	611/1 (612)
14. Interstate Hotels & Resorts	65885/670 (65555)	283/4 (287)
15. Sol Melia	0/64090 (64090)	0/283 (283)
16. Hyatt Hotels Corporation	56663/4298 (60961)	113/12 (125)
17. Host Marriott	50959/1641 (52600)	100/4 (104)
18. The Leading Hotels of the World, Ltd.	10813/39396 (50209)	49/258 (307)
19. The Mirage	45213/0 (45213)	49/258 (307)
20. Blackstone Group, Inc.	37412/6350 (43762)	156/23 (179)
21. AHMI	2486/36218 (38704)	12/199 (211)
22. FelCor Lodging Trust, Incorporated	36950/815 (37765)	132/2 (134)
23. Historic Hotels of America	37247/58 (37305)	211/1 (212)

24. Rezidor SAS Hospitality	0/34363 (34262)	0/164 (164)
25. U.S. Franchise Systems, Inc.	33183/754 (33937)	434/11 (445)
26. Le Meridien Hotels & Resorts	1579/3192 (33504)	5/125 (130)
27. Hospitality Properties Trust	33137/0 (33137)	245/0 (245)
28. NH Hoteles	0/33103 (33103)	0/228 (28)
29. Americas Best Value Inn/Vantage Hospitality Group	32161/276 (32438)	508/5 (513)
30. Hyatt International Corporation	0/32298 (32298)	0/94 (94)
31. Golden Tulip Worldwide B.V.	75/28189 (28264)	1/264 (265)
32. Prince Hotels, Inc	1798/24509 (26307)	5/74 (79)
33. CNL Hotels & Resorts, Inc.	25328/605 (25933)	92/1 (93)
34. Preferred Hotels & Resorts Worldwide, Inc.	17567/8287 (25854)	75/51 (126)
35. Tharaldson Lodging	25573/0 (25573)	349/0 (349)
36. Millennium & Copthorne Hotels PLC	7536/16532 (24068)	21/67 (88)
37. Louvre Hotels	0/23088 (23088)	0/379 (379)
38. Choice Hotels Canada, Inc.	0/22864 (22864)	0/276 (276)
39. Caesars Entertainment, Inc.	19935/1921 (2185)	11/6 (17)
40. Fairmont Hotels & Resorts	7249/14189 (21438)	15/30 (45)
41. Occidental Hotels & Resorts	0/20261 (20261)	0/18 (18)
42. Shangri-La Hotels & Resorts	0/19833 (19833)	0/40 (40)
43. iStar Financial	18676/898 (19574)	50/2 (52)
44. Flag International Hotels	0/19231 (19231)	0/372 (372)
45. Columbia Sussex Corporation	18676/573 (18988)	61/2 (63)
46. Select Hotel Group, LLC	17880/0 (17880)	145/0 (145)
47. Top International Hotels	0/17176 (17176)	0/216 (216)
48. JAL Hotels Company, Ltd.	532/16596 (17128)	1/53 (54)
49. Small Luxury Hotels of the World	3405/12855 (16260)	43/266 (309)
50. Sunstone Hotel Investors, Inc.	16148/0 (16148)	61/0 (61)

자료 : http : //www.ahla.com/products__info__center__top50.asp. 재구성
*보다 자세한 내용은 부록 참조

제3절 호텔기업의 외국진출 동향

1. 유명 호텔기업의 아시아 진출 사례

아시아의 경우 중국, 태국, 인도네시아 등 관광 강국을 중심으로 호텔 개발이 최근 활발히 진행되고 있다. 2004년에는 스타우드와 메리어트, 아코르 등 유수의 호텔 체인 그룹들이 아시아로의 진출과 세확장을 위해 노력하고 있다.

(1) JW 메리어트, 리츠칼튼(Ritz Carlton)

세계적인 호텔체인 메리어트그룹(Marriott International, Inc.)의 특1급 호텔인 JW 메리어트와 리츠칼튼이 나란히 베이징에 진출한다. 메리어트 그룹은 2004년 베이징에서 중국의 궈화유한공사(北京國華有限公司)와 호텔 합작사업을 추진하기로 합의했다. 이에 따라 리츠칼튼과 JW메리어트 호텔은 베이징 번화가인 장안가(長安街)에 나란히 들어서게 됐다. 베이징에서 최고급, 최고가 호텔로 만든다는 것이 메리어트 그룹의 전략이다.

2004년 9월부터 공사가 시작되며 베이징 올림픽(2008년)이 열리기 전인 2007년 6월 완공을 목표로 하고 있다. 궈화유한공사는 이번 호텔 합작사업에 10억 위앤(1,500억원) 이상을 투자할 것으로 알려졌다. 메리어트와 궈화는 이번 사업으로 베이징의 고급호텔 부족현상이 어느 정도 완화될 것이며 VIP급 고객이 늘어나 베이징의 도시 이미지도 높일 수 있을 것으로 내다보고 있다.

(2) 하얏트(Hyatt International Corporation)

하얏트 인터내셔널은 베트남 호치민시에 260실 규모의 파크 하얏트 사이공을 2004년 9월 오픈했다. 또한 중국에도 두 개의 호텔 프로젝트가 진행 중인데 10월에 350실 규모의 하얏트 리젠시 장충(Chongqing)과 2004년 하반기에 370실 규모의 하얏트 리젠시 광주를 개관했다. 또한 현재 진행 중인 호텔 개발

프로젝트의 대부분이 중국으로 잡혀 있어 중국경제의 성장과 올림픽 개최 등에 따른 수요증가를 예상한 중국시장에 대한 관심을 엿볼 수 있다. 2005년 말 개장예정인 하얏트 리젠시 닝보(402실), 중국 해남 섬의 하얏트 리젠시 산야(328실), 2007년 오픈예정의 베이징의 파크 하얏트 베이징(237실) 등이 그것이다.

(3) 아코르(Accor International)

2003년에만 4개의 호텔을 중국에 오픈한 아코르의 소피텔은 2004년에도 5개의 중국 내 호텔 오픈을 계획하고 있다. 중국 안산의 기존 Anshen International Hotel을 개보수를 거쳐 2004년 초 소피텔 안산으로 재개장할 예정. 재오픈할 경우 이 도시 유일의 5성급 호텔이 된다. 30개의 스위트 룸을 포함해 306개의 객실, 4개의 레스토랑과 10개의 미팅룸, 비즈니스센터, 실내 수영장과 휘트니스센터 등을 갖췄다.

또한 아코르그룹은 2005년 말까지 중국에 33개 호텔을 운영한다는 방침이다. 현재보다 10곳이 늘어나게 된다.

(4) 스타우드 호텔 & 리조트(Starwood Hotels & Resorts Worldwide, Inc.)

태국에서 최근 눈에 띄는 확장세를 보이고 있는 스타우드 호텔 & 리조트는 태국내 8번째 스타우드 계열 호텔로 2004년 하반기에 태국의 가장 유명한 휴양지 중 하나인 파타야에 쉐라톤 파타야 리조트를 운영하기로 했다고 밝혔다. 이 리조트는 156개의 객실과 54개의 디럭스 룸, 2개의 빌라로 구성될 예정이며 특히 디럭스 룸은 65평방 미터와 12평방 미터의 규모를 자랑한다. 세개의 레스토랑과 헬스 클럽, 키즈 클럽, 8개의 트리트먼트 룸을 갖춘 스파센터와 비즈니스센터 등이 들어설 예정이다. 이외에도 스타우드 호텔 & 리조트 그룹은 중국 복주 자유무역지구(Fujian Free Trade Zone)에 2004년 3월 3백실 규모의 포포인츠 by 쉐라톤 호텔을 오픈 하였으며 대련지역에도 2004년 중순 368

객실 규모의 쉐라톤 호텔을 오픈하였다. 또한 2004년 8월에는 방글라데시 다카(Dhaka)에 웨스틴 다카(220실)를 오픈하였다.

(5) 힐튼 인터내셔널(Hilton Hotels Corporation)

힐튼 인터내셔널의 한 브랜드인 콘라드 호텔은 2004년 태국의 푸켓과 인도네시아 발리 등 두 곳에 호텔을 오픈할 것이라고 밝혔다. (자료 : www.kotra.or.kr, 호텔과 레스토랑 2003~2004)

2. 국내호텔의 외국 진출사례

(1) 대우건설

중국 계림시와 길림성 연길시, 백두산, 북경시에 4개의 호텔에 대해 사업을 벌이고 있다.

- 계림시의 쉐라톤 길림 호텔

1997년 운영중인 쉐라톤 길림 호텔의 지분 중 90%를 인수하여 경영은 스타우드 계열의 쉐라톤에서 맡고 있다.

- 연변 대우호텔

263실 규모로 직영으로 운영하고 있고 1994년 연변조선족자치주와의 합작계약(대우지분 78%)를 체결하여 대우에서 호텔 및 부속시설을 건립하고 2002년 8월 29일에 그랜드 오픈하였다. 길림성 1만 3천5백여평의 대지에 자리잡은 연변대우호텔은 지하 1층에서 지상 7층까지 총 8개층의 규모로 269실의 스탠다드룸과 7층의 특별 회의실 등을 갖춘 귀빈전용층을 마련하고 있다. 이 호텔의 子호텔로 백두산에도 직영으로 운영하는 장백산대우호텔이 2000년에 개관하였다.

- 켐핀스키 호텔 베이징 루프트한자센터

북경시에 위치, 중국 및 독일측과 합자하여(대우지분 25%) 대우측이 비즈니스센터 내의 호텔, 사무실, 아파트, 백화점 등을 건립하였다. 호텔 운영은 켐핀스키쪽에서 맡고 있고 526실 규모이다.

(2) 현대호텔

- 러시아 블라디보스톡 시청과 50년간(1994.6.15~2044.6.15)의 계약

97년 완공된 이 호텔은 155실 규모로 총 투자규모 1억달러 규모로 자본금 1천억달러 중 현대가 70%, 러시아 측이 30%를 부담하였다. 호텔의 운영은 ㈜호텔현대가 전담하며 위탁운영에 대한 수수료를 지급받는다. 주로 러시아(35%)와 한국인(20%)이 이용하며 비즈니스 고객이 63%에 이른다.

- 수업추진 배경 및 전망

현대호텔의 관계자는 사업추진 배경에 대해 "천연가스와 원유, 목재 등이 풍부하고 시베리아 횡단철도의 시발점인 블라디보스톡은 한국과 러시아, 유럽을 연결하는 전략적 요충지"라고 전제하며 "호텔현대는 이와 같은 전략적 요충지의 선점을 통해 러시아측과의 유대관계를 강화하고, 향후 천연자원의 원활한 공급과 시베리아횡단철도의 활용을 도모하기 위한 현대그룹 및 국가전략적 차원의 교두보를 마련하고자 진출하게 되었다"고 설명한다. 또한 경의선연결로 인해 시베리아 횡단철도와 연결되고 러시아 개방 이후 한국의 對러시아 투자 및 무역량 증가로 인한 한국 비즈니스 고객의 증가, 중국의 경제활 성화에 따른 중국인 관광객 증가, 카지노가 영업을 개시함으로 고급 투숙객들의 유입 등 2003년의 전망은 밝은 편"이라고 전망했다.

(3) 호텔 아미가

중국에서의 호텔시장 진출을 위해 특정 호텔그룹간 협력과 개발, 정보기술의 전달, 호텔경영 노하우, 서비스교육 등의 독자적 호텔 시스템을 구축, 수출할 계획을 갖고 있다.

(4) 롯 데

- 합작사 L&L 설립 : 모스크바 롯데 콤플렉스 건축 중

국내에 6개의 체인호텔을 운영하고 있는 롯데호텔은 러시아 모스크바로의

진출을 추진 중에 있다. 1997년 러시아의 파트너와 합작사 L&L를 설립하여 롯데건설에서 건축중인 모스코바 롯데 콤플렉스에는 호텔과 오피스빌딩, 백화점 등이 들어서게 된다. 총 1.96ha의 면적의 부지에 지대를 제외하고 총 2억 7천만 달러를 들여 건설되는 이번 복합건물 단지는 2006년 3/4분기 완공을 목표로 진행 중이다(현재 미완공).

기존의 낡은 건물을 이용한 건축물이 많은 모스크바지역에 초현대식의 롯데 콤플렉스가 완성되면 모스크바의 새로운 랜드마크로 떠오르게 될 것으로 기대된다.

제 4 절 미국 호텔업 약사

미국은 단일국가로는 최대의 호텔 보유국이며, 유럽과 함께 현대적 호텔로의 발전에 큰 영향을 미쳤다. 유수의 호텔기업이 미국에서 설립되거나 본사를 미국에 두고 있기 때문에 미국 호텔업의 역사를 살펴보면 현대 호텔의 자취를 일부 알 수 있다.

1900 호텔수(10,000개 이하) 객실수(75만~85만개)

1900 1등급 호텔 전 층에 스팀난방, 개스버너, 전구, 욕조, 장롱 설치. 이발소, 당구장 설치.
Lenox Hotel(현 Lenox Hotel & Suites/Village Lodge) : 방염 숙박시설, 샤워욕조, 옥상정원 설치. American/European lodging plans 2달러에 시작.

1904 New York City's St. Regis Hotel : 객실에 개인용 난방기구 설치.

1908 Gideons International : Superior Hotel(Montana)에 최초로 성경 비치.
Hotel Statler Buffalo에서 체인 시작. 모든 객실에 개인욕조, 전신거울, 전화 부착, 라디오 등 설치. 이는 40년 후 호텔건축의 모델을 제시.

1910 호텔수(10,000개) 객실수(1백만개) 종사원(30만명) 호텔평균객실

수(60~75실)

1910 The American Hotel Protective Association 시카고에 설립.
숙박산업은 거의 주요 관광지 주변의 휴양지나 도심지의 호텔로 구성. 조리, 조명 목적으로 호텔에 전기설치 시작. 그러나 대부분의 호텔은 촛대, 새로운 촛불, 성냥 등을 객실에 비치.

1916 The Federal Road Aid Act로 숙박업의 새로운 시장이 탄생.

1917 The American Hotel Protective Association가 the American Hotel Association(AHA) of the United States and Canada로 개칭.

1919 Conrad Hilton : 첫 호텔 구입(Mobley, in Cisco, Texas)

1920 객실점유율(85%) 호텔건설이 붐을 이룸 고속도로 주변에 수천개의 객실이 건설됨.

1920 금주법 시작

1922 The Treadway Company : 소규모 college inn에 대해 최초로 경영계약 실시
Cornell University에 최초의 호텔레스토랑 프로그램시작 (American Hotel Association이 주도)

1925 도로변 모텔 최초개업(San Luis Obispo, Calif), 숙박료 $2.50

1927 Hotel Statler(Boston) : 최초로 객실에 라디오설치(중앙통제실에서 제어)
The American Hotel Association와 Hotel Red Book(1886년 첫 발간)과 합병.
The Huntington Hotel in Calif : 올림픽 규모의 호텔수영장 설치.

1928 업계 종사원수 58만명 이상

1929 Western Hotels(현 Westin) : 태평양 서북지역에 17개 호텔로 시작. 미국최초의 호텔경영회사 설립. The Oakland Airport Hotel : 최초의 공항호텔.

1930 객실점유율(65%) 호텔수(약 20,000개) 호텔객실수(보통 : 46실) 평균객실요금($5.60)

1930 미국호텔 5개 중 4개는 재산관리상태로 돌입. 표준 여행사수수료 10%.

1931 AHA's Chain Hotel Systems 등장, 후에 Directory of Hotel & Motel Companies가 됨.

1933 대공황으로 객실점유율 51%로 추락. 호텔건설 중지.

1934 The Hotel Statler(Detroit) 중앙집중식 에어컨 최초설치.

1937 Waiters and Bartenders National Union 창설, 회원 20만명

1939 7개 모텔업체가 Quality Courts(후에 Choice Hotels International) 창립.

1940 객실점유율(64%) 평균객실요금($3.21)

1940 에어컨 보편화

1945 Sheraton 뉴욕 증권시장에 상장된 첫 호텔이 되다.

1946 Westin 첫 guest credit card 제작. Best Western 창립(M.K. Guertin과 친구 54명), 객실점유율 93% 달성. 최초 카지노호텔 Flamingo(Las Vegas)

1947 Westin 호텔예약시스템 최초개발(Hoteltype) New York City's Roosevelt Hotel : 전객실에 TV 설치.

1949 Hilton : 첫 국제호텔체인이 되다(Caribe Hilton in San Juan, Puerto Rico 오픈

1950 객실점유율(80%) 객실수(일반모텔 : 17실) 평균객실요금($5.91)

1951 Hilton 호텔 : 전객실에 TV 첫 설치

1954 Howard Dearing Johnson : 숙박업체인 처음 실시(a motor lodge, Savannah, Ga).

Conrad Hilton : Statler Hotel Company을 $111 million에 구매, 역사상 최대규모 거래. An inn in Flagstaff, Ariz. : 라마다호텔을 형성하게 된 첫 모토호텔이 되다(라마다 : 스페인어로 "a shaded resting place의 뜻).

1957 J.W. Marriott의 첫 호텔 Twin Bridges Marriott Motor Hotel (Arlington, Va)을 세움. Hilton : 직접통화 가능 전화 제공

1960 객실점유율(67%) 매출액(30억불) 총객실수(2,400,450) 객실평균요금($10.81) 객실수(일반 : 39실) 소유형태(개별, 지역소유)

1960년대 초 Siegas 호텔 : 처음으로 미니바 도입(소형 냉장고에 상품진열)

1964 Travelodge : 휠체어가 들어갈 수 있는 객실 개발

1966 Inter-Continental 호텔 : 복도에 얼음 및 자판기 도입, 호텔식당으로 통하는 외부출입문 설치

1967 The Atlanta Hyatt Regency : 21층 오픈, 호텔디자인에 새바람

1969 Westin : 처음으로 24시간 룸서비스 실시.

1970 객실점유율(65%) 매출액(80억불) 총객실수(1,627,473) 객실평균요금($19.83)

1970 Hilton호텔 : 매출 10억불시대 열다. 라스베이거스 시장에 첫 진출

1973 The Sheraton-Anaheim 호텔 : 객실에 무료 영화 제공

1974 에너지 위기로 네온사인 조도를 낮추고, 미사용객실 전원단전, 고객에게 전기절약 요청.

1979 Hyatt호텔 : 첫 여성총지배인 임명, Cheryl Phelps, Queen Mary Hyatt(Long Beach, Calif)

1980 객실점유율(70%), 매출액(259억불) 객실수(2,068,377) 객실평균요금($45.44)

1983 Westin : 처음으로 신용카드로 예약 및 체크아웃 실시.
VingCard : optical electronic key card 발명

1984 Holiday Inn : 처음으로 중앙집중식 여행사 수수료 시스템 개발

1986 Teledex Corporation : 처음으로 호텔객실용 전화기 도입.

1989 Hyatt : 전체 inn에 어린이 프로그램 도입(3~12세)

1990 객실점유율(64%) 매출액(607억불) 객실수(3,065,685) 호텔수(45,020) 객실평균요금($58.70)

1992 6년 연속 적자에서 탈출, 손익분기점 달성.

1993 Radisson Hotels Worldwide : 처음으로 business-class rooms 도입

1996 Best Western 창립 50주년

2000 객실점유율(63%) 매출액(970억불) 호텔신축 : 135,000개(1999년 145,000개)
힐튼호텔이 우주에 특급 호텔건축 계획을 밝히다.

자료 : American Hotel and Lodging Association(www.ahla.com)

관련자료 1 **미국의 50대 호텔기업(2006년 : 객실수 기준)**

[1] Inter-Continental Hotel Group

	객실수	호텔수
국내/국외(계)	338694/214760(553454)	2550/1148(3698)
BRANDS	Candlewood, Centra, Crowne Plaza, Forum Hotel, Holiday Inn, Holiday Inn Express, Holiday Inn Garden Court, Holiday Inn Select, Hotel Indigo, Inter Continental, Parkroyal, Posthouse, Staybridge Suites, Sunspree Resorts & Toby Hotels.	

[2] Cendant Corporation

국내/국외(계)	438389/94099(532488)	5597/1064(6661)
BRANDS	Amerihost Inn, Days Hotel, Days Inn, Days Serviced Apartments, Howard Johnson, Howard Johnson Express, Knights Inn, Ramada, Ramada International Plaza, Ramada International Hotels & Resorts, Ramada Limited, Ramada Limited, Ramada Plaza, Super 8, Thriftlodge & Travelodge.	

[3] Marriott International, Inc.

국내/국외(계)	383688/92430(476118)	2286/362(2648)
BRANDS	Courtyard, Fairfield Inn, Marriott Conference Centers, Marriott Executive Apartments, Marriott Hotels and Resorts, Renaissance Hotels & Resorts, Residence Inn, SpringHill Suites, The Ritz-Carlton & TownPlace Suites	

[4] Choice Hotels International, Inc.

국내/국외(계)	326010/79869(405879)	4032/887(4919)
BRANDS	Clarion, Comfort Inn, Comfort Suites, Econo Lodge, MainStay Suites, Quality, Quality Suites, Rodeway Inn, & Sleep Inn	

[5] Hilton Hotels Corporation

	객실수	호텔수
국내/국외(계))	355489/38483(393922)	2256/204(2460)
BRANDS	Conrad, Doubletree, Doubletree Club, Embassy Suites, Embassy Vacation Resort, Hampton Inn, Hampton Inn Suites, Hilton, Hilton Gaming, Hilton Garden Inn, Homewood Suites & Scandic Hotel	

[6] Best Western International

국내/국외	186426/116169(302595)	2201/1754(3955)
BRANDS	Best Western	

[7] Starwood Hotels & Resorts Worldwide, Inc.

국내/국외(계)	121271/103131(224402)	346/374(720)
BRANDS	Four Points, Hacienda, St. Regis, Luxury Collection, Sheratin Hotel, W Hotels, & Westin	

[8] Accor International

국내/국외(계)	0/217693(217693)	0/1735(1735)
BRANDS	Century, Coralia, Etap Hotel, Hotel Formule 1, Hotel Novotel, Hotel Sofitel, Jardin, Libertel, Mercure Hotel, Pannonia, Parthenon, & Suitehotel	

[9] Carlson Hospitality Worldwide

국내/국외	77220/71117(148337)	558/385(943)
BRANDS	Country Inn & Suites, Park Inn, Park Plaza, Radisson, & Regent Hotels	

[10] Accor North America

국내/국외	134548/4271(138819)	1252/27(1280)
BRANDS	Coralia, Hotel Novotel, Hotel Sofitel, Mercure Hotel, Motel 6, Red Roof Inn, & Studio 6	

[11] WORLDHOTELS

	객실수	호텔수
국내/국외	421 / 81014 (81435)	35 / 6089(6124)
BRANDS	Austria Hotels, Best Western, Bilderberg, Concorde Hotels, Corinthia, Dai-Ichi, European Castle Hotels, Exclusive Hotels, Grange Hotels, Hankyu Hotel Chain, Harbour Plaza Hotels, Hesperia Hoteles, Hilton Internaitonal Holiday Inn Garden Court, Hotel Husa.	

[12] HVM, L.L.C.

국내/국외	74985/0(74895)	672/0(672)
BRANDS	Crossland Suites, Extended Stay America, Extended Stay Deluxe, Homestead, & StudioPLUS.	

[13] La Quinta Corporation

국내/국외	65752/50(65802)	611/1(612)
BRANDS	Baymont Inns & Suites, La Quinta Inns, & Woodfield Suites.	

[14] Interstate Hotels & Resorts

국내/국외	65885/670(65555)	283/4(287)
BRANDS	Amerisuites, Best Western, Comfort Inn, Comfort Suites, Country Inn & Suites, Courtyard, Crowne Plaza, Doral, Doubletree, Doubletree Club, Embassy Suites, Four Points, Hampton Inn, Hampton Inn Suites, Hawthorn Suites, Hilton, Hilton Garden Inn, & Holiday Inn.	

[15] Sol Melia

국내/국외	0/64090(64090)	0/283(283)
BRANDS	Melia, Paradisus Resorts, Sol, TRYP Hotels & Resorts.	

[16] Hyatt Hotels Corporation

국내/국외	56663/4298(60961)	113/12(125)
BRANDS	Hyatt	

[17] Host Marriott

	객실수	호텔수
국내/국외	50959/1641(52600)	100/4(104)
BRANDS	BRANDS Courtyard, Delta Hotels, Embassy Suites, Fairmont, Four Points, Four Seasons, Hilton, Hyatt, Marriott Conference Centers, Marriott Hotels and Resourts, Residence Inn, Swissotel, The Ritz-Carlton, & Westin.	

[18] The Leading Hotels of the World, Ltd.

국내/국외	10813/39396(50209)	49/258(307)
BRANDS	Independent/Unknown, Bayan Tree, Carlton Lodge, Dorchester Hotel Group, Fairmont, Fiesta Americana, Four Seasons, Grand Chalet, Hotel Sofitel, Kempinski Hotel, Meridien, Meritus Hotels & Resorts, Oberoi Hotels, One & Only Resorts, Orient Express, & Park I.	

[19] The Mirage

국내/국외	45213/0(45213)	19/0(19)
BRANDS	The Mirage	

[20] Blackstone Group, Inc.

국내/국외	37412/6350(43762)	156/23(179)
BRANDS	Hilton, Holiday Inn, Holiday Inn Select, Hyatt, Malmaison, Prime Hotels & Resourts Brand, Radisson, Summerfield By Wyndham, Wellesley Inn & Suites, Wyndham Garden Hotel, Wyndham Hotels, Wyndham Luxury, & Wyndham Resorts	

[21] AHMI

국내/국외	2486/36218(38704)	12/199(211)
BRANDS	AHMI	

[22] FelCor Lodging Trust, Incorporated

국내/국외	36950/815(37765)	132/2(134
BRANDS	FelCor Lodging Trust, Incorporated	

[23] Historic Hotels of America

	객실수	호텔수
국내/국외	37247/58(37305)	211/1(212)
BRANDS	Independent/Unknown, Best Western, Colony, Delta Hotels, Fairmont, Grand Chalet, Hampton Inn, Hilton, Hyatt, Millennium Hotels, Omni, Park Inns International, Park Plaza Suites, Peabody Hotel, Radisson, Red Lion, Renaissance Hotels &Resorts, & Royal Inns.	

[24] Rezidor SAS Hospitality

국내/국외	0/34363(34262)	0/164(164)
BRANDS	Country Inn & Suites, Park Inn, Radisson, & Regent Hotels.	

[25] U.S. Franchise Systems, Inc.

국내/국외	33183/754(33937)	434/11(445)
BRANDS	America's Best Inns, America's Best Suites, Hawthorn Inn & Suites, Hawthorn Suites, Hawthorn Suites Ltd, & Microtel Inn.	

[26] Le Meridien Hotels & Resorts

국내/국외	1579/3192(33504)	5/125(130)
BRANDS	Le Meridien	

[27] Hospitality Properties Trust

국내/국외	33137/0(33137)	245/0(245)
BRANDS	Amerisuites, Candlewood Hotel, Comfort Inn, Country Inn & Suites, Courtyard, Homestead, Marriott Hotels and Resorts, Park Plaza, Radisson, SpringHill Suites, Staybridge Suites, & Towne-Place Suites	

[28] NH Hoteles

국내/국외	0/33103(33103)	0/228(28)
BRANDS		

[29] Americas Best Value Inn/Vantage Hospitality Group

	객실수	호텔수
국내/국외	32161/276(32438)	508/5(513)
BRANDS	America's Best Value	

[30] Hyatt International Corporation

국내/국외	0/32298(32298)	0/94(94)
BRANDS	Hyatt International Corporation	

[31] Golden Tulip Worldwide B.V.

국내/국외	75/28189(28264)	1(264(265)
BRANDS	Golden Tulip, Rainbow Hotels, & Tulip Inn Hotel.	

[32] Prince Hotels, Inc

국내/국외	1798/24509(26307)	5/74(79)
BRANDS	Prince Hotels	

[33] CNL Hotels & Resorts, Inc.

국내/국외	25328/605(25933)	92/1(93)
BRANDS	Courtyard, Doubletree, Embassy Suites, Fairfield Inn, Four Points, Hampton Inn, Hilton, Holiday Inn, Holiday Inn Express Hotel, Homewood Suites, Hyatt, Marriott Hotels and Resorts, Renaissance Hotels & Resorts, Residence Inn, Sheraton Hotel, & SprinHill Suites.	

[34] Preferred Hotels & Resorts Worldwide, Inc.

국내/국외	17567/8287(25854)	75/51(126)
BRANDS	Preferred.	

[35] Tharaldson Lodging

	객실수	호텔수
국내/국외	25573/0(25573)	349/0(349)
BRANDS	Baymont Inns & Suites, Comfort Inn, Comfort Suites, Country Inn & Suites, Courtyard, Days Inn, Econo Lodge, Fairfield Inn, Hampton Inn, HamptonInn Suites, Holiday Inn Express Hotel, Hoewood Suites, Quality Suites, Residence Inn, Sleep Inn, & SpringHill Suites.	

[36] Millennium & Copthorne Hotels PLC

국내/국외	7536/16532(24068)	21/67(88)
BRANDS	Comfort Inn, Copthorne Hotels, Four Points, Hilton, Hyatt, Marriott Hotels and Resorts, Millennium Hotels, Park Inn, & Quality Royal Inns.	

[37] Louvre Hotels

국내/국외	0/23088(23088)	0/379(379)
BRANDS	Bleu Marine, Campanile Hotel.	

[38] Choice Hotels Canada, Inc.

국내/국외	0/22864(22864)	0/276(276)
BRANDS	Clarion, Comfort Inn, Comfort Suites, Econo Lodge, Quality, Quality Suites, Rodeway Inn, & Sleep Inn.	

[39] Caesars Entertainment, Inc.

국내/국외	19935/1921(21856)	11/6(17)
BRANDS	Caesars, Conrad, Hilton Gaming, & Sheraton Hotel.	

[40] Fairmont Hotels & Resorts

국내/국외	7249/14189(21438)	15/30(45)
BRANDS	Fairmont, Sheraton Hotel.	

[41] Occidental Hotels & Resorts

	객실수	호텔수
국내/국외		0/18(18)
BRANDS	Allegro Resorts, Boscolo Hotels, Concorde Hotels, Confortel Hoteles, Fiesta Americana, G.S.M. Hoteles, Hotel Occidental, Hotel Sofitel, Sercotel Hotels.	

[42] Shangri-La Hotels & Resorts

국내/국외	0/19833(19833)	0/40(40)
BRANDS	Shangri-La	

[43] iStar Financial

국내/국외	18676/898(19574)	50/2(52)
BRANDS	Best Western, Doubletree, Embassy Suites, Hilton, Hyatt, Marriott Hotels and Resorts, Radisson, Red Lion,Renaissance Hotels & Resorts, Residence Inn, The Ritz-Carlton.	

[44] Flag International Hotels

국내/국외	0/19231(19231)	0/372(372)
BRANDS	Flagg Inns.	

[45] Columbia Sussex Corporation

국내/국외	18676/573(18988)	61/2(63)
BRANDS	Courtyard, Crowne Plaza, Doubletree, Fairfield Inn, Holiday Inn, Marriott Hotels and Resorts, Radisson, Renaissance Hotels & Resorts, Sheraton Hotel, Super 8, Westin	

[46] Select Hotel Group, LLC

국내/국외	17880/0(17880)	145/0(145)
BRANDS	Amerisuites	

[47] Top International Hotels

	객실수	호텔수
국내/국외	0/17176(17176)	0/216(216)
BRANDS	Akzent Hotels, Arcantis Hotels, Best Western, Comfort Inn, Corinthia, Flair Hotels, Hotusa Hotels, Manotel, Minotel, Quality, Relais Du Silence Silencehotel, Sorat Hotels.	

[48] JAL Hotels Company, Ltd.

국내/국외	532/16596(17128)	1/53(54)
BRANDS	Nikko Hotel	

[49] Small Luxury Hotels of the World

국내/국외	3405/12855(16260)	43/266(309)
BRANDS	Independent/Unknown, Bayan Tree, Gran Melia, Grand Chalet, Oberoi Hotels, & Park Inn.	

[50] Sunstone Hotel Investors, Inc.

국내/국외	16148/0(16148)	61/0(61)
BRANDS	Courtyard, Crowne Plaza, Doubletree, Embassy Suites, Hawthorn Suites, Hilton, Hilton Garden Inn, Holiday Inn, Holiday Inn Express Hotel, Holiday Inn Select, Hyatt, Marriott Hotels and Resorts, Renaissance Hotels & Resorts, Residence Inn, Sheraton Hotel, W.	

자료 : http : //www.ahla.com/products

오늘의 교훈

酒食兄弟(주식형제)는 千個有(천개유)로되 急難之朋(급난지붕)은 一個無(일개무)니라.

"서로 술이나 음식을 함께 할 때에는 형이니 동생이니 하는 친구는 많으나, 급하고 어려운 일을 당하였을 때에 도와줄 친구는 하나도 없느니라."

명심보감 : 교우편(交友篇)

CHAPTER 10 국제관광교통

국제관광이 용이해진 것은 무엇보다도 교통수단의 발전에 기인한 것이라는 점은 분명하다. 산업혁명을 거치면서 선박, 기차, 자동차, 비행기 등 교통수단의 급속한 발전은 빠른 시간에 보다 많은 여행객을 이동하게 하여 현대와 같은 대량관광시대가 도래하게 되었다.

제 1 절 국제 자동차여행

1. 팬아메리카 고속도로(Pan American Highway)

세계에서 가장 긴 고속도로로 중간 54마일 미완성(Darien Gap : 파나마-콜롬비아)

팬아메리카 고속도로는 총 49,800km(29,800마일)로 북미와 남미를 연결하고 있다. 기네스북에 세계에서 가장 긴 자동차도로(motorable road)라고 등재되어 있다. 북미 알래스카 Fairbanks에서 브라질 부에노스아이레스까지 뻗어 있으며, 캐나다와 미국지역에는 공식적으로 이 도로가 지정되어 있지 않다.

이 도로는 정글지역에서 한랭한 산악지역까지 다양한 기후와 생태지역을 지난다. 많은 나라를 통과하기 때문에 통일된 것은 없다. 어떤 지역은 건기에만 운행 가능하고, 때론 매우 위험하기도 하다.

인기있는 구간은 알래스카고속도로와 인터아메리칸 고속도로(Inter-American Highway) 구간이다. 후자는 미국과 파나마 구간으로 미국 관광객들이 멕시코로 갈 때 인기 선호하는 구간이다. 이 두 구간은 제2차 세계대전 중 유보트(by

그림 10-1 팬아메리카 고속도로 지도

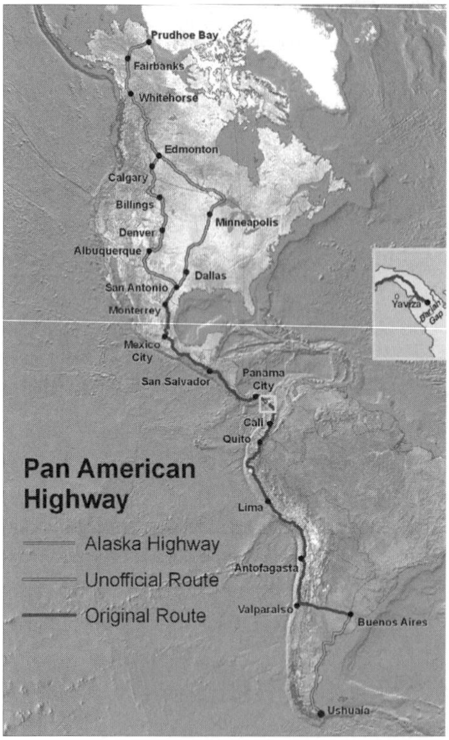

(칠레, 아르헨티나 지역 도로표지판)

U-boats)의 공격위험이 없이 먼 곳까지 물자를 수송하기 위해 건설되었다.

Jake Silverstein은 2006년 "이 도로를 엄청 넓고, 너무 미완성이어서 팬아메리카주의(Pan-Americanism) 그 자체의 이상과 맞지 않는다"라고 주장하고 있다.

미완성 구간 : 다리엔 갭(Darien Gap)

다리엔 갭(Darien Gap)은 중미와 남미가 만나는 열대우림지역으로 지구상에서 가장 풍부한 생태지역 중의 하나이다. 그러나 알래스카에서 남미에 이르는 약 16,000 마일의 팬아메리카 고속도로의 완성에 장애물이 되고 있다. 다리엔 갭은 약 54마일에 이르며 한쪽은 파나마 국립공원에, 다른 한 쪽은 콜롬비아 국립공원에 속해 있으며, 면적은 약 300만 에이크로 야생상태를 유지하고 있다.

다리엔 갭의 연결에 대해 찬성론자와 반대론자로 나누어져 있다. 찬성론자들은 이것이 상징적, 경제적 의미가 있다고 보고, 21세기에 몇 마일의 미완성 도로 때문에 아메리카가 아직도 하나로 연결되지 못하고 있는 것은 말이 안된다고 주장한다.

한편, 반대론자들은 이 지역이 연결되면 수천명의 가난한 이주자들을 불러와 마지막 남아 있는 열대우림지역을 파괴할 것이라고 주장한다. 원주인인 인디언 족장들은 이주자들의 유입이 그들을 경제적으로 문화적으로 파괴할 것이라고 걱정하고 있다. 또한 파나마 야비자(Yaviza)까지 확장된 고속도로의 예를 들면서 이 지역이 20년전까지도 열대우림지역이었으나 지금은 고속도로 양편으로 수 마일의 나무가 사라졌다고 한다.

지역주민들은 이러한 논쟁에 오히려 무관심한 것 같다. 그들은 기존의 도로가 좀더 개선되어 우기에 지역 생산물을 시장으로 수송하는데 편리했으면 하는 정도이다.

한편, 파나마 정부는 이 문제를 신속히 다루려 하지 않는다. 그 이유는 이 지역이 콜롬비아와의 완충지대 역할을 한다, 특히 콜롬비아로부터 마약이 들어오지 못하게 하는 역할을 하고 있다. 파나마 정부는 재정적으로 여유가 없고 또한 미국도 이 문제에 관심이 없다. 오히려 이 지역을 관광지로, 특히 해양관광지로 활용하는 것이 좋다고 생각하고 있다.

따라서 다리엔 갭은 상당기간 미완성으로 남을 것 같다. ◀

그림 10-2 다리엔 갭(Darien Gap)

(CNN)

(CNN)

2. 아우토반(Autobahn)

1932년 쾰른과 본 사이를 왕래하는 최초의 아우토반이 완공된 지 6년 만에 모두 3,000km에 이르는 고속도로망이 확충되었다. 흔히 아돌프 히틀러(Adolf Hitler)가 이 도로의 건설에 지대한 공헌을 하였다고 알려져 있지만, 그 직접적인 계기가 된 것은 1913년부터 1921년까지 베를린에 실험적으로 건설된 아부스고속도로(Avus experimental highway)와 밀라노에서 이탈리아 북부의 호수들까지 연결시켜 놓은 130km 길이의 아우토스트라다 유료도로(Autostrada tollway : 1923년 완공)였다.

독일 아우토반은 2005년 총 12,200km에 달하며 세계에서 3번째로 긴 고속도로이다. 미국의 Interstate Highway System과 중국의 National Trunk Highway System(NTHS) 다음이다.

대부분의 도로는 현대화되었으며 비상선을 포함해 편도 3차선이다. 일부지역은 아직도 비상선이 없는 편도 2차선이다. A9선(뮌헨-베를린)에 이 두 가지 형태가 섞여 있다.

스위스 아우토반은 1,638km(2000년), 면적은 41,290km²로 세계에서 가장 밀도가 높은 고속도로이다. 스위스 아우토반은 아직 미완성으로 지금까지 주로 남북간, 동서간 축형성에 중점을 두었다. 스위스 아우토반은 터널을 제외하곤 대부분 비상선이 있다.

속도제한

시속 60km(37마일) : 입석 승객이 타고 있는 버스(스위스 제외)
트레일러가 달린 오토바이(스위스는 80km)

시속 80km(50마일) : 3.5톤 초과 차량(여객차량 제외)
여객용 차량 및 트레일러 달린 트럭
버스(스위스 120km)

시속 100km(62마일) : 3.5톤 미만 차량(100km 승인받은 트레일러 부착 차량)
버스(트레일러 없이, 100km 승인 받은 경우)

정식 명칭은 라이히스 아우토반(Reichs Autobahn)이다. 도로의 너비는

18.5~20m이고, 중앙에는 3.5~5m 너비의 녹지대(중앙분리대)가 있다. 권장 속도시속 130km라는 간판이 대부분 세워져 있고, 도시 권역이나 위험지역의 경우에는 시속 100km라는 속도제한 표지도 가끔 보인다.

그림 10-3 아우토반 표지(독일, 오스트리아, 스위스)

그림 10-4 독일의 아우토반

1930년대 독일 아우토반

독일 아우토반 노선망

제2절 국제 기차여행

1. 유레일 패스(Eurail Passes)

유레일패스는 유럽 이외의 거주자로 하여금 유럽을 손쉽게 여행하도록 하고, 오래된 대륙 유럽을 세계에 알리고자 탄생하였다. 1959년 이래 27개 유럽 철도회사와 11개 운수회사가 joint venture로서 연결되어 있다. 2001년 유레일패스의 마케팅과 관리를 위해 Eurail Group이 만들어졌다. (http://www.eurailgroup.com)

유레일패스는 2006년 현재 유럽 내 18개국을 연결하고 있다.

Austria, Belgium, Denmark, Finland, France, Germany, Greece, Hungary, Italy, Luxembourg, The Netherlands, Norway, Portugal, Republic of Ireland, Romania, Spain, Sweden and Switzerland가 그것이다.

Eurail Group은 30개의 보너스 파트너가 있는데, 호텔, 운수회사, 박물관 등이 포함되어 있으며, 레일패스 고객을 위해 저렴한 요금 또는 무료로 서비스를 제공하고 있다.

유레일패스는 4가지 형태가 있다.

그림 10-5 유레일 패스 노선도

• Eurail Global Pass

유레일 참가국 18개국 모두를 여행할 수 있어 유럽 전체를 커버할 수 있다. 또한 주요 선박도 할인혜택이 주어진다. consecutive Pass는 패스유효기간 동안 무제한이며, flexible Pass는 2개월 내에 사용할 수 있다(연결사용 여부 무관).

• Eurail Select Pass

연결된 3, 4, 5개국을 무제한 여행할 수 있으며, 23개국이 참여하고 있다. 중부유럽국가인 프랑스, 독일, 스위스는 물론 크로아티아, 슬로베니아. 헝가리, 루마니아 등 최근 인기가 상승하고 있는 동유럽 국가도 포함되어 있다. 현재 750여개의 조합이 가능하다.

• Eurail Regional Pass

국경을 접하고 있는 2개국을 여행할 수 있다. 특정 국가를 집중적으로 여행하려는 경우 적합하다. 현재 20여개의 조합이 가능하다. 체코-독일 패스, 포르투갈-스페인 패스 등이 대표적이다.

• Eurail National Pass

한 나라를 집중 여행할 수 있는 패스이다. 15개국에서 가능하다.

인터레일(InterRail)

유레일패스는 유럽 비거주자에게만 한정하여 판매하였기 때문에 유럽내 거주자는 사용할 수 없었다. 2007년 4월 1일부터 유럽인 및 유럽내 거주자를 위한 새로운 패스가 도입되었는데 이것이 인터레일이다. 여기에는 30개국을 커버하는 InterRail Global Pass와 1개국만을 여행할 수 있는 InterRail One Country Pass가 있다.

모든 인터레일패스는 1등석과 2등석을 이용할 수 있는데(성인 및 소아), 26세 이하 청년을 위한 특별 2등석도 있다.

InterRail One Country Pass가 가능한 국가는 Austria, Belgium*, Bulgaria, Croatia, Czech Republic, Denmark, Finland, France, Germany, Great Britain, Greece, Hungary, Italy, Luxembourg*, FYR Macedonia, the Netherlands*, Norway, Poland, Portugal, Republic of Ireland, Romania, Serbia, Slovakia, Slovenia, Spain, Sweden, Switzerlandand Turkey이다. 이

중 네덜란드와 룩셈부르크는 InterRail BeneluxPass로 연결되어 있다. ◀

2. 유로스타(Eurostar)

유로스타는 영국, 프랑스, 벨기에를 잇는 고속열차로 영국해협을 해저터널인 Channel Tunnel(Chunnel)을 통과하여 운행한다. 유로스타 서비스는 런던과 파리 구간은 3시간에, 런던과 브뤼셀 구간은 3시간 15분만에 운행함으로써 3국 수도의 중심지를 최단시간에 연결하고 있다. 프랑스의 테제베(TGV)로 도버해협을 관통하는 해저터널로 운행되며 최대시속 300km까지 달린다. 도버해협 해저 터널은 총 길이 50km, 세계 최장거리로 지난 1987년 시공하여 1994년 5월 영국 엘리자베스 여왕과 프랑스 미테랑 대통령에 의해 개통되었다.

유로스타의 객차는 프랑스에서 생산된 TGV이다. 같은 TGV라도 유럽 내부의 5개국을 잇는 고속전철은 탈리스로 불린다.

2단계 Channel Tunnel Rail Link(CTRL)가 2003년도에 부분 운영되어 런던 워터루 출착시간이 감소되었다. CTRL이 런던 St Pancras까지 완성되면 이를 2007년 11월 14일부터 High Speed 1을 부를 예정이다.

역은 총 11개로 주요 역은 London Waterloo, Paris Gare du Nord, Brussels South 이며, 기타 역은 Ashford, Calais-Frethun, Lille-Europe, Marne-la- Vallee, Avignon 등이다. 운영회사 명칭은 Eurostar(U.K.) Ltd.,

그림 10-6 유로스타열차(런던 워터루역)

SNCF, NMBS/SNCB이다. (www.eurostar.com)

3. 암트랙(AMTRAK : National Railroad Passenger Corporation)

1971년 5월 1일 창설된 미국의 여객철도회사로서 준정부기관이다. "American" and "track"의 합성어이다. 약자로 AMTK, AMTZ로 불린다. 우선주식(preferred stock)의 대부분을 미국정부가 소유하고 있으며 이사들은 상원의 동의를 얻어 대통령이 임명한다.

약 19,000명의 종사원이 있으며 총길이는 35,000km(22,000마일), 46개주 500개 역에 운행한다. 일부노선은 캐나다에도 운항한다. 2006 회계연도에 약 2500만명의 승객을 수송하였다.

그림 10-7 암트랙 노선도

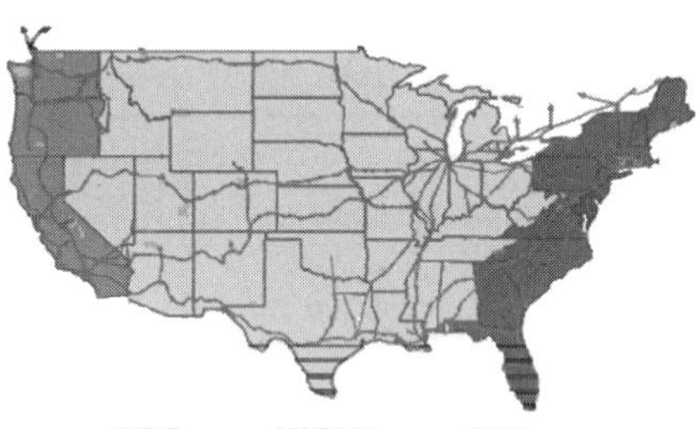

Coast Starlight호 : Losangeles-Seattle 구간

표 10-1 암트랙 주요 노선구간

노선명	지역	주요구간
Acela Express	Northeast	Boston-New York-Philadelphia-Washington, D.C.
Adirondack	Northeast	Montreal-Albany-New York
Amtrak Cascades	Northwest	Vancouver, BC-Seattle-Tacoma-Portland-Salem-Eugene
Auto Train	Northeast,	South Lorton, VA(Washington, D.C.)-Sanford, FL(Orlando)

California Zephyr	West	California, Midwest Chicago-Denver-Emeryville, CA(San Francisco)
Capitol Corridor	California	Auburn-Sacramento-Emeryville(San Francisco)-Oakland-San Jose
Capitol Limited	Northeast	Midwest Washington, D.C.-Pittsburgh-Chicago
Cardinal / Hoosier State	Midwest, Northeast	New York-Washington, D.C.-Cincinnati-Indianapolis-Chicago
Carolinian / Piedmont	Northeast, South	New York-Raleigh-Charlotte
City of New Orleans	South, Midwest	Chicago-Memphis-New Orleans
Coast Starlight	California, West, Northwest	Seattle-Portland-Los Angeles
Crescent	Northeast, South	New York-Atlanta-New Orleans
Downeaster	Northeast	Portland-Boston
Empire Builder	Northwest, West	Midwest Chicago-St. Paul-Portland/Seattle
Empire Service	Northeast	New York-Albany-Syracuse-Rochester-Buffalo-Niagara Falls
Ethan Allen Express	Northeast	Rutland-Albany-New York
Heartland Flyer	West	Oklahoma City-Fort Worth
Hiawatha	Midwest	Milwaukee-Chicago
Illinois Service	Midwest	Chicago-Quincy/St.Louis/Carbondale
Keystone	Northeast	New York-Philadelphia-Harrisburg
Lake Shore Limited	Midwest,	Northeast New York/Boston-Albany-Chicago
Maple Leaf	Northeast	Toronto-New York
Michigan Services	Midwest	Chicago-Grand Rapids/Port Huron/Detroit-Pontiac
Missouri Routes	Midwest	Chicago-St. Louis-Kansas City, MO
Pacific Surfliner	California	Paso Robles-San Luis Obispo-Santa Barbara-Los Angeles-San Diego

Pennsylvanian	Northeast	New York-Pittsburgh
Regional	Northeast	Boston-Springfield/Providence-New York-Washington, D.C.-Newport News
San Joaquins	California	San Francisco Bay Area/Sacramento-Bakersfield/Southern California
Silver Service / Palmetto	Northeast	South New York-Washington, D.C.-Charleston-Savannah-Jacksonville-Orlando-Tampa/Miami
Southwest Chief	Midwest	California, West Chicago-Albuquerque-Los Angeles
Sunset Limited	South, West	California Orlando-New Orleans-Houston-Los Angeles
Texas Eagle	South, California, West, Midwest	Chicago-St. Louis-Dallas-San Antonio-(Los Angeles)
Vermonter	Northeast	St. Albans-Burlington-Springfield-New York-Washington, D.C.

자료 : www.amtrak.com

4. 비아레일

캐나다 왕립 철도회사이다. VIA RAIL 또는 VIA(비아)라고도 한다. 캐나다 8개주에(Newfoundland and Labrador and Prince Edward Island 주 제외) 480개의 열차를 운행한다. 총길이 14,000km(8,700마일)로서 대서양에서 태평양까지, 오대호에서 허드슨만까지 걸쳐 있다. 연간 400만명을 운송하며, 주요 간선은 회랑(回廊 : The Corridor)라 불리는 지역, 즉 Windsor, Ontario and Quebec City, Quebec 구간이다. 1978년부터 이 이름으로 운항하였고 본사는 몬트리올에 있다.

그림 10-8 비아레일 노선망

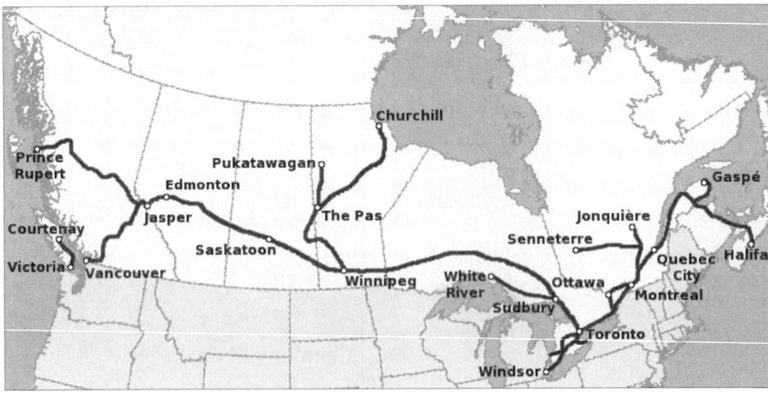

그림 10-9 런던역(온타리오)의 비아레일 기차

표 10-2 VIARAIL 주요 노선

노선명	주요역	운항횟수
The Canadian Toronto	Winnipeg, Saskatoon, Edmonton, Jasper, Vancouver	Three/week
The Ocean Halifax	Truro, Moncton, Campbellton, Montreal	Six/week
The Chaleur Gaspe	Perce, Montreal	Three/week
The Abitibi	Senneterre, Montreal	Three/week
The Saguenay	Jonquiere, Montreal	Three/week

Quebec City-Montreal	Quebec City, Charny, Montreal	Four/day
Montreal-Ottawa	Montreal, Alexandria, Ottawa, Fallowfield	Five/day
Ottawa-Toronto	Ottawa, Fallowfield, Brockville, Kingston, Belleville, Oshawa, Toronto	Five/day
Montreal-Toronto	Montreal, Cornwall, Brockville, Kingston, Belleville, Oshawa, Toronto, Oakville	Six/day
Toronto-Windsor	Toronto, Oakville, Brantford, London, Windsor	Four/day
Toronto-Sarnia	Toronto, Brampton, Guelph, Kitchener, Stratford, London, Sarnia	Three/day
Toronto-Niagara Falls	Toronto, Oakville, Aldershot, Grimsby St. Catherines, Niagara Falls	Two/day
The Lake Superior	Sudbury, White River	Three/week
The Hudson Bay	Winnipeg, The Pas, Pukatawagan, Thompson, Churchill	Three/week
The Skeena	Jasper, Prince George, Prince Rupert	Three/week
The Malahat	Victoria, Nanaimo, Courtenay	Daily

• 객실의 종류

Comfort : 이등칸의 이등석 객실로 먼저 오는 사람에게 먼저 좌석을 배정한다(first-come-first-serve). 늦게 오면 목적지에 따라 별도 지정 칸에 배정. 스낵, 음료, 샌드위치는 현금으로 판매.

VIA 1 : 클럽카(club car)의 일등석으로 좌석이 넓고, 3코스 짜리 식사에는 특별한 초콜릿, 와인, 음요 등이 제공된다. 탑승에 우선권이 있으며 주요 역에 있는 파노라마 라운지에 갈 수도 있다.

Sleeper(also known as Comfort Sleeper) : 심야 장거리 노선에 제공되며, 침대(싱글, 더블, 트리플), 전기코드, 의자. 단독 샤워실 등이 제공되며, 공동 샤워장도 있다.

그림 10-10 비아레일 객실

VIA 1 객실(VIARAIL)

comfort 객실(VIARAIL)

5. 오리엔트 익스프레스(Orient Express)

1883년 10월 세계 최초의 본격적인 호화열차로 프랑스 파리에서 Orient-Express는 호화로운 실내장식과 우아한 분위기로 19세기의 구라파 사교계의 인기를 독점하여, 왕족과 저명인사들의 사교의 장으로써 명성을 떨쳤다. 특히 영국의 유명 추리작가 아가사 크리스티(Agatha Christie)의 대표적인 작품 '오리엔트 특급 살인(Murder on the Orient Express)의 무대가 되어 세계에 알려지게 되었다. 베니스 심플론 오리엔트 익스프레스(VSOE : Venice Simplon-Orient-Express)는 1982년 5월, 1972년부터 운행이 중단된 오리엔트 특급을 런던~파리~베니스간에 1982년에 부활하여 그 호화열차의 전통을 이어오면서 지금 현제 동남아 등에 호화열차 및 미얀마에 리버크루즈, 그리고 세계 각지에 약 50여 개 최고급 호텔을 운영하고 있다. (www.orient-express.com)

(1) VSOE(Venice Simplon Orient Express)

유럽 철도역사에서 최고의 영광을 자랑하는 호화열차의 대명사. '달리는 귀부인'이란 절찬을 받은 오리엔트 익스프레스의 대표 열차인 베니스 심프론-오리엔트-익스프레스는 1920~30년대 당시의 차량을 현대의 안전기준에 적합하게 복원해 운행하고 있다. 영국내 구간은 브리티시 풀맨(British Pullman) 객차를 이용하고, 영·불 해협을 통과해 유럽 대륙구간은 웨곤·리츠(Wagon-Lits)형 침대차량으로 바꾸어 이용한다.

- **열차개요**

  운행재개 : 1982년 5월

  편 성 : 전 17차량, 전장 401m

  차내설비(대륙구간) : Dining Car, Bar Car, Boutique 등

- **운행노선**

A. 정기 운행구간(런던-파리-베니스) : 1박 2일

브리티시 풀맨에서 시작하여 해협을 건넌다. 고급 만찬을 즐기며 로맨틱한 파리로 이동. 아침에 깨었을 때 장관인 알프스를, 인스부르크를 지나 베로나로, 그리고 베니스에 도착한다.

B. 정기 운행구간(베니스-파리-런던) : 1박 2일

서쪽으로 이동하여 그림 같은 도시 베로나를 지나 북쪽으로 방향을 바꿔 오스트리아와 스위스의 감동적인 풍경을. 이른 아침 파리에 도착, 잉글랜드로 나아가며 런던으로 향한다.

C. 특별 운행구간(베니스-플로랜스-로마)

베니스를 떠난 직후 호화로운 차내서 만찬을, 플로렌스를 통과하여 다음 아

그림 10-11 오리엔트 엑스프레스

초창기의 기차

식당차(VSOE)

침 이탈리아의 수도 로마에 도착한다.

(2) Eastern & Oriental Express

이스턴 & 오리엔탈 익스프레스의 여행은 유럽 호화열차의 분위기와 함께 동남아의 아름다운 문화, 풍속, 자연을 즐길 수 있다. 동남아의 전통미를 살린 내장과, 일류 영국인 총요리장이 조절하는 유라시아 메뉴 풀 코스는 이스턴 & 오리엔탈 익스프레스의 자랑이다. 싱가포르 또는 방콕에서 출발하여 페낭(버터워스)까지의 1박 승차도 가능하다

• 열차개요

운행개시 : 1993년 9월

편　　성 : 전 22차량, 전장 400m

차내설비 : Dinning Car, Bar Car, Observation Car(전망차), Boutique 등

• 운행노선

A. 정기 운행구간(Southbound) : 1박2일~3박4일

방콕을 출발하여 1박 후 콰이강 관광. 다시 승차하여 태국의 지방을 통과하여 저녁식사와 일박 후 조식과 중식을 즐기고 페낭의 식민지 풍의 도시 조지타운 관광. 그리고 쿠알라 룸푸르를 지나 싱가포르에 도착

1) 방콕-콰이강-버터워스(페낭)-쿠알라룸푸르-싱가포르 (3박 4일)

2) 방콕-콰이강-버터워스(페낭)-쿠알라룸푸르 (2박 3일)

3) 방콕-콰이강-버터워스(페낭) (2박 3일)

4) 버터워스(페낭)-쿠알라룸푸르-싱가포르 (1박 2일)

B. 정기 운행구간(Northbound) : 1박2일~2박3일

싱가포르를 떠나 해협을 건너 말레이 반도의 북부를 향하여 이동하며 말레이시아의 수도인 쿠알라룸푸르에 가는 도중 차와 석식을. 아침에 페낭의 조지타운 산책. 다시 승차하여 태국 남부의 장관을 즐기며 이동하여 리버 콰이강 도착하여 가이드 관광. 그후 방콕으로 이동.

1) 싱가포르-쿠알라룸푸르-버터워스(페낭)-후아힌-방콕 (2박 3일)

2) 싱가포르-쿠알라룸푸르-버터워스(페낭) (1박 2일)

3) 쿠알라룸푸르-버터워스(페낭)-후아힌-방콕 (2박 3일)

4) 버터워스(페낭)-후아힌-방콕 (1박 2일)

C. 특별 운행구간 : 1박2일~2박3일

태국의 매혹의 고도(古都)로의 여정. 열차는 전형적인 태국 마을을 들려 승객은 따뜻한 환영을 경험하게 된다. 그리고 재승차하여 점심을 들고 오후 사원의 도시인 치앙마이에 도착.

1) 방콕-아유타야-치앙마이-방콕 (2박 3일)

2) 방콕-아유타야-치앙마이 (1박 2일)

3) 치앙마이-방콕 (1박 2일)

오리엔트 엑스프레스 실내 구성

• 풀맨 캐빈(Pullman cabin)

세계의 철도역사에서 그 명성를 남긴 풀맨 캐빈은 1883년 오리엔트 익스프레스 개통 당시부터의 전통적인 캐빈이다. 기능적인 실내는 주중에는 소파, 야

간에는 벽면수납침대를 활용하여 2단 침대로 변신한다. 1920년~30년대의 전통있는 차량을 그 당시의 장식을 이용하고 있는 유럽 VSOE SMS 전객실에 개별온수 세면대(화장실은 1차량에 1개), 신형차체의 동남아 E&O, 호주 GSPE에는 전객실에 온수사우나, 세면대, 화장실, 에어컨이 완비되어 있다.

* Double Cabin : 1.9m×1.48m * single Cabin : 1.9m×1.38m
* 세면대-비누, 칫솔세트, Face Towel & Hand Towel, 온수가능
* 난방시설-냉방 없음 * 화장실-차량당 1개
* 기타-생수

※ 샤워, 금고, Hair Dryer 등은 없다.

• 스테이트 캐빈(state cabin)

동남아 E&O와 호주 GSPE에는 2박 이상의 장거리 여행에 맞게 여유있는 트윈형 캐빈을 준비하고 있다. 주중은 거실, 야간은 트윈베드로 되어 두 사람이 여유있게 이용할 수 있다. 전 객실 온수 샤워, 세면대, 화장실, 에어컨이 완비되어 있다.

• 스위트(suite & presidential suite)

동남아 E&O와 호주 GSPE에는 한층 호화로운 공간을 제공하는 스위트 특실도 준비되어 있다. 열차라고는 생각되지 않을 정도로 넓은 실내에는 더블베드와 거실 공간도 확보되어 있다. ◀

그림 10-12 오리엔트 익스프레스 객실

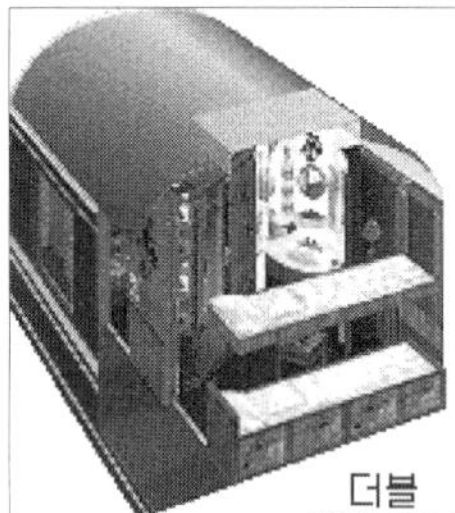

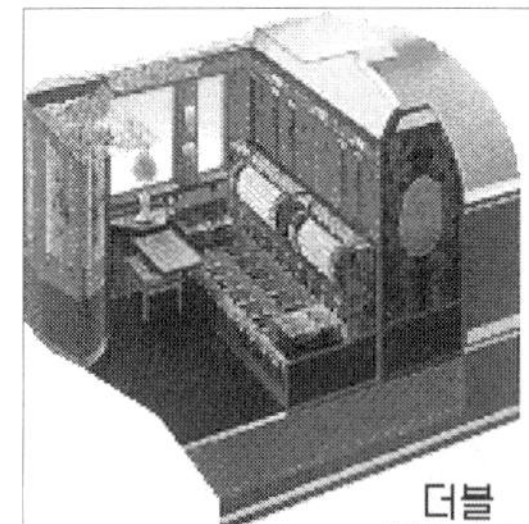

이외에도 시베리아 횡단철도(TSR), 중국횡단철도(TCR), 몽고횡단철도(TMGR) 등이 있다.

제 3 절 국제 선박여행

1. 국제 유람선여행

You Haven't Lived Until You've Cruised!
(유람선여행을 해 볼 때까진 당신은 제대로 산 것이 아니다)

2006년도 전세계적으로 약 700만명이 유람선 여행에 참가하였다. 과거에는 유람선이 부유한 은퇴자의 전유물로 여겨졌으나, 점점 젊은 층 및 가족단위의 참가자가 늘고 있다.

유람선 여행을 선택하는 11가지 이유

1) 한번의 지불로 객실, 식사, 유흥 등을 모두 얻을 수 있다.
2) 낭만을 즐길 수 있다. 격리된 해안, 바다가 보이는 발코니에서의 식사, 두 사람만을 위한 온천은 낭만을 구가할 수 있다.
3) 다양한 음식을 즐길 수 있다. 늘 먹던 피자나 아이스크림에서부터 이국적인 재료를 사용한 음식, 건강식 등, 기호에 따라 다양한 식당을 선택할 수 있다.
4) 다양한 것을 즐길 수 있다. 150여 가지의 선박, 1800개의 항구, 다양한 볼거리, 체험거리가 있다.
5) 다양한 활동을 선택할 수 있다. 관광, 스포츠활동, 문화강의, 교육관광(문화학자 및 역사학자 주관), 풀장가에서 그냥 쉴 수도 있다. 밤에는 댄스 뮤지칼쇼, 뮤지칼 풍자극, 도박, 아니면 조용히 별 감상하기 등.
6) 단순함도 있다. 휴가가 다시 필요한 휴가는 하지 말라. 모든 비용은 한번 지불로 끝나며 분주함에서 벗어날 수 있다. 단순한 유람선여행을 계획하라.

7) 새로운 수평선을 발견하라. 어느 항구에서 잠에 들고 새로운 지평선에서 잠에서 깨고 그리고 단지 한번 짐을 싸고 풀기만하면 된다.

8) 가족사랑. 가족 모두 유람선을 사랑한다. 어린이 프로그램, 어린이가 좋아하는 메뉴, 배안 투어도 아이들이 좋아할 것이다. 어른들은 이때 조금 편안할 것이다.

9) 하고싶은 대로 할 수 있다. 예산과 관계없이 유람선은 모든 승객을 24시간 일등석 서비스로 모신다.

10) 만족달성 : 유람선 여행이 다른 휴가경험보다도 높은 만족도를 제공한다.

11) 당신을 위한 유람선 여행

평생의 휴가를 즐길 수 있다. 완전히 자유롭게, 자연이 남아 있는 곳을 거닐며, 밤을 춤으로 보내며, 맛있는 음식을 즐기며, 새로운 것을 배우며, 친구를 사귀며, 가족과 결속을 다지며, 배우자와 조용한 시간을 가지며 이 세상을 볼 수 있다. 당신의 가슴이 원하는 것이면 무엇이든지 유람선에서 선택할 수 있다.

그림 10-13 Legend of the Sea호(Royal Caribbean International 社)

1995년 건조, Norway 선적 69,000톤.
(승객 2,074명, 승무원 726명)

23개 유람선 회사 명칭

American Cruise Line
Disney Cruise Line
Princess Cruises
American Hawaii Cruises
First European Cruises
Radisson Seven Seas Cruises

Carnival Cruise Lines
Regal Cruises
Mediterranean Shipping Cruises
Commodore Cruise Line
Royal Olympic Cruises
Norwegian Cruise Line
Crystal Cruises
Silversea Cruises
Windstar Cruises
Holland America Line
Celebrity Cruises
Royal Caribbean International
Norwegian Coastal Voyage
Costa Cruise Lines
Seabourn Cruise Line
Orient Lines,
Cunard Line Ltd.

그림 10-14 카니발 콘퀘스트 호

Carnival Conquest호(Carnival Cruise Line 사)

객실(suite balcony)

파나마선적 110,000톤, 승객 최대 3,700명, 승무원 1,150명,
2002년 건조(2005 내부가구교체)

표 10-3 유람선 주요 기항지

지역	주요 기항지
Alaska	Anchorage, Haines, Juneau, Ketchikan, Seward, Sitka, Skagway, Valdez
Antarctica	
Africa	Cairo, Cape Town, Casablanca, Mombasa, Seychelles, Tangier, Tunis, Zanzibar
Australia and New Zealand	Adelaide, Auckland, Bay Of Islands, Brisbane, Cairns, Christchurch(Lyttleton), Christmas Island, Dunedin, Hobart, Melbourne, Perth, Sydney, Tauranga, Wellington

The Far East and The Orient	Beijing Dalian Hiroshima Hong Kong Nagasaki Osaka Pusan Shanghai
Bermuda	Hamilton, King's Wharf, St. George's
The Bahamas	Freeport, Nassau
The Caribbean	Anguilla Antigua Aruba Barbados Basse-Terre Bonaire Curacao Dominica George Town Grenada Guadeloupe Iles Des Saintes Isla Catalina Kingstown Martinique Montego Bay Ocho Rios Port-of-Spain Puerto Plata San Juan Santo Domingo St. Barts St. Croix St. John St. Kitts St. Lucia St. Maarten/St. Martin St. Thomas Tortola/Virgin Gorda
Canada	Halifax Montreal Qubec City Saint John St. John's Sydney Vancouver Victoria
New England, & The US Coasts	Bar Harbor Bayonne Boston Catalina Island Ft. Lauderdale Galveston Key West Los Angeles Miami New Orleans New York Port Canaveral Portland San Diego San Francisco Seattle Tampa
Central America and The Panama Canal	Belize City, Puerto Caldera, Puerto Limon, Puerto Quetzal Roatan, San Blas Islands
Hawaii	Hilo Honolulu Kauai Kona Maui Oahu
India	Cochin, Mumbai(formerly Bombay)
Polynesia, Tahiti and The South Pacific	Bora Bora Fanning Island Guam Lautoka Moorea Papeete Raiatea Rarotonga Suva Tahaa
Northern Europe, Scandinavia, & Baltic Russia	Belfast Bergen Copenhagen Cork Dover Dublin Flam Geiranger Glasgow Harwich Hellesylt Helsinki Honningsvag Kalmar London Oslo Plymouth Reykjavik Rønne St. Petersburg Stavanger Stockholm Tallinn Tromsø Trondheim
Southern Europe, Greek Isles and The Mediterranean	Ajaccio Almeria Amalfi Amsterdam Athens Barcelona Berlin Bonifacio Bordeaux Brussels Cadiz Cannes Capri Cartagena Corfu Crete Dubrovnik Elba Florence Funchal Gdansk Genoa Gibraltar Hamburg Ibiza Iraklion Las Palmas, Canary Islands Limassol Lisbon Madeira Malaga Marseilles Messina Monte Carlo Mykonos Naples Nice Odessa Olympia Palermo Palma De Mallorca, Paris, Pisa, Portofino, Rhodes Rome, Santorini, Seville, Sorrento, St. Tropez Taormina, Tenerife, Valletta, Varna, Venice, Vigo, Villefranche Yalta

Mexico	Acapulco, Cabo San Lucas, Cancun, Cozumel, Ensenada Huatulco, Manzanillo, Mazatlan, Playa del Carmen Puerto Vallarta, Zihuatanejo/Ixtapa
Middle East	Haifa, Istanbul, Jerusalem, Kusadasi, Tel Aviv
South America	Arica, Buenos Aires, Caracas, Cartagena, Devil's Island Guayaquil, Isla Margarita, La Serena, Lima, Manaus, Manta, Montevideo, Puerto Ordaz, Punta Arenas, Recife Rio de Janeiro, San Andres Island, Santiago, Ushuaia
Southeast Asia	Bali, Bangkok, Ho Chi Minh City, Ko Samui, Kuala Lumpur Manila, Nha Trang, Penang, Phuket, Semarang Singapore, Surabaya
Transatlantic	

자료 : 국제유람선협회(CLIA)

국제유람선협회(CLIA : Cruise Line International Association)

세계에서 가장 규모가 큰 유람선협회로 유람선 산업의 촉진과 성장에 기여하고 있다. 북미에서 운항중인 23개 주요 선박회사로 구성되어 있으며(23개 선사, 1,800개 목적지, 120척의 유람선), 1984년 Shipping Act에 근거한 Federal Maritime Commission의 규정에 따라 운영되고 있다. 이 단체는 유엔기관인 International Maritime Organization에 자문하는 비정부기구이다.

이 단체는 유람선의 이익을 도모하기 위해 1975년 결성되었으며 2006년에 ICCL(the International Council of Cruise Lines)과 통합하였다. ICCL은 유람선산업의 법적 · 정책적 발전과정에 참여하기 위해 만들어진 자매단체이다. CLIA의 설립목적은 안정하고, 건전한 유람선환경을 조성하고, 대행사 직원들의 교육훈련을 도모하고, 유람선여행 경험의 가치 등을 알리는 데 있다.

ICCL과 통합하기 전 CLIA는 1984년 여러 다른 관련단체를 통합하면서 회원사를 위한 중요한 외부마케팅조직이 되었다. 현재 16,000개 이상의 여행사가 CLIA와 관계를 가지고 있고 CLIA의 SEAL을 사용하고 있다. 이 SEAL은 유람선 여행상품을 취급한다는 것을 나타낸다. 게다가 거의 100개 이상의 창의적인 공급업자들이 CLIA의 Executive Partner program을 형성하고 있다.

CLIA는 현재 상황은 23개 선박회사가 가입하고 있어 북미유람선 시장의 공급량의 97%를 차지하고 있다. 약 100개의 전략적 사업동맹이 있는데 이를 Executive Partners라고 한다. 북미에서 16,000개 이상의 여행사와 거래하고 있다. CLIA는 미국 전역에 교육전문가 집단을 가지고 있다. 본부는 플로리다 포트 로드데일에 있으며, 워싱턴 D.C. 사무실은 기술, 규정, 안전, 환경문제를 담당한다. (www.cruising.org) ◀

2. 만달레이 강유람선

많은 신비의 불교유적의 보고 미얀마(버마), 그 문화의 원류를 흐르는 이라와디 강에 오리엔탈 익스프레스의 고급 리버 "크루즈-로드 투 만달레이"가 운행하고 있다. 선내에는 오리엔트 익스프레스 최고의 서비스와 호화로운 요리를 즐기면서, 낮 동안은 이라와디 강 마을의 역사유적, 현지인 집락, 시장, 민예공방 등을 방문. 소박한 현지의 생활풍습을 접하면서 유익한 문화탐방을 만끽할 수 있다.

- 선박 개요 및 운행노선

운행개시 : 1995년 12월

중　　량 : 중량 900t, 전장 100m

선내설비 : Main Dinning, Lounge, Piano Bar, Observation Deck, Swimming Pool, Boutique 등

운행노선(매년 9월~익년 4월 운행)

A 코스(Southbound)

항공편으로 방콕 출발하여 양곤 도착, 자유일정 후 3일째 항공편으로 만달레이 이동, 배 승선하여 만달레이~바간 3박 크루즈(이라와디 강 크루즈, 선셋 관광 포함), 6일째 바간 도착. 항공편으로 양곤이동 후 다시 항공편으로 방콕 귀환

1) 5박 6일 : 방콕-양곤(2박)-만달레이-크루즈 3박4일-바간-양곤-방콕

2) 3박 4일 : 양곤-만달레이-크루즈 3박4일-바간-양곤

B 코스(Northbound)

항공편으로 방콕 출발하여 양곤 도착, 자유일정 후 3일째 항공편으로 바간 이동, 배 승선하여 만달레이~바간 4박 크루즈(이라와디 강 크루즈, 선셋 관광 포함), 7일째 바간 도착. 항공편으로 양곤이동 후 다시 항공편으로 방콕 귀환

1) 6박 7일 : 방콕-양곤(2박)-바간-크루즈 4박5일-만달레이-양곤-방콕

2) 4박 5일 : 양곤-바간-크루즈 4박5일-만달레이

제 4 절 국제항공여행

1. 전세계 국제항공여행 동향

ICAO 가입국가의 전체 여객은 2004년 약 18억 9천만명에서 2005년에는 20억 2천만명으로 전년과 비교하여 7.1% 증가하였다. 이중 국제선 이용객은 7억 4백만명으로 34.8%를 차지하였다. 여객킬로는 2005년 3조 7천197억 킬로로써 전년보다 8.0% 증가하였다.

관련 웹사이트는 관광관련 용어는 http : //www.tia.org/Travel/traveltrends.asp. 한국항공진흥협회 http : //www.airtransport.or.kr, http : //www.airportal.co.kr/main.jsp 등이 있다.

표 10-4 2005년 전세계 국제여객운송 실적

	국내선+국제선	전년대비	국제선	국제선비율
여객수(백만명)	2,022	+7.1%	704	34.8%
연평균증가율(1995~2005년)	4.5%		6.5%	
국제선정기항공 이용자(백만명)	1,515		601	39.7%
탑승률(%)	75.1		75.0	

자료 : 한국항공진흥협회

ACI(Airports Council International : http : //www.airports.org)에 의하면 2006년도 전세계 공항을 이용한 여객의 수는 44억명이며 이는 2005년도 대비 5% 증가하였으며, 화물수송은 8500만톤으로 2005년 대비 4% 증가하였다.

2006년도 항공기 운항횟수는 7400만회로 1.3% 증가하였고, 전세계 공항개발에 사용한 비용은 380억 달러이며, 전세계 공항에 고용된 사람은 450만명이

다. (http : //www.airports.org)

ACI의 예측에 의하면 2025년이 되면 항공여행자의 수가 연간 90억명으로 현재의 2배가 되리라고 한다. 동기간에 항공화물 수송은 3배에 달할 것이라 한다. ACI의 2006~2025 기간에 대한 예측에서 567개 회원사의 1650개 국내·국제 공항을 통과하는 여행객은 매년 평균 4% 증가할 것이라 한다.

현재 연간 항공여행자는 42억명으로 지구온난화(global warming)의 주범인 이산화탄소가 증가하고 있는 원인이 되고 있다고 환경론자들은 주장한다.

아시아지역 항공여행자는 매년 9% 증가하고 있는데 인도가 10.4%, 중국이 8.1%로 증가를 주도하고 있다.

2025년이 되면 아시아가 북미를 위협할지도 모른다. 북미는 민간항공의 출발 이래 세계에서 항공여행자가 가장 붐비는 지역으로 명성을 유지해왔다. 지난해 북미 공항을 이용한 여행객은 15억명으로 아시아는 8억 9700만명이었다.

아시아지역 화물 운송량은 2005년도에 2600만 톤으로 북미보다 5백만 톤이 적었다. 아시아는 2025년이 되면 세계에서 가장 규모가 큰 화물시장이 될 것으로 예상된다.

항공기의 운항은 향후 20년간 평균 2.8% 증가에 그칠 것 같다. 그것은 신세대 항공기가 보다 많은 화물을 나를 수 있게 되었기 때문이다.

성장에 맞추어 공항을 개발하고 새로운 공항을 건설할 수 있도록 하는 것은 주요 항공사, 항공운송단체, 정부이다. 그렇지 못하면 "승객의 안락은 보장되지 못할 것이다"라고 ACI 대표이사인 Robert Aaronson은 말하고 있다.

전세계적으로 새로운 계획이 지연되고 있는데, 그것은 시장력을 왜곡하고 또한 공항개발에 행정적인 장애를 유발하는 규제 때문이다. 규제로 인해 비용이 많이 들고 시간도 소모되고 있다. (USA TODAY 2007.1.30)

2002년 이후 IATA 항공사 중 여객수와 여객킬로에서 1위를 차지해온 American Airlines은 2005년에도 가장 많은 수송실적을 보였다. 여객이 9천804만명, 여객킬로는 2,224억 4천9백만킬로를 나타냈다.

2005년 대한항공은 여객의 경우 2,145만 9천명을 수송하였고, 여객킬로의 경우 482억 9백만킬로를 수송하였다. 2005년 아시아나항공은 여객이 1,142만 3천명, 여객킬로가 184억 2천4백만킬로의 수송실적을 나타내고 있다.

세계항공기 보유대수는 ICAO 가입국을 기준으로 1996년 17,034대에서 연

그림 10-15 ICAO 가입국 항공수송실적 추이

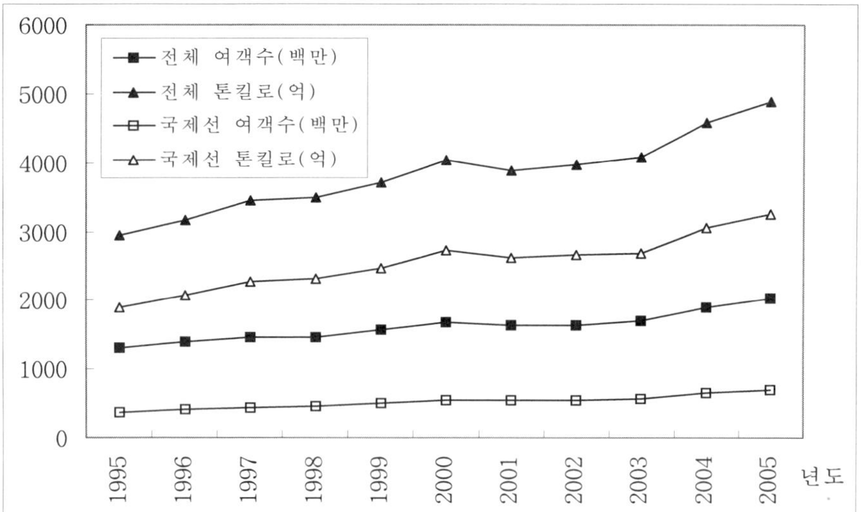

자료 : ICAO

표 10-5 항공사별 여객 수송실적(2005)

순위	여 객		여객킬로	
	항 공 사	천명	항 공 사	백만
1	American Airlines	98,038	American Airlines	222,449
2	Delta Air Lines	86,007	United Airlines	183,296
3	United Airlines	66,717	Delta Air Lines	166,664
4	Northwest Airlines	57,547	Northwest Airlines	122,017
5	Japan Airlines	50,884	Air France	116,241
*	Korean Air(22위)	21,459	Korean Air(22위)	48,209
*	Asiana Airlines(35위)	11,423	Asiana Airlines(41위)	18,424

자료 : ICAO * IATA 회원사 순위

평균 3.0% 수준으로 꾸준히 증가하여 2005년 기준으로는 22,133대를 보유하는 것으로 ICAO에서 발표하였다. IATA 발표에 따르면 2005년 말 기준으로 IATA 가입 항공사 중 WIDE BODY JET은 Federal Express가 260대, NARROW BODY JETS은 American Airlines이 545대, 전체적으로는

그림 10-16 ICAO 가입국 항공기 보유대수 추이

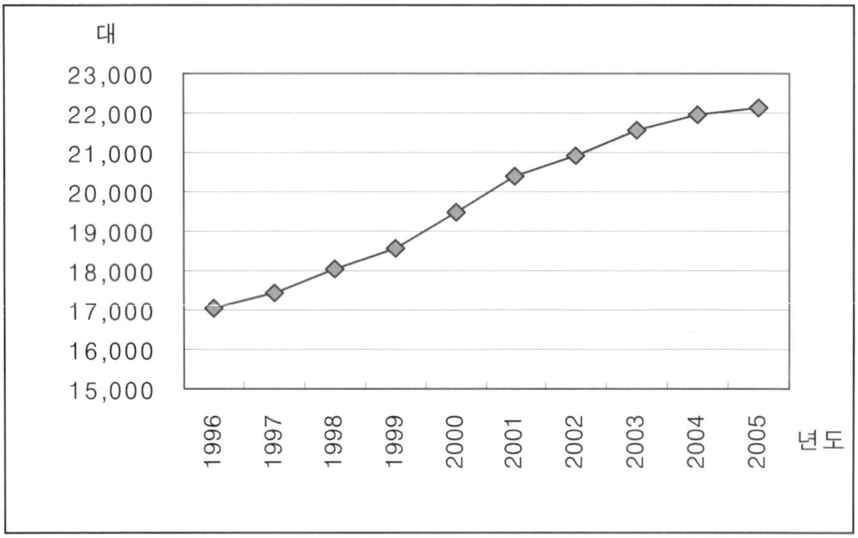

자료 : ICAO

표 10-16 IATA 항공사 항공기 보유 현황

(단위 : 톤, %)

구분	WIDE BODY JETS		NARROW BODY JETS		경항공기 및 기타		합계	
순위	항공사	보유 대수	항공사	보유 대수	항공사	보유 대수	항공사	보유 대수
1	Federal Express	260	American Airlines	545	Federal Express	305	American Airlines	697
2	Japan Airlines Int'l	171	Delta Air Lines	364	Air France	126	Federal Express	676
3	American Airlines	152	United Airlines	343	Olympic Airways	61	Delta Air Lines	480
4	British Airways	121	Northwest Airlines	322	Air New Zealand	44	United Airlines	460
5	United Airlines	117	Continental Airlines	320	Lufthansa	40	Lufthansa	411
	Korean Air (13위)	87					Korean Air (24위)	117

자료 : IATA

표 10-7 세계 TOP 10 항공사 수송실적 순위

(단위 : 천명)

순위	국제선	수송인원	국내선	수송인원	국제+국내	수송인원
1	Ryanair	40,532	Southwest Airlines	96,277	American Airlines Inc.	99,835
2	Lufthansa	38,236	American Airlines Inc.	78,607	Southwest Airlines	96,277
3	Air France	30,417	Delta Air Lines	63,446	Delta Air Lines	73,584
4	British Airways	29,498	United Airlines	58,801	United Airlines	69,265
5	KLM	22,322	Northwest Airlines	45,743	Northwest Airlines	55,925
6	Easyjet	21,917	All Nippon Airways	45,328	Lufthansa	51,213
7	American Airlines	21,228	China Southern Arlines	45,249	Air France	49,411
8	Singapore Airlines	18,022	Japan Airlines International	37,154	All Nippon Airways	49,226
9	Emirates	16,748	Continental Airlines	35,852	Japan Airlines International	48,911
10	Cathay Pacific	16,667	US Airways	32,094	China Southern Airlines	48,512

자료 : World Air Transport Statistics(WAT 2006, IATA)

American Airlines이 697대로 가장 많은 항공기를 보유하는 것으로 나타났다.

IATA 항공기 보유대수 25위내에 포함된 우리나라 항공사는 대한항공으로서 WIDE BODY JETS 부문이 87대로 13위, 전체 117대로 24위에 해당된다.

품질인증항공사(Quality Certified Airlines)

공항의 프론트 라인의 상품과 서비스 전반에 관하여 엄밀한 조사와 평가를 통해 선정함. 조사항목은 750가지이며 여행객들이 신뢰할 만하다. (http : //www.airlinequality.com)

2006년 품질인증항공사는 다음과 같다.

Aer Lingus　Aeroflot　Air Berlin

Air Tahiti Nui　ANA All Nippon Airways

Asiana Airlines China Airlines Egyptair
Emirates Etihad Airways JetBlue Airways
Korean Air Malaysia Airlines Qatar Airways
South African Airways Thai Airways

표 10-8 2006년 항공사 별등급(skytrax 선정)

등급	선정 기준	해당 항공사
five star airline	The "ultimate" Approval, the highest Quality performance the highest standard of Product high standards of Staff Service delivery in both the Onboard and Airport environments.	Asiana Airlines, Malaysia Airlines, Qatar Airways, Singapore Airlines, Cathay Pacific Airways
four star airline	A seal of Approval a good Quality performance a good standard of Product a good standard of Staff Service delivery in Onboard and Airport environment.	아래 *참조
three star airline	a fair Quality performance "average" of acceptable product and service standards a satisfactory standard of core Product inconsistent standards of Staff Service and/or Product delivery across either the Onboard or Airport environments.	
two star airline	a poor Quality performance a poor standard of Product and/ or poor and inconsistent standards of Staff Service delivery in Onboard or Airport environments.	
one star airline	very poor standards of Product inconsistent standards ofStaff Service delivery in Onboard and Airport environments.	
등외	dropped from the Star Ranking programme.	

* 4성급 항공사

Air France Air New Zealand Air Nostrum
Air Tahiti Nui All Nippon Airways Austrian
Bangkok Airways British Airways BMED
China Airlines Dragonair Emirates

EOS Airlines	Etihad Airways	EVA Airways
Frontier Airlines	Gulf Air	Japan Airlines
JetBlue Airways	Kingfisher Airlines	Korean Air
Lufthansa	Luxair	Midwest Airlines
Qantas Airways	Royal Brunei Airlines	Silk Air
South African Airways	SriLankan Airlines	Swiss Int'l Air Lines
Thai Airways	Virgin Atlantic	Virgin Blue

자료 : http : //www.airlinequality.com

2. 국제공항의 동향

ACI(Airports Council International)가 진단한 각 지역별 공항의 현황 : 2006

아프리카 역시 세계적인 문제점인 즉 보안요건 강화, 고객기대 증대 등에 직면해 있다.

아프리카 공항관리자들이 직면한 지역적 문제는 항공사와 여객을 위한 e-능력 향상, ICAO 및 국가인증요건 구비, 낮은 교통수준 극복, 고객의 특별한 욕구에 부응할 수 있는 하부구조 능력 부족 등이다.

아시아-태평양은 전세계에서 인구밀도가 가장 높고 가장 급성장하는 지역으로 경제발전의 수요에 맞추어 항공수요가 증가하고 있다.

유럽은 15년간(2000~2015)에 걸쳐 전례없이 1200억 유로를 투자했지만 수요에 부응할 수 있는 공항능력이 부족한 상황이다. 유럽공항은 항공수요에 부응할 수 있도록 제때 그리고 지속가능한 방법으로 성장하는 것이 필요하다. 이로써 다양한 경제사회적 혜택을 계속 제공할 수 있다.

라틴아메리카-카리브 지역은 공항개발에 어려움을 겪고 있고 공항 인프라 및 서비스의 증진을 위해 적절한 재정을 확보하는데 중점을 두고 있다. 공항민영화(Airport privatization)는 이 지역의 확고한 경향으로 정부로부터의 이해가 필요하다. 동시에 안전, 보안, 편리함 등과 같은 세계적인 관심사에 대한 계속적인 노력을 게을리 말아야 한다.

북미공항이 직면한 문제는 승객수요 증가, 새로운 여권요구, 테러에 대비한 보안규정, 환경 및 기술적 규제 등이다. 미국의 경우 2007년 FAA(Federal Aviation Administration)의 재허가 법안(reauthorization)에 대한 준비가 가

표 10-9 세계 주요 공항의 여객 처리실적

(단위 : 천명, %)

2005년 순위	도시(공항)	2003년		2004년		2005년	
		처리실적	증감률	처리실적	증감률	처리실적	증감률
1	Atlanta(ATL)	79,088	2.9	83,607	5.7	85,907	2.8
2	Chicago(ORD)	69,509	4.4	75,534	8.7	76,510	1.3
3	London(LHR)	63,487	0.2	67,344	6.1	67,915	0.8
4	Tokyo(HND)	62,876	2.9	62,291	-0.9	63,282	1.6
5	Los Angeles(LAX)	54,970	-2.2	60,689	10.4	61,489	1.3
6	Dallas/Fort Worth AIRPORT(DFW)	53,254	0.8	59,412	11.6	59,176	-0.4
7	Paris(CDG)	48,220	-0.3	51,260	6.3	53,798	5.0
8	Frankfurt/Main(FRA)	48,352	-0.2	51,098	5.7	52,219	2.2
9	Amsterdam(AMS)	39,960	-1.9	42,541	6.5	44,163	3.8
10	Las Vegas(LAS)	36,286	3.6	41,442	14.2	43,990	6.0
*	Seoul(ICN)	19,937	-5.3	24,235	21.6	26,223	8.2

자료 : 한국항공진흥협회

장 우선적인 문제였다.

ACI 발표자료에 따르면 우리나라 인천국제공항의 경우 2002년 2,105만 7천명을 처리하였으나, 2003년에는 SARS의 영향 등으로 1,993만 7천명으로 감소하였다. 2004년 이러한 영향이 회복되면서 2,423만 5천명으로 21.6%증가하였고, 2005년에는 전년보다 8.2% 증가한 2,622만 3천명의 실적을 기록하였다.

ACI 가입 공항들의 처리실적을 살펴보면 가장 많은 여객을 처리한 공항은 미국의 애틀랜타 공항으로써 2005년 기준 8,590만 7천명을 처리하였다. 그러나 아틀란타 공항은 국제선 여객의 비중이 7.8% 수준으로서 국내선 여객처리 비율이 매우 높다. 전체 여객처리실적 2위 공항은 시카고공항이고, 다음으로 런던의 히드로공항이 뒤를 잇고 있다.

전체 공항처리실적에서 국제선 처리비중이 높은 세계 주요 공항은 네덜란드 암스테르담 공항(99.6%)과 홍콩의 첵랍콕 공항(98.8%) 등이 있다.

우리나라 인천국제공항의 경우 2005년 국제선 처리실적 비율은 97.6%이고, 나머지 2.4%가 국내선과 통과여객 처리비율에 해당되는 것으로 나타났다.

그림 10-17 세계 주요공항의 국제선 여객처리 비율

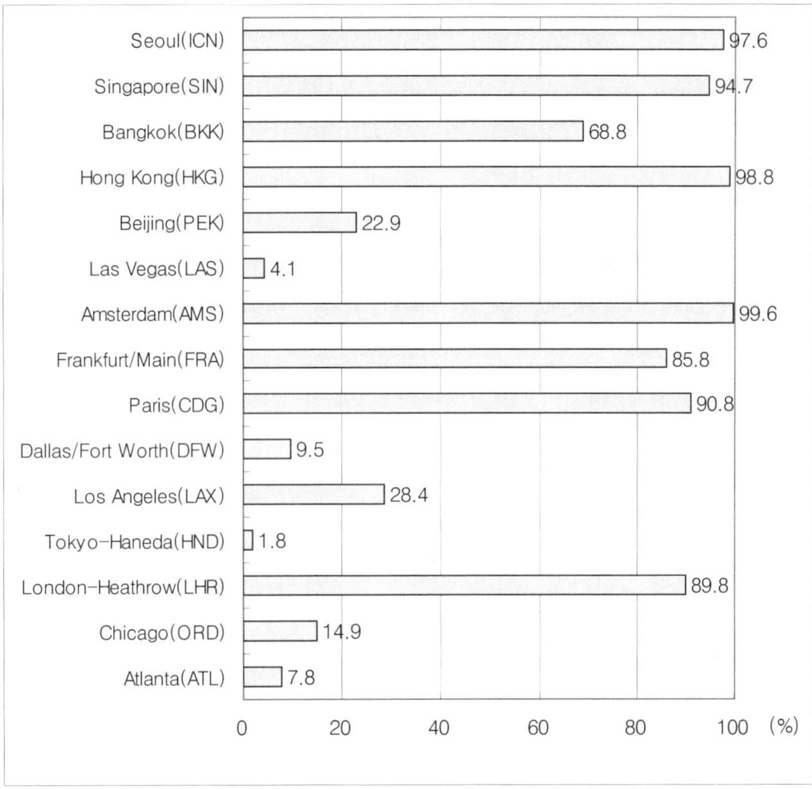

자료 : 한국항공진흥협회

표 10-10 세계 10대 공항 2006(skytrax 선정)

순위	공항명	순위	공항명
1	Singapore Changi Airport (Gold Award)	6	KLIA-Kuala Lumpur Airport
2	Hong Kong Int'l Airport (Silver Award)	7	Helsinki Vantaa Airport
3	Munich Airport (Bronze Award)	8	Zurich Airport
4	Kansai International Airport	9	Dubai International Airport
5	Seoul Incheon Airport	10	Copenhagen Airport

자료 : http : //www.worldairportawards.com/Awards-2006/AirportYear-2006.htm

표 10-11 부문별 공항 순위(2006) : skytrax 선정

순위	면세점	국제선 환승	식당
1	Dubai Int'l Airpor	Singapore Changi Airport	Copenhagen Airport
2	Abu Dhabi Airport	Seoul Incheon Airport	Hong Kong Int'l Airport
3	Singapore Changi Airport	Copenhagen Airport	Stockholm Airport

순위	공중화장실	보안절차	여가시설
1	Kansai Int'l Airport	Helsinki Vantaa Airport	Singapore Changi Airport
2	Tokyo Narita Airport	Copenhagen Airport	Seoul Incheon Airport
3	Seoul Incheon Airport	Brisbane Airport	Amsterdam Schiphol Airport

순위	수하물 처리	출입국수속	청사청결	직원친절
1	Hong Kong Int'l	Kansai Int'l	Seoul Incheon	Brisbane Int'l
2	Kansai Int'l	Zurich	Kansai Int'l	Cape Town Int'l
3	Munich	Singapore Changi	Tokyo Narita	Auckland Int'l

http : //www.worldairportawards.com/Awards-2006/Regional.htm

3. 한국의 국제항공여행 및 공항 동향

(1) 전체 동향

2006년 국제선 항공수송실적은 여객이 32,707,495명으로 전년대비 10.2% 증가하였고, 화물의 경우 2,853,534톤으로서 전년보다 9.0% 상승하였다. 최근 국제선 항공수송실적은 일부 동남아 국가 및 중국과의 항공자유화의 영향 등으로 동남아와 중국노선의 성장률이 두드러지게 나타나면서 2006년에는 동남아와 중국과의 국제선 여객과 화물이 각각 전년보다 10% 이상씩 증가하였다.

최근 국제선 항공수송실적은 2001년 미국에서 발생한 9 · 11테러사태와 2003년 중증급성호흡기증후군(SARS, Severe Acute Respiratory Syndrome) 확산 등의 대형 사건이 발생하면서 커다란 영향을 받았음에도 불구하고, 1998년 이후 최근까지 국제선 항공수송실적의 연평균 증가율은 여객이 11.1%로서

표 10-12 국제선 월별 여객수송실적

구분	2004년		2005년		2006년	
	실적(명)	%	실적(명)	%	실적(명)	%
1월	2,238,132	6.9	2,456,263	9.7	2,632,290	7.2
2월	2,010,940	7.9	2,277,933	13.3	2,539,789	11.5
3월	1,916,232	12.3	2,288,812	19.4	2,481,728	8.4
4월	1,995,544	74.6	2,317,933	16.2	2,519,742	8.7
5월	2,109,067	96.5	2,353,984	11.6	2,612,974	11.0
6월	2,182,576	64.3	2,462,508	12.8	2,617,956	6.3
7월	2,521,142	32.9	2,727,389	8.2	2,895,682	6.2
8월	2,762,456	18.1	3,008,251	8.9	3,229,852	7.4
9월	2,189,004	16.7	2,367,400	8.1	2,674,718	13.0
10월	2,411,338	17.3	2,636,849	9.4	2,887,223	9.5
11월	2,309,324	13.5	2,381,086	3.1	2,796,120	17.4
12월	2,285,181	11.5	2,405,438	5.3	2,819,421	17.2
계	26,930,936	25.5	29,683,846	10.2	32,707,495	10.2

자료 : 항공진흥협회

표 10-13 국제선 지역별 여객수송실적

지역	2004년			2005년			2006년		
	여객(천명)	증감률(%)	점유율(%)	여객(천명)	증감률(%)	점유율(%)	여객(천명)	증감률(%)	점유율(%)
일본	8,210	19.5	30.5	8,592	4.6	28.9	9,137	6.3	27.9
미주	2,951	15.8	11.0	3,011	2.0	10.1	3,144	4.4	9.6
동남아	7,600	31.0	28.2	8,426	10.9	28.4	9,750	15.7	29.8
중국	5,288	46.3	19.6	6,573	24.3	22.1	7,321	11.4	22.4
구주	1,396	13.0	5.2	1,490	6.8	5.0	1,610	8.0	4.9
대양주	964	8.4	3.6	910	-5.5	3.1	931	2.2	2.8
기타	522	5.0	1.9	681	30.5	2.3	814	19.5	2.5
계	26,931	25.5	100.0	29,684	10.2	100.0	32,707	10.2	100.0

자료 : 항공진흥협회

높은 성장추이를 유지하고 있다.

2006년에는 전년과 비교하여 국제선 여객이 10.2% 증가하면서 여객수송은 3,271만여명, 최대수치를 기록하였다.

(2) 지역별 동향

지역별 수송실적을 살펴보면 국제선 여객의 경우 2003년 발생한 SARS의 영향이 회복되면서 2004년 이후 동남아 노선과 중국 노선 등이 높은 여객증가율을 보여왔다.

특히 최근 동남아와 중국 노선의 수송실적이 꾸준히 증가하면서 2006년에는 동남아 노선이 전년대비 15.7%, 중국노선이 전년대비 11.4%의 높은 성장률을 이어갔다. 2004년 12월말 발생한 동남아 지역의 지진해일이 2005년 연초 동남아 지역의 항공수송실적에 영향을 미쳤으나 곧 회복되면서 2005년 전체 동남아 노선은 전년대비 10.9% 증가하였고 2006년에는 항공자유화의 영향과 더불어 상승세가 이어졌다. 일본 노선의 경우 전년보다 6.3% 증가하였는데 이

그림 10-18 2006년 국제선 지역별 항공수송 점유율

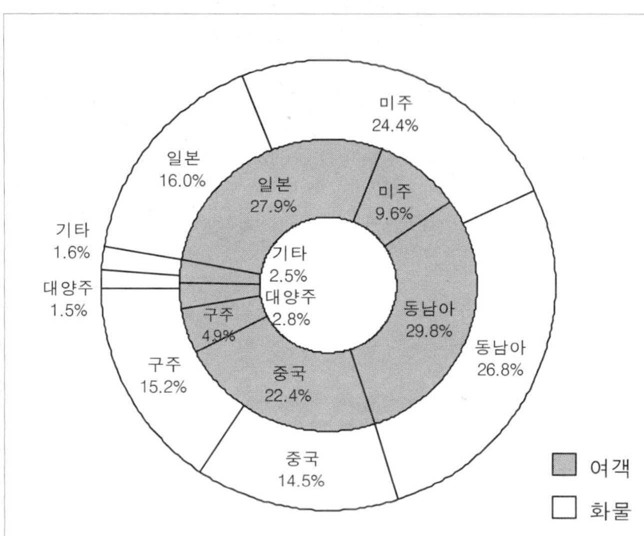

는 원화대비 엔화 약세 등으로 내국인 출국자가 크게 증가한 것으로 추측된다.

2006년 국제선 지역별 점유율은 동남아지역의 경우 높은 항공여객 수송증가로 전년과 비교하여 1.4%포인트 증가하였고 상대적으로 일본지역의 점유율이 1.0%포인트 감소하였다. 2006년 수송실적을 기준으로 일본이 27.9%, 동남아가 29.8%, 중국이 22.4%의 점유율을 각각 나타내고 있고 이 세 지역의 점유율은 전체의 80.1%에 해당된다.

(3) 항공사별 동향

2006년 국제선 여객은 전체적으로 10.2% 증가한 가운데 대한항공의 여객수송이 전년보다 6.6% 증가한 1,232만여명을, 아시아나항공의 여객수송이 전년과 비교하여 13.5% 증가한 783만여명을 기록하였다. 외국항공사의 수송실적은 국적항공사보다 상대적으로 높은 11.8%의 증가율을 보였다.

표 10-14 국제선 항공사별 여객수송실적

구 분	2004년		2005년		2006년	
	여객(명)	증감률(%)	여객(명)	증감률(%)	여객(명)	증감률(%)
대한항공	10,597,249	20.9	11,561,659	9.1	12,322,924	6.6
아시아나항공	6,513,473	28.0	6,892,717	5.8	7,825,624	13.5
국적 항공사	17,110,722	23.5	18,454,376	7.9	20,148,548	9.2
외국 항공사	9,820,214	29.1	11,229,470	14.4	12,558,947	11.8
합계	26,930,936	25.5	29,683,846	10.2	32,707,495	10.2

자료 : 항공진흥협회

국적항공사의 여객점유율은 최근 감소추이를 나타내면서 2006년 0.6%포인트 감소한 61.6%를 나타내었다. 외국항공사의 여객점유율은 2002년 35.3%에서 2006년 38.4%로 최근 4년동안 3.1%포인트 상승하였다. 항공사별로 살펴보면 대한항공의 국제선 여객점유율은 전년보다 1.3%포인트 감소한 37.7%의 점유율을, 아시아나항공은 전년보다 0.7%포인트 상승한 23.9%의 점유율을 각각 나타내었다.

그림 10-19 2006년 국제선 항공사별 여객수송 점유율

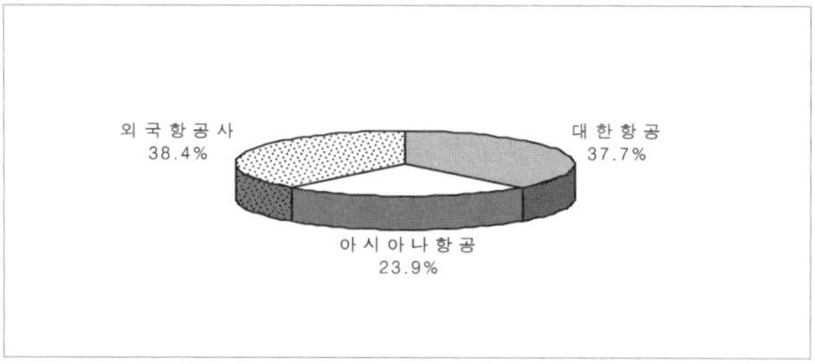

(4) 국내공항 동향

우리나라 공항은 상대적으로 운항횟수 순위가 낮은 반면, 여객 및 화물수송 실적의 순위는 높은 특징을 보인다. 인천공항의 경우 운항횟수는 123위에 해당되지만, 여객과 화물은 각각 40위와 5위를 기록하고 있다. 이러한 현상은 우

표 10-15 우리나라 주요 공항 순위

(단위 : 천회, 천명, 천톤)

구 분			2003년		2004년		2005년	
			순위	실적	순위	실적	순위	실적
인천	여객	국내+국제선	43	19,937	39	24,235	40	26,223
		국제선	10	19,387	10	23,621	10	25,590
	화물	국내+국제선	5	1,843	5	2,133	5	2,150
		국제선	3	1,814	3	2,104	3	2,120
	운항	국내+국제선	149	134	131	153	123	164
김포	여객	국내+국제선	61	16,881	80	14,843	93	13,449
	화물	국내+국제선	68	244	74	247	85	222
	운항	국내+국제선	150	134	184	115	207	104
김해	여객	국내+국제선	116	8,786	135	7,675	152	7,050
	화물	국내+국제선	99	150	112	136	132	109
	운항	국내+국제선	304	64	336	58	355	56
제주	여객	국내+국제선	95	10,808	99	11,116	100	11,357
	화물	국내+국제선	58	291	65	277	68	265
	운항	국내+국제선	259	77	272	76	289	74

주 : 1. 공항의 국내선+국제선 처리실적 기준임
2. 공항은 2005년 ACI 여객처리실적 상위 10개 공항임

그림 10-20 우리나라 국제공항 순위

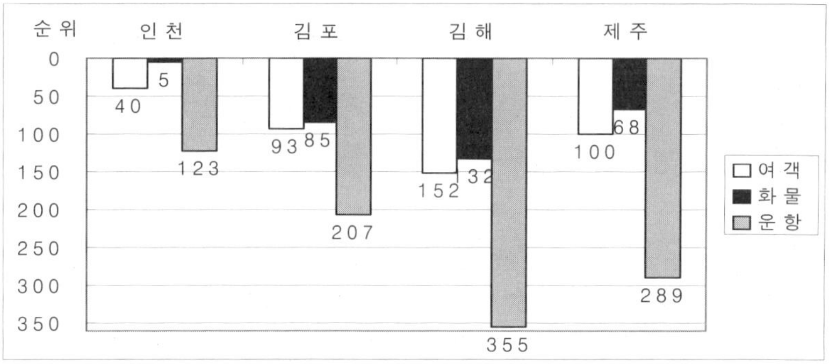

자료 : http : //www.airportal.co.kr

표 10-16 국제선 공항별 여객처리실적

구분	2004년 여객(명)	2005년 여객(명)	2006년		
			여객(명)	전년대비(%)	점유율(%)
인천	23,621,066	25,590,675	27,661,598	8.1	84.2
김포	614,741	944,948	1,419,636	50.2	4.3
김해	1,953,234	2,146,511	2,310,068	7.6	7.0
제주	459,962	605,898	899,940	48.5	2.7
대구	229,203	298,466	294,672	-1.3	0.9
광주	99,901	120,099	124,339	3.5	0.4
청주	77,158	101,049	133,748	32.4	0.4
양양	5,021	6,827	4,028	-41.0	0.0

주 : 유아포함

리나라 주요 공항이 상대적으로 다른 국가의 주요 공항보다 대형항공기의 운항이 많다는 특성을 나타내고 있다고 볼 수 있다.

2006년 국제선 처리실적은 대구공항과 양양공항을 제외한 국제공항에서 전체적으로 증가하였고, 특히 김포공항과 제주공항의 경우 50% 내외의 처리실적 증가율을 보였다. 김포공항의 경우 2005년 8월 김포-하네다간 노선 증편으로 김포공항은 2005년 94만여명의 실적에 이어 2006년 142만여명을 처리하였고, 제주공항은 2005년 61만여명에 이어 2006년 90만여명을 처리하였다. 청주

공항의 여객처리실적은 전년보다 32.4% 증가하는 등 주요 지방공항의 국제선 이용이 활발하게 나타났다.

수도권공항과 지방공항의 여객처리비율은 최근 수도권 공항의 비율은 감소하고 지방공항의 비율이 증가하는 추이가 나타나고 있다. 지방공항의 여객처리 비율은 2003년 10.1%에서 2006년 11.5%로 3년간 1.4%포인트 증가하였다. 이러한 현상은 중국, 동남아 등의 항공수요 증가에 따라 지방공항의 단거리 국제선 운항이 증가하면서 지방공항의 국제선 여객실적이 증가한 것으로 보인다.

그림 10-21 수도권과 지방 공항의 국제선 여객 점유율 비교

한편 인천국제공항의 환승여객 실적을 살펴보면 2006년 27,661,598명의 실적 중 3,190,187명이 환승여객으로서 약 11.53%의 비율을 나타내고 있다.

표 10-17 인천공항 환승여객 현황

구분	2004년		2005년		2006년	
	환승객	환승률	환승객	환승률	환승객	환승률
일본	433,042	6.9	444,219	7.05	505,507	8.07
미주	764,396	25.8	830,390	27.42	890,677	28.12
동남아	747,262	10.46	803,567	10.23	887,585	9.98
중국	311,018	7.13	314,259	5.89	374,780	6.26
구주	281,543	15.9	303,839	16.05	332,055	16.28
기타	226,761	20.49	15,771	5.7	199,583	15.23
합계	2,764,022	11.7	2,882,660	11.26	3,190,187	11.53

지역별로는 미주와 구주지역 등 장거리 노선에 대한 환승처리비율이 상대적으로 높게 나타나면서 최근 증가추이를 나타내고 있고, 특히 미주지역의 경우 2006년 환승처리비율은 28.12%로 2005년과 비교하여 0.7%포인트 증가하였다.

그림 10-22 인천국제공항의 환승여객 처리비율

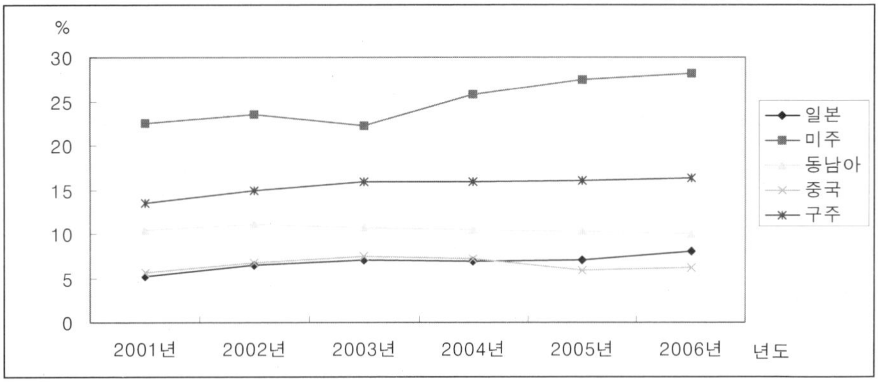

(5) 항공수송 비율

건설교통부에서 발표하는 수송실적에 따르면 국내선의 경우 철도, 지하철, 공로, 해운, 항공 등의 전체 수송실적 중 항공수송실적이 차지하는 비율은 여객이 0.15%, 여객킬로가 4.29%, 화물이 0.05%이고, 국제선의 경우 항공과 해운 실적 중 항공부문이 여객 93.38%, 여객킬로 99.11%, 화물이 0.35%에 해당한다.

표 10-18 전체 교통실적 중 항공수송 비율

구분	국내선			국제선		
	전체수송	항공수송	구성비	전체수송	항공수송	구성비
여객(명)	11,801,451,886	17,157,595	0.15%	31,788,785	29,683,846	93.38%
여객킬로(km)	153,568,277,241	6,593,754,843	4.29%	95,927,149,338	95,070,645,837	99.11%
화물(톤)	687,451,212	372,386	0.05%	757,553,023	2,616,814	0.35%

최근 수년 동안 고속도로 확충, 고속철도 건설, 해운산업의 성장 등 항공대체교통수단의 발달로 국내선 및 국제선 여객의 항공수송 비율은 조금씩 감소하는 경향을 보이고 있다.

그림 10-23 항공수송 비율 추이

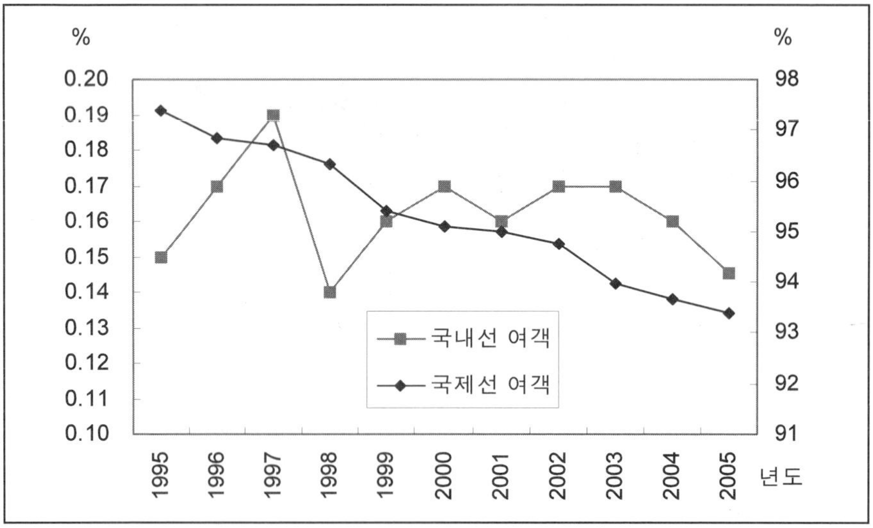

4. 항공기의 제원

(1) 보잉(Boeing)사 제작 항공기(www.boeing.com)

현재 단종된 기종은 다음과 같다.

B707, 717, 727, 757 DC-8, DC-8, DC-10 MD-80, MD-90

표 10-19 보잉사 항공기 제원

(단위 : m, km)

기종	총길이	객실폭	속도(마하)	운항거리	좌석수
737-600	31.2	3.53	0.785	5,648	110~132
747-400	70.6	6.1	0.85	13,450	416~524
767-400	61.3	4.7	0.80	10,415	245~375
777-300	73.9	5.86	0.84	11,135	368~550
787-8 Dreamliner	57.0	n/a	0.85	14,200~15,200	210~250

자료 : www.boeing.com.

그림 10-24 보잉사의 현재 생산 중인 항공기

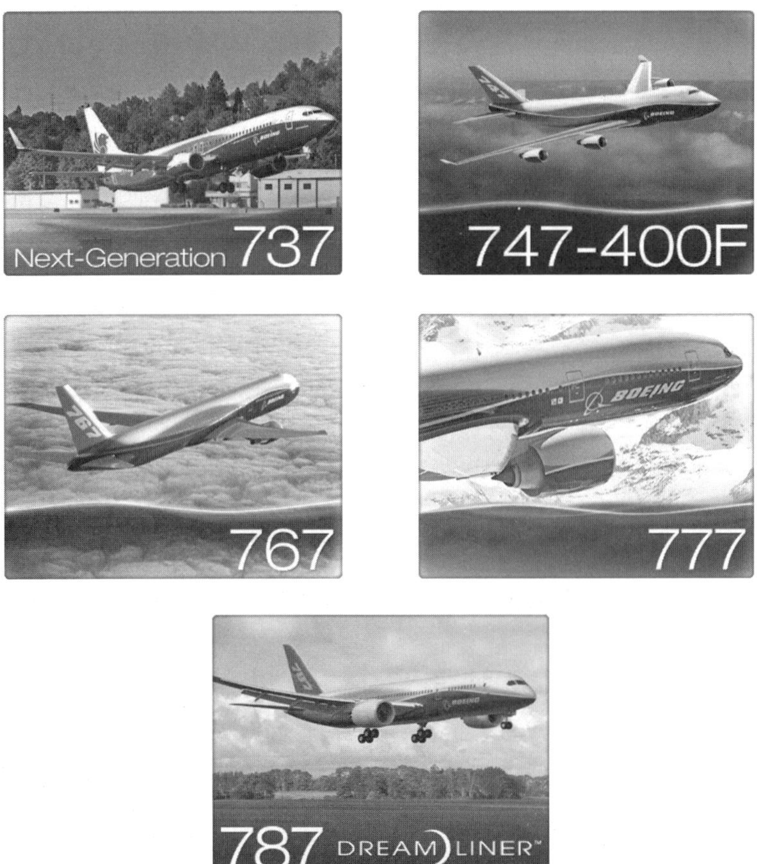

(2) 에어버스(AIRBUS) 제작 항공기(www.airbus.com)

그림 10-25 에어버스

표 10-20 에어버스 기종별 제원

(단위 : m. km)

기종	총길이	높이	객실길이	객실폭	엔진수	운항거리	좌석수
A300/310 family	46.66	15.80	33.25	5.28	2	8050	220 (2 class)
A320 family	35.57	11.76	27.51	3.70	2	4800	150
A330/340 family	63.6	16.85	50.35	5.28	4	13350	295
A350 family	60.26	16.9	n/a	n/a	2 Trent	15400	270~350 (3 class)
A380 family	73	24.1	49.9	6.58	Trent900	15200	525 (3 class)

자료 : www.airbus.com

(3) 콩코드(Concorde)

소리의 두 배 속도로 날 수 있는 초음속 여객기 콩코드가 2003년 10월 런던-뉴욕 간 비행을 끝으로 역사의 뒤안길로 사라졌다. 브리티시항공과 에어프랑스는 2003년 4월 10일 콩코드기의 운항중단 방침을 발표했다. 첫 시험비행을 한 지 34년, 상업비행을 시작한 지 27년 만에 퇴역한 것이다. 고개를 숙인 듯한 날렵한 모습을 자랑하는 콩코드는 보통 여객기가 7시간 날아야 하는 대서양을 3시간 만에 횡단했다.

콩코드는 드골 대통령의 제안으로 개발됐다. '화합'을 의미하는 '콩코드(Concorde)'는 영·불 협력관계의 상징이기도 했다. 하지만 스펠링 끝에 'e'가 들어가 불어식이 된 것만 보더라도 프랑스의 입김이 조금은 더 셌다. 미국과 소련도 뒤질세라 초음속 여객기 개발에 나섰다. 케네디 대통령은 미국도 초음속 여객기를 개발할 것이라고 공언했다. 소련은 1968년 초음속 여객기 TU-144를 세계 최초로 시험비행했으나 이 비행기는 1973년 파리 에어쇼 도중 추락했다.

콩코드의 앞날을 결정지은 것은 미국이다. 1971년 미국 의회는 초음속 여객기 개발을 하지 않기로 결정했다. 소음, 오존층 파괴 등 환경문제와 유류가격 상승 같은 경제성 때문이었다. 콩코드를 주문한 팬암 항공사는 계약을 취소해 버렸다. 이즈음 보잉 등 미국의 항공기 제작사들은 B-747, DC-10 등 점보형 여객기를 본격 생산, 오늘날의 저가 항공여행 시대를 열었다.

콩코드는 겨우 20대 생산되었고 그나마 상업비행에 투입된 것은 14대뿐이었다. 300대 생산을 예상했던 원래 기대는 완전히 어긋난 것이다. 영국 항공과 프랑스 항공이 콩코드를 런던-뉴욕, 파리-뉴욕 항로에 투입했지만 개발비는 고사하고 운항비용을 대기도 힘들었다. 좌석이 100석밖에 안 돼 대서양 왕복요금은 1만 2000달러나 해서 억만장자나 영화배우들이 주로 타고 다녔다.

콩코드는 매우 안전한 비행기였으나 2000년 7월 파리 드골공항을 이륙한 콩코드가 부근에 추락하는 사고가 발생, 콩코드 운항이 1년이나 중단됐다. 엎친 데 덮친 격으로 9·11 테러로 항공여객이 줄어들자 콩코드의 퇴역이 앞당겨진 것이다. 콩코드는 경제성 관문을 넘지 못해 사라졌다지만, 기술적 문제도 적지 않았다. 음속돌파에 따른 소음을 최소화할 기술을 개발하지 못했고 연료소비에 비한 비행거리도 다른 항공기에 비해 짧았다. 이제 콩코드는 박물관에 들어앉겠지만 인류는 언젠가는 이런 문제점을 해결한 초음속 여객기를 개발할 것이다.

런던에서 뉴욕까지 콩코드를 이용하고 귀환하는 비행편은 일반 항공기를 이용할 경우 왕복요금이 7,117달러며, 왕복을 모두 콩코드로 이용할 경우 요금은 1만 3,566달러다.

그림 10-26 콩코드

5. 항공역사

(1) 세계항공 약사

① 최초의 동력항공기 출현과 항공기의 발달

그림 10-27 최초의 동력항공기 출현과 항공기의 발달

레오나르도 다빈치 (1452~1519)　라이트 형제의 플라이어　콩코드 (Concorde)

② 항공운송과 항공사의 발전

- 커티스(Curtiss JN-4) : 1918년 미국단발복엽기
- 록히드(Lockheed) L-049 Constellation : 1950년 미국 4발 프로펠러 여객기
- 에어버스(Airbus) A-320 : 1987년 유럽공동 쌍발 제트여객기

③ 공항의 발달

그림 10-28 공항의 발달

프랑스 국경 근처의 독일 군용 비행장과 전투기들(1915년)

네덜란드 암스테르담 스키폴 공항(스카이뉴스)

바닷가에 건설된 일본 간사이공항

(2) 세계항공기 역사

그림 10-29 1500~1800년대의 비행물체

레오나르도 다 빈치가 구상한 나사의 원리를 이용한 헬리콥터

보불전쟁 당시 포위된 파리를 탈출하고 있는 자유기구 1785년, 프랑스

헨슨이 구상한 공중 증기차 1842년 영국

그림 10-30 1900년대 비행기

1903년 랭글리의 동력 비행기 에어로드롬 A형이 이륙 순간 포트맥강으로 추락하는 순간

1903년 12월 14일 그의 동력 비행기 플라이어 1호에 타서 조종 연습을 하고 있는 윌버

키티호크의 모래 사장에 설치한 라이트 형제의 작업장 내부. 2층은 침실

그림 10-31 1910년대 항공기

블레리오XI 단엽기. 1913년 런던의 교외에서 개최된 국제 비행 경기대회에 참가

시콜스키 이리아 무로메츠 1914년 러시아. 항공 사상 최초로 조종실, 객실을 갖춘 4발 여객수송기.

비행 중에 있는 커티스 수산기 1914년 미국.

그림 10-32 1920년대 항공기

아브로(Avro) 504 연습기. 1923년 영국

포드 트라이모터(Ford 5AT Trimotor) 1926년 미국 3발 프로펠러 여객기

도르니엘 독스 1929년. 미국 12발 프로펠러 여객기

그림 10-33 1930년대 항공기

융커스(Junkers) Ju-52/3m 1932년 독일 3발 제트 여객기

록히드(Lockheed) L-10 Electra 1934년 미국

보잉(Boeing) B-314 1939년 미국 4발 프로펠러 여객기

그림 10-34 1940년대 항공기

더글라스 DC-4 Skymaster 1942년 미국 4발프로펠러여객기

더글라스(Douglas) DC-6 1946년 미국 4발 프로펠러 여객기

빅커스 바이카운트 1948년 영국 4발 터보프롭 여객기

그림 10-35 1950년대 항공기

록히드 L-1049 Super Constella-tion 1950년 미국 프로펠러여객기

보잉(Boeing) B-707 1957년 미국 4발 제트 여객기

더글라스 (Douglas) DC-8 1958년 미국 4발 제트 여객기

그림 10-36 1960년대 항공기

일류신(Ilyushin) IL-62 1962년 소련 4발 제트 여객기

보잉(Boeing) B-747 1969년 미국 4발 제트 여객기

콩코드 1969년 유럽공동 4발 초음속 여객기

그림 10-37 1970년대 항공기

록히드(Lockheed) L-1011 Tristar 1970년 미국 3발 제트 여객기

에어버스(Airbus) A-300 1972년 유럽공동 쌍발 제트 여객기

일류신(Ilyushin) IL-86 1976년 소련 4발 근거리 제트 여객기

(3) 항공사고

① 국내 항공사고(민간기)

그림 10-38 국내 항공사고 기종

1971. 1 납북 실패한 대한항공 항공기 F-27 기종

1978. 4 소련 무르만스크 비상착륙한 KAL707 기종 (1987. 인도양 상공에서 북한 폭파 기종)

1989. 4 리비아 Tripoli공항근처 추락한 KAL DC-10 기종

표 10-21 국내 항공사고 일지

	일자	항공사(항공기)	내용	피해 인원
1	1930.10.22	조선항공연구소	서울-금강산 항로 개척 시험비행 고성-강릉-춘천-서울 비행중 추락	첫 사고
2	1969.12.11	KAL YS-11	강릉 → 서울 비행중 납북	51명 납북
3	1971.1.23	KAL F-27	속초→서울 납북기도, 속초 모래사장에 비상착륙	
4	1978.4.20	KAL B707-300	파리→서울 소련영공침범. 소련전투기총격, 소련무르만스크 동체착륙	97명중 사망 2, 부상 10
5	1983.9.1	KAL B747-200	앨커리지→서울 소련 사할린 침범, 미사일공격 받음.	승무원 29, 승객 240 전원사망
6	1987.11.29	KAL707-300	미얀마행, 북한테러범이 폭파	승무원 11, 승객 104명 전원사망
7	1989.4.20	KAL DC-10-30	리비아 트리폴리 착륙시도 중 추락	승무원(18명중 4명) 승객(181명중 68명) 사망
8	1993.7.26	AAR B737-500	목포공항 무리한 착륙	110명중 66명 사망
9	1997.8.6	KAL 747-300	괌 공항 착륙접근 중 니미츠힐에 추락	사망 229, 부상 25명
10	2002.4.15	중국민항	김해공항 착륙시도 중 추락	166명중 사망 119 실종 9, 생존 38

자료 : 한국항공진흥협회에서 발췌

② 외국의 대형 항공사고(민간기)

그림 10-39 외국 항공사고 기종

Vladivostok 352(01.7), 이르쿠추크　United 11(01.9), 뉴욕　American 587(01.11), 뉴욕

표 10-22 외국 항공사고 일지

	일자	항공사(항공기)	내용	피해 인원
1	1913.10	비행선	독일 체펄린비행선 2호 공중폭팔 세계최초 비행사고	사망 28
2	1956.6.30	TW와 UA	양항공기 미국 그랜드케년상공 충돌	128명 전원사망
3	1960.12.16	UA와 TW	뉴욕상공 충돌	사망 137명
4	1961.5.1	미국 National Airline CV-440	쿠바로 납치됨. 최초의 hijacking	
5	1962.6.3	AF B707	파리 오를리공항 이륙직후 추락	130명 전원사망
6	1966.2.2	NH	All Nippon Airways 일본 도쿄만 추락	133명 전원사망
7	1966.3.5	BOA B707	British Oversea Airway 일본 후지산상공 폭팔	124명 전원사망
8	1969.8.29	TW B707	아랍게릴라에 의해 공중납치	
9	1970.3.31	JL B727	요도호 일본적군파학생 9명에게 납치, 김포에 불시착.	
10	1970.8.2	PA B747	도쿄상공에서 점보기로는 처음으로 공중피납	
11	1970.9. 6	PA, TW, SWR	세비행기만 아랍게릴라에 의해 공중피납되어 폭파	
12	1985.6.23	Air India 747	토론토→봄베이 아일랜드해안 폭팔	승무원 22명, 여객 307명 전원사망
13	1985.8.12	JL B747	일본국내선 산악지대 추락	520명 사망
14	2000.7.25	AF 콩코드	전세기 파리이륙 직후 추락	109명 전원사망
15	2001.9.11	AA B767	아랍 테러범 5명에 피랍. 뉴욕세계무역센터 북쪽건물 충돌	92명 전원사망
16	2001.9.11	UA B767	아랍 테러범 5명에 피랍. 뉴욕세계무역센터 남쪽건물 충돌	65명 전원사망
17	2001.9.11	AA B757	아랍 테러범 5명에 피랍. 미국방성건물 충돌	64명 전원사망
18	2001.9.11	UA B757	아랍 테러범 4명에 피랍. 펜실베니아주 추락	45명 전원사망
19	2002.5.25	CAL B747-200	타이페이→홍콩 비행중 추락	225명 전원사망
20	2003.5.8	콩고민주공화국	킨샤샤→루붐바 시스템고장으로 뒷문이 열려. (옛 소련제 일류신기종)	200여명 사망
21	2005.8.16	콜롬비아	MD82. 콜럼비아여객기 베네수웰라 산악지대 추락	160명 전원사망
22	2005.10.22	나이지리아	라고스→아부자 비행중 추락	117명 전원사망

자료 : 한국항공진흥협회에서 발췌

오늘의 교훈

太公이 曰 孝於親(효어친)이면 子亦孝之(자역효지)하나니 身旣不孝(신기불효)면 子何孝焉(자하효언)이리오.

태공이 말하기를, "자신이 어버이에게 효도하면 자식이 또한 나에게 효도하나니, 자신이 어버이에게 효도를 하지 않는다면 자식이 어찌 나에게 효도하겠는가?"라고 하였다. 명심보감 : 효행편(孝行篇)

CHAPTER

11 주요 국가의 국제관광정책

관광정책이란 관광분야의 관심사항과 관광문제에 대한 처방을 다루는 관광정책 결정자가 수행하는 목적지향적 행동이다. 따라서 국제관광정책은 어느 한 국가가 다른 나라와의 관광문제에 있어서 그 처방을 다루는 것이며, 국가간 교류가 활발한 현실에서 매우 중요한 국가정책의 하나가 되었다. 2000년대 주요 관광선진국의 국제관광정책을 간략하게 살펴본다. 여기서 소개한 것 외에도 싱가포르의 “Tourism 21 : Vision of a Tourism Capital”, 호주의 “Tourism : A Ticket to the 21st Century”, 중국의 관광비전계획 등이 있다.

1. 프 랑 스

2004년도 기준으로 프랑스는 7,500만명의 외래객이 찾아와 세계 1위를 차지하였고 408억 달러의 수입을 거두어 세계 3위를 달렸다.

(1) 관광진흥정책

① 관광진흥정책 목표

- 관광산업의 경제적 · 사회적 역할에 대한 인식을 긍적적인 방향으로 이끌어감
- 지속가능하고 균형적인 발전을 위해 관광산업에 관련된 모든 경제활동을 장려함
- 관광산업에 있어서의 공급의 질 향상
- 전세계적인 차원에서의 홍보활동
- 관광정보 전달체계(플랫폼)의 통합 : Tourism France, Resin France,

Franceguide.com 을 중심으로 전국 예약시스템 및 정보전달체계 통합
- 프랑스를 관광산업 발전의 모델로 부상시킴

② 프랑스 관광공사의 주요 관광진흥계획

- 양적 성장 : 2010년 9천만명 유치
- 질적 성장
  - 2010년까지 관광수입 460억 유로(고소득, 고급고객 중점유치)
  - 관광객의 시간적 분산 유치
  - 관광객의 공간적 분산 유치
  - 미래형 관광 및 청소년 관광진흥
  - 원거리 시장대상 '파리가 유럽의 관문'이라는 인식을 정립 유도
- 지속 가능하고 균형잡힌 개발과 프랑스 관광자원의 고품격화
- 추진방향
  - 정보제공, 상품화 전략, 언론홍보, 시장분석 및 전망
  - 관광의 사회경제적인 역할에 대한 인식제고
  - 관광주체와의 파트너십을 통한 행정적, 법적 틀 마련 및 대국민 홍보
  - 관광개발의 이상적인 모델로서의 프랑스의 위상정립
  - '인권을 존중하는 나라'이고 관광개발에 있어 도덕적인 측면 강조

③ 주요 정책과 전략

- 관광대국으로서의 프랑스 이미지와 노하우 구축
- 지속가능한 관광산업 개발
- 국제사회에 지속가능한 관광개발 노하우 전파
  - 제3국가와 개발도상국에 프랑스의 선진 관광정책의 노하우와 재정적으로 지원을 함
  - 총 2백만 유로의 자금으로, 남아프리카에 1백만 유로, 캄보디아에도 1백만 유로 지원
- 관광의 고급화정책
  - 상표와 라벨 부여 : '프랑스 휴가촌 연합' 등 약 11가지 라벨과 상표 부여
  - 품질등급 부여

표 11-1 프랑스 관광상표 및 라벨

상표 및 라벨	대상
Plus Beaux Villages de France	아름다운 풍경, 자연, 건축을 보유한 139개 촌락
Villages de Montagnes	프랑스 5대 산맥에 위치한 45개의 산촌
Ville d'Eau de France	온천 등 수자원이 있는 도시
Auberges de Pays	오베르뉴 지방의 17개 숙박시설
Assiettes de Pays	프랑스 지방관광객 안내 연합(민간업체)
Gites de France	프랑스 콘도형 민박업체 연합, 42,432개 업소
Clevacances	60개 군과 21개 지방의 20,000개의 임대숙박시설, 1,400개의 호텔형 민박
Logis de France	시골에 있는 소형 독립호텔 연합
Hotellerie independante de type 3-4	3등급 및 4등급 독릭호텔 연합, Chateaux Hotel de France 등
Hotellerie fe Chaines	체인호텔

표 11-2 프랑스 관광 품질등급

적용	종류	내용(등급부여 기관)
프랑스 전역	호텔등급	ACFCI 및 AFAQ 회원 호텔에 적용, 지방상공회의소가 등급 부여
	캠핑장	프랑스 캠핑 캐러바닝연맹 및 프랑스 옥외호텔업연맹이 등급 부여
	요식업	20,000개 가맹 식당에 대해 UMIH 등 요식업관련 협회가 등급부여
	국제회의 시설	AFAQ에서 등급 부여
	골프시설	AFNOR에서 등급 부여
	관광안내 사무소	AFNOR에서 별 1~4개로 분류
관광 공간	산악관광지	SEATM에서 고객 만족도 설문조사를 통해 관광지 등급 결정
	주변관광지	AFIT에서 고객 만족도 조사를 통해 등급 결정
대상	어린이청소년	어린이를 위한 숙박, 놀이, 여가시설의 유무를 따라 Kid마크 부여
	p'tits monta-gnards 클럽	18개월부터 12세까지의 어린이들을 위한 시설을 보유한 여름, 겨울 휴양지에 마크 부여
유럽	Pavillon Bleu	환경 친화적인 수변관광지 및 레저항구에 Fondation pour l'Education a Environnement en Europe 환경마크 부여

ACFCI : Assemblee des Chambres Francaises de Commerce et d'Industrie
(The Assembly of French Chambers of Commerce and Industry : 프랑스상공회의소)
AFAQ ,AFNOR : 프랑스의 국제인증기관(www.afaq.org)

(2) 홍보 및 마케팅

① 기본 홍보전략

- 원거리시장을 상대로 입국 관광객의 체재일수를 늘리는 방향으로, 근거리 시장에 대해서는 단기상품의 다양화로 차별화
- 비즈니스, 삶의 질, 레크리에이션, 적극적인 여가활동을 주요 초점으로 홍보
- 10가지의 홍보주제 : 젊음이 있는 광장(tourism youth), 자연의 발견(nature and discovery), 비즈니스 여행(business travel), 낚시의 즐거움(fishing), 골프의 매력(golf), 자연주의(naturalism), 산악관광(upland areas), 프랑스의 축제(france festivals), 프랑스의 역사·문화(castle, museum and monuments), 도시관광(the large cities of france)

② 홍보활동

- 유럽시장(독일, 영국, 이탈리아, 베네룩스 3국, 스페인) 대상 홍보활동 강화
- 연중 30회가 넘는 워크숍 및 17개의 세계 주요 관광전시회 참가
- 여행업자, 언론인 등 약 3,000여명을 대상으로 약 700회의 팸투어 실시
- 각 시장별로 프랑스 관광공사가 정한 특성과 필요에 따라 진흥활동 전개
  - 집중공략지역 : 독일, 영국, 미국, 일본
  - 인근 고정시장 : 벨기에, 스위스, 네덜란드
  - 잠재시장 : 동남아(대만, 싱가포르, 중국 등)

③ 주요 캠페인

표 11-3 프랑스 관광캠페인

명 칭	내 용
봉주르(Bonjour) : 안녕하세요	• 기본정신 : 외래객과 함께 서로 발견하고 공유하고 교류. • 관광객의 지속적인 방문 장려, 새로운 관광객 확보 • 1994년부터 시작하여 매년 실시 • 프랑스관광공사가 총지휘 • 관광종사원들 '환영서약서' 작성, 캠페인 준수사항 부착 • 슬로건 : 2001년 "프랑스에서, 미소는 마음으로부터 온다" 2003년 "프랑스가 좋아요(Le J'aime la France)"

다시 프랑스와 사랑을 (let's fall in love again)	• 미국시장을 대상으로 한 프랑스 방문 촉진 캠페인 • 항공사, 철도 등 협력업체에서 특혜 제공
ClubFrance VIP Card	• Let's Fall in Love Again의 프로모션 일환 • 2003년 5월부터 운영 • 25달러 카드 하나로 5명의 가족이 이용 • 1500개의 여행사, 호텔, 레스토랑, 여행기획자, 박물관, 렌터카 등의 업체가 온라인 네트워크를 형성

(3) 관광상품개발

• 관광상품전략

비즈니스관광, 산업시찰관광, 도시관광, 문화관광 포도재배/포도주 제조관광, 종교유적 및 순례자관광, 겨울산, 해변휴양지, 자연관광, 골프, 휴양관광, '자연주의'관광, 바캉스촌, 청소년 관광

• 관광상품개발
  - 보양을 위한 온천지역 개발
  - 문화예술 · 축제행사 개최
  - 행동형 관광상품을 개발하여 관광객의 관광행동을 장려
  - 관광의 계절형을 타파할 수 있는 관광상품 개발 · 선전

(4) 관광정보안내체계 통합

• TourinFrance.net(여행안내), ResinFrance.com(숙박/외식과 관련한 정보 제공).
  Franceguide.com(프랑스관광공사) 등의 인터넷 사이트를 중심으로 전국 예약시스템 및 정보전달체계 통합
• 안내전화
  - 소비자보호청(Secret d'Eat a la Consommastion) 관광객들에게 무료 정보 안내전화
  - 경쟁 · 소비 · 사기방지국(Direction Generale de la Concurrence, de la Consommation et de la Repression des Fraudes)에서 프랑스 월드컵

이 개최되기 약 2년 반전인 1995년 '미니텔(Minitel)'이라는 컴퓨터 통신망을 통해 동시에 500회선이 접속할 수 있는 365FRAANCE98이라는 어드레스에서 여행정보안내 서비스 제공

• 안내책자 발간
  - 2,500여개의 호텔과 1,000여개의 야영장의 고시가격과 여행사 · 임대아파트 · 식료품 등 휴가여행시 필요한 각종 정보를 담은 'Bonnes Vacances 90' 책자 제공

• 관광안내센터의 운영
  - 1900년대 초반에 설립되어 중아정부의 통제 없이 독자적으로 운영
  - 현재 활동 중인 약 300여개의 OSTI(Les Syndicats d'Initiative et Offices ds Tourisme)의 회원은 단체 및 지역단체에도 동시에 소속되어 있고, 중앙정보은행에 연결되어 코드번호 3615 ITOUR의 '미니텔' 정보시스템으로 관광안내소를 운영

(5) 관광조직

① NTA(national tourism administration)

명칭	사회간접시설 · 주택 · 교통 · 관광부(Le Ministere de l'Equipement, du Logement, ges Transports et du Tourisme)
조직	상기 조직내의 관광국
주요기능	• 관광정책 수행 • 국제관광정책 수립 • 예산 · 결산 • 관광산업 관련 모든 기반시설 및 활동에 대한 관리감독 • 관광산업 활성화에 필요한 모든 활동에 관한 각종 통계자료 수집 등 • 관광정책과 관련한 타 기관과 협력

② NTO(national tourism organization)

명칭	• 프랑스관광청(La Maison de la France) • 중앙조직에 관한 법률에 의거하여 1987년 1월 1일에 발족
조직	• 마케팅 & 연대협력부, 신기술부, 행정사무부 • 민관합동기구(정부출연기관과 유사) 공동사업 추진연합(G.I.E)의 형태로 설립. 회원(1,000여 개의 기관, 업체)의 공동이익 증진 목적 • 국외지사 : 27개국 총 33개소

주요기능	• 관광시장 조사연구 • 관광마케팅전략 수립 • 관광상품개발 • 해외관광진흥사업 : 해외 홍보물 제작배포, 해외 관광전시회 & 관광교역전 개최 및 참가, 여행업자 팸투어 실시, 프랑스 여행상품 판촉설명회 실시 • 해외관광홍보 : 관광관련 TV, 인쇄매체, 옥외광고시행, 프랑스 관광이미지 홍보, 국내 지방 관광목적지, 테마관광 홍보 • 외국언론인 초청 지원 • 현지 여행업자 대상 관광뉴스레터 및 신상품 정보자료 제공

※ G.I.E(Groupement d'interet economique)
특정사업의 공동수행을 목적으로 2인 이상의 자연인 또는 법인이 참여하여 설립되는 법인단체로 경제적 이익창출을 위한 그룹임.

그 외에 프랑스 관광청 소속의 관광기술개발연구소(AFIT : Agence France de l'ingenierie Touristique)가 있고, 관광관련 특별기구로는 국가위원회(Le Conseil National du Tourisme), 지방관광위원회(Les Comites Regoinaux du Tourisme), 현(縣)관광위원회(CDT : Les Comites Departmentaus du Tourisme), 현(縣)관광활동위원회(CDAT : La Commission Departmentale d'Action Turisque) 등이 있다.

표 11-4 프랑스정부 관광관련 기관의 명칭과 역할

명 칭	역 할
Inspection Generale tourisme 관광관리감찰부	관광부 비서실 소속으로 관광정책에 관한 관리 및 감찰 기능
Direction du tourism 관광운영부	관광부에서 위임받은 운영방안을 기술적인 측면에서 실행함, 지방시위원들과 관광업계 종사자들의 의견 수렴
Delegations regionales au tourisme 관광지역위원회	각 지역별 대표들은 관광부장관과 동일한 권한을 수행함 지역내 관광업계 종사자들과 관광공사, 중앙행정부, 관광기술개발소 등의 재정문제, 협력관계 관리
Masion de la france 프랑스관광공사	프랑스 관광산업의 진흥, 육성방안을 총괄 관광대국으로서의 프랑스 이미지 강화의 역할
Agence france de l'infenierie touristique 관광기술개발소	정책결정과 실행에 있어서 공기관과 관광업계를 지원함 관광산업의 분석, 기술적 노하우 분배하고 관광프로그램을 구체적으로 실행
Bourse solidarite vacances 휴가연대보조금관리소	사회의 소외계층, 빈곤층이 휴가를 즐길 수 있도록 재정적으로 지원해줌
Agence nationale pour le cheque-vacances 관광수표관리소	관광수표 발행 및 대금지급 관광수표와 스포츠쿠폰의 상업화

Observatoire national de tourism 국립관광예측소	관광산업에 대한 모든 정보를 총괄 관광산업과 직접적으로 관련된 모든 경제활동에서 산출된 수치를 수집, 분석, 평가하고 결과를 공표함 1600페이지의 인터넷 사이트를 유료서비스로 운영함
Comite national pour le fleurissement de la france 국립프랑스번영위원회	자연환경의 보존과 발전, 삶의 질 향상을 위한 정책 실행
Conseil national du tourisme 국립관광자문위원회	관광산업과 관련된 모든 의문사항에 관한 정보 제공

자료 : Direction du Tourisme(2003), L'administration du tourisme, www.tourisme.gouv.fr

2. 스 페 인

스페인은 2004년도에 외래객 5,360만명으로 세계 2위, 관광수입 452억 달러 세계 2위를 지키고 있다.

(1) 관광진흥정책

① 관광진흥정책 목표

- 정책목표 : 관광분야 세계리더 위치를 확고히 하기 위한 관광분야 질적 향상 강화
- 주요 정책 추진과제
  - 관광산업의 선도적 입지를 강화
  - 관광수익 극대화
  - 관광활동의 사회문화적 그리고 환경적인 유지
  - 수요와 공급의 다변화
  - 전국토에 걸친 관광객 유입
  - 관광분야 고용의 질적 향상
  - 관광관련 기업의 국제경쟁력 강화
  - 경제 기간산업으로서의 관광산업의 인지 확산

② 주요 관광진흥계획

표 11-5 PICTE 2000(Plan Integral de Calidad del Turismo Espanol) : 품질 Q 마크 제도

명 칭		스페인 관광산업 질적 향상 계획 2000
사업 개요	목적	세계 일류 관광목적지로서의 위상 회복, 관광산업 국제경쟁력 강화
	세부 목적	고객만족의 극대화를 위해 관광객들의 충성도를 높이고, 직원들의 생산성을 높이며 경비절감을 통한 이익의 극대화
	주체	스페인 관광청 산하기관인 관광품질관리소 ICTE(Instituto la Calidad de Tristica Espanola) : 2000년 설립
	품질 인증	• 6개 관광분야로 나누어 관광품질을 관리하고 Q인증 마크 부여 - ICHE(호텔 품질관리소) - ATUDEM(여행업 품질관리소) - ICRE(식당업 품질관리소) : 과거 IRQ라는 인증 대신 Q마크 - ICRE(캠핑촌 품질관리소) - ACTUDEM(스키장과 산악관광 품질관리 협회) - ACTR(민박관광 품질관리 협회) • 인증단계 - Prestigiosa(Prestige) : 가장 뛰어난 등급 서비스 가능 최상위 업소 - Diferenciador(Distinguish) : 모두 심사기준을 통과한 우수업소 - Fiable(Reliable) : 관련 규정을 통과한 신뢰등급 업소 - Rigurosa(Rigorous) : 최소의 규정과 기준을 통과한 인증 업소

표 11-6 스페인 3차 관광계획(2000~)의 10대 과제

① 관광목적지로서의 질적 향상(Tourist destination quality)
② 관광상품의 질적 향상(Tourist product quality)
③ 관광기업 분야의 질적 향상(Private sector quality)
④ 질적 통일성을 위한 교육 등의 강화(Training quality)
⑤ 발전된 기술과 혁신의 활용 강화(Technological development and innovation)
⑥ 관광기업의국제화를 통한 질적향상(Internationalisation of tourist enterprise)
⑦ 국제협력의 강화(Internation cooperation)
⑧ 통계정보와 경제분석의 강화(Statistical information and economic analysis)
⑨ 해외 프로모션의 강화(Promotion)
⑩ 마케팅의 강화(Marketimg supporting)

표 11-7 스페인관광청의 관광업 활성화를 위한 5대 계획

명 칭	내 용
EDITUISMO	• 관광산업 정보교환의 간편화, 현대화 정책 • 호텔업, 여행사, 금융업체 대상, 용이한 문서교환 네트워크의 개발
TURINTER	• 관광산업 관련자료 체계적 수립정리. 인터넷 정보망에 올림 • EU 관광정보사이트 Enjoy Europe과도 긴밀한 협조체제
TURCENTRAL	• 관광상품의 보다 빠른 상품화를 목적 • 관광업체간의 연락망 역할, 여행객들의 최신관광정보 취득 지원
TURISCAL	• 관광청이 추진하는 관광의 질적향상 프로그램 보완. 1997년 개시 • 민간단체와 호텔협회가 운영, Quality 프로그램 홍보에 기여 • 관광업에 종사하는 민간업체들 간의 활발한 연락망 형성
HOTEL OK	• 바르셀로나지역 호텔협회가 추진 • 효율적인 호텔운영이 목표 • 전국적으로 고객 유치에 대한 정보 및 호텔운영 노하우 교환

• 스페인의 국영숙박시설 Parador 운영

- 1910년 스페인 관광을 해외에 보다 효과적으로 알리기 위한 일환, 오래된 성과 수도원을 숙박시설로 활용, 1928년도 Gredos에 첫 국영숙박시설인 Parador를 오픈.

  2003년 현재 87개 시설 보유
- 스페인 관광산업의 독특성 부각, 색다른 이미지를 전달하여 스페인의 전통성과 다양성, 예술성을 선보임. 아울러 현재 및 미래의 세대들에게 배움과 즐거움의 공간을 마련함
- Parador의 각 레스토랑은 각 지역 향토음식을 연구하고 보존하는 역할을 담당.
- 홍보는 전적으로 광고를 중심으로 스페인 관광청(Turespana)과 협력, 해외 22개의 대리점을 가지고 적극적인 해외 홍보를 전개
- 추진주체 및 역할 : 스페인 관광청산하 국영 Parador 운영사업소(Paradoe de Turismo de Espana), 총직원수 4,500여명

※ Parador의 효과 및 영향

• 외래관광객들에게 있어 스페인의 고성이나 수도원을 고급 숙박시설로 개조한 Parador 에서의 여행추억은 스페인관광에 대한 매력을 강화하고 융

숭한 대접을 받았다는 좋은 인상을 주는 효과를 발휘하고 있음

- Parador의 연간 객실점유율은 77.6%로 안정적인 사업을 유지하고 있으며, 2002년에 241만명이 이용하였으며, 그중 60%인 146만명은 스페인 사람들이였음. 외래관광객 이용자수는 95만명에 이르고 있을 정도로 외래관광객 유치에 있어 상당히 중요한 요인으로 작용하고 있음. 국가별로는 영국(22%), 독일(15%), 미국(13%), 프랑스(13%), 일본(3%)순으로 나타남.
- 스페인 정부는 이 사업의 성격상 정부가 주도하는 것이 '합리적'이라고 판단하여 적극적인 확장과 시설투자 그리고 홍보에 집중하여 스페인 관광의 중심적인 매력 중의 하나로 부각시키고 있음.
- Parador 시설들은 전국에 골고루 분포되어 있어 관광객 분산효과 및 지역별 관광활성화에 상당히 중요한 역할을 하고 있음. (http : //www.parador.es)

(2) 홍보 및 마케팅

- 관광 해외홍보는 Turespana(스페인 관광청)에서 관장하고, 해외홍보의 실질적인 수행은 23개 국가에 파견된 331개의 해외지사에서 담당함.
- 정부지원
  정부에서는 해외홍보를 전담하는 Turespana(스페인 관광청)의 사업 및 운영경비 전액을 지원
- 최근 홍보 내용 및 마케팅 실적(2002년 기준)
  - 주로 TV 및 인쇄매체를 통한 광고로 해외홍보 실시.
  - 여행업자 및 소비자 직접 공략 : 200여회의 세계 각국의 관광관련 전시회 참여
  - 16개 언어로 관광홍보 브로슈어에 지역별 상세정보를 담아 발행 및 배포
  - 온라인 홍보에 최근 역량을 강화해 www.tourspain.es(4개국어 : 스페인어, 영어, 불어, 독어)를 통한 시장공략을 강화.
  - 50% 이상을 차지하는 영국, 독일중심의 핵심시장에 대한 공격적인 마케팅을 지속하며, 관광상품의 다양화 및 관광시장의 다변화 도모
  - 가능성 있는 40개 전략국가를 설정하고 시장별 전략에 따라 집중공략

(3) 관광상품개발

① 관광상품에 대한 전반적인 동향

- 스페인 관광의 전통적 이미지인 Sun and Beach 상품이외에도 문화 및 도시관광, 컨벤션산업 강화, 자연 및 스포츠관광 활성화에 노력을 집중
- 특히 컨벤션산업의 경우 마드리드와 바르셀로나에만 활성화되어 있는데, 중장기적인 노력으로 스페인의 주요도시마다 국제회의 및 인센티브 관광객 유치를 활성화하려고 함.
- 스포츠 및 자연참여관광을 강화하되, 골프 및 해상스포츠 그리고 피레네 산맥 및 북부의 녹지관광을 적극 활성화하는 등 유치를 강화함.
- 테마관광상품(돈키호테 루트를 따라서, 산티아고의 순례 루트, 스페인 와인 루트, 세계문화유산 도시순회 등)에 대한 체계적인 지원과 홍보로 상품의 다양화와 국제화를 추구

② 주요 관광상품

- 테마관광상품 : 돈키호테 루트를 따라서, 산티아고 순례 루트, 스페인 와인 루트, 세계문화유산 도시 순회
- 축제관광상품 : 부놀 토마토 축제, 바르셀로나 인간탑 쌓기, 발렌시아 불의 축제 상품 등

(4) 관광산업 지원

- 관광품질관리소(ICTE : Insitituto para la Calidad de Turistica Espanola)

목적	외래객유치 가속화를 위한 관광상품의 질적 향상을 통한 경쟁국과의 차별화
내용	• 스페인어 관광산업의 질적 향상 프로그램인 PICTE 사업 중 하나 • 질적향상을 위해 ICTE라는 관광품질관리소를 설립 • 2000년부터 운영, 관광분야 품질보증 Q마크 업체 선정 • 숙박시설, 여행사, 식당, 스키장, 지역민박 등 대상, 렌터카, 문화시설, 컨벤션뷰로 등으로 확대계획

(5) 조 직

① NTA

명칭	상공 · 관광부(State Secretariat for Commerce and Tourism)
조직	통상 및 관광담당국(State Secretariat for Commerce and Tourism) - 관광협력 조정국과 경쟁력 강화개발국 2개국으로 나뉨
주요 기능	• 다른 부서와의 행정연계 관리 • 민간업체들의 해외시장 개척에 필요한 정보, 예산, 홍보 등 지원 • 관광상품 활성화하고, 관광업체의 기술적 혁신과 질적 향상 도모 • 새로운 관광자원 개발, 관광업체의 기술적 혁신과 질적 향상 도모 • 관광공급측면에 여향을 주는 요소들 평가 • 관광청의 전략과 계획, 예산 총괄, 관광청의 법체계 적용 및 개정 관리 • 정부 관광부처 지원 사업들에 대한 평가와 모니터링 • 스페인 Paradoress(고성, 수도원 개조숙박시설) 사업전략과 계획 총괄

② NTO

명칭	Tourespana(스페인 관광청), 1962년에 설립
조직	• 국제마케팅국, 관광진흥국, 재정 및 행정국 3개부서로 구성 • 관광청인력 : 총 599명 • 국외지사 현황 : 총 23개국 31개
주요 기능	• 관광목적지로서의 스페인의 이미지 증진 • 각종 프로모션 : 지방정부나 기업들과 협력하여 국외에서 상품판매, 프로모션 활동 • 마케팅과 관광분야 사업 지원 - 국제관광시장에서 마케팅 및 미디어 플랜과 관광캠페인 등 스페인 관광진흥을 위한 기획과 개발 - 스페인 관광상품의 국외마케팅 지원 - 마드리드 컨벤션센터와 같은 관광 유관기업을 운영 - Paradores 사업의 해외 프로모션을 담당하고, 운영을 감독 - 관광관련사업 자문

③ 기타 조직

- 연구조직 : Stituto de Estudios Turisticos(스페인관광연구소)
- 설립목적 : 경제부의 관광청 산하기관으로 1962년 설립
  관광관련 조사와 연구, 관광산업의 발전과 동향을 분석

• 주요업무
- 연구와 통계조사 : Eurostat(유럽통계청), WTO, OECD가 모두 공인하는 관광계정을 가진 세계 첫 번째 국가임.
- 보고서 제작 및 배포 : 관광과 관련 분야의 특별보고서 등 발간・배포, 관광자료센터(CDTE) 운영. 보고서는 Frontur(외래관광객 분석), Familitur(내국인 관광동향 분석), Sintur(경제 연관 관광지표 및 통계) 등이 있음.

④ 관광관련 특별기구

• La Comision Interministerial de Turismo(관광위원회)
- 1994년 관광청 부속으로 구성
- 관광 주요사안에 대한 정부 부처 및 기관간의 업무조정, 정부수립 관광관련 제안과 실질적 수행계획에 대한 검토 기능 수행.
- 의장은 부총관급인 경제부장관이고, 산업부, 내무부, 생할환경부, 외무부, 교육문화스 포츠, 노동환경부, 농수산부, 대통령부의 8개 부처 장관 참여하고, 관광청장은 간사의 역할 담당.

• Tourism Sector Conference(TSC) : 부총리 주재회의
- 관광분야의 주요 의제에 대한 협력과 제휴를 위해 시작, 지역과 중앙의 관광정책 간의 조화를 증진시키는 역할.
- 전체회의 및 워킹그룹 구성하여 활동, 부총리겸 경제부장관이 의장이며, 부의장은 통상관광 차관이 17개 시도의 관광관련 최고책임자들이 멤버로 참여, 간사는 관광청장.

• Tourism Promotion Board : 관광관련 정부자문기구
- TURESPANA와 함께 협력하기 위해 구성
- 정부가 지원한 계획과 프로그램에 대한 기본지침에 대한 보고서를 작성, 해외관광프로 모션과 민관협력의 주도권 행사. 관광통상차관에게 관광분야의 정책수립을 자문함.
- 모임과 워킹그룹 구성하여 활동, 의장은 통산 및 관광차관, 수석 부의장은 관광청장 부의장은 관광공사 사장, 간사는 스페인 관광공사의 대외사업 담당 국장이 담당.
- 중앙행정기관 대표 6명, 9명의 지자체대표, 10명의 관광기업 대표, 5명

의 시대표 참여

3. 영 국

영국은 2004년도에 외래객 2,700만명, 관광수입은 270억 달러를 기록하여 세계 6위를 기록한 관광대국이다.

(1) 관광진흥정책

① 관광진흥 기본방향

- 내국인 대상 관광정보서비스 강화
- 국외시장 세분화전략 적극 추진
- 동부유럽시장 개척 강화
- 동부유럽 주재 영국대사관의 비자발급시간 단축 추진
- 러시아 등 동부유럽에 관광객 유치단 파견 및 국외 전시회 적극 참여
- 쇼핑중심지로서의 런던 홍보를 통한 쇼핑관광객 유치 강화
- 상용관광객 유치 확대
- 해외 관광사무소의 증설
- 외국인 국내 관광 인프라 투자확충
- 지역관광, 계절관광의 지속적 홍보 및 강화
- 영국관광을 상품화시켜 수출산업으로 육성
- 지방 관광공사와 파트너십 형성

② 관광진흥전략 : Tomorrow's Tourism(2001)

문화미디어스포츠부(DCMS : Department for Culture, Media and Sport)에서 새천년 잉글랜드의 관광산업의 새로운 도약을 달성하기 위해 각 관광업종별 대표들로 구성된 관광포럼과 정부의 긴밀한 협조 아래 완성된 전략임.

- 영국관광의 새로운 형태 설정 및 공급
- 관광체험의 지적 향상 제고

• 관광에 관한 유익한 최신정보 제공
• 관광산업의 고용기회 증진
• 관광의 지속가능한 발전가능성 모색
• 저소득자, 노령자, 신체 부자유자를 고려한 관광

③ 4대 전략과 10대 정책(2003~2004)

영국 정부 내 인바운드마케팅 전문홍보기관인 VisitBritain에서는 해외관광 진흥을 위해 최근 4대전략을 수립하고, 10대 세부정책을 수립하였음. 이 중 가장 역점을 두는 목표는 영국을 찾는 외국관광객의 최소한 59%를 런던 이외의 지역으로 유도하는 것임

□ 4대 전략

• 영국의 국가적 브랜드 이미지, 영국내 지역의 이미지 철저 개발
• VisitBritain의 공적/사적 이해관계 기관들을 영국마케팅에 결부시킴
• VisitBritain의 마케팅기술 향상, 방문객과의 새로운 접촉수단 증대
• 목표달성을 위해 VisitBritain의 조직과 문화를 일관성 있게 편성하고 운영함

□ 10대 세부정책

• 관광객의 지출확대 : 투자수익률(ROI : Return On Investment) 최소한 28 : 1 유지.
• 지역별 확장 : VisitBritain의 예산 증가분의 최소한 59% 런던이외 지역 홍보비로 책정
• 계절별 확장 : VisitBritain의 예산 증가분의 최소한 15%를 1월과 3월 사이, 18%를 10월과 12월 사이에 책정함
• 고객상대 서비스의 품질향상 : 해외주재 영국관광홍보관의 contact standard 점수를 1,200점 만점에 최소 990점을 유지하도록 함
• 전략적 제휴 만족 : 타 기관과의 제휴사업 만족도를 87%이상 달성함
• 고객 데이터베이스 확충 : 향후 3년 이내에 VisitBritain 의 소비자 데이터베이스를 현재의 165만개의 기록부에서 630만개 기록부로 확대함
• 마케팅활동 : 관광 및 비관광분야 협력기관과 합동으로 마케팅활동을 강

화하고, 최상의 온라인상의 고객과의 접촉계획을 개발함으로써 데이터베이스를 향상시키고 점검함

- 브랜딩 : 관광객에게 영국의 참신한 이미지를 제공할 수 있을 만한 새로운 브랜드 건축물을 소개하고, 브랜드 구축를 위한 연구 착수
- 시장동향 : 감소추세에 있는 휴가여행객과 학생층을 겨냥한 적극적인 홍보를 실시함

□ **영국관광청의 관광객 지출증대의 주요 3대 핵심전략**

- 영국관광청의 외래객 1인당 지출감소의 문제를 극복하기 위하여 국내적으로 세일 이벤트나 소비지출 대상을 확대하는 쪽보다는 더 많은 수의 외래객을 유치하는 쪽으로 관광수입의 확대를 꾀하였음
- 영국 인바운드의 26개 시장을 상대로 광고, 홍보행사, 직접우편물 발송, 그 외 기타 홍보수단에 소요되는 예산을 상향조정하여 홍보활동을 강화하였음
- 영국 인바운드 시장중 주요 12개 시장을 상대로 영국관광청 현지 사무소를 영국대사관내에 영국방문센터로 대체시켜 관광객 유치노력을 가속화하였음.
- 영국과 관련된 관광정보를 얻을 수 있는 우수 인터넷 웹사이트를 선정하여 영국관광청이 포상해 주는 인센티브를 제공하여 인터넷을 통한 홍보의 실효성을 제고시켰음

(2) 홍보 및 마케팅

① 관광유치단 파견 및 관광교역전 개최

- "수도 런던 이외의 곳을 보지 않았다면 영국을 떠나지 말라"
- 비즈니스 관광회의(Busines Tourism Conference) : 회의 및 인센티브(Conference & Incentive)관광객 유치

② 홍보 및 광고

- 구제역 이미지 타개를 위한 대대적 광고캠페인(2001.5.)

- Million Visitor Campaign
  2001년 인바운드 시장의 심각한 어려움 극복을 위하여 공사기관의 협력으로 약 2천만 파운드의 기금을 조성하여 지원하였음. 영국관광청(british tourist authority) 및 문화 미디어스포츠부에서 적극 지원 2001년 같은 기간과 비교하였을 때 일백만명 이상 더 유치.

③ 청소년 관광객(Youth) 유치 홍보

- 외국 청소년단체와 협력하여 청소년 시장개척
  신비스런 자연경관, 역동적인 도시들, 특이한 전통, 세계적으로 유명한 스포츠 전설 등을 보고, 영어연수를 위해 연간 450만명의 전세계의 많은 청소년 및 젊은층이 영국을 방문하고 있어 웹사이트를 통해 저렴하게 묵을 수 있는 숙박시설, 열기 넘치는 댄스클럽 등 청소년 여행에 적합한 정보를 제공함
- 영어연수, 배낭여행의 편리성, 스포츠행사 관람 및 체험 등을 청소년들의 영국방문 촉진을 위한 가장 큰 매력으로 홍보함

④ 주요 캠페인

표 11-8 영국의 관광캠페인

행사명	주요내용
Only in Britain, Only in 2002	• 영국 역사상 최대규모의 관민협력 멀티미디어 캠페인 • 2001년 구제역 및 9·11 테러로 14% 감소한 관광수입 만회 목적 • 미국, 캐나다, 프랑스, 독일, 아일랜드, 벨기에, 네덜란드 대상 • 엘리자베스 2세 여왕 즉위 50주년 행사(Golden Jubilee Year)와 연계 • 2002년 5월 토니블레어 수상이 출연한 TV광고 미국에 내보냄 • 백만명 이상의 관광객이 추가 입국 5억파운드의 관광수익이 증가. 13,500개 풀타임 일자리 창출, 6,500만 파운드 세수 증대.
UK OK(2002.1)	• 9·11테러와 구제역으로 줄어든 관광객 유치목적 • 영국 내 천여개 호텔, 관광지, 관광사업체에서 할인행사 실시
Britain-Now is the Time(2000)	• 새 천년이 맨 먼저 시작되는 도시로 런던 최우선 홍보 • 27개 주요시장에서 50회의 밀레니엄 이벤트를 개최함 • 2000 years around Britain 브로슈어 업계와 공동제작 (영국의 지난 2,000년간의 역사체험)
The Magic of Britain(2001)	'해리포터와 마법사의 돌'을 통한 영국관광 홍보 캠페인

A Big Year in Britain	• 존 레논 생가 관람, 엘리자베스 1세 400주년 전시회 등. • 2003년 이벤트로 가득 찬 한해(event-packed year)로 월별로 선정된 행사 집중홍보.
UK City Experience (2002.1)	• 기존 도시문화(City Culture) 마케팅 캠페인 확대 • 23개 도시의 관광매력(도시형성배경, 쇼핑, 나이트라이프, 이벤트 등) 소개
Outdoor Britain	• 도보로 하는 영국여행'(Walking Britain) 캠페인 성공을 기반. • 해안과 전원에서 경험할 수 있는 다양한 경관과 야외활동 홍보
Sporting Britain	• 스포츠 관람 및 참여 홍보 • www.visitbritain.com/sport 및 Sporting Event in Britain 발간

(3) 관광상품개발

종류	내 용
자연관련 상품	• 감춰진 영국(Hidden Britain) : 건물이 많은 장소, 호화로운 정원, 전설적인 경관을 관광코스로 발굴 • 영국의 정원들(Britain's Garden) : 아름다운 정원 선정, 홍보.
영화소설 관련 상품	• 영화촬영지를 관광지화 : 130편 이상의 영화촬영지. 각종 영화제 및 촬영지 관련 다양한 이벤트 실시(외래객 20% 관련) • Movie Map 제작 : 48만개 제작. 촬영 명소 등 소개

(4) 기 타

• 위대한 영국 유적 자유통행권(Great British Heritage Pass) 종류 추가

- 철도를 할인된 요금으로 이용할 수 있는 철도 할인 통행권으로 기존 3가지(7일권, 15일권, 1달러권)에서 4일권이 추가되어 현재는 모두 4가지 종류가 판매되고 있고, 이를 구입한 사람은 600여 곳의 역사적 가옥, 건물, 성과정원 등의 유적지를 해당기간 동안 무료로 입장할 수 있는 혜택을 받음. 1975년부터 실시.

• Quality tourism

관광사업체의 총체적인 서비스 질을 높이기 위해 음식, 건강과 안전, 화재, 무역표준 규약을 발전시켜 나감.

- VisitBritain, AA, RAC의 숙박업소 등급평가 : 동일 기준 적용

- 전통적인 영국의 리조트 재건.
- 호텔과 레스토랑에 대한 5가지 권고

  명확한 표준기준 만들기, 더 좋은 교육, 감독기준의 일치 과세액 자기평가(신고납세)

  더 좋은 소비자 보호책

• 자금지원 : 매년 18억파운드(약 2천3백원원)를 관광인력 교육에 지원

• E-tourism : 'Go for IT'

관광네트워크(England Net)를 구성하여 관광객에게 질 높은 관광정보를 제공하고 관광사업체에게는 England Net Project를 통해 그들의 제품을 팔 수 있게 함.

(5) 조 직

① NTA

구분	내 용
명칭	DCMS(문화 미디어스포츠부 : Department for Culture, Media & Sport) : 예술, 스포츠, 국민복권, 관광, 도서관, 박물관, 미술관, 방송, 영화, 음악, 언론, 도박, 역사관련
조직	관광 · 도서관 · 커뮤니티부(Tourism, Libraries & Communities)에서 담당
주요 기능	• 관광행정 및 정책에 관한 업무 • 박물관, 영화산업, 스포츠, 방송, 레저에 관한 업무

② NTO

구분	내 용
명칭	Visit Britain(영국관광청) : 2003. 4. 1 설립. - BTA(British Tourist Authority 영국관광청)+ETC(English Tourism Council, 잉글랜드관광공사) 합병
조직	8개 부서. 27개 해외 지사.
주요 기능	• 외래객 유치활동(소비자 중심 광고, 마케팅, PR) • 정부 및 관련단체에 외래관광객 유치를 위한 방향 제시 • 외래관광객 수용을 위한 시설개선 및 증진을 위한 협조 • 관광관련 대 정부제언 및 정부 목표달성에 기여 • 지역 관광공사와의 협력 및 관광업계에 정보 제공

③ 관광관련 특별기구

- British Tourism Development Committee(영국 관광개발위원회)
  - 1995년에 설립. 문화매체스포츠부(Department for Culture, Media & Sport) 소속.
  - 구성원 : 각 지방항공청, 항공사협회, 여행업 협회대표 등 70여명(위원장 : VB사장)
  - 임무 : 관광정책, 해외홍보에 대한 사항을 정부에 정책 건의
- Tourism Forum
  - 문화매체체육부(Department for Culture, Media & Sport)장관 주재 회의
  - 구성 : 관광과 관련된 모든 부문 인사 57명의 대표
  - 목적 : 다각적인 접근을 통하여 문화매체체육부가 정책적 결정을 내리는데 전문성을 보완, 전략적 개발에 대한 자문을 받기 위함

4. 태 국

(1) 관광진흥정책

① 관광진흥정책 목표

- 수입증대, 고용창출 등 관광산업의 경제 기여도를 촉진하여 나아가 태국 전 지역에 걸쳐 삶의 질을 높이는데 중요한 역할을 하도록 함.
- 틈새시장과 신규시장의 확대를 위해 사전에 대처하는 마케팅전략을 개발하고 실행하며, 보다 질적 수준이 높은 관광객의 유치를 도모하며 태국인의 국내여행을 적극적으로 촉진
- 관광시장의 개발을 위해 국내외 모든 차원에서의 협렵을 촉진하여, 관광산업발전에 있어서의 장애를 없애고, 태국을 동남아시아 관광의 허브로 발전시킴
- 인력 개발과 조직 및 관리의 발전을 도모하여 국제경쟁력을 높임
- 전자상거래 도입, 마케팅의 정보기 활용 등 관광부문의 IT기술 시스템 발전을 촉진하여 E-tourism을 활성화

② 2003년 태국관광청의 관광진흥계획

- 고품질 관광목적지로서 포지셔닝, 2003년 태국을 "Tourism Capital of Asia"로 홍보
- 2003년 유치목표 : 1,100만명
- 2003년 관광진흥 및 마케팅 주제
  - "Amazing Thailand : Experience Variety"
- 주요내용
  - 주요시장인 중국, 일본, 중동지역 이외의 시장도 공략계획
  - 상위 마켓의 관광객 대상 강력한 진흥정책 실시
  - 미국, 호주 등의 선진국에서 살고 있는 태국인들의 모국 방문 추진
  - "Highlghting 11 niche-market products" 캠페인
  - 틈새시장 홍보(MICE, 온천 등)
  - 개발예산은 관광목적지 유지 및 보전, 관광 관련 서비스 및 단체 등에 할당
- 2003년 관광진흥계획 핵심
  - TAT, 관광과 연계된 공공 및 개인 기업군들과의 공동개발 및 진흥계획
- 홍보내용
  - 로드쇼와 목표시장 국가 전문가들 대상 고객관계마케팅 프로그램 활용,
  - 이메일 및 웹사이트의 기초자료 활용
  - 국내 목표시장 : 젊은층, 스포츠 열성팬들, 각종 회의, 전시와 관련된 사람들

③ 주요 관광진흥계획

- 태국관광청의 전략 내용
  - 태국을 인종 및 종교에 대한 차별이 없는 평화로운 불교국가로 포지셔닝
  - 관광객의 안전보장을 위해 정부의 보안관련 기관과 협력
  - 단기여행에 중점, 당초 미국을 방문하고자 했던 여행객, 컨벤션, 신혼여행, 젊은층 및 장기체제 장년층 유치에 노력.
- One Tumbon, One Product(OTPO) Campaign

- 'Tumbon'은 태국의 하위 관할구(subdistrict)로, 총 76개의 지방 구성.
- '한 지역에 한 가지 특화상품'을 개발홍보하는 것, 지역주민과 지역의 수익 증가.
- 한 지역에서 최고로 잘 만들 수 있는 상품 하나를 선정, 여기에 상품제조비용, 시장을 개척할 수 있는 기반시설과 마케팅, 재정 등 다양한 지원실시.
- 중소기업진흥회는 OTOP 분포확대 준비, 태국 통신국, 관광공사(TAT), TV부서(TV Direct)와 협력
- 타이항공 OTOP를 면세품처럼 기내에서 판매.

(2) 홍보 및 마케팅

① Amazing Thailand

- 1998년 제13회 아시안게임 개최와 1999년 국왕의 환갑을 계기로 태국의 관광산업의 발전을 도모하기 위한 슬로건, 지금은 태국관광발전의 핵심 슬로건이 되었고, 매년 하위 주제를 선정하여 홍보전략을 구상함.
- 전략의 성공을 위하여 국가차원의 위원회 설립, 태국 수상이 위원장, 각 부처의 대표 및 민간 대표와 태국관광산업기관 등이 참여. 위원회 아래에 하위 위원회 3개가 있음(관광상품 및 서비스 개발, 국제관광 진흥, 국내관광진흥).
- 주요 추진활동
  - 관광개발계획 수립 : 캠페인 기간동안의 계획수립, 관련 기관・단체에 지침 제시
  - 관광목적지 개발 : Shopping Street Project, Tourist Walkway Project 등 15개 개발
  - 여행 안전성 강화 : '1155'관광 서비스센터 설립 등
  - 입국 및 국내 여행 제한조치 완화
  - 관광상품 소개
  - 생태관광 상품개발 촉진

- 'Amazing'상품 선정(9개부문)
- 쇼핑 관광목적지로서 판촉 활동 전개 : Thailand Grand Sale, Jewely and Games Standard Creation Project , 부가세 환급제시행 등
- 각종 축제 개최 : Four-Region Grand Songkran Festival, Candle Festival, Amazing Regions Project, Bicycle Tour 등('99')
- 「Amazing River of Kings」주제 홍보활동 전개
- 세계수준의 태국관광을 선도하는 확고한 관광자원 보존 네트워크 구성 등

② Mega Fam Trip

- 타이항공사는 국내외왕복 항공편을 무료로 지원, 태국관광청(TAT)은 해외지사와 협의하여 판매실적이 좋은 여행사와 유력한 전문 언론매체 섭외, 태국관광위원회는 지상 체재일정과 교통편 구성
- 330명으로 구성된 대단위 유럽 팸트립단과 190명의 러시아 팸트립단, 120명의 일본 팸 트립단이 태국 방문
- 팸트립단은 6월에서 8월에 걸쳐 일정을 분산해서 입국하여 방콕, 파타야, 깐차나부리, 후 아힌, 치앙마이, 치앙라이, 푸켓, 끄라비 같은 주요 관광지 방문

③ 다양한 교역전 개최

- 제3차 관광엑스포(The Third annual Travel Expo)
  - 태국과 Greater Mekong Subregion을 포함하여 2003. 9. 16~18 방콕 국제전시장에서 개최. 메콩지역에 있어 여행과 관광허브로서 특구의 역할을 강조하도록 기획.
- 2003년 국제 ECO 관광전(International Youth and Eco Travel Mart 2003)
  - 2003. 5. 1~4까지 방콕에서 개최. 여름방학을 이용한 청소년 여행시장이 목표. 호텔, 리조트, 국제 유스호스텔, 여행사, 상인들이 할인과 특별한 혜택을 제공.
- 제11회 Incentive & Conventions, Meeting Asia

- 회의와 인센티브 여행을 위해 2003. 11. 4~6일까지 Impact Convention and Exhibition Center에서 개최. 500명 이상의 국제 바이어와 공급자들이 참석.

• Asia-Pacific Economic Cooperation(APEC)회의
- 아-태평양 국가들로부터 수많은 사절단이 2003년 10월 방콕에서 개최될 APEC정상 회담에 참가하기 위해 태국을 방문.

• World Youth and Student Travel Conference(WYSTC)
- 2003. 10. 11~17일. 파타야전시장(PEACH : Pattaya Exhibition and Conference Hall)에서 세계청소년회의(World Youth Student Travel Conference)개최

WYSTC는 청소년 여행산업의 전문가들과 최고 결정자들에게는 특별한 행사이며, 국제 청소년여행조직연맹(Federation of international Youth Travel Organizations)과 국제 학생여행국가연합(International Student Travel Confederation)의 연합행사로 청소년여행과 관련된 세계 유일의 국제회의임.

④ 주요 캠페인

표 11-9 태국의 관광캠페인

행사명	주요 내용
Be My Guest	• 2002년~2003년까지 수상이 직접 광고캠페인 출연 • 태국을 부가가치가 높은 목적지로 Positioning • SIT시장 및 개별 여행자를 위한 부가가치 높은 특별상품 개발 - 음식점 및 요리(Take a Seat), 다이빙(Diving Paradise) - 골프상품(Thailand Golf Paradise) - 허니문(Golden Honeymoon), 국제회의(The Place to Meet)
Thailand Smiles Plus	• 2003.5.1~7.31 • 이라크전과 사스위기에 따른 관광객 감소에 대처 • 주대상 : 일본, 한국, 말레이시아, 호주, 뉴질랜드, 러시아, 발트해 국가, 동유럽(폴란드, 체코, 헝가리), 스칸디나비아, 아랍에미리트 연합, 인도네시아 등 • 특별 요금 행사 - Buy One Get One Free : 92개 호텔, 1박 요금으로 2박 - Big Smile Card : 위 행사 참여자에게 36개 업체 20~50% 할인

Highlighting 11 niche-market products	• 11가지 틈새시장 상품 홍보 - 도시관광, 다중 도시관광, 모험, 환경, 수공예품, 주제관광, 의학 건강, 장기체류, 스포츠, 농촌관광, 교육관광, 매달 개최되는 태국의 페스티발
One day Free & Cash back	• 태국에서 최소 5일 이상 체재한 관광객들만이 참여 가능 - One day Free : 특정이릐 순수여행비, 식사, 호텔료 전액 면제. - Cash back : 1인당 약 2,000밧(6만원) 환급.

(3) 관광상품개발

명칭	내 용
100만바트 관광특전 카드 출시	• 부유한 관광객 대상(한화 3000만원 상당) • 태국 관광 특전 카드(TPC : Thailand Privilege Card)-해외판매 • TPC 소지자는 스파 무료치료(1500바트), 골프장 회원권, 병원 진료, 호텔 객실료 할인혜택 등 다양한 '평생특전' 부여 • TPC 클럽이라는 자회사 설립
정기적인 Grand Sale	정기적으로 매년 6~7월 사이 백화점, 소배점, 식당, 관광지, 여행사, 골프클럽, 스포츠클럽, 스파, 호텔 등에서 할인행사.
내륙지방 관광활성화	방콕, 치앙마이, 푸켓, 사무이, 파타야 등 유명한 관광지와 그 주변 도시를 연계, 관광기획자에게 다양한 관광상품 제공.

(4) 관광산업 지원

① 관광시설 확충

- The Bangkok Skytrain(Bangkok Mass-Transit System or BTS)설립
  - 대중교통을 이용하는 관광객들의 불편해소 목적.
  - 호텔, 쇼핑센터, MICE, 사업지구 등과 연결
  - 1999년부터 The Bangkok Skytrain 설립하여 운영
- 국제공항 증설 : 방콕에 새로운 국제공항인 Suvarnabbumi 공항이 건설. 시간당 비행기 112대, 일년에 3천8백만명의 승객을 처리할 수 있는 두 개의 활주로 확보.

② Thai Longstay Management Corporation(TLMC) 설립

- Longstay Tourist 정의 : 1년에 1~6개월 체류, 경제적인 활동을 전혀 할 수 없으며, 1년 이상 거주할 수 없음.
- Longstay Tourism 프로모션 목적. 태국관광청에서 30%, 민간부문에서 70% 투자.
- TLMC의 목표
  - 왜래 방문객에게 최상의 할인혜택 제공
  - 폭넓고 심층적인 연구조사
  - 관광객들이 서비스와 시설면에서 마치 집처럼 느낄 수 있도록 보장
  - 시설과 서비스면에서 국제적 기준 적용
  - 최적의 가격으로 최상의 품질 제공
- 목표 고객 : 일본, 유럽, 중국 등 각 국가의 퇴직자들, 추운 지역의 사람들, 학생 및 연수생, 스포츠 훈련캠프 참여자들
- 사업추진 일정
  - 2001년 6월에는 국가차원의 위원회 설립이 추진되었으며, 2001년 12월 25일에 Thai Longstay Management Corporation Limited 설립 확정, 2002년 9월에 태국관광청 사무실에 설립.
- 주요 사업 내용
  - 비자 발급과 숙박, 의료치료, 사교활동에 있어 최선의 가격 할인, 송금 등 고객이 요구하는 다른 서비스도 지원
  - 50세 이상의 임시 거주자들에게 1년간 태국에서 체류할 수 있는 'O-A Visa(Other Approval Visa)'가 발급

③ Unseen in Thailand

- 2003년을 'Unseen in Thailand'로 정하여 태국인이 가보지 못했던 곳을 언제, 무엇을 보러 가면 좋을지를 알려주는 것으로 새로운 관광지 개발 프로젝트임
- 추진목표는 관광산업의 활성화, 태국 국민들의 국내여행 증가 촉진, 기존에 알려지지 않은 태국의 관광지에 대한 상품개발임

- 태국관광청(TAT)에서 관할하며, 처음 국내관광진흥을 위한 프로그램으로 추진하여 높은 성과를 거둠. 2004년부터 외국인 관광객 유치를 위한 프로그램으로 활용

(5) 조 직

① NTA

명칭	• 관광스포츠부(Ministry of Tourism and Sports) • 2002. 10 설립, 정부내각 수준의 지위 부여
부서	사무국, 관광개발국, 스포츠레크리에이션개발국
주요 기능	• 관광산업의 질을 향상시키기 위해 정책수립 • 인테리어, 교통, 재무 등 다른 부서와 협력 • 관광상품과 서비스 품질 향상(문화 , 역사, 자연유산)

② NTO

명칭	• 태국관광청(TAT : Tourism Authority of Thailand) • 관광진흥 전담, 태국 최고 정부기관, 수상직속 수상청의 감독을 받는 TAT 법에 의한 특수법인.
부서	• 관리국, 마케팅국, 기획 및 개발국, 호텔 & 관광훈련 연구소 및 자문위원회 • 국내지사 22개, 국외지사 17개
주요기능	• IMC(Integrated Marketing Communication) 역할 : 정확한 시간에 정확한 고객에게 정확한 상품을 제공하는 것 • 외래관광객 유치 증진을 위한 해외 홍보활동 • 관광객 수요태세 확립을 위한 관광지 개발계획 수립 및 기반시설 조정 • 국내관광 진흥활동 • 국제회의 유치 노력 • 관광 관련 조사 연구 • 관광종사원 교육 훈련

③ 관광관련 특별기구

• 관광정책 심의기관(TAT Board of Committee)
- 관광산업 발전에 관한 사항을 정부간에 심의・협의하는 기구.
  주로 태국 관광청의 예산과 지출, 기구의 확대・축소, 관광 관련 법령 등 심의

- 관련부처 장관과 차관으로 최고의원 구성, 이 외에 관련부처 국장급 11명의 위원.

• 태국 관광청 이사회(TAT Board of Director)

- 관광스포츠부 소속, 구성원은 20여명 내외로 수상실 관광장관이 의장, 관련 정부기관 및 업계 인사로 구성, 관광정책 자문, 부처 및 민관간의 정책조정 등의 역할 수행.

• 고문제도(Advisor)

- 구성 : 20여명의 내외로 전직 TAT 고위관리 등으로 구성
- 기능 : 해외 지명도를 고려하여 유치단 파견 등 대외 활동시 홍보활동 수행.

5. 일 본

(1) 관광진흥정책

① 관광정책의 목표 및 과제

□ 목표

- 누구나 편안하게 즐길 수 있는 관광 :
  고령자, 장애자, 방일 외래관광객 등 모든 사람들이 부담 없이 지금보다 훨씬 편안하게 관광을 즐길 수 있도록 함
- 지역주민과 관광객이 상호 교류할 수 있는 관광을 진흥 :
  관광관계자뿐만 아니라 지역주민 전체가 관광객과 상호 교류하고 함께 즐길 수 있도록 관광진흥을 추진함
- 자연 · 사회환경과 공생하는 관광의 진흥 :
  자연 · 사회환경과 공생하는 동시에 매력의 지속적인 보유, 자원보전 및 발전, 주민이나 관광객의 만족도 유지 등 다양한 측면에서 지속적인 발전이 가능토록 관광을 진흥함.

□ 추진과제

- 모든 사람들이 여행을 할 수 있는 휴가의 실현

- 장애자, 고령자 등의 여행촉진과 환경정비
- 관광서비스 질의 향상, 관광사업 진흥을 위한 종합적 노력
- 새로운 정보시스템을 활용한 관광서비스의 고도화 및 유용성이 높은 관광통계의 정비
- 저가격화와 저가 서비스체계의 다양화로 국내여행 시스템의 변혁
- 장기체제형이나 거점형 여행을 위한 시설정비 및 시스템 개발
- 지역과 관광산업이 연계한 관광지역 진흥계획 등으로 지역의 주체성을 살리는 관광지 만들기
- 지역 특색이 있는 관광소재를 활용한 관광매력의 증진
- 국가간 관광협의, 관광관련 국제기구를 통한 국제공헌 등으로 국제관광교류의 확대
- 명확한 방침에 근거하여 협력 대상국을 중점화한 체계적인 국제협력의 추진
- 국제컨벤션 진흥, 국낸여행의 저렴화 및 용이화 등으로 방일 외래관광객유치 증대
- 자연환경, 문화 등의 보전을 고려한 관광지 정비

② 주요 관광진흥계획

□ 글로벌 관광전략

• 추진배경

- 일본의 불균형한 국제관광교류가 지속되는 것을 극복하기 위하여 추진됨.

• 글로벌 관광전략의 목표

- 2007년 유치목표 800만명, 2010년 유치목표 1,000만명
- 국제관광여행의 방문지로서의 국제경쟁력의 강화
- 세계에 열려 있는 관광대국
- 관광산업이 일본의 진정한 선두산업이 되는 것

• 추천주체 및 역할

- 글로벌 관광전략 추진본부 :
  2002년 12월에 국토교통성에 추진본부를 설치, 2003년 3월 국토교통성,

국제관광진흥회, (사)일본투어리즘사업단, (사)일본관광협회, 매스컴, 국제단체, 지자체 대표, 관계성청 등 다양한 민관이 참여하는 '글로벌 관광전략을 추진하는 모임'을 조직. 좌장은 국토교 통성 대신, 부좌장은 (사) 일본 투어리즘 사업단의 회장과 국토교통성 부대신이 맡고 있음.

- 역할

• 글로벌 관광전략을 추진하기 위하여 민·관이 협동함

• 국토교통성은 글로벌 관광전략을 성공하기 위한 시책을 추진한.

• 관계부처간의 협력을 통하여 정부로서 종합적이고 입체적인 관광입국 정책을 실현함

• 추진내용

- 2003년~2007년 : 방일 투어리즘 확대전략 기간 : 2007년에 800만명대를 달성 목표
- 실행전략 :

① 외국인 여행자 방일 촉진 전략 ② 외국인 여행자 수용태세 전략
③ 관광산업 고도화 전략 ④ 실행추진전략

• 효과 및 영향

- 경제활성화의 기폭제로서의 관광의 역할을 기대
- 약 2조 7천억엔의 경제 파급효과와 15만 6천명에 해당하는 신규고용
- 지역스스로의 자신감과 긍지의 정착
- 지역경제의 활성화와 지역공동화의 저지
- 각 지역의 활성화에 의한 국토의 균형적인 발전

표 11-10 일본 글로벌 관광전략의 주요 내용

구분	내 용
외국인 여행자 방일 촉진전략	• Visit Japan Campaign : 정부, 지자체, 민간 공동 전개 • 수요 충족을 위한 여행상품의 개발, 판매 • 비자취득 용이 도모, 비자발급 규제 완화 등
외국인 여행자 수용태세 전략	• 국제공항, 항만, 관광시설 등에의 접근 용이화 • 외국인이 즐길 관광교류공간 조성 • 출입국 수속 원활화

관광산업 고도화 전략	• 외래관광객 상품개발 촉진 : 여행업의 외국인여행자대상 투어기회 · 개발 • 엔터테인먼트 시설 충실 • 기업간 연계 강화(일본 투어리즘산업단체 연합회 : 일본의 수각, 여행, 교통업 등이 출자한 사단법인)
실행 추진 전략	• 정부 관계부처와의 협력체제 • 국가, 지자체, 민간기업 등 관민일체가 되어 추진하는 '전략추진위원회' 설치

□ **New Welcome Plan 21 : 방일관광교류 배증(倍增)계획**

- 종래의 [Welcome Plan 21]에 기초하여 외국인 방일촉진에 관한 국민적 합의 형서, 국 · 지방의 외국인 방일촉진시책의 충실도 강화, 민간 관광업계의 외국인 방일촉진시책의 충실도 강화에 대해 관민일체가 되어 적극적으로 추진된 제안
- 2000년 5월 관광산업진흥 포럼에서 기설정된 목표(2005년 700만명)를 2007년 800만명 유치로 수정
- JNTO에서는 이 계획 실현을 위하여 외객유치법에 기초하여 제정된 국제관광테마지구, 지방공공단체, 관광관련기업 등과 제휴하여 북미 및 한국, 중국, 홍콩, 유럽 등을 대상을 방일 여행 촉진 캠페인 및 전 세계로의 인터넷을 통한 정보 제공, 컨벤션 유치 등 다양한 사업 추진
- 국제관광테마지구의 정비, 웰컴카드의 보급 등 외국인 여행자의 국내여행 비용 저렴화를 위한 시책의 해외선전 등의 활동 추진

Welcome Plan 21

- 1996년 4월 일본 운수성(현 국토교통성)에서 발표한 방일 외래관광객 증진정책계획의 하나로 2005년의 방일외국인수를 700만명으로 증가시키는 것을 목표로 함.
- 국가, JNTO, 지방공공단체, 관광업계, 일반시민 등 민관의 다양한 활동주체가 상호 협력하여 추진하는 시책으로 이를 추진하기 위하여 1997년 6월 지방관광권으로의 외 래관광객 유치를 위한 '외국인관광객 다양화의 촉진에 의한 국제관광진흥에 관한법률(외래객유치법)'을 제정하여 시행하고 있음.

• 주요 추진사업으로는 '새로운 국제관광 네트워크의 형성'이라 할 수 있음. 일본의 현관이라고 할 수 있는 도쿄, 오사카 등 거점도시와 지망 우수 관광권(국제관광 테마지역)을 네트워크화 함으로써 질 높은 신 국제관광 네트워크를 형성하여 외래관광 객이 다양한 선택을 할 수 있도록 함. ◀

(2) 홍보 및 마케팅

① 홍 보

• 일본 이미지 만들기
- 일본을 상징하는 후지산의 그림과 현대 일본을 대표하는 신간선의 사진을 대표적인 광고 소재로 활용하여 광고·홍보활동을 적극적으로 전개.
- 국제관광진흥회(JNTO)는 1989년 아시아인들이 높은 관심을 보이는 일본의 관광매력을 중심으로 한 '일본을 아는 여행(Closer to Japan)'이라는 영화를 제작하는 것을 시작으로 영화를 통한 홍보활동을 지속적으로 추진.

• 중·일 양국의 관광교류 촉진
- 세계 최대 관광시장인 중국국민의 방일단체관광여행을 촉진하기 위하여 국제관광진흥회의 북경사무소 활동을 강화.
- 팜플렛 배포, 뉴스레터 발행 등 일본관광정보 발신 및 각종 이벤트 실시.

• 한·일 양국의 관광교류 촉진
- '동아시아 광역 관광교류권 구상(EAST PLAN)'을 한국과 합의.
- 중국을 비롯한 주변지역을 포함한 광역 관광교류권의 형성을 추진하기 위하여 한국과의 관광교류를 적극적으로 추진.

② 캠페인

• "VISIT JAPAN" 캠페인
- 배경 : 2002년 12월 24일 글로벌 관광전략의 책정(국토교통성), 글로벌 관광전략의 하나인 '외국인 여행자 방일 촉진전략'의 하나로서 실시됨

- 목표 : 국제관광객 유치활동의 강화를 통한 관광여행수지 적자의 해소 중점시장인 한국, 미국, 중국, 홍콩, 대만을 대상으로 집중적인 캠페인 활동
- 국토교통성 장관을 본부장을 하는 "VISIT JAPAN" 캠페인 실시본부 설치(2003년).
- 2007년에 외래관광객 800만명을 유치하는 것을 목표로 다양한 사업추진.
- 미디어 활용 광고선전 실시, 미디어 초청사업 강화, 중점시장에서 방일촉진 이벤트 실시, 방일상품기획 조성, 지원, 저펜 트래블 스페셜리스트 육성, 웹사이트상의 캠페인 전개 등.

(3) 관광상품개발

• 1 지역 1관광
- 오이타현 히라미츠 전 지사가 제창한 '일촌일품(一村一品)' 운동의 관광판.
- 각 지역마다 한 가지씩의 관광볼거리를 보유하자는 운동
- 외국인들에게 인기가 높은 역사유적거리의 보존과 정비, 농촌생활 체험교류사업의 추진 등 각 지역의 관광소재 발굴.

(4) 관광산업 지원

• 컨벤션 개최 촉진
- 1994년 「국제회의 유치촉진 및 개최 원활화에 의한 국제관광진흥에 관한 법률(1994.6)」 제정.
- 국제회의 관광도시 42개를 지정, 일본 국제관광진흥회(JNTO)의 국제회의 유치조직 강화, 국제회의 관광도시에 대한 정보 제공 및 홍보, 기부금 모금 및 교부지원을 통한 회의개최 지원 등 국제회의 지원체제를 정비.
- 2000년부터 동북아의 컨벤션 중심국가로 발돋움하기 위하여 기존의 컨

벤션 수용시설을 대폭 개선 및 확충하고 있음

- IT 활용 강화 : 관광분야에서 관광인프라 정비 및 확충을 위한 IT활용 환경 정비
  - 개인 사생활 보호 , 국제적인 기준설정을 포함한 이용자 보호대책을 실시함
  - 중소업자들의 전자상거래 실시에 필요한 컴퓨터 정비 등을 지원함
  - 전자상거래상의 적합마크에 대한 소비자의 인지도 향상을 위한 홍보에 활용함
- 관광인력양성
  - 관광인재육성을 위하여 대학 내 관광학부 신설 검토
  - 숙박, 교통시설 등에서 외국여행자들에게 안내가 가능토록 기업의 어학연수 지원.

(5) 조 직

① NTA

명칭	국토교통성(Ministry of Land, Infrastructure and Transport) - 1930년 철도성에 국제관광국 설치 - 2001년 운수성에서 국토교통성으로 이관
주요 기능	• 관광정책 · 계획수립, 법령 제정 및 집행상황 감독 • 관광업계 지도 · 감독 및 관광사업체 인 · 허가 • 관광수용태세 정비 • 관광분야의 국제협력 · 교류 • 관광개발지역 선정 및 예산집행 등

② NTO

명칭	국제관광진흥회(JNTO : Japan National Tourist Organization) - 국토교통성 종합정책국 관광부 감독하의 비영리특수법인 - 국토교통성의 '글로벌 관광전략'의 일환으로 2003년 10월부터 '일본국제 관광기구(日本國際觀光機構')로 변경하고 독립 행정법인으로 전환.
부서	6개 부서와 2개 센터 및 14개 해외지사

주요 기능	• 국제관광진흥 업무, 특히 업무 해외선저 홍보가 제1의 목표 • 외국인관광객의 방일 촉진을 위한 해외관광선전 • 외국인관광객을 위한 관광안내소(Tourist Information Center) • 외국인 관광객 수용을 위한 제반 체제의 정비 • 통역안내원법에 근거한 시험실시에 관한 업무 • 일본인 해외여행자에 대한 안전여행에 관한 정보 제공 • 국제회의 및 기타 국제적 행사 유치 • 국제관광에 관한 조사, 연구, 출판물의 간행 등 기타 업무

표 11-11 JNTO 조직 및 주요 활동 내용

조직	주요내용
운영심의회	• 조직활동의 관리·운영 측면에서 중요한 사항에 대해 협의 • 운영위원 : 국제관광을 전공하거나 경험이 있는 25명으로 구성
총무부	조직의 법률적·개인적 사항, 전문가 훈련, 국내 공공기관과의 관계, 협력기관과의 관계 등에 대한 행정적인 업무를 담당함
경리부	예산집행, 정부보조금 요구 등 예산적인 업무를 담당함
해외선전부	• 전세계 우수한 관광관련 저널리스트 미디어 제공, • 관광관련 박람회 및 전시회 참가, • 일본 관광의 해외 홍보 등 해외지사와 관련된 업무 담당
관광교류부	관광안내소 운영, 관광통역사 자격시험 관장 등 일본의 외래관광객에 대한 서비스 및 수용태세 관련 업무
국제컨벤션 유치센터	• 해외유치부 : 일본 컨벤션산업 관련 마케팅, 통계분석, 해외 관련 기관과의 협력 등 해외마케팅 관련업무 • 국내유치부 : 컨벤션 관련 전문가 교육프로그램 개발·운영, 일본개최 국제적 회의 및 행사 정보 제공, 일본개최 컨벤션행사에 참가하는 외국인에 대한 관광프로그램 제공 등
해외지사	14개소(뉴욕, 시카고, 샌프란시스코, 로스엔젤fp스, 토론토, 브라질, 런던, 파리, 프랑크푸르트, 방콕, 북경, 서울, 시드니)

③ 기타 조직

〈관광연구기능〉

- 일본교통공사(JTB : Japan Travel Bureau Foundation)
  - 일본의 관광관련 산업에 있어 가장 권위적이고 광범위한 조사·연구 실시.
  - 여행 및 관광의 건전한 발전과 관광산업 향상을 목적으로 한 사업 전개.
  - 주요활동 : 관광문화 자료관의 운영, 관광시장의 실태, 여행동향조사 및

관광레크리에이션에 관한 각종 조사 등 실시, 관광 및 여행업계의 연수기관

- 국제관광개발연구센터(ITDIJ : International Tourism Development Institute of Japan)
  - 개발도상국의 관광개발 등 국제관광 진흥에 관한 조사연구 실시
  - 국제협력을 통한 개발도상국의 관광의 건전한 발전, 국제관광의 진흥

〈관광관련 특별기구〉

- 교통정책심희회 관광분과회
  - 관광기본법에 따라 1963년에 총리부에 설치. 1980년 7월 운수성으로 축소, 이관되어 교통정책심의회 관광분과회에서 심의.
  - 연차관광정책(관광백서)에 의견제시, 관광기본법 시행에 관한 주용사항 조사, 심의 및 의견제시 등 역할, JNTO 회장, 교수, 업계 대표 등 8명으로 구성.

〈관광정책 자문기관〉

- 자연환경보전심의회(환경청) : 자연환경보전법에 의해 1973년에 환경청에 설치되었으며 자연환경보전에 관한 중요사항에 대해 조사 및 심의.
- 역사적 풍토심의회(문부성) : 고도(古都)에 있어서 역사적 풍토에 보존에 관한 특별조치법에 따라 1966년 설치된 역사적 풍토심의회는 교토, 가마쿠라, 나라에 있어서의 역사적 풍토의 보존에 관한 중요사항에 대해 조사 및 심의.
- 문화재보호심의회(문부성) : 문화재보호법에 따라 1968년에 문부성하에 설치, 문화재 보존 및 활용에 관한 중요 사항에 대한 조사 및 심의.

〈관광정책 조정기관〉

- 관광대책관계성청 연락회의(Inter Ministerial Liaison Council on Tourism)
  - 관광과 관련된 각 성·청간의 업무조정 및 협의, 총리부 산하, 관계행정기관가의 업무 유대강화 및 관광행정의 효율적·통합적 수행을 촉진.
  - 총리부 내정 심의실장이 주재상, 관계21성청(총리부, 경찰청, 북해도개발청, 경제기획청, 과학기술청, 환경청, 오키나와개발청, 국통청, 법무성, 외무성, 대장성, 문부성, 문호청, 후생청, 농림수산성, 통상산업성, 운수성, 수정성, 노동성, 건설성, 자치성)의 국장급으로 구성.

• 관광입국간담회
 - 수상직속기관으로 교수, 업계 등 11명으로 구성, 국제교류 증진, 경제활성화, 외국인 유치 증대 방안 논의 등의 역할을 수행.

6. 한 국

(1) 관광정책의 변화과정

관광진흥정책이 시작된 1960년대부터 현재까지의 정책변화과정은 다음 표로 대신한다.

표 11-12 한국의 관광정책 변화과정

구분	'60년대	'70년대	'80년대
기본방향	외화획득을 전제로 한 초기 관광산업의 발전 기반구축	국제관광 일변도에서 국민관광의 발전	국제 · 국민관광발전의 조화 추구
정책구분	관광산업의 효용성에 입각하여 외화획득에 의한 국제수지의 개선	국민복지 차원에서의 관광인식	복지행정의 실현 및 국제수지개선
정책환경	국민관광기반이 없는 상태에서 국제관광 추진	경제개발 수행에 따라 국민소득의 증대	'86아시안게임 및 '88서울올림픽 효과의 관광부문 확대
시책내용	• 관광행정 기구, 법령 정비 • 관광수용시설 확충, 운영개선 • 관광전문인력의 육성, 관광자원 개발 • 관광공사의 설립	• 관광행정시스템의 완비 (관광기본법 제정) • 관광지 · 관광단지 개발 • 해외시장의 확대 • 국제관광수용시설 확충정비 • 국민관광진흥(도단위 국민관광지 개발, 관광코스 개발 등)	• 국제관광진흥 가속화 • 국민관광진흥 (숙박시설, 휴식공간 확충정비) • 국민이 해외여행 • 관광환경의 개선

구분	'90년대	2000년대
기본방향	국제 · 국민관광발전의 조화 추구	관광선진국으로의 힘찬 도약 준비
정책구분	여가공간 확충에 의한 국민생활의 질 개선 및 국제수지 개선	국제관광교류의 증진, 국내관광수용태세 개선

정책환경	국제화 · 개방화와 지자체의 실시, 남북교류확대와 국내경제의 국제화, 사회구조의 변화	남북관광교류의 확대를 위한 중요한 토대구축, 문화예술 및 생태적 가치지향의 관광정책으로의 전환
시책내용	• 국민휴식공간의 확충 • 국민관광의 진흥 • 전통민 속의 관광자원화 • 외래관광자의 수용시설 확충 • 국제협력활동으로 강화 • 관광산업의 발전(국제경쟁력의 강화, 전문인력으로 육성, 해외투자의 촉진) • 건전한 관광문화의 정착	• 아시아 관광허브 건설기반 구축 • tour2korea.com을 통한 온라인 마케팅 강화 • 종합관광안내소 전국 네트워크화 추진 • 문화관광상품 개발 육성을 위한 지역 공예공방 설치지원 • 공예문화관광상품 전문유통매장 설치와 문화관광축제 및 상설문화관광프로그램 개발

자료 : 정찬종 · 강인호, 관광학원론, 형설, 2006.

(2) 노무현 정부의 관광정책 발전과제(18개)

표 11-13 노무현정부의 관광정책 발전과제

	발전과제	내 용
1	숙박시설의 대폭확충	• 관광호텔 확충 지속 추진 • 중저가 국제 체인호텔 유치(Ibis 등), 지방중저가 호텔 건설 지원 • 전통한옥, 종택을 "고택(古宅)"으로 브랜드화, 관광숙박시설로 활용 • '템플스테이' 확충
2	대규모 관광스포츠레저단지 조성	• 국제경쟁력을 갖춘 거점 관광지역 개발 추진 • 해외 골프관광의 국내전환을 위한 골프장 등 스포츠레저시설 확충 • 대규모 외자 관광레저단지 유치 추진
3	관광분야에 국내 · 외 민간투자가 획기적인 확대	• 관광분야 외국인투자 촉진 • 한국관광공사내 『관광투자지원센터』 설치 • 관광숙박업의 세제합리화를 위한 근본대책 수립
4	급증하는 중국관광객의 적극적인 유치	• 출입국절차 간소화 • 중화권 음식서비스 개선 • 두산타워, 남대문시장, 인사동 대상 모범쇼핑업소 선정, 홍보 • 중국인 특화상품 개발 • 현지 유치 마케팅 기반 확대

5	일본관광객 유치의 지속적 추진	• 다양한 관광상품 개발로 방한 수요 창출 • 청소년 수학여행 활성화 • 한 · 일 자매도시(강원도와 도토리현 등), 생활체육(게이트볼 등) 동호 인 교류확대
6	동남아 및 구미시장 적극 개척	• 동남아 한국문화선호 20~30대 고소득층 집중 공략 • 구미주(歐美洲) 연고시장 공략 • 미주지역 한 · 중 · 일 연계 관광상품 개발
7	해외 홍보시스템의 획기적인 개선	• 범 정부적 국가홍보 지원체계 구축 • 소비시장 특성에 맞춘 CF 홍보 실시 • 해외 관광 홍보거점 구축을 통한 지속적 홍보 • 아리랑 TV 활용, 아시아 및 동구유럽 중점 홍보 • 온라인을 통한 한국관광 홍보 마케팅 강화
8	부가가치가 높은 컨벤션산업의 적극적인 육성	• '08년 세계 15위권 컨벤션 국가로 도약 • 국제회의 전문인력 양성 • 대형 국제회의 및 이벤트 유치 및 개최 지원
9	우리 고유문화를 살린 대표적인 관광상품의 개발	• 「궁궐」을 대표문화상품으로 집중 육성 • 전통사찰을 한국 고유문화상품으로 개발 • 선비문화 체험 관광상품 개발 • '한류관광' 특성화 지원 • 태권도 종주국의 상징물로서 태권도공원 조성
10	지역별로 특화된 관광상품의 적극 개발	• 한국적인 지역대표 관광상품 발굴 육성 • 우수관광상품 개발 및 유통 활성화 • 지역문화관광상품 해외진출 지원
11	관광안내체계의 내실화	• IT강국을 체감할 수 있는 첨단안내시스템 구축 • 지역별 종합관광안내센터 설치 확대 • 관광안내지도, 관광안내표지판 확충 • 외국인 언어 불편 해소 방안 강구
12	관광산업을 이끌어 갈 국제수준의 전문 인력 양성	• 관광전문 인력교육센터 설립 • 산 · 학 · 연 관광협력체계 구축 • 인터넷 On-Line 『관광인력 수급은행』 설치 • 고급 관광안내 인력 확보
13	지역별 국내외 교통망의 확충	• 한 · 중 · 일 관광교통망 확충 • 김포, 양양 공항 등의 국제 전세기 운항 확대 • 관광지 연계 대중교통수단 확충 • 렌터카 이용체계 개선
14	6대 광역권 관광자원의 효과적인 개발	• 강원 산악 · 환동해권 관광개발 신규추진 • 비무장지대 접경지역 평화관광벨트 조성 • 중국관광 수요에 부응하는 『서해안관광벨트』 개발 • 지리산권 관광개발 신규추진 • 남해안 관광벨트 추진 • 경북북부 유교문화권 관광개발 추진

15	10대 거점을 중심으로 한 관광자원의 종합적인 발전추진	• 인천『동북아 국제관광 관문도시』육성 • 부여 · 공주지역『백제문화권』관광개발 • 신행정수도권 관광개발 • 새만금지구 친환경적 개발 • 광주『아시아 문화중심도시』조성 • 제주 국제자유도시 관광개발 • 부산『동남권 해양관광 중심도시』육성 • 경주『신라고도역사문화 관광거점』육성 • 안동『전통유교문화 관광거점』육성 • 설악권 관광개발
16	국민관광활성화로 삶의 질 제고	• 관광펜션등 자연체험형 중저가 숙박시설의 확충 • 다양한 관광자원 및 프로그램 개발 • 국내 우수 관광프로그램 포상 · 지원 • 국민관광 인식 개선 및 친절문화 확산
17	소외계층의 관광기회 적극 확대	• 고령자, 장애인, 저소득층, 외국인 근로자 대상 복지관광 프로그램 확충 • 관광지, 역사유적지 입장 요금 할인제도 도입 • 고령층 관광 모델지구 조성 및 자원 봉사자 프로그램 운영 • 기업의 근로자 휴양시설 건설시 인센티브 부여 • 박물관, 전시관, 미술관 등 문화관광시설 종합 이용 촉진 유도
18	남북연계관광의 활성화	• 북한 내 관광지역 확대 추진 • 설악 · 금강 연계 국제관광지구 기반 조성 • DMZ(비무장지대) 생태 관광상품화 추진 • 남북공동 관광교류협력 추진위원회 구성 · 운영 검토

(3) 2005년 국제관광 진흥정책

① 해외관광 진흥활동

ⓐ 개 황

• 2004년과 마찬가지로 모든 지역에서 관광객 수가 증가하여 전년의 상승세 유지.

• 대장금을 테마로 한 한류마케팅의 성공으로 방한외래객수가 최초로 600만명 돌파.

일본은 2005년에도 제1시장 자리를 지키기는 했으나 전체 방한객의 40.5%를 점유해 2004년에 비해 1.5%포인트 감소하였다. 중국인 방한객은 중국인 여행가능 국가가 확대됨에 따라 2004년에 비해 성장폭은 다소 둔화되었지만, 타 지역에 비해서는 여전히 높은 성장률을 기록하고 있다.

ⓑ 관광유치단 파견 및 관광교역전 개최

• 일본 오사카 투어엑스포, JATA세계여행 박람회, 중국 국제여유교역회(CITM), 베를린 국제관광 박람회(ITB), 런던 국제관광박람회(WTM) 등 대규모 국제행사를 활용한 한국관광 홍보 및 모객활동 전개.

표 11-14 관광유치단 파견 및 관광교역전 실적(2005, 2006 상반기)

지역	기간	순회도시	활동내용
일본	2005 4.4~4.22	마트야마, 교토, 후쿠이, 도야마, 가나자와, 치바, 센다이, 아오모리, 히로시마	• 박용하 미니콘서트 및 토크쇼 • 한국문화공연 • 한국영화제 • 한류특별전 등
	2005 7.4~7.9	오사카, 나고야, 도쿄	• 2005 일본지역 특별판촉단 • 유관기관 예빵 및 언론인터뷰 • 한일문화관광교휴의 밤(리셉션)
	2006 5.2~5.28	오사카, 가나가와, 후쿠오카, 나고야, 삿포르, 아사히가와	• 오사카 TOUR EXPO 관광교역전 참가 • 대장금 한류스타 팬미팅 • 대장금 궁중복식전 • 한국전통문화공연 • 한국관광판넬전 · 영화제 등
중국	2005 11.4~10 11.24~27	광주, 상해 곤명	• 대장금 및 문화관광축제 페스티벌 • 한국의 밤, 한국 궁중요리 시연회 • 한국관광설명회 및 교역전
	2006 3.3~5 6.15~18	광주, 홍콩	• 한국관광설명회 및 교역전 • 언론인 설명회
동남아	2006 4.24~4.29	인도 뭄바이, 뉴델리	• 인도 최초 국내로케영화 '갱스터' 홍보 • 언론인 설명회 • 한국관광설명회 및 교역전 • 한국문화공연 '점프'
미주	2005 4.28~5.4	LA, 라스베이거스, 샌프란시스코	• 태권도 국가대표 시범단 공연 및 태권도 설명회

구주	20005 1.15~1.23 3.11~3.15 4.7~4.8	슈투트가르트, 베를린, 블라디브스톡, 모스크바, 런던	• 관광교역전 • 언론인 설명회 • 한국인의 밤 • 태권도시범, 음식시식회 등
	2006 1.14~1.22 1.25 · 1.29 3.8~3.12 5.12~5.13	슈투트가르트, 베를린, 파리, 모스크바, 블라디브스톡	• 관광교역전 • 언론인 설명회 • 한국의 밤 • 태권도시범, 음식시식회 등

ⓒ 한 · 일공동방문의 해 선포 및 활동

- 2004년 7월, 한 · 일 국교정상화 40주년을 2005 한일공동방문의 해를 선포하였다.
- 2005년 2월 개막행사인 한일교류 대축제를 통해 6,600여명의 방한관광객 유치

  KOREAN WAVE 2005, 일본지역 특별 판촉단 파견, 최지우 드라마 콘서트 in 서울, 한일축제한마당, 한일친선 한라산 트래킹대회 등 개최. 일본 최고의 여성가극단인 다카라즈카 가극단 한국공연이 2,300여명의 일본인 관광객을 유치
- 이러한 성과를 발전적으로 계승하여 양국간 관광교류를 더욱 확대시키고자 2006년 5월 한일관광교류확대 선포식 개최.

ⓓ 일본인 수학여행단 유치 활동

- 연간 14만명. 미래 잠재고객으로서 선경험 및 일본 청소년의 한국에 대한 올바른 이해로 양국간 우호증진에 기여한다는 점이다.
- 1972년 최초의 방한 수학여행이 실시 이후, 공사립학교의 해외수학여행 허가와 함께 급속히 증가하였으나, 1990년대 중반 이후 영어교육을 목적으로 한 해외수학여행 경향이 강해지면서 호주, 뉴질랜드, 싱가포르, 하와이 및 중국 등 주변국과의 유치경쟁이 한층 심화되고 있는 실정.

ⓔ 언론인 · 여행업자 방한 초청 지원

- 일본지역 : 일본 내 한류열풍을 적극적으로 유지 · 확산하는 데 중점
  - 2004년 〈겨울연가〉, 〈올인〉, 〈태극기 휘날리며〉, 〈외출〉, 〈대장금〉 촬영

지에 대한 기사화 및 상품화 노력을 경주하였다. 특히 2005년 하반기부터 NHK에서 방영되기 시작한 〈대장금〉을 방한상품으로 연결시키기 위해 해외 11개국 언론인 80여명을 2차례에 걸쳐 답사하게 하였다.

- 홍콩 : 유명 미식가 차이란, 이순은이 동행하는 홍콩 고가 미식방한상품이 출시되었고, 대만에서는 인센티브 단체여행의 표본이 되는 ING 대형 단체를 유치함으로써 한국관광 브랜드를 재포지셔닝하는 계기를 마련하였다.
- 동남아지역 : 언론매체를 통해 한국의 계절적 특성을 이용한 봄꽃과 겨울 스키 소재 상품 홍보 이외에도 해외 영화 · 드라마 국내 로케 유치하며 잠재시장으로 평가되는 인도 · 무슬림시장 개척을 위해 인도 · 무슬림 상품 취급 여행업자들을 초청, 우리나라 관광매력을 알렸다.
- 구미주지역 : 미국 PBS, 독일 ZDF, 프랑스 VOYAGE TV 등 매체의 영향력이 큰 유력 매체 및 언론인을 대상으로 방한 취재지원 사업을 실시,

ⓕ 영상 · 홍보 시각물 제작

www.etourkorea.com 운영함으로써 시간적 · 공간적 제약없이 한국관광홍보사진 및 영상자료를 활용할 수 있도록 하고 있다.

표 11-15 영상 · 홍보시각물 제작실적(2005)

구분	내 용	수량
영상물	• 테마홍보 영상물 제작(국, 영, 일, 중간, 중번) - 태권도/참선 - 음식문화 • 기존 종합홍보영상물 공사 신규 CI 반영 DVD 제작 • 일본 · 중국 · 동남아지역 인기가수 뮤직비디오 VCD - SONGS From KOREA	 1편 1편 15,500개 10,000개
달력	• 주제 : 한류 및 자연경관 • 3종(벽걸이용 2종, 탁상용 1종) • 국내, 20개 해외지사, 134개 재외공관 등 전세계 배포	120,000부
포스터	• 포스터 5종(한국관광 이미지 3종, 한류 주제 2종)	85,000부

ⓖ 2005년도 해외 광고 추진

ⅰ) 개 황

시장에 맞는 차별화된 메시지를 전달하고자 한류 마케팅의 특성별 표적시장

을 설정하여 시장을 새로이 포지셔닝하였으며, 이에 따른 커뮤니케이션 목표를 설정하였다.

ii) 추진방향

• 2004~2005년 한류캠페인 전개를 위한 한류광고 집중 실시
  - 한류스타를 활용한 한류 광고안 제작
  - 다양한 Media Mix를 활용한 광고캠페인 집중 실시
  - 주력시장 대상 집중 광고 : 중국, 동남아, 일본
• 광고효과가 큰 매체활용 증대
  - 도달범위가 넓고 임팩트가 큰 TV광고 확대
  - 한류 선호층 대상 광고효과 제고를 위한 인터넷 광고 확대

iii) 지역별 광고전략

① 매인 캐치프레이즈 : Dynamic Korea(국가홍보 캐치프레이즈)

② 지역별 슬로건

표 11-16 2005년 해외광고 실적

구분	2005년 실적	집행액	비 고
TV	8,487	2,623	
일본	2,459	943	
중국	2,851	638	- 지바TV, MXTV, 테레비도쿄 등
동남아	1,563	382	- CCTV, 북경TV, 광동TV, TVBS 등
미주	0	0	- Channel U, Channel 7, ITV 등
구주	0	0	- 러시아NTV, TNT -TV등
본사	1,614	660	
인쇄·기타매체	1,449	3,727	
일본	261	703	- 아사히, 요미우리, 마이니치, 산케이신문 등
중국	117	535	- 북경만보, 북경신보, 인민일보, 신경보 등
동남아	334	309	- 태국 테일리 뉴스, 싱가포르 Today 등
미주	68	272	- LA Sunset, 뉴욕 JaxFax, 시카코 Front line 등
구주	124	209	- 프랑스 메트로, 영국TTG, 러시아 Voyage 등
본사	545	1,699	- 독일 버스 및 전차광고, 일본 inter FM 라디오등

② 국제협력 증진

오늘날과 같이 개방화·국제화된 시대에 국제협력의 중요성은 매우 크다.

특히 관광분야에서의 국제협력은 국가간에 상호이해를 증진하고 국제친선을 도모함으로써 관광교류를 촉진하는 계기가 되므로 각국은 이를 위해 많은 경비와 인력을 투입하고 있다.

ⓐ 국제회의 참가

정부는 국제관광기구 및 컨벤션 관련 국제기구에서 주관하는 행사에 매년 대표를 파견하여 우리나라의 입장을 반영시키고, 한국관광 홍보활동은 물론 국제협력관계를 증진시키고 있다. 관광·컨벤션 관련 2005년 국제회의 참가실적 및 2006년 계획은 다음의 표와 같다.

표 11-17 관광 관련 국제회의 참가실적(2005)

회의명	기간	장소
제4차 ASEAN+3 관광장관회의 및 제6차 ASEAN+3 NTO 회의	1.22~27	말레이시아, 랑카위
UNWTO 긴급집행이사회	1.31~2.1	태국 푸켓
UNWTO 관광지도자 포럼	3.9~14	독일 베를린
제54차 PATA 총회	4.16~19	마카오
제26차 APEC-TWG 회의 및 APEC 관광 포럼	5.12~17	부산
제7차 ASEAN+3 NTO 회의	5.22~27	강원도 속초
ICOMOS특별회의	5.30~6.1	서울
제75차 UNTWO 집행이사회	6.11~17	불가리아 네세바르
2005년 OECD 국제관광회의	9.6~7	광주
2005년 PATA 트래블마트 및 하반기 이사회	9.27~30	말레이시아, 쿠알라룸푸르
제27차 APEC-TWG	10.12~14	베트남 하노이
제16차 UNTWO 총회 및 집행이사회	11.25~12.2	세네갈 다카르

ⓑ 국제회의 유치

i) 국제회의 유치

ⓘ 국제회의 유치의 중요성

- 국제회의 참가자들은 장기간 체재하면서 회의기간 중 또는 그 전후에 국내관광과 쇼핑 등을 함으로써 일반관광객에 비해 많은 소비를 하므로 교통·항공·숙박·유흥업 등 관광관련 사업의 발전에도 크게 기여한다.
- 일반관광객들의 한국 체재일수는 평균 4박 5일인데 비해 국제회의 참가

자의 경우 통상 7일 이상 되고 이에 따른 평균소비액은 미화 3,592달러로 일반관광객의 2.4배 이상이 되는 등 국제회의 유치에 따른 경제적 효과는 막대한 것으로 조사되었다.

ⓘ 국제회의산업육성에 관한 법령 개정

1996년 12월 30일 「국제회의산업육성에관한법률」이 제정되어 1997년 3월 31일부터 시행됨으로써 국제회의산업 발전의 새로운 전기를 맞이하게 되었다. 그러나 현행법에서는 이에 대한 구체적 규정이 미비하여 국제회의의 유치·개최 지원에 실질적인 어려움이 있었다. 이에 「국제회의산업육성에관한법률」을 2003년 8월 개정하고 동 법률시행령 및 시행규칙을 2004년 2월에 개정 완료하여, 법적 지원근거의 구체화, 국제회의산업육성위원회 설치 등을 규정함으로써 향후 국제회의산업 육성을 위한 실질적인 기반을 마련하였다.

ⓘⓘ 국제회의 유치증진을 위한 주요활동

- 국제기구에 가입한 국내단체가 관련 국제회의 및 행사를 유치·개최하고자 할 때에는 국내 유치와 개최가 원활히 이루어지도록 원스톱 서비스 체계를 구축하여 지원함.
  2005년에는 161건의 국제회의 개최 지원 및 참가자 유치 증대 활동을 펼친 바 있다.
- 해외의 국제회의, 인센티브 관련 단체 및 업계를 대상으로 메일 발송, 설명회, 세일즈 콜 등을 실시하여 국제회의 개최지로서의 한국의 이미지를 제고함.
- 국제회의 및 전시박람회에 참가하여 컨벤션 개최지로서의 한국을 홍보하고 관련 정보를 제공하며 상담인사들과 지속적으로 접촉하여 사후관리에 노력.
- 국제회의전문가 양성교육, 지방국제회의 유치촉진 설명회 실시, 국제회의 캘린더 및 개최현황 발간, 컨벤션 DB 구축 및 운영 등 국제회의 유치촉진을 위한 수용태세 개선.
- 국제회의 참가자 소비액 조사, 국제회의 개최계획·실적조사, 컨벤션 관련 국제기구의 교육 프로그램 참가 등 각종 조사·연구 사업을 통해 변화하는 컨벤션시장 환경에 능동적으로 대처.
- 관련기관, 지자체 및 컨벤션 업체 간 네트워크 강화에 힘쓰고 있으며, 이

를 위해 컨벤션 협의회를 운영하고 있다.

- 컨벤션 산업전, 공동광고, 해외 전문전시박람회 참가, 미주 및 아주지역 설명회, 세일즈 콜 등에서 관련 기관과 긴밀한 협조

ⅳ 국제회의 개최현황

국제협회연합(UIA) 조사에 따르면, 2005년도 전 세계의 국제회의 총 개최 건수는 8,953건으로 2004년도에 비해 2.4%가 감소하였다. 대륙별로는 구주, 미주, 아시아주, 아프리카주, 대양주 순으로 개최되었으며, 유럽에서 개최된 국제회의는 총 5,134건으로 전체의 57.38%를 차지하였다. 우리나라는 2005년 전 세계에서 개최된 국제회의 중 185건을 개최하여 세계 14위, 아시아 2위로 조사되었다(2004년 : 164건 개최, 세계 17위, 아시아 3위)

표 11-18 주요 국가 국제회의 개최 현황

		2005년		2004년	2003년	2002년	2001년
순위	국가	건수	구성비(%)	건수	건수	건수	건수
1	미국	1,039	11.61	1,080	1,155	1,076	1,087
2	프랑스	590	6.56	552	678	656	684
3	독일	410	4.58	491	507	490	490
4	영국	386	4.31	377	456	463	441
5	이탈리아	382	4.27	336	470	379	434
6	스페인	368	4.11	361	395	401	343
7	네덜란드	341	3.81	208	286	281	252
8	오스트리아	314	3.51	279	279	265	259
9	스위스	268	2.99	302	340	352	324
10	벨기에	242	2.70	282	317	342	315
11	중국, 홍콩, & 마카오	216	2.41	231	130	175	161
12	캐나다	214	2.39	197	227	250	214
13	호주	200	2.23	224	227	230	286
14	한국	185	2.07	164	160	124	131
15	싱카포르	177	1.98	156	124	138	113
16	스웨덴	170	1.90	166	246	174	186
17	일본	168	1.88	206	229	222	222
18	덴마크	138	1.54	175	166	210	159
19	그리스	136	1.52	148	170	140	107
20	포르투갈	125	1.40	135	124	138	112

ii) 주요 국제회의 개최

ⓘ 제26차 APEC 관광포럼 및 관광실무그룹(TWG)회의

- 2005. 5. 12~17일 부산 파라다이스 호텔에서 개최.
- APEC 16개 회원국 및 관광관련 국제기구(WTO, PATA, WTTC, AICST) 관계자 60여명, 국내 참가자 400여명이 참가하였다.

ⓘⓘ 제7차 ASEAN+3 NTO 회의

- 2005년 5월 25일 강원도 속초 켄싱턴 호텔에서 개최.
- 아세안에 대한 우리측 요구 제시 및 쓰나미 사태 이후 우리 측의 복구지원 노력, 아세안 사무국에 대한 공무원 파견 검토 등 논의

ⓘⓘⓘ 2005년 APEC(Asia-Pacific Economic Cooperation) 제13차 정상회의

- 2005. 11. 12-1919, 부산 BEXCO에서 개최됨
- 21개 회원국 정상을 비롯한 정부대표, 기업인, 기자단 등 6,000여명 참가, 건국 이래 최대의 외교행사
- 하나의 공동체를 향한 도전과 변화라는 대주제 아래, 경제·무역의 증진, 지적재산권 보호, 테러 방지, 조류독감 방지 등 광범위한 분야의 합의를 담은 부산선언이 채택되었다.

ⓘⓥ 제8차 세계화상대회

- 2005. 10. 9~12. 지 31개국 3,665명의 화상·한상이 참석
- 정보기술 포럼, 생명공학 포럼, 문화콘텐츠포럼을 비롯하여 투자설명회 등 다양한 비즈니스 프로그램들이 진행되었다.

ⓥ 제15차 국가올림픽위원회 총회

- 2006. 3. 31~4.7. 60명의 IOC위원 및 200개국의 올림픽위원회 대표 등 700여명의 국제 스포츠계 유명 인사들이 참석한 국제 스포츠계 최대 행사였다.

③ 쇼핑산업 지원 현황

ⓐ 쇼핑관광 현황

- 2005년도 한국관광공사에서 실시한 외래관광객 실태조사에 따르면, 한국 방문 외래객의 85.6%가 쇼핑경험이 있는 것으로 나타났다.
- 쇼핑항목별 평가

- 쇼핑시설(훌륭하다 : 65.0%, 5점 만점 평균 3.81)
- 쇼핑서비스(훌륭하다 : 62.5%, 5점 만점 평균 3.77점)
- 상품의 질(훌륭하다 : 62.2%, 5점 만점 평균 3.75점)의 순서

• 반면 상품가격(훌륭하다 : 51.5%, 5점 만점 평균 3.56점)은 가장 낮게 나타났다.

• 방한 외국인은 쇼핑장소로 공항면세점(57.6%)을 가장 많이 이용하고, 백화점(41.9%), 동 대문시장(30.6%), 시내면세점(28.0%), 남대문시장(27.4%) 등의 순으로 나타났다.

• 외래객들이 선호하는 쇼핑품목
- 1960년대에는 인삼·도자기·칠기·수예품 등 주로 전통공예품
- 1970년에는 기존의 전통토산품 외에 자수정과 인형·완구·의류
- 1980년대에는 전통토산품 외에도 귀금속·보석류·공산품·식품 등
- 1990년대 이후에는 의류나 식료품 등

ⓑ 쇼핑관광에 대한 정부의 지원

• 1998년도부터 매년 관광기념품 공모전을 개최, 입상작품에 대해 상품 개발 및 생산 장려금 지원, 조달품목 지원, 한국관광명품점 및 면세점 입점 D알선, 각종 국내·외 전시회 참가지원 등을 시행하고 있다.

• 지역별 특색있는 관광상품 개발을 위해 우수 관광기념품 개발에 대하여 관광진흥개발기금을 지원하고 있으며, 관광기념품 판로지원을 위해 관광기념품판매센터도 설치·운영해 나갈 계획이다.

ⓒ 면세점 운영 현황(〈표 11-19〉 참조)

ⓓ 관광기념품 개발 육성 : 전국관광기념품공모전 개최

1998년도부터 개최. 관련 웹사이트 www.esouvenirkorea.com 를 2001년 9월부터 운영하고 있다.

ⓔ Korea The Shopping Paradise 캠페인(Hi Seoul Grand Sale 2006)

• 1999년 이래 매년 한국관광공사 실시. 지자체로 행사를 이관하여 Hi Seoul Grand Sale 및 Busan Grand Sale 등으로 변경·실시

• Hi Seoul Grand Sale 은 백화점, 면세점, 호텔 등 약 5,000개 업체에서

5~70%의 가격 할인 및 Hi Seoul Festival 의 한류의 밤, 세계의 소리, 세계의 빛, 8도 대동민속놀이 각종 공연행사 실시

- www.tour2korea.com 및 www.visitkorea.or.kr을 통한 온라인 홍보, 회원대상 DM 발송, 관광공사 해외 지사망을 통한 홍보(전시박람회, 정보 제공, 여행사 홍보 등) 실시.

표 11-19 내·외국인 이용현황 및 구매실적

• 외교관·시내·출국장 면세점 (단위 : 천명, 천달러, %)

구분		내국인	구성비	외국인	구성비	계
인원	2000년	3,566	38	5,915	62	9,481
	2001년	4,367	44	5,643	56	10,010
	2002년	5,854	56	4,668	44	10,522
	2003년	6,949	68	3,314	32	10,263
	2004년	9,321	69	4,137	31	13,458
	2005년	11,865	75	3,876	25	15,741
금액	2000년	200,776	14	1,198,258	86	1,398,534
	2001년	356,915	27	964,992	73	1,321,907
	2002년	584,993	40	877,489	60	1,462,482
	2003년	640,760	48	690,111	52	1,330,271
	2004년	812,801	49	860,710	51	1,673,511
	2005년	1,142,017	56	880,982	44	2,022,999

• 제주 내국인 면세점 (단위 : 천명, 천달러, %)

구분		내국인	구성비	외국인	구성비	계
인원	2003년	1,206	98	23	2	1,229
	2004년	1,276	98	33	2	1,309
	2005년	1,672	97	45	3	1,717
금액	2003년	83,927	99	1,241	1	85,168
	2004년	100,657	98	2,033	2	102,690
	2005년	147,039	98	2,775	2	149,814

④ 출입국절차 간소화

ⓐ 입국절차 간소화

- 2005년 3월 1일 일본인 관광객에 대한 체류기간 90일의 무사증입국을 허용
- 국제행사참가 외국인 및 외국인 투자가에 대하여는 전용출입국 심사대를 운영
- 2005년 10월 3일에는 한 · 인도 간 체류기간 90일의 외교관 · 관용여권에 대한 사증면제협정을 체결하여 양국간 상호 경제협력 및 인적 교류 증진 도모.
- 한 · 중 카페리를 이용, 1년에 2회 이상 입국하여 법 위반사실 등이 없는 중국인에 대해 차기 입국시부터 월 4회에 한해 무사증 입국을 허용
- 중국인에 대한 무사증입국 허가를 기존 미국 · 일본 등 5개 국가 사증소지 통과여객에 한정하였으나, 그 사증소지 대상국가 범위를 유럽 30개 국가로 확대하는 등 중국인 여행객의 출입국편의 제공.

ⓑ 사증면제 및 무사증입국 허가 확대

ⓒ 여행자 통관제도 개선

⑤ 관광정보 제공

ⓐ 해외 온라인 마케팅

- 온라인 프로모션 : 한류관광 주제를 활용한 본사 주도의 온라인 광고를 미국 msn. com등 7개국 9개 매체에 진행하여 글로벌 한국관광 브랜드를 홍보
- 10개 지역 74개 검색엔진에 한국 관련 키워드 검색시 Tour2Korea.com을 검색 1면에 노출시키기 위한 알고리즘 최적화,
- 광고프로모션 전개를 위하여 한류프로모션사이트(www.hellohallyu.com)를 구축, 한류에 특화된 온라인 고객 약 27만명을 확보
- 본 · 지사 온오프라인 통합마케팅 강화를 위해 2005년 중 9개 해외 지사와 총 16회의 온오프 연계사업을 전개, 약 1만 4,000명의 온라인 신규 회

원 유치

- 민간단체 사이버외교사절단 VANK와 공동으로 On-Off 관광한국 알리기 캠페인 전개

ⓑ 관광정보 제공

- 관광전문 허브 포털 사이트인 관광허브네트워크(www.etourkorea.com) 기존 관광공사의 15개 사이트를 통합하여 단일 회원제로 운영하며, 2006년까지 한국관광 다국어 사이트인 Tour2Korea를 통합하여 명실상부한 글로벌 관광 허브네트워크 구축을 완료할 예정이다.

⑥ 관광불편신고센터 운영

- 2005년도에 접수된 관광불편 신고는 총 762건
  - 내국인 480건, 전년(413건)대비 16.2%, 외국인 259건 전년(220건)대비 17.7% 증가
  - 외국인 신고의 주요 유형, 쇼핑 관련이 51건(전년도 48건)으로 외국인 점유율 19.7%를 보였으며 택시, 숙박, 여행사 순으로 집계되었다.

7. 관광조직

(1) 문화관광부(NTA)

- 1998년 2월 28일 문화체육부에서 문화관광부로 개편.
- 조직 : 장관 – 차관 – 차관보 – 관광국장(4개팀)

표 11-20 문화관광부 주요 부서의 업무

명칭	주요 담당 업무
관광국	국제화, 지방화, 정보화 등의 시대변화 추세에 대응하기 위해 '21세기 관광한국 건설'과 '외래관광객의 유치 증대 및 국민관광의 균형 발전'이라는 목표를 설정, 이를 달성하기 위한 다양한 정책을 수립·추진

관광정책팀	관광진흥장기발전계획 및 연차별계획의 수립 관광관련법규의 연구 및 정비 관광진흥개발기금의 조성 및 운용 남북관광교류 · 협력의 증진에 관한 사항 관광종사원의 교육 및 훈련에 관한 사항 관광학술 및 연구단체의 육성 관광연차보고 그 밖에 통계의 종합에 관한 사항 한국관광공사 및 한국관광협회중앙회와 관련된 업무 관광산업의 정보화 촉진에 관한 사항 관광복권의 발행 및 관광복지 증진에 관한 사항 관광에 대한 인식의 개선 및 건전관광의 홍보에 관한 사항 그 밖에 국내 다른 팀의 주관에 속하지 아니하는 사항
관광자원팀	관광개발기본계획 및 권역별 관광개발계획의 수립 관광자원의 조사 및 개발 관광지 · 관광단지의 개발에 관한 사항 관광특구의 육성에 관한 사항 문화 · 예술 · 민속 · 레저 · 생태 등 관광자원의 관광상품화에 관한 사항
관광산업팀	관광숙박시설의 확충 및 운영개선을 위한 시책의 입안 관광숙박업의 육성에 관한 사항 카지노업에 관한 사항 관광안내체계의 개선 및 편의증진에 관한 사항 관광편의시설업의 육성에 관한 사항 관광객이용시설업의 육성에 관한 사항 유원시설업의 육성에 관한 사항 관광기념품 육성 및 지원 전통음식의 관광상품 개발에 관한 사항 관광통역안내사 그 밖에 문화관광자원을 안내 · 해설하는 전문인력의 양성에 관한 사항 외국인의 국내관광 투자유치 촉진 및 지방자치단체의 외자유치 지원 문화관광축제의 발굴 · 육성에 관한 사항
국제관광팀	해외관광객 유치 및 홍보에 관한 시책의 입안 국제관광기구 및 외국정부와의 협력증진 국제관광박람회 및 국제관광행사의 지원 등에 관한 사항 국제관광시장의 조사 · 분석 여행업의 육성에 관한 사항 관광객의 불편 · 고충의 개선 해외관광객을 위한 관광프로그램의 개발 국제회의산업의 육성에 관한 사항 국제회의 전문인력의 양성 국제회의의 국내유치 촉진 및 지원 국제회의시설 건립 및 국제회의 전담조직 설립 · 운영의 지원

(2) 한국관광공사(NTO)

(연혁)

- 1962 국제관광공사 설립
- 1982 한국관광공사로 개칭
- 1996 KNTC에서 KNTO로 영문명 개칭

(주요 사업)

- 해외시장 개척
- 국제협력
- 국제관광이벤트
- 국제회의 유치
- 관광안내정보서비스
- 지자체유관기관 협력
- 국내수용태세
- 남북관광교류
- 관광자원개발

(비전체계 : 2007)

<table>
<tr><th>경영이념⬇</th><th colspan="4">비전⬇</th><th colspan="2">핵심가치⬇</th></tr>
<tr><td>관광의 새로운 국가성장동력 산업화</td><td colspan="4">관광산업의 새로운 패러다임을 창출하고 한국을 다시 찾고 싶은 매력있는 나라로 만드는 국민기업</td><td colspan="2">창의성, 전문성, 현장성, 정보화 고객만족</td></tr>
<tr><td>미션 ➡</td><td colspan="2">관광테크놀로지의 개발</td><td colspan="2">관광사업 생태계의 활성화</td><td colspan="2">관광산업의 경쟁력 강화</td></tr>
<tr><td>중장기 목표 ➡</td><td>관광솔루션 확대</td><td colspan="2">공기업운영 효율 1위</td><td colspan="2">국내관광 소비총량 증가율균형</td><td>매출액 2배달성</td></tr>
</table>

그림 11-1 한국관광공사 조직도

표 11-21 한국관광공사 해외지사 및 주요업무

지사명	업 무 내 역
도쿄지사 (일본지역센터) 북경지사 (중국지역센터) LA지사 (미주지역센터)	1. 한국관광홍보 활동 • 해외광고 • 언론인 대상 홍보 및 기사화 촉진 • 관광전시박람회 참가 홍보 • 소비자대상 홍보활동 2. 외래관광객 유치활동 전개 • 현지 관광업계 대상 판촉활동 • 한국관광상품 개발 및 모객 촉진 • 인센티브 등 대형 여행단체 유치 3. 컨벤션 유치 및 국제협력활동 • 국제회의 및 전시박람회 유치 • 국제관광기구와의 협력활동 4. 지자체 및 국내 관광업계의 해외판촉활동 지원 • 현지 업계와의 상품개발 및 판촉지원 • 현지 시장조사 및 정보제공 • 지자체 및 업계의 각종 해외판촉활동 지원 5. 현지관광시장 조사 및 정보 수집 6. 한국관광 안내정보 제공 7. 지역내 마케팅전략 및 사업조정 8. 지역내 시장조사 및 e-마케팅 총괄 9. 지역내 해외광고 총괄 조정
지역(지사)	오사카, 후쿠오카, 나고야, 센다이, 상해, 홍콩, 뉴욕, 시카고. 토론토, 프랑크푸르트, 파리, 런던, 모스크바, 시드니, 싱가포르, 타이페이, 방콕, 쿠알라룸푸르, 두바이, 블라디보스톡
	업무내역 : 상기 업무 중 1-6 수행.

오늘의 교훈

說苑(설원)에 曰 官怠於宦成(관태어환성)하고 病加於小癒(병가어소유)하며 禍生於懈怠(화생어해태)하고 孝衰於妻子(효쇠어처자)러니 察此四者(찰차사자)하여 愼終如始(신종여시)니라.

『설원』에 말하기를, "관리는 벼슬이 높아짐에 따라 게을러지고, 병은 조금밖에 나아지지 못하는 데서 더해지며, 재앙은 게으른 데서 생기고, 효도는 처자가 있음으로 해서 흐려진다. 이 네 가지를 잘 살펴서 끝까지 변함없이 신중하게 행동해야 한다"고 하였다. *명심보감 : 성심편/省心篇(하)

CHAPTER 12

국제관광기구 및 법률

제 1 절 국제관광기구

1. 국제관광기구 현황

(1) 세계관광기구(UNWTO : UN World Tourism Organization)

① 역사적 개관

관광진흥과 발전을 통한 경제발전, 국제간 평화와 번영에 공헌하는 목적으로 1975년에 설립된 정부간기구이다. 1925년 헤이그에서 설립된 International Congress of Official Tourist Traffic Associations가 국제관광연맹(IUOTO : International Union of Official Travel Organizations)으로 개칭되고 제네바로 본부를 옮겼다. 당시는 비정부기구였으며 109개 NTO와 88개 공사단체가 회원이었다.

1967년 IUOTO 회원들은 관광과 관련된 세계적인 문제를 다루기 위해 정부간 조직으로의 변신을 원했다. 특히 WHO, UNESCO, ICAO 등의 UN 기구와 같은 권능을 갖기를 원함.

1969년 12월 UN 총회에서 결의안이 채택되고 1974년 UNWTO 법안이 비준되어 1975년 마드리드에서 첫 총회를 개최하였다. 스페인정부가 본부건물을 제공함.

1976년 United Nations Development Programme(UNDP)의 집행기관이 되었고, 2003년 UN의 전문기관(specialized agency)으로 변신하여 국제관광에서의 주도적 역할을 재확인하였다.

설립목적은 세계 관광정책을 조정하고, 회원국의 관광경제발전을 도모하며, 각국의 사회문화적 우호관계를 증진함에 있다.

이를 위해 세계관광통계 자료를 제공하고, 정기간행물(WTO News)을 발간하고 있다. 또 여행편의 촉진, 안전, 교육훈련, 정보교환 사업 등을 펼치고 있다.

2005년 현재 145개국의 정회원과 350개 준회원(민간부문, 교육기관, 관광협회, 지역관광기관 등)으로 구성되어 있다.

우리나라는 국제관광연맹(IUOTO)의 회원이었던 교통부(현 문화관광부)가 1975년 자동적으로 정회원으로 가입되었고 한국관광공사는 1977년 찬조회원으로 가입하였으며, 1992년 한국관광협회가 찬조회원으로 가입하였다. 북한은 1987년 가입하였다.

표 12-1 UNWTO의 주요 활동 역사

연도	이 벤 트
1925	International Congress of Official Tourist Traffic Associations, 헤이그(네덜란드)
1934	IUOTPO(International Union of Official Tourist Propaganda Organizations) 창립. 헤이그(네덜란드)
1947	IUOTPO를 IUOTO(International Union of Official Travel Organisations)로 개칭
1969	정부간 회의, 소피아(불가리아). UN에서 관광에 관한 정부간조직 창설요청
1970	9월 27일, IUOTO 특별총회에서 WTO 헌장 채택
1975	WTO 첫 총회 개최(마드리드). UNWTO 공식출범
1976	UNWTO 사무국 제네바에서 마드리드로 이전
1979	"세계관광의 날"(World Tourism Day) 지정, 매년 9월 27일
1980	마닐라선언 채택
1982	아카풀코선언 채택
1985	관광권리장전 및 관광객신조(Tourism Bill of Rights and Tourist Code) 채택, 소피아(불가리아)
1989	관광에 관한 의회간 회의 개최. IPU(Inter-Parliamentary Union)와 공동개최 관광에 관한 헤이그선언 채택
1996	의회 및 지방정부(관광정책입안자)에 관한 UNWTO 2차 포럼, 발리선언 채택
2003	UNWTO UN 특별기관으로 전환
2005	Francesco Frangialli(France) 사무총장 재선

자료 : www.world-tourism.org에서 발췌

UNWTO는 2003년 12월 7일 제58차 UN총회를 통해 전문기구(Specialized Agency)로 편입되었다. 본부는 스페인 마드리드에 있다. 2년마다 개최되는 총회와 사무국, 유럽, 미주, 동아태 등 6개지역위원회와 집행위원회로 조직되어 있다. http : //www.world-tourism.org

② 조 직

□ 총회(General Assembly)

2년마다 개최 예산, 활동프로그램 등 승인, 현안문제 토의. 4년마다 총장선출. 정회원 및 준회원(Associate Members)으로 구성, 찬조회원(Affiliate Members) 및 국제기구의 대표는 옵저버 자격이다.

표 12-2 WTO 총회 개최지 및 일자

횟수	개최일	장 소	횟수	개최일	장 소
1	May 1975	Madrid, Spain	9	September/ October 1991	Buenos Aires, Argentina
2	May/June 1977	Torremolinos, Spain	10	October 1993	Bali, Indonesia
3	September 1979	Torremolinos, Spain	11	October 1995	Cairo, Egypt
4	September 1981	Rome, Italy	12	October 1997	stanbul, Turkey
5	October 1983	New Delhi, India	13	September/ October 1999	Santiago, Chile
6	September 1985	Sofia, Bulgaria	14	September 2001	Seoul, Republic of Korea/Osaka, Japan
7	September/ October 1987	Madrid, Spain	15	October 2003	Beijing, China
8	August/ Septeber 1989m	Paris, France	16	November/ December 2005	Dakar, Senegal

17회 : Cartagena de Indias, Colombia, in 2007

□ 집행위원회(Executive Council)

UNWTO의 주도적 기능수행, 조직의 활동 및 예산 점검. 2년마다 개최, 총회에서 선발된 29명으로 구성(5회원마다 1명 비율로 선발). 스페인은 상임회원.

□ 지역위원회(Regional Commissions)

6개의 지역위원회가 있음. 아프리카, 아메리카, 동아시아/태평양, 유럽, 중동, 남아시아.

매년 최소 1회 개최, 정회원 및 지역준회원으로 구성.

□ 전문위원회(committee) : 경영 및 프로그램내용 자문.

the Programme Committee,

the Committee on Budget and Finance,

the Committee on Statistics and Macroeconomic Analysis of Tourism,

the Committee on Market Intelligence and Promotion,

the Sustainable Development of Tourism Committee,

the Quality Support and Trade Committee,

the UNWTO Education Council,

the UNWTO Business Council and the World Committee on Tourism Ethics.

□ 사무국(Secretariat)

2007년 현재 프랑스인 Francesco Frangialli가 사무총장이며, 마드리드 본부 상근자 약 90명을 관리감독하고 있다. 부총장은 요르단인 Taleb Rifai이다. 사무국은 UNWTO의 활동프로그램 및 회원들의 요구사항을 해결하고 있다. UNWTO Business Council은 상근 Chief Executive Officer가 주도하며 스페인 정부가 재정지원을 하고 있다. 또한 사무국에는 지역지원국이 있는데, 오사카에 아시아태평양지원국이 있어 일본국의 지원을 받고 있다. WTO의 공식사용언어는 영어, 스페인어, 러시아어, 프랑스어, 아랍어이다.

□ 우리나라의 활동

우리나라는 IUOTO의 회원이었으며 1975년 자동적으로 정회원으로 가입되었고 한국관광공사는 1977년 찬조회원으로 가입하였다. 북한은 1987년 9월 제7차 총회에서 정회원으로 가입하였다.

- 1980~1983년 기간 중 집행이사국으로 처음 선임
- 1988년 5월에는 UNWTO 산하 6개 지역위원회 중 하나로 아태지역을 관

장하는 UNWTO 동아시아 · 태평양 지역위원회(UNWTO-CAP : Commission for East Asia and the Pacific)를 서울에서 개최하여 일본 · 중국 · 인도네시아 · 필리핀 · 마카오 등의 대표가 참석한 가운데 의장국으로 회의를 진행하여 동아시아 · 태평양 지역의 관광진흥 전략방안을 협의하였다.

- 1988~1989년 동안 임기 2년의 UNWTO-CAP 의장국을 맡게 된 한국은 동 CAP회의의 결정에 따라 의장국에 재선임되어, 1991년 4월 25~26일 양일간 중국 북경에서 개최된 제21차 UNWTO-CAP 회의를 주재.
- 1992~1995년 기간 중에 집행이사국을 역임
- 1995년 11월에는 UNWTO의 회원국에 대한 기술자문사업의 일환으로 우리나라의 관광 안내체계 개선을 위한 자문조사가 실시되었으며, 1996년에도 우리나라 문화유적 관광자원화 방안이 기술자문사업 대상으로 선정되었다.
- 1995~1999년 기간 중 사업계획조정위원회(Technical Committee for Programand Coordination)의 위원국.
- 1999년 칠레에서 개최된 제13차 총회(9.24~10.1)에서는 2001년 총회를 일본과 공동으로 개최하기로 결정하여 2001년 9월 23일~27일 기간은 서울에서, 2001년 9월 28일~10월 1일 기간은 일본 오사카에서 제14차 총회가 개최된 바 있다.
- 2004년부터 2007년까지 집행위원회 상임이사국
- 2005년에는 처음으로 집행이사회 의장국으로 선임. 남아시아 지진 · 해일 피해 당시 긴급 집행이사회를 소집, 주재하여 WTO 푸켓액션플랜을 채택하여 실천하였고 6월 집행이사회에서는 차기 사무총장 선출, ST-EP재단 설립정관안 확정
- 2004년에는 UNWTO 산하 ST-EP(지속가능한 관광을 통한 빈곤 퇴치) 재단의 본부를 한국으로 유치
- 2005년에는 처음으로 집행이사회 의장국으로 선임되어
- 2006년 6월 15일에는 아 · 태지역 내 관광UNWTO가 지속적으로 협의하기로 합의하고, 협력사업 MOU를 체결하였다. 양자간 협력사업은 진흥 활동지원을 통한 교류확대, 이해 증진, 그리고 안전과 평화구축을 위해 문화관광부와 주로 아 · 태지역의 저개발국을 대상으로 관광홍보 및 마케팅

지원, UNWTO에서 실시하는 관광연수 프로그램인 프랙티 컴(PRACTICUM) 참가 지원, 지역 내 관광동향 연구, 역내 대학과의 공동프로젝트 등을 포함하고 있다.

(2) PATA(Pacific Area Travel Association)

□ 아시아 태평양지역 관광의 선도자 PATA
The Leader of Asia Pacific Travel and Tourism

1951년 창설되었으며 1953년 하와이에서 개최된 2차 연례회의에서 PATA라는 이름으로 공식화되었다. 참석자는 Pan American World Airways 항공사의 Col. Clarence Young, 하와이 광고업자 Lorrin P. Thurston 및 American President Lines 항공사의 T.L. Eliot였으며, 배석자는 Ansett Travel Service의 E.D. Hensley, 하와이 관광국의 Sam Mercer 였다.

이후 PATA는 아시아 태평양지역의 여행 및 관광사업의 발전을 위한 주도적 기구로서 역할을 계속하고 있다. PATA의 독특한 조직이 아시아태평양지역의 다양한 관광요소를 결합하는데 기여하고 있다. 약 100개의 정부, 주, 시 관광기구 및 55개의 항공사 및 유람선사를 위한 집중적인 지도와 지원을 하고 있다. 또한 수천명의 관광전문가들이 PATA 헌장에 근거한 세계적인 조직에 가입되어 있다. 동시에 PATA는 회원간의 독특한 동반자 관계를 활용해 지속가능한 성장과 아시아태평양지역의 관광의 가치 및 품질 향상에 노력하고 있다.

2006년 현재 77개국 1,260여개 관광기관 및 업체가 회원으로 가입되어 있으며, 전 세계에 83개 지부가 결성되어 있고 1만 7,000여 지부 회원이 있다.

□ 조직(2007년 현재)

- Chairman
- Officers
- President and CEO : 협회에 비전을 제시하며 회원들을 위해 아시아태평양지역의 관광가치와 성장을 고양하는 각종 활동을 감독한다.
- Board of Directors : 76개 회원 중에서 25개 회원 선발 : 정부, 사업체, 운

송사에서 선출하고 이사회에서 지명한 1개 회원이 추가된다. PATA President and CEO도 참석. 총 80명이 이사회에 참석하며, 매년 2회(4/5월 및 9/10월) PATA Travel Mart와 연계하여 이사회를 개최함.

- STAFF

본사 : 태국 방콕.

해외사무소 :

Oaklnd, California, USA(PATA North America)

Sydney, Australia(PATA Pacific)

Frankfurt, Germany(PATA Europe)

Beijing, China(PATA China)

Dubai, U.A.E.(PATA Gulf Region).

- PATA Travel Mart(PTM)

아시아 태평양지역의 최대관광박람회로서 상담, 문화교류, 사회화의 기회 제공. 매년 개최되며, 2007년은 인도네시아 발리에서 9월 25~28에 개최.

표 12-3 PATA 2007~2008 활동

일 자	행사내용	개최장소
2007. 3. 22~25	World Travel Fair 2007(WTF07)	Shanghai, China(PRC)
2007. 3. 25~29	ASTA Int'l Destination Expo	Jeju Island, Korea ROK
2007. 4. 11	Vacation Ownership Investment Conference	Shanghai, China(PRC)
2007. 4. 19~21	PATA Board of Directors Meeting	Vancouver, Canada
April 22, 2007	PATA AGM	Vancouver, Canada
April 27~29, 2007	Miami Travel Expo	Miami, USA
June 14~16, 2007	Global Hotel Forum	Sanya, China PRC
September 25~28, 2007	PATA Travel Mart 2007	Bali, Indonesia
September 28~30, 2007	PATA Board of Directors Meeting	Bali, Indonesia
November 12~15, 2007	WTM 2007(World Travel Mart)	London, UK
November 16~18, 2007	South Florida Travel Expo	Ft. Lauderdale, USA
September 16~19, 2008	PATA Travel Mart 2008	Hyderabad, India
September 19~21, 2008	PATA Board of Directors Meeting	Hyderabad, India

□ 우리나라의 활동

우리나라에서는 문화관광부, 한국관광공사 등 총 32개 관광 관련 기관 및 업체가 PATA 본부회원으로 가입되어 있으며, 매년 연차총회 및 교역전에 참가하여 세계 여행업계 동향을 파악하고 한국관광 홍보 및 판촉 상담활동을 전개하고 있다. PATA 한국지부에는 총 130개 기관 및 업체가 지부 회원으로 가입되어 있으며 지부 총회 개최, 관광전 참여, 관광정보 제공 등의 활동을 하고 있다.

- 총회 및 이사회 개최 : 1965년, 1979년, 1994년 PATA 총회 및 이사회, 1998년 PATA 이사회, 그리고 2004년 PATA 총회 및 이사회 개최
- 2004년 제주 PATA 총회에서는 제주도를 세계적인 관광지로 부각시키고자 적극적으로 국내·외 홍보를 추진하였으며, 그 결과 PATA 총회 사상 최대인 48개국 2,145명이 참가한 성공적인 행사로 평가받았다
- 2005년 우리나라가 관광포스터와 마케팅부문에서 PATA Gold Awards 수상.

(3) ASTA(American Society of Travel Agents)

ASTA

Dedicated to the Business of Selling Travel

1101 King Street, Ste. 200, Alexandria, VA 22314

□ 역사적 개관 : 세계최대 여행업협회 75년의 투쟁사

2006년은 ASTA 창립 75주년이 되었다. 1931년 4월 20일 미국증기선 및 여행사협회(American Steamship and Tourist Agents Association)라는 이름으로 창립되었다

"1931년 60개 이상의 여행사가 협회에 가입하여 회원상호간의 이해를 증진시키고, 윤리강령을 유지하고, 불공정거래를 중지시키고, 대중의 여행요구를 증진시키며 ASTA 회원사의 이용을 촉진하기 위해 설립되었다고" 회장겸 CEO인 Richard M. Copland는 말하고 있다.

1930년대 증기선 여행의 80~90%를 여행사가 맡았을 때 ASTA는 선사(船社)로 하여금 친여행사정책을 도입할 것을 주장하고 호텔과 철도회사에게 여행사수수료를 지급할 것을 설득했다. 1940년대에는 전쟁 때문에 필수여행을 제외한 모든 일반여행이 사라졌을 때 ASTA는 생존을 위해 투쟁했다.

IATA가 창설된 후 다음 해인 1946년 IATA는 여행사 수수료를 7.5%에서 5%로 낮추었다. 이때도 ASTA는 회원들을 위해 싸웠다. 같은 해 명칭을 현재의 the American Society of Travel Agents로 바꾸었다.

1950년대에 ASTA는 철도수수료에 대한 27년간의 투쟁에서 승리하였다. 1950년대는 가정학습과정(a home study course)을 도입하여 새로운 지평을 열었는데 업계 최초의 기본교육수단이 되었다. 1960년대에는 교육과정에서 큰 진전을 이루었다. 첫 해양학교(first School at Sea)를 열고 7개의 여행스쿨(travel school)을 만들었다. 1968년 존슨대통령이 해외여행을 금지했을 때 ASTA는 역사상 최대의 민중운동을 전개했다.

1970년대에 ASTA는 여러 개의 기구를 만들어 회원들의 이익을 계속 추구했다. ASTA 마케팅 서비스회사(AMSI : ASTA Marketing Services, Inc.)를 보조기구로 설립하여 회원들이 저렴한 요금에 고품격 상품과 서비스를 생산할 수 있도록 하였다. ASTA 정치활동위원회(ASTAPAC : ASTA Political Action Committee)는 정치영역에서의 회원들의 이익을 도모하고 있다. 1970년대에는 또한 Chapter Presidents' Council을 만들었다. 또한 25년만에 항공수수료를 5%에서 7%로 인상하였으나 이는 항공사 규제완화로 끝나버렸다.

1980년대에 교육에 초점을 계속 두었는데, 철도학교(School on Rails), 해양학교(School at Sea), 도로학교(School on the Road) 등이 그것이다.

1990년대 ASTA는 Travel Agent Manual을 발간하였다. 1995년 7개 대형항공사들이 국내선항공권에 대해 50달러의 수수료를 주었다(CAPPED). ASTA는 반트러스트 소송을 제기하여 8천6백만 달러에 해결되었다. 1990년대 말에 수수료는 삭감되거나 5번 변동되었다(CAPPED). 1999년 5개 항공사의 공동웹사이트 개설에 대한 법무부의 조사에 적절히 대응하였다. ASTA는 항공여행자의 권리법안(Air Travelers Bill of Rights)을 발간하고 동 법안의 주요 원칙에 대한 의회의 동의를 받고 또한 Consumer Access To Travel Information Act를 통과시키고 자금지원을 받았다.

2000년에 법률 및 입법 차원에서 여행사를 지원하고 여행대중을 위해 노력하고 있다. 승객권리를 보호하고 항공사 선매권(preemption) 을 종식시키기 위해 여러 개의 법안을 지원하고 의회에 보냈다. ASTA는 또한 여행사에게 공동 대응할 수 있는 권리를 주어 항공사들의 반경쟁적, 약탈적 행동을 개선하도록 하는 법안을 추진하고 있다.

공급자 관계에서도 노력을 계속해왔다. 또한 회원간 대화를 증진시키고 자체 광고 및 PR 등을 시작하거나 개선할 수 있는 수단을 제공하였다. 교육적으로 여러 개의 새로운 프로그램을 실시하고 있는데, 여기에는 모든 ASTA 행사에 무료 또는 할인 특별프로그램, 여행사직원이 평생경험, 산업체 경험, 산업체교육프로그램 등을 이용해 학위를 취득할 수 있는 기회 등이 포함된다.

Copland는 "급변하는 기술과 변화하는 제휴 속에서 ASTA는 회원들과의 관계를 계속 유지하고 있다. 또한 ASTA는 여행객들이 여행을 준비할 때 전문가들과 상담을 통해 더 많은 혜택을 받도록 애쓰고 있다. ASTA와 회원들이 관계를 계속 유지하기 위해 과거에 중점을 둘 것이 아니라 미래고객의 니즈에 중점을 두어야 한다."

매년 미국 내 뿐만 아니라 해외에서 연 1회 순회하면서 개최되던 연차총회 개최방식이 2006년부터 상반기(3~4월) 중 해외에서 개최되는 해외총회(International Destination Expo)와 하반기(9~10월) 중 미국 내에서 개최되는 국내총회(The Trade Show)로 나뉘어 연 2회 개최되는 것으로 변경되었다. (http : //www.astanet.com/)

□ **교육과정 개설(2007년)**

1) Model Agency(MAPI) - 가정학습과정 : ASTA 및 Best Western 주관

(교육내용 및 효과)

- 당신 여행사를 효과적으로 운영하라. 경쟁자보다 유리한 가격을 제공하려면 수입원과 비용구조의 관계를 제대로 이해하라.
- 당신 여행사의 기술과 스테핑의 욕구를 분석하라. 지속적 성장과 재정적 번성의 기회는 현재 시스템으로 통합하는 것이 당신이 생각하는 것보다 쉽다.
- 현실적이고 기회 가능한 서비스와 판매목표를 세우려면 당신 여행사와

벤치마킹 대상여 행사와 비교하라. 목표가 아무리 높더라도 직원들을 훈련하여 독려하라.

- 당신 여행사의 재정적 위치와 미래의 재정적 전략을 결정하라. 당신 여행사의 재정적 위치를 아는 것은 성장에 필수적이다.
- 판매를 신장하고 새로운 사업을 창조하려면 단순한 마케팅전략을 개발하라. 시간과 돈을 더 이상 낭비하지 말라. 작동 가능한 시간을 존중하는 전략을 배워라.
- 당신 여행사의 목표를 세우려면 8~10쪽의 사업계획을 개발하라. 일단의 목표를 가진다면 성공의 초점을 잃지 않을 것이다.

2) Model Agent(MAPII) - 가정학습과정 : ASTA 및 Best Western 주관

(교육내용 및 효과)

- 어떤 사업모델이 당신의 기술에 가장 적합한가를 결정하라.
- 소비자에 대한 당신의 기술을 촉진하라.
- 온라인과 오프라인 모두에서 당신의 판매기술을 증진하라
- 인터넷의 힘을 포용하라.
- 공급자 관계를 잘 이용하라.

3) 중년관광(Mature Adult Travel)

(교육내용 및 효과)

- 중년들은 매우 활동적이다. 의료기술과 운동 프로그램의 발전으로 각 세대마다 50살이 어떻게 행동하는지 다르다. 요즈음 대부분의 중년은 여행에 제한이 없다. 따라서 당신에게 판매할 기회를 준다.
- 중년들은 가처분소득을 가지고 있다. 이들은 평생을 일했고 모아 놓은 돈을 당신이 이 과정에서 제공할 특정 분야의 서비스에 소비할 준비가 되어 있다.
- 중년들은 다른 고객만큼 잘 변한다. 공통점이 하나 있는데 그것은 다음 여행에서 큰 기 대를 한다는 것이다. 그러한 기대를 앞서가는 것은 당신의 판매목표를 가속화하게 될 것이다.
- 중년들은 항상 유람선이나 단체관광을 선호하지는 않는다. 전세계 구석구

석을 여행하는 사람도 많다. 여행전문가로서 그들이 모험적인 꿈을 실현하도록 돕는다면 당신은 이득을 보게 될 것이다.

- 은퇴 공동주거지에 사는 중년들도 역시 여행은 한다. 시간과 돈을 삼키는 크고 부담되는 집을 줄이고 이들은 은퇴자 공동체가 제공하는 단순한 삶을 즐긴다. 이들은 때론 여행을 위한 시간과 재정적 자유를 더 많이 가지기도 한다.
- 노년층들은 가격보다 가치와 편의성을 더 친다. 우리와 꼭 마찬가지로 자기 돈에 적합한 가치를 원한다. 전문적인 여행가치 제공자라면 그들에게 그러한 가치를 제공한다면 보답을 받게 될 것이다.

4) 여행업 마케팅(travel marketing)

(교육내용 및 효과)

- 잠재고객을 찾아 당신 여행사가 최고라고 믿게 하라. 이러한 tried-and-true 마케팅 기술을 얼마나 쉽게 활용할 수 있는지 놀라게 될 것이다.
- 가치있는 고객으로 바꿀 수 있는 잠재적인 고객을 끊임없이 만들어라("constant stream of potential buyers"). 이 말이 좋게 들리지 않는가? 그것을 현실화하라.
- 광고비의 효과를 최대화하라. 광고가 어떻게 효과를 내는지 새로운 수입과 사업의 증대를 통해 학습하라.
- 마케팅의 4P를 이용하라. 4P가 당신의 마케팅전략에 어떻게 활용되는지 학습하라.

5) 틈새여행시장(Niche Travel)

(교육내용 및 효과)

□ 경제적 효과

- 특별 여행상품은 수익성이 있는가. 특히 열정적인 여행사가 현명하게 마케팅하고 패키지화 한다면.
- 특별 여행상품을 구매하는 소비자들은 일반적으로 교육수준이 높고 풍족한가? 그들이 같은 생각을 하는 동료들과 함께 그러한 상품을 사도록 도

와주기만 한다면 당신은 수익을 올릴 수 있다.

- 특별 여행상품의 비용은 다른 주류 상품보다 더 든다. 다양한 활동이 들어 있어서 계획, 가이드, 교육, 장비 등이 필요하다. 각각에 대해 높은 수수료를 책정하라.
- 고객은 그러한 여행의 가치를 안다면 추가 비용을 지급하려 한다. 그러한 여행은 그들의 주요 관심사에 초점을 맞추기 때문에. 큰돈을 쓰려할 것이다.
- 소수 여행업자나 지상수배업자와의 관계를 돈독히 하면 수수료와 보너스가 늘게 된다.

  이것이 바로 여행 파이 중 이러한 작은 조각이 실제로 어디서 수익을 얻게 되는지 보여 주는 것이다.

□ 인적 효과

- 특정 관광지를 전문으로 할 때, 틈새상품 또는 어떤 형태의 여행상품이 강력한 자존심을 가지게 하는 전문성을 당신에게 제공하는가. 고객이 하는 질문에 자신있게 답할 수 있다면 만족스럽다.
- 전문가들은 산업 안팎에서 전문적 능력이 있다는 명성을 개발한다. 당신의 전문적인 명성에 근거하여 다른 사람으로부터 소개를 받아라.
- 조사와 기획에 시간을 적게 쓴다면 전문가로서 당신은 보다 생산적이 될 것이다. 이 모든 것을 이미 알고 있다면 여행옵션을 쳐다볼 필요가 없다.
- 틈새시장에 일단 성공한다면 여행공급자들이 당신을 적극적으로 찾게 될 것이다. 그들이 당신에게 오게 되면 당신은 당신에게 유리하게 협상할 능력을 가지게 된다.

6) 가족여행(family travel)

(교육내용 및 효과)

- 가족여행의 성격 : 정보를 갖고 있다면 판매를 위한 활동계획을 즉각 세울 수 있다.
- 현대 가족에 대한 상세한 내용 : 더 이상 전통가족에 한정하지 말라(엄마, 아빠, 사랑스러운 두 아이), 가족여행은 이제 한 부모 가정, 동거부부,

Brady Bunch 형태의 가족, 다세대 가족 등을 포함한다. 각각 여행 선호가 다르다. 이들 모두에 대해 배워라.

- 단골 가족고객을 유치, 유지하기 위한 효과적인 마케팅 : 가족은 결코 한 번 판매로 끝나지 않는다. 마케팅적 해법이 있으면 가족 중 어린이들이 성장하여 미래의 고객이 될 것이다.
- 가족간 역할의 중요성에 대한 통찰 : 결정과정에 있어 가족은 influencers, gatekeepers, deciders, buyers and users로 나뉜다. 이러한 역할을 이해하면 당신은 우세한 위치에 있게 된다.
- 가족 수명주기의 완벽한 이해 : 최대의 효과를 내기 위해 각 단계에 있어 마케팅전략을 어떻게 적용하느냐를 배워라.
- 주요 心誌法的(psychographic) 자료 : 가족 여행자들은 자신을 어떻게 생각하고 있는가. 그들은 계속적인 변화에 어떻게 반응하는가. 그들의 가치는 어디에 위치해 있는가. 이에 대한 답을 알면 수입 가능성이 증대될 것이다.

이외에도 다음과 같은 교육과정이 있다.

Cuba Travel, USA Travel Expert, North American Rail, Jordan Specialist Course

ASTA 윤리강령(ASTA Code of Ethics) : 회원용 지침

(서 문)

우리는 여행이 그 다양한 형태나 선택적인 면에서 점점 더 중요하고 또한 복잡해지는 세계에 살고 있다. 여행자들은 교통, 숙박 및 다른 부분에서 무수한 대안들에 직면하고 있다.

여행자들은 친절하고 제대로 안내해줄 여행사나 기업에 의존할 수밖에 없다. 모든 ASTA 회원들은 자신의 기업활동을 일정한 틀 속에서 행하고, 여행에서 완전무결의 이상을 추구하며, 다음의 ASTA 윤리강령의 원칙에 따라 행동할 것을 서약한다. 이러한 강령 하에서 일어나는 불평은 ASTA 소비자문제부서(ASTA Consumer Affairs Department)와 함께 문서로 남겨야 한다.

(일반적 책임)

1. 정확성

ASTA 회원들은 자신의 서비스나 대신하는 서비스에 관한 정보를 제공함에 있어 사실 그 대로 그리고 정확해야 한다. 기만적인 관행을 사용하지 않는다.

2. 공개성

ASTA 회원은 경비, 제한사항 그리고 기타 취소수수료 정책 등을 포함하는 조건에 관하여 완벽히 상세한 정보를 제공한다(원할 경우 문서로). 시간, 장소, 기간, 판매의 성격 등 소비자가 여행계약과 관련하여 주의를 요하는 사항에 대해 비용을 지급하기 전에 밝혀야 한다.

3. 대응성

ASTA 회원은 고객의 불평에 즉각 응대해야 한다.

4. 환급

ASTA 회원은 정해진 시간 내에 자체 규정에 의해 논쟁의 여지가 없는 환급을 실시해야 한다. 환급지연의 사유가 있는 경우 환급 요청자에게 즉각 제시되어야 한다.

5. 협조

ASTA 회원은 소비자나 다른 회원을 포함하는 분쟁을 해결하기 위한 ASTA의 요구에 협조해야 한다.

6. 정보보호

ASTA 회원은 부적절하게 획득한 고객명단 또는 종사자의 전 고용주로부터 입수한 비밀정보를 사용해서는 안된다.

7. 기밀유지

ASTA 회원은 모든 고객과의 거래를 비밀로 해야 하며, 법적 요구가 없다면 고객의 허락 없이 어떠한 정보도 노출해서는 안된다.

8. 고객과의 관계

ASTA 회원은 어떤 개인과 자기 회사와의 친분관계를 부정확하게 표현해서는 안된다.

9. 이해의 충돌

ASTA 회원은 공급자와의 우선적 관계를 통해 고객의 이익에 해를 끼치지 않아야 한다.

10. 규정 준수

ASTA 회원은 연방, 주, 지역의 법률 및 규정을 준수해야 한다.

(특별 책임)

1. 통지의무

여행을 주관하는 ASTA 회원은 여정, 서비스, 가격, 내용 등의 변화가 예상되는 경우 대리점에 즉각 통보해야 한다. 주관 여행사가 자체적으로 처리할 수 있는 변화가 있다면 고객은 벌칙없이 취소할 수 있어야 한다.

2. 공급의무

여행을 주관하는 ASTA 회원은 브로슈어나 문서로 언급한 모든 내용물을 공급해야 한다. 또는 동등한 혹은 더 가치있는 대체 서비스를 제공하거나 적절한 보상을 해야 한다.

3. 자격증 대여금지

ASTA 회원은 금전 등을 받고 대리점 자격증을 다른 사람에게 제공해서는 안된다.

특히 자격증 유효기간 내에 회원사를 대신해서 대중에게 여행상품 판매를 성실히 수행할 것으로 기대되지 않는 사람에게. 이 원칙은 ASTA 회원과 관련 기업 및 공동규제를 받는 모든 기업에게 적용된다.

(결 론)

이 윤리강령을 준수함으로써 회원의 자격, 공정거래 및 고도의 청렴성을 유지하게 된다. 준수하지 않는다면 ASTA 규정에 의거 징계조치를 받게 된다. ◀

□ 우리나라의 활동

- 1973년 한국관광공사가 준회원으로 가입, 1979년 ASTA 한국지부 설립.
- 매년 연차총회 및 트레이드쇼에 업계와 공동으로 한국대표단을 파견하여 판촉 및 정보수집활동을 전개하고 있다.
- 1983년에는 총회 및 교역전을 서울에 유치하여 대형 국제회의 개최능력 홍보.

• 2007년 ASTA 제주 해외총회 유치(2007. 3. 25~29).

(4) UFTAA(Universal Federation of Travel Agents Association)

UFTAA는 1966년 11월 22일 이탈리아 로마에서 탄생된 Universal Federation of Travel Agents' Associations에서 나왔다. 처음에는 travel agencies와 tour-operators를 하나의 국제기구로 통합해야 할 필요성을 인식하고, 큰 두 개의 단체인 FIAV와 UOTAA를 합병한 결과였다. UFTAA는 2003년 1월 1일 업무를 개시하였다. 약 100개의 국가별 협회로 구성된 지역연합회를 대표하는 비영리 국제조직이다. 본사는 모나코에 있다.

UFTAA는 여행업과 관광산업을 대표하는 세계적 단체이다. 인바운드와 아웃바운드 모두에서 Travel Agents와 Tour Operators 효과적으로 대표하고 있다. 또한 국제기구와의 끊임없는 대화와 협의를 갖고 있다. 몇가지 예를 들면 다음과 같다.

the International Air Transport Association(IATA),

the International Hotel and Restaurant Association(IH&RA)

the International Union of Railways(IUR),

the International Road Union(IRU),

the International Chamber of Commerce(ICC)

UFTAA는 UN/NGO/ECOSOC(UN Economic and Social Council)에 자문적 지위를 가지고 있으며, 지속가능 및 책임관광 부분에서는 UNESCO, WHO와 같은 다른 국제기구와 긴밀히 협력하고 있다. UFTAA는 세계관광기구(WTO)와 동기구의 비즈니스위원회(WTOBC : Business Council)의 준회원이다. (www.uftaa.org)

(5) 세계여행사협회(WATA : World Association of Travel Agencies)

1949년 5월 5일 프랑스, 이탈리아, 벨기에, 스위스 등에서 온 8명의 전문 여행업자들이 제네바에 모여 국제관광의 조직화를 증진하고 실현하기 위해 국제조직을 창설하기로 하였다. 초대 회장인 프랑스인 Mr Daniel V. DEDINA의 지도아래 WATA를 세계적 조직으로 법제화하기 시작했다. 발기인회의 상세한 내용을 보면 이 단체의 에너지 넘치는 사람들의 가슴과 정신을 채워준 낙관주의를 느낄 수 있다. 이들은 전후 이동불능의 좌절스런 경험을 한 후 스릴 넘치고 번성하는 미래를 기대하였다.

그들이 마음속에 가지고 있었던 것은 무엇인가. 네트워킹이다. 나에게 찾아온 당신의 고객을 당신에게 보내고, 당신 역시 나의 고객을 나에게 보낸다. 우리의 선조들은 이러한 가정을 가지고 일을 했다. 즉, 그들 각각은 인・아웃바운드 업무를 하였으므로 외국에 신뢰할 만한 파트너를 가지는 것은 필요하다. 네트워크는 잘 작동되었고 사업교류도 번성하였다. WATA는 이제 그 우수성과 업적에서 명성을 얻고 있다. 본사는 스위스 GLAND에 있다.

(http : //www.wata.net)

(6) 국제유스호스텔연합(IYHF : International Youth Hostel Federation) Hostelling International

비영리 회원조직이며 자랑스런 역사와 철학을 가지고 있다. 전세계 80개국 90개 이상의 유스호스텔협회(4000개 이상의 호스텔 운영)로 구성. 수용시설의 수준이나 다양성에서 필적할 단체는 없다고 주장. HI 유스호스텔은 재미있고, 생생한 만남의 장소이며, 마음이 통하는 사람들의 공간이다. 본사는 영국

Welwyn Garden City 에 있다.
(http : //www.iyhf.org 또는 www.hihostels.com)

① 역사, 활동, 미래

□ 사명

전세계 모든 도시지역의 문화적 가치에 대한 이해와 지역에 대한 지식, 사랑, 관심을 증진시켜 모든 국가의 모든 젊은이의 교육을 진흥하기 위함. 특히, 재원이 부족한 젊은이들을 위해. 부차적으로는 인종, 국적, 피부색깔, 종교, 성, 사회계층, 정치적 견해 등에서 차별이 없는 호스텔과 수용시설을 제공함. 이로써 자국과 외국에서 동료들 간의 이해를 높이게 한다. (IYHF 헌장 제2조)

□ 창립자 Richard Schirrmann

처음에는 경제가 어려운 젊은이들이 전세계의 도시와 지역을 경험할 수 있게 도와주기 위함이었음, 현재 호스텔은 폭넓은 연령층에서 국제관광의 중심에 있다. 호스텔업은 매년 전세계 여행수입에서 14억 달러의 기여를 하고 있다.

1909년 독일 교사 Richard Schirrmann과 그의 학생들의 여행에서 탄생한 이래 전세계에서 가장 규모가 큰 국제회원 조직이 되었으며 현재 약 3백만명이 가입되어 기본정신을 이어가고 있다.

□ 호스텔링의 세계적 성장

현재 80개국 4,000여개 호스텔에서 연간 3,500만 숙박일을 제공하고 있으며 사전 온라인 예약이 필요하다. 오늘날 호스텔 이용자들은 30대가 대부분이며 자동차로 가족을 데리고 오며, 때론 배낭을 메고 걸어서 혼자 오기도 하고, 학교 단체로 오기도 한다. 호스텔링 그 자체가 끝이 아니다. 모든 연령층이 호스텔을 문화적 경험과 자연의 이해를 위한 관문으로 여긴다. 호스텔링을 둘러싼 경제, 사회, 정치적 환경이 지난 세기 동안 극적으로 바뀌었다. 호스텔 운동은 유럽의 중심에서부터 확산되어 전세계를 포용하고 과거보다 더 많은 돈과 시간과 기동력을 가진 현대의 젊은이들의 기대를 충족시키고 있다.

□ 호스텔링과 젊은이들

호스텔 망은 국적, 문화, 사회적 배경이 서로 다른 젊은이들로 하여금 비공식적으로 만나고, 경험을 공유하고, 자신과 상대방 그리고 환경을 배울 수 있게 한다. 또한 현재의 문제에 대한 국제적 이해를 크게 넓힌다. 또한 젊은이들을 국제시장에서 미래의 인적자원으로 개발하는데 기본적이고 비공식적인 역할을 수행한다.

호스텔환경은 사회적 이해와 공동체 속의 삶의 중요성을 진작시키며, 나아가 다른 상황에서 경험한 데서 기인하는 자기훈련 기술을 개발하여 개인적 결정을 하고 그러한 결정에서 무언가를 배우게 된다.

젊은이들은 지구상의 환경적 관심의 선봉이 되어 우리들의 동참을 기대하고 있다. 유스호스텔 운동이 계속 활성화된다면 우리 모두 그들의 기대치에 미칠 것이다. 그리고 새로운 세대가 태어나고 오늘날의 젊은이들이 미래의 호스텔링 가족이 되면 이 사업은 계속될 것이다.

ㅁ 호스텔의 발전

Hostelling International은 전세계 유스호스텔 협회의 성장과 효과성을 촉진하고 있다.

우리의 임무는 새로운 지역으로 조직망을 확대하여 모든 곳에서 동일한 실무와 수준높은 기준을 수립하고, 국제 촉진과 협동적 활동을 통해 호스텔링 윤리를 자극하려는 것이다. 우리 활동으로 발생하는 모든 수입은 재투자되어 가장 수익성이 높은 호스텔이 재정적으로 대안이 없는 오지에 있는 호스텔의 유지를 돕게 된다. 영업잉여금은 육체적 지적활동을 촉진하고 또한 호스텔이용자 사이에 환경에 관한 일반적인 이해를 증진시키는데 사용된다.

이러한 노력을 통해 HI는 이 세상을 젊은이들에게 열어 현재의 욕구에 계속 적응할 수 있는 서비스를 계속 확보하게 된다. HI 라는 명칭과 푸른 삼각형사인은 전세계를 통해 양질의 저렴한 숙박시설이라는 것과 동일시하게 된다. 우리는 품질보장프로그램(quality budget programme)을 실시하여 국제표준에 적합한 호스텔만 이러한 심벌을 사용하고 국제안내에 보이도록 하고 있다.

새로운 호스텔의 발전, 기존 호스텔의 레노베이션 그리고 최신 디자인 :

소규모 기숙사 및 가족실(연결시설), 넓은 리셉션실(접대시설 확충), 회의, 식사, 휴식을 위한 매력적인 공유공간.

독일의 성, 맨하탄 브라운스톤 또는 온타리오의 통나무집 등 유스호스텔은 모든 형태와 크기가 있어 해당 국가의 특징을 반영하고 있다. 새로운 건물도 있고 변형한 것도 있다. 20개에서 600개까지 다양하다. 이들 시설은 집에서 떨어져 있거나, 호수가, 해변가, 산중, 도심지에 있는 또 하나의 집이다. 어떤 것이든 유스호스텔은 오늘날 관광의 중심에 있다.

□ 미래

HI는 전세계 정부 및 자원기관과 함께 세계여행을 열기 위해 활동하고 있다. 우리 모두는 가장 넓은 의미에서 교육을 장려하며 모든 이로 하여금 가장 만족스런 방법으로 새로운 문화를 경험할 수 있게 한다.

상업조직도 또한 역할을 하고 또한 우리들의 理想의 혜택을 거두어 간다. 기업파트너가 되고 우리의 일을 도움으로써 기본원칙에 대한 타협과 목표에 대한 시각을 잃지 않은 채로 계속적인 성공의 청사진을 개발하도록 우리를 도운다.

현대 세계에서 젊은이에 대한 수요는 매일 증가하고 있다. IYHF의 목표를 추구하는 것은 지금보다 더 중요한 적이 없었고 목표달성을 위해 더 좋은 시기가 없었다. IYHF는 독특한 구조, 철학 그리고 협력업체, 정부, 젊은이들의 지원으로 이상적으로 운영되고 있으며 이 세상을 젊은이들에게 열어 놓기 위해 노력한다.

② 평화와 국제이해를 위한 유스호스텔링

HI는 UN의 "평화의 문화를 위한 10년(Decade for a Culture of Peace)"을 지지하면서 유스호스텔을 통해 사람들을 교육하고 평화를 증진시키기 위해 활동하고 있다.

전세계 HI 유스호스텔에서 당신은 서로 다른 문화, 배경, 경험을 가진 사람들을 만나게 된다. HI 유스호스텔은 교육 및 더 평화로운 세계 건설을 위한 풍부한 자산이다.

"평화와 국제이해를 위한 유스호스텔링"이라는 캠페인은 HI의 환경헌장을 포함하고 있다. 이는 전세계의 제한된 자연자원을 보다 효율적으로 이용하도록 교육하고 있다.

2003년 9월 HI는 UNESCO와 함께 전세계 모든 사람들 사이의 평화와 이해를 증진하기 위하여 첫 국제자원봉사 프로그램을 진행했다. 봉사자들은 전세계 11개 평화교육센터(Centres)에서 평화대사(Ambassadors of Peace) 3개월의 임무를 완수했다.

이 프로그램은 2004년 "Colours of Asia"라는 평화를 위한 청소년축제에서 절정을 이루었다. 이 축제는 평화, 문화, 환경에 대해 배우기 위해 27개국의 345명의 젊은이들이 참석했다. 워크숍, 토론 등 프로그램에서 젊은 참석자들은 전세계 평화의 문제에 대한 해결책을 찾아내고자 애썼다. 결론적으로 이들은 서울선언 및 결의(Seoul Declaration and Resolution)라는 목표를 창조하고 거기에 따라 살기로 하였다.

2004 서울선언(Seoul Declaration)

2004 IYHF/UNESCO 평화를 위한 청년축제(Youth Festival for Peace)에 참석한 우리는 평화문제에 대해 근원적인 해결책을 찾기 위해 모여 노력하였으며 다음과 같이 행동하기로 총체적인 합의에 이르러 다음과 같이 선언한다.

- 능력, 성, 연령, 인종에 관계없이 모든 사람을 위한 권리를 신장하여 차별과 불평등에 투쟁하여 사람들로 하여금 이러한 권리를 인식하고 충족시킬 수 있게 한다.
- 젊은이들이 미래의 더 나은 세상을 정의하는데 능동적으로 동참하도록 독려하기 위해 젊은이들 사이에 상호 인식과 이해를 증대시킨다.
- 삶의 질을 떨어뜨리지 않고 환경의 피해를 최소화하기 위해 개인차원에서 보다 환경친화적이고 지속가능한 삶의 방식으로의 변화를 추구한다.
- 상이한 신념과 관련 관행 사이에서 상호 이행와 존중을 증진한다.
- 전세계 유스호스텔 조직이 갈등에 있어 중립적이고, 평화로운 해결책을 진단하고, 지지하며 참가하도록 독려한다.

2004 평화를 위한 청년축제에 참가한 우리들은 이 선언과 다음 결의에서 언급한 목표를 향해 공동으로 참여하고 활동하기를 서약합니다.

(결의)

서울에 모인 27개국 345명의 우리 젊은이들은 만나 평화, 문화 그리고 환경에 관해 배울 수 있는 기회를 준데 대해 the IYHF and UNESCO에 감사한다.

절음이로서 우리는 지구의 평화와 이해를 지지하는 특별한 활동을 각자 수행해왔다. 활동의 관점에서 우리는 위원장에게 다음과 같이 제안한다.

- 2년마다 열리는 IYHF 회의의 사전모임으로 이러한 축제를 정기화하도록 승인해 줄 것.
- 모든 회원 협회들이 모든 수준의 조직에서 젊은이들과 함께 평화와 국제이해의 주제를 위해 능동적으로 활동하도록 촉구한다.
- HI의 4400개 회원 유스호스텔을 통해 젊은이들이 이 속에서 다른 젊은이들과 함께 활동할 수 있는 공간(조치)의 설립이 필요하다.
- 청년 축제는 국가차원이나 국제적 차원에서 모든 대륙에서 IYHF의 지원을 받는 영구적인 행사가 되어야 한다.
- 청년축제와 그 이념은 IYHF 마케팅의 일부분이며 판촉물속에서 제시되어야 한다.
- 전세계 호스테링의 이념을 강화하기 위해 호스텔 사이의 자매결연, 스탭 및 구성원교환 시스템을 실시해야 한다.
- 청년대사제도(youth ambassador scheme)의 개발이 필요하다. 이들이 청년차원에서 각 국가를 대표하게 된다. 예외적인 경우에 IYHF는 이러한 대사와 세계적인 망을 이용하여 갈등의 경우 평화를 권장하게 된다. 예를 들어 분쟁지역에서 온 대사들은 평화와 단결의 정신에서 중립국에서 만날 수 있다.
- UNESCO 및 IYHF의 관계는 고양되고 확대되어 국제사면위원회(Amnesty International)와 같은 동종 조직을 포함해야 한다.
- UNESO와 IYHF의 관계는 청년위원회 형성에 활용되어야 한다. 이 위원회는 예를 들면 전세계 여성의 권리증진과 같은 특정 주제에 초점을 둔다.
- IYHF, UNESCO, 유스호스텔의 기존 및 미래의 정보와 축제간행물은 전세계 언어로 폭넓게 번역되어야 한다.
- 전국유스호스텔 협회 및 지역 유스호스텔의 수준 내에서 환경 및 사회 캠페인의 개발이 이루어져야 하며 이러한 캠페인은 지속가능한 방법으로 실행되어야 한다.
- 유스호스텔 스탭은 호스텔링 지역간의 이해를 증진하기 위해 평화와 국제이해의 문제에 대해 훈련을 받아야 한다.

- 평화 및 환경상을 설립하여 보다 나은 세상을 만드는데 기여한 특별한 사람에게 수여한다.
- 국제평화 및 이해장학금(International Peace and Understanding Scholarships)을 만들어 평화의 메시지를 확산한 공이 있는 사람에게 제공한다.
- 청년평화축제의 정신을 추구하고 전국적 협회와 연결하며 모든 수준에서의 폭넓은 참여활동을 권장하기 위해 IYHF 웹사이트를 통한 통신망을 수립한다.
- 모니터링 위원회를 만들어 이 선언이 실현되고 청년평화축제가 계속되도록 한다. ◀

표 12-3 HI 평화학습센터(Learning Centres for Peace)

국가	센터명칭	국가	센터명칭
Australia	Blue Mountains YH	Italy	Assisi YH
Brazil	Rio de Janeiro YH	Japan	Hiroshima YH
Costa Rica	Toruma YH	Northern Ireland	Enniskillen YH
France	Verdun YH	Tunisia	Rimel YH
Germany	Dachau YH	USA	New York YH
Israel	Peki'in YH		

③ 유스호스텔링과 유네스코(Youth Hostelling + UNESCO)

전쟁이 인간의 마음에서 시작되기 때문에 평화를 방어하는 것도 인간의 마음에서 만들어진다. (Since wars begin in the minds of men, it is in the minds of men that the defences of peace must be constructed.)

UNESCO의 목표는 교육, 과학, 문화 통신을 통하여 국가 사이의 협력을 증진함으로써 전세계의 평화와 안전에 기여하는 것이다. HI는 UNESCO와 협력하여 평화 및 국제이해캠페인을 위한 유스호스텔링을 통해 이러한 목적을 실현하고자 한다. (www.unesco.org)

UNESCO 청년분과는 청년활동에 협력하는데 UNESCO의 목표를 달성하는데 있어서 젊은이들의 역할을 이해하고 있다. 주요 활동은 2년마다 열리는 청년포럼이다. 2005 청년포럼은 파리 UNESCO 본부에서 9월 30일~10월 2일 기간에 열렸다. 이는 전세계 젊은이들의 목소리를 들을 수 있는 유일한 기회이며 UNESCO 총회의 중요한 부분이다.

2005 포럼의 주제, "젊은이와 문화, 문명, 민족간의 대화" - 교육, 과학, 문화 및 통신에서의 행동을 위한 "理想"은 UNESCO가 젊은이 프로그램을 개발하고 젊은이들의 진취적 기상을 능동적으로 지원하기 위한 파트너십을 만들려는 의욕을 반영하고 있다.

129개국에서 온 대표들이 청년을 위한 중요 문제들을 논의하였다.

- 모두 다르며 모두 독특하다 : 대화를 통한 문화적 다양성을 알린다.
- 미래에 대한 안전장치 : 지속가능한 개발을 위한 대화실현
- 함께 사는 법 배우기 : 평화와 화해의 대화 촉진

④ 유스호스텔링과 유럽유스텔협회연합(EUFED) (European Union Federation of Youth Hostel Association)

유럽유스텔협회연합(EUFED)의 역할은 EU기구(주로, European Commission and the European Parliament)로부터의 재정적 · 정치적 지원을 하는 것인데, 이를 통해 유스호스텔협회, 회원, 방문객으로 참여하는데 대한 편익제공을 확대한다. EUFED는 협회간의 협력을 증진한다. 특히 European Voluntary Service와 같은 젊은이들에게 도움이 되는 프로젝트와 프로그램에 EU가 자금을 지원한 경우.

현재 15개국의 17개 유스호스텔 협회가 EUFED의 정식회원이다.

국가	협회명	국가	협회명
Austria	ÖJHV, ÖJHW	Hungary	HYHA
Belgium	Flanders - VJH Wallonia - LAJ	Ireland(Republic)	An Óige
Denmark	DANHOSTEL	Italy	AIG
England & Wales	YHA	Luxembourg	CAJL
France	FUAJ	Netherlands	Stayokay
Germany	DJH	Portugal	MOVIJOVEM
Slovenia	PZS	Scotland	SYHA
		spain	REAJ

* Croatia(HFHS), Romania(AYHR) and Switzerland(SJH) 는 EUFED의 준회원이다.
위의 유스호스텔협회는 유럽에서 1,800개 이상의 유스호스텔을 운영하며 연간 2,300만 오버나이트가 이루어진다. (www.eufed.org)

(7) FIYTO(Federation of International Youth Travel Organization : 세계청소년여행기구연맹)

FIYTO은 세계청소년여행기구연맹으로 1950년 프랑스 Cannes에서 설립되었으며, 전 세계의 젊은이들의 문화적 · 교육적 · 사회적 여행을 촉진하고 상호이해 증진에 기여하려는 비영리단체로 2005년 현재 80개국의 450여개의 회원사(기관)로 구성되어 있다.

FIYTO는 덴마크 코펜하겐에 사무국을 두고 있으며 젊은이 및 학생 대상 여행업계 및 정부기관협회회의인 WYSTC(World Youth and Student Travel Conference)라는 세계청소년 및 학생여행총회를 ISTC(International Student Travel Confederation)와 공동으로 매년 개최하고 있다. 2005년 FIYTO 총회에서는 ISTC와의 합병이 만장일치로 가결되어 앞으로 본격적인 합병작업에 들어갈 것으로 보인다.

한국관광공사는 2002년부터 WYSTC 총회에 참가하여 판촉 및 정보수집 활동을 전개하고 있으며 청소년시장 개척을 위하여 지자체와 관련업계와의 협력활동을 강화하고 WYSTC 총회 유치를 위해 지속적인 유치활동을 전개해 나갈 계획이다.

(8) IHRA(International Hotel & Restaurant Association)

1946년 설립되어 전세계 환대산업을 대표하는 유일한 비즈니스 조직으로 비영리단체이다. 회원은 전세계 국가별 호텔 및 식당협회, 약 50개에 달하는 호텔 및 식당체인이다. UN에 의해 공식적으로 인정받아 업계를 대표해 모든 국제기구를 모니터하고 로비한다. 전세계적으로 30만 개의 호텔, 8백만 개의 식당, 6천만명의 종사원, 9,500억 달러의 경제효과를 자랑한다. 본부는 프랑스 파리에 있다. (http : //www.ih-ra.com)

조직은 총회와 이사회가 주도하고 집행위원회(executive committee)와 이사회가 있다.

□ 집행위원회(executive committee)

President, Vice President Hotels, Vice President Restaurants Treasurer, Director General

□ 이사회 구성(board of directors)

Regional Vice President Europe
Regional Vice President Asia-Pacific
Regional Vice President Middle-East
National Association Representatives
Chains Council Representatives
Worldwide Partners Representatives
Independent Operators Representative

(9) 국제항공운송협회(IATA : International Air Transport Association)

① 사 명

IATA는 항공운송산업의 편에 서 있다. 한공운송은 세계에서 가장 역동적인 산업 중의 하나이다. IATA는 항공운송의 세계적 조직으로 60년의 역사를 가지고 있다. IATA는 세계적인 산업으로 키울 상업표준을 개발하였다. 오늘날 IATA의 임무는 항공운송산업을 대표하고 이끌며 도와주는 것이다.

회원은 전세계 유수한 항공사 250개이며 이들이 전세계 국제정기운송의 94%를 맡고 있다. 본부는 캐나다 몬트리올에, 집행부 사무실은 스위스 제네바에 있다. (http : //www.iata.org)

■ IATA는 정책결정자들 간에 이 산업에 대한 이해를 증진시키고 항공산업이 국가 및 세계경제에 가져올 혜택에 대한 인식을 높이고자 한다. 전세계 항공사들의 이익을 위해 싸우고, 불합리한 규정과 요금에 도전하며, 규제기구나 정부를 고려하며, 합리적인 규제를 위해 노력한다.

■ IATA의 목표는 항공사들이 스스로 과정을 단순화하고 고객의 편의를 증진하는 한편, 비용은 줄이고 효율은 높이는데 도움을 주려한다. 그 시발점으로 "simplifying the business" 프로그램이 매우 중요하다. 안전은 IATA의 최우선 과제이며, IATA의 목표는 안전의 기준을 계속 높이는 것인데, 이는 IATA's Operational Safety Audit(IOSA) 프로그램를 통해 가능하다. 다른 목표는 항공수송의 환경에 대한 영향을 최소화하는 것이다.

■ IATA는 사람과 화물이 마치 하나의 항공사에 의해 한 나라 내에 있는 것처럼 전세계 항공망을 움직일 수 있게 하고자 한다. 게다가 폭넓은 상품과 전문적인 서비스를 가진 모든 산업 관여자들에게 필수적인 전문적인 지원, 즉 출판, 훈련, 자문 등을 제공한다. IATA의 재정시스템은 항공사와 관광산업이 수입을 극대화하는 데 도와준다.

이용자를 위해 IATA는 여행 및 선적절차를 단순화하는 한편 비용은 낮추려한다. 승객은 여러 나라의 여러 항공사에 예약하고, 지불하고, 항공권을 사용하는데 있어서 한번의 전화로 가능하다. IATA는 항공사들이 분명히 규정된 규정 하에서 안전하고 효율적으로 경제적으로 운항하도록 한다. IATA는 항공사와 승객 및 화물대리점 사이에서 중립적으로 적용된 대리점 서비스표준과 집중화된 재정시스템을 통해 매개체 역할을 한다.

IATA에 의해 집결된 산업공급자와 서비스제공자들의 거대한 망이 항공사에게 다양한 해법을 제공하는데 전문가적인 도움을 제공한다. 정부를 위해 IATA는 정부에게 훌륭하고 장기적인 결정을 보장하기 위해 항공산업의 복잡성에 대해 정보를 잘 제공하고 있다고 확신시키고 있다.

② 조 직

- 총재(Director General)
- CEO(Chief Executive Officer)
  Human Capital, Legal Services, Information Technology Services, Audit Services Corporate Secretary, Communications, Chief Economist
- 주요 국(division)
  Corporate Services
  Industry Distribution and Financial Services

Marketing and Commercial Services
Member and Government Relations
Safety, Operations and Infrastructure

③ IATA 2007년 산업우선(보호)정책

■ 안전

회원항공사의 95%가 2007년 12월 31일까지 IATA 운항안전심사(IOSA : IATA Operational Safety Audit)를 받았음. IATA 운항안전심사(IOSA : IATA Operational Safety Audit)는 항공사의 운항관리 및 통제시스템을 평가하기위해 국제적으로 인정된 평가시스템이다. IOSA는 국제적으로 인정된 품질심사원칙을 이용하며 심사가 표준화되고 일관된 방법으로 이루어지도록 하고 있다.

■ 업무의 간편화(단순화)

• 2007년 말까지 IATA BSP로 100% E-ticketing

이-티케팅은 비용절감과 여객편의 증진에 가장 중요한 기회가 된다. 발권비용을 줄이고 종이 수요를 없애고, 여객과 여행사로 하여금 여정변경에 있어 융통성을 갖게 해준다. 200년 5월 31일까지 100% 이-테킷이 이루어지면 매년 업계에 30억달러 비용절감이 있게 된다.

• 2007년 말까지 80개 항공사가 2D bar-code 가능토록 함.(보딩페스)

바코드를 이용한 보딩패스(Bar coded boarding passes)

이것은 IATA의 산업표준 2D 바코드를 사용하여 항공사 환승여행에 활용하며 2007년 말로 구상되어 있는 100% 이-티켓팅으로의 전환에 도움을 준다. 바코드 보딩패스를 이용하면 고객이 가정프린트기에서 직접 보딩패스를 출력하게 되고 또한 공동 셀프 키오스크(kiosk)에서 체크인하여 곧장 게이트로 갈 수 있게 되어 신속하고 편리한 체크인이 가능하게 된다. ◀

• 2007년 말까지 70개 공항에 CUSS(공동이용 셀프서비스) 제공.

공동이용 셀프-서비스(CUSS : Common use self-service) 이것은 편리한

체크인을 위해 키로스크를 공동으로 사용는 것인데, 여러 개의 항공사가 각자의 작업을 동시에 수행할 수 있다. 키오스크가 공항전역에 설치되기 때문에 혼잡이 감소되고 승객의 흐름이 좋아진다.

- 5개의 e-freight 조종사 프로젝트를 시작하여 완료.

IATA e-freight

2004년 시작되었으며 항공화물 선적에 필요한 서류를 작성하고 이송하는 필요성을 없애도록 하는 것으로 보다 단순하고, 전산업에 사용되고 전자식의 무서류 환경을 조성한다. IATA e-freight가 전체 화물공급망에 영향을 줌으로써, Industry Action Group이 형성되었는데, 여기에는 항공사, 화물운송업자(협회인 Freight Forward International를 대표하는), World Customs Organization 등이 포함된다. IATA와 함께 이 그룹은 산업계의 주류와 결합하여 이 사업이 진척될 수 있도록 도와준다. ◀

■ 재정

- 세금, 요금, 연료비 등에서 15억 달러 절감(8억달러의 실질비용 감소)
- IATA 규정에 부합하는 공항세에 대한 EC 지침 초안 작성 - 6개의 BSP와 CASS 시동.

Billing and Settlement Plan(BSP)

BSP는 IATARK 인정한 여객판매대리점의 판매, 보고, 송금절차를 단순화, 용이화하려는 것이다. 동시에 이것은 BSP 항고사의 재정관리 및 현금의 흐름을 증진하게 된다.

항공사와 대리점의 결제업무를 용이하게 하려는 세계적 프로그램으로 150개 국에서 실시되고 있고, 전세계 항공사 수입의 80%이상이 BSP 시스템을 통한 IATA 대리점에서 발권되고 있다.

(BSP의 이점)

□ 단순화 : 대리점은 하나의 판매보고서를 만들고 중앙처리부서에 한번만 송금한다.

항공사는 모든 대리점을 포함하는 한번의 결재를 받는다.
STDs(Neutral Standard Traffic Documents)로 항공권 재고를 대신한다.
대리점의 판매보고는 자동 생성된다.

□ 경비절약 : 결재 및 수금에 있어 필요한 자원이 감소된다.
중립적인 STDs와 표준행정절차를 이용하여 항공사와 대리점의 인쇄작업이 줄어든다.
결재보고의 전자보고, BSP LINK를 통해 debit/credit memos(ADMs/ACMs)를 생성한다.

□ 관리능력 향상 : 집중화와 단체화로 재정관리 능력 향상
BSP 관리하에서 STDs의 저장, 배포, 발행, 보고
확실한 서류의 흐름으로 품질향상 가속화 가능
중립기구에 의해 전체적인 과정 모니터링

□ BSP 참여
항공사 : IATA 회원 및 비회원 항공사 모두에게 개방
여행사 : BSP 승인받은 IATA 여행사는 자동적으로 자격 획득. 어느 국가에 새로운 BSP 가 시작되면 모든 대리점은 IATA에 고지하고 참가 초청을 받게 된다.
General Sales Agents(GSAs) and Airport Handling Agents(AHA) : 그들이 대표하는 항공사에 의해 지명되면 참여가능 ◀

항공화물 결제시스템(CASS : Cargo Accounts Settlement Systems)

CASS는 항공사와 화물운송업자 간의 결재를 단순화하기 위해 고안된 것으로 CASSlink를 통해 이루어지며, 전세계적으로 WEB에 의해 실현되는 첨단 전자결재 시스템이다.

□ CASS 이점
- 항공사의 전통적인 서류중심의 인보이스 발급
- 대리점의 인보이스 수작업 처리
- 판매수입 절차의 매끄러운 인보이스 작업 및 접수

- 중립적인 결재사무소
- CASSlink의 웹 적용으로 중앙에서 또는 각 현장에서 들어오는 자료를 관리하는 데 융통성이 보장됨.
- 전자처리 및 보고 덕분으로 전달할 인보이스의 손실 및 전달실패의 가능성 제거
- 자금처리 가능성이 실제로 100%이기 때문에 재정관리 능력이 향상되고 자금흐름이 용이해진다.

□ CASS 실시

2개 이상의 항공사 및 화물운송업자만 있다면 어디서도 CASS를 운영할 수 있다. IATA는 시장평가를 실시하는데 참여가능자, 운영실제, 운영비용 등을 확인한다. 따라서 실시여부는 해당시장의 항공사들의 참여결정과 운영비의 부담 여부에 달려 있다.

□ 참여와 비용

IATA 인정 대리점은 무료로 CASS 참여 가능하다. IATA 비회원 및 다른 중개업자는 해당지역에서 결정한 회비로 참여가능. 모든 항고공사는 참여자격이 있다. 참가비는 IATA 회원은 2,500달러, 비회원은 3,500달러이다. 기타 모든 비용은 각 항공사의 운송량에 따라 공평하게 부담된다. 모든 비용은 항공사의 동의 하에 결정되기 때문에 비용의 투명성이 보장된다. ◀

■ 영업

- 영업효율성, 새로운 노선 및 하부구조 향상을 통해 15억달러 절감
- PNR(Passenger Name Record) 구성요건 절충 : 여객안전절차 효율성의 측정 및 개선

■ 환경

- 기후변화에대한 업계의 입장에 대해 ICAO의 지지 확보
- 항공운송의 공공적 입장을 강화하기 위해, 유럽에서 처음으로 주요 커뮤니케이션 캠페인 시작.

(10) AACVB

AACVB(Asian Association of Convention & Visitor Bureaus)는 아시아지역 국제회의 전문기관 및 관련업체의 협력체제 구축을 위해 한국, 싱가포르 등 아시아지역 10개국 NTO가 주축이 되어 1983년 설립된 기구로서 현재는 15개국 47개 기관이 회원으로 가입하여 활동하고 있다. 주요 활동으로는 국제회의 전문전시회 참가를 통한 공동유치활동 전개, 회원국 공동광고, 전문성 제고를 위한 교육세미나 개최 등이 있으며, 우리나라는 상임이사국으로 1986년 연차총회, 1990년 운영회의, 1996년 연차총회를 개최하는 등 한국의 국제회의 유치 및 마케팅활동을 위한 회원국간 공조체계를 강화해 나가고 있다. 한국관광공사는 2004년 4월 AACVB 회장국으로 선임되었다.

(11) ICCA

ICCA(International Congress & Convention Association)는 국제회의 산업의 발상지인 구주 중심의 범세계적 국제회의 관련기구로서 1963년도에 설립되어 현재 80개국 750여 단체가 회원으로 가입하여 활동하고 있으며, 본부는 네덜란드에 소재하고 있다. 주요 활동으로는 국제회의와 관련한 각종 정보를 수집 · 분석하여 회원들에게 배포하고 있으며, 국제회의 유치 및 운영 관련 전문프로그램을 실시하는 한편, 많은 종류의 국제회의 산업분야 책자를 발간하고 있다. 우리나라에서는 2006년 6월 기준 한국관광공사 등 14개 기관이 가입하여 활동 중에 있으며, 2003년 10월 26~29일에는 제7차 ICCA 총회 및 전시회가 부산에서 개최되었다.

(12) IACVB(International Association of Convention and Visitors Bureau)

DMAI(Destination Marketing Association International) 는 1941년 회의, 컨밴션, 관광의 유치 및 서비스제공에 있어서 실무를 보다 전문적으로 증진하기 위해 IACVB(International Association of Convention and Visitors Bureau)로 탄생했다. 오늘날 DMAI는 회원들에게 교육자료와 네트워킹의 기회를 제공하고, 일반인에게는 CVB산업에 대한 정보를 제공하고 있다. 본사는 미국 워싱턴에 있다. (www.iacvb.org)

(13) ICCA(International Congress and Convention Association)

사명 : 회의산업을 위한 세계적 단체로 회원들에게 매우 경쟁력있는 이득을 창출하도록 협조한다.

전세계 80여개국이 회원으로 가입하고 있는 국제회의산업의 공급자 네트워크이다. 국제회의에 양질의 상품과 서비스를 제공하려는 전략적인 업무를 가지고 있는 모든 기업과 조직은 ICCA를 장기계획의 한 부분으로 고려해야 할 것이다.

국제회의 기획자는 모든 이벤트행사에서 해법을 찾으려면 ICCA 네트워크에서 가능할 것이다. 장소수배, 기술지도, 수송협조, 전체적인 회의기획 및 이에 수반되는 서비스 등. ICCA 회원들은 전세계 유명관광지 및 가장 경험이 많은 전문가 공급자를 대표하고 있다.

본사는 네덜란드 암스테르담에 있다. (http : //www.iccaworld.com)

(14) TTRA(Travel and Tourism Research Association)

(주요 역할)

- 연구노력을 지원하기 위해 수많은 정보원에 대한 접근을 용이하게 한다.
- 출판, 회의, 네트워킹을 통해 조사, 마케팅, 기획기법을 회원들에게 교육한다.
- 뛰어난 프로그램을 통해 전문적인 개발을 장려하고 조사, 마케팅의 우수성을 인정한다.
- 산업전반에서 당신과 함께 할 사람들을 접촉할 기회를 만든다.
- 고등교육기관에서 관광연구 및 이와 관련된 커리큘럼의 개발을 촉진한다.
- 관광산업에서 전문적인 조사의 개발 및 응용을 촉진한다(www.ttra.com).

(15) 세계여가레크레이션협회(WLRA : World Leisure and Recreation Association)

1952년 설립된 세계적인 비정부협회로서 레저가 인간의 성장, 발전 및 복지를 위한 원동력이 될 수 있도록 조건을 최적화하는데 기여하는 사람들과 조직으로 구성되어 있다.

의미있는 여가경험에 접하는 것은 은신처, 교육, 고용, 기초적인 건강증진 등에 못지않다. 그러나 삶의 질 향상은 우연히 일어나지 않는다. 오히려 정책입안자, 여가전문가, 공사적 프로그램 공급자들의 협동적 노력에 의해 일어난다. 본사는 미국 University of Northern Iowa에 있다.

이를 위해 다음과 같은 업무를 수행한다.

- 조사연구의 장려 : 여가경험의 개인적·사회적 잠재력을 발견하기 위한 연구 및 장학
- 정보의 공유 : 공식, 비공식적 지식 및 정보
- 지원사업 : 여가경험을 최적화하기 위한 여건의 옹호 : 입법, 인프라, 리더

쉽, 프로그래밍(www.worldleisure.org)

(16) OECD(Organization for Economic Cooperation and Development : 경제협력개발기구)

OECD는 유럽경제협력기구를 모체로 하여 1961년 선진 20개국을 회원국으로 설립되었다. 회원국의 경제성장 도모, 자유무역 확대, 개발도상국 원조 등을 주요 임무로 하고 있으며, 현재 30개 회원국으로 구성되어 있고, 프랑스 파리에 본부를 두고 있다. 조직구성은 의사결정기구인 이사회, 보좌기구인 집행위원회 및 특별집행위원회를 두고 있으며 실질적 활동을 수행하는 26개의 분야별 위원회가 있다.

관광위원회는 관광분야에 대한 각국의 정책연구 및 관광진흥정책연구 등을 주요 기능으로 하고 있으며 위원회 산하에 통계작업반을 두고 있다. 동 위원회의 주요 사업으로는 관광객 보호정책개발, 관광산업에 대한 국가지원사업 등이며 매년 총회, 통계작업회의, 전문가 특별회의 등을 개최하고 있다. 현재 문화관광부 소속 공무원을 파견하여 OECD 관광 프로젝트 등 관광분야에서 협력사업을 수행하고 있다.

우리나라의 활동은 다음과 같다.

- 1994년 6월 관광위원회에 대한 옵저버 참가자격 부여받음
- 1995년부터 관광위원회 회의 및 통계실무작업반 회의에 참가, 주요 선진국의 관광정책 및 통계기법 등 습득.
- 1996년도부터는 정회원으로 가입, 1998년에는 OECD 관광회의를 서울에서 개최, OECD 권고사업의 하나인 관광위성계정(TSA) 개발을 세계 5번째로 완료하였다.
- 2003년 9월에는 스위스에서 개최된 OECD 관광회의에 참가하여 관광산업의 구조개혁 프로젝트 조종위원회에 선정
- 2005년 9월 광주에서 OECD-Korea 국제관광회의 개최. 세계관광의 성장 : 중소기업의 기회라는 주제로 급변하는 관광산업구조 속에서 관광중소기업들의 새로운 역할 및협력 방안 모색.

(17) APEC(Asia Pacific Economic Cooperation : 아시아 · 태평양 경제협력체)

APEC은 1989년 호주의 캔버라에서 제1차 각료회의를 개최함으로써 발족되었으며, 정상회의를 개최하는 등 역내 경제협력관계 강화의 구심점이 되고 있다.

APEC은 11개 실무그룹(Working Group)을 두고 있는데, 관광실무그룹회의는 1991년 하와이에서 회의를 가진 이후 역내 관광발전을 저해하는 각종 제한조치 완화, 환경적으로 지속가능한 관광개발 등의 주제를 수행하고 있으며, 2005년 5월까지 총 26회 개최되었다.

우리나라는 1998년 11월 말레이시아 쿠알라룸푸르에서 개최된 APEC 정상회의에서 김대중 전대통령이 APEC 국가간 관광활성화를 제청한 바 있으며, 이에 대한 후속사업으로 1999년 5월 멕시코에서 개최된 제14차 관광실무그룹회의에서 APEC 관광장관회의 창설이 합의되어 2000년 7월 서울에서 제1차 APEC 관광장관회의가 개최되었다.

우리나라의 활동은 다음과 같다.

- 1998년 제주도에서 제12차 APEC 관광실무그룹회의 개최
- 2000년 제7차 APEC TWG(관광실무그룹)에서 제안, 2001년 5월 APEC BMC(예산운영위 원회)에서 최종 승인된 3개 사업인 APEC 회원국들의 중소관광기업에 대한 전자상거래 전략의 적용에 관한 연구, 지속가능한 개발을 위한 정책개발자의 교육훈련, 지속가능한 관광을 위한 민 · 관 협력방안 연구 수행
- 2004년 5월 경남 진주에서 제24차 APEC 관광실무그룹회의 개최
- 2004년 제22차, 23차에서 제안, 2003년 7월 APEC BMC에서 최종 승인된 관광투자촉진을 위한 민관 파트너십, 중소관광기업의 전자상거래 적용 모범사례연구 등 2건의 사업추진.
- 2005년 5월에는 부산에서 제4차 관광포럼 및 제26차 APEC 관광실무그룹회의 개최

  2005 APEC 정상회의 국가로서 수임하게 된 TWG 의장직을 성공적으로 수행하였으며, 정상회의 개최국으로서 주도적으로 추진 중인 재난관리대

응(Emergency Preparedness)관련 이슈를 회원국에 주지시키고 APEC 차원의 결속과 협력방안을 도출

또한 APEC 관광포럼의 성과를 TWG에 제안함으로써 2004년 칠레 파타고니아선언에서 합의된 관광헌장의 전략적 검토(Strategic Review)를 뒷받침할 수 있는 토대를 제공하였으며, 향후 관련 TF팀의 구성원으로 적극적인 역할의지를 회원국에 알림으로써 역내 관광분야 전략적 지위를 유지 · 강화.

(18) ASEAN(Association of Southeast Asia : 동남아연합)

아세안은 1966년 8월 제3차 ASA 외무장관회의에서 ASA의 재편 필요성이 제기되어, 1967년 말리크 인도네시아 외무장관이 태국 측과 아세안 창립선언 초안을 마련하였다. 이후 1967년 8월 인도네시아, 태국, 말레이시아, 필리핀, 싱가포르 5개국 외무장관회담을 개최, 아세안 창립선언을 통하여 결성되었다.

아세안은 창립 당시 5개국으로 구성되었으나, 1975년 월남전 종결을 계기로 동남아 평화 및 자유 · 중립지대 구상과 동남아 우호협력조약의 대상범위를 인도차이나반도 3개국(베트남, 캄보디아, 라오스) 및 미얀마를 포함한 지역으로 확대하는 구상이 대두되었고, 이후 브루나이(1984년), 베트남(1995년), 라오스와 미얀마(1997년), 캄보디아(1998년)가 차례로 가입하여 현재는 총 10개국의 회원국으로 구성되어 있다.

아세안은 1993년 아세안 자유무역지대(AFTA : ASEAN Free Trade Area)를 결성함으로써 국제적인 교섭력이 한층 강화되기 시작했고, 역내 무역의 활성화와 공동산업 프로젝트 등을 통해 산업경쟁력 역시 커질 것으로 예상되어 세계시장에서 차지하는 비중이 점점 커질 전망이다.

또한 21세기 세계 관광목적지로 아시아 · 태평양 지역의 중요성이 커지면서 한 · 중 · 일과 아세안의 관광협력을 논의하는 한 · 중 · 일+아세안 회의가 개최되었고, 이를 통해 우리나라 및 주변국과 아세안 지역의 관광협력 방안 논의가 활발히 진행 중이기도 하다. 특히 2005년 5월 26일에는 아세안 지역을 벗어나서는 처음으로 강원도 속초에서 제7차 ASEAN+3NTO(한 · 중 · 일+아세안) 회의가 개최되어, 우리나라와 아세안 국가들과의 관광협력 체계를 한층 더 공

고히 하였고, 아세안에서 한국의 위상을 제고한 것으로 평가받았다. 연 2회 정기적으로 관광장관회의 및 NTO회의를 개최하여 아세안 및 한·중·일간 관광부문 공동마케팅 방안모색 및 각국의 관광 현안과 관련한 의견교류 등 활발한 교류·협력을 구축해 가고 있다.

2. 한국의 국제회의 참가

정부는 국제관광기구 및 컨벤션 관련 국제기구에서 주관하는 행사에 매년 대표를 파견하여 우리나라의 입장을 반영시키고, 한국관광 홍보활동은 물론 국제협력관계를 증진시키고 있다. 관광·컨벤션 관련 2005년 국제회의 참가실적 및 2006년 계획은 다음의 표와 같다.

표 12-4 관광 관련 국제회의 참가실적(2005)

회의명	기 간	장 소
제4차 ASEAN+3 관광장관회의 및 제6차 ASEAN+3 NTO 회의	1. 22 ~ 27	말레이시아, 랑카위
UNWTO 긴급집행이사회	1. 31 ~ 2. 1	태국 푸켓
UNWTO 관광지도자 포럼	3. 9 ~ 14	독일 베를린
제54차 PATA 총회	4. 16 ~ 19	마카오
제26차 APEC-TWG 회의 및 APEC 관광 포럼	5. 12 ~ 17	부산
제7차 ASEAN+3 NTO 회의	5. 22 ~ 27	강원도 속초
ICOMOS 특별회의	5. 30 ~ 6. 1	서울
제75차 UNWTO 집행이사회	6. 11 ~ 17	불가리아 네세바르
2005 OECD 국제관광회의	9. 6 ~ 7	광주
2005 PATA 트래블마트 및 하반기 이사회	9. 27 ~ 30	말레이시아, 쿠알라룸푸르
제27차 APEC-TWG 회의	10. 12 ~ 14	베트남 하노이
제16차 UNWTO 총회 및 집행이사회	11. 25 ~ 12. 2	세네갈 다카르

자료 : 한국관광공사

표 12-5 관광 관련 국제회의 참가실적·계획(2006)

회의명	기 간	장 소
제5차 ASEAN+3 관광장관회의 및 제8차 ASEAN+3 NTO 회의	1. 13 ~ 18	필리핀, 다바오

2006 ASTA 해외총회	3. 21 ~ 26	체코 프라하
제54차 PATA 총회	4. 21 ~ 23	태국 파타야
Icomos 아태지역회의	6. 10 ~ 13	서울, 안동
WTO 아시아 관광장관회의	6. 13 ~ 15	마카오
제2차 ST-EP 재단이사회 & 78차 WTO 집행이사회	6. 26 ~ 28	에콰도르 퀴토
제77차 OECD 관광위	6. 21 ~ 22	이탈리아 로마
제9차 ASEAN+3 NTO 회의	7. 4 ~ 8	태국 치앙마이
2006 ASTA 국내총회	9. 10 ~ 13	미국, 올랜도
2006 PATA 트래블마트	9. 12 ~ 12	홍콩
2006 WYSTC 총회	10. 9 ~ 14	호주, 멜버른
제5회 APEC 관광장관회의 및 APEC TWG 회의	10. 12 ~ 18	베트남
제78차 OECD 관광위 및 회의	11. 20 ~ 22	포르투갈
제79차 WTO 집행이사회	12월중	알제리

자료 : 한국관광공사

표 12-6 컨벤션 관련 국제회의 참가실적(2005) 및 계획(2006)

회 의 명	기 간	장 소
ICCA 총회	2005. 11. 6 ~ 9	우르과이 몬테비디오
MPI World Congress	2006. 7. 9 ~ 11	미국 달라스
DMAI(구IACVB)	7. 19 ~ 22	미국 오스틴
ICCA 총회	10. 28 ~ 11. 1	그리스 Rhodes
SITE International Conference	11. 30 ~ 12. 3	스페인 바르셀로나

자료 : 한국관광공사

제 2 절 국제관광 관련 법률

1. 한국의 양자간 조약

(1) 관광협력 협정(tourism agreement)

관광협력협정은 국가간에 관광과 관련된 기술적, 행정적 문제에 관한 국제적 합의이며 국제법의 일종이다.

조약(條約)이란 일반적으로 국가간이나 국가와 국제기구 또는 국제기구 상호간에 체결되는 국제적 합의문서로서 국제법에 의해 규율된다.

협정(協定)은 조약의 한 명칭으로 통상적인 협약보다 당사자의 수는 적고 그 규율대상도 비교적 제한적인 특정문제를 서로 호혜적으로 다루는 조약에 많이 사용된다. 또한 국회의 비준을 요하지 않는 오로지 기술적 · 행정적인 성격의 조약에 사용된다.

약정(約定 : agreement)은 협정의 경우보다 중요성이 작은 실무적인 사항을 규정하거나 잠정적인 시행을 위해 체결하는 것이다.

의정서(議定書 : protocol)는 모조약(母條約)의 개정이나 이를 보충하는 조약이다. 양해각서(諒解覺書 : memorandum of understanding)는 이미 합의된 내용이나 용어의 개념규정을 위하여 당사국간에 확인 · 기록한 것이다.

협정의 주요 내용은 관광의 촉진, 민간부분의 협조, 관관협력 및 협의, 관광교육 및 훈련, 관광통계, 회의, 집행, 교육기간, 국제기구에의 보고 등으로 구성되어 있다.

여기서 2006년 체결된 대한민국 정부와 인도네시아공화국 정부 간의 관광분야 협력에 관한 양해각서의 내용을 살펴보기로 한다.

대한민국 정부와 인도네시아공화국 정부 간의 관광분야 협력에 관한 양해각서

대한민국 정부와 인도네시아공화국 정부(이하 "당사자"라 한다)는, 관광분야에서 두 나라의 기존 우호관계와 상호이해를 증진하기를 희망하고, 평등 · 상호존중과 호혜의 기초 위에서 관광분야 협력증진을 당사자의 능력 범위 안에서 확대한다는 공동약속에 고무되어, 당사국의 경제발전 및 국민생활의 질적 향상을 위한 적극적인 수단으로서의 관광의 역할을 인식하고, 평화와 국제이해의 증진에 있어서 관광의 중요한 역할을 확신하면서, 각국의 현행 법령에 따라, 다음과 같이 합의하였다.

제1조(협력의 목적) 이 양해각서는 다음 각목의 사항을 목적으로 한다.

가. 대한민국 및/또는 인도네시아공화국을 통하여 세계 관광시장으로부터 두 나라로의 관광객 방문을 증가시킨다.

나. 각국에 소재하는 다양한 관광목적지 및 명소마다 관광객의 고른 방문을 장려한다.

다. 자국의 국민과 거주민이 상대국을 방문하도록 장려한다.

라. 두 나라의 관광산업의 건전한 발전을 장려한다.

마. 두 나라의 관광 및 여행관련 산업의 인적자원 개발을 증진한다.

제2조(협력분야) 당사자는 자국의 법령에 따라 다음 각목의 분야에서 관광협력을 증진하기 위하여 노력한다.

가. 증진: 당사자는 제3국에 거주하는 자국민이 개인 또는 단체로 한국과 인도네시아를 여행하는 것을 장려하고 증진한다. 당사자는 두 나라 사이의 항공 및 해상을 통한 관광운송을 증진하고, 이를 위하여 필수적인 서비스의 공급을 촉진하기 위하여 노력한다.

나. 상품개발: 상품개발 분야에서의 협력은 경험의 교환, 관광지로의 연구방문, 비교연구 및 정보교환을 통하여 이루어진다.

다. 교육과 훈련: 교육과 훈련 분야에서의 협력은 정보교환, 공공과 민간영역에서의 훈련계획 및 기술향상에 관한 비교연구를 통하여 이루어진다.

라. 연구와 개발: 연구와 개발분야에서의 협력은 양당사자에 호혜적인 분야의 조사 또는 연구결과에 대한 정보교환을 통하여 이루어진다.

마. 민간분야 협력: 당사자는 각자의 관광관련 단체, 특히 여행사 및 그 밖의 관련 기관이 사업상 연락관계를 수립하고, 투자증진 계획을 창설하며, 각자의 기존 체제에 관한 경험과 정보의 교환을 장려한다. 당사자는 이러한 기관들이 한국과 인도네시아에서 함께 판매될 수 있는 공동증진계획을 개발하도록 장려한다.

제3조(집행기관) 당사자는 이 양해각서의 집행기관인 권한 있는 기관을 통하여 관광분야에 있어서 긴밀한 관계를 유지한다. 이와 관련하여, 대한민국 정부의 권한 있는 기관은 문화관광부이며, 인도네시아공화국 정부의 권한 있는 기관은 문화관광부이다.

제4조(이행) 이 양해각서에 기술된 활동은 당사자의 적절한 기관 또는 조직 사이의 특정한 약정?계획 또는 사업의 개발을 통하여 이행될 수 있다. 그러한 약정?계획 또는 사업은 특히 목적, 재정약정 및 모든 참여자들의 특정한 부담사항에 관한 그 밖의 세부사항들을 구체화하는 것이 바람직하다.

제5조(실무작업반) 당사자들은 필요하면 이 양해각서의 이행을 촉진하기

위한 실무작업반을 설립한다. 이러한 실무작업반에 관한 세부사항은 외교경로를 통하여 결정된다.

제6조(개정) 어느 한쪽 당사자는 이 양해각서의 어떠한 부분에 대하여도 개정을 서면으로 요청할 수 있다. 양 당사자의 합의에 의하여 이루어진 모든 개정은 이 양해각서의 일부를 구성한다. 그러한 개정은 양 당사자가 결정한 날짜에 발효한다.

제7조(분쟁 해결) 이 양해각서의 해석 및/또는 이행에 관한 당사자간의 분쟁은 협의 및/또는 협상을 통하여 우호적으로 해결한다.

제8조(발효, 유효기간 및 종료)

1. 이 양해각서는 서명일에 발효한다. 이 양해각서는 5년 동안 유효하며, 어느 한쪽 당사자가 다른쪽 당사자에게 이 양해각서의 종료를 매 유효기간 만료 6월 전에 외교경로를 통하여 서면통보하지 아니하는 한 2년마다 자동적으로 갱신된다.
2. 이 양해각서의 종료는 이 양해각서에 따라 진행되는 계획 및 사업의 유효기간 동안에는 그 효력에 영향을 미치지 아니한다.

이상의 증거로, 아래 서명자는 그들 각자의 정부로부터 정당하게 권한을 위임받아 이 양해각서에 서명하였다.

2006년 12월 4일 자카르타에서 동등하게 정본인 한국어 · 인도네시아어 및 영어로 각 2부를 작성하였다. 해석상의 차이가 있는 경우에는 영어본이 우선한다.

대한민국 정부를 대표하여 인도네시아공화국 정부를 대표하여 2006년 12월 4일 자카르타에서 서명. 2006년 12월 4일 발효 ◀

표 12-7 한국과 관광협력의정(협정)을 체결한 국가(2007년 현재)

국 가	발효일	명 칭	조약번호
헝가리	1989.11.22	관광협력의정서	고시178호
인도	1993.10.10	관광협력협정	조약1191호
우즈벡	1995. 2.16	관광협력양해각서	고시260호
멕시코	1997. 6. 3	관광협력의정서	고시315호
브라질	1997.12.5	관광협력에 관한 협정	조약1436호

이탈리아	2000.11.23	관광협력협정	조약1538호
러시아	2001. 5.22	관광분야에서의 협력에 관한 협정	조약1562호
베트남	2002. 9. 4	상동	조약1606호
페루	2003. 1.29	관광분야에서의 협력에 관한 협정	조약1622호
몽골	2004. 4.30	관광협력에 관한 협정	조약1673호
폴란드	2005. 3.17	상동	조약1714호
요르단	2005.10.11	관광분야협력에 관한 협정	조약1749호
모로코	2006. 6.20	관광분야에서의 협력에 관한 협정	조약1789호
키르키즈	2006. 7.11	상동	조약1795호
이스라엘	2006. 7.13	관광분야에 관한 협정	조약1798호
인도네시아	2006.12. 4	관광협력양해각서	조약1820호

* 관광협력의정서 : protocol of tourism agreement, protocol of tourism cooperation
* 관광협력에 관한 협정 : agreement on tourism, agreement on tourism cooperation, agreement for(on) cooperation in the field of tourism,
* 관광협력양해각서 : memorandum of understanding on cooperation in the field of tourism

한편, 미국은 1982년 중국과 첫 관광협정을 맺은 이후 오늘에 이르고 있다.

표 12-8 미국의 관광협정체결현황

	체결대상국	체결일	형 식	비 고
1	중국	1982. 8. 5	양해각서	TIAS 10426
2	필리핀	1982. 9.17	협정	TIAS 10498
3	이집트	1983. 2.21	협정	TIAS 10680
4	멕시코	1983. 4.18	협정	TIAS 10821
5	유고슬라비아	1984. 2. 2	협정	TIAS10954
6	모로코	1985. 7.22	협정	?
7	베네수엘라	1989. 9.27	협정	?

(2) 사증면제 협정

사증면제협정(visa waiver agreement) 이란 체결국 국민들이 양국가를 비자없이 입국·출국할 수 있도록 합의한 국제법이다. 현재 우리나라 일반여권

소지자가 사증면제협정 또는 지정형식으로 사증면제를 받을 수 있는 국가는 109개이다. 이중 사증면제협정을 체결한 국가는 62개국이며, 지정에 의한 무사증입국이 허용되는 국가 또는 지역은 47개이다.

표 12-9 사증면제협정 체결국가 국민(62개 국가)

지역	국 가 명
아시아	말레이시아, 방글라데시, 싱가포르, 이스라엘, 터키, 태국(6)
남아메리카	그레나다, 니카라과, 도미니카공화국, 도미니카연방, 멕시코, 바하마, 바베이도스, 세인트루이스, 세인트빈센트-그레나딘스, 세인트킷츠네비스, 수리남, 아이티, 안티구아바부다, 엘살바도르,자메이카, 코스타리카, 콜롬비아, 트리니다드토바고, 파나마, 페루, 브라질, 칠레(22)
유 럽	그리스, 네덜란드, 노르웨이, 덴마크, 독일, 루마니아, 룩셈부르크, 리히텐슈타인, 몰타, 벨기에, 불가리아, 스웨덴, 스위스, 스페인, 슬로바크, 아일랜드, 아이슬란드, 에스토니아, 영국, 오스트리아, 이탈리아, 체코, 포르투갈, 폴란드, 프랑스, 핀란드, 헝가리, 리투아니아, 라트비아(29)
오세아니아	뉴질랜드(1)
아프리카	라이베리아, 레소토, 모로코, 튀니지(4)

자료 : 2006 관광동향 연차보고서

표 12-10 지정에 의한 무사증입국 허가대상 국가 국민(47개 국가 또는 지역)

지역	국가 또는 지역명
아시아	마카오, 브루나이, 사우디아라비아, 아랍에미리트, 예맨공화국, 오만, 일본, 카타르, 타이완, 홍콩, 쿠웨이트(11)
북아메리카	미국, 캐나다(2)
남아메리카	과테말라, 아르헨티나, 베네수엘라, 온두라스, 우루과이, 파라과이, 가이아나, 에콰도르(8)
유 럽	모나코, 바티칸, 슬로베니아, 크로아티아, 알바니아, 사이프러스, 산마리노, 안도라, 보스니아·헤르체코비나, 세르비아·몬테네그로(10)
오세아니아	괌, 나우르, 뉴칼레도니아, 미크로네시아, 솔로몬군도, 키리바티, 피지, 호주, 마샬군도, 팔라우, 사모아(11)
아프리카	남아프리카공화국, 스와질란드, 이집트, 모리셔스, 세이쉘(5)

자료 : 2006 관광동향 연차보고서

(3) 항공협정

항공협정은 두 나라 사이의 항공운송에 관한 원칙과 세부사항을 규정한 것으로 국제법으로 분류된다. 항공협정은 다자간협정(多者間協定)과 이국간협정(二國間協定)으로 나뉜다.

다자간 항공협정은 1944년 시카고에서 체결된 시카고조약, 즉 국제민간항공조약(International Civil Aviation Conference)이 최초이다. 이전에도 1919년 파리조약, 1926년 마드리드조약(스페인과 20개 남미국가 사이), 1928년 하바나조약(파리조약 미참여국가 사이, 특히 미국과 남미국가 사이)이 있었으나 특정지역에 국한된 것이었다.

1943년 11월 미국의 루즈벨트 대통령은 항공정책지침을 발표하면서 자유주의와 경재주의를 강조하였고 하늘의 자유 중 제5의 자유까지 요구하였다. 1944년 11월 42개국이 시카고에 모여 국제민간항공 운송에 있어서 자유와 평등을 내용으로 하는 국제민간항공조약을 채택했다

시카고협정에서는 미국과 영국의 입장이 매우 달랐다. 미국은 1900년대 초부터 제2차 세계대전에 이르기까지 키워온 막강한 항공수송력을 바탕으로 운항운송시장의 개방을 강조한 반면, 영국은 미국의 장거리 항공기에 의한 시장독점과 전쟁 중에 쌓은 경험과 운송경영능률을 두려워 하였다. 이 점은 역사의 아이러니를 말해주고 있다. 즉 20세기초까지만 해도 해양선박수송을 통해 세계의 바다를 제패한 영국이 그때까지 전세계 국가를 대상으로 자유경쟁을 바탕으로 해양의 자유를 주장해온 점을 고려한다면, 이제 미국의 하늘의 자유 주장에 대해 제동을 걸려는 영국의 태도가 힘을 바탕으로 한 국제사회의 한 단면을 여실히 보여주고 있다 하겠다. 이국간 협정은 두 나라 사이의 항공운송에 관한 약속이다. 시카고협정에서 이국간 협정의 틀인 잠정항공노선에 관한 표준협정양식(a form of standard agreement for provisional air routes)이 만들어졌으며 최초의 이국간 협정은 1946년 미국과 영국 사이에 맺어진 버뮤다협정(Bermuda Agreement)이었다. 1946년 영국은 시카고협정에서 포괄적으로 규정된 내용을 구체화하고 미국이 우월권을 확보한데 대한 경계심에서 이국간 항공협정을 요구하게 되었다. 이에 미국은 영국의 차관요청과 전쟁 중 발생한 부채탕감의 요구를 들어주고, 영국은 미국에게 하늘의 3, 4, 5자유를 기본적으

로 인정해주는 조건으로 이 협정을 체결하게 되었다. 이로써 미국은 영국의 양보를 얻어내게 되어 국제항공 수송에서 절대적인 힘을 갖게 되었다. 1976년 6월 영국은 버뮤다협정의 종결을 주장하고 항공시장 할당, 미국항공사의 수송력 규제, 운임의 불균형을 내세워 새로운 협정을 요구하였다. 1976년 미국의 자유경쟁주의 입장과 영국의 보호주의 입장이 타협을 하여 미국항공사의 영국 진출제한과 영국항공사의 미국취항 확대를 내용으로 하는 신버뮤다협정이 체결되었다.

한국은 1946년 미국과의 항공운수업무에 관한 잠정협정을 시작으로 2006년까지 83개국과 항공협정을 체결하였다. 1950년대에 화란(1953), 영국(1954, 1957), 미국(1957)과, 1960년대에는 홍콩(1960), 영국(1964), 월남(1967), 일본(1967)과 항공협정을 체결하면서 국제항공시장에 들어서기 시작했다.

특히 미국과는 특별한 관계를 맺었다. 1946년 잠정협정 체결이후 1957년에 정식협정을 체결하였는데 그 내용이 문제였다. 가장 중요한 문제가 이원권(以遠權 : beyond right)이었다. 미국은 한국을 거쳐 제3국 어디든지 갈 수 있는 이원권이 있었으나, 한국은 미국의 일부 도시에만 취항할 수 있게 한 것이다. 이원권은 물론 전혀 허용되지 않았다. 이후 한국의 요청으로 1979, 1991년 등 수차례에 걸쳐 협정을 개정하였으며, 1998년 마침내 미국의 open sky 정책에 의해 양국 모두 완전한 이원권을 확보하게 되어 수십년에 걸친 불평등이 해소되었다.

표 12-11 하늘의 자유(freedoms of sky)

자 유	내 용
제1의 자유	영공통과의 자유(overflying)
제2의 자유	기술착륙(technical landing)의 자유 : 재급유 및 승무원 교체 등 목적
제3의 자유	상대국으로 운송할 수 있는 권리(embarkation)
제4의 자유	상대국에서 자국으로 운송할 수 있는 권리(disembarkation)
제5의 자유	제3국을 경유하여 운송할 수 있는 권리
제6의 자유	제3국 수요의 자국 수송후 타국으로의 연결수송
제7의 자유	제3국들간 노선에 일방이 참여할 수 있는 자유
제8의 자유	특정국가 국내선에 외국항공사가 취항할 수 있는 권리

이원권(以遠權 : beyond right)

항공협정에 의하여 인정되는 국제항공 운송상의 권리의 하나로, 항공협정을 체결한 상대국의 국내지점에서 다시 제3국의 국내지점으로 여객이나 화물을 운송할 수 있는 권리를 말한다. 예를 들면 A라는 나라에서 B라는 나라의 어느 지점을 경유하여 C라는 나라의 어느 비행장에 여객이나 화물을 운송할 수 있는 권리를 의미하는데, 실제의 경우 AB간의 항공협정만으로는 시행이 불가능하며, AC간의 항공협정이 있어야 한다. 대부분의 경우 국제항공협정은 상호호혜평등(相互互惠平等)의 원칙을 따르게 되므로 위와 같은 경우 A라는 나라에 대해서 B, C 두 나라도 똑같은 권리를 요구하는 것이 통례이다. 따라서 AB, AC, BC라는 3가지 항공협정이 성립되어야만 이원권이 행사되는 A, B, C 간의 항공노선이 개설될 수 있다. ◀

표 12-12 한미 항공협정 역사

협정	연도	노 선 권
기본협정	1957. 4. 24	(한) point in ROK → Alaska/Seattle (미) points in USA → Seoul/beyond
1차개정	1971. 3. 26	(한) ROK → points in Japan → HNL/LA (미) USA → points in Japan → Seoul/beyond
2차개정	1979. 3. 22	(한) ROK → points in Japan → HNL/LA ROK → ANC/NYC (미) USA → intermediate points → points in KOR/beyond
양해각서	1979. 미발효	(한) ROK → points in Japan → HNL/LA ROK → ANC/NYC ROK → HNL/ANC/LA/OAK * 김포 신화물 터미널 완공조건으로 OAK 취항, 1년후 CHI취항 → 1년 후 이원권 허용 (one point in USA → on point in Europe)
	1990년대	(한) SFO, CHI, WAS, ATL, DFW 취항. (미) OPEN SKY(1999.12.07 발효) : 국제항공운송의 전면 자유화

자료 : 필자정리 *beyond : 이원권

표 12-13 한국의 항공협정 체결국가

지역	복 수 제	단 수 제
아시아 (25개국)	중국, 태국, 일본, 부르나이, 인도, 몽고, 베트남, 말련, 홍콩, 필리핀, 싱가포르, 우즈베키스탄, 마카오, 인도네시아, 파키스탄, 카자흐스탄, 키르키스탄, 네팔, 캄보디아, 아제르바이젠, 대만	미얀마, 방글라데시, 몰디브, 스리랑카
구주 (26개국)	영국, 폴란드, 러시아, 체코, 유고, 루마니아, 몰타, 불가리아, 핀란드, 화란, 독일, 스웨덴, 덴마크, 노르웨이, 벨기에, 스위스, 우크라이나, 오스트리아, 포르투갈, 룩셈부르크, 아이슬란드	프랑스, 그리스, 스페인, 헝가리, 이탈리아
미주 (8개국)	미국, 칠레, 브라질, 아르헨티나, 캐나다, 멕시코, 페루	파나마
아프리카 (10개국)	튀니지, 수단, 남아공, 모로코, 이집트	리베리아, 지부티, 케냐, 가봉, 나이지리아
중동 (11개국)	아랍에미레이트, 바레인, 오만, 이란	사우디아라비아, 요르단, 터키, 쿠웨이트, 이라크, 이스라엘, 카타르
대양주 (3개국)	호주, 뉴질랜드, 피지	
계83개국	61개국	22개국

자료원 : 2006 관광동향 연차보고서(건설교통부)

표 12-14 한국의 국제관광관련 조약 가입현황

조약명(회의개최 연도)	발효일	한국가입	비 고
Chicago Convention, 1944	1947. 4. 4.	1952. 12. 11	국제민간항공조약
International Air Services Transit Agreement, 1944	1945. 1. 30	1960. 6. 22	국제항공업무통합과정
Hague Protocol, 1955	1963. 8. 1	1967. 10. 11	1929년 바르샤바조약 개정

자료 : 외교통상부

2. 다자간 조약, 선언 및 장전(章典)

(1) 세계관광기구규정(statutes of WTO)

한국이 가입한 관광과 관련하여 체결한 다자간 조약은 세계관광기구 규정 하나이다.

- 작성 : 1970년 9월 27일 멕시코시티
- 발효 : 1975년 1월 2일
- 기탁처 : 스페인
- 한국발효 : 1975년 1월 2일(조약 522호)
- 조약문 : 본장(관련자료1) 참조

(2) 국제관광 관련 선언 등

선언(宣言 : declaration)이란 관심의 대상이 되는 문제에 대해 관계 당사국들이 모여 문제의 해결방안이나 촉진방안에 대한 의견을 수렴하여 발표하는 것이다. 물론 선언은 법적 구속력을 가지는 것은 아니나 많은 국가들이 이에 동의함으로써 향후 동문제의 처리에 대한 국제적인 방향제시가 되며, 나아가 국제적으로 발전할 수도 있다는 점에서 국제법에 가까운 효력을 가지게 된다.

관광과 관련된 선언은 주로 세계관광기구(WTO), 지역국제기구(OAS, CSSE) 및 기타 국제기구(IPU)에 의해 주관되었고 국제관광의 진흥과 관련된 것을 주요 내용으로 하고 있다.

표 12-15 국제관광 관련 주요 선언 등

	명 칭	일 자	장 소	주최기구
1	리우데자네이루 선언 (the Declaration of Rio De Janerio)	1972. 8. 25	리우(브라질)	OAS
2	카라카스 선언 (the Declaration of Caracas)	1977. 9. 24	카라카스 (베네수엘라)	OAS

3	헬싱키 선언 (the Helsinki Accord)	1975. 8. 1	헬싱키 (핀랜드)	CSCE
4	마닐라 선언 (Manila Declaration on World Tourism)	1980. 9. 27 ~10.10	마닐라 (필리핀)	WTO
5	아카풀코선언 (Acapulco Declaration)	1982. 8. 21 ~8. 27	아카풀코 (멕시코)	WTO
6	관광권리장전(章典). 관광객의무 (Tourism Bill of Rights and Tourist Code)	1985	소피아 (불가리아)	WTO
7	콜롬비아 헌장 (the Columbia Charter)	1988.10.23 ~27	뱅쿠버 (캐나다)	WTO
8	헤이그선언 (Hague Declaration on Tourism)	1989 .4. 10 ~4. 14	헤이그 (네덜란드)	IPU, WTO

* OAS(미주기구 : Organization of American States)
IPU(국제의원연맹 : Inter-Parliamentary Union)
CSCE(유럽안보협력회의 : Conference on Security and Cooperation in Europe))

① 리우데자네이루 선언과 카라카스 선언

리우데자네이루 선언은 34개국이 가입해 있는 미주기구(OAS)에 포함된 범미관광회의(Inter-American Travel Congress)에 의해 1972년에 이루어진 것이다. 범미관광회의는 1939는 샌프란시스코에서 첫모임을 가진 이후로 3년마다 개최된다. 관광에 관한 미주기구의 중요한 정책과 사업은 1970년에 만들어진 관광개발계획(Tourism Developmint Program)과 7개국으로 구성되고 매년 개최되는 집행위원회(The executive committee)에 의해 이루어졌으며 최근에 와서는 OAS지역개발부(Dept. of Regional Development)에서 관광계획을 다루고 있다.

미주기구는 관광이란 대부분의 국가에 매우 중요하며 좁은 의미의 경제적 혜택을 넘어서 폭넓은 정책적 의미를 가지고 있다고 보고 있다. 1972년 브라질의 리우데자네이루에서 범미관광회의 특별회의가 열려 리우데자네이루선언을 하기에 이른다.

이 선언에서는 국제관광의 경제, 사회, 문화 외교적 중요성을 확인하고 10가지의 결의사항을 채택하였다. 또한 이 선언은 콜럼버스(Christopher Columbus)의 서반구도착 500주년(1942년 이래 500년) 기념축제행사로 "아메리카발견 500주년 기념 : 두 세계의 만남과 관광진흥의 기회(Quincentennial Commemoration of the Discovery of America : the Encounter of Two Worlds and Opportunities for Tourism Promotion)" 주최로 이루어졌다.

또한 이 선언의 기본정신은 1977년 카라카스에서 열린 13차 범미관광회의에서 재확인되었다.

② 헬싱키선언

국제관광에 관한 내용은 무역협정과 같은 국제협정 속에 포함되는 경우도 많다. 그중 대표적인 것이 1975년 헬싱키선언(Helsinki Accord)으로 이 선언의 인권부분(human right section)에서 국제관광을 다루고 있다. 인권선언은 유럽안보협력회의의 마지막 부분으로 사람들이 자유롭게 이주할 수 있는 권리를 다루고 있는데, 그중 관광부분에 대해 미국과 소련을 포함한 35개국이 '좀 더 자유로운 관광이 국가간의 협력증진에 필수적이다'라는 데 동의하였다. 특히 다음 6가지가 주요 내용이다. ① 개인 및 단체의 관광증진을 진흥하고, ② 관광에 관한 전문연구를 수행하는 것이 바람직하며, ③ 관광개발이 각국의 예술·문화·역사적 유산을 침해하지 않도록 노력한다. ④ 개인적 이유나 직업적인 이유로 시민들이 좀더 용이하게 여행하도록 하며, ⑤ 비자나 공무여행서류 비용을 점차 낮추도록 노력하며, ⑥ 관광개발에 관한 협력을 증진시키며 특히 관광정보의 상호교환에 힘쓴다. ⑦ 각국으로의 상호 방문을 증대시킨다.

이 선언은 정부, 관광행정기구, 민간기업 등의 노력에 의해 결실을 맺게 되는데 아직까지는 큰 성과가 없는 것 같다.

③ 마닐라선언 및 아카풀코선언

마닐라선언은 1980년 마닐라에서 개최된 세계관광기구 연차총회에서 이루어졌다. 이 선언은 3개의 단락으로 구성되어 있다. [A]단락에서는 국제관광이 국제긴장의 완화, 국제친선 및 협력의 증진, 인권의 존중에 기여하며 세계평화 유지에 큰 영향을 줄 수 있다는 판단하에 25개항을 선언하였다. [B]단락에서는 이를 위한 구체적 방안으로 공급관리의 개선(better management of supply), 기술협력(technological cooperation), 인적자원(human resources), 이동의 자유(freedom of movement) 등을 언급하였다. [C]단락에서는 두 단락의 내용을 정리·요약하였다.

1982년 멕시코의 아카풀코에서는 1980년의 마닐라선언을 재확인하고 목표를 점진적으로 이행하기 위한 회의가 열렸으며 크게는 4개 부문, 작게는 17개 항으로 구성된 아카풀코 선언이 채택되었다.

④ 관광권리장전 및 관광객의무

1985년 세계관광기구는 소피아에서 6차 총회를 열어 4차총회(1981년 로마) 및 5차총회(1983년 뉴델리)에서 심도있게 논의된 관광권리장전과 관광객의무를 채택하였다. 관광권리에 관해서는 1948년 10월 10일 유엔총회에서 채택된 인권선언(Universal Declaration of human Right) 및 특별규정 제24조 그리고 1966년 12월 16일 유엔총회의 경제·사회·문화 권리에 관한 국제규약에 처음으로 규정되었다.

특별규정 제24조에는 "모든 사람은 노동시간의 합리적 감소 및 유상(有償) 정기휴가를 포함하여 휴식과 여과에 관한 권리를 가진다"고 하였다. 또한 상기 규약에는 특별규정 제24조의 규정을 포함하여 '공휴일에 대한 보수'(remuneration for public holidays)도 규정되었다.

또한 세계관광기구 규정 제3조 1항의 '인종·성·언어·종교와 관계없는 인권의 보편적 존중'(universe respect for human rights without race, sex, language or religion)에도 근거를 둘 수 있고, 1963년 9월 로마에서 열린 유엔국제관광회의(UN Conference on International Travel and Tourism)에서 채택된 결의(관광개발의 진흥 및 절차의 간소화)와 1980년의 마닐라선언을 고려하였다.

결국 관광권리장전은 노동권리의 당연한 결과로서 유엔의 보편적 인권선언에 근거하여 모든 사람은 유상으로 휴가와 여가를 즐길 수 있다는 것을 선언한 것이다. 관광권리장전은 관광갱의무규정을 포함해 모두 14개조로 구성되어 있다.

한편, 관광객 의무(tourism code)는 5개조로 구성되어 있는데, 국내 및 국제관광행동시에는 국민들 사이에 이해와 친선을 도모하고 평화유지에 기여해야 한다는 것을 규정하고 있다.

⑤ 콜롬비아 헌장

1988년 10월 캐나다 뱅쿠버에서는 "관광을 통한세계평화"(world peace through tourism)라는 주제의 헌장이 채택되었다. '관광은 평화를 위한 절대적 힘'(a vital force for peace)이라는 **가 붙어있는데, 관광이 국제평화에 기여한다는 점을 강조하여 정부, 민간기구, 개인에게 세계평화를 위해 노력해야 한다고 규정하고 있다.

즉 각국은 관광이 인간의 존엄성, 문화적 다양성, 자연환경을 존중함으로써 세계평화유지에 큰 힘을 행사할 수는 잠재적 영향력이 있다는 점을 확인·지지하고, 동시에 전쟁·테러·불공평의 제거, 무기경쟁의 중지, 인질석방을 위해 노력해야 한다고 하였다. 이것을 달성하기 위해 관광을 통해 상호이해·신뢰·선의를 증진시키고 경제적 불평등을 감소시키며 생활의 질을 개선하고 환경을 유지·보존해야 한다고 엄숙히 규정하였다.

⑥ 헤이그 선언

1989년 4월 네덜란드 헤이그에서는 국제의원연맹(IPU)과 세계관광기구국가 공동으로 관광에 관한 포괄적이고도 세부적인 선언을 하였다. 헤이그는 1925년 관설운송협회(Offical Tourist Traffic Association) 1차 세계회의가 열렸고, 1975년 현재의 세계관광기구가 된 국제관설관광기구(IUOTO : International Union of Official Travel Organization)가 창설되었던 곳이다.

헤이그 선언은 먼저 다른 선언과 마찬가지로 1948년 유엔의 인권선언 24조의 휴식 여가에 관한 권리와 1966년 유엔총회가 채택한 경제·사회·문화적 권리에 관한 국제규약 및 시민권과 정치권에 관한 국제규약(International Covenant on Civil and Political Rights)에서의 여행 및 이동의 자유를 확인하였다.

헤이그 선언은 두가지 점을 강조하고 있다. 첫째, 국민들 사이의 국제협력 및 화해의 수단으로서 그리고 개인이나 집단의 발전의 요인으로서 관광을 중시해야 한다. 둘째, 의회, 정부, 관광과 관련된 공사 조직, 협회, 관광객 등은 몇가지 원칙을 지키고 항상 그 의미하는 바를 마음에 새겨야 한다.

동선언은 10가지의 원칙을 주장하였으며 결론과 몇 가지의 권고사항을 내포하고 있다. 권고사항은 사회경제적 발전에 있어서 관광의 역할, 관광(방문, 체재 포함)의 촉진, 관광객·관광지·관광시설의 보호, 의회의 활동지원방법이다.

오늘의 교훈

讀書(독서)는 起家之本(기가지본)이요 循理(순리)는 保家之本(보가지본)이요 勤儉(근검)은 治家之本(치가지본)이요 和順(화순)은 齊家之本(제가지본)이니라. 글을 읽는 것은 집을 일으키는 근본이요, 이치에 따름은 집을 잘 보존하는 근본이요, 부지런하고 절약하여 낭비하지 아니하는 것은 집을 잘 처리하는 근본이요, 화목하고 순종하는 것은 집안을 잘 다스리는 근본이니라. *명심보감 : 성심편/省心篇(하)

관련자료 1 세계관광기구(WTO) 규정

제1조(설립) 국제관설 관광기구연맹(IUOTO)의 변형으로써 정부간 기구의 성격을 지니는 국제기구인 세계관광기구(이하 "기구"라 칭함)를 이에 설립한다.

제2조(본부) 기구의 본부는 총회의 결정에 의하여 정하여지고 언제라고 변경될 수 있다.

제3조(목적)

1. 기구의 기본적인 목적은 경제개발, 국제적 이해, 평화, 번영과 인종, 성, 언어 및 종교의 차별없이 모든 인간의 기본적인 자유와 인권에 대한 보편적 존엄과 준수에 기여하기 위하여 관광을 개발하고 촉진시키는데 있다. 기구는 본 목적을 달성하기 위하여 모든 적저한 행동을 취한다.
2. 본 목적을 추구함에 있어서, 기구는 관광분야에 있어서의 개발도상국의 이익에 특별한 주의를 집중한다.
3. 관광분야에 있어서의 중심적인 역할을 확립하기 위하여 기구는 국제연합의 적절한 기관 및 그의 전문기관과 효과적인 협력을 확립하고 유지한다. 기구는, 참가 내지 집행기관으로서, 국제연합 개발계획과의 협력관계 및 국제연합 개발계획의 활동에의 참여를 추구한다.

제4조(회원자격)

기구의 회원자격은 :

가) 정회원국 :

나) 준회원국 :

다) 특별회원국에게 개방된다.

제5조

1. 기구의 정회원자격은 모든 주권국가에게 개방된다.
2. 자국의 관광기구가 IUOTO의 특별총회에 의하여 본 규정이 채택될 당시에 IUOTO의 정회원국인 국가는 기구의 규정을 채택하고 회원국의 의무를 수락함을 공식적으로 선언함으로써, 투표할 필요없이 기구의 정회원국이 될 권리를 가진다.

3. 기타 국가는, 그의 입후보가 기구의 정회원구의 과반수임을 조건으로, 출석하고 투표하는 정회원국의 3분의 2의 다수결로 총회에 의하여 승인되는 경우, 기구의 정회원국이 될 수 있다.

제6조

1. 기구의 준회원자격은 그들의 대외관계에 대하여 책임을 지지 아니하는 모든 지역 및 지역의 집단에게 개방된다.

2. 자국의 관광기구가 IUOTO의 특별총회에 의하여 본 규정이 채택될 당시에 IUOTO의 정회원인 지역 및 지역의 집단은, 그들의 대외관계에 대하여 책임을 지고 있는 국가가 그들의 회원자격을 승인하고 그러한 지역 및 지역의 집단이 기구의 구정을 채택하고 회원국의 의무를 수락함을 그들을 대표하여 선언할 것을 조건으로 투표할 필요없이, 기구의 준회원국이 될 권리를 가진다.

3. 지역 및 지역의 집단은, 그들의 입후보가 그들의 대외관계에 대하여 책임을 지고 있고 그러한 지역 및 지역의 집단이 기구의 규정을 채택하고 회원국의 의무를 수락함을 그들을 대표하여 선언하는 회원국의 사전승인을 받는 기구의 준회원국이 될 수 있다. 그러한 입후보는 기구의 정회원국의 과반수임을 조건으로 , 출석하고 투표하는 정회원국의 3분의 2의 다수결로 총회에 의하여 승인되어야 한다.

4. 기구의 준회원구이 그의 대외관계의 처리에 대하여 책임을 지게 될 때에는 그 준회원국은 기구의 규정을 채택하고 정회원국의 의무를 수락함을 사무총장에게 공식적으로 문서를 선언함으로써, 기구의 정회원국이 될 자격을 가진다.

제7조

1. 기구의 특별 회원자격은 관광에 있어서의 특수한 이익과 관련이 있는 정부간 또는 비정부간 국제기관 및 그 활동이 기구의 목적과 관계가 있거나 혹은 기구의 권능이 범위내에 포함되는 상사나 협회에게 개방된다.

2. IUOTO의 특별총회에 의하여 본 규정이 채택될 당시의 준회원은, 특별회원국의 의무를 수락함을 선언함으로써, 투표할 필요없이 기구의 특별회원국이 될 권리를 가진다.

3. 관광에 있어서의 특수 이익과 관련 있는 정부간 또는 비정부간 기타 국제

기관은 회원국이 되고자 하는 요구가 사무총장에게 문서로써 제출되고 기구의 정회원국의 과반수임을 조건으로 출석하고 투표하는 정회원국의 3분의 2의 다수결로 총회에 의하여 승인을 받으면, 기구의 특별회원국이 될 수 있다.

4. 상기 1항에 정의 도어 있는 이해 관계있는 상사나 협회는, 회원이 되고자 하는 그들의 요구가 사무총장에게 문서로써 제출되고 그 입후보의 본부 소재국에 의하여 보증되면, 기구의 특별회원국이 될 수 있다. 그러한 입후보는 기구의 정회원국의 다수임을 조건으로, 출석하고 투표하는 정회원국 3분의 2의 다수결로 총회에 의하여 승인되어야 한다.

5. 그 자체의 규칙을 제정하고 이를 총회에 승인을 받기 위하여 제출할 특별회원국의 위원회를 둘 수 있다. 동 위원회는 기구의 회의에 대표로 참석할 수 있다. 위원회는 그러한 회의의 의사일정에 문제가 포함될 것을 요구할 수 있다. 위원회는 또한 그 회의에 건의를 할 수도 있다.

6. 특별회원국은 개별적으로 혹은 특별회원국의 위원회로서 집단으로 기구의 활동에 참가할 수 있다.

제8조(기관)

1. 기구의 기관은 다음과 같다.
 가) 총회(이하 "총회"라 칭함)
 나) 집행이사회(이하 "이사회"라 칭함)
 다) 사무국

2. 총회와 이상회의 회의는 , 각 기관의 별도로 결정하지 아니하는 한, 기구의 본부에서 개최된다.

제9조(총회)

1. 총회는 기구의 최고 기관이며 정회원국의 대표로써 구성된다.

2. 총회의 매 회의에 각 정회원국 및 준회원국은 5병 이하의 대표로써 대표되며 대표중 1명이 회원국에 의하여 수석대표로 지명되어야 한다.

3. 특별회원국의 위원회는 3명 이하의 "옵서버"를 임명할 수 있고 각 특별회원국은 1명의 "옵서버"를 임명할 수 있으며, 이들은 총회의 사업에 참여할 수 있다.

제10조 총회는 매 2년마다 정기회의로 그리고 필요할 때에는 임시회의로 개

최된다. 임시회의는 이사회의 요청에 따라 또는 기구의 정회원국의 과반수의 요청에 따라 소집된다.

제11조 총회는 그 자체의 절차 규칙을 채택한다.

제12조 총회는 기구의 권능의 범위내의 어떠한 문제에 관하여 문제점을 고려하고 권고를 행할 수 있다. 본 규정에서 별도로 총회에게 부여된 기능 이외의 타 기능은 다음과 같다.

가) 총회의 의장과 부의장을 선출한다.

나) 이사회의 회원국을 선출한다.

다) 이사회의 추천에 따라 사무총장을 임명한다.

라) 기구의 재정규칙을 승인한다.

마) 기구의 운영을 위한 총괄적인 지침을 설정한다.

바) 사무국의 직원에게 적용할 인사규칙을 승인한다.

사) 이사회의 추천에 따라 회계감사관을 선출한다.

아) 기구의 일반사업계획을 승인한다.

자) 기구의 재정정책을 감독하고 예산을 검토, 승인한다.

차) 필요하게 될 기술적 및 지역적 기관을 설치한다.

카) 기구와 그 기관의 활동에 관한 보고를 검토, 승인하고, 이에 유래하는 방안을 실시하는 위하여 모든 필요한 조치를 취한다.

타) 정부 또는 국제기구와의 협정의 체결을 승인하거나 승인할 권한을 위임한다.

파) 민간기구나 민간단체와의 협정의 체결을 승인하거나 승인할 권한을 위임한다.

하) 기구의 권능의 범위 내에 포함되는 어떤 문제에 국제협정을 준비하고 권고한다.

거) 본 규정에 따라 회원가입신청에 관하여 결정한다.

제13조

1. 총회는 매회의 개시에 의장과 부의장을 선출한다.
2. 의장은 총회를 사회하고 그에게 위임된 직무를 수행한다.
3. 의장은 회기 중 총회에 대하여 책임을 진다.
4. 의장은 그의 재직기간 중 필요한 모든 경우에 기구를 대표한다.

제14조(집행이사회)

1. 이사회는, 총회에 의하여 제정된 절차규칙에 따라. 공정하고 균등한 지역적 배분을 달성할 목적으로 매 5개 정회원국마다 1회원국의 비율로 총회에 의하여 선출된 정회원국으로써 구성된다.
2. 기구의 준회원국들에 의하여 선임된 1개의 준회원국은 투표권 없이 이사회의 사업에 참여할 수 있다.
3. 특별회원국의 위원회의 대표는 투표권 없이 이사회의 사업에 참여할 수 있다.

제15조 선출된 회원국의 임기는, 추첨에 의하여 결정된 첫 번째 이사회의 2분의 1의 회원국의 임기가 2년이 되는 것을 제외하고는, 4년으로 한다. 이사회의 회원국은 매 2분의 1씩 선출된다.

제16조 이사회는 최소한 1년에 2회 회합한다.

제17조 이사회는 1년의 임기동안 근무할 1명의 의장과 부의장을 그 선출된 회원국중에서 선출한다.

제18조 이사회는 그 자체의 절차규칙을 채택한다.

제19조 본 규정에서 별도로 이사회에 위임된 기능 이외의 이사회의 기능은 다음과 같다.

가) 총회의 결정사항과 권고를 시행하기 위하여, 사무총장과 협의하여 모든 필요한 조치를 취하고 그후 즉시 총회에 보고한다.

나) 기구의 활동에 관한 보고를 사무총장으로부터 받는다.

다) 총회에 대하여 제안을 한다.

라) 사무총장에 의하여 준비된 기구의 일반사업계획을, 총회에의 제출이전에 검토한다.

마) 기구의 결산과 예산안에 관한 보고와 권고를 총회에 제출한다.

바) 자체의 활동에 따라 필요하게 될 보조기관을 설치한다.

사) 총회에 의하여 위임될 기타 기능을 수행한다.

제20조 총회의 회기와 회기간에는, 본 규정에 반대규정이 없을 경우, 이사회는 기구의 기능과 재원의 범위내에서, 필요한 행정상의 또는 기술상의 결정을 행하고, 동 결정을 승인받기 위하여 차기 총회의 회의에 보고하여야 한다.

제21조(사무국) 사무국은 사무총장과 기구가 필요로 하는 직원으로써 구성된다.

제22조 사무총장은 4년의 임기로, 이사회의 추천에 의거하여, 총회에서 출석하고 투표하는 정회원국의 3분의 2의 다수결에 의하여 임명된다. 사무총장은 재임명될 수 있다.

제23조

1. 사무총장은 총회와 이사회에 대하여 책임을 진다.
2. 사무총장은 총회와 이상회의 지시를 수행하여야 한다. 사무총장은 기구의 활동에 관한 보고, 결산보고, 일반사업계획안 및 예산안을 이사회에 제출하여야 한다.
3. 사무총장은 기구의 법적 대표가 된다.

제24조

1. 사무총장은 , 총회에 의하여 승인된 인사규칙에 따라, 사무국의 직원을 임명한다.
2. 기구의 직원은 사무총장에 대하여 책임을 진다.
3. 직원의 모집과 근무조건의 결정에 있어서 최고 수준의 능률, 기술적 능력 및 성실성을 확보하기 위하여 최대의 고려가 요구된다. 이러한 고려에 따를 것을 조건으로 가능한 한 넓은 지리적 기초위에서 직원을 모집함이 긴요하다는 데에도 상당한 고려가 있어야 한다.
4. 사무총장과 직원은, 그의 직무를 수행함에 있어서 어떤 정부이거나 혹은 기구 외부의 기타 기관으로부터 지시를 구하거나 받아서는 아니된다. 그들은 기구에 대하여서만 책임을 지는 국제공무원으로서의 그들의 지위에 영향을 줄 어떠한 행위도 삼가야 한다.

제25조(예산과 지출)

1. 기구의 행정적 기능과 일반사업계획을 망라한 기구의 예산은 총회에 의하여 수락된 할당율에 따른 정회원국, 준회원국 및 특별회원국의 분담금으로써 충당되고 또한 본 규정에 부속되어 본 규정의 불가분의 일부를 구성하는 재정규칙에 따라 기구를 위하여 수령가능한 기타 재원으로부터 충당된다.
2. 사무총장에 의하여 작성된 예산은 심의와 승인을 위하여 이사회가 총회

에 제출하여야 한다.

제26조

1. 기구의 회계는 이사회의 추천에 따라 총회에 의하여 2년 기간의 임기로 선출되는 2명의 회계감사관에 의하여 검사를 받아야 한다. 회계감사관은 재선될 수 있다.

2. 회계감사관은, 회계검사에 추가하여, 재정절차와 운영의 효율성, 회계제도 및 내적 재정통제와 행정관례의 재정사의 영향에 관하여 필요하다고 사료되는 바의 관찰을 행할 수 있다.

제27조(정족수)

1. 총회의 의사 정족수의 구성은 정회원국의 과반수의 출석을 필요로 한다.

2. 이사회의 의사 정족수의 구성은 이상회의 정회원국의 과반수의 출석을 필요로 한다.

제28조(투표)

각 정회원국은 1개의 투표권을 가진다.

제29조

1. 본 규정의 타 조항에 따를 것을 조건으로, 모든 문제에 관한 결정은 총회에서 출석하고 투표하는 정회원국의 단순다수결로 이루어진다.

2. 회원국의 예산상 및 재정상의 의무, 기구의 본부의 소재에 관한 문제 및 총회에서 출석하고 투표하는 정회원국의 단순다수결에 의하여 특별히 중요하다고 사료되는 기타 문제에 대한 결정은 출석하고 투표하는 정회원국의 3분의 2의 다수결 투표를 필요로 한다.

제30조 이사회의 결정은, 출석하고 투표하는 회원국의 3분의 2의 다수결에 의하여 승인되어야 하는 예산 및 재정상의 권고를 제외하고는 출석하고 투표하는 회원국의 단순다수결에 의하여 이루어진다.

제31조(법인격, 특권 및 면제) 기구는 법인격을 가진다.

제32조 기구는 그 회원국의 영토 내에서 그의 기능의 수행상 필요로 하는 특권과 면제를 향유한다. 그러한 특권과 면제는 기국에 의하여 체결되는 협정에 의하여 한정될 수 있다.

제33조(개정)

1. 본 규정과 그 부속서에 대한 어떠한 개정 제의도 사무총장에게 송달되며

사무총장은 총회의 심의에 제출되기 최소한 6개월 전에 이를 정회원국에게 회람하여야 한다.

2. 개정은, 출석하고 투표하는 정회원국의 3분의 2의 다수결에 의하여 총회에서 채택되어야 한다.

3. 개정은, 회원국의 3분의 2가 기탁국 정부에 그 개정의 승인을 통고한 때에, 전 회원국에 대하여 효력을 발생한다.

제34조(회원자격의 정지)

1. 어떠한 회원국이 본 규정 제3조에 언급된 기구의 기본적인 목적에 반대되는 정책을 취하는 것으로 총회가 판단한 경우에는, 총회는, 출석하고 투표하는 정회원국의 3분의 2의 다수결에 의하여 채택된 결의에 의거하여, 그러한 회원국에 대하여 권한의 행사와 회원자격의 특권의 향유를 정지시킬 수 있다.

2. 그 정지는, 그러한 정책의 변경이 총회에 의하여 인정될 때까지, 효력을 지속한다.

제35조(회원자격으로부터의 탈퇴)

1. 어떠한 정회원국이라도 기탁국 정부에 1년 전에 서면통고를 함으로써 기구로부터 탈퇴할 수 있다.

2. 어떠한 준회원국이라도, 그 준회원국의 대외관계에 대하여 책임을 지고 있는 정회원국이 기탁국 정부에 통고하는 것을 조건으로, 같은 조건의 통고를 함으로써 기구로부터 탈퇴할 수 있다.

3. 특별회원국은 사무총장에게 1년전에 서면통고를 함으로써 기구로부터 탈퇴할 수 있다.

제36조(발효) 본 규정은 본 규정의 채택시에 그 국가의 관설 관광기구가 IUOTO의 정회원국인 51개의 국가가 규정의 승인과 회원자격의 의무의 수락을 잠정적 기탁국에 공식적으로 통지한 120일 후에, 효력을 발생한다.

제37조(기탁구)

1. 본 규정과 회원자격의 의무를 수락하는 성명은 당분간 스위스정부에 기탁된다.

2. 스위스정부는, 그러한 성명의 접수와 본 규정의 발효일자의 통고를, 이를 받을 권한이 있는 모든 국가에게 통고하여야 한다.

제38조(통역과 용어) 기구의 공식 용어는 영어, 불란서어, 로서아어 및 서반아어로 한다.

제39조 본 규정의 영어, 불란서어, 로서아어 및 서반아어본은 동등히 정본으로 간주된다.

제40조(경과 규정) 본부는, 제2조 의거하여 총회가 결정할 때까지는, 잠정적으로 스위스 제네바에 둔다.

제41조 본 규정이 발효한 후 180일의 기간 종안은, 국제연합, 전문기관 및 국제원자력기구의 회원국 또는 국제사법재판소 규정의 당사국은, 그들이 기구의 규정을 채택하고 회원자격의 의무를 수락함을 공식적으로 선언함으로써, 투표할 필요없이 기구의 정회원국이 될 권리를 가진다.

제42조 본 규정의 발효 익년동안은 자국의 관광기구가 본 규정의 채택시에 IUOTO의 회원국이었고 승인을 조건으로 본 규정을 채택한 국가는 정회원국의 권리와 의무를 가지고 기구의 활동에 참여할 수 있다.

제43조 본 규정의 발효 익년동안은. 그들의 대외관계에 대하여 책임을 지지 아니하나, 그들의 관광기구가 IOUTO의 정회원국이었고 따라서 준회원국의 자격이 있고, 그들의 대외관계에 대하여 책임을 부담하고 있는 국가에 의한 승인을 조건으로 규정을 채택한 영토 또는 영토의 집단은 준회원국의 권리와 의무를 지니고 기구의 활동에 참여할 수 있다.

제44조 본 규정이 효력을 발생할 때에 IUOTO의 사무총장은, 총회가 기구의 사무총장을 선출할 때까지 기구의 사무총장으로서 행동한다.

1970년 9월 27일 “멕시코”시에서 작성하였다.

부속서 재정규칙

1. 기구의 회계기간은 2년으로 한다.
2. 회계연도는 1월 1일부터 12월 31일 까지로 한다.
3. 예산은, 각국에 있어서의 관광의 중요성과 경제발전의 수준에 근거하여 총회가 결정하는 할당방법에 따른 회원국의 분담금과 기구의 수입금으로써 충당된다.
4. 예산은 미합중국 불화로서 작성된다. 분담금의 지불을 위하여 사용되는 통화는 미합중국 불화이어야 한다. 이것은, 회원국의 분담급 지불에 있어서,

총회에 의하여 위임된 범위내에서, 사무총장이 기타 통화를 수납함을 배제하는 것은 아니다.

5. 일반 기금이 설치된다. 3항에 따라 이루어지는 모든 회원국의 분담금과 기타 제수입 및 사업자본금으로부터의 전도금은 일반기금의 대변에 기장되어야 한다. 일반사업계획과 경상 경비는 일반기금으로부터 지출된다.
6. 사업자본기금이 설치되며, 그 액수는 총회에 의하여 확정된다. 회원국의 분담금 전도금과 기타 예산 수입은. 총회가 그 사용을 결정하면, 사업자본기금으로 지출되어야 한다. 요구될 경우에는 그 지출된 액수는 일반기금으로 이전되어야 한다.
7. 기구의 예산에 산정되어 있지는 아니하나, 수개의 회원국 또는 국가군에 이익이 되는 활동에 충당하기 위하여 신탁기금이 설치될 수 있다 그러한 기금은 자발적 분담금에 의하여 충당된다. 동 기금을 관리하기 위하여 기구는 요금을 부과할 수 있다.
8. 총회는 증여금, 유증 및 기타 예산에 포함되어 있지 아니하는 특별수입의 용도를 결정하여야 한다.
9. 사무총장은 이사회의 해당 회의의 최소한 3개월전에 예산안을 이사회에 제출하여야 한다. 이사회는 동 예산안을 검토하고 총회의 최종적인 검토와 승인을 위하여 예산을 권고하여야 한다. 이사회의 예산안은 총회의 해당 회기의 최소한 3개월 이전에 회원국에게 송부되어야 한다.
10. 총회는 차기 2년의 회계기간 년도에 예산과 그 예산의 년도별 할당과 함께 년도별 경사경비계정을 승인한다.
11. 전 회계연도의 기구의 결산보고는 사무총장이 회계감사관과 기구의 권한있는 기관에 제출하여야 한다.
12. 기구의 회원국은 그의 분담금을 해당 회계연도의 제1월에 지불하여야 한다. 총회에 의하여 결정되는 분담금의 액수는 해당 회계연도의 개시 6개월 이전에 회원국에게 통고되어야 한다. 단, 이사회는 상이한 제국가에 존재하는 상이한 회계연도에 기인하는 정당한 지체를 인정할 수 있다.
13. 기구의 경비에 대한 재정적 분담금의 지불을 지체하고 있는 회원국은 그 미지불액수가 전 2회계 년도에 대하여 지불하여야 할 분담금 액수와 동액이거나 이를 초과할 경우에는, 회원국들이 용역의 형태로 향유하고 있는 특

권과 총회 및 이사회에서의 투표권을 박탈당한다. 단, 이상회의 요청에 따라 총회는, 미지불이 회원국의 감당할 수 없는 사정에 기인하고 있음이 인정되는 경우에는, 그러한 회원국으로 하여금 기구의 용역을 향유하고 투표하도록 허용할 수 있다.

14. 기구로부터 탈퇴하는 회원국은 동 탈퇴가 발효하기까지의 비례원칙에 따른 할당 지급액에 대하여 책임을 져야 한다. 준회원국과 특별회원국의 할당 지급액을 산정함에 있어서는 계산은 그들의 회원자격과 그들이 기구내에서 향유하는 제한된 권리의 상이한 근거에 기하여 이루어져야 한다.

1970년 9월 27일 "멕시코"시에서 작성하였다.

관련자료 2 아스타 윤리강령(ASTA Code of Ethics) 원문

guiding principles for members

Preamble

We live in a world in which travel has become both increasingly important and complex in its variety of modes and choices. Travelers are faced with a myriad of alternatives as to transportation, accommodations and other travel services. Travelers must depend on travel agencies and others in the industry to guide them honestly and competently. All ASTA members pledge themselves to conduct their business activities in a manner that promotes the ideal of integrity in travel and agree to act in accordance with the applicable sections of the following Principles of the ASTA Code of Ethics. Complaints arising under this Code should be filed in writing with the ASTA Consumer Affairs Department.

General Responsibilities

1. Accuracy. ASTA members will be factual and accurate when providing information about their services and the services of any firm they represent. They will not use deceptive practices.

2. Disclosure. ASTA members will provide in writing, upon written request, complete details about the cost, restrictions, and other terms and conditions, of any travel service sold, including cancellation and service fee policies. Full details of the time, place, duration, and nature of any sales or promotional presentation the consumer will be required to attend in connection with his/her travel arrangements shall be disclosed in writing before any payment is accepted.

3. Responsiveness. ASTA members will promptly respond to their clients' complaints.

4. Refunds. ASTA members will remit any undisputed funds under their control within the specified time limit. Reasons for delay in providing funds will be given to the claimant promptly.

5. Cooperation. ASTA members will cooperate with any inquiry conducted by ASTA to resolve any dispute involving consumers or another member.

6. Confidences. ASTA members will not use improperly obtained client lists or other confidential information obtained from an employee's former employer.

7. Confidentiality. ASTA members will treat every client transaction confidentially and not disclose any information without permission of the client, unless required by law.

8. Affiliation. ASTA members will not falsely represent a person's affiliation with their firm.

9. Conflict of Interest. ASTA members will not allow any preferred relationship with a supplier to interfere with the interests of their clients

10. Compliance. ASTA members shall abide by all federal, state and local laws and regulations.

Specific Responsibilities

1. Notice. ASTA members operating tours will promptly advise the agent or client who reservedthe space of any change in itinerary, services, features or price. If substantial changes are made that are within the control of the operator, the client will be allowed to cancel without penalty.

2. Delivery. ASTA members operating tours will provide all components as stated in their brochure or written confirmation, or provide alternate services of equal or greater value, or provide appropriate compensation.

3. Credentials. An ASTA member shall not, in exchange for money or otherwise, provide travel agent credentials to any person as to whom there is no reasonable expectation that the person will engage in a bona fide effort to sell or manage the sale of travel services to the general public on behalf of the member through the period of validity of such credentials. This principleapplies to the ASTA member and all affiliated or commonly controlled enterprises.

Conclusion

Adherence to the Principles of the Code of Ethics signifies competence, fair dealing and high integrity. Failure to adhere to this Code may subject a member to disciplinary actions, as set forth in ASTA's Bylaws.

■ 한경수

경북대학교 법정대학 정치외교학과 졸업(정치학사)
경북대학교 법정대학 정치과 대학원 수료(정치학석사 : 국제정치전공)
경기대학교 대학원 관광경영학과 수료(경영학석사, 경영학박사)
(주) 대한항공 근무(본사 Fare Desk 및 대구지점)
(사) 한국관광학회 부회장 역임
현재 대한관광경영학회 부회장
현재 계명문화대학 관광레저학부 교수

[논문]

한국의 관광관련 국제법에 관한 연구 및 한국관광사 관련 논문 등 20여편
2003 (사)한국관광학회 최우수 논문상 수상
2007 (사)한국관광학회 우수논문상 수상

[저서]

관광 과거, 현재 그리고 미래, 중문출판사, 1985(역서)
관광객행동론, 형설출판사, 1990
국제관광론, 계명대학교출판부, 1995(김상무 공저)
관광마케팅의 이해, 학문사, 1997
항공예약실무, 정림사, 2004
2006 국내관광법규의 이해, 백산출판사, 2006(신동숙 공저)

[주요 연구분야]

한국관광사(觀光史)
항공사경영 및 실무
관광마케팅
국제관광
관광법규

■ 김상무

계명대학교 및 同대학원 영어영문학과(문학사 · 문학석사)
미국 하와이대학교(University of Hawaii) 수학(관광마케팅 전공)
영국 서레이대학교(University of Surrey) 관광경영학석사(MS) · 박사(PhD)
한국관광학회 이사 및 수석부회장 역임
대한관광경영학회 회장 역임
계명대학교 경영대학 관광경영학과 학과장 역임
계명대학교 경영대학 학장 역임
(현) Tourism Management 편집위원
(현) Tourism and Hospitality Research 편집위원
(현) Tourism Economics 특별고문
(현) 국제관광학술원(International Academy for Study of Tourism) 정회원
(현) 대한관광경영학회 고문
(현) 문화관광부 정책자문위원
(현) 한국관광학회 회장
(현) 계명대학교 관광경영학과 명예교수(학부 및 대학원 학과장)

[저서 및 논문]

관광사업경영론, 백산출판사, 2001 외 5권
A Comparative Study of Pulguk-sa and Haein-sa Temples as Tourist Destinations in Korea, PhD Dissertation, University of Surrey, 1989 外 多數

국제관광의 이해

2007년 9월 5일 인 쇄
2007년 9월 10일 발 행

著 者 한 경 수
김 상 무

發行人 (寅製) 秦 旭 相

發行處 白山出版社

서울시 성북구 정릉3동 653-40
등록 : 1974. 1. 9. 제 1-72호
전화 : 914-1621, 917-6240
FAX : 912-4438
http://www.baek-san.com
edit@baek-san.com

값 19,000원
ISBN 978-89-6183-003-4